历史的跨越

宏观决策视角下的中国教育

谈松华　著

图书在版编目(CIP)数据

历史的跨越:宏观决策视角下的中国教育/谈松华著.—北京:商务印书馆,2020
ISBN 978-7-100-19152-4

Ⅰ.①历… Ⅱ.①谈… Ⅲ.①教育事业—研究—中国 Ⅳ.①G52

中国版本图书馆 CIP 数据核字(2020)第 185473 号

权利保留,侵权必究。

历史的跨越
——宏观决策视角下的中国教育
谈松华 著

商务印书馆出版
(北京王府井大街36号 邮政编码100710)
商务印书馆发行
北京新华印刷有限公司印刷
ISBN 978-7-100-19152-4

2020年11月第1版　开本 710×1000　1/16
2020年11月北京第1次印刷　印张 49½
定价:268.00元

序 一

郝克明

在伟大祖国70华诞之际,《历史的跨越——宏观决策视角下的中国教育》出版发行了。该书较为系统地反映了改革开放以来我国教育实现历史性跨越的历程,对于我们认真总结既往的教育工作,探索新时代教育的新挑战、新任务、新途径可以提供有益参考。

从1988年谈松华同志从上海市委研究室调入国家教育发展研究中心开始,我和他一起共事30多年,是宏观教育研究把我们汇聚到了一起。在共同的学习、研究和实践中,我们逐步加深了在新形势下对加强宏观教育研究的认识和体会。

宏观教育研究的兴起是时代的呼唤。改革开放确定了以经济建设为中心的发展任务,明确了现代化建设与教育之间"依靠"和"服务"的关系,确立了教育在国家发展中优先发展的战略地位,教育研究的视角必然扩大到从国家和社会发展的联系中研究和确定教育的目标、任务和实施策略。历史的经验也充分表明,教育的重大决策关系教育在国家发展中优先发展战略地位的落实,不仅影响国家教育以及经济科技和整个社会的发展,而且直接影响国民特别是青少年全面素质的提高,不仅影响当代,甚至影响到几代人。八十年代,国家通过开展关于真理标准的讨论,解放了人们的思想,启动了以经济体制改革为主轴的全面改革。从拨乱反正和对十年浩劫历史经验教训的反思中，我们进一步提高了对宏观决策研究特别是教育决策研究重要性的认识，增强了从事国家教育决策研究的责任感和使命感，并全身心地投入到教育宏观研究的伟大事业中来。进入九十年代，国家确定了建立社会主义市场经济体制的改革目标，教育改革突破学校改革的局限，与经济社会改革相配套，推进教育的整体改革；世纪之交，新科技革命和知识经济的兴起，正在改变着人类的生存环境、工作方式、生活方式和思维方式，也必将引起职业和职业技能的变动，人类学习方式和未来教育无疑将会经历前所未有的革命性变革，教育发展的宏观研究不仅需要从国家和社会发展的视角，还需要从全球和人类的更广视角研究和设计未来的教育，宏观教育研究的作用已经日益凸显。因此，在全面迈向教育现代化，建设人力资源强国的伟大历史进程中，继续落实教育在国家发展中的重要地位，促进教育的改革和科学发展，仍然是教育领导者、研究者、实践者需要倾情奋斗的事业。

宏观教育研究源于教育改革和发展的实践。教育科学研究特别是宏观教育研究，只有在马克思主义的科学思想、方法论的指导下，源于实践，才能指导实践。改革开放以来，教育发展研究努力站在国家教育发展和改革的前沿，选择那些具有时代特征和对教育改革与发展有重大影响的基础性、先导性、全局性的重大问题为研究对象，并强调教育战略研究要为教育发展和改革服务，为教育科学决策服务。四十年来教育战略研究先后完成了一批重大课题，提出了一些有重大意义的咨询意见。例如，20世纪80年代对应用学科高层次专门人才培养途径多样化问题研究，以国家的机械、电力、冶金、计算机、农科、法律、金融、新闻、财会和临床医学10个专业领域和行业为重点，深入剖析研究了与这些行业和与之密切联系学科相关的社会高层次专业技术岗位（如高级工程师、高级农艺师、高级经济师、高级会计师、银行家、高级法官、检察官、律师、主任医生等）的人才知识结构和人才培养模式的特点,研究总结中国和世界发达国家培养应用性高层次专门人才培养经验,深入第二汽车制造厂、北京和湖北等地区的农村、最高法院等单位进行重点实验,在缜密扎实的研究基础上提出了应用学科高层次人才培养的六种途径,同时对中国研究生教育改革提出了建议。这项研究成果受到我国教育界和许多行业专家学者的好评;时任主管教育工作的国务院副总理对这项研究成果也表示重视和肯定,直接推动了我国研究生教育制度的改革。在国家教委的积极推动下,从1986年我国设立专业硕士试点开始,至今全国已有五十几个学科专业。2015年,我国专业硕士与学术研究型硕士的规模数量已经超过1∶1比例。一些教育工作者曾就此指出,这项研究成果,使我们在培养国家迫切需要的应用性高层次专门人才方面,少走了十几年弯路,功不可没。认真关注和研究教育发展所面临的形势和需要研究解决的重大问题,提升宏观教育研究为国家教育改革发展和重大教育科学决策研究制定服务的意识和能力,已经成为摆在我们面前更加紧迫和艰巨的任务。

宏观教育研究提高质量的重要前提是坚持科学的态度和方法。宏观教育研究强调教育是培养人的工作,同时它和经济、科技、文化、人口、地理环境以及体制改革等多种因素乃至整个社会的发展,又有着非常密切的联系,因此它被认为是世界各种运动形式中最复杂、最高级的一种运动。教育发展战略研究除了应认真研究教育和人的自身发展的规律,还要十分注意把教育改革和发展中的重大问题放在社会发展和历史进程的大背景中进行分析。要打破就教育论教育、从概念到概念、从书本到书本的研究模式,注意考察政治、经济、科技、人口和社会整个发展对教育发展的影响,注意深入到社会各个领域的用人部门,研究社会发展与时代特征对教育发展和改革的要求。在研究方法上,注意把调查研究、理论分析和实证研究、改革实践结合起来,把现状研究和历史比较、国际比较结合起来,把定性分析与定量分析结合起来,深入分析社会发展各种因素与教育发展之间的相互关系,分析我国学习者自身的特点和不同的需求。这是近年来我国宏观教育发展研究的一条重要经验。从实践的角度看,教育是一个社会成员普遍参与的活动(包括受教育与实施教育的实践),人们对教育常常不同程度地具有自己的某些期望与认识,有着这样那样的观点和建议。因此,人们往往容易把某些个别的狭隘的经验,甚至是某种主观愿望(尽管可能是善良的愿望)当作是教育发展的规律。因此,教育也就比其他领域更容易产生认识和行动的误区与误导。新中国成立以来我国教育发展中的某些失误与挫折无不与此有关。与其他领域相比,教育发展战略研究既涉及社会经济、科技、文化、人口、地理环境以及体制改革等多种因素的影响和制约,又涉及教育系统各种不同类型教育的协调发展和相互衔接与沟通,涉及广大不同类型学习者自身发展和对学习的新的要求,研究的任务十分复杂和艰巨。对教育科学研究工作者和从事的研究工作也提出了更高的要求。坚持从实际出发,进行调查研究,是教育科学和社会科学理论创新的源泉,也是最重要的研究方法。毛泽东同志说,"没有调查研究就没有发言权。"在《毛泽东选集(修订版)》中又进一步修改为"没有科学的调查研究就没有发言权"。这里十分重要的是,在研究工作中要有对社会高度负责的使命感、责任心以及献身教育事业的革命精神;在调查研究的过程中,为了确保调查研究的科学性,要对调查研究的全过程和调查研究的各个环节,包括调查对象的代表性、调查提纲、问卷设计等等,都要认真和精心地进行周密的研究设计和组织,努力使课题研究的成果在已有的研究领域有所前进,有所创新,有所突破。这是做好宏观教育科研工作重要的前提。

宏观教育研究需要扎实的学风。研究工作要始终注意发扬严谨扎实的学风,防止浅尝辄止、做表面文章和急于求成的浮躁风气。对所提出的咨询建议,要坚持在教育内外广泛听取意见,多方案比较,既要分析有利的一面，也要对可能的风险进行评估，这不仅关系研究能力和学风，更是对研究者品格的考验。在当前社会处于深刻转型和市场经济的条件下，作为教育科研工作者，要时刻警惕和注意排除一切干扰，淡泊名利，潜下心来刻苦地进行研究工作。要有"甘于坐冷板凳，十年磨一剑"的钻研精神，要有应对和克服各种困难和挫折、敢于啃硬骨头的坚强意志，不泄气、不放弃，不怨天尤人，才能真正有所作为。

宏观教育研究在我国还是一个新兴的研究领域，必然会经历和继续经历一段学习和实践求索的过程。三十多年来，我和谈松华同志一起深入基层学校、组织跨部门跨行业的调查访谈、考察发达国家的教育，一起撰写报告、论文和政策文件。谈松华同志在宏观教育研究上表现了较好的敏锐性、系统性和研究功力。他的研究突出了教育战略、体制改革、制度建设，把教育改革作为构建中国特色社会主义教育体系的理论探索和实践过程；他以我国教育现代化的内涵、发展模式和区域推进路径等方面的研究建树，为全面推进教育现代化做了理论和实践的铺垫。退休后他协助我参与组建中国教育发展战略学会，共同推动了民间学术团体开展教育战略宏观研究。2012年后，我们都在教育咨询委员会做咨询服务，分别就终身学习体制改革和考试招生制度改革专题，组织了系统调研，提出了政策建议，得到了领导和相关部门的肯定和重视。谈松华同志在研究中始终保持了良好的学风，力戒"跟风"、做表面文章，积极为推动改革提出政策建议，对教育决策和教育实践发挥了积极的作用。

新中国成立以来特别是改革开放40年来，中国教育科学研究包括宏观教育研究取得了长足的进展，但是与新时代教育改革发展的要求还有较大的差距。教育发展战略和宏观政策研究，虽然取得了重大进展，对推动教育的改革和发展，促进教育重大决策的科学化发挥了积极作用，但总体上来说，还不适应我国教育事业改革和发展的要求。教育发展战略学科还是一个比较年轻的学科。我常常说，这是一个正在开垦的处女地。当前我国教育发展正面临着新的机遇和重大的挑战，教育改革和其他许多领域的改革正在进入攻坚阶段，对改革的系统性、整体性、协同性提出了更高的要求。我们还特别注意到，终身学习思潮与高速发展的信息技术的结合，正在酝酿和引发世界教育领域包括教育理念、内容、模式和方法的深刻变革，也为我们教育的发展和改革带来了新的发展机遇。因此，教育改革和发展面临的许多重大问题，迫切需要我们进一步加强全局性、前瞻性和更加系统的深入研究。这不仅是新的历史时期教育改革发展的要求，而且也为我们教育科学研究特别是教育发展战略和宏观政策研究工作者，提供了进一步发挥聪明才智和大有作为的广阔天地。中国拥有世界上最多的教育人口和悠久的文化教育传统，数以千万计的广大教育工作者对迎接新的挑战的探索和实践，将是中国教育发展战略研究创新的巨大源泉。"问渠哪得清如许，为有源头活水来。"我相信伴随着中国教育改革和发展新的进程，教育发展战略和宏观政策研究必将对中国和世界的教育发展做出更大的贡献。我祝愿本书的出版对于我国宏观教育研究的学科发展乃至推进教育现代化发挥积极的作用。

国家教育咨询委员会委员

中国教育发展战略学会名誉会长

国家教育发展研究中心原主任

教授

郝克明

2019 年 8 月

序 二

顾明远

　　我与谈松华同志相识已有30多年。早在20世纪80年代中，他在上海市委研究室工作，曾经到北京师范大学来调研。不久他就被派到教育部国家教育发展研究中心工作。我作为教育发展研究中心的兼职研究员，每年我们都要见面多次，讨论我国教育改革发展的问题。2001年中国教育学会第五届理事会，我任会长，谈松华同志是常务副会长之一，并继续到第六届理事会。十二年来我们几乎月月见面，研究学会工作，共同参加学会的各种活动。

　　谈松华同志在教育部国家教育发展研究中心工作期间，为国家教育改革和发展的政策研究做了许多工作，特别是参与了1993年《中国教育改革和发展纲要》和《面向21世纪教育振兴行动计划》等的编制工作，为我国新世纪初的教育改革和发展做出了重要贡献。

　　谈松华同志对宏观教育理论有深入的研究。我国教育理论界长期以来主要研究教育基本理论和微观教育学，缺乏对宏观教育理论的研究。20世纪80年代初我曾经写过《现代生产与现代教育》一文，也只是从比较教育的角度论述了教育与经济社会发展的一般关系和世界教育发展的动向，没有对一个国家的宏观教育发展做深入研究。直到教育部国家教育发展研究中心成立以后，在郝克明同志的带领下开始对我国教育发展战略开展研究，于是宏观教育理论研究开始发展起来。谈松华同志在这方面发表了许多文章，例如本书中收录的《应该重视教育发展战略的研究》《教育发展研究的重点在于战略思想的探索》《中国教育发展战略若干问题的研究思路》《我国人力资源现实途径》《我国高等教育发展战略若干问题的探讨》等几十篇文章，这些研究填补了我国宏观教育理论研究的空白。

谈松华同志是我国改革开放以来教育改革发展的见证者和参与者。他利用国家教育发展研究中心这个平台，对我国教育体制改革发表了许多政策性的建议，例如本书中收录的《中国教育改革和发展的若干理论和政策问题》《深化教育体制改革的思路和目标》《我国基础教育资源配置的若干趋势》《我国教育评价现状与改进建议》等等，许多建议都被国家政策文件所采纳。

谈松华同志重视调查研究，他的文章都是在调查研究的基础上写出来的，不是坐在办公室里凭空想出来的。三十多年来，他跑遍了全国各个省市，与当地的领导、教育工作者讨论教育改革，做报告讲述他的观点。他担任国家教育咨询委员和国家考试指导委员会委员，为了我国高考改革，他走访了十几个省市，召开了几十次座谈会，为制定新的高考方案付出了辛勤劳动。

谈松华同志重视教育改革的制度建设，认为只有把制度建设好，改革才有保障，才能持久。我国教育改革的难点和重点也在于体制的改革和制度的建设。例如本书中收录的《以制度建设为重点深化教育改革》《国民能力建设与制度创新》《现代学校制度建设的若干理论与实践问题》等文章都强调制度建设。

谈松华同志对于教育宏观政策的研究涉及义务教育、高中教育、高等教育、职业教育的改革，以及教育资源配置、区域教育发展、人才资源开发、教育评价、民办教育等各个领域，内容十分全面丰富。从本书收录的文章中，我们可以看到我国改革开放以来教育改革和发展的历程，各时期改革的背景和重点，也反映当时对教育改革的多种意见，反映了教育改革的艰辛。

我有幸与谈松华同志在中国教育学会同事工作12年之久。我们为学会的发展，研究设置了全国教育科研规划，设立教改实验区，召开中小学校长大会、学会学术年会等，为团结全国广大教师开展学术研究、推动教育改革、提高教育质量，做了一些工作。我们合作得非常愉快，也结成了亲密的朋友。我为他文选的出版而高兴，这不仅丰富了我国教育理论宝库，也为我国实现教育现代化提供了理论支撑。谈松华同志要我作序，文不尽意，就写这几句，是为序。

国家教育咨询委员会委员

中国教育学会名誉会长

北京师范大学资深教授、博士生导师

2019年8月18日

目 录

001　自 序

009　**第一部分　总论：教育发展战略与人力资源开发**
011　重视教育发展战略的研究
016　教育是社会发展战略的重点
016　　一、教育发展研究的重点在于战略思想的探索
018　　二、战略思想突破的关键在于教育思想观念的更新
022　中国教育发展战略若干问题的研究思路
022　　一、教育发展战略研究内涵的界定
028　　二、教育发展战略的研究思路
039　　三、教育发展战略研究的组织方法
042　我国人力资源开发的现实途径
　　　——教育、劳动制度与人力资源开发
042　　一、我国人力资源开发的主要特点与途径选择
045　　二、教育与人力资源开发
049　　三、劳动制度与人力资源开发
053　　四、教育体制、劳动制度的配套改革与人力资源开发

我国高等教育发展战略若干问题的探讨 — 057

- 一、关于高等教育发展的速度规模 — 058
- 二、关于高等教育发展的均衡性和周期性 — 060
- 三、关于高等教育发展的结构选择 — 063
- 四、关于高等教育的区域和行业布局 — 066
- 五、关于高等教育发展的调节机制 — 069

我国教育发展的区域性特征及其战略选择 — 071

- 一、区域教育发展问题的提出 — 071
- 二、我国教育发展的区域性特征 — 075
- 三、教育发展的区域战略选择 — 079

我国高等学校管理体制的未来模式初探 — 086

- 一、变革的选择：影响高等学校管理体制未来变化的若干因素 — 086
- 二、分类管理：高等学校的多样化及其管理体制 — 088
- 三、自主管理：高等学校的社会功能与管理体制 — 091
- 四、分层管理：高等学校的组织系统与管理体制 — 093
- 五、整合管理：高等学校运行机制与管理体制 — 095

面向21世纪：中国未来教育的宏观展望 — 098

- 一、主题：社会工业化、信息化、现代化发展进程中的教育演变 — 099
- 二、目标：培养具有21世纪时代特征的中国社会主义建设者 — 105
- 三、体系：按照终身教育原则，构建21世纪教育体系 — 109
- 四、组织：探索现代教育的组织结构和管理体制 — 113

目录

- 117　**高等教育宏观研究的进展及其面临的新课题**
  　　——兼述加强高教研究与宏观决策的联系
  - 117　一、高等教育宏观研究的进展
  - 120　二、高等教育宏观研究面临的新情况、新问题
  - 124　三、加强高教研究与宏观决策的联系，提高高教研究的水平和效能

- 126　**为迎接知识经济时代做准备**
  - 126　一、从精英教育向大众化教育转变
  - 127　二、从"维持性学习"向创新性学习转变
  - 127　三、从标准化、按计划培养的教育模式向个性化、选择性地培养的教育模式转变
  - 127　四、从一次性学校教育向社会化终身教育转变
  - 128　五、从封闭的学校制度转变为开放的产学研一体化的新体制

- 129　**让历史告诉未来**
  　　——写在庆祝新中国成立 50 周年之际
  - 130　一、教育在国家和社会发展中的地位和作用的历史性演变
  - 133　二、教育培养目标和模式的变化和发展
  - 137　三、教育改革理论和实践的历史性探索

- 140　**中国教育改革和发展的若干理论和政策问题**
  - 140　一、关于教育在国家和社会发展中的基础性地位问题
  - 144　二、教育发展的现实依据和战略选择
  - 149　三、教育体制改革的目标模式和框架结构

153	四、全面推进素质教育，改革人才培养模式与人才政策
156	促进教育持续、协调、均衡发展
158	**人力资源开发与人才强国战略**
159	一、人力资源开发是发展的第一要务
165	二、人才强国战略是人力资源开发的核心
173	**"最适合学生发展的教育是最让人民满意的教育"** ——促进教育协调发展和教育公平
173	一、中国教育发展的历史性跨越
175	二、人力资源大国向人力资源强国的根本性转变
176	三、坚持科学发展观，促进教育公平
178	四、改革人才培养模式
179	五、积极推进学习型社会建设
181	**适龄人口下降对我国高等教育的影响**
181	一、我国普通高校生源结构
183	二、高考报名人数下降原因分析
185	三、适龄人口下降对我国高等教育的影响
189	**新时代教育战略的新思维**
189	一、在时代底色下思考教育变革之道
191	二、"教育优先"要在"全面"上下功夫
193	三、因材施教，促进教育多样化
195	四、全民学习践行教育终身化战略
197	五、以教育信息化带动教育现代化
198	六、综合改革，推进教育法治化战略
200	七、为我所用拓展教育国际化战略

第二部分　教育体制改革：制度建设与体制创新

中国教育模式改革初探
- 一、我国原有教育模式形成的历史背景与主要特征 …… 205
- 二、教育模式改革的外部与内部依据 …… 207
- 三、教育模式改革的关键是体制机制的改革 …… 209

对优化教育结构的思考
- 一、我国教育发展的结构分析 …… 211
- 二、优化教育结构的整体性思考 …… 215

深化教育体制改革的思路和目标
- 一、现阶段我国教育改革的社会背景和基本内涵 …… 220
- 二、深化教育体制改革的主要思路 …… 227
- 三、全面、深入地进行教育教学改革 …… 237

大学生就业制度改革与高等教育运行机制的转换
- 一、转换高等教育运行机制是大学生就业制度改革的一个基本出发点 …… 239
- 二、大学生就业制度改革的目标模式和整体内涵 …… 241
- 三、大学生就业制度改革的教育内部配套：高等教育微观运行机制的转换 …… 244
- 四、大学生就业制度改革的教育外部配套：高等教育宏观运行机制的转换 …… 247

中国现代教育体系中的职业教育
——兼述现代职业教育制度
- 一、中国职业教育的发展历程及其主要特点 …… 250
- 二、跨世纪中国职业教育发展的若干趋势 …… 253
- 三、探索建立现代职业教育制度的相关问题 …… 257

261	当前我国人口流动、迁移的特征及教育政策的取向
264	论积极发展高等教育
264	一、积极发展高等教育的方针，符合社会发展和教育发展的客观要求
266	二、积极发展高等教育要从现实的供求关系出发
269	三、深化改革，转换机制，为积极发展高等教育提供制度保证
273	教育正成为我国投资和消费新热点
273	一、教育正成为国家和社会投资的新领域
274	二、教育供求反差明显，市场扩展空间广阔
276	三、教育支付能力呈明显增长态势
278	应对入世：全面提升教育国际竞争力
279	一、完善教育体制与运行机制，提高教育机构的办学活力与竞争能力
281	二、调整教育结构和人才培养规格，提高各类人才的国际竞争能力
283	三、优化国民素质，提高民族凝聚力、创造力、竞争力
287	国民能力建设与制度创新
287	一、国家竞争力与国民能力建设
290	二、中国教育与能力建设：问题与选择
296	三、教育制度创新：扫除能力建设的制度性障碍
300	民办教育的发展模式和制度选择
301	一、由非政府的民间机构或公民个人用非财政的资金投资举办的民办教育机构
303	二、公办学校基础上发展起来的民办教育机构

305	三、多种投资主体合作举办的教育机构
307	四、讨论
313	**教育民营化现象与民办教育发展策略**
313	一、中国民办教育发展的背景：供给约束型的教育供求关系
315	二、拓宽教育供给：扩展民办教育的发展空间
320	三、寻求新的发展模式：利用公办教育资源发展民办教育
325	**现代学校制度建设的若干理论与实践问题**
325	一、现代学校制度的提出：现代学校教育的制度性变革
328	二、学校的性质及其法律地位：面向社会的独立自主的办学实体
332	三、学校内部治理制度：利益主体和谐协调与自我制衡的治理机制
334	四、学校的社会参与制度：开放的社会学习中心
337	**以制度建设为重点深化教育改革**
337	一、以教育改革为动力，解放教育生产力，我国教育事业实现超常规发展
339	二、现阶段教育改革的主要任务是加快制度建设，克服制度供给约束
341	三、以改革创新精神进行制度建设，保证实现党的十七大提出的教育发展任务
345	**深化教育改革需要制度创新**
345	一、关于改革背景
347	二、关于改革目标

349	三、关于改革重点
350	四、关于改革路径和动力
352	**深化教育体制改革的整体框架和推进策略**
352	一、深化教育体制改革的阶段性特征
354	二、深化教育体制改革的整体框架
362	三、深化教育体制改革的推进策略
364	**集团化办学的几点建议**
364	一、为什么会出现集团化办学?
365	二、集团化办学的三个发展阶段
366	三、集团化办学的组织和运行模式
367	四、集团化办学的思考
369	五、集团化办学的几点建议
371	**上海基础教育改革试点的几点启示**
372	一、以育人为核心的价值取向
373	二、追求优质均衡的制度设计
374	三、管办评分离的政府治理新体系
374	四、寻求多方参与的改革机制
376	**我国教育改革40年主要经验与启示**
376	一、我国教育改革的主要特征
384	二、我国教育体制机制改革的几点启示
390	三、展望未来教育体制机制改革
393	**第三部分　教育政策选择：公平与效率**
395	**论我国现阶段的教育公平问题**
395	一、教育公平是我国教育的基本目标和基本政策

397	二、正确处理不同发展阶段教育公平与教育质量的关系
401	三、促进教育公平的社会环境和政策保障
407	**我国基础教育资源配置的若干趋势**
407	一、教育资源总量配置中的基础教育
411	二、普及与提高：首先保证普及九年义务教育目标的实现，在这个基础上逐步提高普及教育质量和普及教育年限
413	三、重点与一般：逐步改变教育资源向少数重点学校倾斜的政策，办好每一所学校，面向全体学生
415	四、硬件建设与软件建设：在尚未达到基本办学设施标准时，要保证基本办学条件的硬件建设，但从总体上说软件建设要优先于硬件建设，并逐步转向以软件建设为重点
416	五、地区发展：充分利用发达地区优裕的教育资源，发挥试验示范作用，并支持欠发达地区；国家教育投资重点向欠发达地区倾斜，逐步实现地区之间的均衡发展
418	**"短缺教育"条件下的教育资源供给与配置：公平与效率**
418	一、"短缺教育"的发展性特征
420	二、缓解财政性短缺：调整国民收入分配与财政支出结构
422	三、摆脱体制性短缺：扩大政府宏观调控下的市场参与
426	四、调整结构性短缺：强化政府在教育资源配置中调节公平与效率关系的作用
430	**农村教育：现状、困难与对策**

430	一、现状
432	二、困难
435	三、对策讨论
442	**义务教育的均衡发展：从行政措施到制度建设**
442	一、义务教育发展不均衡问题及其成因
444	二、促进均衡发展的政策调整及其效果
446	三、义务教育均衡发展的若干理论、政策、制度问题
448	**城乡教育一体化的新阶段、新任务**
448	一、城乡教育一体化的阶段性进展和存在问题
451	二、新型城镇化对城乡教育一体化提出的新问题、新要求
455	三、深入推进城乡教育一体化的新任务
459	**第四部分　素质教育：人才培养模式的变革**
461	**社会改革　教育改革　思想教育改革**
461	一、思想教育改革与社会改革
464	二、思想教育改革与教育改革
466	三、思想教育改革的现实任务
471	**教育创新的时代内涵**
471	一、教育创新的时代背景
473	二、教育观念创新
476	三、教育教学创新
479	四、教育制度创新
481	**从外延扩张到内涵建设：高职教育发展的新选择**
481	一、我国高等职业教育发展及其特点
482	二、高等职业教育模式和制度建设是内涵发展的重点

484	三、高等职业教育模式和制度建设的几个关系
487	**教师专业化与教师教育的制度建设**
487	一、教师专业化是时代发展的要求
491	二、教师教育的制度建设
493	**追求有质量的教育公平**
493	一、追求有质量的教育公平，是"后普九"时代基础教育发展的内在要求
494	二、借鉴有益的国际经验，正确认识有质量的教育公平
500	三、追求有质量的教育公平的新途径：义务教育内涵式均衡发展
505	**人才培养模式创新的时代抉择**
505	一、人才培养模式创新是中国教育改革的核心问题
510	二、人才培养模式创新的主要内涵
515	三、推进人才培养模式创新的驱动和保障机制
521	**第五部分　改革攻坚之举：教育评价与考试招生制度改革**
523	**我国教育评价现状与改进建议**
523	一、教育评价与学生成长的关系
524	二、我国教育评价的现状
526	三、改进教育评价的三点建议
532	**异地高考，需要积极稳妥地推进**
532	一、异地高考是城镇化过程中必然面对和亟须解决的问题
533	二、解决异地高考问题需要一个有序逐步推进的过程
535	三、因地制宜设定条件是解决异地高考问题的理性和现实的选择

538		关于教育评价制度改革的几点思考
538		一、教育评价制度改革的走向
541		二、强化教育评价的推进性功能
542		三、优化发展性教育评价
545		四、深化考试招生制度改革
547		五、加强教育评价专业化建设
549		深入推进高考招生制度改革
554		高考改革：历史经验与时代使命
		——访国家教育咨询委员会委员谈松华
554		一、恢复高考制度40年来取得的成绩和历史经验
560		二、高考综合改革试点省份的经验总结
563		三、对高考考试内容改革的评价
565		四、对高考改革发展方向的预期

第六部分　未来变革的目标和动力：终身教育、学习型社会和信息化教育

569		我国教育信息化进程中的卫星电视教育
		——兼述教育技术的革新
569		一、社会信息化进程中的教育技术革新：卫星电视教育的社会基础
571		二、现代教育体系中的开放系统和技术系统：卫星电视教育的功能创新
576		三、超越与渐进：教育信息化进程中卫星电视教育的战略选择
579		建设学习型社会与教育信息化
579		一、引言

580	二、建设学习型社会：目标和前提	
584	三、教育信息化：机遇和挑战	
587	四、教育信息化：战略和策略	
589	理念与实践：终身学习体系与学习型社会	
	——中国教育学会常务副会长谈松华访谈录	
589	一、教育思想观念的变化同知识特别是科学技术的发展趋势密切联系	
593	二、建设形成完善的终身学习体系和成熟的学习型社会，还必须经历一个发展过程	
594	三、应该从制度上突破单一的学历本位制度，改革人才培养模式	
600	四、我国的远程教育，重要的是总结经验和教训，找准定位。凡是能够满足不同学习者需要的远程教育，就是有生命力的	
602	中国继续教育的发展及其走向	
602	一、中国继续教育发展的历史进程及其特征	
604	二、中国继续教育的需求与供给走向	
608	三、对于继续教育政策调整和制度建设的思考	
611	**第七部分　教育现代化：教育发展的新任务**	
613	跨世纪中国教育的历史性转变	
613	一、总体性转变：社会主义现代化进程中的教育现代化	
618	二、教育发展：从数量扩张型发展方式向质量效益型发展方式转变	
621	三、教育体制：从体制转轨向制度创新转变	

624	四、人才培养：从学科为中心向学习者为中心转变
629	**走向 21 世纪的中国高等教育**
629	一、未来的社会变革与高等教育的走向
631	二、高等教育发展的大众化
635	三、高等教育类型的多样化
638	四、高等教育体系的社会化
640	五、人才培养的综合化
644	六、教育技术的信息化
646	**"三个面向"：新世纪教育的战略指针**
647	一、实现社会主义初级阶段的教育使命
650	二、回答知识经济和多元文化的全球挑战
652	三、迎接信息时代的学习革命
655	**教育现代化基本概念的界定及对中国教育现代化的几点认识**
655	一、基本概念的界定
662	二、教育形态与教育现代化的内涵
664	三、人的现代化、教育现代化与素质教育
666	四、教育现代化的区域发展进程
670	**中国教育现代化区域协调发展的战略与策略**
670	一、区域协调发展的战略选择：从非均衡发展到逐步实现均衡协调发展
678	二、区域教育现代化协调发展的策略
686	三、区域教育现代化的核心：人的素质现代化与人的全面发展
690	四、区域教育现代化的保障机制：政府与市场的作用

教育现代化的区域发展模式及其机制 ...696
一、发展模式：教育发展研究的一种视角和范式 ...696
二、实证案例：几种不同发展路径的比较 ...698
三、初步分析：模式及其机制形成的客观依据 ...701

科学发展观与学校现代化建设 ...708
一、科学发展观内涵与我国教育发展战略 ...708
二、用科学的发展观指导学校现代化建设 ...718

教育现代化模式之辩 ...721
一、现代化进程与现代化理论 ...722
二、现代化发展模式 ...724
三、中国教育现代化区域发展模式 ...731

高等教育在区域现代化中的作用及其实现条件 ...738
一、高等教育与区域现代化互动关系的案例分析 ...739
二、高等教育促进区域现代化发展的实现条件 ...741
三、高等教育促进区域现代化发展的前景和责任 ...744

再论教育现代化 ...747
一、教育现代化的核心是人的现代化 ...747
二、今天的教育现代化有什么特殊性 ...751
三、中国教育现代化的着力点在哪里 ...753

教育现代化发展应把握四个关键点 ...759

后　记 ...763

自　序

新中国成立特别是改革开放以来，中国教育取得了举世瞩目的成就，实现了历史性的跨越：从低收入国家的教育水平提升到中高收入国家的教育水平；从适应计划经济的教育体制转变为适应社会主义市场经济的教育新体制；从封闭、划一、呆板、精英化的人才培养模式转变为开放、灵活、多样化、个性化和终身化的人才培养模式；逐步建立了具有中国特色的社会主义教育体系。我作为较早参与宏观教育研究并连续参与了80年代中期以来的宏观教育决策的亲历者和见证者，在新中国成立70年之际，希望通过系统梳理我的相关文章，回顾历史，也为宏观教育研究及其发展做一点铺路的工作。

中国宏观教育有组织的研究起步于20世纪80年代，1983年前后国家教委和相关部委组织的全国专门人才需求预测和教育规划研究，国家教育发展研究中心进行的高等教育结构体系研究，开了我国宏观教育研究之先河。1986年《上海教育战略研究》作为国家教育科学重点课题正式启动，到1991年底，全国有17个省、自治区、直辖市和12个中央部委已经或正在制定地区或行业教育发展战略。国务院发布的《中国教育改革和发展纲要》，指导和推动了全国性的教育发展战略研究，由个别城市和行业的探索性研究发展为一大批地区和行业的连片研究，由教育系统少数学科的专题研究发展为跨学科、跨系统、多部门结合的宏观决策研究。1986年教育部设立的国家教育发展研究中心作为国家教育智库，2005年成立的中国教育发展战略学会作为民间学术团体，在推动宏观教育研究长足发展和教育改革发展中发挥了重要作用。如今，宏观教育研究已经成为政府重大教育决策的重要咨询渠道和决策依据。但是，宏观教育研究仍然很年轻，学科建设还需要不断完善。

宏观教育研究区别于以往的教育学研究，在研究目标、范围、方法和成果运用上都有明显的差异。在20世纪80年代及更早以前，教育学主要研究的是教育基本原理和学校教育，而学校教育研究也主要是中小学教育研究。这些研究集中从教育的本质、教育方针、学校教育制度以及教学目标、教学内容、教学方法、教学环境和手段等方面研究人的培养和学校管理，我称其为"微观教育"研究。诚然，教育学目前并没有像经济学那样明确区分为"宏观经济学"和"微观经济学"，且教育的宏观问题和微观问题也是会有交叉重合的，但当今时代，教育越来越成为包含诸多子系统的复杂体系，成为覆盖全社会、全时空的终身学习的庞大组织结构。突破学校教育的微观问题研究，把教育研究扩展和延伸到更加广阔的宏观领域，是时代的呼唤、历史的必然。

实际上，教育战略研究、教育经济学、教育社会学、教育政策学乃至于目前许多学者关注的未来教育研究、教育现代化研究都是把教育的宏观领域问题作为研究对象，为什么还要特别提出"宏观教育研究"呢？宏观教育研究与上述学科或领域之间是交叉与综合的关系。上述学科或领域是从教育与社会的某一方面、某个领域关系的角度来研究教育发展问题，而宏观教育研究是把这些领域的成果综合应用，系统而整体回答教育改革发展问题，研究的是教育在整个社会系统中的地位、作用及其发展规律、运行机制和所需政策，属于宏观决策研究。

宏观教育研究在马克思主义指导下，积极吸收相关学科研究的成果，逐步形成了具有鲜明特征的研究领域，我的体会是：

第一，突破了局限于"就教育论教育"的研究范式，把教育作为一个社会子系统，从教育与经济、政治、社会、科技、文化、生态等方面密切联系的视角，确立教育在国家和社会发展中的战略地位和作用，揭示教育发展的外部影响因素及其相互作用的基本规律。

三十多年来，我国宏观教育研究最突出的进展是确立了教育在国家和社会发展中优先发展的战略地位。教育是国之大计、党之大计。这是党和国家对中国特色社会主义现代化建设理论和实践的科学总结，是新时代国家战略的重大决策，也是多学科、多领域对教育在国家发展中基础性、全局性和先导性地位和作用的研究成果的总结和提升。它不仅是教育改革和发展的根本指针，也是教育研究（包括宏观和微观研究）的出发点和立足点。

在以经济建设为核心的现代化建设总体布局中，教育与经济、政治、科技、文化、生态之间存在着相互依存、相互影响的关系。这种关系在一定程度上影响教育总需求与总供给的变化，使处在不同发展阶段的教育总需求与总供给之间存在差异，处在不同发展水平的地区教育需求与供给之间也存在着差异性。这种差异性影响着教育的目标以及实现途径的选择。教育需求与供给的关系是确定教育战略目标的依据。"教育总需求由于经济加速发展、结构调整提高、城市化过程以及人口因素等可持续增长；而教育总供给的增长却受到经济发展水平、财政收入及国民收入分配等因素的制约。在这种供求关系下，教育发展目标就存在需求导向和供给约束这种两难选择。"一般而言，处在发展水平较低阶段时以供给约束型为主，而上升至较高水平时则以需求导向型为主。

在我们进行区域教育发展研究时发现，由于经济、科技、文化的发展水平不同、作用方式不同，则会产生教育的不同发展路径和模式。"如果我们把教育外部的经济发展水平、产业结构、财政资源、地域环境等作为物质因素，把经济政治体制、政府治理结构水平、政策法规效度作为能量因素，那么，不同地区教育现代化发展就是在这种不同的物质、能量的交换中形成不同的发展模式。"

第二，突破单纯研究学校教育的局限，把教育转变为学习，组合正规教育、非正规教育和非正式学习等多种形式，统筹教育界和社会各种资源，加速构建基于终身学习体系的学习型社会。

"顺应教育正在日益向着整个社会和个人终身学习方向延伸的需要，必须完善教育体系。终身学习框架应包括人的生命周期中的所有学习——从婴儿到生命终结前各种环境和各种形式下的教育和学习。终身教育体系更大范围地囊括了诸如学校教育、工作场所教育、社会教育、网络教育等各个系统的一种统合而协调的体系。"

在终身学习体系建设中，学校教育体系必然会调整和变革。基础教育在立德树人、传授知识和技能的过程中，将更多地为学生的终身学习和发展打基础。职业教育和高等教育不再是传统意义上的终结性教育，而是人们获得职业技能提升和知识更新的持续过程，其社会化趋势愈加明显。"未来的高等教育机构将实行更加灵活的入学制度，提供正规学历教育、学历补偿教育、知识更新和继续教育等；还要设置多种多样的课程类型和培养途径，有系统的学历教育课程，有组合的证书教育课程，还可以有知识更新和补偿性的单科课程，让受教育者有自行选择和组合的机会；建立以广播电视远程教育为载体的开放教育系统，通过信息网络实行高校之间的资源共享，以形成覆盖社会各种人群、向全社会开放的社会化高等教育系统。"随着终身学习体系建设，学校教育系统之外，将会出现各种从事非正规教育和非正式学习的教育机构，学校教育系统、企业教育系统和社会教育系统之间会越来越多地相互影响、相互衔接、相互融通，边界会越来越模糊，形式会越来越多样化。

第三，突破单项改革或局部改革的思维方式或路径依赖，把教育改革作为包括技术、制度、文化等因素影响的综合变革的过程，探究各因素间相互影响、相互渗透和相互作用的机理，推进教育改革、技术变革、社会改革同步配套的整体性的综合改革。

教育改革是宏观教育研究的关键性问题，涉及教育内部和外部诸多方面和领域，受到诸多因素的影响和制约，这些因素之间往往又存在着关联性。单项改革设计常常会在实践中"变形"甚至事与愿违。例如，信息技术对教育具有革命性影响，但是在运用信息技术过程中，不改变教育思想、教育方法、师生关系以及相关的教育教学制度，技术只会成为增强知识灌输的工具，不可能改变教育生态，催生新业态。又如，我国新高考改革的制度设计为"分类考试、综合评价、多元录取"，原意是增加学生和高校的选择性，希望通过改革考试评价制度，减少非理性升学竞争，减轻学生的课业负担，拓宽人才选拔渠道，提高人才培养质量。试点地区的实践说明，尽管新高考改革取得了显著成效，但由于在考试内容改革、招生制度改革、用人制度改革方面的配套不够，特别是教育观念和社会文化观念的功利化倾向干扰，使得改革要达到制度设计的目标，仍然需要长时间的努力。

第四，突破教育管理单纯强调自上而下的行政化范式，把教育管理作为自下而上与自上而下相结合的协调过程，探索在政府主导下，构建政府、学校、社会、市场共同参与的教育治理结构，实现教育治理体系和治理能力的现代化。

政府职能的改革是管理体制改革的关键。"在政府职能上，要从'全能政府'向'有限政府'转变，即改变计划经济体制下政府无所不包、无所不管的'全能政府'的状态，分清在教育服务提供中政府与社会、市场的边界，政府承担应该承担、也能够承担的权力和责任，避免包得过多、统得过死的弊病。在政府治理方式上，从主要依靠行政指令向建设法治政府转变，在依法治教的治理框架下，综合应用法律的、经济的、政策的、信息的和必要的行政手段，同时要适度发挥市场调节的作用，变人治为法治，管理为治理。在政府作用的定位上，从'管制型政府'向'服务型政府'转变，并围绕建设服务型政府调整政府机构设置、治理结构和运作程序，发挥社会中介组织在提供公共服务中的作用。"

提高学校主动适应和促进社会发展以及人的全面发展的能力，是管理体制改革的根本。学校依法治校，政府依法治教，教育行政部门和学校之间建立以法律为依据的、权利和责任相对等的关系，建立学校自我发展和自我约束的机制。这种机制大体包括三个相互联系、相互制衡的部分：其一是理顺行政权力与学术权力之间的关系。其二是完善学校法人治理结构。其三是建立和完善学校与社会双向参与互动的机制。

社会以多种形式广泛参与，是管理体制改革的重要内容。要鼓励社会在投入、管理、监督、评价、中介等多方面的积极参与，最大限度地利用社会资源，办好更高质量更加公平的教育。在学校教学和管理方面的社会参与，可通过多种途径，落实社会（社区）参与学校办学、管理的知情权、问责权和监督权。政府管理的一部分职能将由社会中介机构承担，中介机构通过咨询、信息服务、就业指导、职业介绍和教育评估等方式服务，成为政府、社会、学校相互联结和沟通的重要纽带。

宏观教育研究植根于中国教育改革发展的实践沃土。我于1988年从上海市委研究室调入国家教育发展研究中心工作，有幸在郝克明主任创建和领导下的这个教育智库平台上，开展课题研究，参与国家教育重大决策研究。本书所遴选和收录的68篇文章，是从80年代以来在报纸杂志上发表的220多篇文章中遴选出来的。全书按专题分为七个部分，每一部分的文章都按时间顺序排列。文章遴选强调了代表性，反映了中国教育实现历史性跨越所面临的复杂问题、严峻挑战以及所做出的战略选择和政策演变的历史过程。其间的几乎每一步都经历了争议和曲折的历程，对我而言，确实是一条学习求索之道。尽管所选文章都是我作为唯一作者或第一作者，但其中吸取了许多领导和同事们的智慧。我希望此书尽可能真实地反映当时的历史背景、战略抉择和实施效果，无论它是对是错，都应接受现在和今后更长时间的检验；也希望本书能够引发读者特别是研究者、决策者更系统的思考、更睿智的选择。

参考文献

1. 郝克明、谈松华："我国教育发展战略研究的进展与展望——兼述教育战略研究理论与方法的若干问题"，《中国高等教育研究》，1992年第8期。
2. 谈松华："跨世纪教育的历史性转变"，《教育研究》，1996年第6期。
3. 谈松华："教育现代化的区域发展模式及其机制"，《教育发展研究》，2006年第7A期。
4. 谈松华："全民学习践行教育终身化战略"，《中国教育报》，2015年9月9日第7版。
5. 谈松华："高等教育发展的跨世纪展望（下）"，《北京高等教育》，1998年第3期。
6. 谈松华："以制度建设为重点深化教育改革"，《中国教育报》，2007年12月1日第3版。

第一部分
总论：教育发展战略与人力资源开发

重视教育发展战略的研究①

把教育作为一个大系统进行宏观性的战略研究，既是教育发展的迫切需要，也是社会发展的客观要求。但是，对于这个问题的认识并不一致。有些同志感觉现在各种战略搞得太多了，许多迫在眉睫的问题还解决不了，舍近求远去搞战略研究是高谈阔论，不务实事。更多的同志则认为，搞战略研究是领导部门的事，不是把它当作整个教育战线乃至各行各业的共同任务。

应当承认，教育界在理论和实践方面遇到的问题是双重的：既有微观方面的问题，也有宏观方面的问题。教育理论工作者在研究方向上各有侧重是必要的。但是，现在看来教育宏观问题的研究显得比较薄弱，而微观研究同宏观研究又是密切相关的，不在宏观上进行总体研究和设计，微观的研究就会失去方向，即使有些成果也很难从根本上改变教育发展的格局。

那么，应该怎样认识教育发展战略研究，它的意义和目的何在呢？我想结合上海的实际情况谈几点想法。

研究教育发展战略首先是为了适应经济社会发展的需要。《中共中央关于教育体制改革的决定》明确提出了社会主义建设必须依靠教育，教育

---

① 谈松华，"重视教育发展战略的研究"，《上海教育科研》，1987年第1期。

必须为社会主义建设服务的根本指导方针，为整个教育事业的发展指明了方向。现在的问题是，教育研究如何才能适应社会主义建设的需要，更好地为社会主义建设服务？我认为教育界对这个问题还不能说已经做出了完满的回答。这是因为现代化建设和全面改革正改变着我国经济社会发展的模式，教育不可能依然在旧模式中运行，经济社会发展战略的相继制订为这种改变做出了总体设计，势必要求教育也要确定自己的相应的发展战略。例如上海在今后几十年将要实现结构性和功能性的变化，由工业基地变为多功能的经济中心，由以劳动密集型为主的经济结构转变为以资金和知识密集型为主的经济结构，由内向型城市变为外向型城市。这就对上海各级各类人才提出新的要求，这种要求不仅指数量上的增加（例如各种专门人才"七五"期间比1985年增加70%），而且包括人才结构和素质上的新要求，主要是指调整各种人才的层次和专业科类结构，提高专业干部、管理人员和城乡劳动者的思想和文化素质。据初步测算，在"七五"期间上海在新兴工业和第三产业方面亟须补充9.4万人，高级专门人才将由1983年的占专门人才总数的1.5%增加到3%，中高级技工由"六五"期间的32%增加到60%，许多大型基础设施、合资企业、旅游设施的项目缺少高级管理人员。对于人才培养的这种新要求涉及教育结构、体系和布局的调整，并不是靠局部调整和短期措施可以解决的。人才培养周期长，具有超前性的特点，等到需要人才时才去筹划已经太晚了。我们以往教育上的被动局面同缺乏长期战略考虑也是有一定关系的，而教育决策上的失误短期内又不易发觉，发觉了也不是很快就能纠正的。因此，教育战略的研究不仅是经济社会发展战略的重要组成部分，并为它提供智力保证，而且也是教育自身发展特点所要求的。

现代经济和科技的发展不仅对教育发展提出了新的要求，而且正引起教育内部的深刻变化。教育现代化成为当代教育发展的潮流和趋势。研究教育发展战略正是为了适应教育现代化的这种客观要求。

从20世纪60、70年代以来，现代科技和经济的发展正迅速地改变着世界的面貌，教育正在经历着现代化的过程。可以预料，随着新技术革命的到来，教育的变革过程将会更加全面和深刻。这种变革涉及教育功能、教育对象、教育目标、教育手段和组织形式等等，尤其是随着社会经济、文化水平的提高，人们对教育的要求更为多样；终身教育的实施，将使教育在空间和时间上极大地扩展和延伸，大众传播手段的日益普及，不仅将改变学校教育的方法，也会改变教育的组织形式。在这种情况下，传统的教育概念正在发生变化，学校的一次性教育将被学习化社会的大教育所代替，封闭式的教育将被开放式的教育所代替，单一的、呆板的教育模式将被多样的、灵活的教育制度所代替。总之，适应社会的现代化，教育必然要经历现代化的变革，这种变革不仅是教育内容和方法上的现代化，而且是教育制度整体性的改革。只有在宏观战略上搞清了方向和目标，才能对教育的现代化做出总体设计，才能使微观的改革沿着正确的道路一步一步地前进。

教育发展战略的研究不仅着眼于国内的现代化建设，而且还极大地影响到世界范围内经济、科技的竞争。从长远来说，它正是为了迎接未来的挑战。

当今世界经济社会的发展越来越依赖于科学技术的发展，而科学技术的发展归根到底又取决于人的素质的提高。在这种背景下，国际上许多有识之士已经敏锐地发觉，21世纪将是人才智力竞争的世纪。有人说，谁能在人才智力上占有优势，谁就有可能称雄世界。正是基于这样的认识，国际社会正把目光从外部物质世界转移到人类内部潜力的发掘，学术界、企业界和政界都从不同角度探讨未来人的素质。为了提高人的素质，他们当然都会关注未来教育的发展和改革。进入20世纪70、80年代以来，美、日、苏*以及联合国教科文组织都在从总体上探索教育改革的方案，提出了适合各国实际的方针、建议和设想。尽管各种主张的侧重点各有不同，但有一个共同点，他们都认识到改革教育使之培养适应下个世纪需要的一代新人，是迎接未来挑战的最重要的措施，他们不约而同地都把目标瞄准21世纪。

这个信号对我们无疑是一个严峻的警告和挑战：那些经济、文化和教育都很发达的国家都在为未来做长远筹划，他们十分清晰地意识到行将到来的世界性竞争是咄咄逼人的，谁不及早做好充分准备，谁就会在这场竞争中败北。这种紧迫性我们更有切肤之感。因为我们是在一个很后的起跑点上向前追赶（据粗略测算，像上海这样一个文化教育比较发达的地区，20世纪80年代中期智力开发程度大体相当于日本20世纪50年代早期的水平），如果没有战略眼光，特别是不及早研究和采取突破性的战略决策，要想赶上发达国家是十分困难的，如果采取近视的决策，则不仅不能缩短同世界先进水平的差距，反而会拉大这种差距，那就会影响我国现代化建设战略目标的顺利实现。在这一点上可以毫不夸大地说，研究教育发展战略是关系我们民族未来的一件大事。

当然，研究教育发展战略是一项长期的任务，不是靠短时间突击可以完成的。它又是一项牵涉面广、跨度大的综合性研究，不仅需要教育系统的努力，还需要经济、科技、文化以及组织、劳动、人事部门的通力合作，不仅要有教育领导部门和实际工作者的积极参加，还要发挥教育理论研究人员的集体智慧。对于教育界的同志来说，我认为特别重要的是要有强烈的参与意识和敢于创新的开拓精神，既要认真总结和尊重历史经验，又要敢于突破不适应新情况的旧模式，既要踏踏实实地进行教育基础理论

---

* 指苏联。本书所有文章中出现的苏联，无论文章发表时间先后，都指1922年12月至1991年12月之间存在的世界历史上第一个社会主义国家。——编者

的系统研究，又要善于根据新经验概括新的结论，既要学习和借鉴国外现代教育的有益的经验和理论，更要把着重点放到探索适合中国国情的教育规律和教育理论，形成具有中国气派的教育科学。我相信，由教育界广泛参加的教育发展战略的研究，将会促进教育界思想理论的活跃，教育改革实践的多姿多彩，从而带来教育科学的繁荣。而教育理论和实践之间在战略研究中的密切结合和相互促进，将为教育事业百舸争流的明天开辟新的航道。

教育是社会发展战略的重点②

今年 6 月开展的上海教育发展战略研究,是一次跨度大、综合性强的课题研究,经过几个月的基础工作和专题研讨,得出了一个初步的认识:战略研究要把重点放到扎实的调研和思想观念的更新,形成符合实际的、观念上有所突破的战略思想。这应该成为战略研究的一根主线。

一、教育发展研究的重点在于战略思想的探索

教育要不要作为战略问题进行研究?它有没有自身的战略思想?这个问题尽管党的十二大明确把教育作为现代化建设的战略重点,但是实际上认识还是不统一的,有的同志认为,研究教育发展战略是"赶浪头""凑热闹",这种认识不仅同长期来人们习惯于把教育作为上层建筑一部分从属于政治的观念有关,也同以小生产观念看待教育问题相连,特别是不少人不了解培养人才的周期长,教育更要做长远战略研究的特殊性和紧迫性。如果我们都把教育放到现代化社会发展的总过程加以考察,并且深入地探讨现代教育内部正在发生的深刻变化,以及考察国际教育界对于教育发展战略的普遍关注,就会发现研究教育发展战略是社会发展战

---

② 谈松华,"教育是社会发展战略的重点",《地区发展战略研究(内刊)》,1987 年第 4、5 期合刊。

略的战略重点。

从教育的外部关系上说,现代经济和科技的发展改变了教育在社会发展中的地位和作用,使它成为关系社会发展全局的战略问题。在小生产的条件下,劳动者技艺的传递主要靠个人经验的传授,近代工业的出现要求学校对劳动者施以系统的科学教育;在这种情况下,科学技术的变化比较缓慢,对于劳动者素质的要求也比较稳定,尤其在小生产条件下,教育对经济发展的作用并不直接明显地表现出来。而在现代科技突飞猛进的情况下,经济的发展对科技的依赖日益加深,劳动者的素质能否全面提高对于经济的发展至关重要,甚至已经成为经济发展具有决定意义的主要因素。由此得出了这样的认识:现代化的关键在科技,基础在教育。这就使教育成为社会发展的战略问题。

上海在近代之所以能发展成为全国经济、文化的发达地区,除它优越的地理位置外,主要的还是靠它的技术、智力优势,就是集中了一大批国际国内较有水平的科技、经济、文化和管理人才。但是,由于种种原因,上海这种智力优势正在逐步削弱。据近年来的调查和预测,上海专门人才占劳动力的比例已落后于一些兄弟省市,熟练技术工人的比例低于"文革"前的水平,管理人员文化水平不高,知识面窄,有的行业和企业技术人员和熟练工人的拥有量低于有的省市同类企业的数倍。这种智力优势的削弱带来了上海某些产品的技术优势丢失,因而在国际市场和国内市场都缺乏竞争能力,严重地影响上海在现代化建设中的地位。尤其值得注意的是,随着上海经济结构和城市功能的变化,工业基地变为多功能的经济中心,内向型城市转变为开放型城市,劳动密集型经济为主转变为技术密集型经济为主,以及高技术、新兴技术和文化事业的发展,这都对教育事业提出新的要求。因此,教育的发展已经不可能把眼光局限于教育自身的范围之内,必须从社会发展全局的角度、从战略上研究上海教育的未来。

从教育的内部关系上说,现代社会的发展正在引起教育功能、对象、内容、内部结构和组织方式的深刻变化。教育的全面改革已成为一种世界潮流,成为教育发展的根本前提。20世纪80年代以来,国际教育界为培养21世纪新人正在酝酿着一系列新的教育改革构想。我国教育改革尽管取得了很大成绩,但是,由于长期封建传统文化和殖民主义奴化教育的影响,以及新中国成立以来学习外国经验的教条主义和"左"的指导思想影响,在教育思想、教育体制、教育体系、教育结构以至内容、方法上都存在着脱离社会主义建设客观需要和不完全符合教育规律的问题,这种状况在全党工作重点转移之后显得更为突出。上海也不例外,例如,基础教育片面追求升学率,高等教育追求高学历,成人教育包括干部和职工教育也走学历文凭的道路,导致整个教育工作围着考试、升学、学历、文凭转。这种状况的出现,既有教育内部原因,也同外部影响密切相关,其中现有的劳动人事干部制度就是教育追求升学率、高学历的一个重要原因。

总之,要解决教育发展所面临的外部和内部问题,都不能着眼于眼前的考虑和局部性措施,而必须要有战略考虑,做出总体设计。值得注意的是,这种考虑和设计不能在旧思想、旧轨道上做预测、定指标、订规划,而是要探索新的战略思想作为战略研究的向导。而战略思想突破的关键在于教育思想观念的更新。

二、战略思想突破的关键在于教育思想观念的更新

所谓教育战略思想是指教育发展中的根本性、全局性、长期性的指导思想。这个指导思想对于教育发展是有定向作用,也是处理教育内部和外部关系的指导思想。

新中国成立以来,虽然没有明确地用战略思想来表述各个历史时期教育发展的指导思想,但是这种指导思想是客观存在的。例如,新中国成

立初期，维持改造旧学校，学习苏联经验，建设社会主义新学校，培养为建设新中国服务、为人民服务的人才的思想；20世纪50年代后期，为无产阶级政治服务，与生产劳动相结合，培养无产阶级革命事业接班人的思想；"文革"中把学校办成无产阶级专政的工具，培养"斗走资派的战士"的思想，等等。历史表明：教育发展的战略思想总是受一定时期社会经济、政治、文化的影响，而社会经济、政治、文化的变化又必然引起教育战略思想的变化。这种战略思想的转变又是同教育思想的价值功能的观念，与人才观念的变革紧密联系。因此，教育战略思想的转变实质上就是教育思想观念的变革和更新。

根据几个月的调查研究，我们认为，要使教育发展，首先要变革教育观念。这种观念的变革主要有五点：

第一，由教育被动地适应经济发展的观念转变为把教育作为第一战略产业的观念。在上海的现代化建设中，最大的优势是要发挥技术、智力的优势，即人才优势，所以，教育作为上海现代化建设的战略重点应是题中之义。但是，如果把教育放在被动地适应经济发展的地位，那么，只能是等经济发展后再想到发展教育，教育就会成为没有战略措施的战略重点。按照这种指导思想来形成教育发展战略，必然使教育滞后发展，拖现代化建设的后腿。因此，要真正确立教育的战略地位，就要克服见物不见人的观念，把软件开发即人才开发放到优先地位，确立教育超前发展的战略思想。

第二，由适应产品经济的教育观念转变为适应商品经济的教育观念。上海在历史上是我国商品经济最发达的城市，但在新中国成立以来的经济模式下，上海对计划经济体制的依赖比之有些地区更为紧密。教育在这个模式支配和影响下，在教育体制和教育思想上就统得过死，包得过多。因而，从学校、教师到学生缺乏竞争机制，缺乏压力、动力、活力；学校办不出特色，教师和学生的创造性受到压抑，缺乏适应社会多方面需要的有特色的人才。要改变这种不适应商品经济的教育体制和教育观念，首先要引进竞争的观念和机制；承认学校是独立的办学实体；把传统的纵向依附联系的观念改变为纵向与横向结合的网络状组合的观念，承认教师和学生的独立性，充分发挥他们的创造精神和聪明才智。

第三，由封闭的教育观念转变为开放的教育观念。上海的教育历来具有开放的传统，同社会经济、科技、文化事业联系密切，并且能博采多国之长，曾办出了一批有特色的学校。但是，长期的封闭的环境也造成了教育观念的封闭性，缺乏信息观念；对于国外经验或拒绝接受，或照抄照搬，缺乏学习创新观念，以及教育与社会实践隔绝，缺乏学校与社会一体化观念等等。由封闭观念向开放观念的转变是教育思想观念变革的一个重要内容。教育的现代化是同社会化、国际化相联系的，上海的教育应该更加国际化。这就要求上海教育发展的战略思想更具有开放性——具有博采众长、兼收并蓄、为我所用的全方位开放观念，具有面向世界、迎接挑战、敢于参与世界人才竞争的观念，具有拆除学校封闭的墙、主动参与社会生活的教育多功能观念等等，使上海的教育不仅成为对外对内开放的重要阵地，更要成为对外对内开放的工作母机，为上海的对外对内开放提供决策咨询、技术储备和人才资源。

第四，由局限于学校教育的传统教育观念变为终身教育的大教育观念。研究上海教育发展战略的着眼点是提高全民的素质。学校教育固然是提高全民素质的基础，而现代社会的发展是要求人从出生直到生命的终结接受终身教育，是不断提高人自身素质的全过程。这样，学校教育只不过是教育的一个部分和一个阶段，要大大扩展教育概念的时间和空间范围，就是说，从婴幼儿到老年教育，从学校、工厂、农村、机关、企事业单位一直到社会文化设施都包含在教育范围之内，使教育覆盖社会全体成员和社会所有团体、机构和设施。

第五，由模式化的人才观念转变为个性化的人才观念。大家知道，任何教育的最终成果总是表现为培养出一定规格的人才，而教育思想观念的转变也总是同人才观念的变化密切联系的。由于不同历史时期对于人才素质的要求不同，人才观念就具有历史的、时代的特征，受到社会经济政治体制和教育模式的影响。在产品经济和计划体制的条件下，由于人才计划调配、统包统分，整齐划一的模式化的人才观念占了主导地位，培养出来的人往往被人们称为"仪仗队"式的人才，很难形成多姿多彩的人才群，各种有特殊才能的拔尖人才难于脱颖而出。新的人才观应该适应现代经济、科技、文化的发展，适应商品经济的发展，具有个性多样化的特征，使教育能最大限度地开发各种人才的潜能，给每个人尽可能地全面发展自己的余地，真正形成行行可能出状元、人人可能成人才的社会环境。

只有摆脱了自己思想观念的羁绊，确立了适应时代要求的新的教育观念，教育发展的正确的战略思想才可能形成，才能制定出符合社会发展要求的教育发展战略。

中国教育发展战略若干问题的研究思路 ③

教育发展战略研究,作为我国教育科学的一个新领域,受到各方面的关注,正由地区性和行业性研究发展为研究国家中长期战略问题。开展这样一项时间跨度大、涉及面宽的宏观研究,要在马克思主义的指导下,进行多种研究思路的探索,并不断开拓其广度和深度。本文只是从一种角度提出设想,需要在实践中不断修正、补充和完善。

一、教育发展战略研究内涵的界定

战略研究一般是指对于某一领域全局性问题的总体谋划。就我国教育领域而言,现阶段具有战略意义的总体性问题主要是:如何坚持教育的社会主义方向,培养数量适度、质量合格、结构合理的德智体等方面全面发展的社会主义建设者和接班人,使我国教育事业主动适应社会主义现代化建设的需要。围绕这个根本性问题,可以从不同方面和不同角度做出战略筹划。我们这里着重从宏观方面探讨教育发展问题,也是从这个范围内界定研究内涵。

---

③ 谈松华:"中国教育发展战略若干问题的研究思路",《中国教育发展的背景、现状及展望》,中国卓越公司,1990年。

（一）教育发展战略研究属于宏观决策研究范畴

教育科学研究在以往比较侧重于学校教育（如课程论、教学论，学校组织管理等）的微观领域，取得了丰硕的成果。随着心理科学、思维科学的发展以及现代科学技术渗入教学领域，21世纪教育面临的诸多新问题，将会促成微观领域研究的重大突破。但是，现代教育在时间和空间上的扩展，使教育和社会的联系日益密切，教育的微观领域和宏观领域也更加紧密地结合在一起，从宏观角度研究教育活动和教育现象，已经成为教育科学研究的一项重要任务。

新中国成立以来，我国教育事业有了很大的发展，积累了丰富的经验，也有过一些教训。其中，教育宏观决策的正确与否，对于教育工作的进退得失起了关键性的作用。系统地研究我国教育宏观决策的历史经验，是保证教育事业健康发展的一项基础性工作。从总体上说，我们党和国家历来是重视教育工作的，教育事业一直是作为国民经济和社会发展计划的一个部分统筹安排的。但在相当长时间内，教育被当作社会福利事业和消费性投资，缺乏从经济和社会发展的整体的角度去认识和筹划教育发展。党的十一届三中全会之后，随着党的工作重点的转移和党的基本路线的提出，教育对于社会主义现代化建设的作用逐渐受到重视，党的十二大把教育作为经济建设的战略重点之一，党的十三大进一步把发展教育和科技放到经济发展战略的首要位置。教育和社会之间的协调发展已经成为一个带全局性的问题，宏观教育研究提到了国家决策的视野之内。于是，宏观教育研究逐渐受到重视，并有了新的发展，继20世纪80年代初期的专门人才需求预测和教育规划研究后，20世纪80年代中期开始，部分地区和行业开展了教育发展战略研究。国务院教育工作研讨小组研究制订《中国教育改革和发展纲要（1990—2000年）》，标志着我国宏观教育研究进入了一个新的阶段，教育发展战略研究纳入了国家宏观决策的范围，并且成为它的一个重要组成部分。

我国宏观教育研究还有其深刻的国际背景。在国际上，宏观教育研究大约是在20世纪60年代初开始的。在这之后的一段时间内，人们从经济学、社会学、未来学等角度思考教育问题，尤其是以下三个方面研究的进展对于宏观教育研究起了较大的促进作用：

一是以舒尔茨为代表的"人力资本"理论的问世，揭示了教育作为人力资本投资在现代经济增长中的作用，据他推算，1929—1957年美国教育投资对国民收入增长的贡献为33%。以后，另一位经济学家丹尼森更精确地计算为27%。结论是人力开发的投资是比物质资本投资更重要的经济增长要素，从总体上揭示了教育发展和经济发展之间的内在联系，这就为宏观教育研究奠定重要的基础。

二是20世纪70年代联合国教科文组织委托以法国前总理富尔为首的专家小组起草的《学会生存——教育世界的今天和明天》的发表。这份对世界教育发展产生深刻影响的文献，根据正在发生的新技术革命对人类社会生活发生的影响，指出学习已经成为人们生存的基本条件，这种学习不能满足于青少年时期学校教育的一次性学习，应该成为贯穿人的一生的连续过程，从而提出了著名的终身教育思想，提出了学习化社会的主张。这里体现了教育和社会一体化的思想：教育不再只是学校这种专门教育机构的责任，开始从学习社会化和社会学习化的角度观察教育，无疑为宏观教育研究提供了重要的指导思想。

三是20世纪70年代中期罗马俱乐部发布的《学无止境——迎接未来的挑战》研究报告。这份报告指出：人类面临着的诸如人口问题、资源问题、环境问题等等严峻的挑战，大多是人类自身行为造成的后果，其原因之一在于长期以来人类习惯于维持性学习的思维和行动方式，或称撞击式学习即靠学习已有知识对事变做出被动反应的思维和行动方式，不能回答人类面临的新情况。为了迎接未来挑战，需要转变为一种"创新性学习"或"预期性学习"，也就是要着力改变教育思想和教育制度，依靠发掘人类自身的潜力尤其是创新能力来应对面临的挑战。这种从人类未来发展观察教育问题的视角，自然为宏观教育研究开拓了广阔的领域。

当然，还有其他理论和实践方面的新发展也推动了宏观教育研究的发展。但归根到底还是由教育内部和外部环境的深刻变化和实践需要所推动的：

从教育外部说，社会发展一方面呈现出整体化、综合化的趋势，教育成为这种综合因素中的一个举足轻重的部分，必然纳入社会总体发展战略之中；另一方面各国之间的发展既相互联系、相互依赖，又更加剧了竞争和斗争。这种态势不仅反映在各国之间综合国力的竞争、民族素质的竞争，也在一定程度上突出地反映在思想文化上两种意识形态的斗争。因此，无论是经济增长、科技进步、提高综合国力，还是提高民族素质、培养社会主义事业接班人，其基础都在于教育。教育成为整个社会发展的战略重点，势必要求它自身做出战略思考和设计。

从教育内部说，随着教育功能的演进和终身教育的发展，教育已经成为时空大大扩展、庞大而复杂的社会子系统。它几乎渗入到社会生活的各个领域，覆盖社会全体成员，成为每个社会成员生活的一个部分。面对这种规模大为扩展而功能日益复杂的教育系统，单纯的微观研究已经不能完全回答当代教育发展中的许多问题了，例如教育的总体规模、普及教育的程度、教育的结构和体系、教育的体制和运行机制等等。这些问题直接影响和制约微观过程，不从宏观上做出科学的决策，微观上的进展会很缓慢，甚至难以实现。

正是在这种背景下，宏观教育研究尤其是决策研究日益受到重视并迅速发展了起来,教育发展战略研究作为这种宏观决策研究一个组成部分,也出现了方兴未艾的发展势头。

(二)以新的"发展"观念界定教育发展战略的内涵

对于发展战略内涵的界定,不少辞书和专著都有过一些说法。各种提法尽管有所不同,还是可以概括出一些共同的特征:战略是对于一定时期内,与总目标相联系的全局性、根本性和长期性问题的谋划与决策。显然,停留在这种一般性定义上还不能揭示教育发展战略的深刻的内涵,需要从新的视角去观察"发展"问题,赋予"发展"以新的内涵。

在传统观念中,"发展"和"增长"这两个概念是混同或等同的,即把发展主要看作是数量的增长、规模的扩展、速度的加快。用这种观念研究宏观教育,在一段时间内侧重于依据人力需求预测做出人力培养规划,这在一定意义上是必要的,有价值的。但它忽视宏观教育的整体性,尤其是数量增长研究,时间跨度越大越不易测准,例如20世纪60—70年代的"地中海规划"和若干国家的中期教育规划大多与其实施结果有较大出入。于是,人们对于从宏观上研究教育发展问题产生了怀疑。撇开教育规划自身的条件和方法问题之外,这里暴露了单纯从数量增长角度研究教育发展问题的局限性,需要从更加宽广的角度研究教育发展问题。

对于"发展"内涵的研究,并把它同"增长"概念相区别,首先是从经济学界开始的。在20世纪60年代中期到70年代初,一批专门从事发展中国家经济发展和比较研究的经济学家,在肯定以人均国民生产总值作为衡量经济增长综合指标的必要性的同时,指出了这一指标用于衡量社会发展水平时的局限性。一般地说,人均国民生产总值同社会发展的其他指标呈正相关关系,如以农业劳动力比重为例,低收入国家平均占71%,中等收入国家占44%,工业化市场经济国家占6%;成人识字率，低收入国家平均 50%，中等收入国家 66%，工业化市场经济国家 99%。但是，诸多研究表明，收入多少并不是衡量发展水平的唯一指标，有的低收入国家如中国的平均寿命和成人识字率达到中等发达国家水平，而石油输出国虽然人均国民收入 12,630 美元，但农业劳动力占 46%，平均寿命 57 岁，与低收入国家的平均数相等，成人识字率仅 25%，低于低收入国家水平。因此，一些国际组织开始采用综合社会发展指标来衡量社会进步和发展水平，例如联合国开发计划署在《1990 年联合国人文发展报告》中，采用平均寿命、成人识字率，人均 GNP 这三项指标作为各国人文发展指标；世界银行采用人均 GNP、人均能源消耗量、农业部门劳动力比例、平均寿命、成人识字率五项指标衡量社会发展水平；中国社科院社会学所亦采用包括社会结构、人口素质和生活质量等 16 项指标作为衡量社会发展水平的综合指标。这些研究成果反映了一种新的经济社会发展观念，即发展不仅指经济总量的增长，而且包括经济社会结构演进和生活质量的提高等综合内容，实际上具有社会进步的内涵。

这种发展观念对于研究教育发展问题同样有现实的借鉴意义。在相当长时间内，与传统的经济增长理论有关，教育的发展也是偏重于数量的增长和规模的扩展。但是，在每次大发展（如 1958—1962 年、1983—1986 年）之后，又要经历一个以调整结构和提高质量为主要内容的阶段。这说明教育发展亦有其内在的整体性要求，单纯的受教育人数和年限的增长并不完全代表教育的发展和进步，只有教育这个社会子系统的整体协调发展，即教育系统内部各个部分的均衡发展以及教育与社会之间的协调发展，才称得上是具有社会进步意义的教育发展。这也正是教育发展战略研究的基本内涵。

弄清教育战略研究的基本内涵，也就可以大体把握教育战略研究主要领域的脉络。当然，这个问题的研讨还刚刚开始，不可能界定得十分准确。

为了讨论方便，根据我国和国际教育发展的经验，参照经济社会发展的概念，仅提出六个方面作为参考：①教育事业的规模、居民普及教育程度；②教育结构的协调和优化；③教育质量和水平的提高；④教育制度（包括体制）的改进；⑤办学条件（包括师资、教学设施等）的改善；⑥教育思想理论的革新。

其中，教育经济效益和社会效益的提高，则是贯穿这些方面的基本要求。显然，这样的概括和界定不免挂一漏万，甚至舍本逐末。我们并不想就此加以限定，而是想提供一种思考问题的视角，力求从教育发展的外延和内涵、数量和质量、硬件和软件相联结的角度加以探讨，并且从中把握教育发展战略研究主要领域的大体轮廓。

二、教育发展战略的研究思路

战略研究一般地说包括战略思想、战略目标和战略对策这样几个主要部分。教育发展战略研究的主要内容，可否考虑为在综合分析教育发展内部和外部环境的基础上，做出战略选择（包括战略指导思想和战略重点的选择），确定战略目标，并据此进行有效的资源配置，提出相应的对策措施。这里，仅就其中的几个问题提出一点研究思路，供参考。

（一）战略思想的选择

任何战略都表现为对于发展方向、模式和重点的选择，也就是要在影响和制约发展的诸多因素中，经过权衡、排列、取舍进而做出选择。这种选择对于整个战略具有牵一发动全身的作用。例如沿海经济发展战略就是这样一种对整个经济发展具有影响全局作用的战略选择。战略选择可以有总体的，也可以是部分的、分层的，例如在经济和社会方面就有沿海、西部、黄淮海和黄河三角洲等不同区域的战略。教育也应有总体和分类的战略，便于分层决策。

战略思想的选择是对于教育内部和外部环境的一个复杂的认识过程，也就是把教育发展放到我国的社会大环境，并联系国际大背景进行考察。这种环境研究，大体上可以从三个方面进行：一是比较全面地分析我国社会环境对教育的影响和要求；二是力求系统地分析新中国成立以来尤其是近十年来我国教育发展的历史经验和现实状况；三是选择若干有参照价值的国家和地区进行国际比较。这里的关键是对于我国国情的准确而深入的把握。我国是一个有近12亿人口、处于社会主义初级阶段的发展中国家，在今后几十年内，要按照"一个中心，两个基本点"的基本路线，把我国建设成为富强、民主、文明的社会主义现代化国家。这是我国基本国情，这种国情决定了在进行教育战略选择时，应该把坚持社会主义方向、面向现代化、面向世界、面向未来作为根本的前提。在这个前提下，把影响和制约教育发展的各种因素进行分析、综合、排序，找出关键所在，做出战略选择。

在影响和制约我国教育发展的诸种因素中，我们选择四个方面进行分析：

1. 经济

经济的增长影响教育发展的规模和速度；经济和产业结构的变化，也会带动教育结构的调整。从这个意义上说，经济是教育发展的基本的动力因素。从另一个角度说，经济水平是教育投资的主要制约因素，在发展中国家，教育的发展程度主要还是受到经济水平的制约。对我国不同地区普及初等教育的因素进行分析，发现农民的人均纯收入400元以上的地区普及初等教育的可能性为90%，而人均400元以下地区普及初等教育的可能性则为50%左右。可见，经济水平同教育发展水平存在着正相关关系。

2. 科技

在现代科学技术日益广泛影响社会生活的情况下，科技的迅猛发展给教育发展带来前所未有的激发力。而科学和技术是有联系，又有区别的，也是有层次之分的。从我国实际情况看，既需要少部分基础科学、高技术和前沿科学，更大量地需要应用科学和实用技术，尤其是初中级技术。这对于教育发展也有个轻重缓急的选择问题。例如英国和日本在发展科学和技术方面就有不同重点和先后次序的选择，各自有其利弊得失。我们的教育发展战略也应从我国国情出发，对于发展应用科学和基础科学、发展科学和技术做出战略选择。

3. 政治和文化

这既包括教育的非经济需求，例如政治法律、文化艺术等精神生产部门的人力需求，这是可以量化的，更主要的是指政治因素和文化因素在教育战略选择中的作用。从政治上说，就是要按照党在社会主义初级阶段的基本路线，确定教育发展的方向、方针和模式，使我国教育事业成为巩固和完善社会主义制度、不断推进社会主义事业的重要因素。从思想文化上说，研究教育发展战略无疑要充分考虑国际国内思想文化发展和斗争的复杂情况，使教育领域成为弘扬优秀的中国民族文化传统、创造社会主义新文化的重要阵地。

4. 人口

这是中国教育发展中必须考虑的因素。我国人口的基本状况是：人口基数大、素质低、成年型结构和传统就业结构（农业劳动力占60%以上）。这种状况至少有两个矛盾：一是人口素质低要求发展教育、提高素质，而人口基数大又限制教育程度的迅速提高；一是成年型人口预示受教育人口比重大，传统的人口就业结构即大量的农业人口，又缺乏发展教育的足够的动力和财力。

此外，地理和民族因素也会使各地区和各民族教育发展具有更加多样的特点，这些都是在战略选择时需要加以考虑的。总之，如果我们把各种因素综合考虑就会呈现出一幅相互交叉、相互制约的错综复杂的画面。其中经济和人口可以说是教育事业发展的两个基本的制约因素，在一定条件下又构成一对基本矛盾。两者可能同时构成为推力和拉力：经济增长、待教育人口多都要求教育加速发展，而经济水平低、人均教育经费少，又拉住教育发展的步伐。这就有可能陷于一种非良性循环圈中：人口多—人均教育经费少—教育落后—人口素质低—经济不能迅速增长—教育经费不能尽快增加—教育落后—人口素质低—人口增长过快……。我们的教育战略选择就是要在这个循环的链条中找到一种现实的出路，使之实现良性循环。

显然，这是一种极其困难的选择。在这种选择中，首先要考虑坚持社会主义方向，保证政治稳定，促进两个文明建设。在这个前提下，还要在以下三个方面做出权衡：第一，在多大程度上满足社会对教育的需求；第二，如何最大限度地实现满足社会成员受教育的基本要求以及不同层次的需求；第三，如何实现现实条件下教育资源的最优配置。这也可以说是一种公平和效率之间的合理选择。在我们面前有两种极端的主张：一种认为我国现有国情和国力不可能也不需要满足所有社会成员的受教育要求，保留适当的文盲并不影响社会发展，应当把教育重点放到最有效益的部分。一种认为受教育是人的基本权利，社会主义更应保证教育机会均等，主张在我国现有条件下实现教育民主化的目标。从某一个方面看，这两种主张都有一定道理，问题是要找到教育发展同社会发展、人的发展之间相协调的现实的、合理的度，也就是确定在我国国情许可范围内应该和可能提供多少教育，或者说对于不同成员提供何种教育。这在不同国家的不同时期是有区别的。我国在今后的一二十年内显然只能满足所有人接受基本教育（在大部分地区为九年制教育，在少数地区为初等教育）的要求，杜绝新文盲，为就业者提供不同时限和形式的职业培训，为国家急需的方面培养少数高级专门人才。我们认为这可能是一种比较现实的适度战略选择。

(二) 战略目标的确定

战略目标具有指向作用。从广义上说，战略目标可以把我们在前面所提到的六个领域都包含进来，因为这些方面都有各自的目标，而这些目标从不同侧面规定了教育的规模、结构、体制、师资、设施等方面的发展水平。而从狭义的目标研究而言，则主要指教育发展的规模和程度，在这方面需要着重探讨两个方面的问题：一个是关于战略目标的指标体系问题，另一个是关于确定目标的方法，即改变单因素的决策为多因素、多目标决策方法。

关于战略目标的指标体系，实际上是涉及一个国家或地区教育发展程度的衡量指标。联合国教科文组织的统计年鉴和世界银行的"世界发展指标"的统计表中，都以三级教育入学率为依据，也有以成人识字率或者万人中大学生数等作为一种指标。这些指标对于衡量教育发展程度无疑是有重要价值的。问题是要根据社会和教育发展的特征，找出一种综合性指标和一组相互关联的指标体系。这是教育发展战略研究需要回答的问题。按照现有的研究成果，是否可以考虑用人均受教育年限作为衡量教育程度的综合指标，如同用人均国民生产总值作为经济增长的综合指标一样。当然这个指标有其局限性，需要有一组结构性指标来补充，这些指标是否可以考虑包括三个部分：①义务教育普及程度和成人识字率，这可以反映人口中基本教育的普及程度；②经济（或劳动）人口平均受教育程度，这反映劳动者的素质；③每万人口中大学生数和20—24岁人口中大学入学率，这反映高级专门人才现有和潜在的拥有量。当然，这种指标还不能反映教育结构和质量，更不能反映效益指标。这些都有待研究和完善。

关于确定战略目标的方法，以往大体有人力需求法、社会需求法和成本效益法等等。其中人力需求法使用比较普遍，主要步骤是：①预测经济增长比例和期望产出，计算人力总需求；②预测各种职业结构变动，计算人力需求的比例结构；③估算人口出生率和职业流动，预测各种职业的人力供求余差趋势；④按照总量和结构预测，指导确定教育发展目标。这种方法的合理性在于教育作为人的再生产活动，其最终产品是多种规格的人力资源。但是，其局限性在于：①人力需求所依据的经济社会需求受多种因素影响而变动，不易测准；②人力需求预测受当事人的观念、水准及政策、体制等影响，容易产生判断误差；③人力具有替代性，产业和行业的职业结构需求同人力配置并不一一对应，不能依据职业岗位需求直接确定教育目标。因此，单一因素的目标选择有其局限性。我们主张采取多因素的综合的方法。

这种方法大致是：首先找出影响教育发展的诸因素，这些主要因素可以设想为经济增长（包括经济结构变化和教育财力等）、技术进步（包括技术结构变化）、人口变动（包括人口结构变化和生源状况）、政治状况（包括政治体制、劳动人事制度的变化和居民基本教育权利的保障等）、文化因素（包括社会精神文明建设的进程和文化传统的影响等）——当然影响教育发展的因素还不止这些，这些因素对于教育发展的影响也不是均等的，需要进行具体分解。然后对这些因素与教育发展的关系进行定性或定量分析，包括建立数学模型，提出多种方案。再通过专家论证和经验分析，即分析教育发展的历史、现状并参照国际经验进行多方案比较，提出教育发展战略目标的建议。

（三）教育结构的合理配比和组合

结构优化应该成为教育发展的一个基本内容和要求，只讲总量、不顾结构的那种发展模式，不仅不能产生积极效果，反而会带来负效应。我国教育发展中，在1958—1960年和"文革"期间曾经发生过两次大的结构失衡，都经历了一个调整阶段才趋于合理。因此，结构的整体优化是教育战略研究的一个至关重要的课题。

任何结构总是表现为某种比例关系。教育的结构比例既受教育自身发展均衡性要求的推动，又与经济和社会发展阶段及其结构的特点有着密切的联系。例如，尽管同一经济发展阶段上各国和各地区教育的层次结构不尽相同（尤其是高等教育的入学率差异较大），但是，随着经济发展水平的提高，教育普及程度和高等教育的发展水平也相应提高，这是一个基本的趋势。同样地，同一发展水平上各国教育的类别结构可以有很大差别，但在工业化过程中都有一个职业和技术教育的迅速发展时期，这也是无可置疑的。所以，我们应该从我国社会发展今后一个阶段的结构特征来设计教育的合理配比。这主要是指研究基础教育和高等教育、普通教育和职业与技术教育的合理比例。这种比例在我国不同的发展阶段和不同的地区是有所区别的。一般地说，在工业化初期，普及初等教育、提高成人识字率是一个先决条件，而在经济"起飞"阶段，则有个职业和技术教育加速发展的时期。我国正处于经济的新成长阶段，经济和社会由二元结构向现代结构转变，在教育结构配比上，是否可以设想，在大多数地区以普及6—9年教育为基础，积极发展职业与技术教育，特别是大力加强成人在职培训，而普通高等教育则以保证国家经济、政治、文化建设和社会发展的急需为原则，有重点地适度发展。如果这样的配比原则可行，就需要确定其具体比例。

在合理配比的同时，对教育的各个部分进行合理组合，构建具有中国特色的社会主义教育体系，这是优化教育结构、发挥教育系统整体效益的条件。如果说合理配比是从量上解决结构优化问题，那么，合理组合则是从整体功能上实现结构的优化。发达国家从20世纪80年代后期以来，正在按照终身教育思想构建面向21世纪的教育体系。我国教育发展正处在结构调整的重要时期。从整体功能优化的角度调整各级各类教育的组合是优化结构的一个重要方面。我国现行教育系统存在着各级各类教育竞相发展、自成体系的问题，它的各个部分之间缺乏明确的功能分工和相互之间的衔接、沟通，在普通教育、职业教育、技术教育、专业教育之间，在中小学教育和中等、高等职业和技术教育之间，在青少年职前教育和成人在职教育之间，在中专、大专、高等职业学校和职工大学之间不同程度地存在着自我发展、自我完善的问题，影响了教育整体功能、整体效益的发挥。这就需要从我国实际出发，明确教育分类标准及各级各类教育之间的相互关系，从尽可能满足社会发展需要和各种社会成员受教育机会的角度，构建面向21世纪的社会主义教育体系。

（四）教育质量规格的规范化

从20世纪80年代以来，各国教育宏观决策研究的重点逐步转向提高教育质量，这既是20世纪60、70年代教育大发展后的必经阶段，也是对教育面向21世纪的战略筹划。这种趋势也完全符合我国教育发展的实际。我们设想，我国教育在20世纪90年代前期将经历一个以调整教育结构和确保教育基本质量为主要特点的阶段，而20世纪90年代后期及之后，在继续调整教育结构的同时，建设面向21世纪的高质量的教育将是主要任务。因此，提高教育质量不论在前期还是后期都将是教育发展战略的一个重点问题。不过前期主要保证现在确定的教育质量能普遍实现，而后期则把着眼点放到迎接未来挑战的质量要求。

教育质量是宏观与微观的结合部，对于微观的教育教学过程具有目标导向作用。而培养学生的质量则是检验教育质量的最基本的内容。因此，教育发展战略所要研究的教育质量，最主要的也就是要研究各级各类教育的人才质量规格。在我国教育科研中对于培养规格的研究长期来主要是从教育方针的角度研究培养目标。从培养目标到教育实践还需要一个中间环节，这正是我们所要研究的质量规格，也就是要在教育方针的指导下，确定一套质量规格的指标体系，用来指导、检测和评估教育教学工作。教育质量规格，就其主要内容而言，也可以说是培养人的素质要求。这个问题已经引起社会各界的普遍关注，哲学、经济学、社会学、未来学、人类学等各种学科正从不同角度探讨这一问题。教育界近年来在这方面的研究也有新的进展，但不论在理论深度和实际效用方面都还有待做出极大的努力。我们认为，在这个领域的研究中，要以马克思主义关于人的全面发展的学说为指导，认真总结研究我国的历史经验和发展趋势，参照国外的研究成果，正确处理好素质内涵的各方面的关系。

对于素质内涵的分类有不同的方法，有的分为德智体美，有的分为政治思想素质、科学文化素质和心理素质等，但大的方面基本相同。如何科学地分类界定可以进行专门研究。这里需要着重提出的是，各国在研究面向 21 世纪的人的素质时，普遍注意了三个方面，一是突出强调政治思想道德素质的极端重要性。在许多国家关于教育决策的研究报告中，差不多都把提高学生的公民素质和道德水准，放到突出位置。尽管不同社会制度的国家对这些内容有不同的理解，但这种要求反映了国际教育界对于思想道德素质的重视。在我国，人才的政治素质更加关系到我们民族的未来。坚定正确的政治方向，建设社会主义祖国的献身精神和良好的道德品质，应该是社会主义建设人才基本的政治思想素质，需要精心的设计。二是注意构建适应科技革命、经济和社会发展需要的知识结构和能力结构。尽管各国的设想和要求不尽相同，但强调知识的综合化和运用知识能力的培养则差不多是共同的。例如美国的"2061计划"就是按照知识综合化的要求重新设计21世纪中小学课程，对中小学生的知识结构进行重大调整。高等教育强调教育、科研、生产一体化，也是共同的趋势。我国国情和发展水平同发达国家有很大差异，但是在改变学科主义的教学模式、处理职业性和综合性的关系以及设计适应未来需要的知识结构和着重能力培养等这样一些重要问题上是需要进行认真踏实的探索的。三是重视非智力因素的培养。这对于适应现代社会生活节奏加快、信息媒介发达、人际交往扩展和社会关系多变等特征是十分必需的。经济合作与发展组织（Organization for Economic Co-operation and Development，缩写为OECD，以下统一简称为"经合组织"）提出了"三种证书"的主张是极有见地的，即在学术证书、职业证书之外，还要另一张证书，这张证书的主要要求是指人的事业心、进取精神和开拓能力、创新能力和协调组织能力等等。可以说，不具有这种素质就不可能成为适应现代生活的合格人才。当然这种素质主要是在工作实践中培养的，学校教育应当为此打好基础。

在确定素质要求的具体规格时，还要正确处理共性和个性的关系。素质有群体素质和个体素质之分，不同的群体和个体的素质又有一个由低到高的发展过程。因此，在把素质要求转变为教育质量规格时，各级各类教育应该有分层次和分类别的要求；在实际执行时，不同学校和不同学生除了有统一的要求外，还应有适合学校特色和学生个性发展的具体要求，这样，才会形成既有基本规格，又有多姿多彩的人才群体。

总之，教育质量的研究是教育宏观领域和微观领域共同的研究课题，也是一个理论和实践相结合的、跨学科的综合性研究课题，要把教育战略研究、未来教育研究和教育实验研究密切地结合起来，使之提高到一个新的水平。

（五）教育发展战略的保障系统

保障系统属于战略对策的范畴。我们之所以称之为保障系统，一方面是力求以系统的观点和方法，把个别的、零星的对策集合为一个整体，以保障战略的实施；另一方面试图从普遍意义上探索教育发展的基本的支持和保障条件，找出其与教育发展之间的内在联系，以寻求保障教育发展的稳定的因素。

我们把这种保障系统设想为主要包含：①办学条件，包括师资、教育经费和教育设施等；②教育体制，包括办学体制、管理体制和运行机制等；③教育科研，包括教育思想理论、教育规划决策和教育法规、政策等方面的研究和实施。这三个部分可以说包容了教育发展的三个层面：物质层面、制度层面和观念层面。这三个层面是相互作用、缺一不可的。人、财、物这些物质因素是教育生存和发展的基础，离开了这个基本因素，教育体制的改革和教育思想的革新并付诸实践是不可能的。而人、财、物在教育发展和改革中的效用的发挥，又必然受到教育体制和教育思想理论的影响，这种影响不仅指已有办学条件效益的充分发挥（例如体制改革促进教师积极性的提高和教学设施的充分利用等），而且还会改变物质条件获得和发挥作用的方式（例如不同的办学体制，教育经费来源不同；教育思想产生的不同的学校模式会增加教师和教学设施的工作效益等）。因此，在研究保障系统时，既要分别研究各个部分的问题，还要注意这些部分之间的相互关联和相互作用，既要着力研究教育外部的支持条件，更要把主要精力放到调整教育内部关系，充分挖掘教育内部潜力上。这样才有可能在人力、财力、物力许可的条件下，最大限度地实现教育发展战略目标，实现教育发展的良性循环。

这里需要特别强调，建立和完善有效的教育运行机制，对于保障教育战略实施的特殊重要性。没有健全的运行机制，既难以保证战略的实施，更无法根据情况的变化适时地调整战略。因此，在研究保障系统时，要十分重视运行机制的探讨。这种运行机制既要同经济体制、政治体制和教育体制的改革相衔接，又要区别基础教育同中、高等专业教育和职业技术教育的不同特点。从实际情况出发，教育运行机制可否考虑包括：①动力机制——要给学校以更多的动力和责任，改变学历、文凭对于教育的片面导向的作用，与劳动人事制度改革相配套，建立多种证书制度——通过多种衡量指标推动学校办出特色，主动适应社会多方面的需要；②调节机制——改变教育系统封闭的自我调节的格局，加强社会参与，增强社会对于教育发展的调节作用；③约束机制——改变单一的行政调控手段，通过立法、督导、评估等手段，把外部约束和内部自我约束结合起来。总之，教育运行机制上的突破。可能会带动教育战略研究一系列问题的解决。

三、教育发展战略研究的组织方法

教育发展战略研究作为一种决策咨询研究，在组织方法上与理论研究和微观研究有所区别，需要探索其自身的特点。总的来说，要以马克思主义为指导，从中国的基本国情出发，广泛运用多学科知识和多种研究手段，力求做到应用研究和理论研究相结合，以应用研究为主，定性研究和定量研究相结合，以定性研究为主，并且尽可能把教育战略研究与社会总体战略研究衔接起来。

（一）坚持马克思主义实事求是的思想路线，把扎扎实实地研究中国国情贯穿于战略研究的始终

战略研究要切实发挥其宏观决策的咨询作用，最根本的一条就是要在马克思主义世界观和方法论的指导下，进行艰苦踏实的调查研究，全面系统地研究中国的基本国情。这种研究要贯穿于战略研究的各个方面、各个

阶段，做到重大的分析判断和决策建议都要从我国的实际情况出发，国际比较研究也要结合我国国情做分析、鉴别，为我所用。当然，这是一个需要做长期艰苦努力的认识不断深化的过程，在现阶段至少可以在以下三个方面着重做些基础工作：一是我国社会主义初级阶段经济、政治、文化的特点及其对教育发展的影响，以及不同发展时期这种影响的特点，探索具有中国特色的社会主义教育的发展道路。二是我国人力资源的特点及其变化趋势，不仅分析人口总量及其结构的变动，还要研究人力供求关系、就业劳动者和专门人才的结构和素质，作为探讨教育发展的人力要求和社会需求，进而提供进行教育资源有效配置的依据。三是我国教育发展的历史经验现状分析和未来趋势，从中探索我国教育发展的规律和特点。这三个方面分别反映我国教育发展的环境特点、人力资源特点和教育自身发展的特点。综合地把握其相互关系，大体上可以把握在今后一个时期内我国教育发展中各种因素的作用及其基本趋势，为战略决策提供基本依据。可以这样说，教育战略研究的广度和深度，在很大程度上取决于对于基本国情的认识和把握程度。

（二）按照"大教育"的要求，组织跨系统、跨部门、跨学科的综合研究

教育战略研究的一个显著特点是它的综合性和整体性。它把教育系统同整个社会系统的运行联系起来进行考察，把教育系统的各个部分作为一个整体进行研究，这在组织方法上不仅要改变单纯研究学校教育的做法，还要突破孤立研究教育系统内部问题的局限，着眼于从教育和社会整体协调发展的角度设计研究内容和组织研究队伍。在研究内容的安排上，从教育发展的宏观背景、人力资源的合理配置，研究初等教育、中等教育、高等教育之间，普通教育和职业与技术教育之间，正规教育、非正规教育、非正式教育之间，青少年教育和成人教育之间的协调发展，并且把人才培

养和人才使用结合起来，成为一种人力资源开发的系统研究。在研究队伍的组织上，尽可能广泛地吸收经济、科技、文化、教育、劳动人事等多种部门和学科的理论工作者和实际工作者参加，把用人部门，育人部门和劳动人事管理部门的研究衔接起来，使理论研究、比较研究和决策应用研究相贯通，多种角度对教育发展问题进行综合性研究。

（三）运用多种研究方法，多思路并进，多因素决策，多方案比较

研究制定教育发展战略涉及一系列分析、判断、决策权衡和对策选择过程，既要有一定权威机构的统一规划设计和组织协调，又要鼓励不同观点、主张和方法的探索和试验，在比较中做出选择。在课题设计上，在统一基本要求的前提下，可以有多种研究思路，包括研究范围的选择、研究重点的确定、研究先后次序的安排以及研究方法的选用等都要在研究过程中做出多方面探索。在战略目标的选择上，要力求找出影响教育发展的多种因素，在综合分析中做出决策选择，避免单因素决策和单纯经验决策的局限。在对策研究中，对于改革和政策建议要提出多方案进行比较，以供决策选用。

我国人力资源开发的现实途径

——教育、劳动制度与人力资源开发[④]

合理而有效地开发人力资源，对于我国这样一个人口大国，无疑具有特殊的重要意义。问题在于如何从我国的国情出发，探索切实可行的开发人力资源的有效途径。教育、劳动制度与人力资源开发的关系，正是我国人力资源开发迫切需要解决的现实课题。

一、我国人力资源开发的主要特点与途径选择

（一）我国人力资源开发潜力大，且具有一定的开发优势，主要问题是人力整体素质还不高；提高人力素质是变人口负担为人力资源优势的关键所在

我国人口基数大，劳动年龄人口（16—60岁）比例高，劳动力后备资源丰富，1989年，我国劳动力资源总数为68,364万人，社会劳动者55,329万人[1]，1990年，劳动年龄人口6.96亿人，0—14岁人口3.21亿人[2]，其中一部分在今后10年内亦将陆续参加劳动大军，这些为开拓生

---

④ 谈松华："我国人力资源开发的现实途径——教育、劳动制度与人力资源开发"，《教育研究》，1992年第5期。转载于 Songhua Tan："A Realistic Approach to Human Resources Development in China—Education, the System of Labor, and Human Resources Development"，*Social Sciences in China*，1994年第2期。

产的广度和深度提供了丰富的劳动力资源。由于社会主义制度的优越性，由于国家日益重视文化教育建设，与同等经济发展水平国家相比，我国的人文发展指标明显高于同类国家。根据联合国开发计划署《1990年联合国人文发展报告》中采用的综合评价发展水平的人文发展指数，即用平均寿命、识字率和按购买力平价计算的人均国内生产总值等项指标为衡量国家人文发展的主要因素，我国人均国民生产总值居世界103位，而人文发展指数则居65位，居于发展中国家的前列[3]，这说明我国在人力资源开发方面具有明显的优势。

另一方面，从国家建设和社会发展的要求来看，我国人口和劳动力的整体素质仍然比较低。人口多、素质低是我国人力资源的主要特点，也是开发我国人力资源的一个现实起点。据我国1990年第四次人口普查，我国15岁以上人口中的文盲、半文盲占总人口的比例为15.88%，全国人口中，具有小学文化程度的占37%，初中文化程度的占23.3%，高中文化程度的占8.03%，大学文化程度1.42%[4]。我国城镇劳动者中以初中文化程度和文盲、半文盲为主，城镇新增农村劳动者中则以小学文化程度和文盲、半文盲为主，城镇新增劳动力受过职业和技术训练的比例在30%—40%之间。城乡存在着大量水平低、未经培训的非熟练劳动者，成为一种沉重的人口包袱，制约了经济社会的发展。因此，开发人力资源首先要着眼于提高人力的思想道德、科学文化和身心等整体素质。

（二）高级专门人才紧缺的状况开始有所缓和，但各项建设事业急需的中初级应用人才、介于宏观决策和操作执行层次之间的中层管理人员、沟通技术人员和熟练工人之间的高级技能型人才在数量和规格上仍不能满足社会需求，成为我国人力资源开发中的"瓶颈"

我国人力结构近几年来有了很大改善，但结构性问题明显。1987年全国全民所有制单位 551.99 万名科技人员中，技术职务的分布为：高级 3.5%，中级 25.7%，初级 70.8%，比例为 1∶7.4∶20.3，而国外高、中、初级科技人员的比例大体是 1∶3∶6 或 2∶4∶5，我国高、中级技术人员比例偏低[5]。在现有的专业技术人员中按学术理论型人才规格培养的比例较大，而适合在第一线解决实际问题的技术和管理人才偏少。工人技术等级分类以技术水平较高的上海市为例，在全民所有制工业企业中，初级工占 59%，中级工占 37%，高级工占 4%，技师和高级技师比例极小[6]。这种人力结构影响科学技术转化为生产力、产品转化为商品的生产和流通过程，也影响人力资源整体效益的发挥。

（三）人力分布方面，由于人力分配上的重点倾斜，艰苦、落后地区和行业的专门人才有所加强，历史上人才分布严重不均的状况有了明显改善，但地区和部门之间发展水平和工作条件的差距一时难以消除

因此，越是人才密集的地区、行业和单位，越是吸引人才竞相进入，越是人才稀缺的地方、行业和单位，人才越是进不去、留不住，仅以专门人才的行业分布为例（即专门人才占职工总数的当量密度），1983 年 6 月 30 日这一时点的统计，电子航空为 15.7%，石化为 7.4%，而煤炭 1.87%，纺织为 1.58%，农业只有 0.08%[7]，这就造成有些地区和部门大量积压人才，而有些地区和部门长期紧缺人才，使有限的人力资源不能充分发挥作用。

（四）我国劳动用工制度近十年来正由单一的集中计划用工制度向计划管理和市场调节相结合的体制转变，从总量上保持了劳动力供求关系的平衡，尤其是开辟了多种就业渠道，为多方面开发人力资源提供了舞台

这一新旧体制转换将经历相当长的时间。目前占主导地位的仍然是比较划一的计划用工制度。用人部门和劳动者即劳务活动的主体缺乏自

主选择权，加之缺乏选优汰劣的机制和手段，人浮于事，人力使用效益不高；另一方面，劳动者被动接受分配，又缺乏流动机制和竞争机制，个体潜能不能充分发挥，使人力开发缺乏压力、动力和活力，成为一种体制性的障碍。

（五）我国人力资源开发的途径选择

按照人力资源开发的一般含义和我国的现状，我国人力资源开发需从三方面着手：教育培训、有效使用和合理配置。其中发展教育以提高人力素质和改革劳动用工制度以发挥人力潜能这两者是基本途径，人力的合理配置也要取决于这两个方面的协同作用。在现代科技和经济发展的条件下，开发智力资源作为人力开发的重点是不言而喻的，它从根本上决定了人力资源开发所能达到的水准。但是，培养人才和使用人才是不可分割的，教育提高人的素质，在其尚未被有效使用时，还只是一种潜在的素质；只有在劳动过程中，劳动者的体力、智力、能力等素质被实际使用时，才能说是完整意义上的人力资源开发。如果把这个过程作为一个相互连贯的投入产出过程，那么教育可以看作是投入，而使用过程则可以说是产出。没有投入当然很难有产出，而不注意产出，则也会影响投入的效益。这样，我国人力资源开发的现实课题大体可以归纳为：力争通过教育体制和劳动制度的配套改革，把培养人才和使用人才贯通衔接起来，以充分发挥人力资源开发的整体效益。

二、教育与人力资源开发

（一）教育对于人力资源开发的作用

人力资源开发一般是从经济角度，把它作为一种手段，作为促进经济和社会发展的一个重要因素。如果从另一个角度说，它也可以说是一种目的，它的开发程度应该是经济和社会发展程度的一个标尺。这样，人力资源开发不仅具有经济意义，而且具有社会意义。教育通过提高劳动者的素质，在这两方面都起着基础的作用。

新中国成立40多年来，教育事业的发展对人力资源开发，进而对国家建设和社会发展起了突出的作用。1949年，全国居民中80%是文盲，小学入学率只有20%，高等学校在校学生仅11.65万人。劳动者只是靠世代相传的生产经验维持生产。没有独立的近代工业体系，处于前工业社会的落后状态。经过40多年的发展，我国已在占人口80.1%的地区普及了初等教育，初中阶段入学率达到60%以上，文盲为主的劳动者队伍已经改变为小学（农村）和初中（城市）为主的新就业者队伍，中等职业技术教育在校生人数达到626.70万人，在职职业技术培训的农业劳动者有1459万人，高等学校（包括成人高校）在校生人数为392万人[8]。全国各级各类学校在校生总规模为2.2亿人，1987年专门人才达2200万人，我国人力资源开发的规模达到了十分可观的程度。尽管其间有过失误和曲折，但总体上说，教育的发展促进了人力资源的开发，进而促进了国家建设事业的发展，从尖端科技成果、高科技产业的出现，到独立完整的国民经济体系的建立，以至8亿多农村人口温饱问题的初步解决，总是包含着各级各类专业人才和能工巧匠智慧的结晶。

（二）人力资源开发的智力指标

智力开发在人力资源开发中占有日益重要的地位。智力开发程度，也可以说是广义的教育程度，应该成为人力资源开发程度的一个重要内容，需要研究它的指标体系。在联合国教科文统计年鉴和世界银行的《发展报告》中都把初等、中等、高等这三级教育的入学率作为衡量各国教育程度的指标；有些国际组织又增加了居民识字率这一指标，这就不仅注意了在校学生，还注意了成人的实际受教育程度。如果从人力资源开发的角度看，这些指标还不能完整地反映智力开发水平。有的人口学者主张用人口素质指标来衡量[9]，这当然比较接近我们这里探讨的范围，但它毕竟还不是从人力开发的角度提出问题的。笔者认为，如果把就业劳动者作为人力的主体部分，在校学生作为劳动力的后备部分，智力开发指标可否从下列几方面思考：①后备劳动力（6—15岁）教育普及程度；②在业劳动者（16—60岁）的识字率、平均受教育程度；③在业劳动者的职业技术培训水准；④高级专门人才现实和可能的拥有量，包括现在高级专门人才数量和高等学校在校学生占同龄人和全部人口中的比例。这些方面只是提供研究参考，希望能从多种角度探讨指标体系，以引导和推动人力资源的智力开发。

（三）兼顾公平和效率、普及和提高的适度教育，是现阶段我国智力开发的合理选择

前面我们讨论发展教育对人力资源开发的作用，但并不能由此得出结论：不顾任何条件，只要教育发展得越快，它的作用就越大。教育发展水平不能由热情和愿望决定，而要受到经济发展、社会需求和财力支持的制约。

在相当长时间内，我国人力资源开发的一个现实矛盾是：庞大的人口基数和劳动力大军构成了超大规模的社会教育需求的压力，经济起飞急需大量专业人才和熟练劳动者更刺激加重这种压力，而我国现有的经济物质基础不可能支撑过度扩张的教育体系，也不能满足社会和受教育者的各种教育需求。这样，适度教育就是一种现实的选择。它是指从我国一定阶段的国力出发，确定普及教育的适当年限、不同地区和行业劳动者的文化和技术培训的要求，以及培养各种专业技术人才的数量和规

模。这里的"度"是个动态的概念，随着经济文化发展水平的提高而逐步提高。今后一二十年时间内我国教育发展的格局大体可设想为：首先在全国扎扎实实普及初等教育，并在大部分地区逐步普及九年义务教育，为提高民族素质打下基础；在城乡劳动者中普遍进行初、中等职业、技术教育和实用技术培训，使之成为胜任本职工作的熟练劳动者；在基本普及高中阶段教育的大中城市，发展多种形式的高中后教育，力争满足社会多方面的教育需求；高等教育在稳定规模、调整结构、提高质量的基础上，有重点地适当发展，使其规模和结构大体适应国家建设对高级专门人才的急需。这种格局的主旨就是在保证社会成员和劳动者的基本教育和职业培训的权利的前提下，更多地开发一部分人的较高的智力和特殊才能，然后逐步提高基本教育程度，更多地满足社会各方面的教育需求。

（四）以加强中初级应用人才的培养为轴心调整教育结构，是提高人力资源整体开发效益的关键所在

许多国家的经验证明：随着科学技术的发展，科学技术转化为生产力的中介环节增加，生产过程的技术管理和组织管理的职能日益分化，从工程科学研究到工程技术研究，从产品设计开发到工艺设计实施，从生产决策到生产组织，需要一大批介于研究决策和操作执行之间的"中间层"人才，直接担负解决第一线实际问题的责任，在人力开发中起着承上启下的作用，是今后一个时期我国人力资源开发的重点。

我国担负培养这种应用人才的教育，大体包括中等专业技术教育、高等专科和高等职业技术教育以及一部分以培养基层应用人才为主的本科教育。这几类教育近十多年有了很大发展，但是，相对而言，这几部分教育仍然比较薄弱，因此，以加强这几部分教育为重点调整教育结构

已经成为一个急迫的现实问题。解决这个问题，首先在观念上要突破单一的人才观，应当承认社会需要各种人才，包括不同层次、不同规格、不同特长的人才，不仅需要各种"家"（科学家、理论家等），也需要各种"师"（工程师、工艺师、会计师等），还需要各种"匠"（技师、高级技工等），培养各种人才的教育应有合理的比例，有各自应有的地位。其次，理顺各类教育之间的关系，培养学术人才的学科性教育、培养技术人才的技术性教育、培养操作人才的技能性教育，在专业设置、培养规格和途径、办学模式上要有各自特色，并且都要办出一批高水平的学校和专业，培养出不同类型的高水平人才。再次，要建立不同类型人才职务和工资晋升制度，鼓励不同禀赋的学生通过不同道路成才，使各类人才安于本职工作。

三、劳动制度与人力资源开发

（一）我国人力供求关系的特点及劳动用工制度的改革意向

前面已经提到，合理的劳动用工制度影响到人力资源的开发程度和效益。而劳动用工制度是同经济、政治体制相联系，又与劳动力供求关系相关的。我国劳动力供求关系的主要特点是一方面总供给大大超过总需求，另一方面又存在某些行业（如煤炭、纺织等）的结构性短缺，如何从这样的实际情况出发，建立符合国情的劳动用工制度是一个很大的问题。

我国现有社会劳动者5.5亿，其中农村4.1亿，占75%，据估测农村剩余劳动力1亿左右，城市实际剩余劳动力约有1500万—2000万。长期以来，我国实行国家统分统包的计划用工制度，在新中国成立初期安置了旧社会遗留下来的大量失业人员，保证了劳动力供求的稳定。但是，随着劳动人口的激增和国民经济各部门对劳动力需求的多样化，过于划一呆板的劳动工资制度不能适应新的供求关系的调节需求，也在一定程度上影响劳动力使用效益和职工积极性的发挥。据有关部门统计，我国工业企业有效工时只占制度工时的40%—60%[10]。另据国家科委1987年对全国专业技术人员抽样调查推算，专业人员能100%发挥作用的占14.3%，发挥75%的占44.76%，发挥50%的占30.25%，发挥25%的占8.3%，不能发挥的占1.71%[11]。还有从另一个角度研究我国人力使用潜能未能充分发挥的，即以人口素质指标（或称物质生活质量指数）PQLI（包括1岁以下婴儿死亡率、出生时平均预期寿命、成人识字率三个指标换算而成）和人均GNP相比，我国PQLI指数75%。按此水平人均GNP应在1345—5637美元之间；反之我国目前人均GNP330美元则PQLI应在53.9%—36.6%之间[12]。这就是说人口素质指标水平高于人均GNP水平，这一方面说明我国社会主义制度的优越性，居民基本生活质量远远超过同等经济发展水平国家；而从另一方面说也存在着已经开发的人力资源潜能未能充分发挥的问题。因此，改革劳动用工制度不仅是调节劳动力供求关系的需要，也是提高劳动力使用效益的需要。

近十年来，随着经济、政治体制改革的推进，我国在城乡劳动用工制度上进行了一系列改革。城镇实行广开就业门路、多种渠道就业，农村实行离土不离乡、亦工亦农的方针，吸纳了大量劳动力，也在一定程度上提高了人力使用效益。这一时期劳动用工制度的显著变化，就是在计划指导下引进了市场机制。这种趋势今后仍会进一步发展，市场调节在劳动用工制度中将发挥更大的作用。从另一个角度说，正由于我国人力供求和分布极不平衡，完全依靠市场调节会加剧城乡之间、地区之间和行业之间的分配不均，甚至会造成劳动力使用上的混乱，不仅影响经济的发展，还会影响政治上的安定团结。因此，国家必须实行宏观计划调控，实行计划管理和市场调节相结合的劳动用工制度是符合我国国情的现实选择。

（二）有计划的劳务市场的特征和功能

我国实行的有计划的劳务市场是适应我国有计划的商品经济的社会主义经济体制的，是由社会主义生产方式所决定，为巩固和发展社会主义经济和政治制度服务的。它的基本特征是计划管理和市场调节相结合，国家通过计划调控劳动力供求的总量平衡，指导人力流动的流向，制定劳动工资基本政策，以保证人力的合理使用。计划指导下的劳务市场在人力资源开发中的主要功能是：第一，在调节供求总量平衡中，为劳动力寻求更大的活动空间，使我国庞大的劳动年龄人口通过多种渠道就业，找到发挥潜能的场所。第二，促进人力的合理流动，优化人力资源配置，实现劳动者和生产资料的有效结合，也有利于劳动者在变换工作岗位中扩大阅历，增长知识和经验。第三，市场调节引进了人力使用中的竞争机制，企业和劳动者分别成为用工和就业的主体，企业有了选优汰劣的手段，劳动者有了择业权，两者结合既能调动劳动者的主动性和进取精神，增加提高自身素质和适应性的压力，又能给企业提供提高人力使用效益的必要手段，它对于有效地开发人力资源将起积极的作用。当然，这种有计划的劳务市场既不同于单一的计划用工制度，更不同于资本主义的劳动力市场，劳动力并不是作为商品进行买卖，用人单位和劳动者之间也不是剥削和被剥削的雇佣关系，劳动者是企业的主人，他们的权益受到法律的保护。这种劳务市场只是在国家计划指导下的用工制度上的一种调节手段，它的作用和范围将按照国家建设的需要和劳动力供求状况来确定。

（三）有计划劳务市场的运行机制与相关政策

有计划劳务市场同计划用工制度运行机制的明显区别在于：劳务活动的主体由国家变为用人单位和劳动者，两者联系的纽带由以往国家统配改为招聘和应聘过程，两者的相互关系也由以往的"一次分配定终身"的单位终身任用制改变为双方动态选择关系。它与完全劳动力市场运行机制的主要区别是，它受国家计划和政策的指导和管理，也可以说是在国家计划范围内的市场调节机制。这种运行机制的基本内容就是要正确处理国家、用人单位和劳动者的相互关系。国家由劳务活动的主体变为指导者和监督者，通过法律、经济和行政手段，规定市场活动的范围，规范市场活动的规则，仲裁市场活动的纠纷，保护劳务活动双方的权益，引导市场朝着符合国家建设和社会发展需要的方向发育成熟。用人单位作为用工主体逐步扩大用人自主权，这种自主权先由单位内部逐步扩展范围，包括在国家计划指导下确定用工数量、规格以及内部工资制度和奖惩制度等。它起着提高人力使用效益的关键性作用。用人单位自主权的运用要兼顾国家利益（包括国家计划、政策和社会安定等）和劳动者合法权益，使劳务活动得以正常运行。劳动者成为就业主体，有了择业自主权，选择职业和工作单位是劳动者的权利，就业上岗是劳动者和用人单位双向选择的结果；但劳动者择业受到社会需求的制约，他只有按照社会需求不断提高自身素质、增强就业适应能力，才能有更多的选择余地。在有计划劳务市场运行中，劳动者要适应国家建设和用人单位的需要，在国家计划范围内自主择业，在为国家建设和社会发展服务中充分发挥自己的聪明才智。总之，有计划劳务市场运行中的各方要按照国家建设的全局需要和总体计划，各尽其责、各得其所，协调一致，才能发挥其应有的作用。

四、教育体制、劳动制度的配套改革与人力资源开发

（一）配套改革的目标模式

教育和劳动制度作为人力资源开发的基本途径，只有协同作用才能奏效。离开了教育，即使人员合理配置和使用了，人的素质没有提高，人力资源开发的水准也不可能提高；反之，劳动制度不合理，人员不能合理配置和使用，教育培养的人才或者不能适应社会需要，或者不能充分发挥作用，结果只能是事倍功半，甚至适得其反。两者相配套、相协调，才能实现人力资源开发的良性循环。这里的关键在于找到两者的联结点。社会的需求可以被认为是这种重要的联结点之一。诚然，教育不仅要为社会发展服务，还要为人的发展服务，但人的发展总要受他所处的社会和时代的影响，也在一定程度上间接反映社会发展的需求。如果这种论断可以成立，那么，教育和劳动制度的配套改革就都是要使人力资源开发更好地为社会发展服务，通过配套改革使两者的作用联结起来形成合力。按照这样的思路，在教育、劳动制度和社会发展需求之间，劳动制度就是一个中介，通过它把人力供给和人力需求、教育和社会发展需求联结起来，这种相互关系能否表述为：通过计划管理和市场调节相结合的劳动制度的作用，社会人力需求在一定范围内影响和引导教育的发展和改革，教育提供的人力供给主动地适应社会需要。如此相互配合、相互作用，形成人力资源开发的良性循环，不断提高人力资源开发的水平。

（二）配套改革的主要内容

教育体制和劳动制度各自包含多方面的内容，两者配套改革涉及许多方面，需要系统地考虑设计、精心组织。本文只能把近几年已经或正在进行的改革，或者改革中遇到的问题罗列几项，难免挂一漏万。第一，

劳动用工制度改革与大中专毕业生分配制度改革相配套。毕业生分配制度改革是打破学校培养人才的封闭模式，使高、中级人力资源开发更能适应社会需求的突破口。前几年在这方面实行了国家计划指导下的供需见面、双向选择的改革，初见成效。但由于劳动用工制度仍以计划调配为主，尚未形成平等竞争就业的社会机制，限制了大中专毕业生分配制度改革的广度和深度。深化改革的方向是劳动用工制度改为公务员实行考任制，专业技术人员实行聘任制，工人实行合同招工制，社会公开招工、招聘、招考，优才优用，平等竞争；相应地，大中专毕业生除国家重点建设急需人才实行计划分配外，其余参加社会就业，双向选择。第二，上岗资格制度和中等教育结构改革相配套。大力发展中等职业技术教育是中等教育结构改革的主要内容，也是提高劳动者素质的重要途径，但在发展中等职业技术教育中，一方面企业缺乏参与办学的动力，另一方面企业招收了未经培训的劳动者就业上岗，中等职业技术学校毕业生反而没有出路。问题在于"先培训、后就业"的制度没有严格执行，而缺乏上岗资格制度，给招收未培训职工上岗留下了空隙。因此，要逐步建立各种岗位职工上岗资格要求。技术要求高和关键岗位实行岗位资格证书制度，将推动企业参与职业教育培训，造就一支合格的熟练劳动者队伍。第三，多种证书制度与多样化的教育结构相配套。我国教育体制的一大弊病是唯学历文凭的导向，使教育沿着考试、分数、升学率、高学历这样的阶梯运行，在一定程度上扭曲了教育的功能，也不利于各种人才脱颖而出。除了文化传统、社会心理的因素之外，关键在于学历文凭的片面导向，招聘任用、职称职务、提升晋级都同学历挂钩，其他各方面能人也一定要有了学历才能肯定其社会地位。出路是在重视学历文凭的同时，实行专业资格（如医生、律师、工程师等）、岗位资格、技术等级等多种证书制度，使各种优秀人才通过不同途径成才，也推动多层次、多类别教育的发展。第四，人才流动制度与教师职务聘任制相配套，形成教师队伍优化机制。第五，工资制度与教育分类、学生分流相配套。改变过于划一的工资标准和政策，允许不同能力和水平的学生起点工资有所不同，注重依照实际能力和实绩拉开工资档次，激励劳动者好学上进、提高实际本领。

（三）配套改革的相关政策措施

配套改革的政策措施本身要力求配套，以保证改革的预期效果。这里，仅就直接有关的提出几点：第一，制定劳动法规，规定我国劳动制度的性质、原则和基本内容，规范有计划劳务市场的运行规则，明确国家、用人单位和劳动者的关系、权利和义务以及劳动纠纷的处理等，使劳务活动有法可依、有章可循。第二，健全考核、录用、待业、培训、转岗等系列化工作规程。特别要建立行业协会，由他们承担岗位资格、技术等级考核发证工作，使行业机构参与和评估教育，既有利于合理用人，也有利于学校更好地适应社会需要。第三，建立社会中介组织，如职业介绍机构、职业培训机构、人才交流机构、劳动仲裁机构等，推动劳务活动纳入社会化的轨道，通过各种渠道开发人力资源。

注　释

［1］《中国统计年鉴》，中国统计出版社，1990年，第115页。

［2］国家统计局：《第四次人口普查第七、八号公报附表》。

［3］上海市智力开发研究所：《基本教育与国家发展》，华东师范大学出版社，1991年，第165页。

［4］国家统计局：《关于1990年人口普查主要数据的公报（第一号）》。

［5］国家计委长期规划司：《中国国情》，中共中央党校出版社，1990年，第356页。

［6］上海教育发展战略课题组：《上海教育发展战略研究报告》，华东师范大学出版社，1989年，第207页。

［7］周贝隆:《面向21世纪的中国教育》,高等教育出版社,1991年,第77页。

［8］《中国教育统计年鉴》,人民教育出版社,1989年,第3页。

［9］侯文市:《全球人口趋势》,世界知识出版社,1988年,第230页。

［10］丁榕芳:"试论提高就业的经济效益",《中国劳动科学》,1988年第7期,第28页。

［11］国家计委长期规划司:《中国国情》,中共中央党校出版社,第357页。

［12］许金声:"中国人口素质与经济发展",《人口研究》,1991年第4期,第10—16页。

我国高等教育发展战略若干问题的探讨 ⑤

在研讨具有中国特色社会主义高等教育总体框架时，研究确定适合我国国情的高等教育发展战略，无疑是一个重要的课题。这个问题的研究需要采取历史的、比较的、定性和定量相结合的方法，组织多方面力量，从多种侧面进行综合研究。本文仅就这个问题的若干方面提出一些需要探讨的问题，并略陈管见。

新中国成立40多年来，我国高等教育的发展尽管走过了曲折的路程，从总体上说，无论在规模、结构和质量上都有了明显的进展。普通高校从1949年的205所，增加到1992年的1054所，在校生从1949年的11.65万人，增加到1992年的227万人，加上成人高校分别为2252所和374万人，比1949年分别增长10倍和33倍，并且初步形成了从专科到博士后，从基础学科到应用学科、新兴学科，从全日制普通高等教育到非全日制成人高等教育，从沿海到内地和边远地区，这样一个层次多样、形式多样、布局趋于均衡、学科门类比较齐全的高等教育体系，为我国社会主义建设各条战线培养了大批专业人才，也为高等教育的进一步发展奠定了坚实的基础。

---

⑤ 谈松华："我国高等教育发展战略若干问题的探讨"，《建设有中国特色社会主义高等教育研究》，高等教育出版社，1993年。国家教育发展研究中心陈小平同志为本文绘制图表、李韧竹同志提供国际比较资料。

20世纪90年代，进入了世纪之交的关键时期。高等教育如何适应面向21世纪的需要？如何回答国际国内面临的各种挑战？如何为实现社会主义现代化建设的战略目标提供人才和智力支持？这些就是我们讨论高等教育发展战略需要从全局上回答的问题。

一、关于高等教育发展的速度规模

高等教育的发展受经济、政治、科技、文化和人口等各种因素的影响。从国际上看，各国在不同的发展阶段大体经历过精英教育阶段（即高校毛入学率在15%以下）、大众教育阶段（高校毛入学率在15%—50%）和普及阶段（高校毛入学率50%以上），当然，在同样经济发展水平的国家，由于其经济结构、文化传统、教育制度不同，高等教育的发展规模也可以有很大差异（例如，美国和瑞士人均GDP都在2万美元以上，而高校入学率分别为60%和24%）。对高等教育发展规模产生直接影响的主要方面：从教育外部说是社会需求和社会供给之间的平衡选择；从教育内部说是各级各类教育之间教育资源的合理配置。从高等教育的社会需求和社会供给角度看，20世纪90年代仍然存在着比较突出的矛盾。按照我国20世纪90年代国民经济的发展目标，20世纪90年代GDP将以年递增8%—9%的速度增长，第一、第二、第三产业之间的比例将发生重大变化，技术进步在经济增长中的作用将更为明显，GDP达到4万亿元左右，人均GDP接近1000美元，基本实现小康目标。这诸多因素都构成了对高等教育需求增长的巨大压力。经济起飞和产业、技术结构的调整，势将增加专业人才的需求；人民达到小康生活水平，对教育需求亦将相应提高。国际比较表明，在人均收入从300美元到1000美元之间，即跨越1000美元阶段，高等教育大体都有个加速发展的过程。面对如此扩展的高教需求，国家和社会可能提供高等教育的投入严重不足。据有关方面测算，20世纪80年代我国政府预算的教育经费增长了三倍多，仍难以维持现有教育规模。而20世纪90年代按GDP和财政收入增长目标预测，高教经费可能由现有的110亿元增加一倍稍多，这就成为高等教育发展的一个主要制约因素。

从各级各类教育的资源配置的角度看，我国现有受各级各类学历教育人数约2.4亿。尽管计划生育取得了显著成效，但人口惯性增长大体70年一个周期，据预测要到21世纪30年代我国人口才才能进入稳态，在今后二三十年内人口总量仍会有相当增长，这意味着在20世纪末7年内我国义务教育人口将增加6100万人，每年需经职业培训就业人数为1600万人左右，职工和农民的在职培训数量则更为巨大。高等教育的发展速度和规模需要考虑同其他各类教育的合理配比。毫无疑问，义务教育是提高民族素质的基础，也应该是高等教育发展的基础，要首先保证普及九年义务教育和加强基础教育的发展需要。至于高等教育同职业、技术教育的关系，国际上大体存在两种模式：一种以美国为代表，高等教育入学率很高[*]（20—24岁人口毛入学率60%左右，净入学率40%左右），中等职业技术教育相对比较薄弱；另一种是以德国为代表，有一个较发达的中等职业技术教育系统，高等教育则有限发展（入学率约在28%—30%之间）。如何从我国实际出发，参照国际经验，合理配置教育资源，这是高教发展战略选择的一个现实问题。

---

[*] 关于高等教育毛入学率，国际上一般使用联合国教科文组织的界定，即高等教育毛入学率 = 在校学生总数 / 适龄人口总数。随着终身学习的推进，高等教育毛入学率的"在校学生总数"和"适龄人口总数"的涵盖范围都有所变化：一是"在校学生"的范围从只计算全日制学生到包括全日制学生和非全日制学生（非全日制学生以一定的比例进行折算后计入）；二是"适龄人口"的计算年龄范围从18—21岁修改为20—24岁，1997年后又调整为18—23岁。因此，本书在表述国际上的高等教育毛入学率时，"适龄人口"反映的是当时口径。根据我国国情，我国高等教育毛入学率中的"适龄人口"范围确定为18—22岁；1998年国家教育行政部门对高等教育毛入学率计算口径进行了调整："在校学生总数"包括了全日制在校学生，也将成人教育等六类高等教育在学人员按一定比例折算后计入。因此，我国高等教育毛入学率在1998年调整之前的计算口径被称为"老口径"，调整之后的计算口径被称为"新口径"。——作者

适度规模可能是符合我国国情的一种选择。适度也可以用另一种说法即"有限发展"。在现阶段，这种"适度"或"有限"的含义，我以为可以界定为：高等教育的发展规模只能保证经济建设和社会发展基本的和紧缺的人才需求，而不能充分满足社会各方面的人才需求；只能满足一部分更符合入学条件的社会成员的入学愿望，而不能保证满足有入学愿望的大多数人的学习机会。这就需要区别社会需求的轻重缓急和经费投入的可能来源，以确定大体恰当的发展目标。经过多次研讨和比较，多数人认为20世纪90年代我国高等教育以年递增6%左右的速度发展比较合适，到20世纪末高校入学率（18—21岁人口）达到7%—8%的比例，即发展中国家20世纪80年代末的平均水平。尽管这样的入学率并不算高（不过，这是由于在计算在校生人数上各国统计口径和注册入学制度不同，我国实际高校在校生在人口中的比例与国际上的差距并不像统计数字那么大），可是，发展中国家高校入学率从20世纪70年代的3%提高到20世纪80年代末的8.3%整整用了20年时间，我们仅以10年左右时间达到这一目标是需要做很大努力的。当然，实际的发展速度和规模将在今后的实践中不断调整，使之更加符合实际。

二、关于高等教育发展的均衡性和周期性

纵观我国和某些国家高等教育发展的历程，我们发现高教的发展时有起伏，并不像基础教育那样大体上是平稳地发展。在探讨高等教育发展战略时，需要分析造成高教发展起伏的是哪些主要因素起作用？应该如何看待这种非均衡性现象？

同许多国家相比，我国高教发展起伏的幅度更大，有几段间还出现了大起大落的现象（见图5—1）。

从图中可见，新中国成立40多年来，我国高教发展曾出现过20世纪

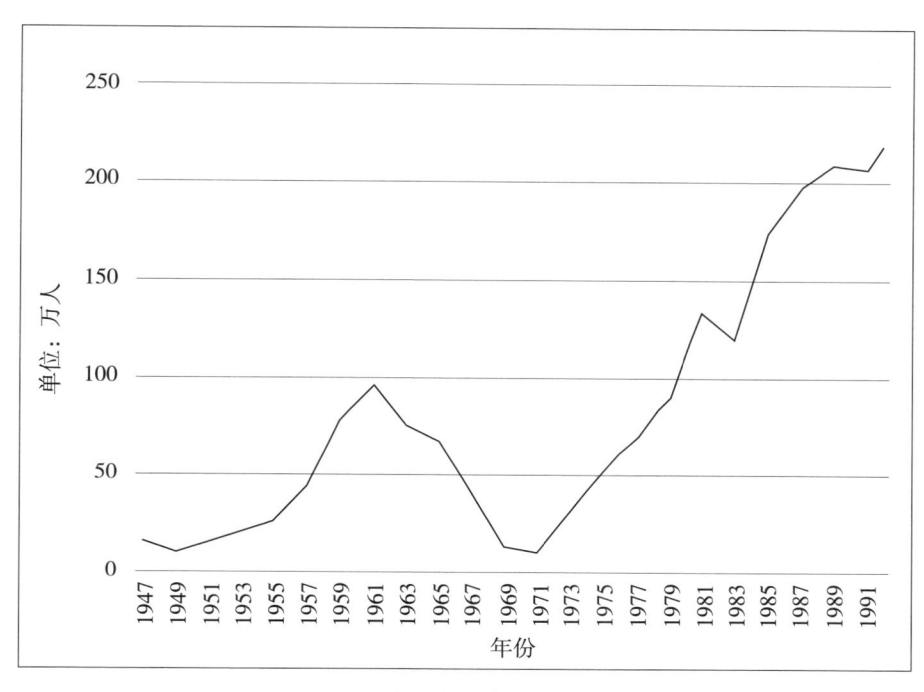

图 5—1　普通高校在校生发展情况

50 年代前期的平稳发展，1958—1960 年的大发展，1961—1965 年的调整，1966—1976 年的停滞下降，1978—1980 年的恢复，20 世纪 80 年代中期的大发展，20 世纪 80 年代末到 20 世纪 90 年代初的治理整顿，1992、1993 年的加速发展。前后大约有三次大起大落，这几次起落除"文革"十年的特殊情况外，其余几次大都同当时经济建设上的加速发展方针有密切联系，即经济建设和社会发展推动了高等教育的加速发展。如果社会需求、生源质量以及经费投入、办学条件有保证，有些年份高等教育适当发展得快一点是正常的。问题在于这几次起落的有些年份属于超常规发展，例如 1957 年高校 229 所，1958 年增加到 791 所，一年之内增加 562 所，在校生也由 44.1 万人增加到 66 万人，增幅为 50%；1959 年到 1960 年高校由 841 所增加到 1289 所，在校生由 81.2 万增加到 96.2 万人；1984 年到 1985 年高校由 902 所增加到 1016 所，一年内增加 114 所，在校生由 139

万增加到 170 万，一年内增加 31 万人；1992 年和 1993 年连续两年招生分别增长 21.7% 和 19.2%。这种超常规激增在很大程度上是在经济加速发展的拉动下和社会教育需求的推动下某种政府行为的结果。历史的经验是在每次这种大发展之后一般都会带来校舍、设备和师资的紧张，也会在一定程度上影响教育质量，常常会接着进行调整，引起招生数量大幅度下降，也会造成不同年份学生升学机会的起落过大和毕业生供求关系上的时紧时松，影响经济建设和教育事业的发展。

相比而言，高等教育的相对均衡增长比之大起大落更能适应经济和社会发展的需要，也更加符合教育发展的规律。但是，均衡增长并不等于等速发展。由于社会需求的变化、生源供应的增减、学校办学条件改善的时限性，高等教育发展速度在不同时期会有快有慢，也可能呈现周期性波动的特征。这在其他国家也可以找到例证。这里需要探讨的是高等教育发展的周期性同经济发展周期性的相互关系。当然，高等教育的有些部分例如政法、人文学科同经济发展的周期并不都有直接联系，但总体上说，高等教育发展的起伏同经济发展的变化是有关的。在我国，高等教育周期的波动同经济周期的波动几乎是同步的，即经济高速发展年份常常也是高教高速发展的年份，而经济缓慢增长的年份，高教也会相对减缓发展速度。这种周期变化的结果从经验判断是含有矛盾的，因为教育培养人的周期长，经济变化快，同步变化的结果是，高速增长那一年大量招收的学生在学成毕业时，往往会遇到经济调整减速增长的年份，社会需求下降，毕业生就业难；而低速增长那年减少招生数量，在这些学生毕业时又可能遇到经济调整后的加速发展，社会需求大，毕业生供不应求。可见，这种经济和高教发展的周期同步会造成供求的脱节，影响高教为经济建设服务功能的有效发挥。

德国保尔·温道夫（Paul Windolf）在《1870—1985 年间高等教育扩展周期：国际比较》一书中对美、日、德、意等六个国家 1870—1970 年间高等教育周期和经济发展周期的比较研究结果，发现有三个国家两者的周期波动正相反，即经济加速发展的年份，高等教育发展减缓，而经济缓慢增长的年份，高等教育发展则加速。他用"地位选择理论"解释这种关系：即经济加速增长时期，就业容易，学生宁愿先找理想的工作，推迟入学；而经济缓慢增长的时期，就业困难，学生愿意先入学，等待机会寻找理想的工作。这种分析能否正确地说明高教发展周期同经济发展周期的关系姑且不论，西方国家的情况同我们也有所区别，但它所揭示的这种周期演变趋势却是值得引起思索的。当然，我们还是应该认真研究我国的实际，研究我国高等教育发展周期形成的主客观原因及其与经济发展周期的内在关系。研究这个问题需要做理论的和实证的分析，目的并不在于寻找一种固定的波动周期，而是从高等教育超前为经济发展做好人才准备这个基本思路揭示高教发展的周期性特征。

三、关于高等教育发展的结构选择

结构是发挥系统整体功能的重要条件，一种偏离正态结构的系统，尽管其规模很大，却很难发挥其应有的作用，甚至会出现负效应。在高等教育发展中，结构性短缺和结构性过剩都会造成教育资源的浪费，甚至会出现社会问题。因此，优化教育结构始终是教育发展中一个重大的战略性问题。

我国高等教育结构近十多年来有了明显的改善。在层次结构上，由原先比较单一的本科教育层次转变为研究生、本科生和专科生层次比较完备和本专科比例趋于合理的多层次高教结构。在科类专业结构上，近几年财经、政法、应用文科的加速发展，使理工科与这些学科比例失调的状况有所改变。以分科毕业生为例：工科由1980年的44,164人增加到1991年的207,007人，增4.7倍；文科由6213人，增至28,674人，增4.6倍；财经由1268人增至65,749人，增51倍；政法由109人增至12,404人，增 112 倍。在形式结构上，业余大学、职工大学、广播电视大学和自学考试等成人高等教育有了长足的发展，改变了单一的全日制普通高等教育形式，成人高校 1992 年在校生达 147.87 万人，占高校在校生总数的 40.5%。这种结构变化的特点是更加贴近经济建设和社会发展的需要，更加适应社会各方面成员对于高等教育的多样化需求，也更能发挥高等教育系统的整体功能。

高等教育结构问题涉及方方面面，比较复杂。它固然要遵循高等教育自身的发展规律，构建一种内部运行合理的高等教育系统，但它又不应该只是高等教育系统的自我完善，而是要更好地适应经济和社会结构变革的需要，特别是适应经济结构、产业结构、技术结构和相应的人力结构变化的需要。我国正在并将进一步进行的结构性变革是相当广泛和深刻的。经济结构将由单一的公有制转变为以公有制为主体的多种所有制结构；产业结构将由以农业为主的传统产业结构转变为二、三产业加速发展的高度化的产业结构；技术结构将由以劳动密集和传统技术为主转变为资金技术密集型比例提高、以高新技术逐步改造传统产业的格局。这种结构性变革反映在人力结构上将更具有多层次、多类别和多规格的特征，要求高等教育结构更具有多样性和灵活性、弹性和适应性。

研究人才结构无疑是研究高等教育结构的一项基础性工作。在人才结构的研究中常常会遇到一些涉及结构选择性问题，如：基础学科人才和应用学科人才、经济建设所需人才和政治、文化建设所需人才、高层次人才和初中级人才以及学术型人才和应用型人才、决策型人才和实施型人才等之间的关系。全面处理好这些关系才能使高等教育结构适应社会全面进步的需要。这里有个方法论问题，即需要运用社会运行的系统论方法分析社会各个系统人才的整体结构，并且注意它们合理的配比关系，也就是说，不要单纯从学科发展或专业发展的角度去分析人才的横向结构，而是放到某个社会系统中去分析人才的纵向结构。例如经济科技系统的人才结构，就要从科学技术转化为生产力并进而成为商品这个过程来考察，这里要经历科学原理转化为应用技术、应用技术向产品和工艺开发、产品和工艺设计向产品转化以及产品向商品这种一系列的转化过程。在这几次转化过程中，需要各种层次和类别的人员参与，例如基础研究人员、应用研究人员、产品和工艺研究开发设计人员、生产组织实施人员以及营销管理人员等不同层次和类别的人才。在这个人才链中，科学家（包括基础研究和应用研究）、研究开发人才起着创新引导的作用。需要一批高水平的专家去开拓新的科技和经济领域。这类人员的素质如何，直接关系到我国科技和经济的发展水平乃至国家的综合国力水准，我国高等教育结构必须给予足够的保证。但是，这些人才在人才总量中只占少数，大量需要的是产品研究开发和生产组织实施过程中的各种应用型人才。这些人才的培养也正是我高等教育结构中的薄弱部分，它造成了我国大量应用技术无法转化为产品和商品，大力加强这类人才的培养应当成为90年代高等教育结构调整中一个关键性的部分。

高等教育结构当然不可能直接对应社会人才结构，但它应该大体适应专业人才结构变化的趋势并且具有灵活的调适能力。这就需要考虑各种因素，全面处理好各种关系，进行综合设计，并不断在实践中改革原有的教育结构中的某些部分。就今后一个时期所言，我认为处理好以下三个方面的关系更具有现实性：第一，既要重视学科性教育，又要重视专业性和技术性教育，在保证必要的、精干的学术型人才的同时，大量培养适应经济建设和社会发展需要的应用型人才。这里涉及两个层次结构上的调整：一个是在宏观的科类设置上，适当调整基础学科布局，其中包括一些非综合性大学（师范院校除外）所办的理科和文科专业，集中精力办好一批高水平的基础学科点，扩大应用学科和专业的规模。另一个是在诸如工科、农科等工程技术类教育和某些人文科学、社会科学类教育中，要逐步改变沿用学科教育的教学模式，更加突出应用性和技术性教育，在教育目标、培养规格和培养途径上更加贴近生产和社会实际，着重培养善于分析和解决实际问题的各种专业人才。第二，既要努力发展与经济建设密切联系的理工科和财经类专业教育，也要重视为发展科学文化和民主法制建设服务的人文科学和社会科学专业教育，全面发挥教育的功能，这不仅要合理选择各种学科在高等教育结构中的比重，还要在学科建设上形成特色，尤其在社会主义市场经济条件下，在政策上要给予人文科学和社会科学的某些学科必要的保护和扶持，使我国民主法制和思想文化建设获得可靠的人才保证。第三，既要以主要精力培养基层第一线需要的大批中高级人才，也要十分注意造就一批站在世界科学技术前沿的学术带头人和高层次决策和宏观管理人才，即关系国家发展全局的"帅才"。这种人才当然不是单靠学校可以培养得出来的，但学校教育可以起基础性作用，要高标准实施"211"工程，办好一批具有一流水平的学校和专业，同时要完善继续教育制度，实行学习和工作相交替的制度，优化人才选拔任用制度，使优秀的拔尖人才脱颖而出。

四、关于高等教育的区域和行业布局

布局也可以说是一种结构，但它同体制有着密切的关系，更需要从宏观上加以考察和设计。在某种意义上可以说，调整也许是 90 年代高等教育发展中的一个更为急迫的课题。

适应社会主义建设初期和建立计划经济体制的需要，我国 1953 年曾经进行过全国范围的院系调整。它改变了旧中国教育过于集中于沿海大城市的布局结构，充实和新建了一批国家经济急需的院校和专业，尤其是各业务部门兴办了一批专门学校，为各条战线培养了国家建设需要的专业人才。之后虽有调整和变化，并未改变20世纪50年代院系调整形成的基本格局，这十多年来由于区域经济的发展又增加了一些新的问题。现行布局结构形成的主要因素，一是条块分割的办学和管理体制，即中央业务部门和地方政府各按行业和地区发展需要分别设置高校系统，不可避免地产生院校和专业重复设置、规模效益不高（普通高校平均每校在校生2000人，成人高校平均1200人），尤其大量单科性院校在学科发展和适应社会需要方面都有较大局限。二是全国普通高校和成人高校自成系统，互不沟通，这又加剧了院校和专业的重复设置，降低了规模效益。三是区域经济和文化发展不平衡的加剧又进一步造成沿海城市高校集中而内地和边远省、区高校基础薄弱，专业门类少，缺少培养专业人才的基地。由于这些原因，我国高等教育布局上存在的主要问题是：学校区域布局不尽合理，与区域发展和当地建设相脱节，学校和专业设置过于重复或分散，未能实现教育资源的优化配置；地区、行业、学校都想自我完善，缺乏整体规划设计，存在一定程度的盲目性。这种格局不改变，加速高教发展将会加剧布局的不合理。因此，有的同志提出要进行第二次院系调整。显然，要想完全依靠行政手段进行全局性调整是难以奏效的，但调整布局却是需要解决的一个重大课题。

高教布局首先要打破地区和行业的分割，全国范围要分层统筹规划，初步可考虑分全国性（大区范围）、省、自治区（中心城市）这样两级四层统筹。要在全国总量和总体结构的指导下，以省及省际（大区）为主进行统筹，行业除保留一部分示范性和行业性强的骨干学校外，大多要纳入地区布局之中，地区要照顾行业的区域规划。这样，全国高校布局中，少量面向全国需要的学校，保证国家建设和发展科学文化以及行业特殊需要的人才；大量面向省或大区的学校，更应兼顾地区和行业的需求，调剂地区之间以及地区与行业之间的人才余缺；还有部分学校今后可能会有更大的发展，就是面向中心城市所辖地区的学校，直接为当地建设服务。这些不同区域层次的学校在专业设置上既要做统筹安排，又要各具特色，相互补充，以求达到整体布局合理、相互衔接补充、满足地区和行业的专业人才需求。

高等教育要根据各地经济文化发展水平不同和经济产业结构的差异，形成具有区域特征的布局结构。在这个问题上，存在着两个现实问题：一个是一个省范围内是否有必要形成一种学科、专业门类齐全的布局结构，尤其是在一些内地和边远省区，工科类和财经类专业较少，不能适应当地经济建设的需要，适当发展一些紧缺专业是必要的，但我以为不要笼统地让每个省都去强调学科门类齐全、自成体系，需要发展的应该是本地区需求量大、部委院校和邻省院校无法提供人才的那些专业，把财力、物力用到对当地建设作用更大、更能发挥效益的地方，在这个前提下构建省区的合理布局。另一个问题是在一部分经济发达地区兴办的高校有向下延伸的趋势，在中心城市普遍兴办高校之后，一些县（市）亦在动议兴办短期高等学校。这个问题要突破一县一地的界限，从省和中心城市辐射的总体布局中考察其必要性和可能性。从长远看，在经济发达地区，随着经济建设规模的扩展和水平的提高，居民文化教育水准的提高，尤其在普及高中阶段教育之后，发展社区性短期高等教育可能会是一种趋势，包括在个别人口多、经济实力强的大县建立职业性、综合性的社区学院也可以进行试验，但在现阶段高等教育的布局不宜过于分散，要更好地发挥省和中心城市高校的辐射功能。

高校区域和行业的布局问题涉及体制改革和利益调整，需要在改革和发展过程中创设条件，逐步实施。当前在这方面可以从两个方面做些准备，一是在体制改革中逐步淡化学校对政府的依附关系，面向社会自主办学，打破地区和行业之间的界限，在扩大服务面向过程中进行调整，自然形成合理的布局。另一点是政府要对高教的发展进行宏观调控，运用拨款、评估等手段促进高校之间的联系合作、地方和行业共建，在发展中调整布局。

五、关于高等教育发展的调节机制

高等教育发展中涉及多种因素和多方面关系的协调，诸如需求和供给的平衡、结构的选择、合理的布局乃至全国、省、学校发展目标之间的调适等等。这些方面在计划经济体制下，在总体上是由政府通过计划和政令自上而下组织实施的。在社会主义市场经济条件下，社会经济运行的机制和资源配置的方式发生了变化，高等教育的发展也需要探索新的调节机制。这种调节机制的具体实现形式有待于在实践中不断试验并完善，就其基本内涵而言，我以为是否可以概括为：在政府宏观调控下，学校主动适应社会和市场需要的这样一种调节机制。这种机制的一个重要特征是，学校的发展更多地直接适应社会和市场的需要，社会和市场的需要成为学校发展的驱动因素和约束因素，政府对高教发展起宏观指导、调控和管理作用。这三者之间的关系应该既是协调一致的，又是相互制约的，形成一种合理的组合，保证和促进教育事业与经济社会之间的协调发展。

在这种调节机制中，高等学校处于重要位置。高等学校要在确保自主和责任的前提下，建立起与社会和市场直接联系沟通的渠道，例如：社会人才供求信息、毕业生就业反馈、用人部门会同培养、向社会筹措经费和向学生提供奖、贷学金等等，使学校的触角伸向社会的许多方面，以便及时地全面地收集社会需求信息并灵敏地按照教育自身规律做出反应。同时，学校要通过各种形式让社会广泛参与学校发展的决策和管理，例如建立校董会吸收校外人士参与学校发展重大问题的决策；实行厂校挂钩、横向联合，各自以自己的优势为对方服务；发展教育、科研、生产（社会实践）相结合的联合体，使学校的教学、科研和社会实践的结合成为一种组织体制，在这种双向参与和协调之中，建立起学校发展主动适应社会和市场需要的机制。

政府在高等教育发展中的职能和管理方式将要随着社会主义市场经济体制的发展而发生变化，但政府的宏观调控仍然是高等教育发展调节机制的重要部分。在这种调节机制中，政府的宏观调控涉及许多方面，例如：通过立法，规定高等学校的设置标准和审批程序，负责审批高校，确保高等学校的基本办学条件和合理的布局；制订高等教育发展规划，确定年度招生总量的指导性计划，并通过提供人才需求信息等，指导高等教育的发展；运用拨款手段，调节高教发展规模，调整高等教育结构；组织包括行业评估和社会评估在内的高等教育评估，对高等学校的办学方向、培养目标和办学质量、水平等进行检查监督；此外，还可运用必要的行政手段规范高等教育的发展等等。总之，政府的宏观调控是确保高等学校主动适应社会和市场需要的重要条件。当然，政府这些作用应当在确保学校办学自主权并符合教育和人才资源优化配置的前提下才能奏效。

我国教育发展的区域性特征及其战略选择[6]

教育发展和经济社会发展之间存在着相互促进和相互制约的关系，这已经得到理论研究和实践经验的证明。需要进一步探讨的是，这种相互作用在不同国家、不同地区和不同发展阶段的具体特点和特殊规律。我国经济和社会的二元结构以及通过一部分地区先富起来带动全国发展的梯度推进战略，使教育发展在一定时期内必然存在着地区性差异。运用区域科学等多种学科的理论，总结我国区域发展的历史经验，研究不同区域教育发展和社会发展的关系，进而探索区域教育发展的战略选择，这是我国教育发展和改革中的一个现实课题。

一、区域教育发展问题的提出

区域发展不平衡性是各国普遍存在的社会现象。由于历史的、自然环境的、经济的和文化的多种因素，我国的地区差别表现得更为明显。新中国成立初期，我国若干沿海城市，近代工业、商业和金融业已经有了相当水平，近代教育也有了一定基础，创办了一批得到海内外公认的高水平的学校，但是不少边远地区和少数民族地区却仍然处于比较原始的生产方

---

[6] 谈松华："我国教育发展的区域性特征及其战略选择"，《教育研究》，1993 年第 2 期。

式和社会结构，有的少数民族还没有自己的文字，更谈不上近代意义的教育。这种历史发展阶段上的巨大差异，必然对各地区经济社会和教育的发展产生深刻而长远的影响。

社会主义制度的建立，为各地区的发展开辟了道路，尤其是一些边远少数民族地区跨越了几个历史阶段，开始了向近代文明发展的历史进程，地区之间的差距逐步有所缩小。当然，真正实现经济、文化上各地区的均衡发展，是一个漫长的过程，需要坚持不懈地努力。20世纪50年代，国家就开始把沿海和内地的关系作为我国工业化过程的重大问题提到了决策范围，20世纪60—70年代又从国防建设的角度，大规模地进行了"三线"建设，把一批沿海企业迁往内地和山区。与此相适应，在教育布局上，也把沿海一批大中专学校迁往内地，把大批专业科技人员调往内地和边远地区。这种战略性决策有其国际和国内的背景，对于改变旧中国畸形的经济社会和教育结构无疑起了积极的作用。在经济方面，经过近30年的布局调整，内地各省奠定了工业化的初步基础，为内地经济"起飞"创造了条件。在教育方面，仅以高等教育为例，旧中国62.9%的高等学校集中在沿海地区，上海市1949年有高校43所，占全国205所高校的23.4%，而到1980年内地高校已占高校的54.7%，各省、区都兴办了一批培养专门人才的基地。但是，30年前在区域发展的选择上比较侧重于从政治和国防上考虑区域布局，未能充分发挥沿海地区经济、科技、文化基础和人才集中的优势，加之主要通过行政手段改变地区结构布局，在某些方面对区域发展的内在规律考虑不够，例如产业结构的依次推移、工业综合配套、经济发展与人才培养的协调配置等等，以致内地尽管从沿海地区迁入了一批装备先进的企业，某些部门专业人才的数量和质量高于沿海地区，但因产业结构不配套，难以发挥其整体效益，一时也难以引起内地经济和社会结构的整体性变化。

进入20世纪80年代以来，国家把区域发展问题列入了经济社会发展的总体战略之中，提出了沿海发展战略和让一部分地区先富起来、促进地区的共同发展的思路。"七五"计划加大了向东部倾斜的程度，指出："我国经济分布客观上存在着东、中、西三大地带，并且在发展上呈现出逐步由东向西推进的客观趋势。"并提出"加速东部地带的发展，同时把能源、原材料建设的重点放到中部，并积极做好进一步开发西部地带的准备"。在这一地区发展战略方针的推动下，20世纪80年代，沿海地区加速了发展，内地和边远地区的发展速度也高于历史水平，同时增强了综合实力。如新疆、内蒙古、广西、宁夏四省区，1990年与1980年相比，工农业生产总值增长了2.5倍，社会商品零售总额增长了4倍。又如：在1949年，西部除四川省外的八个省区只有11所高校，在校学生8000人，1990年已有高校150所，在校生达21.6万人；初等教育的适龄儿童入学率除青海（81.98%）和西藏（54.54%）之外，均在91%以上。这些都是西部发展史上具有重要意义的一页。

但是，由于东部地区经济技术的基础优越和在改革开放中处于有利的地理位置，加之国家在投资和政策上的倾斜，东部地区与内地及边远地区的差距又进一步被拉大了。仍以上述新、蒙、桂、宁四省区为例，其人均GNP与沿海开放城市的差距由1980年的247元，扩大为1990年的950元。反映农村工业化程度的乡镇企业的发展，其地区差距十分明显：东部11个省、市乡镇工业产值占全国乡镇工业总产值的64%，中部10个省占33%，西部9个省区仅占3%。这明显地反映了区域之间产业结构和农村工业化水平的巨大落差。在省市之间，经济发展水平的差距在几倍以上：1990年人均国民收入上海市为4624元，贵州省仅631元；工业占国民收入比例上海市为71.6%，西藏自治区仅为8.9%；农民人均纯收入上海市1664.5元，甘肃省为398.89元。若以县与县、乡与乡相比，则差距有十倍乃至几十倍之多。相比经济发展水平上的差距，教育发展的地区差距似乎要小一些：全国已有91%人口的地区普及了初等教育，在30个省、区、市中，小学适龄儿童入学率在91%以上的28个，小学适龄儿童入学率在40%以下的只有50个县。但是，在九年义务的教育普及程度，在反映小学和初中教育质量和效益指标的辍学率、留级率、及格率以及按时毕业率等，地区之间的差距仍然是明显的。如以1989年小学辍学率为例：全国平均为3.2%，沿海省、市均在2%以下，西部除四川（3.6%）、宁夏（4%）之外，其余省、区均在5.7%以上。这些还主要是在教育普及方面的差距，在教育质量和水平方面则差距会更大。

问题在于：教育与经济上的这种地区差异究竟是否合理？随着经济上区域发展战略的实施，教育会面临什么问题？应该如何适应这种区域变化的趋势？回答这些问题，需要总结历史经验，研究变化趋势，探寻区域发展的内在规律。许多国家发展的经验表明：在工业化过程中，在一定阶段上地区之间的差距是不可避免的，大体都要经历一个由拉大差距到缩小差距的发展过程。20世纪90年代我国区域发展的差距也可能是继续扩大的趋势，然后才逐步缩小。这就需要遵循区域自身发展的规律，按照效率和公平相协调的原则，调节区域的发展。西方国家从20世纪50年代开始逐步发展起来的区域科学，为研究区域发展提供了可参考的方法。它以经济发展的"累积效应"、工业生产生命周期以及产业结构梯度扩散的规律，揭示了不同地区发展的阶段性变化及地区之间的相互关系，并提出了不同发展阶段上的目标和手段体系。这种研究思路和方法对于区域教育的发展具有一定的借鉴意义。把区域教育发展作为区域经济社会发展大系统的一个部分，研究两者的相互关系及其在全国教育发展总体布局中的地位和作用，这是区域教育决策的科学依据，也是研究全国教育发展战略的基础工作。

二、我国教育发展的区域性特征

研究区域问题首先要合理地进行区划，而经济区划则是其他区划的基础。对于经济区划，我国经济界和国家有关部门，从不同角度有不同的划分方法：有按地理位置分为东部、中部、西部三大经济带的；有按经济发展水平分为经济发达地区、中等发达地区、欠发达地区三大块的；还有划分为六个、七个或八个经济区的。这些划分方法用于不同的研究对象都有参考价值，有些划分方法还可同时用于不同层次的区域研究。国家计委提出的七大经济区（以上海浦东为龙头的长江沿岸地区、珠江三角洲地区、环渤海地区、西南和华南部分省区、西北地区、中原地区、东北地区）和国务院发展研究中心提出八大综合经济区（东北经济区、环渤海经济区、上海经济区、东南沿海经济区、黄河中下游经济区、长江中游经济区、大西北经济区、大西南经济区），这两者比较接近，同三大经济带划分有联系，又比三大经济带的划分更具有综合性。所有这些区划方法为我们研究区域经济发展和教育发展的关系提供了基础。

教育区划是一个有待进一步探讨的问题。它当然要以经济区划为基础，但由于教育发展同区域发展之间存在着多维的关系，也应兼及自然环境和其他社会因素，国家教育发展研究中心和国家统计局正在进行专题研究。这里我暂且以经济发展水平、经济产业结构和地理环境这几个因素做些粗略的分析。

（一）经济发达地带

大多为东部沿海地区。这个地带经济和社会特点是：①经济发展水平高，人均国民收入均在1100元以上，高于全国平均水平；农民人均纯收入除河北省外，均在650元以上，高于全国平均629元的水平。②工业化程度高，产业结构比较先进。农业产值占国民收入的比重除福建和海南省外，均在 30% 以下。广东、江苏农村工业产值占农村社会总产值的比重更高。一些地、市基本实现农村工业化和农业机械化。工业产值中冶金、化工、机电等资金和技术密集型行业和第三产业的比重均增长较快。③处于对外开放的前沿地带，外向型经济初具规模。这里有五大经济特区、上海浦东开发区，14 个沿海开放城市和 283 个对外开放县，形成了一个连片开放带。"七五"前四年沿海地区共引进外资 2203 亿美元，占全国利用外资总额 359.9 亿美元的 61.2%；进出口 1228.9 亿美元，占全国进出口总额 3709.7 亿美元的 49.3%。④科学技术先进，人才资源丰富，城镇化水平高，具有发展经济的综合优势。这些特点不仅表明了这一地带在全国经济科技发展中的举足轻重的地位，而且也预示着 20 世纪 90 年代它的发展速度和水平亦将高于全国其他地区，有可能率先实现社会主义现代化的目标。在这一地带内，还可分为珠江三角洲、闽南三角洲、长江三角洲和环渤海等几个不同类型的经济区，它们各自形成了区域性经济社会特征。

　　沿海发达地带的上述经济和社会特点对教育发展产生了巨大的影响，也提出了新的要求，主要是：①教育普及程度和教育水平高，城镇新增就业人员要求初中毕业经职业培训；大城市的多数行业要求受过高中阶段教育，部分岗位的操作人员要求高中后 1—2 年技术培训；农村乡镇企业工人和农业劳动者普遍要求初中毕业经职业培训，关键岗位和社会化服务体系的工人则要求高中文化程度。②适应外向型经济和产业结构调整的需要，培训具有新的素质的新型人才，如技工贸结合、贸工农结合所需要的复合人才和人才群体；"三资"企业需要的技术和经营管理人才；第三产业兴起所需要的信息咨询、房地产、会计等人才；外向型经济需要的国际贸易、金融和法律人才等。这些人才的素质显然并不是完全相同于产品经济环境中的人才素质，应能适应商品经济和对外开放的需要，适应国际经济、科技竞争和两种社会制度竞争的需要。③面临着建立面向 21 世纪教育体系，从教育思想、教育内容、教育方法到教育体制全方位改革的任务，需建立起主动适应经济和社会发展需要的运行机制。就这个意义上说，沿海发达地区的教育将成为我国教育发展和改革的试验地区和示范地区。

（二）中等发达地区

这一地带处于中国的中部腹地，经济发展水平中等，又是产业结构转移的中间地带。其经济社会特点为：①工农业生产有较好的基础。东北、湖北是重要工业基地；吉林、河南、两湖是重要的粮食生产基地；黑龙江、吉林是木材主要产地。②矿产资源丰富，尤其是山西、内蒙古是我国重要的能源生产基地。③地处中部腹地。联结东西两翼，处于河流、铁路的交通枢纽地位（如湖北、江西处于长江中下游交接处，湖北和河南分别处于京广线南北大动脉、陇海线东西大动脉的中轴），是我国东西部经济交流、转移的中转地带，即东部资金技术的扩散带和西部能源、矿产和原材料的转运地，在我国20世纪90年代经济发展中处于承接转移的地位。

这一地带的特点对教育发展的要求集中表现在：①教育中等普及程度。这一地带的多数地区已经普及小学教育。随着经济的发展要求劳动者的文化程度相应有所提高，未来十年普及教育的主要任务转向普及九年义务教育。初中阶段教育将成为整个教育的重点所在。②适应当地建设需要，培训中间层次人才成为教育的突出任务。这一地带的多数地方在今后一段时间内，将成为沿海工业的扩散地，传统工业会有一个持续发展的阶段，农业将有一个专业化的集约经营的过渡阶段。进入20世纪90年代初，沿海一部分劳动密集型企业有向中部地带转移的趋势。这种经济发展格局，大量需要的是将工业成型产品转产，或把农业成熟技术推广应用，或进行二次开发。它所需要的人力结构中，主体是把研究成果转化为现实产品的运行实施型的技术人员和技能型操作人员。他们处于科学技术转化为现实生产力的中间地位，可称之为"中间型人才"。③适当发展中介性的教育和研究的组织结构。按照工业生产生命循环阶段论和区域经济发展梯度转移论，中部地带在一段时间内发展的产业部门将以工业生产的"发展阶段"和"成熟阶段"的产品为主，加之商品经济发育之后产品更新速度加快，以及它所承担的东西联结的地位，使其在组织结构上应更具适应性和灵活性，因此，各种适应产品开发和转移的中介性研究机构、适应产业和产品更新的灵活的教育机构将有较大的发展。

（三）欠发达地带

主要集中在西部边远地区。这一地带地域辽阔，人口稀少，资源丰富，目前经济比较落后，但开发潜力很大。其经济社会特点是：①产业结构中以农牧业为主体，工业化程度较低，技术基础亦较差。②自然资源丰富，但地理条件和交通条件差，开发这些资源需要一个资金积累和基础设施建设过程。我国尚未开垦的耕地、草原主要集中在这一地带；这里煤、石油和有色金属的储量占有很大份额；西南三省的水资源占全国40%；西北地区草场占全国36.35%。这些条件决定了这一地带在我国长期经济发展中的重要地位。③少数民族聚居，多种文化和宗教交汇，使普及教育更具有复杂性。④居于西、南、北三处边界。我国21,000公里内陆边界大多处于这一地区；"欧亚大陆桥"联结中亚和欧洲；云南、西藏、广西的边境贸易联结着南亚和东南亚的经济。这一地带的扩大开放将形成我国全方位开放的新格局，有着巨大的发展潜力。

这一地带的教育总体发展水平较低，加之人口分布和交通条件的限制，普及教育的难度较大。但是，不能认为这一地带只有等经济发展起来再来发展教育，应当把发展教育作为开发这一地带的基础建设，适度超前做好人才准备。在今后一段时间内，教育发展要强调"三位一体"打好基础：一是扎扎实实地普及初等义务教育，并从当地实际出发积极推进包括初中阶段职业技术教育在内的九年义务教育；二是探索符合当地建设实际需要的职业教育和基础教育适当结合的路子，力争实现"教促富、富促教"的经济、科技、教育之间的协调发展；三是以中心城市和沿边开放地区为龙头，在这些"极点"地区建设若干较高水平的教育基地，以此为中轴，连片、连线地推进教育的梯度发展。

以上分析的区域教育特点和选择，只是就大的综合区域带而做的一般分析。这里有两点需要说明：一是文中所提的三大经济带是从经济发达程度和地域分布两者兼顾的角度划分的，并不简单地同东、中、西三大地区相对应。在东部地带有欠发达的县、乡；在中部和西部地区有处于发达水平的县、乡。教育的区域分析和决策要综合考虑经济和地域条件。二是区域研究要分层。从全国说有国家、综合经济区（包括三大经济地带和七个或八个经济区）和省这三层，而在省以下还有若干经济发展水平和经济类型不同的地区。在三大经济地带中，同一地带中亦有不同类型的地区，如发达地区就有珠江三角洲、闽南三角洲、苏南经济区等不同类型。只有具体地把握各层区域特点，才能做出比较符合实际的战略选择。

三、教育发展的区域战略选择

区域之间客观存在的差异，使各个地区在发展目标、重点、步骤的选择上必然有所区别。为了寻找不同地区的发展路子，20世纪80年代相继提出了沿海经济发展战略、中部崛起经济发展战略、西北地区经济发展战略、黄淮海地区发展战略以及黄河三角洲经济发展战略等区域发展的战略建议。进入20世纪90年代，国家在《关于国民经济和社会发展十年规划和第八个五年计划纲要》中提出：要按照今后十年地区经济发展和生产力布局的基本原则，正确处理发挥地区优势与全国统筹规划、沿海与内地、经济发达地区与较不发达地区之间的关系，促进地区经济朝着合理分工、各展其长、优势互补、协调发展的方向前进。同时，国家确定的沿海、沿边、沿江全方位开放的方针，更使20世纪90年代区域发展将会出现新的格局。面对这种形势，各地区都在全国经济发展总体规划中，为振兴本地区经济而进行战略筹划。这既为地区教育的发展提供了机遇和舞台，也对教育事业为地区建设服务提出了更高的要求。从区域整体发展的角度做出教育发展的战略部署的任务，已经历史地摆在我们面前。

（一）不同区域教育发展的战略选择

这种决策选择的基本依据是：遵循地区发展和教育发展的客观规律，实现教育发展和区域社会发展之间的良性循环。这是一个需要从理论、历史、现实多种角度进行科学探索和反复实践的过程。这里仅就区域选择中可能涉及的几个方面略陈管见。

1. 关于不同发展阶段教育所面临的基本社会需求的界定

我认为，在社会历史发展的不同阶段，教育所面临的社会需求和基本任务是有所区别的。例如在工业化水平较高，尤其是在技术密集型行业中，熟练劳动者一般要求具有高中文化并经职业培训，有的还要求有必要的外语和计算机知识；而在传统农业耕作制占主体的农村，尤其是闭塞的山区农村，文字交流的范围极其有限，有小学文化程度、能接受实用技术培训，就能基本适应当地农村生产的要求。当然，教育培养的人才并不仅限于适应当前的社会需求，但发展阶段不同，教育所要解决的主要问题确实是有区别的。发达地区大多数初步实现了工业化，今后，要适应发展外向型经济和产业结构高度化的需要，提高教育水平，优化教育结构，调整人才规格，即它所要解决的主要是进一步工业化过程中的教育问题，即提高工业化水平和参与国际竞争所需要的各种人才类型和人才规格的问题。中等发达地区正处于工业化过程中，主要是适应产业结构调整和农村劳动力向二、三产业转移过程，培养大量中小企业和农村社会化服务体系的适用人才，即它所要解决的是农村工业化进程中的教育普及和教育结构调整的问题。欠发达地区尚处于早期工业化阶段，解决农业实用技术推广、乡镇企业起步阶段的人才需求，重点在于普及初等义务教育和积极推进九年义务教育；这个地区普及教育要走"教促富、富促教"的路子，实现教育与经济发展、人口增长的良性循环。

2. 关于教育发展水平的选择

地区间经济发展水平悬殊，对于居民受教育程度的要求以及居民自身的教育需求都会有明显的影响（如大城市和发达地区胎教、学前教育、儿童业余艺术教育、老年闲暇教育日趋兴盛；贫困地区儿童为谋生而辍学，识字的需求亦并不急迫），另外，地方和居民可能提供的教育投入差别也很大。据对1989年农民人均纯收入和农村普及小学和初中教育的相关分析，发现人均纯收入300元以上与300元以下的县普及小学教育验收比例为6.1∶1，而人均纯收入600元以上的县普及初中的比例比600元以下的县高1倍。可见，经济发展水平与教育发展程度有明显的正相关关系。因此，在一定时期内，教育普及程度和教育水平必然存在区域性差异。如果以2000年前后为界，可以设想，大城市和部分发达地区农村在普及九年义务教育的基础上，有可能基本普及高中阶段教育，力争达到中等发达国家20世纪80年代末的教育水平。集镇和中等发达地区农村，主要精力是普及九年义务教育，并使部分乡镇企业职工和农村社会化服务体系的职工受到高中阶段职业技术教育。欠发达地区在20世纪90年代前期主要精力还是扎扎实实普及初等义务教育，杜绝新文盲的产生，在20世纪90年代后期积极推进九年义务教育（包括初中阶段职业技术教育）。

这种教育水平的地区分布并不是机械的阶段划分，而是一种纵横交叉的梯度推进格局。

3. 关于教育结构的选择

教育结构受经济结构、技术结构和就业人力结构的影响，也存在着区域差异。这不仅表现在普通教育的初等、中等、高等的层次结构配比上的不同，尤其反映在专业教育和职业技术教育的科类和层次结构上的区别。以一、二、三类产业科类的比重而言，欠发达地区一般农科类和通用工科类比例较大，而发达地区则财经、政法、金融、房地产等第三产业科类的比例呈增长趋势。在整个教育结构中，职业和技术教育尤其是高中阶段的职业技术教育将会稳定发展，但是，不同地区职业技术教育的层次结构和人才规格又有区别。城市和发达地区的农村在高中阶段职业技术教育的基础上，各种形式的高中后职业技术教育将会发展较快；除了加快培养高级技能型操作人员（高级技工、技师）外，还要培养一定数量的智能型操作人员，这将使职业技术教育序列更为丰富多样。中等发达地区的重点是发展高中阶段职业技术教育，形成培养初、中、高级技能型人才的职教网络。欠发达地区在发展高中阶段职业技术教育的同时，要加强初中阶段职业技术教育，有的还要进行小学后职业培训。当然，这是一种动态结构，随着地区产业调整，教育内部结构也会发生变化。

4. 关于教育空间布局的选择

教育的空间布局同经济、人口分布、交通和自然条件相关，基础教育、职业教育和高等教育的布局也不相同。以高等学校而言，发达地区随着省以下经济区的发展和中心城市综合功能的增强，加之短期高等教育需求的增长，高等学校有向中心城市扩散的趋势（如广东省近10年内中心城市办的高等学校有7所）；而在中等发达和欠发达地带，普通高等学校在一段时间内主要还是集中在处于经济极点和省区政治中心的城市。小学和初中的布局,在经济发达地区,随着乡镇企业的发展和集镇建设的加快,人口居住和工作场所趋于集中,学校布局亦相应集中,规模效益相应提高;而欠发达地区,尤其是山区、牧区,人口居住分散,交通不便,在一段时间内中小学布点仍较分散(如云南省 5 万多所小学,一师一校的占 2 万多所),将随着经济和交通条件的改善而逐步调整布局。

(二)教育发展与区域相互促进的组织形式和管理体制

过于集权和自我封闭的教育体制是教育与区域发展相结合的体制性障碍。克服这种障碍,要从管理体制、组织形式几个层面上进行改革。

教育管理体制上,区别不同情况实行分级决策、分级管理、分级负责。在中央大政方针和宏观规划的指导下,把基础教育、职业技术教育和地方高等教育的决策、统筹、协调的权力和责任交给地方。其中基础教育的管理主要由县乡负责;职业技术教育的管理主要由地(市)县负责;地方高等教育的管理由省、自治区、直辖市负责。地方各级建立咨询、规划、审议、评估督导等各种机构,力争教育决策的民主化和科学化,更加符合地区建设的需要,并逐步建立起地区教育和地区建设之间的"服务"和"依靠"的协调机制。

教育和地方建设结合的主要内容,是实行经济、科技和教育的统筹和结合,实行这种结合要在组织形式上进行多种探索。我国已有的组织形式,农村是"农科教统筹"和"基础教育、职业技术教育、成人教育三教统筹";城市职业技术教育是各方联合办学,有条件的走"产教结合、企校合一"的路子;高等学校则是实行教育、科研、生产三结合或"产学研联合工程"。经验证明,这些组织形式把地方教育系统、科技系统和经济系统的人力组织起来,是教育与经济结合、教育与地方建设结合的有效形式。

中小学的社区教育的相应机构，也是加强学校与地区建设联系的组织形式。这方面经验已有不少专题研究，不另赘述。

（三）国家对于区域教育发展的宏观指导和调控作用

为了促进教育事业更好地适应地区建设的需要，国家要改变依靠划一的指令性计划对地方教育事业实行直接管理的体制，让地方当局对地方教育事业切实负起责任，享有充分的决策和管理权限。但是，区域教育事业是全国教育系统的一个组成部分，只有在国家总体格局中找到恰当的位置，发挥区域的优势，才能稳定健康地发展。因此，加强和完善国家的宏观调控，是区域教育发展的必要条件。

国家对区域教育发展的宏观指导和调控作用，包括立法的、经济的、行政的诸多方面，我国现已采取的措施主要是：首先，国家制定教育的基本法规、基本方针和政策，确定中长期的教育发展战略和规划以及年度指导性计划，为区域教育发展提供大政方针和发展方向、目标的指导。其次，国家组织制定区域教育发展战略，实行分类指导，并通过组织协调实行地区之间的联系和合作。如近几年组织的各种区域交流、合作研究和人员培养、校产联合机构，尤其是沿海地区对内地的智力支援、沿海县（市）对边远县（市）的对口支援等等，都对区域之间的联系、合作和相互促进起了推动作用。国家计委通过七大综合经济区把沿海地区和内地、边远地区联结起来，实行合作开发的规划设想，也反映了国家发挥对于区域发展指导和协调作用的一种思路，可供教育系统参考。第三，国家在抓发达地区教育发展"先一步、高一层"的同时，要把精力更多地放到帮助和扶持欠发达地区较快地发展教育事业，如制定若干特殊政策，通过"老少边穷地区"的特殊补助金和少数民族地区补助金中给予教育的部分，以及利用世界银行贷款和联合国机构的资助，帮助那些处于不利地位的地区和人群，摆脱愚昧和贫穷，尽快走上教育和经济社会发展良性循环的轨道。

参考文献

1. 国家统计局:《1990 年中国统计年鉴》，统计出版社，1990 年。
2. 国家教育委员会计划建设司:《1990 年中国教育统计年鉴》，人民教育出版社，1991 年。
3. 中华人民共和国教育部计划财务司:《中国教育的成就》，人民教育出版社，1991 年。
4. 世界银行:《1990 年世界发展报告：贫困问题·社会发展指标》，中国财政经济出版社，1990 年。
5. 吴正章:《我国"七五"地区经济布局的实践及"八五"构想》，国务院发展研究中心信息网，1991-12-06 发布。
6. [美]马尔科姆·吉利斯、德怀特·H. 帕金斯、迈克尔·罗默、唐纳德·R. 斯诺德格拉斯著，李荣昌等译:《发展经济学》，经济科学出版社，1989 年。
7. 周起业、刘复兴等:《区域经济学》，中国人民大学出版社，1989 年。
8. [美] W. 里昂惕夫、A. 卡特、P. 佩特里:《世界经济的未来》，商务印书馆，1982 年。
9. 国家统计局"中国农村贫困标准"课题组:"关于农村贫困标准研究"，《经济研究》，1990 年第 6 期。
10. 本报评论员:"加快中西部地区乡镇企业发展"，《人民日报》，1992 年 3 月 30 日第 1 版。

我国高等学校管理体制的未来模式初探⑦

我国高等教育体制改革正在空前的广度和深度上逐步展开，世纪之交将会基本实现新旧体制的转换，然后在这个基础上着力建设和完善适应21世纪需要的高等教育新体制。这是一个变革和创新交互作用、宏观领域和微观领域相互渗透的过程。探讨面向21世纪的我国高等学校管理体制的未来模式，正是试图从制度创新的角度对我国高等学校未来的组织系统及其运行的若干趋势进行预测性研究，以求通过改革创造符合时代要求和中国实际的高等教育制度。

一、变革的选择：影响高等学校管理体制未来变化的若干因素

高等学校的管理体制主要是指高等学校的组织系统、管理制度、管理手段及其运行机制，也可以说是指高等学校如何组织和管理，以实现各个系统、各种要素的合理配置、组合和运作。不同国家、不同时期的高等学校的管理体制有所不同，这同经济体制、政治体制和总的教育体制相关，同时也同高等学校的社会功能、组织结构及其管理手段的变化有关，需要从高等教育内部和外部的多种因素进行考察。

---

⑦ 谈松华："我国高等学校管理体制的未来模式初探"，《教育研究》，1995年第9期。

我国近代高等教育制度经历了多次演变。从体制形态上说，我认为可以分为三次大的演变。从19世纪末到20世纪中叶即新中国成立之前，是我国近代高等教育制度诞生和初具雏形的时期。这一时期我国经济和政治制度属于半殖民地半封建性质，高等教育制度也带有这样的特征，大体上有三种类型的高等学校制度：国民党政府和社会机构创办的高等学校；外国机构和团体主要是外国教会创办的学校；解放区创办的高等学校。解放区的高等学校属于与革命战争密切联系的新型教育制度，在当时并未成为全国高等教育制度的主体。前两类高等学校管理体制有多种类型，但由于我国近代高等教育制度大体上是从欧美移植过来的，这两类高等学校的管理体制或多或少地受到欧美高教制度的影响，因此，这一时期还不能说形成了统一完整的我国高等教育制度。从新中国成立到20世纪70年代末，这一时期我国高等教育制度也经历了几次变化，尤其是1958年的教育革命试图突破苏联模式的框架，但从总体上说，这30年高等教育制度带有明显的苏联教育制度的影响，其主要特征是：实行比较单一的由政府举办学校的公立学校制度，政府对学校进行直接的行政管理，学校按政府指令性计划办学，学校管理中行政手段的影响占主导地位，等等。这种高等教育体制基本上适应了计划经济体制下经济和社会发展的要求，但在向社会主义市场经济转变过程中遇到了新的挑战。从20世纪70年代末、80年代初开始，我国高等教育进入了一个全面改革和制度创新的新时期，从宏观管理体制到学校的内部管理体制都在进行改革的探索，在借鉴国外多种管理体制模式的同时，着力构建各种不同学校各具特色的管理体制，制度创新已经成为今后一个时期高等教育改革和发展的一项重要任务。

上述简要的回顾说明，高等学校的管理体制既同高等教育制度相联系，又受到社会经济和政治制度的影响。我国正在经历的高校管理体制的变革，既是近百年来高等教育演变的继续，又是面向未来的高等教育制度创新的一个组成部分，要从现实和未来的变化趋势中，做出变革的选择：

第一，高等学校功能的多样化，使高等学校同社会的联系更为广泛和复杂，高等学校越来越成为一个开放的系统，管理体制必然要适应这种教育—社会一体化的发展趋势。

第二，高等教育将日益大众化，学校规模将逐步扩展，其本身将成为一种分层的复杂系统，学校管理体制要以现代组织学的原则合理组合系统的各个部分，发挥学校系统的整体效能。

第三，科学技术的发展、社会信息化程度的提高，改变着社会组织结构和交往方式，也将改变管理原则和管理手段，高等学校的组织结构和管理方式将适应这种变化的趋势。

第四，由计划经济体制向社会主义市场经济体制转变，社会资源配置方式和政府机构及其职能正在发生变化，政府对学校的管理职能和管理方式也将发生变化，高等学校的管理体制将经历整体性变革。

二、分类管理：高等学校的多样化及其管理体制

我国高等教育长期以来基本上只有本科教育一个层次，加之在计划经济体制下，实行单一的政府办学体制和高度集中的教育管理体制，造成高等学校管理体制的单一化和各类学校几乎大致相同的组织机构以及统一的行政计划和运作程序。在这种格局下，各类高等学校的管理体制缺乏各自的特色。

进入20世纪80年代之后，我国高等教育的发展呈现出多样化的态势，主要表现为：①学校教育层次增多。研究生在校生1994年已达12.79万人，逐步成为一个相对独立的层次。专科在校生规模超过了本科，成为高等教育的主体部分之一，独立设置的专科学校达到439所。②学校类别更为丰

富多样。原有的单科性院校正在增加科类，文理综合大学更加综合化，又出现了 1120 所成人高校和 85 所职业大学。③地方政府举办的高等学校迅速增加到 713 所，民办高等学校已注册的达 80 多所，其中经审批可发学历文凭的 16 所。这样一种多样化的高等教育格局势必同原先学校比较单一和雷同的管理体制之间发生矛盾。实行分类管理是高等学校构建管理新体制的一项重要原则。

这里所说的分类管理不是指宏观管理上对不同层次和类别的学校实行分类管理这个概念，而是指不同层次和类别的高等学校应该有不同特色的管理体制。当然，分类并不是绝对的（不同高校的管理体制总是会有许多共性的方面，同类高校的管理体制也可以有各自不同的特色），我也只是想从分类的角度探讨高校管理体制的若干特征。我国高校目前尚无统一的分类标准，这里只能根据实际运作中常用的做法，概括出四种分类方法：①以学科和专业划分为综合性大学、工科、农科、医科、师范、财经、政法等院校；②以学历层次划分为大学、学院、专科学校等；③以学生来源和去向划分为普通高等学校、成人高等学校、职业大学等；④以举办主体划分为中央部委办、省级政府办、中心城市办、企业集团联合办、民办等。这几种分类方法很难作为研究管理体制的依据，而且预计今后高校类型还将有新的变化，例如随着高校布局结构调整，学校联合和合并的发展，单科性院校将会减少，成人高校和普通高校之间截然分割的界限将会打破，多种学校和多种学科的联合将会发展。这些学校类型的变化都将对学校管理体制产生影响。

研究不同类型学校管理体制的特征是探讨高等学校管理体制未来模式的一项基础性工作，这里只能试举学校设置的若干方面做些预测：

第一，我国原有的一批教学和科研水平较高的学校将会发展成为研究性大学。通过联合和合并，这些大学一般成为学科门类比较齐全，研究生教育和科研比重比较大，教学、科研、开发系统和机构比较完备，规模较大的综合性大学。其管理体制自主性更强，组织结构比较复杂和完善，管理的层次和系统也会比较多，学校内部运行也要形成一套比较完整的程序和规则。

第二，通过联合办学，原先一批单科性院校联合成为规模较大、学科增多的综合性或多科性大学。这种大学同前一类不同之点是：学校主要侧重于教学，并非研究性大学；参与联合的各个院校保持了相对的独立性；组织和管理层次多，但内部运行的整体性不如前一类学校。其管理体制在一段时间内相当于联合体这种形式，在某些方面实行整体运作。

第三，多科性本科院校。这类学校学科和专业较多，为合理组织教学，一般亦设学院，但这种学院并不构成一个独立的管理层次，主要起协调作用。其管理体制中学校和系一级的管理职能相对较强，中间层次主要起承上启下和组织协调作用。

第四，单科性本科院校。一般只有校部和系两级行政机构，层次和组织机构相对少一些，学校管理体制的整体性较强。

第五，专科学校。这类学校学科和专业较少，学校规模一般较小，管理层次和机构亦较少。其管理体制要适当强化校部的管理职能，保证教学这一中心任务的完成。

第六，企业集团参与联合办学的学校。这类学校的管理体制与上述学校不同之处是企业集团参加决策机构（例如校董会等），参与学校决策和评估。

第七，民办高等学校。这类学校的管理体制的社会性和自主性较强，管理层次和组织机构较少，学校之间的差异亦较大。

以上列举的几种不同类型的学校并不是从学校分类的意义上加以划分的，只是从学校组织和管理体制的角度说明不同功能、不同规模、不同组织结构的各类学校其管理体制是有所区别的，要从不同类型学校的特征出发，探讨各具特色的管理体制。

三、自主管理：高等学校的社会功能与管理体制

自主管理历来是大学不断争取实现的管理原则。而这种原则的实现程度和实现形式在不同国家和不同时期并不相同。在我国高等教育体制改革过程中，学校的办学自主权一直是一个核心问题，经过这些年来的改革实践，学校比过去有了更多自主管理的权力。但是，对于办学自主权的实现程度有着不同的估计和认识。主要的是对于学校自主管理的基本内涵、实现形式和实现条件还并未真正达到共识。而对于这个问题的探讨要从高等教育的社会功能、活动特点以及高教系统的整体改革这个角度去把握。

高等学校自主管理作为管理体制的基本原则，是由其自身的任务及其活动特点所决定的。高等学校的教学、科学研究、社会服务，都是与知识活动相联系的。而知识活动的一个重要特点是其独立性和创造性。高等学校的知识活动是以学科为基地展开的。每个学科领域有其自身特有的活动内容和活动原则，不同学科之间很难相互取代。在这种基础上建立起来的高等学校的活动，不仅同经济组织根本不同，而且同中小学也有很大差别，实际上可以看作是不同学术群体之间的既独立又协同的组织活动。而相对独立和自主是学术机构和学术活动的重要特点和必要条件，因此，保证高等学校自主管理是实现高等学校主要任务的客观要求。

既然高等学校的任务和活动特点决定了其管理的自主性，那么，提出并强调自主管理又有什么针对性呢？我认为这本身反映了自主管理这一原则的相对性，它是相对于学校外部（主要是政府和社会）对学校的影响和干预而言的，而学校外部的这种作用程度又同高等学校社会功能的演变有关。随着高等教育由精英教育转变为大众教育，高等学校同社会成员之间

的联系面扩展了；同时，也由于经济、科技、文化、社会一体化进程的加速，高等学校同社会生活的联系日益多样和紧密，不仅教学活动、人才培养和社会服务直接面向社会，即使是科研活动也直接或间接地同社会发生联系。自我封闭的"象牙之塔"式的高等学校模式越来越不能适应现代社会发展的要求了。高等学校同社会生活的这种联系和渗透的趋势，要求协调学校同社会之间的关系，也就引出了学校同政府、社会之间的关系。学校的自主管理只有在妥善地处理好这种外部关系的条件下，才有可能实现。由于上述原因，政府和社会要求学校为社会发展的目的服务，并力求通过直接或间接的手段影响甚至干预学校的活动；学校一方面力求保持自己的自主地位，另一方面又势必要协调学校活动与社会需要之间的关系。这里问题的核心是要把学校活动中这几种不同的作用加以界定，并且用法律法规来规定其作用的范围和形式。

学校自主办学实现程度和实现形式的不同是同行政权力和市场调节在高教运行中的作用相关的，即凡是市场机制作用大的地方，社会对高等教育的需求往往通过市场机制发生作用，政府也可运用市场机制的作用调节和管理学校，学校的自主权较大；反之则行政权力的作用较大，学校自主管理的余地相对小些。我国在建立社会主义市场经济体制的条件下，将把政府宏观管理同市场调节结合起来。政府通过法律的、经济的和必要的行政手段管理学校，还通过社会中介机构对学校进行信息指导、社会评估和各种服务；逐步发展起来的劳动力市场、资金市场、技术市场等也会影响和调节学校的运行。在这种宏观运行环境中，高等学校的自主管理既是对外部开放的，又是内部自主运行的。这种管理体制要求：第一，用法律形式确定政府同学校的关系，明确学校的权利和义务，用法律手段解决教育管理中的问题；第二，学校要按照政府宏观调控下自主管理的原则，调整组织机构，即建立决策系统、管理系统和监督评估系统，形成既能灵活适应社会变化需要，又能正常自主运行的内部管理体制；第三，增强社会参与的作用，不断吸收社会信息、资金、技术等各种资源，创造社会各方面人士参与管理的渠道和条件，使学校的自主管理成为政府、学校、社会几个方面共同参与、协同作用的过程，保证学校在适应外部变化过程中不断增强内部活力，成为一种具有自我调适能力的有生命力的机构。

四、分层管理：高等学校的组织系统与管理体制

管理体制同学校规模、内部组织结构和系统相关。一般地说，学校规模小、组织机构简单的，多半实行集权型管理体制；而学校规模大、组织结构复杂的，则较多实行分权型管理体制。我国高等学校长期以来规模偏小，且单科性院校较多，管理权限较多集中于校部。近几年来，高教发展迅速并注意调整学校布局，学校规模逐步扩大（见表7—1）。可以预计，今后学校的规模还会继续扩大，学科和专业门类会相应增加，学校的组织结构和管理层次也会发生变化。实行分层管理将是多数高等学校可能选择的管理体制。

表7—1

（单位：所）

	学校总数	300人以下	301—1000人	1001—3000人	3001—4000人	4001—5000人	5001人以上
1987	1063	77	337	489	59	34	67
1994	1080	34	169	574	118	67	118

在高等学校中，如何划分管理层次和如何实行分层管理，有待于在实践中进行探索。不同的学校也会实行不同的分层管理体制。撇开具体的组织形式，高等学校的管理一般有学校层、中层、基层这三个层面。分层管理实际上是要合理地划分这些层面的权力、职能和责任，并使之相互衔接

和补充，形成协调运行的整体。下面就这些层面的关系略做分析。

基层。一般应该是以学科为中心组织起来的群体，它是高等学校知识活动的基本单位。新中国成立后，高校中普遍建立教研室（组），或在研究所下设研究室，作为教学和科研活动的基层组织。近年来，有些学校鉴于教研室的行政性较强，又组成课题组、课程组等作为补充。不论采取何种组织形式，学校的教学和科研活动总是同学科相联系。以学科为基础构建基层组织是符合教育工作规律的。这种基层组织的权限和作用很难划一，而只有真正把基层学术机构建成具有活力和自控能力的组织，学校各项活动才能健全地运作，也才能不断提高教师的思想和学术水平，提高教学和科研水平。从长远说，在学校（学院、系）计划的指导下，基层单位在学科建设和教学、科研活动上应有充分的自主权，包括开设选修课程、编写或选用教材、科研选题和组织以及教师分配使用等等。需要进一步解决的是围绕教学和科研活动的人、财、物的使用权问题，做到事权和人权、财权的统一，以便充分发挥其独立自主地进行学科建设的作用。

中层。大体有三种情况，一是多校联合的大学，原先的学校具有较强的独立性；二是综合性或多科性大学下设的学院，目前大多尚未成为一级独立的行政机构，主要起学科之间的协调作用；三是独立设置的学校或专科学校下设的系，作为一级独立的行政机构，主要负责执行院（校）部规定的职责，做好本单位及专业范围内的组织协调工作。高校中的科研所（室）多数相当于系，亦属中层机构。这些中层组织的权限依次递减。从发展趋势看，随着单科性院校的减少，本科院校多数将会设置学院这一中层机构，但只有在学校的相当一部分权限放给学院时，它才能成为一级独立的中间层次。

学校层面。除近期少数联合办学的校部职能较虚之外，大多数学校掌握着学校人、财、物以及教学、科研、开发、社会服务等方面的决策和管理权。在学校规模较小、学科专业数量较少、教育资源有限的情况下，学校适当实行集权管理，有利于保证基本需要和重点建设，提高资源的使用效益。随着学校规模扩大，学科专业门类增加，学校内部各种机构同社会联系更为密切等等，学校过于集中统一的管理体制不利于调动各方面的积极性，影响工作效率和办学效益的提高，这就需要适应新情况做适当的调整。学校一级管理职责的确定同中层职责的界定有关，各校会有不同的体制。在设置学院这一层的学校，校部主要负责重大问题的决策、规划和制订规章及目标管理，包括：制订学校长远规划和年度计划，确定学科建设战略及相关政策，确定重要人事问题（如教授、中层机构主要负责人、学科带头人等的评审、遴选），制订经费分配原则及负责总额拨款，制订人员编制标准和工资标准并监督执行，以及其他需要由学校一级或代表学校做出裁决或处理的事项。至于其余具体工作和过程管理应由中层和基层负责。

由于学校层次、类别、规模及其组织体制不同，分层管理的具体实施在学校之间会有较大的区别。按现有状况看，可能有三种情况：一种是由原先独立设置的学校联合组成的大学，校部较为超脱，学校具体负责组织管理；一种是原先只设系的大学，设置学院，学院这一层比较虚，校部和系分工负责管理；一种是只设系的学院或专科学校，院（校）部的集中管理占主导方面。从进一步加强分层管理的角度说，今后要简化校部具体事务管理的职能，加强决策、统筹、目标管理和监督评估的职能要把行政和专业管理的职能放到中层（学院或系），把学科和业务组织管理的职能放到基层并在这些不同层面之间建立一种相互支持和相互制约的关系，使每个层面能有效地运作并达到整体协调高效的目标。

五、整合管理：高等学校运行机制与管理体制

运行机制对管理体制的影响是整体性的，这里只是从管理体制的运作

方式即管理手段的角度进行探讨。

　　高等学校的运行机制，是由影响学校运行的内部和外部的多种因素的相互作用构成的。这些因素大体包括学术的、行政的、市场的三个方面。所谓学术的方面是指学校教学和科研工作的规律，学科、专业发展和人才成长的客观规律，这些构成了高等学校运行机制的内在依据，是学校运行机制的基础，其他因素都要依据这种规律才能在运行中发生作用。所谓行政的方面，是指政府的法规、方针、政策，政府下达的计划、任务以及提供的人、财、物等各种办学条件等，这代表了国家的教育宗旨和办学指导思想，也在很大程度上反映了社会对高等学校的要求。这无疑构成了学校运行的重要的驱动和制约因素，影响和指导着学校运行的各方面。所谓市场的方面，是指社会资源的市场配置方式以及某些要素市场的发展改变了学校同社会联系的方式，市场机制的某些方面直接或间接地影响学校的管理。这只"无形的手"尽管对高等学校作用的范围和程度是有限的，但它确实在某些方面改变着学校内部和外部关系，成为影响学校运行的一个重要因素。总体来说，高等学校的运行机制正是这三个方面相互作用的结果。高等学校的管理体制特别是其组织机构和管理手段要适应这种运行机制的变化，使这些方面的因素相互补充，实现整合管理。从我国高等学校管理体制的现状出发，实行整合管理就是要优化行政管理机制，强化学术管理机制，有选择地发挥市场机制的作用。现在高等学校的行政管理机构仍然承担着学校大部分管理工作，应当把某些职能（例如教师职称评审、科研审题、毕业生就业等等）转移到学术咨询、评议机构和社会服务机构，学校行政管理应当把重点放到学校建设重大问题的统筹规划和协调上，减少一般行政管理人员，提高行政管理人员的素质，使之承担起驾驭全局的职能。学校管理中既要适当应用行政手段，同时也要应用学术手段和有选择地应用市场调节手段。例如教师评聘就可以采取学术评审和平等竞争、公开招聘的方法；教师的报酬也可按照学术水平和实际工作成绩拉开档次，鼓励竞争。又如对学生的管理，招生按考试成绩录取学生，同时又可为少数有特殊才能的学生规定优先录取的政策；普遍收取学费，对热门专业收费水平稍高，并对家境贫困的优秀学生实行奖学金或专项贷学金等等。这些方法体现了在同一类管理中综合运用了几种不同的手段，就可发挥不同管理手段的特有作用，互补不足之处，达到学校管理的综合目的。当然，不同领域和事项的管理手段侧重点有所不同，要做到有主有从，整合调节，相得益彰，使各项管理通过整合实现更大的效能。

参考文献

1. 国家教育委员会：《新的里程碑》，教育科学出版社，1994年。
2. 国家教委计划建设司：《中国教育统计年鉴》，北京工业大学出版社，1987年。
3. 国家教委计划建设司：《1994年中国教育事业发展统计资料简况》。
4. 伯顿·R.克拉克著，王承绪、徐辉等译：《高等教育系统——学术组织的跨国研究》，杭州大学出版社，1994年。
5. 国家教育委员会：《中华人民共和国现行教育法规汇编（1949—1989）》，人民教育出版社，1991年。

面向 21 世纪：中国未来教育的宏观展望[8]

人类正走近跨世纪的门槛。许多人在思考：我们将怎样迎接新世纪的到来呢？学术界预测着未来世界的各种变化及其对人类的影响，企业界为适应全球经济的一体化寻求对策，政府领导人也在为未来的发展和变革做出谋划。在这种种努力之中，人们几乎不约而同地关注着未来教育在解决人类面临的各种问题中的独特作用。美国著名学者、《大国的兴衰》一书的作者保罗·肯尼迪在其新作《为二十一世纪做准备》中，在分析了影响 21 世纪发展的各种因素之后，把教育列为首要的关键性因素。他说："在使全球为 21 世纪做好准备的总的努力中，必须强调三个关键性因素：教育的作用、妇女的地位和政治领导的必要性。"并且提出了"必须对人类进行再教育"[1]。21 世纪的中国人将使几代人的现代化理想变为现实，也许将会面临比别的民族更多的挑战和机遇；21 世纪的中国教育将在建设社会主义现代化的事业中实现自身的现代化，创造富有时代特征、具有中国特色的社会主义教育。这是需要几代人艰苦探索的创造性事业。我们从各种不同侧面去探索和展望未来，当然不是要准确地预测和设计未来，而是要从展望未来变化的若干趋势中把握现实，明确今后该做些什么，能为未来做哪些准备。

---

[8] 谈松华："面向 21 世纪：中国未来教育的宏观展望"，《方法》，1996 年第 3 期。

一、主题：社会工业化、信息化、现代化发展进程中的教育演变

探讨 21 世纪中国教育的变化，可以从不同的视角展开。我在这里侧重于从社会变迁的角度去探讨我国未来教育的历史性演变，主要是从社会发展所经历的历史阶段的特征，即从由农业社会向工业社会、由工业化向信息化、由传统社会向现代社会这样一种社会变迁的视角探讨教育问题。显然，工业化、信息化、现代化并不能完整地概括未来我国社会变化的丰富内涵，只是提供一种研讨的视角。

工业化仍将是我国相当长时期内经济发展和社会变迁的主要内容。在 21 世纪上半叶，我国将由工业化的第三个时期向第五个时期转变，即在全国范围内完成工业化的历史任务，同时展开工业现代化的过程。[2]这是一个结构变化最为剧烈的时期，产业结构、技术结构、就业结构、城乡结构都将发生重大变化。这种结构性变化对于教育将会产生多方面的深刻影响：第一，产业结构的变动会引起就业结构进而要求教育结构的变化。据预测，我国以 1990 年不变价计算的一、二、三次产业在 GDP 中的比重，将由 1990 年的 28.4∶43.6∶28 转变为 2010 年的 12.7∶51.3∶36，社会劳动者在一、二、三次产业中的就业结构将由 1990 年的 60∶21.4∶18.6 转变为 2010 年的 40∶25∶35。[3]这种变动的过程将使农村三亿左右的劳动者从农业岗位转到二、三产业，城市有一部分劳动者从工业部门转到第三产业。这种社会就业结构的变动，不仅在总体上对劳动者素质提出更高的要求，而且要求为第二、三产业服务的职业教育和高等教育有较大发展。第二，技术结构的变动，即国民经济将由粗放型向集约型转变，传统产业逐步采用高新技术，高新技术产业化的比重不断提高。以生产率对经济增长的贡献份额为技术进步的综合指标，将由 90 年代初的 30% 提高到 2010 年的 40%。[4]这不仅要求提高硬件技术水平（比发达国家落后 20 年左右），而且要提高以管理水平为代表的软件技术水平（比发达国家落后

30年以上）。[5] 这就要求造就各种层次和类别的人才，形成一支从基础研究、应用研究、技术研究开发、产品和工艺设计、生产和经营管理，一直到熟练劳动者这样一支人才大军，逐步改变经济和技术上多梯度宝塔型结构。第三，城乡结构的变动将提高城镇化程度。国家计划提出城镇人口占总人口的比重由2000年的30%左右提高到2010年的40%左右。与此相适应，非农业劳动者就业比重由43%左右提高到60%左右。城乡结构的这种变动不仅将使社会教育需求增长，而且要求教育布局结构的调整。以江苏省为例，随着苏南小城镇的发展，中小学相对集中，学校数减少，校均学生数增加。据对苏州市典型乡镇调查预测，到2000年乡镇初中将从现在平均2.2所减少到1.5所，小学从16所减少到10所左右。[6] 这种农村中小学布局集中化的趋势，要求教育形态布局同农村小城镇发展同步规划实施，并逐步构成社区教育体系。

信息化是工业现代化过程，特别是工业化之后的一种发展趋势。尽管我国在近期内社会信息化程度不会很高——1990年我国每千人拥有电视机31台（世界平均156台）、收音机184台（世界平均371台），到2000年预计每千人拥有电话80台，相当于中等发达国家20世纪90年代初的水平[7]——但是，随着工业化的进展，特别是信息技术的应用和普及，在21世纪20—30年代前后社会信息化程度将会迅速提高。它对教育将产生多方面的影响：第一，交通和通信的便捷，改变着人们的活动空间，缩小人们之间的空间距离，"地球变小"，变成"地球村"了，全球之间、人与人之间的联系和交流更加方便和多样。这必然改变人们的活动方式和工作方式，要求人们具有更为宽阔的眼界和善于适应复杂事变的能力。教育要适应这种人才素质的需求。第二，大众传播媒介的普及，信息传递迅速。这一方面增加了学生吸收信息和知识的渠道，另一方面为发展远距离教育提供了条件，改变着教育活动的空间和时间。第三，电脑的广泛应用，尤其是多媒体技术的发展和"信息高速公路"的建立，集通信、声像、传播、计算等功能于一体，势将改变社会的生活方式、交流方式、工作方式，使教育手段现代化、教育个体化更有可能，将对教育产生革命性影响。从某种意义上可以说，教育现代化是与信息化密不可分的。

现代化是我国社会进步的基本目标。它是一个历时性概念，包含着涉及面广、具有时代特征的内涵。我国现阶段确定的基本实现现代化的目标是到下世纪中叶达到中等发达国家的发展水平。这个现代化目标包含着社会全面进步的内涵，至少包含三个主要层面：一是物质层面，主要是经济发展水平（综合指标是人均 GNP）、社会结构、生活质量等方面；二是体制制度层面，即社会组织管理的现代化；三是思想文化层面，包括教育、科技、文化的发展程度，尤其是社会思想观念和社会心理适应社会主义现代化的演进。21 世纪的中国教育不仅要为经济现代化（工业化和信息化是其主要内容）做出应有的贡献，同时要为社会的全面进步即进入现代化社会扮演重要的角色，这就要求教育在为社会现代化服务的进程中实现自身的现代化，以现代化的教育培养具有现代素质的人才去建设社会主义现代化。

以上所述当然只涉及未来社会发展的某些侧面，但从中也可看到，21 世纪的中国社会将要经历深刻的变迁，中国教育势将受到其影响，并且要担负起主动适应这种变革、成为这种变革的动力的历史责任。这种态势将使中国未来教育带有社会转型期教育的某些特征。

第一，教育在经济发展和社会进步中的基础性作用日益增强，成为促进社会变革的重要力量。许多国家现代化的历程表明，在从农业社会—工业社会—信息社会的发展中，知识在社会生活中的作用逐步增强。美国未来学家艾文·托夫勒在其"未来学"三部曲的最后一部著作《大未来》一书中指出："知识是敲开 21 世纪经济'霸权之门'的钥匙。"[8] 我国是一个后发的工业化国家，要以更快的速度走完许多工业化国家走过的路程，更要依靠教育和科技的进步。但是，在我国现代化建设的实践中，教育的地位和作用还要经历一个逐步加深认识和具体落实的过程。例如政府财政性支出中教育经费1980年到1992年增长了3倍以上，但其在GDP中的比重1994年仍只占2.6%，不仅远低于全世界平均水平（1991年占5.6%），也低于发展中国家平均4.1%的水平。[9] 这种状况一方面是由于我国长期存在的小生产思想观念，缺乏现代经济发展意识，加之领导体制滋生的短期行为；另一方面则反映了我国现阶段经济增长的模式仍然是外延式、粗放型的，科技贡献率低。这两者相互影响、相互作用。只有切实转变经济建设的指导思想，即由片面强调物质投入转到依靠人力资源开发，依靠科技进步和提高劳动者素质，才能完成经济增长模式的转换，即由外延式发展、粗放型经营转变到内涵式发展、集约型经营；也只有在实现了这两个转变之后，教育的战略地位和作用才能真正落实。教育要在这个转变过程中发挥主动促进的作用，即主动适应和服务于经济建设和社会发展，扮演推进社会变革和社会进步的重要角色，确立和加强在未来社会发展中的基础地位。

第二，在继续完成普及教育目标的同时，着力建设高质量的教育。近代社会发展的历史表明，普及教育同工业化几乎是同步发展的。我国正经历着这一过程，预计到2000年将在85%人口的地区普及九年义务教育，还有10%和5%人口的地区将分别在2010年或稍后完成普及九年义务教育，城市和发达地区的农村亦将在这前后普及高中阶段教育。可见，在2010—2020年前后，我国将基本实现普及教育的目标，这对于欠发达地区是一项十分艰巨的任务，需要做极大的努力。而对我国大多数地区，则要从下世纪初开始逐步转到提高方面，提高教育质量，提高教育水准，提高办学效益。具体地说就是要建设高质量的基础教育，实现高等教育的大众化，提高职业教育和成人教育的培养规格和教育质量，以造就适应 21 世纪需要的高素质的劳动者和专业人才。总之，建设高质量教育，培养高素质人才，这是 21 世纪教育的基本特征和根本任务，也是在国际竞争中胜负成败的关键所在。从某种意义上说，这比实现普及教育目标更为艰难，美国在 1983 年发布的《国家处在危险中：教育改革势在必行》的报告中提出建设高质量教育的目标。[10] 到 20 世纪 90 年代初，尽管教育经费增加到 3300 亿美元，比国防预算多 500 多亿美元，而教育质量仍然没有明显提高，在《2000 年美国教育战略》中又进一步提出了建设 21 世纪高质量教育的战略目标和措施。可见，普及教育阶段，一般地说，只要保证必要的教育投入和基本的办学条件，就能使学龄人口有入学的机会；而要真正建设高质量的教育，则除了必要的投入和办学条件的改善外，还涉及师资水平、教育思想、课程改革以及教育过程等方面的软件建设，实际上是教育制度和教育体系的全面进步，需要做出更为持久和全面的努力。

第三，在继承和发扬优秀的民族文化传统的前提下，教育将更加面向世界。经济、科技的全球一体化趋势，尤其是信息化程度的提高，使民族之间、国家之间的联系、合作和竞争都日益增进。21 世纪的公民将生活在一个开放的、多样化的、充满矛盾和变化的世界之中。教育要培养适应这种未来世界的公民，它本身必然是民族的，也是面向世界的。正如保罗·肯尼迪在讲述教育为 21 世纪做准备的作用时所说的："从更广泛的意义上说，教育不仅意味着用新技术'重新装备'劳务大军和专业人员阶层的出现，甚至也不仅仅意味着在中小学和大学中鼓励形成一种制造文化，以保持生产基础，它还意味着加深理解我们的世界为什么在变，其他国家的人口和文化对这些变化有什么看法，我们大家有什么共同之处，以及各种文化、各个阶级和各个国家有什么不同之处。"[11] 这就是说，教育在促进各自国家的人民在参与国际合作和竞争方面将发挥特殊的作用。我国 20

世纪 70 年代末实行的改革开放政策，改变了长期的封闭状态，我们正在了解世界，走向世界。但是，这还只是打开了国门，开始走出国门。21 世纪的中国和中国教育将在世界事务中发挥更大的作用。许多预测和研究指出：在未来的世纪中，环太平洋地区将成为人们瞩目的中心。仅以东亚为例，1992 年 GDP 占世界 GDP 的比重达 22.4%，仅次于北美自由贸易区（29.3%）和欧洲联盟（28.8%）。[12] 而这一地区的经济增长速度从 80 年代以来一直是全球最高的，尤其是中国从 1980 年到 1992 年平均增长速度为 9.1%，远远高于同期发达国家的增长速度，也高于新兴工业化国家经济"起飞"时期的增长速度。加之，以儒学为代表的东方文化在未来世界的发展中将发挥更大的作用，因此 21 世纪的中国将成为国际大家庭中一个举足轻重的成员。如果说 20 世纪八九十年代的开放更多地侧重于了解世界、走向世界的话，那么 21 世纪的中国将更多地参与世界、影响世界。适应这种趋势的未来教育应该"希望它也能面对世界的重大问题，培养青年一代适应明天的世界及其要求"。"如果说人类生活的空间已真的扩展到全球范围，那么教育也就应该培养视野广阔的世界观。"[13] 承担着培养走向世界的中国人的中国教育，它本身应该是具有全球视野的真正面向世界的。

第四，在加强科学教育的同时，注重人文教育。发端于 20 世纪 60 年代的新技术革命，正在深刻地影响社会生活的各个领域，成为经济增长和社会发展的决定性因素。可以预测，人类面临的许多困惑和难题，如人口、粮食、环境、贫困等等，在很大程度上也要依靠科学技术的发展。对于中国这样一个经济科技欠发达的人口大国，科学技术的振兴尤其具有特殊的紧迫性，"科教兴国"已经成为基本国策。因此，加强科技教育，提高科技意识，用先进的科学技术武装人们，无疑是 21 世纪中国教育的一项重要任务。为了适应未来发展，我们不仅要在全民普及科学技术知识，提高全民科技素质，而且要造就一大批科学家（包括诺贝尔奖获得者）、发明家、工程师和技术革新能手。这是影响未来综合国力的基本因素。但是，21世纪中国国力的强弱、社会文明程度及其在世界上的地位，不仅取决于科学技术水平，同时还有赖于全民族的思想道德水准和精神文化素养。我们知道，20世纪科学技术的突飞猛进固然给人类增加了财富，带来了社会进步，但科学技术只有为人类的进步和幸福这个根本目的服务，才会产生积极的效果，否则它也会给人类带来祸害（如环境问题），甚至带来灾难（如战争杀伤力的增加）。联合国教科文组织发表的《学会生存》这篇著名报告中提出了"科学的人道主义"这一命题，要求新一代科学工作者具有鲜明的人文思想，使科学技术的发展为增进人类幸福和社会进步服务。因此，21世纪的中国教育要把以马克思主义为指导的人文教育摆到重要的位置，并且同科学教育相结合，渗透于科学教育之中，形成具有人文理想的科学教育和科学精神的人文教育，培养全面发展的新人。

二、目标：培养具有21世纪时代特征的中国社会主义建设者

教育归根结底是培养人的事业。不同时代的教育是由于社会变化对人的素质要求的不同而形成和发展的。在某种意义上可以说，正是不同时代人的素质要求的不同构成了不同的教育目标，进而形成不同的教育状态。因此，教育目标是教育时代特征的集中反映。

按照伯顿·R.克拉克教授的见解，教育目标可以分为综合性目标和操作性目标两种。[14]我的理解是，前者相当于教育的培养目标，即教育目的在不同时期的具体化；后者相当于培养规格，即不同层次和类别教育的具体目标。我们研究21世纪教育目标首先是指的综合目标，它是一个时代教育的基本指向和共同目标，是由时代对人才素质的基本要求所决定

的。许多国家 21 世纪教育的宏观决策中都把培养 21 世纪新人（如美国和日本分别提出培养 21 世纪的美国人和日本人）作为其基本目标。这是因为 21 世纪时代变迁对教育的要求集中反映在培养人才的素质要求上。时代要求—人才素质—教育目标—教育形态，构成了教育与社会双向驱动的链条，其中人才素质则是这根链条的联结点。因此，探讨 21 世纪的教育目标首先是要探讨 21 世纪人才素质的基本要求。这个问题已经受到多方面和多学科的共同关注。例如：哈佛大学从社会学角度研究人的现代化的基本特征，罗马俱乐部从未来学角度研究未来社会人的思维方式和学习方式的根本变化。此外，心理学、教育学也都做了这方面的研究。其中值得一提的是美国劳工部为实施《2000 年美国教育战略》而提出的《要求学校做什么样的工作》的报告中提出了未来劳动者有"五种能力"：①资源：组织、规划和分配资源；②人际关系：与他人共同工作；③信息：获取和使用信息；④系统：理解复杂的相互间关系；⑤技术：运用多种技术工作。"三部分基础"：①基本技能：读、写、完成算术和数学运算、听和说；②思维技能：创造性地思考、做出决策、解决问题、想象、知道如何学习和进行推理；③个性品质：有责任感、自尊、有社交能力、自我管理、正直和诚实。[15] 日本文部省临时教育审议会经过多年研究，提出了 21 世纪教育目标为：①培养宽广胸怀与丰富的创造力；②培养自主、自律精神；③培养在国际事务中能干的日本人。[16] 这些报告所提的素质要求和素质目标侧重点有所不同，却反映了面向 21 世纪的人的素质要求确有变化，并且还可找到一些共同的基本特征，以此作为确定教育目标的依据。

我国进入 21 世纪将是社会经历重要变迁的历史时期，即由工业化初期进入发达工业社会，由计划经济体制转变为社会主义市场经济体制，由比较封闭的社会转变为走向世界的开放格局等等。这些转变势将使人们的生存和发展环境发生变化，也会影响人的素质变化，进而要求教育目标做相应的调整。我们现在还很难归纳出这种变化和调整的具体内涵，但有一点可以肯定：未来的中国人将生活在一个更富挑战性的复杂而多变的世界，他们将会具备比以往几代人更富时代特征的素质，例如：面向世界的全球眼界和胸怀；为民族、为社会、为人民服务的责任感；善于吸收、处理和创造信息的意识和能力；自主、开拓、创新和应变能力；合作和竞争精神，处理人际关系和组织协调能力等等。当然，未来的变化和要求远不止这些。我们要按照"教育必须为社会主义现代化建设服务，必须与生产劳动相结合，培养德智体全面发展的社会主义建设者和接班人"[17]的教育方针的基本精神，认真探索 21 世纪教育目标的时代特征。

研究 21 世纪教育目标的演进，目的在于据此探讨教育思想、教育制度、教育内容和方法的革新。因为人才培养目标的变化必然要求人才培养模式的变革，也只有人才培养模式的变革，才能实现未来的教育目标。下面就与人才培养直接相关的教育教学的未来变化趋势做些探讨：

第一，教育操作性目标的多样性。上面谈到的 21 世纪的教育目标，属于综合性目标，是各级各类教育人才培养的共同目标。而各级各类教育培养的人既有这些共同要求，又有不同的培养规格，这就构成不同的操作性目标。在以往社会结构相对稳定和计划经济体制的条件下，我国教育培养规格过于单一和雷同。未来社会的发展，由于经济、产业结构的持续变化，技术进步引起技术梯度的拉大，加之市场经济条件下，社会对劳动者的选择性和劳动者自身的选择性增强，这样对人才培养规格的适应性和多样性都会提出新的要求。这种多样化不仅表现在从科学家、理论家，设计人员、决策人员、管理人员、经营人员，一直到智能型、技能型和体能型操作人员这样一种不同层次和类型的人才链，而且还表现在不同层次和类型的人才中的不同规格，乃至不同个体的智能结构等等。这种教育目标的多样性决定了教育结构和教学模式的灵活性和更加富于弹性，以适应不同规格的培养要求。

第二，教育内容的整体性。现代科学学科的不断分化和以学科为中心的教学模式，使学生所接受的知识结构、智能结构不能适应未来社会的需要。联合国教科文组织和国家教育发展研究中心联合召开的面向21世纪教育国际研讨会通过的圆桌会议报告《学会关心：21世纪的教育》提出："我们需要一种新的、具有更高整体化的求知方式。把求知集中到寻求我们从地方到全球各个层次上面临的问题的解决办法，也许是实施这种整体化方式的最好办法。"[18]这必然涉及未来教育内容和课程的整体改革。从若干国家的改革设想看，主要是打破学科中心主义的课程和内容结构，实行学科综合、知识和能力的综合。尤以美国"2061计划"为代表，反映了21世纪中小学课程改革的全新框架。在这种课程改革设计中，学科的严格界限将被整体组合的课程所代替；体育、艺术和美育以及劳动技术教育将成为课程体系的重要组成部分；在重视"显性"课程的同时，还十分重视"隐性"课程的作用等等。尽管课程和内容的架构有各种不同的设想，但从学习者——21世纪新人整体素质出发做出改革设计，这是共同的出发点。我国已经有各种不同学校在进行课程改革的试验，要在这种试验的基础上，有组织地进行不同设计思想的实验，并吸取国内外有益的经验，规划我国未来的教育内容和课程体系。

第三，教育过程的双向性。传统的教育过程是建立在教师和教材是知识的源泉，学生是被动的接受者这样一种学习观的基础之上的，即"教师是劳动者，学生是产品"。[19]但未来教育过程的重点并不只是传授知识，而更着重于培养学生的能力，让学生"学会学习""学会生活"，为他们一生的生存和发展打基础，这就需要改变整个教育和学习方式，即由维持性学习转变为预期性、创新性学习，即不仅教会学生接受现成的知识，更要使他们学会怎样吸取知识，并学会创新以解决未知的问题。这就要使"教育成为学习者主动和由学习者推动的过程，教师成为'学习的促进者、组织者和管理者'"。[20]这种教和学的双向式运作将是未来教育的显著特征之一。

第四，教育方法的综合性。教育方法受教育思想和教育手段的影响。在以传授知识为主要任务的教育思想指导下，加之教育手段主要依靠教材和讲授，教育方式呈现出劳动密集型的特点。未来教育过程的变化，教育个体化将使教育愈益成为学习过程，加之电脑、视听等现代教育手段的应用，将大大扩展教育方法的广度和深度，使之更具科学性和艺术性。例如：教育中的启发式、辅导式；教师与学生、学生之间的民主讨论式；学生参与教育过程，并在社会服务等实践中学习；灵活安排教学计划，选修制；视听手段和电脑教学，个体化教学等等。总之，教育方法的综合化将使教育过程更符合教育规律和学习者的需要，使教育更能开发学习者的潜能，提高教学效果。

三、体系：按照终身教育原则，构建21世纪教育体系

现代教育正越出单纯的学校教育范围，成为一个复杂的社会系统。正如《学会生存》报告所指出的："教育正在越出历史悠久的传统教育所定的界限，它正逐步在时间上和空间上扩展到它的真正领域——整个人的各个方面。""如果我们承认，教育现在是，而且将来也越来越是每个人的需要，那么我们不仅必须发展、丰富增加中小学和大学，而且我们还必须超越学校教育的范围，把教育尽可能扩展到整个社会的各个方面。"[21]教育"在时间和空间上的大大延伸，要求全面改革教育系统，使之按照终身教育的原则，把各种教育层次和形式都结合和连接起来"。[22]"可以说，一

个国家以终身教育目标作为所有教育子系统的方向,这便是对当今时代挑战做出的独特和恰当的回答……。"[23]从这个意义上说,按照终身教育原则构造现代教育体系,是 21 世纪中国宏观教育改革和发展的一个基本课题,也是培养 21 世纪新人的必要保证。

终身教育作为一种思想和原则,近 30 年来已为国际教育界普遍接受,但建立终身教育体系还只能说是做了初步探索,例如日本也只是提出把向终身教育体系过渡作为 21 世纪教育改革的指导思想之一。我国现阶段尚不具备直接建立终身教育体系的现实条件,只能是创造条件,在改革旧体系的基础上向现代化教育体系过渡。这需要经历一个理论和实践不断探索的过程,涉及教育分类的理论问题,也涉及各级各类教育如何合理组合问题。我在这里不可能提出这种体系的框架,只是想从满足社会成员不同教育需求的角度提出一些设想。如果一个人一生的不同阶段将会各有侧重地接受各种教育,而这种教育又将通过各种不同的教育机构进行,那么,能否设想这样一种分布图像(表 8—1):

表 8—1

教育阶段	教育类型	教育机构
就业准备阶段	普通文化科学教育(学历教育),职业预备教育	主要在各级各类教育部门,部分在行业(企业)部门,社会教育机构辅助
在职阶段	职业资格教育,在职培训,转业、转岗培训,学历补偿教育	主要在行业(企业)部门,部分在学校和社会教育机构
(退休后)继续学习和工作阶段	闲暇文化生活教育,再就业和继续教育,学历补偿教育	主要在社会教育机构,部分在学校和行业(企业)部门

如果这种分布大致可以反映人的一生中接受各种教育的一般图像,那么,适应这种教育需求的终身教育系统是否可粗略地分解为三个系统(表 8—2),各有侧重又相互交叉地承担不同的教育需求:

表 8—2 教育系统图

以学历教育为主的学校教育系统	初等、高等学历教育（成人学历补偿教育）
	各级职业学校的职业学历教育
	受委托承担的职业资格教育
以职业资格教育为主的行业（企业）教育系统	受行业委托的职业资格教育
	行业（企业）内在职职工培训（少量特殊专业的学历教育）
	行业转业转岗培训
以文化生活为主的社会教育系统	校外科技文化辅助教育
	成人文化生活教育
	在业和退休人员的再就业和继续教育

下面对这三个系统稍做分析：

以学历教育为主的学校教育系统。学校教育系统仍将是终身教育系统的主干部分。这是因为，固然人的一生中要不断地学习和更新知识，但必须打好学会学习和学会生活的基础，而进行系统的知识和能力的训练，养成生存和发展的基本素质正是正规的学历教育所特有的功能。在可预见的时期内，学校仍将是进行有组织、有目的教育的理想场所，是提供继续教育、不断更新知识的重要机构，只是学校教育要突破与社会脱离的"象牙之塔"的模式，更好地适应时代要求，在实施终身教育和推进社会发展中发挥新的作用：第一，学校教育要改变学科递进、自我完善的封闭状态，要把重点放到为学生终身的生存和发展打基础；第二，学校教育要在主要完成系统的文化科学教育、正规的学历教育的同时，适应社会多方面需要，扩展自身功能，包括各种形式的职业教育、继续教育和学历补偿教育等，为社会各方面成员提供多种教育机会；第三，学校教育同社会生活更加紧密地联系和合作，建立起一种学校与社会之间双向参与、相互促进的体制和机制。

以职业资格教育为主的行业（企业）教育系统。按照终身教育的原则"教育不能再限于那种必须吸收的固定内容，而应被视为一种人类的进程，在这一进程中人通过各种经验学会如何表现他自己，如何和别人进行交流，如何探索世界，而且学会如何继续不断地——自始至终地——完善自己"。[24] 既然教育是伴随人的一生的一种进程，那么，作为人生中最长的一段的工作场所理所当然要成为终身教育的一个部分。同时，现代经济和科技的发展使职工的素质成为企业素质的基本要素，以提高职工素质为目的的行业（企业）教育已成为行业（企业）的一种重要职能，逐步形成独特的教育系统。这个系统在不同国家有不同的功能和组织形式。按照我国未来教育体系的结构，这个系统大体是一种三位一体的构架：一是以行业为主的职业资格教育；一是以企业（或企业联合）为主的在职、在岗培训（包括岗位等级培训和知识、技能更新培训等）；一是跨行业、跨企业的转业、转岗培训。此外，有的还可承担大中专毕业生进入企业后的上岗前培训。这个系统紧密结合经济、科技和社会发展的实际，以社会需求和受教育者的需求为导向，灵活多样地实施各种形式的教育培训。

以文化生活教育为主的社会教育系统。广泛的社会教育网络是实施终身教育的重要条件。这种教育网络覆盖社会全体成员，渗透于各种社会组织机构和社会活动场所。其主要机构和功能是：①学校教育的补充，校外辅助教育；②社会化职业培训；③闲暇文化生活教育；④广播、通讯、影视文化以及各种社会活动的教育影响等等。随着社区建设、生活服务社会化程度的提高，电脑、通讯和大众传播媒介的普及，教育社会化程度将日益提高，社会教育将成为一个独特的教育系统而不断扩展其教育影响。

以上所做的教育系统的分类和分析，只是一种粗略的假设，其相互之间可能有交叉，教育形式也有兼容。如正规教育、非正规教育、非正式教育在各个系统中都有包容，又各有侧重；家庭教育在几个系统中都会有影响，从系统分类说似乎可归入社会教育系统等等。总之，从终身教育角度构造现代教育体系是一个需要在理论和实践上进一步探索的问题。

四、组织：探索现代教育的组织结构和管理体制

每个时代教育形态的演进，不仅反映在教育思想、教育目标和教育体系的变化，也必然会伴随着教育组织结构和教育体制的变革。后者的这种变革既同前者的变化相关，又受到社会经济体制和政治体制的影响和制约。从世界范围看，当今时代教育组织结构上的变化也预示着未来变化的趋势，归纳起来主要有三个方面：一是政府管理结构上中央集权和地方分权的关系；一是政府与学校关系上的学校自主与政府控制的关系；一是学校内部组织结构及其与社会的关系。这些关系的处理，各国之间既有某些共性，又有很大差异，需要从各国具体国情出发，寻求合理模式。

我国未来发展中存在着若干影响教育组织结构和管理体制变化的因素：①社会主义市场经济体制和社会主义民主政治体制的发展和完善，势将改变中央政府和地方政府、政府和学校之间的关系，管理权限下移，学校自主办学将是未来教育管理体制改革的主要方向；②区域经济和社区建设的发展，学校同地区的关系将更为紧密；③教育手段和教学组织的革新，教师和学生关系的变化，会使学校组织结构发生重大变化。我们还不能勾勒出这种变化的图像，只能思考改革的若干趋势：

学校组织结构。在对未来教育的研究中，有一种"学校消亡论"的观点，认为随着教育技术的革新，教育场所的扩展，学校的作用将为其他社会机构所代替。当然，大多数学者并不同意这种观点，但同时都指出未来学校的功能及其组织结构会发生变化。这是因为大众传播手段的普及、远程教育的发展，尤其是电脑、多媒体技术的应用，使教育社会化、个体化的趋势增强。在这种情况下，"学校作为社会机构需要重新考虑其结构形

式。目前它仍以19世纪的自上而下的科学管理模式为基础"。[25]而在终身教育和社会化教育的条件下,"学校再也不会是一个为学生的一生准备一切的地方",[26]尤其是"教育个体化是今后一种主要趋势,因此必须有更灵活的行政制度才能适应个人需求的多样性。"[27]由此大略可以看到未来学校的组织结构将有可能这样变化：①学校将对社会更加开放,社会成员拥有更多的接受教育的机会；②学校将为不同社会成员的学习需求提供服务,学校管理将具更大的灵活性和适应性；③学校内部组织更有利于建立师生之间双向交流、教学相长的关系；④学校组织管理更加包容社会的参与和介入。

社区教育组织结构。未来教育的一个重要趋势是：学习社会化、社会学习化,即教育—社会一体化这种趋势将会在改变学校功能和形式的同时,加强社会教育功能,形成社会化的教育组织结构,社区教育将成为实现教育—社会一体化的重要形式。《美国2000年教育战略》中把建立有利于学习的社区作为四大目标之一,变成人人皆学之邦,建设21世纪新型学校的目标也是从一个个社区开始逐步实施。可见,建设不同特色的社会教育将是未来教育的一种重要革新。这种社区教育在城市和农村、发达地区乡镇和欠发达地区、乡村、工矿区和商贸区为主的城市会有不同的组织结构,这样在我国将会有不同的社会教育网络,大体上会形成中心城市—县—乡（镇）这样一种网状结构。在这种结构中,教育机构逐步向上集聚,教育功能分层向下扩散。就一般发展水平的地区而言,乡镇设小学、初中这样的普及教育机构和职业（成人）教育中心；县级分片设高中和县职业（成人）教育中心；中心城市设综合性社区学院和分片设若干高中后教育培训机构。本科以上的教育则由全国和省级统筹。这样,在全国形成一种纵横交叉的社会教育网络,承担国民教育的基本任务、培训当地建设需要的初中级人才和为当地社会发展提供各种教育服务。在这种组织结构中，各层都有相对独立性，是当地社区建设的文化中心和人力资源开发基地，又同中心城市辐射的教育网络构成相互沟通、相互补充的整体，共同实施教育整体功能。

社会中介组织结构。未来教育组织结构的一个重大变化是社会性中介机构的加强，政府管理的一部分职能将由社会中介机构承担，学校同社会联系的相当部分也将通过社会中介机构这一渠道，这样，社会中介机构将成为政府—社会—学校相互联结和沟通的重要纽带。这种中介机构范围很广，试举数例：①非政府的咨询研究机构；②信息服务机构；③学生就业指导和职业介绍机构；④基金拨款机构；⑤教育信用金融机构；⑥教育评估机构等等。要通过立法程序，明确社会中介机构的法律地位和功能，以发挥其在教育体系中的特有作用。

政府管理组织结构。未来的教育管理体制总的说将是中央统一政令下的地方分权体制。其主要内容：一是完善中央宏观调控和管理职能，除直接管理少数示范性骨干性学校外，主要是立法、执法，制定政策和战略规划，统筹各级各类教育的大政方针。二是加强地方统筹和管理职能，其中省、地、县三级要按不同地区的实际分别对高等教育、中等以上教育和义务教育实行分级统筹管理。三是探索政府对学校管理的职能、形式和机制，把重点转到目标管理、间接管理上来。建立和完善立法的、经济的、学术的和行政的管理机制，保证教育的各个部分协调运行，主动适应经济社会发展和人的全面发展的需要。

注　释

[1][英]保罗·肯尼迪著，何力译：《未雨绸缪　为二十一世纪做准备》，新华出版社，1994年，第329页。

[2]李京文：《走向21世纪的中国经济》，经济管理出版社，1994年，第114页。

[3][4][5]同[2]，第74—75、334、342页。

[6] 吴椿、周稽裘：《苏南地区教育发展战略研究》，江苏教育出版社，1994年，第215页。

[7] 联合国教科文组织：《1993年世界教育报告》，1994年，第90页。

[8] [美]艾文·托夫勒著，吴迎春译：《大未来》，博益出版集团有限公司，1992年，第8页。

[9] 同[7]，第94页。

[10] 国家教育发展研究中心：《发达国家教育改革的动向和趋势（第一集）》，人民教育出版社，1986年，第81—89页。

[11] 同[1]，第330页。

[12] 同[2]，第442页。

[13] S.拉塞克、G.维迪努著，马胜利等译：《从现在到2000年教育内容发展的全球展望》，教育科学出版社，1996年，第103页。

[14] 伯顿·R.克拉克著，王承绪、徐辉等译：《高等教育系统——学术组织的跨国研究》，杭州大学出版社，1994年，第18—26页。

[15] 国家教育发展研究中心：《发达国家教育改革的动向和趋势（第五集）》，人民教育出版社，第148—149页。

[16] 国家教育发展研究中心：《发达国家教育改革的动向和趋势（第二集）》，人民教育出版社，第452页。

[17] 国家教育委员会：《新的里程碑》，教育科学出版社，第78页。

[18] 国家教育发展研究中心：《未来教育面临的困惑与挑战》，人民教育出版社，第20—21页。

[19][20] 同[18]，第29、23页。

[21] 联合国教科文组织：《学会生存》，上海译文出版社，1979年，第218—219页。

[22][23] 同[13]，第145、138页。

[24] 同[21]，第196页。

[25][26] 同[18]，第39页。

[27] 同[13]，第111页。

高等教育宏观研究的进展及其面临的新课题

——兼述加强高教研究与宏观决策的联系[⑨]

一、高等教育宏观研究的进展

20世纪80年代以来,中国高等教育研究在广度和深度上都有明显的进展,主要表现在:①建立了一批科研机构,形成了一支科研队伍。从中央、省到一部分高等学校,共有500多个研究单位,2500多名科研人员。②在不同层级上组织了课题研究。从1980年到1995年,仅国家一级的高等教育重点课题为198项,约占全部教育科研课题的1/5。这些课题研究成果分别为国家和有关方面采纳,对高等教育的改革和发展产生了积极的作用。③建立了学术团体。全国及各省均建立了高等教育研究会,下设高等教育管理、高等教育战略、高等学校德育、高等学校后勤等28个分会,团结了高等教育的研究人员、管理人员和广大教师共同参与研究。④建立了高等教育科学博士点4个,硕士点10多个,培养了科研后备力量,初步形成了学术梯队。

高教研究在20世纪80年代的迅速发展,是这一时期高教改革和发展

[⑨] 谈松华:"高等教育宏观研究的进展及其面临的新课题——兼述加强高教研究与宏观决策的联系",《上海高等教育》,1998年第1期。本文系2007年在联合国教科文组织在东京大学召开的"加强高教研究与宏观决策的联系学术研讨会"上的发言。

推动的结果。一方面中国高等教育从 20 世纪 60 年代中期停止招生，整整 10 年耽误了人才培养。20 世纪 80 年代各方面人才短缺呼唤加快高等教育的发展。高等教育如何在恢复调整中迅速发展，以适应社会迫切的需求，需要进行系统的研究，提出发展的战略规划。另一方面，从 20 世纪 80 年代初开始，中国经济体制开始改革，原先高度集权的教育管理体制不适应经济体制的变化，尤其是政府不能再以行政指令性计划直接管理高等学校，学生也不再全部由政府分配就业，许多新的问题需要回答，其中包括深入研究中国高等教育体制改革的问题。总之，实践呼唤着高等教育研究的发展，高教研究也对高教改革实践产生了指导和推动的作用。

（一）高等教育发展战略研究

1983 年开展的全国范围专门人才需求预测和教育规划研究，比较全面地调查了全国专门人才的现状及到 2000 年的人才需求，为制订高等教育发展规划做了准备。20 世纪 80 年代后期，国家制订《中国教育改革和发展纲要》，相应地组织研究了高等教育发展战略，针对以往高教发展片面追求数量的问题，提出高教发展要在扩大规模的同时，优化教育结构，提高质量和效益，并且明确提出高教发展要由外延扩张转向内涵发展。20 世纪 90 年代初制订 2000 年和 2010 年的发展规划，明确提出了高等教育发展的方针，把提高质量效益放到突出的位置。这些研究的成果均转化成为政府的决策，避免了以往高教发展大起大落的历史教训，对高等教育的健康发展产生了积极的作用。

（二）高等教育结构研究

中国高教结构是在计划经济体制下形成的，不能适应经济产业结构迅速变化和市场经济的客观需要。结构问题一直是 20 世纪 80 年代以来高教研究的一个重点。20 世纪 80 年代初开展的"中国高等教育结构研究",提出了调整层次结构和专业结构的设想,主张加快发展当时比较薄弱的财经、政法专业和注重培养应用型人才,并提出重视发展短期高等教育的建议。20 世纪 80 年代中期组织的"高中后教育多样化课题研究",针对中国高中后教育单一学历教育的倾向,提出高中后教育应该遵循学历教育与非学历教育并重,重视发展在职成人非学历教育的思想,对丰富高等教育的形式结构有积极的作用。20 世纪 90 年代初全国开展"初中后教育结构研究",总结了 20 世纪 50 年代以来中国中等职业教育和高等教育发展的历史;从经济产业结构、技术结构和人力结构变动的趋势,研究了初中后教育结构变化的特征及其趋势;提出重视发展高等职业技术教育,培养中间型、应用型人才;调整本科教育培养目标,重视培养解决生产和服务第一线的实际问题的能力。这从不同侧面揭示了高教结构中的问题,提出了调整的方向,推动了改革。

(三)高等教育管理体制研究

教育体制改革是 20 世纪 80 年代以来高教研究的一个热点,涉及理论与实践、宏观与微观的诸多领域,包括社会主义市场经济与教育体制改革的理论依据、政府对高教的宏观管理、学校独立的法人地位和面向社会自主办学、毕业生自主择业、高校的经费来源与高教的投资体制等问题,还有学校内部的领导管理体制、人事工资分配制度和后勤服务社会化等问题。这方面的研究从中央、地方到学校各个层面展开,形成了一批研究成果,对确定教育体制改革的思路和目标、推进改革起到了咨询和指导作用。例如,关于中央部门办学和管理体制的研究。1990 年初,中国的1072 所高校中有 360 多所属中央各个部门举办和管理,这些学校占了中国重点大学的 80% 以上。随着经济体制改革的进展、中央政府部门职能的转变和区域经济的发展，这种条块分划的管理体制逐渐改变。于是，由多方面参加的课题研究组在专题研究后提出了通过中央部门和地方政府共同建设部属高校、中央所属和地方所属高校的联合、各种形式的合作办学、学校间合并、企业共同参与办学等五种形式，实行条块结合。这种建议获得了政府部门的认同，把它作为推动管理体制改革的主要途径，并取得明显的进展。

（四）人才培养途径和培养模式的改革

这方面涉及诸多微观领域教育教学改革的研究，这里不做论述。在宏观方面仅提及两个主题：一是关于高层次应用型人才培养途径多样化，即研究生教育区分学术型和应用型，不同学科和专业人才培养采取不同途径，避免单一的学术型人才的培养方式，提倡通过与实践相结合、学校与企业联合培养以及工作和学习交替等不同途径，使应用型高层次人才培养更符合实际需要和这类人才的成长规律。这项研究对研究生教育的改革产生了积极的作用。另一项是关于教育、科研和生产（社会实践）相结合以及合作教育问题的研究。这种研究采用理论和实验相结合的方法，产生了实际的效果。

二、高等教育宏观研究面临的新情况、新问题

我们正进入世纪之交的历史转折时期。中国经济社会正在经历的社会转型期和世界范围内发生的信息化过程的深刻变化，都将对中国高教未来的改革和发展产生前所未有的影响，包括宏观决策上和微观运行上的问题、近期亟须调整解决的与远期规划和战略选择上的问题、实践操作性的和理论深层探讨的规律性问题等等。高教研究要从理论层面、决策层面和操作层面上分别确定不同重点，深入研究若干有前瞻性和全局性的问题，

与政策制订和实践更紧密地结合，指导和推动高等教育的改革和发展。这里，仅就宏观决策层面提出几个问题。

(一) 高等教育大众化进程中的发展方针和发展模式问题

到 1995 年为止，中国高等教育的毛入学率为 7%，仍然处于精英教育阶段。这种状况与经济持续高速增长的目标不相适应，更不能满足社会日益增长的高等教育的需求。中国社会愈演愈烈的高考竞争从一个侧面证明了这种供不应求的现实。同时，中国高等教育的发展又存在着另一种性质的供求矛盾，即社会对高等教育的需求持续增长，而社会可能提供给高等教育的财政供给却严重不足。以 1995 年为例，政府财政预算内高教拨款为 213.5 亿元人民币，约合 25.9 亿美元，以普通高校学生（318 万人）计算，生均 808 美元，不能保证正常教育教学所需的充足经费来源。即使这样紧缺的高教经费，亦已占财政预算内教育总支出的 20.26%，如继续增加高教经费势将影响普及九年义务教育和基础教育的发展。这样，中国高等教育的发展就面临着一种两难选择：经济和社会的发展，要求高教加快发展，实现向高等教育大众化目标过渡；而现有的财力物力供给水平和普及教育的目标，又制约着高等教育发展的速度和规模。这就要求高等教育的研究能从这种现实关系出发，寻求社会需求和高教发展最佳的结合点，研究适度的高教发展目标，优化配置教育资源，尽可能扩大和充分利用教育资源，满足社会有效的教育需求。

(二) 高等教育资源配置中的布局结构调整问题

在中国这样一个教育财政资源短缺的国家，如何合理配置和有效利用教育资源，无疑是重要的研究课题。在以往计划经济体制的资源配置方式下，以部门（行业）即条条为主配置资源，虽保证了重点行业和行业内重点企业的资源需求，但也带来了配置不平衡的问题。突出表现为：一是学校和专业设置以行业需求为依据，学校科类单一，专业面过窄，使学校平均规模偏小（1990年为2000人，1995年为2790人，其中2000人以下的学校还有536所），多数为单科性院校，降低了规模效益。二是学校的地区分布不平衡，高校集中在少数全国性大城市，经济发展水平较低的省，尤其是边远贫困地区高等教育十分薄弱。1995年全国普通高校1054所，在校生290万人，其中10个沿海较发达的省（市）占463所，在校生138万人，分别占44%和47.5%（其人口占全国人口总数36%）；而西部地区9个省份，高校仅214所（其中四川64所、陕西46所），在校生527,035人（其中四川20,086人、陕西128,285人），分别占20%和18%，除去作为西部地区经济和政治中心的四川和陕西，则西部地区的高等教育远不能适应当地经济和社会进一步发展的需要。根据这种现状，高等教育的布局结构调整将在两个层面上展开，其一是区域之间的布局结构，即在发挥中央部门所办学校和原有高等教育比较集中和发达省区的辐射功能的同时，加强薄弱省区的高等教育建设，使区域高等教育的发展与当地经济建设和社会发展相协调；其二是区域内的学校和专业设置布局，主要是减少单科性院校和专业的重复设置，使教育资源发挥更佳的效益。高等教育研究在这种布局结构调整中，既要进行规划性研究，即提出布局结构调整的原则和方向，更要致力于机制研究，即研究促进地区之间和学校之间以及中央部门和地区之间教育资源合理流动和重组的各种利益关系和调节手段，使高等教育布局均衡化和更符合效益原则。

（三）高等教育体制转轨中的制度创新问题

中国正在进行的教育体制改革，不仅需要改革原先适应计划经济体制的思想观念、组织结构、管理方式和运行机制，更需要建立起一套与新教育体制相适应的组织系统、决策系统、管理系统和运作系统，也就是要着力于新体制的制度创新，包括宏观和微观两个方面的制度建设。从宏观方面说，要改变政府的组织机构和管理职能，减少直接行政管理的机构和职能，增强间接宏观管理机构的职能，尤其要加强决策咨询、信息服务、政策指导、评估监督等社会中介机构，引导和促进学校面向社会自主办学。从微观方面说，高等学校将从过去作为政府的行政附属机构转变为自主办学的法人实体，需要处理好同政府的关系，同社会（市场）之间的关系以及内部的各种关系。学校要适应与外部联系的变化，加强涉及外部联系的机构；在学校内部要根据规模大小和组织机构的设置实行分层管理和综合管理，尤其要增强学院（或系）中层机构的职权，让学术的、经济的（市场的）、行政的调节机制综合发挥作用，增强学校主动适应社会需要及其变化的能力。

（四）在高等教育国际化、社会化、信息化发展趋势下的高等学校社会功能及其办学模式问题

面向21世纪，世界范围内的经济、科技、政治和文化方面正在发生许多新的变化，其中经济的全球化、社会的知识化、信息的网络化将会引起高等教育的相应变化。高等教育在面对国际化趋势的环境时，如何保持民族特性，成为继承和发扬本民族优秀文化传统并与世界文明成果相结合的重要阵地；在高等教育的终身化和社会的变化中，如何扩展高等学校的社会功能，为受教育者终身学习服务，更加密切地同社会生活的实践相结合；在信息化的浪潮中，如何扩充和利用广泛的教育资源，转变教育观念，改革教育手段和教育过程、改变师生关系和学校组织管理，即改革办学模式等等，都将是高等教育发展历史中全新的课题，需要突破固有的思维模式，进行创造性的思维和探索。特别值得关注的是，现代科技的迅速

发展正打破一次性学校教育的模式，终身教育必将成为未来占主导地位的教育制度；信息技术和传播媒介在教育领域的广泛应用，将打破教育时空局限，开放式的、社会化的教育机构，个别化、交互式的教育方式都将会改变现有教育模式。这些都有待于高教研究人员去探索、寻求新的答案。

三、加强高教研究与宏观决策的联系，提高高教研究的水平和效能

高等教育研究要回答面对的新问题，并把研究成果付诸实践，需要改变研究的组织结构和研究方式，把政府和民间的研究力量结合起来，更加关注重大现实问题的研究，为高等教育的改革和发展服务，为创建 21 世纪的高等教育体系做出贡献。

（一）通过多种形式，加强研究机构与政策制订过程的联系

这种联系需要协调。政府政策制订部门要有民主化和科学化的决策程序，在决策过程中广泛吸收研究机构参与；高教研究机构要经常关注高教发展中的重大现实问题，保持对现实政策制订的参与角色，为政策制订提供咨询，包括组织研究机构开展决策咨询研究；汇集研究机构的研究成果和咨询意见，作为政策制订的前期基础工作；在政策制订过程中，组织专家咨询和论证等等。其中政府的研究部门将发挥承上启下、沟通内外的中介作用，使高教研究与决策过程保持经常的、密切的联系。

（二）注意发挥学术和科研组织的协调作用，组织和推动高等教育研究与实践的结合

在中国，全国和地方性的高等教育学会以及许多专业委员会集中了高教系统的理论研究人员、行政管理人员和教学人员，由这些学会组织课题研究和学术研讨，可以架起研究与决策、理论与实践之间交流和沟通的桥

梁，有利于研究转化为决策。中国的教育科研规划组织集中了各方面专家进行跨学科的规划和交流，其中许多规划研究课题就是为制订政策做咨询研究的。通过这样的规划、组织、交流、推动，也将会促进高等教育研究与政策制订以及教育实践的结合。

（三）加强教育信息系统和科研情报系统建设，为研究机构与政府部门的联系提供条件

教育信息系统要提高信息质量的时效性，向研究机构开放，为决策咨询研究提供准确的新信息。科研情报系统要及时汇集和发布最新科研成果，主动为决策部门提供有代表性的、高质量的理论观点和咨询建议。这两者的沟通将使研究水平和决策水平同步提高。

（四）重视研究与实验相结合，经过反复，形成既具理论深度，又有可操作性的研究成果

要提倡研究人员深入实际，参与实验，也要吸收实际工作者在实验中参加研究。这种实验可以是区域性的、校际的，也可以是学校范围的；可以是综合性的，也可以是单项的；可以是一次性短期的，也可是长时间连续的。实验中要做好设计、实施、观察、评价、总结全过程的工作，在实验和研究的多次反复过程中，把研究工作提高到新的水平。

为迎接知识经济时代做准备[⑩]

我国多数地区要在工业化过程中不断提高智力资本在经济增长中的作用和水准，逐步向知识经济形态转变。而一些发达地区，例如，北京、上海、广州等大城市，工业化和智力资本的积累已经达到相当水平，具备了发展知识经济的条件。因此，作为智力资本要素的教育，特别是高等教育如何以自身的变革为发展知识经济做准备，已经是一个急迫的现实课题。高等教育将通过观念、体制、模式变革和制度创新，迎接知识经济时代的到来。

一、从精英教育向大众化教育转变

高等教育大众化是提高智力资本作用、发展知识经济的必要条件。高新技术产业的从业人员，一般要求高中毕业后接受两年专业训练，其中1/3具有大学学位，从事研究开发人员的比重一般比传统产业高五倍。传统产业经高新技术改造、提高智力资本含量后，从业人员的智力结构也会发生相应变化。这就要求高等教育在培养少量高精尖人才的同时，培养大批生产和服务第一线的应用型人才。这种转变，势必引起教育观念的相应

[⑩] 谈松华："为迎接知识经济时代做准备"，《人民日报》，1998年5月23日第7版。本文系《人民日报》教科文部和中国青年政治学院联合举办的"知识经济与教育观念"研讨会上谈松华的发言摘要，发言全文载于《中国青年政治学院学报》，1998年第7期。

变革。未来高等教育不再是只面向少数学术精英的学术殿堂，而是同社会大众的生产和生活实际紧密结合的社会化学习机构。高等学校也将改变单一的类型，按不同的任务和水平分层分类，实现高等教育的多样化发展。

二、从"维持性学习"向创新性学习转变

知识经济和智力资本的根本特征，是立足于创造发明和技术创新，推动经济的不断发展。在知识经济条件下，经济和科技的竞争，不仅是人才数量和结构的竞争，更是人才创新精神和创新能力的竞争。高等学校作为培养人才和创造知识的机构，本来就担负着知识创新的使命。在传统的经济社会发展态势下，技术进步和知识更新的速度缓慢。人类习惯于用已有的知识解决现存的各种问题，形成了被称为"维持性学习"的教育模式。适应知识经济发展的高等教育要进行创新，要把创造精神和创造能力摆到突出位置，即把"维持性学习"转变为"创新性学习"。

三、从标准化、按计划培养的教育模式向个性化、选择性地培养的教育模式转变

工业化阶段的生产特点是大批量标准化生产，产品、工艺、技术的变化比较缓慢，反映在人才培养上也是比较划一的标准化培养。在计划经济体制下，学校、专业、课程设置和教学过程，严格按照统一计划运行，缺乏灵活性和选择性。以智力资本为主的知识经济时代，技术进步和知识更新的速度不断加快，人才培养要适应生产和技术进步迅速变化的趋势，增强多样性和选择性。

四、从一次性学校教育向社会化终身教育转变

智力资本和知识经济发展的基础，有赖于技术的不断创新，进而要求

从业人员不断更新知识。传统的一次性学校教育已不能满足这种技术创新和知识更新的需要，学校要为人的终身学习提供机会。

五、从封闭的学校制度转变为开放的产学研一体化的新体制

在知识经济发展中，科学研究、技术开发和产品生产不再分割为几个不同的机构，而是紧密地结合在一起。知识经济组织在很大程度上是经济、科技一体化的科技型机构。高等学校参与知识经济的发展就不可能在封闭的学校教育环境内组织教学和科研，而要把教学科研和生产过程结合为一体，这将引起体制上的变革。我认为建立这类产学研一体化的新的组织体制，将会成为发展知识经济组织的依托，也是高等学校参与知识经济发展的重要途径。

让历史告诉未来

——写在庆祝新中国成立 50 周年之际[11]

伴随共和国的成长，神州大地发生了历史性的巨变，我国社会主义教育走过了 50 年的历程，写下了中华民族教育史上最辉煌的篇章，开始了走向现代化的新的历史时期。

世纪之交，我们正站在一个新的历史转折点上：从社会主义教育第一个 50 年的初创期，走向全面建设社会主义现代化教育的第二个 50 年。前不久由党中央、国务院召开的改革开放以来第三次全国教育工作会议，是一次承前启后、继往开来的世纪性教育盛会，是中国教育新的历史转折的里程碑。我们将在这次会议精神的指引下，走向新的世纪。

马克思说过："人们自己创造自己的历史，但是他们并不是随心所欲地创造，并不是在他们自己选定的条件下创造，而是在直接碰到的、既定的、从过去承继下来的条件下创造。"[1]教育发展的历史同样如此。我国社会主义教育是在改造旧中国半殖民地半封建教育、继承解放区革命教育传统和学习借鉴苏联教育经验的基础上建立和发展起来的。

在党的十一届三中全会以前，教育观念、结构、体制和人才培养模式，大体上是同计划经济体制和工业化初期的经济社会发展水平相适应

---

[11] 谈松华："让历史告诉未来——写在庆祝新中国成立 50 周年之际"，《中国教育学刊》，1999 年第 5 期。

的。党的十一届三中全会以后，适应改革开放和现代化建设的进程，特别是从计划经济向社会主义市场经济的转变，在空前的广度和深度上推进教育的改革和发展。建设社会主义教育是一项开创性的事业，在过去50年的探索中，既取得了举世公认的成就，积累了丰富的经验，也经历过曲折，出现过失误。党的十一届三中全会以来，党和国家全面系统地总结了新中国成立以来正反两方面的经验，把教育事业推向新的发展阶段。这次全教会的精神，凝结着新中国成立50年特别是改革开放20年教育历史经验的精华，鲜明反映了新世纪的时代要求。重温历史经验，不仅能加深对全教会精神的理解，而且有助于加深对于社会主义教育特征及其规律的认识，从而在新世纪的教育实践中，更加自觉地从我国社会主义初级阶段的基本国情出发，遵循教育发展规律，推动教育事业沿着持续、健康、协调发展的道路前进，实现建设社会主义现代化教育的战略目标。本文从研究历史经验的角度，谈几点学习全教会精神的体会。

一、教育在国家和社会发展中的地位和作用的历史性演变

正确认识教育的地位和作用，是确定教育战略、目标和任务的基本依据。新中国成立50年来，党和政府始终重视教育在建设新中国、巩固和发展社会主义事业中的作用，但在不同时期对于教育作用又有不同的认识。正是这种不同的认识，规定了不同时期教育工作的任务和重点。

1949年，《中国人民政治协商会议共同纲领》规定："人民政府的文化教育工作，应以提高人民文化水平，培养国家建设人才，肃清封建的、买办的、法西斯主义的思想，发展为人民服务的思想为主要任务。"1953年开始实施第一个五年计划。加快教育发展，培养大批建设人才，成为国家的重要决策。这一时期，在全面推进社会主义改造的背景下，坚持把经济建设作为中心任务，教育的作用和任务也明确规定为为经济建设服务、为

人民（主要是工农）服务，保证教育事业为国家建设培养大批人才，奠定社会主义教育的基础。1957年夏秋之交的"反右"斗争前后，党对于阶级斗争的形势做了新的估计，直到1962年以后逐步发展为"以阶级斗争为纲"。与党的工作重点的这种转变相适应，1958年在《中共中央、国务院关于教育工作的指示》中指出："党的教育工作方针，是教育为无产阶级政治服务，教育与生产劳动相结合。""教育是改造旧社会和建设新社会的强有力的工具之一。教育工作只有在党的领导之下，才能更好地为社会主义革命和社会主义建设服务，为消灭一切剥削阶级和一切剥削制度的残余服务，为建设消灭城市与乡村的差别和消灭脑力劳动与体力劳动的差别的共产主义社会服务"。这就突出强调了教育的政治功能，以适应当时政治任务的需要。由于"左"的指导思想的发展，这种政治功能又逐渐窄化为为阶级斗争服务。在"文革"期间，要求教育成为"无产阶级专政的工具"，严重扭曲了教育的社会功能，也损害了教育对于社会全面进步的促进作用。

党的十一届三中全会确定党的工作重点转移到以经济建设为中心的现代化建设上来，标志着我国社会主义事业进入了一个新的发展阶段。邓小平同志提出的四化建设，科技是关键，教育是基础的科学论断，确立了教育在现代化建设中的战略地位，并在全党取得共识和确认。1985年《中共中央关于教育体制改革的决定》指出："教育必须为社会主义建设服务，社会主义建设必须依靠教育。"1993年，《中国教育改革和发展纲要》指出："教育是社会主义现代化建设的基础，必须坚持把教育摆在优先发展的战略地位。"在新的历史时期，教育被作为经济建设的战略重点之一，确定了优先发展的战略决策，从而使教育在以经济建设为中心的现代化建设中的地位和作用，发生了深刻的历史性的变化。

新中国成立以来，教育在不同时期的地位和作用的变化，反映了教育同经济社会之间存在着多方面的复杂的关系，其相互作用受多种因素的影响：就客观因素而言，受经济社会发展阶段及其主要矛盾的影响和制约；就主观因素而言，则与一定时期国家和社会发展的战略决策密切相关。教育在国家和社会发展中的地位和作用的确认和实施，正是这种主客观因素相互作用的结果。这是一个实践和认识不断深化的过程。新中国成立50年的实践，为我们认识和解决这个问题提供了丰富的历史经验和科学依据。这里，我认为有一个问题是值得讨论的：教育为经济社会发展服务，包括为党和国家的中心任务服务，同要求教育成为经济社会发展和实现党和国家中心任务的工具的关系。两者的区别在于：教育的服务功能是以教育自身的特点和规律为基础，以全面发挥教育的社会功能和育人功能为前提的，教育功能发挥越全面，它对社会全面进步的促进作用即服务作用也越明显。而把教育仅仅作为实现国家某项任务的工具，则忽视教育在社会发展中所具有的独立的地位和作用，使教育成为社会发展的某种因素（例如经济或政治等）的附属物，容易窄化教育的功能，进而影响人才的培养。我认为，"工具论"是造成一段时间内不能摆正教育与经济社会的关系以及教育在经济社会发展中的地位和作用未能到位的理论误区之一。强调"工具论"的理论渊源，一方面是在社会发展理论上忽视人在历史发展中的主体性地位和作用，另一方面是把教育的本质只归结为上层建筑的属性。改革开放以来关于生产目的的讨论和关于教育本质属性问题的讨论，为重新认识教育在经济社会发展中的地位和作用，做了理论上的准备。特别是小平同志关于科学技术是第一生产力和发展科学技术的基础在教育的论述，把教育在现代化建设中的地位和作用建立在新的理论基础之上，发展了马克思主义理论。按照小平同志的理论，随着科学技术在经济社会发展中作用的增强，教育在现代化社会中对于促进生产力的发展和人的全面和谐发展具有越来越重要的作用，只有依靠教育、科技、经济的密切结合，使经济、政治、文化、教育协调发展，才能促进社会的全面进步。

江泽民同志在第三次全教会上的讲话，站在世纪转折的历史制高点上，总结新中国成立 50 年的历史经验，全面分析了当今世界科技革命、知识经济的发展和国际竞争格局的变化，分析了我国社会主义初级阶段的基本国情和现代化建设的现实需要，提出了科教兴国的战略，从而把教育的地位提到了新的高度。他指出："中央全面分析国际国内发展的大势，认为必须坚定不移地实施科教兴国的战略，大力提高全民族的思想道德和科学文化素质，提高知识创新和技术创新能力，密切教育与经济、科技的结合，加快实现经济增长方式和经济体制的根本转变。这是全面推进我国现代化事业的必然选择，也是中华民族自立于世界民族之林的根本保证。"讲话从 21 世纪人类历史命运和中华民族伟大复兴的历史视角，论述了教育将在实现国家富强和民族复兴的伟大事业中发挥特殊重要的作用。在人类正迎来新的科技革命和知识经济的时代，知识创新和技术创新能力越来越成为经济和社会发展的决定性因素，而"教育是知识创新、传播和应用的主要基地，也是培养创新精神和创新人才的重要摇篮"，将成为提高综合国力和国际竞争力的基础。因而，教育将从社会边缘推向基础性地位，教育同社会发展的关系在理论和实践上有了新的发展，丰富了新的内涵。如果说，在旧中国当人民还没有获得基本的政治权利和生活保障的社会条件下，"科学救国"和"教育救国"只能是 19 世纪末少数知识分子不能实现的理想，那么，经过 50 年的革命和建设，在人民政权获得巩固，经济和文化建设奠定了坚实的基础的条件下，教育将同科技一起，担当起实现中华民族伟大复兴的历史使命。

二、教育培养目标和模式的变化和发展

新中国成立以来，我国教育始终把培养社会主义建设人才作为基本目标，体现了我国社会主义教育的本质特征。而在人才培养目标的具体内容

和要求以及人才培养的模式上,不同的历史时期又有发展和变化。总结和研究这种发展和变化的轨迹,对于把握人才培养的规律,建设 21 世纪的新型教育有重要的价值。

新中国成立初期,在恢复、改造旧教育的基础上,国家对于新中国教育的培养目标提出了适应当时社会要求的内容。例如,1951 年第一次全国中等教育工作会议提出,应"使青年一代在德育、智育、体育、美育各方面获得全面发展,成为新民主主义社会自觉的积极的成员"。在《1954 年文化教育工作的方针和任务》中进一步提出,"培养社会主义社会的建设者"。

毛泽东在 1953 年提出的"身体好、学习好、工作好",一直是青少年教育工作的根本要求。1957 年,毛泽东在《关于正确处理人民内部矛盾的问题》中明确指出,"我们的教育方针,应该使受教育者在德育、智育、体育几方面都得到发展,成为有社会主义觉悟的有文化的劳动者",明确规定了社会主义教育方针和培养目标的基本内容,指导我国教育工作健康发展。在这个时期,尽管也出现过政治运动影响教学和学业负担过重影响学生健康等局部问题,但从总体上说是实施了全面发展的教育方针和培养目标。

1958 年,由于教育工作方针的变化,在《中共中央、国务院关于教育工作的指示》中,对于全面发展的培养目标做了新的解释:"共产主义社会的全面发展的新人,就是既有政治觉悟又有文化的、既能从事脑力劳动又能从事体力劳动的人,而不是旧社会的只专不红、脱离生产劳动的资产阶级知识分子。党所提出的'培养有社会主义觉悟有文化的劳动者'的口号,正确地解释了'全面发展'的涵意。"在这个新的解释中,对于全面发展的培养目标更加突出了政治觉悟和体力劳动。由于"左"的指导思想的影响,在实际工作中一度出现了以政治运动和体力劳动冲击正常教学的现象。1961 年在《中华人民共和国教育部直属高等学校暂行工作条例》等文件中，纠正了人才培养工作中的偏差，对于全面发展的培养目标的内容做出了符合实际的规定。在 20 世纪 60 年代前半期，在人才培养上，一方面针对教育脱离社会实践、教学内容和方法陈旧、学生负担过重等问题，提出了教育教学改革的任务，另一方面适应当时开展的"反修防修"斗争，提出了培养无产阶级革命事业接班人的目标，同时强调学生"以阶级斗争为主课"。人才培养又突出政治要求和实践途径。在"文革"期间，批判"智育第一"和培养"修正主义苗子"，要求培养"斗走资派的战士"等，给中国教育事业带来灾难性的破坏。

粉碎"四人帮"之后，邓小平同志亲自领导教育战线的拨乱反正，强调全面理解和执行毛泽东同志关于培养"有社会主义觉悟的有文化的劳动者"的教育方针，教育事业迅速走上健康发展的轨道。20 世纪 80 年代中期，一方面随着现代化建设对于人才和人才素质的关注，另一方面由于高教供求矛盾加剧，高考升学竞争激化，出现了背离全面发展的教育方针的偏向。针对这一偏向，在基础教育阶段提出了素质教育的主张。

1985 年《中共中央关于教育体制改革的决定》提到"教育体制改革的根本目的是提高民族素质，多出人才，出好人才"。1993 年，中共中央、国务院颁发的《中国教育改革和发展纲要》明确提出"中小学教育要由'应试教育'转向全面提高国民素质的轨道"和"培养德、智、体全面发展的建设者和接班人"。此后，改革和探索人才培养的目标和模式同探索素质教育的进程联系在一起，素质教育进入了典型示范和区域推进的阶段。

培养什么样的人才，始终是教育的根本问题，对教育工作产生全局性的影响。新中国成立以来教育工作几次大的波折，同培养目标上的偏颇有密切的关联。究其原因，从社会角度说，是对不同时期的社会主要矛盾的把握，直接影响对人才培养的要求；而从教育角度说，则是在一定程度上忽视了教育的主体性——对全面发展的内涵，偏重于从社会发展的需要认识和提出要求，而忽视全面发展教育具有自身的运行规律，同时，对全面发展目标的实施，又侧重于从学校德育、智育、体育等各种教育活动，甚至各门课程、各项活动加以组织和体现，而忽视受教育者作为主体的积极主动、生动活泼的发展。这可以说是我国教育在相当长时间内存在的偏颇。由于教育主体地位的弱化，使社会生活的重大变动常常会对教育产生直接的震荡，而且一旦发生偏差，教育自身难以纠正。因此，素质教育的突出特征，是从主体性的角度赋予全面发展教育以新的含义，对于我国教育不仅具有纠偏（例如克服"为应试而教、为应试而学"的偏向）的作用，更是在教育目标和模式上的新突破。

第三次全教会在总结20世纪80年代以来我国素质教育的理论和实践探索的基础上，按照21世纪的时代要求，把素质教育推向新的发展阶段。在中共中央、国务院《关于深化教育改革，全面推进素质教育的决定》和中央领导同志的讲话中，明确提出素质教育以"三个面向"为指导，以提高国民素质为根本宗旨，以培养学生的创新精神和实践能力为重点，赋予素质教育以全新的含义，把素质教育在我国教育改革和发展中的地位提到了新的高度：素质教育就是中国21世纪的新型教育。全面推进素质教育，就是要建设高质量教育，培养高素质人才，以适应新世纪国际竞争和现代化建设的需要。这是对于我国教育目标和模式50年探索的历史性总结，也是在教育理念和实践模式上的新发展和新创造。正确理解和实施全教会关于素质教育的精神，既要关注教育工作中的现实问题，更要以"三个面向"为出发点和立足点，提出问题和解决问题；既要注意克服和纠正实际工作中的偏差和弊端，更要注重建设和创新；既要着重解决实施素质教育亟须解决的诸如课程教材、考试评价、师资建设等内部问题，还要推进教育结构、体制、制度、体系等的整体改革和劳动人事制度等社会配套改革。这里需要提出的是，从建设 21 世纪新教育的角度思考和实施素质教育，就必须研究和跟踪 21 世纪世界教育改革的大趋势，特别是经济全球化、文化多元化、社会知识化、信息网络化等因素对未来教育可能产生的影响，从更加广阔的视野，研究 21 世纪人才的素质要求，把素质教育建立在造就 21 世纪中国现代化建设新型人才的基础之上。

三、教育改革理论和实践的历史性探索

新中国的教育是在改革中前进的 50 年。改革的进程充满着矛盾和曲折，积累了正反两方面的经验，使我们加深了对建设有中国特色社会主义教育规律的认识。

新中国成立初期，教育改革的主要特点，是接收和改造旧中国半殖民地半封建的旧教育，同时全面学习苏联经验，包括教育理论、教育体制、教育结构、课程设置和教学组织等，初步建立了与计划经济体制相适应的社会主义教育的基础。在这个过程中，也产生了不顾中国国情、照搬苏联经验的教条主义，形成了过于呆板和大一统的僵化模式。

1958 年的教育大革命，既有思想政治领域社会主义革命的背景，又有批判学习苏联经验中的教条主义倾向的意图，实际上是突破苏联模式的一次重大改革尝试。这场革命在促进思想解放、破除对于苏联经验的迷信、使教育同社会实践结合等方面，产生了积极的作用。一些新学科、新专业以及教学科研的新成果，就是在这时打下基础的。但是，由于这场教育改革受到"左"的指导思想的影响，以政治运动和生产劳动冲击正常教学，违背教育规律，产生了消极的后果。此后进行的调整和整顿，纠正了一些偏差，但它并未实现突破苏联模式的预期目标。

党的十一届三中全会以后，教育改革进入了一个新的发展阶段。随着经济体制改革实现由计划经济向社会主义市场经济转轨，教育改革也以

体制改革为突破口和重点,开始打破建立在计划经济体制基础上的办学体制、管理体制、投资体制以及与此相联系的学校内部管理体制和招生就业制度。尤其是 1992 年,邓小平同志南方谈话明确以建立社会主义市场经济体制为经济体制改革的目标模式之后,围绕与市场经济体制相适应的教育改革问题,进行了前所未有的理论和实践的探索。《中共中央关于教育体制改革的决定》和《中国教育改革和发展纲要》规定了教育改革的目标、任务和重大政策措施,对深入进行教育改革产生了巨大的推动作用。20 世纪 80 年代中期以来,教育改革取得了明显的进展,尤其在基础教育地方负责、分级管理、中等教育结构改革、改革高等教育条块分割等方面有重大突破。但是,教育体制改革仍未实现新旧体制的转轨,教育思想、结构、体制、内容、方法乃至整个人才培养模式,仍然不能适应经济社会发展的需要。

第三次全教会以深化教育改革、全面推进素质教育为主题,在改革的思想理论上有新的解放,政策措施上有新的突破,标志着我国教育改革正进入一个新的发展阶段,即从教育体制的表层改革进入攻坚性的深层改革,从侧重革除旧体制的弊端转向同时进行新体制的建设,从以单项改革为主发展为包括教育思想、结构、体制、内容和方法在内的整体改革,最终建立充满生机和活力的社会主义现代化教育的新体系。尤其是在认定教育的社会公共服务事业属性的同时,肯定教育具有产业属性,在一定范围可以应用产业运作方式,积极支持和鼓励民办教育的发展,改革投资体制,非义务教育阶段实行成本分担原则,经过国务院授权,把高等职业教育和大部分高等专科学校的管理权放给省级政府,以及从高等职业教育开始,在招生、缴费、就业等方面逐步按新机制运作等等,这就为建立与社会主义市场经济体制相适应的教育体制,提供了理论基础、目标模式和政策框架。此外,会议在调整和改革宏观教育结构,改革招生考试、课程教材和教育评价等教育教学制度，发展现代远程教育，建立终身教育体系等方面都规定了任务和目标，勾勒了我国现代化教育体系的基本框架。这对于深化教育改革，建设 21 世纪的社会主义教育体系都将产生深刻的影响。

纵观 50 年教育改革的历程，新中国教育的发展同改革紧密地联系在一起。这个过程也正是改革与建设、借鉴与自主、继承与创新相互交织的过程。正确地处理好这些关系，是教育改革健康发展的重要条件。在相当长的时间里，我国的教育改革同苏联的教育经验有密切的关系：开始是学习苏联经验，改革旧教育，建设社会主义新教育；之后是克服学习借鉴苏联经验中产生的不顾中国国情的教条主义；近 20 年来则是改革建立在计划经济体制基础上的苏联教育模式，更加广泛地借鉴世界各国的教育经验，建立与社会主义市场经济体制和现代化建设相适应的社会主义新教育。在这些连续不断的改革中，凡是在学习国外经验中，注意从中国国情出发，继承我国教育的优秀传统，实行自主创新的，改革的成果就大，并能收到实效；凡是在革除旧教育弊端的同时，注重新制度、新体制、新模式的建设的，就能持续地巩固和发展。21 世纪的教育改革将会在空前的广度和深度上展开，将会是历史上"前所未有的、彻底的变革和革新"。总结和吸取我国教育改革的历史经验，我们将会避免片面性和盲目性，在革新中建设符合中国国情的社会主义现代化教育。

注　释

[1]《马克思恩格斯论教育》，人民教育出版社，1979 年，第 92 页。

中国教育改革和发展的若干理论和政策问题[12]

在世纪之交，党中央做出了科教兴国的战略决策，并且坚定不移地组织实施。国务院批转《面向21世纪教育振兴行动计划》，党中央、国务院做出《关于深化教育改革，全面推进素质教育的决定》，召开改革开放以来第三次全国教育工作会议，全面部署跨世纪教育改革和发展的重大决策。这些决策是我国迎接21世纪的教育纲领和施工蓝图，包含着重要的战略选择和理论与政策上的重大突破。本文拟谈谈个人的初步学习体会。

一、关于教育在国家和社会发展中的基础性地位问题

教育在经济社会发展中的地位，是现代化建设的重要战略思想问题。党中央做出的科教兴国的决策是对邓小平理论的继承和发展，也是党在新的历史条件下的战略选择。只有从理论和实践、历史和现实的密切结合上学习和把握其基本精神，才能自觉地实施科教兴国战略，把教育摆在优先发展的战略地位。

---

[12] 谈松华："中国教育改革和发展的若干理论和政策问题"，《教育研究》，2000年第3期。系在中央党校授课讲稿基础上整理而成，讲稿全文发表在《中央党校报告选（内刊）》，2000年第1期。

（一）重视教育在经济社会发展中的作用，是现代经济增长规律的反映

教育对经济具有积极作用，这早在古典经济学家亚当·斯密的论著中就已提到。但在传统的经济发展中，教育并不作为经济增长的直接因素。1960年，美国芝加哥大学教授舒尔茨的"人力资本"理论揭示了作为人力资本主要因素的教育对于经济增长所起的不可替代的作用，而且这种作用将随着科学技术在经济增长中作用的增强而日趋增强。在20世纪60年代新技术革命到来之际，一批有重视教育传统的东方国家和地区，如日本和亚洲"四小龙"经济迅速腾飞，提供了经济发展的新模式。1972年，联合国教科文组织在总结这种（包括美国）历史经验时指出："多少世纪以来，特别在发动产业革命的欧洲国家，教育的发展一般是在经济增长之后发生的。现在，教育在全世界的发展正倾向于先于经济的发展，这在人类历史上大概还是第一次。"[1]教育发展对于经济增长的这种作用，不仅在理论上为人们所接受，而且为实践经验所证明；不仅是教育界的共识，也是包括经济界在内的国际社会的共识。世界银行在《1990年世界发展报告》中指出，对1960—1985年58个国家经济增长因素的研究表明，劳动者受教育平均每增加一年，可能会使GDP增长3%。这种作用要在至少接受4年教育之后才逐步明显。《1991年世界发展报告》又指出，1960—1985年期间，发展中国家产出与资本的弹性指数为0.4（即资本每增加1%，产出提高0.4%），而美国这一指数为0.6—0.75，产生差异的原因在于教育水平的差距。该报告得出结论："教育促进了经济发展，并使其他发展目标得以实现。"[2]从这个发展过程可以看出，教育在经济社会发展中的作用，是同现代经济发展中知识和科学技术作用的增强密切相关的，这种规律也预示着教育在未来经济社会发展中作用变化的趋势。

（二）教育正在成为影响国家发展水平和国际竞争能力的决定性因素

新科技革命和知识经济的发展趋势表明，随着科学技术的发展，经济发展对于自然资源的依赖将会下降，知识和科学技术将成为未来经济发展的主要因素，同时，国际竞争的格局正在改变，发展中国家在制造业时代拥有的廉价劳动力和自然资源的价格优势正在削弱，知识、科技水平和创新能力成为国家竞争力的决定性因素。20世纪90年代中期以来世界经济的发展，尤其是东南亚金融危机的影响，正在世界范围内引起经济发展战略的重大调整，例如日本从20世纪70年代的"技术立国"国策改变为"科技创新立国"，说明了知识和科技创新在当今和未来国际竞争中的突出地位。

我们党和我国政府密切关注和深刻洞察这种变化趋势，做出了科学的对策。江泽民同志指出："发展的优势蕴藏于知识和科技之中，社会财富日益向拥有知识和科技优势的国家和地区聚集，谁在知识和科技创新上占优势，谁就在发展上占据主导地位。这种发展格局，对于第三世界的广大国家来说，既提供了利用高科技和先进知识超越传统发展模式的有利机遇，又提出了前所未有的严峻挑战。"[3] 他在分析东南亚金融危机的教训时指出："发展中国家如果过分依赖西方发达国家，如果仅仅靠利用自己的廉价劳动力、消耗自然资源，依赖外国现成的技术产品来发展经济，而不是努力提高本民族的科技文化素质、努力提高本国的知识创新和技术创新能力，那就会在国际经济竞争格局中处于被动和依附的地位，就必然进一步拉大同发达国家的发展差距。"[4] 这个论断无疑是我国迎接国际竞争新挑战的战略选择，把提高科技水平和创新能力提到了关系民族前途和命运的新高度，把提高民族创新能力作为一项战略性任务提到了我们面前。

提高科技水平和创新能力的基础在教育。江泽民同志指出："教育是知识创新、传播和应用的主要基地,也是培养创新精神和创新人才的重要摇篮。"[5]教育要为迎接知识经济时代做好人才和知识的准备。教育在准备知识经济发展的前提条件(完成工业化、较高的教育普及程度、较强的创新能力)方面,将发挥关键性作用。从这个意义上说,教育是实现工业化和迎接知识经济时代的基础工程,也是增强综合国力和国际竞争力的决定性因素。

(三)教育在实现社会主义现代化和民族复兴的目标中,具有特殊的地位和作用

我们是在人口多、经济文化落后基础上推进工业化和现代化,这就势必面临许多工业化国家所未曾有过的特殊矛盾,突出的是经济增长中的科技贡献率低(1998年为32%,而发达国家一般为80%以上),人口和劳动者素质低,影响科技进步和就业机会。在科学技术和劳动者素质都处于低水平的条件下,两者会形成恶性循环。解决这个矛盾的根本出路是加快科技进步,实现经济增长方式的转变;提高劳动者素质,变沉重的人口负担为人力资源的优势。在这一过程中,教育起着关键的作用:①培养专业人才和提供知识贡献,促进科技进步;②延长教育年限,推迟就业,缓解就业矛盾;③加强教育培训,提高劳动者素质和再就业能力,适应技术进步和结构调整;④培养受教育者的创业精神和创业能力,提供新的经济增长点和新的就业机会。因此,改革和发展教育在解决社会主义初级阶段的基本矛盾、实现现代化建设战略目标中,具有全局性、先导性、基础性的地位和作用。

(四)落实教育优先发展的战略地位,发挥教育的基础性作用

经过20多年来的学习和实践,全党、全社会对于教育战略地位的认

识有了质的飞跃。现在的问题是，在一些地区和部门长期占支配地位的经济建设的指导思想（即重物质资本投入、轻人力资源开发）并没有根本转变，生产性浪费数目惊人，而教育投入严重不足，成为制约教育发展的主要因素。1991—1998年，我国教育总经费增长3.2倍，其中财政性教育支出增加2.2倍。但教育经费的增长仍滞后于国民经济的增长速度，财政性教育经费占GDP的比例从1990年的3.04%，下降到1995年的2.46%，直到1996年开始回升，1998年为2.55%，但还没有达到1990年的水平，远低于1995年世界平均公共教育经费占GDP4.9%的比例，也低于欠发达国家平均4.1%的水平。[6]因此，实现《中国教育改革和发展纲要》规定的财政性教育经费占GDP的4%的目标，只是达到欠发达国家1995年的平均水平。如果我们不能尽快地实现这个目标，教育不仅不能发挥先导作用，相反很可能会拖现代化建设的后腿。只有切实转变经济建设的指导思想，调整现代化建设的整体布局，教育经费增长滞后于国民经济增长的状况才能根本改变，也才能充分发挥教育对经济社会发展的促进作用。

另一方面，现有教育发展水平、教育体制和运行机制、教育观念和人才培养模式不能满足经济社会改革和发展的要求。如果教育自身不能通过改革和创新改变这种状况，即使增加教育投入也不能充分发挥作用，同样有可能拖现代化建设的后腿。因此，落实教育的战略地位，既要确保教育投入的优先地位，保证教育适度超前发展，还要加大教育改革和创新的力度，使教育真正发挥促进经济社会发展的作用，实现教育和经济社会的协调发展。

二、教育发展的现实依据和战略选择

新中国成立以来，特别是改革开放以来，我国教育事业发展的成就是有目共睹的，教育发展的速度是相当快的，已经形成了世界上最大规模的教育，为我国在 21 世纪的发展奠定了坚实的基础。但是，我国教育的总体发展水平还比较低（例如 1998 年高等教育的毛入学率 9.2%，低于 1995 年世界平均 16.2%[7]），还不能满足社会发展和人民群众对于教育的需求，积极发展各级各类教育事业仍然是 21 世纪初教育工作的迫切任务。

我国教育发展战略选择的基本依据是教育的供求关系。我国现阶段的基本国情存在着社会教育需求持续增长，拉动教育扩展规模的因素。①人口因素：人口基数大，存在超大规模的教育需求；②经济社会因素：工业化、现代化建设需要大批高素质劳动者和专业人才，人民物质文化生活水平的提高会使教育需求向高质量、高层次教育上移；③体制因素：长期沿袭的准干部教育制度和包就业的人事制度，助长追求高学历的社会心理；④文化因素：独生子女比重大和重学历的东方文化传统，增加了学历教育的社会压力。然而，教育供给能力却受到经济发展水平、财政支撑能力和居民承受能力的制约。这种供求矛盾的突出表现就是，1998 年我国人均公共教育经费为 167 元（折合 20.2 美元），生均公共教育经费 945 元（折合 114.4 美元），而 1995 年世界人均公共教育经费为 241 美元，生均公共教育经费为 1273 美元。在以如此低水平的投入支撑现有教育规模的条件下，如何回应社会持续增长的教育需求？这是我国教育发展战略选择的基本问题，即既要扩大教育资源，又要合理配置有限的教育资源，充分发挥现有资源的作用，最大限度地满足社会有效的教育需求，实现"公平、效率、质量"这三个基本目标，这就需要处理好几个关系全局的关系。

（一）普及与提高的关系

普及与提高的关系，主要是指义务教育与高等教育的关系。从保证教育公平和提高民族素质的角度，普及义务教育无疑是基础工程，国家也明确把"普九"作为教育工作的"重中之重"。但是，从迎接知识经济挑战、创建国家创新体系的角度看，高等教育在提高民族创新水平和国际竞争能力方面居于特殊的地位，尤其是在"普九"目标逐步实现，社会对高等教育的需求越来越大的情况下，很容易把关注的热点转向高等教育。

处理好这个关系，首先要准确判断"普九"的现状。关键是不要把普及教育误认为是一次性验收，而应作为满足全民基本学习需求的现代社会必需的基本教育。我国到20世纪末基本"普九"，主要解决入学机会，而教学设施标准偏低，即使以现行国家规定的最低标准，1995年全国有73.98%的小学和53.59%的中学理科教学仪器未达标；65.8%的小学和57.43%的中学图书设备未达标；79.72%的小学和57.07%的中学教学分组实验未达标。[8]这些数据足以说明，现阶段的"普九"是低标准的普及教育，需要巩固和提高。如果在当前"高教热"的影响下，不适当地过早把重心高移，会造成义务教育滑坡（如有些地方近年初中辍学率上升），需要引起严重关注。

其次要充分认识到，发展高等教育对于提高国家科学文化水平和创新能力，包括提高基础教育质量，都是至关重要的，没有高等教育的发展，也不可能建设高质量的基础教育。这里的关键是把握"度"。美国总结其200多年的教育发展过程时，把教育发展分为三个阶段：让尽可能多的人，受到尽可能多的教育；让所有的人受到基本的教育，尽可能多的人受到更多的教育；让所有的人受到尽可能多的教育。我国现在可能处于他们说的第二个阶段，也就是在保证所有的人受到基本教育的同时，为尽可能多的人提供高等教育机会。因此，不同的地区将根据普及教育的进展，决定提高教育水准的进程。

（二）数量与质量的关系

21世纪教育的重点无疑是质量。整个教育工作要树立"质量第一"的观念。但是，由于我国原有教育基础薄弱，在今后一段时间内，仍然有一个数量增长的过程，尤其是高等教育将会有更大的发展。从国际比较和我国现实看，我国正在进入高等教育加快发展的阶段，这是因为：①国际上许多国家在人均 GNP 超过 1000 美元时，高等教育有一个快速发展的过程；②一般国家在实现工业化时，高等教育开始进入大众化阶段（高等教育毛入学率 15% 以上）；③居民收入从温饱进入小康和宽裕阶段，教育支出在居民生活消费支出中的比例上升，教育支付能力提高；④教育普及程度提高，社会教育需求向高等教育转移，同时也提供了充足的生源等等。我国经济社会的发展正呈现出这些特征，高等教育的积极发展不仅是人民群众的愿望，也是社会发展和教育发展的客观要求。1999 年高等学校的扩招正是反映了这种要求。现在需要进一步回答的主要问题有：①如何实现高等教育的持续协调发展，高教的增长应该同国民经济的增长速度、同社会对高教的支付能力相一致，同其他层次和类别特别是基础教育的发展相协调；②如何加快改革，形成政府宏观指导下的市场调节高等教育的供求关系，使高校招生成为在政府指导和市场导向下的受教育者的自主选择，政府通过提供就业岗位和调整工资政策进行宏观调控；③如何完善评估监控体系，保证数量扩展过程中的基本教育质量。在质量问题上，既要注意以牺牲基本质量，只讲数量求发展的倾向，又要注意以计划经济和精英教育的质量标准，衡量走向大众化阶段的质量水平的偏向。在精英教育阶段，大学生是同龄人中的极少数的佼佼者，毕业后主要面向机关、教学科研单位、国有企业的技术和管理岗位，教育质量大体上比较接近，而当一大批适龄人口进入高等学校，服务面向将扩大到社会的许多部门和岗位，教育质量应该是统一性和多样性的结合，既要有作为高等教育（即在高中文化基础上）的基本质量标准，又要根据不同院校和不同培养规格确定多样化的质量要求。更应重视社会对人才的不同要求，特别是对适应社会实际工作需要的各种能力的要求，把教育内部评价和社会评价结合起来，大面积地提高高等教育质量。

（三）一般与重点的关系

教育公平原则要求教育资源公平地分配到学校和学生，也就是要办好每一所学校，培养好每一个学生。这个原则，不仅指提供均等的受教育机会，也包括受高质量教育的机会均等。我们在义务教育阶段不办重点学校，改造薄弱学校，素质教育，强调面向全体学生，都体现了教育民主化的精神。但是，我国是一个教育资源严重短缺的大国，面对国际竞争的严峻挑战，有一个赶超世界先进水平的任务，必须办好一批水平较高的学校，培养一批各个领域的带头人，其中还包括集中国家的财力物力，办好若干所世界一流大学，造就能站在世界学术前沿的大师级人才和高级管理人才。这些学校和人才是国家科学文化和经济技术以及行政管理水平的代表，也会带动各个领域的发展。所以，从全局看，加强重点也是为了带动全体，两者是互动的。问题是如何按照在保证一般学校的最基本需要的条件下，加强重点建设的原则，有效地配置教育资源，也就是要给大多数学校以生存和发展的基本条件，以此为度，集中配置一部分资源，加强重点建设，并带动其他学校不断共同提高学术水平。

（四）东部地区与中西部地区的关系

世纪之交，我国区域发展战略将从梯度推进转向协调发展，并将把开发的重点向西部地区转移。与此相适应，应加大对西部地区教育的投资倾斜和政策倾斜，同时加强东西部地区的人才交流和文化交流。这是宏观资源配置和战略选择的重大问题。世界银行《中国 21 世纪教育发展战略目标》政策纪要提出，西部地区的教育发展，不能等西部地区经济发展和人民收入提高之后再自行投资改善教育。国家应该加强对西部地区的扶持力度，包括制定为西部地区吸引人才的政策等，逐步聚集教育优势和人才优势，为西部地区的大开发做好人才和知识准备。这里涉及现行的财政转移支付制度和西部扶贫的关系，现行的地方负责、分级管理的基础教育体制中，中央财政应负的责任，高等教育整体布局结构中西部地区高级专业人才的地区分工等，需要进行相应的制度和政策调整。东部地区要继续利用区位优势，瞄准世界21世纪教育发展的趋势，建设高质量教育，率先实现教育现代化，为中西部地区提供经验，发挥示范作用，并且利用自身智力和财力的优势，支援和带动中西部地区教育的发展和提高。

三、教育体制改革的目标模式和框架结构

我国现阶段的教育体制改革，是在经济体制转轨和建立社会主义市场经济体制的背景下展开的，也随着经济体制改革的深化而逐步进展。第三次全教会对于深化教育体制改革的一系列关键性问题做出了突破性的决策，把教育体制改革推到了一个攻坚性的关键阶段。

（一）教育体制改革的目标模式

教育体制改革的主要任务是，把原先适应计划经济体制的教育体制转变为适应社会主义市场经济体制的教育体制。那么，教育如何适应市场经济体制？市场在教育运行中具有什么作用？政府、学校、市场之间处于什么关系？教育是不是产业？教育能不能产业化、市场化？这些问题直接关系教育体制改革的目标模式，需要在改革的探索实践中逐步回答。这里只从教育属性的定位这个角度提一点看法。我认为教育具有社会公共服务事业和产业的双重属性。

承认公共服务事业属性，就要确认教育具有同经济运行不同的规律，

肯定政府对教育负有主要的责任，教育不能完全进入市场，实行市场化；而承认产业属性，就要肯定教育是人力资源和知识的生产部门，教育通过人力资源和知识同市场的交换，会增加社会财富，产生经济效益，也就是要肯定教育在一定范围和一定程度上，可以运用产业运作方式和市场调节机制。这里的问题是究竟在什么范围和多大程度上运用产业运作和市场调节的方式。从体制改革目标模式的角度说，主要是涉及学校、政府、市场、社会这几方面在教育运行中的地位和作用。

义务教育阶段，在政府管理下，学校依法自主办学，市场的调节机制主要在民办教育中发挥作用；非义务教育阶段，是在政府宏观管理下，学校面向市场（社会）自主办学，市场调节作用的大小，依不同类别的学校和专业而有所不同。这样，教育体制改革的目标模式可以说主要包括：政府宏观管理，社会广泛参与，市场适度调节，学校自主办学。在这个模式中，处理好政府和市场的关系是关键。政府越是转变职能，善于宏观管理，市场就有更大的活动空间，更能有序地发挥多方面的调节作用。同样，市场越是发育成熟，规范有序，政府就越能转向宏观管理。在政府和市场之间形成制度化的调节机制的条件下，学校就能形成自我发展和自我约束的自主办学的体制和机制。

（二）管理体制中的中央政府、地方政府和学校

我国教育管理体制改革的主要方向是，改变统得过死的中央过于集权的体制，实行在中央大政方针下的地方分权；改变政府对学校管得过多过死的体制，确保学校依法自主办学的权利和责任。

关于中央政府与地方政府的关系，在基础教育阶段，从权力和责任相统一的原则出发，应该在加大地方政府对基础教育决策权的同时，加大中央财政对基础教育的投入。在高等教育阶段，第三次全教会有重大的突

破，决定在三年内建立起中央和省级人民政府两级管理，以省级人民政府管理为主的新体制。今后高等教育的资源配置、决策统筹、规划管理等将主要由省级政府负责，这有利于高等教育同区域经济相结合，更好地为地方经济社会发展服务。与这项改革相配套，要调整高等教育的布局结构。

因为，原有的高教布局是以全国和大区为主配置的。六个大区所在地的高校曾占全国高校总数的43%，这些高校大多是面向全国或大区的。现在多数高校由省级统筹和管理，省与省之间高校分布不均衡。高校资源充裕的省区要充分发挥现有资源的作用，而资源不足的省区又不要完全自成体系、重复建设，这就要通过统筹规划、调剂余缺、成本分担、利益分享等办法，使高校扩大社会服务面向，打破地方分割，实行跨地区招生和就业，使教育资源在更大的范围内发挥作用。

政府与学校的关系，是管理体制改革的核心，改革的最终结果应是学校能真正成为依法自主办学的实体，真正具有主动适应社会发展和变化的能力。对此，理论和目标上已清楚和明确，存在的问题主要是：一方面政府职能的转变还没有真正到位，其中有思想观念、组织体制（例如社会中介机构难以发展）、传统惯性以及既得利益等因素；另一方面是经济体制、政治体制包括人事制度和社会保障制度的改革也还没有真正到位，学校从政府文件中得到的自主权由于制度和政策不配套而不能落实。因此，学校是否改变了对政府的依附关系，是衡量教育体制改革深度的一个重要标志，它综合反映了政府宏观管理、市场发育成熟、学校自主责任的实现和融合程度。

（三）办学体制和投资体制的改革是一种机制性的改革

办学体制改革是要打破单一的公办教育体制，实现办学主体的多元化。社会各界包括私人参与办学，在教育决策和教育运行上就会增加社会参与的力度，尤其是民办教育直接面向市场，势必增强市场对教育调节的作用，投资体制改革增加教育经费来源渠道，促进投资主体多元化；学校增加从社会其他方面吸纳资金，就会运用某些市场机制。这些改革的深化实际上是在改变教育运行中的单一的行政作用，发挥市场机制对教育的调节作用。这两项改革的政策已经有了重大突破，现在的问题是要尽快形成操作性的法规和规范。当前亟须解决的问题包括：①如何从政策法规上体现鼓励各方面向教育投资，举办各种形式的民办教育；②教育机构是否需要分为营利性机构和非营利性机构，以采取不同的政策和管理原则，当然这涉及修改《教育法》；③民办学校的产权界定和投资回报；④社会向教育捐赠的税收优惠政策；⑤成本分担的具体政策原则以及提高大学毕业生的工资标准的相应政策；⑥如何运用金融手段，加大教育投资，等等。总之，从适应计划经济体制的教育转向适应市场经济体制的教育，需要有一整套制度和政策的调整和建设，教育体制改革要从体制转轨走向制度创新。

（四）加强教育与科技、经济、社会的结合，要作为教育体制改革的重要议题

党的十五大提出要克服教育同科技、经济相脱节的问题。要从人才培养、知识贡献和直接社会服务等方面，使教育工作的各个部分密切结合社会实际。这就需要：①改革教学体系和教学内容，吸收科学技术和文化发展的最新成果，按照社会实际需要，培养多种人才，尤其要重视培养创业型人才；②面对现代化建设的现实课题，使科研同生产实际和社会实际更加紧密地结合，并加快科研成果向实际应用的转化，为经济发展和社会进步提供知识贡献；③加强高新科技研究和开发，积极参与国家和地方的科技园区建设，有条件的高校要创办高新技术产业，成为国家发展高新技

术产业的重要方面军；④职业教育和成人教育要加快实用技术的推广应用，提高第一线劳动者的科技和文化水平，提高经济社会发展的知识化和信息化水平；⑤各级各类学校要以自身的知识优势，通过多种形式为社会服务，中小学要成为社区文化和科技传播的中心，高校要发挥思想库、智囊团的作用，成为学习化社会的中心机构。解决这些问题需要从经济、科技、教育体制的配套改革和教师队伍的结构优化两方面着手。

四、全面推进素质教育，改革人才培养模式与人才政策

教育改革和发展最终落实在人才培养。实施素质教育就是要解决培养什么样的人才和怎样培养人才的问题。素质教育最初是针对基础教育中的"应试"倾向提出来的。经过理论和实践的探索，这次全教会赋予其新的内涵，推向包括整个教育系统的全面推进的新阶段。全面推进素质教育的根本目的是，以"三个面向"为指导，全面贯彻教育方针，提高国民素质，培养21世纪的高素质人才。就这个意义上说，全面推进素质教育就是建设21世纪的高质量教育，培养21世纪的社会主义新人。这是教育思想观念、教育制度体系和人才培养模式的深刻变革与创新。

我国的人才培养有自己的传统和特点，其中有优秀的和成功的，也有明显的缺陷和弊病。例如我们有基本的教育标准以及相应的比较统一的课程设置和教学要求，能保证大面积的基本教育质量，同时又过于划一呆板，缺乏多样性和灵活性；我们比较重视基本知识的教学和训练，学生的知识水准相比起来具有优势，但是又偏重于书本知识的传授和考核，对于学生各种能力特别是实践能力和创新能力的培养严重欠缺；我们的教学管理比较严格，学生学习刻苦认真，但是学生学业负担过重，影响生动活泼主动地发展，等等。我们当然要继承和发扬我国优秀的教育传统，但是我国现行教育中的弊病，特别是由于高质量教育供不应求而产生的"为应试

而教，为应试而学"的倾向，严重干扰着人才培养，也阻碍着适应 21 世纪需要的教育改革与创新。因此，只有推进教育的整体改革，才能全面推进素质教育。

（一）以"三个面向"为指导，全面贯彻教育方针，把培养综合素质，特别是创新精神和实践能力摆到重要地位

21 世纪社会生活的深刻变化，对人的素质提出了许多新的要求，例如经济全球化、文化多元化、社会知识化、信息网络化等，要求未来社会的人才必须面对复杂多变、更富有挑战性的世界。未来的中国人将承担既完成工业化又迎接信息化的双重任务，实现民族复兴的历史使命，他们应该具有比前辈更高更新的素质。

综合素质既指德智体美劳全面发展，更指知识、能力和非智力因素的和谐发展。联合国教科文组织提出的 21 世纪教育的四根支柱（学会认知、学会做事、学会与人相处、学会生存）也可以看作是一种综合素质的要求。这就要求改变那种把教育局限于单纯传授书本知识的狭隘眼界，着重培养学生的基本素质即能为他们终身发展打好基础的综合素质。而强调培养创新精神和实践能力，则更是反映时代要求和针对现实弊端的。抓住这个重点将会突破现行教育的禁锢，带动教育观念和人才培养模式的变革。

（二）建立富有灵活性和弹性的教育教学制度，构建终身教育体系，为社会成员创造多种多次的教育选择机会

这方面的内容包括改革高考招生制度、放宽大学入学年龄限制、实行分阶段完成学业和工学交替制度、中等职业教育与高等职业教育相衔接、高等职业教育与普通高等教育相沟通等，使人在一生中有不断学习和更新知识的机会。

（三）发展现代教育技术和现代远程教育网络，推进教育模式的变革，为创建学习化社会创造条件

要充分认识现代信息技术对未来教育的革命性影响，在现有教育技术的基础上，以中国教育科研网和卫星视频系统为基础，建立覆盖全国城乡的现代远程教育网，为全体社会成员提供不受时间和空间限制的各种教育服务。这将会引起教育观念、教育手段、教育过程、教育组织结构、师生关系乃至整个教育模式的变革。

（四）改革用人制度，转变社会文化心理，为优秀人才的成长创造社会文化氛围和制度化环境

创新精神和能力的培养，从更深的层次说，涉及国民心理的塑造，要营造一种"鼓励和支持冒尖，鼓励和支持当领头雁，鼓励和支持一马当先"的社会氛围，为拔尖人才的脱颖而出创造宽松的环境。同时，在用人制度上，要敢于打破平衡，对有特殊才能的人才实行政策上的倾斜，在制度上为才华横溢的人才创造发展的空间。

注　释

[1] 联合国教科文组织：《学会生存》，中国人事出版社，1996年，第30—31页。

[2] 世界银行：《1991年世界发展报告：发展面临的挑战》，中国财政经济出版社，1991年，第56页。

[3][4][5] 江泽民："在第三次全国教育工作会议上的讲话"，《深化教育改革，全面推进素质教育》，高等教育出版社，1999年，第15页。

[6][7] 联合国教科文组织：《1998年世界教育报告》，中国对外翻译出版公司，1998年，第110、108页。

[8] 国家教育委员会计划司：《1995年中国教育事业统计年鉴》，人民教育出版社，1996年，第348页。

促进教育持续、协调、均衡发展[13]

党的十六大报告提出全面建设小康社会的目标之一是基本实现工业化。如果从这样的概念来界定，那么小康社会就是基本实现工业化，初步实现现代化的社会发展的一个历史阶段。这个历史阶段处在一个经济起飞、高速发展的时期。在考虑全面建设小康社会的教育发展的时候，有三个方面是值得研究的。一个是教育的持续发展问题，一个是协调发展问题，还有一个是均衡发展问题。

关于坚持教育的持续发展问题。因为教育事业是一个系统，这个系统要发挥它整体的效用，就要坚持持续发展。中国的教育在基本实现"两基"之后，现在面临着巩固提高"普九"成果，逐步实现基本普及高中阶段的教育，然后发展高等教育的大众化问题。这里首先涉及一个如何处理好既巩固"普九"成果又能够提高教育的普及水平的问题。如果到2010年城镇和发达地区农村基本普及高中阶段的教育，到2020年全国可以基本普及高中阶段的教育，高等教育的大众化程度就能提高到30%左右，这涉及人力资源开发和人均受教育程度的问题。如果到2020年我们的高中入学率达到90%，高等教育入学率达到30%，那么2020年我们的人均受教育年限就可以达到11年。所以保持教育的持续发展，即人力资源的进

---

[13] 谈松华："促进教育持续、协调、均衡发展"，《教育研究》，2003年第1期。

一步开发是实现小康目标的基本条件。如果人力资源的开发、人均受教育年限达不到一定的水平的话，那么全面建设小康社会的实现条件是不充分的。因为小康社会还有一个很重要的指标就是全面发展，既包括了经济的全面发展，又包括了文化的全面发展。所以教育的持续发展也应是小康的应有之义，也应该作为一个目标来对待。

关于教育的协调发展，特别是以质量和结构为重点的协调发展问题。在教育发展到一定程度之后，结构和质量的问题就越来越成为教育发展的重点。现在世界上教育发展的重点都转向高质量的教育。从中国社会的要求来看，人们在有了基本的教育机会之后对教育质量的要求也越来越高。所以质量应该成为教育发展的重点。结构也是一个很重要的问题。现在中国的教育结构面临着要发展高科技，要迎接知识经济挑战，要培养高新技术人才的问题。这无疑对高层次人才、高科技人才提出了很高的要求。但是中国目前有两个很重要的特点，一个是劳动力资源特别丰富，要满足这么多新增劳动力、转岗劳动力的就业需要，就应该有一个合理的教育结构。另一个是中国加入世界贸易组织（WTO）以后的竞争优势问题。中国的竞争优势是什么？现在很多方面都认为制造业、传统产业还是我们的竞争优势。那么在这样的情况下，我们的教育结构就应该考虑如何更符合劳动力的特点，更符合中国将来产业结构的特点，而不是只从教育自身出发来考虑。所以协调发展不完全是一个总量增加问题，因为总量发展还不能完全解决教育为经济社会发展做出积极贡献的问题。

关于均衡发展问题。教育应该在强调效率的同时强调公平，更强调教育机会均等。这里就涉及如何按照教育民主和教育公平的思想来保证教育资源的均衡配置。所以教育均衡发展涉及政策的调整，涉及资源配置，还涉及发展的指导思想。我认为政府应该把保证教育的民主和公平放在第一位，在这样的前提下再来考虑如何运用市场机制加强重点建设。在中国现阶段要考虑如何实现教育均衡发展，有很多政策性的问题需要研究。

人力资源开发与人才强国战略[14]

由教育部牵头，中国科学院、中国社会科学院及清华、北大等单位的研究人员共同参与的课题"中国人力资源开发和教育发展"，目的在于为国家制定2020年以前教育发展决策提供战略性咨询建议，经过半年多时间的研究，形成了一个100多万字的报告，即《从人口大国迈向人力资源强国》，这个报告所提出的部分内容，譬如"人力资源是第一资源""能力建设""建设世界最大的学习型社会""制度创新"等问题，都是教育发展和人力资源开发中的重大问题，对国家的决策有参考作用。在十六大和政府换届以后，中共中央、国务院又发布《关于进一步加强人才工作的决定》，提出了"人才强国战略"。可以说，人力资源开发和人才强国战略，已经成为国家的重大决策。作为教育工作者，关注人力资源开发和人才强国战略，有利于从战略上把握教育发展的一些重大问题。

---

[14] 谈松华："人力资源开发与人才强国战略"，《国家教育行政学院学报》，2005年第2期。根据在该院高校领导干部进修班和高校中青年干部培训班上所做的专题报告录音整理，本书编辑时删节了第三部分"制度创新是人力资源开发的关键"。

一、人力资源开发是发展的第一要务

(一)历史经验

世界近代史上三次成功赶超的经验,充分证明了人力资源开发在国家发展中举足轻重的地位。第一次是美国赶超英国。据美国经济史学家麦迪森提供的数据,1822年美国的人均GDP相当于英国的73.3%,1913年美国的人均GDP已经超过英国人均GDP5.5个百分点,成为世界上最先进的国家。同时,从人力资源开发的情况来看,美国在1820年人均受教育年限相当于英国的87.5%,1870年提高到88.3%,1913年进一步提高到91.3%。可以看出,人力资源开发在推动国家经济和社会发展中起了重要作用。

第二次成功赶超是日本赶超美国。1950年,日本的人均GDP只相当于美国的19.6%,1992年提高到90.1%;1913年日本人均受教育年限相当于美国的68.2%,1992年提高到82.4%。20世纪80年代末日本的国际竞争力曾超过美国,日本不仅挤占了美国的世界市场,而且占有了相当部分的美国国内市场。美国经过反思认识到:日本的教育特别是日本的基础教育比美国质量更高,影响了日本的国际竞争力。因此,美国于20世纪80年代末派了以教育部长为团长的教育考察团到日本去考察,专门研究日本的基础教育。可以说,教育特别是基础教育的质量,影响了日本的人力资源的质量,成为日本赶超美国的优势。

第三次成功赶超是韩国赶超西欧。1973年,韩国的人均GDP相当于西欧12个国家的24.3%,1992年就上升到57.4%。现在韩国已成为经合组织(被称为"发达国家的俱乐部")的正式成员国。在教育方面,1995年,韩国的中等教育入学率已达90%,大学入学率接近55%,达到了其他经合组织国家教育发展的水平。

可见，这三次成功的赶超，都与"教育优先于经济的发展"思想有着密切的关系。也可以说，人力资源开发的优先，保证了这些国家从后进的国家变为先进的国家。

（二）理论依据

首先是人力资本理论。1960年美国芝加哥大学的经济学教授（也是诺贝尔经济学奖获得者）舒尔茨教授首次提出了人力资本理论。传统的经济学从资本、劳动，即物质资本的投入来分析经济增长的因素。而舒尔茨教授分析了美国1929—1957年经济增长的过程，认为仅用物质资本因素来解释经济增长不能完全说明问题，美国经济增长中有近1/3是来自人力资本的增长，人力资本对于美国经济增长起了重要作用。因此，他提出了人力资本的理论，也因此获得了诺贝尔奖。人力资本理论的提出，对教育具有重要的作用。长期以来，教育被认为是一种福利事业、一种消费性投资，而人力资本理论的提出揭示了教育对于经济增长的作用。人力资本的积聚，最主要的因素是教育。因此，人力资本理论曾推动了世界范围内的教育，特别是高等教育的大发展。人力资本理论在1960年被提出，20世纪60、70年代是世界范围内高等教育大发展的时期，把人力资本在国家经济发展中的作用提高到了一个新的高度。我国改革开放之后，把教育作为经济发展的三大战略重点之一，确定了教育对经济发展的重要作用。

其次是人力资源开发理论。人力资本理论侧重于教育与经济的关系，人力资源开发理论则把教育和社会的关系扩大到了社会生活的各个方面，扩大了教育对社会的作用。还有就是1972年联合国教科文组织在《学会生存》中提出的"教育先行"论断，指出：传统的工业化国家，像英国，先发展经济再发展教育，现在却出现了一种新情况，像美国、日本、亚洲四小龙，教育先于经济的发展，在人类历史上大概还是第一次。20世纪 90 年代初，世界银行发表一份报告——《投资于民》，进一步用实证材料证明了教育对经济发展的作用，分析了 58 个国家 1960—1990 年的 30 年数据后得出结论：当国民平均受教育年限达到 4 年后，每提高一年，对国民生产总值贡献会提升 3%。这样，不仅从理论上证明了人力资源开发、教育对于经济发展的贡献，而且用实例分析了教育对于经济发展的推动作用。

历史经验证明，人力资源开发在整个国家经济发展中具有举足轻重的地位。而当我们强调人力资本和人力资源开发对经济和社会发展的重要作用的时候，需要用科学发展观来看待人力资本和人力资源开发问题。诺贝尔经济学奖获得者阿马蒂亚·森提出"以自由看待发展"，这是一个非常重要的发展观。他指出："在常用的人力资本理论中，缺少一个非常重要的思想（人力资本理论主要是从把人力资本作为发展的手段这个角度讲的，但人不仅是发展的手段，人更重要的是发展的目的）。我觉得人力资源开发这个概念，如果仅仅理解为提高人的能力，把人当作一种发展的资源的话，同样也缺少这一重要思想。受过教育、更加健康等，可以直接也可以间接地使我们更好地发展资源来丰富生活，从而提高生产力，增加收入。为纠正那种狭隘的'人力资本'和'人力资源开发'观，我们必须扩大对发展的认识，把改善人的生活和扩大人的自由作为重点，不管是否通过扩大商品生产来达到这一目的。"

实际上，发展观也经历了一个演变过程。开始首先强调经济增长，然后强调经济和社会的协调发展，现在强调五个统筹中非常重要的一个就是经济和社会的统筹。在这方面，我们的教训很多。只有经济的发展没有社会事业的发展，是不全面的。有数据显示：改革开放前，我们的公共医疗服务体系和社会保障体系均排在全世界第 40 位左右，现在则排在全世界的第 180 位。只讲经济增长不讲社会协调发展，这是发展上的片面性。而且，发展的成果没有公平地为社会成员所享有，少数人占有了绝大多数的发展成果，收入分配非常不公平，这些贫富差距的拉大会引起社会的不稳定，最终会损害发展。而且，我们以破坏环境为代价来维系现在的发展速度，这不是科学的发展。因此，强调人力资源开发，要坚持以人为本思想，不要把人力资源开发作为一个手段，要把人的发展作为最终的发展目的。

（三）战略机遇期的挑战与机遇。

十六大提出：从 21 世纪初到 2020 年是中华民族发展史上必须紧紧抓住，而且可以大有作为的战略机遇期。这种战略机遇期的提出，可以促使我们更好地面对现实的机遇和挑战。一个国家、民族，当发展机遇出现的时候，抓住机遇就能够尽快发展，丧失机遇就会落后，就会拉大与发达国家的差距。譬如，世界银行的报告《中国与知识经济：把握 21 世纪》提出，"在过去 2000 年中的很长一段时间，中国是世界上最大和最先进的国家，直到 18 世纪末，中国的国内生产总值约占全球的 1/4，1820 年是 33%。中国的人均收入在 18 世纪以前一直领先于西欧，19 世纪以前一直领先于世界的平均水平。后来，错过了工业革命，经济出现停滞，1949 年 GDP 仅占世界的 5%。"可以看出，中国是近代才落后的，其重要原因是错过了几次机遇，尤其是错过了三次科技革命的机遇。第一次是 18 世纪的产业革命，英国最先抓住并成了最先进的国家；第二次是 19 世纪末 20 世纪初的第二次科技革命，即第二次工业革命，美国抓住了这次机遇；第三次是 20 世纪 60 年代，半导体、计算机电子科技革命出现的时候，日本抓住了机遇。可以看出，在一个国家和民族的发展史上，凡是能紧紧抓住发展机遇的国家和民族，就会成为一个先进的国家、先进的民族，凡是错过了发展机遇的国家，就会落后，就会拉大与先进国家之间的差距。

我们丧失了三次机遇，现在新的历史机遇和挑战正在出现，即第四次科技革命。这次科技革命是20世纪90年代出现的，以信息技术和生物技术为标志，正在引起一场知识革命。《美国国家知识评估大纲》对知识革命如此描述："近几年来，由于科学技术的发展，世界运动方式发生了根本变化。长途通讯价格下降、计算机的普及、全球网络的出现以及生物技术、材料科学和电子工程等领域的发展，创造出10年前根本不可能想象的新产品、新服务系统、新型行业和新的就业机会，这就是人们所说的知识革命。"这里我们可以看出以下几点：第一，知识革命是20世纪90年代以后出现的，时间很短。第二，知识革命的影响是非常深刻的。过去各个时期，每次科技革命都带来新的变革，例如：16世纪的印刷术、19世纪蒸汽机的使用、20世纪早期电的发展和推广以及20世纪汽车工业的发展，都起了很重要的作用。今天的特别之处在于，不仅仅是信息和通信技术，几乎所有技术普遍进步，它们已经影响到生产和社会活动的组织形式。正因如此，这次新技术革命到来时，我国高层领导较早地关注了这一问题，较快地做出了反应。1996年，当经合组织发表一份报告——"以知识为基础的经济"，认为在发达国家已经出现了一种新的经济形态即知识经济，1997年，我国就提出创建国家知识创新体系、迎接知识经济时代；1998年，我国领导人多次谈到"科学技术突飞猛进，知识经济已见端倪，国力竞争日趋激烈"等问题。面对这场知识革命，我们面临的机遇和挑战并存，我们可以利用知识革命的机遇实现跨越式发展，缩短和发达国家的差距，但是新的知识革命变化非常快，而知识创新的中心在发达国家，如果我们在这一点上不及早做出反应和准备的话，就处于弱势地位。瑞士国际管理发展学院的《2001年世界竞争力报告》指出：在47个国家中，中国经济竞争力处于28位，而教育和人力资源指标处于优势的都是数量指标，譬如人口和劳动力数量均排名第一、就业比例排名第二、人口负担系数排名第六，但是许多反映教育和人力资源的质量指标是弱项，比如文盲率居第 44 位、熟练劳动力的可获得性排名第 44 位、大学教育对竞争性经济的满足程度第 42 位、合格工程师在劳动力市场的可获得性第 47 位。可见，人力资源和教育的质量是我们的弱项，影响了国际竞争力。世界银行 1998、1999 年世界发展报告——《知识促进发展》提出："知识是一些国家经济和社会发展成功的秘诀，也是许多发展中国家人民生活贫困的病根。"所以，知识决定发展。在当今世界，没有贫穷的国家，只有无知的国家，贫穷是由于无知。研究知识经济的经济学家认为，在当今世界有两类国家，一类是头脑国家，就是创新能力很强的国家，还有一类是躯干国家，只有身体，脑袋是靠人家的，发明创造是靠人家的。现在，我国的经济发展，很大程度上靠引进国外的资金、技术和装备。当然，作为一个发展中国家，在发展初期，引进外资、技术和装备可以缩短赶超发达国家的时间，但长期依靠引进而自己在知识上没有优势，必然处于依附地位。日本在 20 世纪 50 年代也是通过引进技术来吸收发达国家的先进经验，用 55 亿美元引进了 3 万多项技术，组织人员研究这些技术并逐渐改进，赢得了技术上的优势。而我国用大量的钱，引进设备，引进的技术却不多。从 20 世纪 80 年代到 90 年代初，我国用 2400 多亿美元引进技术和装备，其中 200 多亿用来引进技术，引进技术后，只有 2% 是吸收消化的。我们过去丧失了机遇，现在知识革命为我们提供了机遇，问题在于我们准备得如何，最重要的准备是人力资源，这是迎接这场新的机遇和挑战的关键所在。

综上所述，我们在教育和人力资源开发上要注意以下点：

第一，要确立"人力资源是国家发展的第一资源"的观念。第二，教育要从社会的边缘进入社会的中心地位，因为教育是开发人力资源的基本因素。哈佛大学前校长伯克教授在《大学与美国的未来》一书中提出，大学是未来社会的中心机构。现代的发达社会，主要取决于三个因素：专业知识、训练有素的专业人才、发明创造。大学历来是前两个要素的主要提供者，现在在发明创造方面也起着越来越大的作用，正在成为未来社会的中心机构。1998年世界高等教育大会发表《世界高等教育宣言》，也提出"高等教育要适应、促进和引导社会发展"。第三，从一次性的学校教育转变为终身教育，人力资源开发贯穿人的一生，教育要着眼于人力资源开发，要着眼于终身教育。第四，从学历本位转变为能力本位，学习不完全是要获得学历，更重要的是要提高能力。第五，从封闭的学校教育转变为开放的社会化教育，人力资源开发是全方位的，所以学校教育也要向社会开放。

二、人才强国战略是人力资源开发的核心

（一）人才的战略性地位

从广义的角度说，人力资源开发是覆盖所有人的，而从狭义的角度说则指经济或劳动年龄人口，即具有劳动能力的人，其中各类人才则是人力资源开发的核心。在党中央、国务院《关于进一步加强人才工作的决定》中提出："只要具有一定的知识或技能，能够进行创造性劳动，为推进社会主义物质文明、政治文明、精神文明建设，在建设中国特色社会主义伟大事业中做出积极贡献，都是党和国家需要的人才。"这里，把人才的内涵扩展了，我们要有一个多样化的人才观念。同时，《关于进一步加强人才工作的决定》还提出，要破除"唯学历、唯资历"的人才观念。因此，要用大的人才概念来思考人才强国战略问题，在高等学校培养人才方面也要扩展人才的内涵。从这样的认识思考人才的战略地位：

第一，知识成为经济和社会发展的决定性因素，发展水平的差距实际

上是知识的差距。要讲人才的重要性，首先要讲知识的重要性，这是研究人才战略地位的前提。

第二，人才是知识的载体，知识离开了人才是很难体现，也很难实现的。人才的数量和质量是国家发展和国际竞争的焦点，人才强国成了国家的基本战略。人才的竞争已成为国际关注的重点。二战后，美国取得了巨大的发展，主要原因是它在聚集世界人才方面具有明显的优势。20 世纪 90 年代以后，美国又采取了新的移民政策，即技术移民不受名额限制。现在，在全世界的留学生中，美国占了相当大的比重。可见，人才对于国家的发展起了非常大的作用，人才的优势就是竞争的优势。

第三，知识社会的人才素质发生着新的变化，正从学历本位向能力本位转变。学历是衡量人才数量、人才质量的一个重要指标，但如果只讲这一点，而不注意能力，就会产生一种假象：高学历的人越多，人才优势就越强。我们的学历是否符合社会发展的需要，是一个值得深思的问题。知识革命、知识经济、知识社会对人的素质要求正在发生新的变化，必须着重考虑世界范围的变化对人才提出的新要求，才能培养出有实际价值、有竞争力的人才。

第四，社会发展和人才要求的变化正在引发教育的深刻变革，教育创新正是对时代变迁和社会转型的回应。要培养出顺应时代发展要求的人才，教育自身必须加快变革和创新。因为计划经济下的教育，无法适应这种变化，仅仅依据市场经济的要求进行变革，也已不适应全球化环境下人才的需要了。

（二）人才的时代特征

第一，国际型。国际型包括两层含义：一是要培养国际型的人才；二是各种人才都要有参与国际事务的素质。人才的国际型受以下几方面因素的影响：一是全球化的要求。全球化是当今世界发展的重要特征，也是20世纪90年代以来世界发展的一个明显的变化和趋势。我们必须从这个背景下考虑人才问题。二是国际竞争对人才素质的影响。我们培养的人才要着眼于国际和国内两个市场，不仅要适应国内建设和竞争的需要，而且要适应参与世界事务和国际竞争的需要。国际竞争对人才素质的影响，不光是涉外（外事、外贸、跨国公司）人员的影响，在国内从事各方面工作的人也不例外。尽管我们改革开放已经20多年了，但要用国际型的要求看，仍然有很大的差距。美国哈佛大学、普林斯顿大学的学者曾把20世纪中叶后三个大国（日本、俄罗斯和中国）的现代化走向进行比较，研究结果是：日本的现代化速度最快，俄国第二，中国最慢。这与中国长期的闭关自守有关，也与知识和教育有关。因此，教育界应关注长期封闭形成的国民心理。在一个开放的世界，哪个民族能有开放的胸怀对待先进文明成果，这个民族必然发展得快，哪个民族拒绝吸收先进的东西，必然就发展得慢。

培养国际型人才，应注意以下几点：首先，要使人才具有全球视野，具有世界胸怀。其次是国际交流能力的培养，这与语言和文化密切相关。语言是沟通工具，但交流不仅是语言方面的交流，更重要的是文化方面的沟通，所以要有语言和文化的背景。再次，要有参与国际竞争的知识和能力，这就必须要了解本领域的国际发展和现状。最后，要培养一些世界级的前沿人才。是否有一批站在世界前沿的人才，是决定我国发展水平的关键因素。

第二，综合型。人才的综合素质问题的提出，有以下几个背景：一是科学发展综合化的趋势。在相当一段时间，学科分化是科学发展的主要趋势，但现在出现了综合化的趋势，很多新兴学科出现在交叉学科、边缘学科上。二是经济和社会问题的综合性。很多经济、社会问题需要有多学科的知识才能解决好。三是市场经济体制改革的加快对人才培养的影响。在市场经济下，就业受市场的调节，需要人有综合的素质来适应这种市场和职业的变化。

培养人才的综合素质应从以下几方面做起：一是知识、能力和态度之间的关系。如果一个人有知识、有能力，但缺乏态度方面的修养，必然会影响其作用的发挥，因此教育应该关注这一问题。二是科学和人文之间的关系。加强科学教育，无疑非常重要，但片面强调科学教育而忽视人文教育、人文精神的培养，就会造成严重后果。科学是一把"双刃剑"，科学掌握在有良好人文精神的人手里，会给人类带来福利，否则会带来灾难。处在多元文化的背景下，如何增强人的人文精神、人文关怀，这一点很重要。三是智力因素与非智力因素之间的关系。与智力因素相比，非智力因素对人的成功的作用也是非常重要的。人的成功是多种因素的作用，所以我们要关注学生的综合素质，要为学生综合素质的发展创造各种条件、搭建各种平台。

第三，能力型。江泽民在 2001 年亚太经合组织召开的人才资源能力建设峰会上提出，要充分认识人力资源能力建设对经济社会发展的基础性、战略性意义，要把它放在突出位置。《关于进一步加强人才工作的决定》指出，加强人才资源的能力建设，坚持把能力建设作为人才资源开发的主题，"人才资源能力建设是人力资源的核心问题"。联合国教科文组织在《21 世纪教育报告》中提出 21 世纪教育的四根支柱：学会认知，学会做事，学会与人相处，学会生存，这都与能力相关。美国劳工部在 20 世纪 90 年代为实施《2000 年美国教育战略》，组织 60 多位专家调查了现在美国各行各业的工作者，指出美国工作者正面临着经济社会活动的全球化和工作技能的爆炸性增长，能力要求发生了变化，美国新一代工作者需要具备五个方面的能力和三部分基础。五个方面的能力：一是资源，要有确定、组织、规范、分配资源的能力；二是人际关系，与他人共同工作的能力；三是信息，获取和使用信息的能力；四是系统，包括社会系统、组织系统、技术系统等，要有理解和处理复杂的相互关系的能力；五是技术，要有运用多种技术工作的能力。三部分基础：一是基本技能，即读、写、算、听、说；二是思维技能，包括创造性思考、决策、解决问题、形象思维，懂得如何学习、推理等；三是个性品质，包括有责任感、自尊、有社交能力、能自我管理、正直、诚实。国际劳工组织在去年发表了一份报告——《知识社会中的工作学习与培训》。这份报告分析了知识社会工作学习的变化，然后提出了几种能力：一是基础能力或基本技能，包括读写能力、计算能力、公民资格、社会技能、学会学习技能、共同解决问题的能力，主要靠学校培养；二是核心能力，包括个人能力、集体能力、组织能力、领导能力，主要靠学校和工作岗位共同培养；三是职业能力，分为通用职业能力和特定职业能力，主要靠工作岗位培养，但学校要为之打基础；四是终身学习的能力。澳大利亚、英国、美国都提出了国民能力标准问题。我们现在对学历有完整的序列要求，但对能力没有序列要求。因此，我们在关注学历的同时，也要关注能力标准的提升。关于知识与能力的关系，至今在教育界尚有争议。其实，强调能力并不反对学习知识，知识是非常重要的基础，但是要适应现在知识更新这个时代，必须要让学生学会学习、学会获取知识并更新知识。恰恰在这一点上，我们是比较落后的，我国教育的优势是知识传授，而培养学生主动学习的能力，特别是用这种知识去迁移、提高解决问题的能力，则远远不够。

第四，创新型。20世纪90年代新科技革命，把创新问题提到了突出的位置。在当今新科技革命的时代，创新能力强的国家，必然在新一轮竞争中占主导地位，否则就会被边缘化。20世纪90年代初，当世界上普遍认为，20世纪是大西洋时代，21世纪是太平洋时代时，麻省理工学院的一位教授在《21世纪是亚太世纪吗——亚洲神话的破产》一文中提出，亚洲发展包括日本、韩国、中国的快速发展是追赶型的发展，利用发达国家的技术来加快发展。21世纪，在世界上占主导地位的国家必须是质量型的增长，即要有创造发明。只有创造发明能力强的国家，才能够是质量型增长，才能够在21世纪占主导地位。因此，创新对于一个国家是至关重要的。在未来，要想在国际上占优势地位，必须依靠高新技术及其产业，包含更多的知识含量和知识产品，如知识更新加速、技术转化生产力的周期缩短、产品的生命周期缩短等，都体现着创新的重要性。现在，我国经济发展很大程度上依靠引进技术和设备，利用大量能源和物质资源的消耗来维系经济发展速度。有数据显示：我国消耗了世界上40%的水泥、30%的钢材、49%的煤炭，却只生产了4%—5%的产品，这是粗放型经济增长的特点。我国的劳动生产率大约相当于日本的1/40、相当于美国的1/50，单位产品的能源消耗相当于英国、美国的2倍，相当于日本的4倍。这些数据说明：我们的经济增长很快，但技术含量很低、自主创新很少。没有创新型人才，技术创新和知识创新就失去了依托。国际上一个新的变化是随着知识创造和传播的加速，科学技术的进步和知识的编码化，使得在分子水平上构成新材料、通过生物技术创造新的生命形式成为可能。另外，从20世纪最后25年中可以看到，1赫兹传输的成本由7500美元下降到20美分；1万亿比特数据的传输成本由15万美元下降到10美分。这是技术不断创新的结果。麻省理工学院的尼葛洛庞帝教授讲，笔记本电脑价格将会降到100美元以下，进入百姓家庭并不遥远。可以看出，技术变化非常快，产品成本不断下降，这都是技术创新的结果。技术创新速度的一个重要指标是每年的新专利数，美国20世纪90年代每年的新专利数是80年代末的两倍，由每年8万件增加到 18 万件，而中国的专利数占世界的 2%。所以，培养创新型人才是我们在未来国际竞争中具有竞争力的重要前提。

（三）人才培养模式的变革和创新

这一问题涉及高等教育的多样性、学校分类等问题。社会的发展需要多层次、多类型的人才，即要求人才有多梯度，而且人才的合理结构也要求必须多梯度地培养人才。所以，教育不能只培养某一梯度的人才，高等学校必须进行分类教育。美国高校根据实际情况，分为研究型大学、有博士学位授予权的综合大学、以教学为主的本科院校、各种专门学院和两年制的社区学院等八种高等学校。我们现在的高校也在分类，比如：原来进入"211"工程的高校正向研究型学校发展；在进入"211"工程的高校中又分出了高水平大学建设（其中又分出要建设为世界一流大学的高校）；还有教学科研并重的大学或以教学为主的大学以及高等职业院校等。但这种分类有两个问题需要深入思考：一是缺乏市场选择和竞争的机制，行政起主导作用，如何在行政指导下，发挥市场竞争和调节作用？二是职业技术学院没有形成鲜明的特色。联合国教科文组织把高等学校分为学术理论型和职业技术应用型两类，前者更强调学科型的人才培养，后者更强调有针对性的人才培养。高等教育多样性在很大程度上是和市场对高等学校作用有关系，市场作用越明显，高等学校的分类就更有特色。我们知道，劳动力市场需要不同层次的人，不同的学校应该有不同的服务对象，占有不同的市场份额。亚洲开发银行曾发表一个报告——《发展中国家的高等教育：危机与出路》提出，高校要找到市场上的服务对象，从而形成自己的办学特色。所以说，劳动力市场的发育状况对我国高等教育多样化是有制约的。劳动力市场发育越成熟，高等教育多样化就越成熟，就越能办出特色。所以，我们提出不同类型的学校都可以办出世界一流的学校，市场作用应该对高等教育多样化起促进作用。

在培养目标上，关于通才和专才教育的问题，目前，我国不能完全否定专业教育，但是在专业教育中要发展通识教育，要培养综合素质。特别需要强调的是，高校要给学生更宽阔的知识和能力的基础。最近重庆大学调查，这两年的毕业生，专业对口的有 1/3 左右，从事与专业有关的工作的一半左右，还有一部分学生在从事与专业无关的工作。北京大学调查材料显示，北京大学毕业生真正专业对口的只占 20% 左右。这表明，社会对真正专业对口的人才需求发生了变化。除了部分专业性很强的专业外，其他很多专业是互通的，这就涉及学科导向和就业导向问题，在培养机制上如何和就业要求密切相关。学校的政策要给学生更多的选择余地，要给学生个性发展的空间，在培养途径上把学校封闭式的培养，发展为社会参与的开放式培养，尤其是应用学科的培养更需要社会的参与和合作培养，要给学生参与社会实践的机会。

"最适合学生发展的教育是最让人民满意的教育"

——促进教育协调发展和教育公平[15]

党的十七大从建设中国特色社会主义伟大事业的全局明确提出了"优先发展教育，建设人力资源强国"的战略任务和教育改革发展的重要决策。我们要认真学习十七大精神，总结教育改革和发展的历史经验，坚持科学发展观，推进教育事业全面、协调、可持续发展，实现从人力资源大国向人力资源强国的转变。

一、中国教育发展的历史性跨越

（一）基本普及九年义务教育，基本扫除青壮年文盲

1993年至2005年间，我国九年义务教育人口覆盖率从48%提高到近95%，青壮年文盲率控制在4%以内。同期初中和高中毛入学率都提高了20多个百分点，分别达到95%和53%，高中阶段在校生从1700万人增加到4000万人。我们用了10年多一点的时间，就基本实现了从普及小学教育到普及九年义务教育的跨越。发展中国家一般要用30年左右，韩国

---

[15] 谈松华："'最适合学生发展的教育是最让人民满意的教育'——促进教育协调发展和教育公平"，《南方日报》，2007年12月13日第A13版。根据谈松华2007年9月为广东省委理论学习中心组第四十五期广东学习论坛报告会所做"教育发展与改革的现状、趋势及其对策"的专题报告整理而成。

也差不多用了15年,德国提得较早,用了上百年。我国实现九年义务教育普及是在中学学龄人口比以往高峰期多出两千万到三千万的背景下实现的,所以,这为发展中国家实现普及教育提供了一个范例,为世界实现全民教育做出了贡献。

(二)高等教育发展上了一个新台阶,稳步进入"大众化"阶段

中央1999年决定扩大高校招生规模,经过各地方、各部门和高等学校的共同努力,学生总规模由1998年不到800万人增加到2006年2300万人,先后超过俄罗斯、印度和美国。目前,中国在校大学生的规模,已经是世界第一,毛入学率由9.8%提高到2005年的21%,2006年又提高到了22%。这在世界各国高等教育的发展史上是绝无仅有的。高等教育从精英教育阶段,进入了大众化的阶段,这就是一个很大的跨越。

(三)职业教育形成比较完善的初中后、高中后分流体系

2004年以来大力发展职业教育,初步形成职业教育与普通教育协调发展的格局。我国每年有500万中职毕业生、300万高职毕业生进入劳动力市场。初中以上文化的劳动力规模世界第一。接受过高等教育的从业人员总数跃居世界第二,仅次于美国。这为我国总体上进入小康社会,提供了人力资源支撑。

(四)教师队伍建设有了很大进步

全国共有专任教师1300多万人。小学和初中专任教师的学历合格率提高较快,从1995年的89%和69%分别提高到99%和95%。目前正在向着逐步提高中小学教师的学历层次的目标前进。原来的学历要求,小学是中师,初中是师专,高中是本科,现在已经提出来,小学要专科以上,

初中要本科以上，高中要增加研究生的比例。教师待遇也在明显改善。

教育信息化推进态势很好，农村中小学现代远程教育工程进展顺利。城乡教育差距有所缩小。教育对外开放出现新的局面，我国已成为亚洲具有吸引力的留学目的国之一。

教育发展为提高国民素质做出了重大贡献。据联合国教科文组织公布的 2001 年 127 个国家全民教育发展指数，我国排第 54 位，处于中等偏上水平，在九个人口大国中仅次于墨西哥。可以说，目前我国的教育普及水平，进入了中等收入国家行列，已成为世界人力资源大国，与世界制造业大国和贸易大国的地位基本相称，为保障经济快速增长提供了基本条件。

二、人力资源大国向人力资源强国的根本性转变

"教育先行"是 20 世纪 70 年代以来世界性的共识，这一点对于我国这样一个人均自然资源和物质资源十分有限的国家尤其重要。我国几乎所有主要物质资源的人均拥有量都低于世界平均水平，只有人口规模世界第一，庞大的人口规模，在没有有效开发时，是经济和社会发展的沉重负担，而经过开发则是最大的优势。改革开放以来的发展经验表明：设备和资金可以引进，而决定竞争力的产业核心技术往往难以引进，高素质劳动力和专门人才更难引进。我国要实现社会主义现代化和中华民族伟大复兴目标，唯一可依托的就是人力资源。

强调教育和人力资源开发是要以必要的投入做保证的。很多国家重视教育人力资源开发，舍得拿钱来投入教育。1998—2002 年间，120 多个国家公共教育经费占国内生产总值比例超过 4.5%，比 10 多年前增加了 0.5 个百分点。其中，高收入国家已经超过 5%。发展中国家平均占 4.1%。1993 年《中国教育改革和发展纲要》提出到 2000 年财政性教育经费占国

内生产总值 4% 的目标，到现在仅为 2.81%，排在全球第 100 位上下。我国的现实是教育人口（教育规模）占世界的 22%，而财政性教育经费（国外叫公共教育经费，政府拿的钱）只占世界的 3%，显得严重不足。所以，现在要实现建设人力资源强国的目标，资金投入是一个很重要的制约因素。诺贝尔经济学奖获得者海克曼在 2001 年评论说："中国政府大约把国民生产总值的 2.5% 用于教育投资，30% 用于物质投资。这两项在美国分别 5.4% 和 17%。"邓小平同志曾经说过，宁可在其他方面忍耐一点，牺牲几个项目，也要把教育搞上去。"不重视教育的领导是缺乏远见的、不成熟的领导"，这是很有见地的。真正重视教育的领导必然是有战略思维的，是有远见的。

党的十六届五中全会明确了人力资源强国建设方向，并将其纳入"十一五"规划当中，胡锦涛总书记在党的十七大报告中明确提出"坚持教育优先发展，建设人力资源强国"的战略任务。这是极其重大的战略性决策。应当把建设人力资源强国作为国家战略，进一步确立人才资源是第一资源、开发人力资源是政府第一责任的观念。我们建议把教育提升到国家重大决策层面，摆在优先发展战略地位，健全公共财政制度，调整各级财政支出结构，调整物质与人力资本投入比例，统筹教育与人力资源开发，形成保障教育持续发展的刚性长效制度。按照中央的统一部署，经过各级政府和社会各界的共同努力，到 2020 年左右，我们设想，我国将努力建成中国特色社会主义现代化教育体系，形成全球最大的学习型社会，迈入世界人力资源强国的行列，从而为 21 世纪中叶国家基本实现现代化，奠定坚实的基础。

三、坚持科学发展观，促进教育公平

我国教育发展的基本国情是社会教育需求不断增长，而教育供给能力不足；即使在教育事业实现历史性跨越、基本教育需求逐步得到满足的情况下，结构性供求矛盾依然突出，表现在高水平、高质量教育不能满足社会需求，优质教育成为稀缺资源引发社会的激烈争夺，各种择校收费和失范现象加剧教育不公，引起社会强烈不满，已经成为教育战略和政策选择的热点问题。所以，现在怎么来配置优质教育资源，怎么解决教育供求间的矛盾是教育政策选择上一个非常突出的问题。

按照建设和谐社会的要求，党中央、国务院已经采取并将进一步采取强有力的政策措施，促进教育协调发展和教育公平，主要有：

第一，巩固"普九"成果，组织西部地区"普九"攻坚战，通过"西部寄宿制初中建设""农村全免费义务教育""农村现代远程教育工程"等重大举措，2007年西部完成"普九"，全国农村实现全免费义务教育，在基本教育领域实现最大限度的教育公平。

第二，大力发展职业教育，连续三年中职招生增加250万，让高中阶段普通高中和中等职业学校在校生大体相当，为缓解一度出现的技能性人才短缺、"技工荒"创造了条件，特别是国务院实行中职学生的资助制度，成为资助弱势群体的一项新制度。

第三，在巩固"扩招"成果的基础上，提高高等教育质量，满足受教育者和社会多方面的教育需求，包括化解债务、改善办学条件、建立贫困生资助制度等。

胡锦涛总书记在十七大报告中指出"教育公平是社会公平的基础"。要把教育公平作为我们的基本政策，处理好义务教育和非义务教育的教育公平的实现形式。义务教育是政府承担的免费教育，非义务教育应当是政府、社会、个人分担教育成本，但是在非义务教育阶段政府的财力允许的范围内要尽可能承担更大的份额，因为教育具有公共性、公益性，所以政府要承担更多的责任。当政府不可能承担更多责任的时候至少要建立助学资助制度，所以助学资助制度是非义务阶段非常重要的制度，保证弱势群体公平的受教育机会。

四、改革人才培养模式

胡锦涛总书记在中央政治局集体学习时所做的讲话中指出："素质教育的核心是培养什么人、怎样培养人的问题。"这是教育改革和发展的根本问题，教育经费增加了，教育事业发展了，而培养出来的人不能适应国家建设和国际竞争的需要，就不能充分发挥教育对经济和社会发展的基础性作用。

因此，在新的历史起点上，进一步实施素质教育就要紧紧围绕人才培养模式这个核心问题来进行，这样才能把素质教育落到实处。为此，既需要教育界转变教育观念、进行课程改革、改革教育教学内容方法、提高教师素养等，更需要政府、社会、家庭方方面面的合力，尤其是制度和文化层面的变革。

现在有人在比较美国教育和中国教育，认为美国教育重视学生的个性发展，这是它的长处，而它的短板是不能保证大面积基本的教育质量。而美国教育的短板恰恰是中国教育的长处，中国教育的长处是能够保证大面积的教育质量，其缺点是学生的个性发展不够充分。所以我们可以发现20世纪80年代以来，美国的教育改革和中国素质教育改革采取的措施正好是对着的，中国要改的是美国要用的，美国要改的是中国要用的。这两种不同的培养模式，各有长短，恐怕中国现在要做的是要能够发扬自己比较重视的基本知识、基础理论、基本技能，要强调有一个基本的标准，但是让学生有更多的选择余地，让学生有更多的发展空间，特别是让有不同潜能和特长的学生都能够找到他发展的空间。这里我想特别提几点：

把加强教师队伍建设摆到素质教育的突出地位，包括：严格实行教师资格制度，确保教师工资收入不低于或高于公务员水平，改革教师教育，加强教师在职培训，提高教师专业化水平。

改革高考招生制度，在现阶段考试科目、考试内容、考试方法改革的基础上，有步骤地实行"分类考试，多元录取"，扩大学校招生自主权，扩大学校和学生的选择权。

政府要逐步实行学历与能力并重的用人制度，建立适应素质教育要求的学校评价制度，改变单以学历取人，单以升学率评价学校。

全社会要形成"人无全才，人人成才"的人才观和教育观，树立"最适合学生发展的教育是最让人民满意的教育"，"最符合孩子愿望和潜能的选择是家长最明智的选择"。

在这样的前提下，让具有不同潜能和个性的学生得到尽可能充分的发展，包括有特殊才能的学生如何有更多选择机会、更灵活的学习环境、更有弹性的学习制度，包括小班制、走班制、学分制、选科制等。

五、积极推进学习型社会建设

党的十六大提出：建设全民学习、终身学习的学习型社会。党的十七大进一步提出："发展远程教育和继续教育，建设全民学习、终身学习的学习型社会。"这是全党全民的共同任务，更是教育改革和发展的基本目标。教育在建设学习型社会里应当承担起更多的责任，它必然要求和促进教育体系、教育体制、教育制度的变革和革新。打破学校教育过于封闭的格局，密切学校教育与社会生产、生活的联系和结合。如中小学的"校外教育"、职业教育的"产教结合"、高等教育的"产学研""官产学"以及"四重螺旋结构"等等，包括职业教育和高等教育的就业问题和创业教育，都和这个有关系。

这里重点要讲一个问题，就是大力加强继续教育和在职培训。从学习型社会、终身教育角度来讲，在职教育、继续教育会越来越重要。劳动者、专业人员都有继续教育的问题。所以，如何建立一种继续教育制度，能够为在职人员提供多种多样的继续教育的服务，这需要有一种制度。美国规定医生两年考一次，去学几门新的技术，否则你拿不到医生资格证书。要拿到专业技术的资格，一定要不断地学习新的知识、新的技术，通过考核才能拿到这个证书，如果有这个制度，那么继续教育会成为一种制度性的安排。同时，企业要承担起更重的在职教育的责任。美国的企业教育经费相当于美国高等教育的经费，数目可观。据统计，中国前几年管理人员的培训经费是2亿多美元，预计2010年会增加到40亿美元，培训市场非常大。所以，必须让社会各个方面都承担起终身学习的责任，建设学习型组织。所有的组织机构都应该有意识地把自己的组织建设成为学习型组织，这样我们的学习型社会才有基本的细胞。

适龄人口下降对我国高等教育的影响[16]

根据有关测算，2000—2008年我国高等教育适龄人口（18—22岁）规模逐年增大，并于2008年达到峰值1.25亿人，2009年至2020年前后逐年下降。依据《国家中长期教育改革和发展规划纲要（2010—2020年）》确定的高等教育发展目标推测，2020年高等教育适龄人口规模约为8250万人。与此相对应，我国高考报名人数在2008年达到1060.7万人峰值后，呈现逐年下降的趋势。2009年为1022.6万人，2010年为957万人，2011年为933万人。自2006年以来，普通高校招生规模年增长率明显回落，但每年招生人数仍有所增加。随着高考报名人数的下降，高考录取率不断上升，预计2011年全国平均录取率达到72.3%，并会有几个省、市录取率达到90%。于是有文章分析认为，我国高等教育将面临生源危机。下面，本文就适龄人口下降对我国高等教育的影响做一个初步的分析。

一、我国普通高校生源结构

我国普通高校生源结构按毕业学校类型分，普通高校生源分别来自

---

[16] 谈松华、夏鲁惠："适龄人口下降对我国高等教育的影响"，《中国发展观察》，2011年第9期。

普通高中和中等职业学校，后者又包括普通中专学校、职业高中和技工学校。按学生户籍分，普通高校生源分别来自城市和农村。

（一）普通高中毕业生

在 2009 年 1022.6 万报名考生中，普通高中毕业生人数为 946.69 万人，占总数的 92.58%。其中，应届毕业生 749.86 万人，往届毕业生 196.83 万人。应届毕业生中，城市户籍人口 297.81 万，农村户籍人口 452.05 万。

2003—2009 年，参加当年高考报名的应届高中毕业生人数分别为 417.87 万人、591.47 万人、605.46 万人、665.97 万人、717.71 万人、760.42 万人和 749.86 万人。可以看出，普通高中应届毕业生占当年高考报名考生的比例在逐年增加。

往届高中毕业生的报考人数也影响着每年的高考报名规模。2003—2009 年，往届高中毕业生报考人数分别为 132.28 万人、184.02 万人、172.02 万人、194.41 万人、206.29 万人、214.40 万人和 196.83 万人，分别占当年报考人数的 21.6%、21.22%、19.62%、20.16%、20.39%、20.21% 和 19.25%。可以看出，往届高中毕业生在每年的报名考生中仍占有相当的比例，且呈现逐年下降的趋势。

（二）中等职业学校毕业生

中等职业学校毕业生包括普通中专、职业高中、技工学校毕业生。2003—2009 年，参加高考报名的中等职业学校毕业生人数分别为 62.3 万人、91.65 万人、99.29 万人、103.1 万人、87.44 万人、85.55 万人和 75.35 万人，分别占当年高考报名人数的 10.17%、10.57%、11.32%、10.69%、8.64%、8.07% 和 7.37%。可以看出，中等职业学校毕业生占整个高考报名人数的比例不是很大，且呈现逐年下降的趋势。

（三）农村户籍考生

农村户籍考生作为高考报名生源的重要组成部分，涵盖在普通高中毕业生和中等职业学校毕业生中。近年来在多数地区，城市应届高中毕业生人数在不断下降，而农村应届高中毕业生人数在不断增加，这与城市早已普及高中阶段教育而农村正处于普及过程相关。

2003—2009 年，参加高考报名的农村户籍学生分别为 325.63 万人、469.44 万人、482.96 万人、535.43 万人、578.43 万人、626.35 万人和 620.53 万人，分别占当年高考报名人数的 53.17%、54.14%、55.08%、55.53%、57.17%、59.05% 和 60.68%。可以看出，农村户籍考生呈现出逐年增加的趋势。

二、高考报名人数下降原因分析

适龄人口的下降导致了高考报名人数的下降，下面对近年来高考报名人数下降的原因做一个具体分析。

（一）适龄人口减少导致 2009 年以后普通高中应届毕业生规模逐年下降

与我国人口总体变化趋势相一致，2003—2009 年，全国普通高中应届毕业生规模分别为 458.12 万人、546.94 万人、661.57 万人、727.07 万人、788.31 万人、836.06 万人和 823.72 万人。2008 年应届毕业生规模达到高峰。

2009 年以来，占报考人数 70% 以上的普通高中应届毕业生规模出现了不断下降的趋势。一般情况下，普通高中应届毕业生规模的变化决定了高考报名人数的走向。应届毕业生规模越大，高考报名人数越多；应届毕业生规模下降，高考报名人数减少。2009 年减少了 12.34 万人，下降 1.48%。

2009年普通高中应届毕业生人数开始下降的地区是：北京、天津、河北、辽宁、上海、浙江、山东、山西、江西、河南、湖南、内蒙古、四川、西藏、陕西、甘肃。其中，上海下降近2.5万人，山东下降近5.8万人，河南下降4.8万人。也有一些省份的普通高中应届毕业生规模并未出现下降，这可能与这些地区的高中教育普及率提高、高中教育结构调整有关。2009年，普通高中应届毕业生规模持续增加的地区是：江苏、福建、广东、海南、吉林、黑龙江、安徽、湖北、广西、重庆、贵州、云南、青海、宁夏、新疆。其中，广东增加3.5万人，安徽增加1.2万人。

（二）中等职业教育的发展既减轻了高考压力，也导致了高考报名人数的下降

加快普及农村高中阶段教育、重点加快发展农村中等职业教育并逐步实行免费，是我国立足社会主义初级阶段的基本国情、建设人力资源强国的重要决策，是继免费义务教育政策之后促进教育公平的又一重大举措。近年来，为了解决农村和西部优质职业教育资源不足而生源丰富、城市和东部有优质职业教育资源而生源不足的矛盾，国家加大了统筹城乡和东西部区域职业教育发展的力度，使更多的农村初中毕业生能够接受职业教育，到城市和东部地区就业。

2003—2009年，全国中等职业学校应届毕业生规模分别为308.43万人、319.64万人、378.8万人、439.11万人、492.81万人、541.76万人和586.2万人，呈现了逐年增加的势头。由于绝大多数中职毕业生不参加高考，所以中等职业学校毕业生规模的扩大，会导致适龄人口中高考报名的人数下降。

（三）普通高中应届毕业生中有一小部分学生不参加高考

2005—2009年，全国普通高中应届毕业生中未参加高考报名的人数

分别为 56.11 万人、61.1 万人、70.6 万人、75.64 万人、73.86 万人，分别占当年应届毕业生总数的 8.48%、8.4%、8.96%、9.05%、8.97%。可以看出，每年普通高中应届毕业生中有 9% 左右的学生不参加高考。

再进一步分析，这些不参加高考的学生来自农村还是城市呢？2009 年，城市普通高中应届毕业生规模为 290 多万人，城市普通高中应届毕业生报名人数也为 290 多万人。所以，弃考的学生主要来自农村。教育公平的关键是机会公平，国家和社会都要关注和帮助农村贫困学生上大学问题。

（四）高中毕业生出国留学人数逐年增加

近年来，我国留学市场飞速发展，出国留学人数逐年递增，并呈现持续增长的状态。据统计，2008 年出国留学人数达 17.98 万人，其中自费出国留学人数达 16.16 万人。有关资料显示，目前出国留学生的低龄化趋势越来越明显，2010 年出国留学的高中及以下学历的学生已达到留学总人数的 19.75%。

三、适龄人口下降对我国高等教育的影响

（一）对高等教育办学规模的影响

适龄人口下降会引起我国高等教育生源危机吗？这要具体分析，从总体上说并不存在这个问题。根据《国家中长期教育改革和发展规划纲要（2010—2020 年）》，到 2020 年，我国要新增 9670 万具有高等教育文化程度人口，主要劳动年龄人口中受过高等教育的比例要从 2009 年的 9.9% 增加到 20%，高等教育在校生规模达到 3300 万人，其中高等职业教育在校生规模达到 1480 万人。可以看出，今后一段时间内我国高等教育规模还会有一定程度的增长。

（二）对高等教育办学质量的影响

连续多年的扩招，使各级各类高等教育要适应国家转变经济发展方式的要求，加快新能源、新材料、生物医药、节能环保、低碳技术、绿色经济等新兴产业相应的专业建设，满足国家产业结构调整与升级对人才培养的需求。这使学校形成了扩大办学规模的惯性。

高考报名人数的下降，使一些高校很不适应，未来10年内这些学校将不再扩招，甚至减招。高等教育生源的下降，将促使高校把注意力从扩大招生规模转到重视人才培养质量上来。在这一过程中，如果学校办学定位不准、竞争意识薄弱、对受教育者的内涵回报低，就有可能面临举步维艰的困境。这将促使高校办学进一步以社会需求为导向，加大学科专业结构调整力度，优化人才培养结构，加强特色专业建设，创新人才培养模式，构建与经济社会发展相适应的教学内容和课程体系，努力提高教育教学质量。

另外，近年来世界著名高校加大了在中国的招生力度，港澳地区的高校也介入内地揽才，使高中生出国境留学呈现出不断增长的态势。我国高等教育只有加快创建世界一流大学和高水平大学步伐，形成一批世界一流学科，培养一批拔尖创新人才，才能提高国际竞争力，才能留住优秀生源。

（三）推进高等职业教育与中等职业教育的衔接

参加高考报名的中等职业学校毕业生比例不高，其原因除国家规定高校对口招收中职毕业生计划不超过当年应届中职毕业生5%的限制之外，就职业教育自身原因而言，中等职业教育培养目标定位于中级实用技术人才，在课程设置上多以专业课、实习课为主，文化课一般低于普通高中的要求，不能适应现行普通高校招生考试对文化课的要求。另一个重要原因是，一些中职学生不看好上高职院校，一是担心学不到"真货"，二是许多人中职毕业后一两年内就可拿到成人大专文凭。因此，许多地区出现高职招生指标完成率和新生报到率双低的现象。

目前，大部分高等职业院校招生多以普通高中毕业生生源为起点，并没有建立起中等职业教育与高等职业教育相衔接沟通的制度。其结果是，中等职业学校毕业生继续深造的通道不畅，高等职业学校的生源不足且不能适应职业教育对职业技能连续培养的要求。依据《国家中长期教育改革和发展规划纲要（2010—2020年）》，我国将逐步实施高等学校分类入学考试，高等职业院校实行自主考试或根据学业水平考试成绩注册入学。改革高等职业院校招生考试模式，探索中高职衔接的"入口"和"路径"，有利于扩大高等职业教育的生源。

（四）优化高等教育结构

适龄人口的下降，使我国高等教育从紧张应对社会旺盛的求学需求的压力下获得了喘息的机会，同时也面临着优化结构、提高质量的机遇。一方面要调整招生结构，扩大高等职业教育招生规模，促进中等、高等职业教育协调发展。另一方面，也是更重要的，就是调整学科专业结构，压缩重复设置的长线专业，发展适应新科技革命和产业革命，特别是发展战略性新兴产业需要的新专业。

2008年国际金融危机使我国转变经济发展方式问题更加凸显出来。我国政府正在把科技作为核心推动力和重要抓手，积极调整经济结构，大力培育战略性新兴产业，推进节能减排，加快建立低碳能源技术体系，加强人口健康、粮食安全、生物医药和公共安全等领域的科技攻关，努力实现可持续发展。为此，高等教育要适应国家转变经济发展方式的要求，加快新能源、新材料、生物医药、节能环保、低碳技术、绿色经济等新兴产业相应的专业建设，满足国家产业结构调整与升级对人才培养的需求。

（五）发挥普通高校在成人教育中的作用

随着高等教育生源的减少，一些高等院校招生规模会逐步稳定，或相应减少。但是，成人在职学习的需求将会持续增长，发展成人教育与培训是高等教育改革和发展的重要任务，也是构建终身学习体系的客观要求。

《国家中长期教育改革和发展规划纲要（2010—2020年）》要求构建灵活开放的终身教育体系，大力发展非学历继续教育，稳步发展学历继续教育。普通本科高校在开展学历教育与培训、建立终身学习网络和服务平台、开发社会学习资源、发展社区教育等方面具有独特的优势。

发展多种形式的成人教育，不仅可以充分地利用高校资源，提高办学效益，更能全面地发挥高校的教育和社会功能，为促进经济社会发展和人的全面而有个性的发展做出更大的贡献。

新时代教育战略的新思维 ⑰

一、在时代底色下思考教育变革之道

当站在新的历史起点上,审视和思考未来的中国教育,我们发现,中国和世界正在并将继续发生前所未有的迅速而深刻的变化,教育必须以新的战略性思维应对这些变化。

在人类历史上,教育始终是为了培养年轻一代应对他们所处社会和时代的挑战,并能够为经济、社会和文化的持续发展做出贡献。现代和未来世界的发展趋势是非常复杂的。20世纪90年代中期以来,世界范围的新科技革命席卷全球。步入21世纪,这一势头更加迅猛,人类社会进入知识时代、全球化生存时代。在这一背景下,教育正在从适应工业社会发展转变到适应知识社会发展,发生着战略性变化。

2008年国际金融危机之后,经济全球化、世界多极化深入发展和文化多样性化、社会信息化持续推进,世界经济政治格局正在发生深刻变化,尤其是中国经济迅速发展,中国的和平崛起,在世界范围内受到瞩目。中

---

⑰ 谈松华:《中国教育报》2015年4月29日第4版、2015年5月6日第7版、2015年5月21日第16版、2015年9月9日第7版、2015年9月23日第4版、2015年11月11日第7版和2015年11月25日第7版所发表的7篇系列文章的汇总。文章的总标题为编辑本书时所加,节标题为七篇系列文章各自的原标题。国家教育发展研究中心王建博士参与了本文的修改。

国的崛起既为我们的发展提供了有利的国际环境，也使我们承受着前所未有的国际压力，国际竞争更加激烈。国际竞争实际上是人才竞争，哪个国家拥有人才上的优势，哪个国家最后就会拥有实力上的优势。教育是开发人力资源的主要途径，在人才发展中起基础性作用。由此，国际竞争和人才争夺把教育推向了更加重要的地位。

经过改革开放以来 30 多年的持续快速发展，我国经济总量已跃居世界第二位，经济发展进入寻求中、高速增长与转型升级平衡的新常态，经济增长将更多地依靠创新驱动，依靠人力资本质量和技术进步。与此同时，一个更加注重社会发展质量的新阶段已经开始，城镇化水平从 2011 年开始超过 50%，标志着我国正从一个农民大国进入一个以城镇人口为主体的城市化社会。新型大众消费时代到来，居民生活消费层级不断提升，个性化、多样化消费渐成主流，对教育、健康、环境等生活质量的满意度、幸福感等都有了更高的要求，原先过于划一和呆板的教育体制和教育模式面临着转型变革的挑战。

从国际发展经验看，中国经济发展到了从中等收入向中上等收入转变的时期，面临着"中等收入陷阱"的重大挑战。能不能顺利实现经济发展方式的转变，跨越经济增长动力不足、最终出现经济停滞的状态，是一个巨大的考验。按照世界银行的标准，2012 年中国人均国内生产总值达到 6100 美元，恰巧进入到中等收入国家陷阱发展阶段，低成本优势逐步丧失，在低端市场难以与低收入国家竞争，但在中高端市场则由于研发能力和人力资本条件制约，又难以与高收入国家抗衡。在这种上下挤压的环境中，很容易失去增长动力而导致经济增长停滞。要克服这一挑战，就需要在自主创新和人力资本方面持续增加投入，培育新的竞争优势。加快教育转型性变革，加强人力资本的开发，对中国跨越"中等收入陷阱"将发挥至关重要的作用。

这些机遇和挑战不仅是并存的，而且是瞬息万变、万分复杂的。这种复杂性表现在并非所有趋势都指向相同，有些趋势对教育的影响是互相冲突的，充满着不确定性。置身于这样的时代背景中思考教育变革之道，我们不可能提出应对未来的神机妙算，但我们需要也应当强化战略性思维，把发展教育的参照系由现实转向未来，以应对和迎接各种可以预见和不可预见的转变，从战略高度看待教育发展问题，进行全方位思考和谋划，做出战略性调整。

二、"教育优先"要在"全面"上下功夫

20世纪70年代，联合国教科文组织国际教育发展委员会在《学会生存——教育世界的今天和明天》报告中首次提出了"教育优先"的思想，指的是这样一种事实："现在，教育在全世界的发展正倾向于先于经济的发展，这在人类历史上大概还是第一次。"20世纪90年代以来，教育被视为构建知识经济社会的基本支柱，不仅被确认为促进经济增长的投资，同时亦是能给家庭和个人带来高值回报的投资。教育在消除贫困、增加社会包容、文化多样性、环境保护、基本卫生保健等方面的作用更加被看重。联合国教科文组织21世纪教育委员会1996年在《教育：财富蕴藏其中》报告中强调，"把教育置于社会发展的中心位置，并据此认为应首先增加教育部门的公共经费"，建议世界各国把教育确定为21世纪经济和社会发展计划的一项优先任务，提出"大体上说，国民生产总值用于教育的比例未达到6%的国家，教育经费无论如何不应低于这个百分比"。

教育先行思想在诞生不到10年的时间便广泛地影响了我国学术界和决策层。1978年，随着党和国家工作重点转移到"以经济建设为中心"的轨道上来，教育发展战略地位问题便提上决策议事日程。1982年，党的十二大提出把"教育和科学"作为经济发展的战略重点之一。1987年，党

的十三大提出"把发展科学技术和教育事业放在首要位置",并把发展教育事业"放在突出的战略位置"。1992年,党的十四大提出"必须把教育摆在优先发展的战略地位"。1997年,党的十五大提出"要切实把教育摆在优先发展的战略地位"。2002年,党的十六大提出"教育是发展科学技术和培养人才的基础,在现代化建设中具有先导性全局性作用,必须摆在优先发展的战略地位"。2007年,党的十七大强调"教育是民族振兴的基石,教育公平是社会公平的重要基础",提出"优先发展教育,建设人力资源强国"。2012年,党的十八大强调"教育是中华民族振兴和社会进步的基石",提出"努力办好人民满意的教育"。十八大更是从社会进步和满足人民根本需要角度,进一步阐述了教育的基础性、长远性或者根本性的作用。改革开放以来党的历次代表大会报告中关于教育阐述的不断丰富和深化,表明教育优先发展战略地位已经出于经济发展战略和为经济增长服务的考虑,转变为基于社会全面进步和人的发展与权利的综合考虑。教育不仅作为人力资源开发的基本途径和培育创新能力的基础设施,为现代化建设服务,还作为改善民生的社会福利和改造社会的先导力量,发挥着促进社会公平、凝聚改造世界力量方面的作用。

教育投入是教育发展的物质保障,是支撑国家长远发展的基础性、战略性投资,是评价教育先行与否的重要标尺。2013年9月,习近平总书记在联合国"教育第一"全球倡议行动一周年纪念活动上的视频贺词中指出:"中国将坚定实施科教兴国战略,始终把教育摆在优先发展的战略位置,不断扩大投入,努力发展全民教育、终身教育,建设学习型社会,努力让每个孩子享有受教育的机会,努力让13亿人民享有更好更公平的教育,获得发展自身、奉献社会、造福人民的能力。"2008年全球金融危机以来,在世界各国削弱了向教育计划提供资金的情况下,我国政府2010年以来教育投入增长的幅度明显增大。2012年,我国国家财政性教育经费占国内生产总值比例为 4.28%，实现了《国家中长期教育改革和发展规划纲要（2010—2020 年）》（以下简称《教育规划纲要》）提出的目标，但仍低于 2011 年世界各国教育公共支出占国内生产总值的比例平均为 4.8%的水平。而在我国经济下行压力增加和政府财政收入增长速度减缓的形势下，巩固已有投入水平，进一步提高教育经费保障与管理水平，促进教育公平和质量的提升，仍然是全面落实教育优先发展战略地位的艰巨任务。

三、因材施教，促进教育多样化

大众化教育的兴起，通常被认为是由工业化引领的现代化进程所推动的结果。20 世纪的学校教育主要让年轻人为工业社会做准备，使他们适应工业社会中科层制组织的准时、预先设计好的高度专业化工作，而工业化社会是以大规模生产、大规模消费、泰勒主义的片断化工作流水线作业为特征的。21 世纪社会正在进入后工业时代，一种新的工业制度正在产生，这种制度主要以基于信息的新技术应用、灵活的专业化生产、以人为中心的扁平型组织、工人的责任与技能多样化为标志。在此背景下，学校教育将继续培养有序高效的工作习惯，培养出具有较高技能水平和较高创造、创新能力的知识型工人，同时增加灵活性，为每个学生提供选择的机会，以及以新的方式进行各种不同学习的机会。发达国家教育改革的趋势是，为所有人提供适合个人教育的公平机会，使每一个人都有可能成为"知识型劳动者"，并建立更能满足学生个性化要求和兴趣发展的教育教学制度和机制。

我国属于后发现代化国家，工业化、信息化、城镇化、农业现代化同步发展，现代化进程具有第一次现代化与第二次现代化叠加的特征，社会对人才的需求更是多样化的，包括数以亿计的高素质劳动者、数以千万计的专门人才和一大批拔尖创新人才。从人的个性发展角度看，人才的层次、类型也是多样的。生理学和心理学告诉我们，人的禀赋与潜能是不同的。哈佛大学心理学家霍华德·加德纳提出的多元智能理论指出，每个人的智能结构是不同的，教育要遵循儿童身心发展规律和人才成长规律，关注学生不同特点和个性差异，注重因材施教，使学生的个性特长得到最充分的发展。所以，满足学生个性发展的教育必然是多样化的。《教育规划纲要》明确提出，"更新人才培养观念，树立多样化人才观念，尊重个人选择，鼓励个性发展，不拘一格培养人才"。同时，为每个学生提供适合的教育才是最公平的教育，让具有各种不同才能的人才脱颖而出，是满足转型期社会教育需求分化的必由之路，也是解决教育公平与教育质量矛盾统一的良治之策。

奉行个性化教育，关键是推动教育多样化发展，满足学生不同需要和期待，形成人才辈出、拔尖创新人才不断涌现的局面。个性化教育既可以通过学校教育中设定个性化的目标或教学路径来实现，也可以通过非正规教育和非正式教育系统中灵活的学习路径来实现。教育多样化包括学校类型、办学层次、办学形式、办学主体和服务面向的多样化，以及人才培养规格与培养模式的多样化。当前我国培养为工业社会服务的人才的同质化教育体系，通过知识灌输、死记硬背和追求确定性等做法，已经无法培养出能适应未来社会的建设者。必须打破单一的学术标准、单一的学历通道、单一的评价方法、单一的学校类型等体制和模式，建立多通道的教育体系、多类型的学校系列、多尺度的评价方法、多样化的人才培养模式。

实现教育多样化发展，当前要重点注意以下几个方面：一是人才培养目标，包括课程设置、教学内容等方面要有更多的弹性，考虑不同教育类型、层次、形式、区域的差异性需求。就同一个专业而言，不同的学校要能够培养不同层次、不同特色的人才。这就要让学校有更多的自主权，来考虑学校定位、人才培养目标、办学特色。二是探索多种培养方式，建立以学习者为中心的教学体系和模式。推进分层教学、走班制、导师制、学分制等教学管理制度改革，建立学习困难学生的帮助机制，对优异学生在跳级、转学、转换专业以及选修更高学段课程等方面给予支持和指导。三是教育评价方式多样化。长期以来，我国教育评价方式太过单一，以考试代替教育评价，分数和升学率成为评价学生、教师和学校的唯一标准，这是我国科学教育评价机制缺失的重要表现。构建科学、公平的现代教育考试与评价体系，要尊重人的智能、个性差异，对学生进行全面评价，关注学生的成长发展。从单一考试向多元评价发展，完善多元化评价和多样化选拔机制，拓宽学生和学校自主选择的空间。四是学校办学体制多样化。目前已有公办、民办、中外合作等多种办学体制。公办教育作为政府生产并提供的公共教育产品，立足于满足公众基本教育需求。同时，要立足于满足公众多元教育需求，鼓励社会力量兴办教育，发展民办教育，促进学校竞争，激发办学活力。

四、全民学习践行教育终身化战略

终身教育和全民教育是源于20世纪最为重要的国际教育理念，全民终身学习被誉为进入21世纪的钥匙。早在20世纪60年代中期，联合国教科文组织率先提出"终身教育"的概念，并在1972年发表的《学会生存——教育世界的今天和明天》报告中，提出终身教育是学习化社会的基石。20世纪90年代兴起的全民教育，强调"满足基本的学习需要的受教育机会"，特别是随着知识经济时代的到来，终身教育发展为终身学习，"全民教育"转变为"全民学习"，构建终身教育体系，建设学习化社会已经成为许多国家的教育发展目标。2002年，党的十六大报告提出，把"形成全民学习、终身学习的学习型社会"作为全面建设小康社会的奋斗目标。2010年，中共中央、国务院颁布的《教育规划纲要》提出，把"基本形成学习型社会"作为2020年教育发展的战略目标之一，进而推动全民终身学习从理念、政策层面向实践领域转变。

顺应教育正在日益向着整个社会和个人终身方向延伸的需要，必须完善教育体系。终身学习框架应包括人的生命周期中的所有学习——从婴儿到生命终结前各种环境和各种形式下的教育和学习。终身教育体系更大范围地囊括了诸如学校教育、工作场所教育、社会教育、网络教育等各个系统以及贯穿人的幼儿期、青少年期、成人期和老年期的一种统合而协调的体系。终身教育有助于安排教育的各个阶段、规划各阶段之间的过渡，使教育途径多样化，同时提高每种途径的价值。学校教育作为终身教育体系的骨干和基础，要继续提高各个教育阶段的参与率，办好学前教育，均衡发展九年义务教育，基本普及高中阶段教育，推动高等教育内涵式发展，积极发展继续教育，帮助学习者掌握足够的基本技能。同时，着力建设纵向衔接、横向沟通、学历序列和能力序列平行的终身学习体系。学历系统强调学习者通过学习，获得学位或文凭证书，而终身学习强调学习者通过学习获得各种能力，而非为了获得文凭而学习。对个人的学习与培训成果（实际知识、技术水平和能力水平）进行测评认定，不拘泥于学习与培训的时限和形式，而是使正规教育与非正规教育、普通教育与职业教育、职前教育与职后教育等纵向衔接、横向沟通，架起终身学习的立交桥。

培育和完善学习型社会的基本要素，提供各种各样的学习机会，使人既能在学校也能在经济、社会和文化生活中进行学习。学习型社会大概有三个基本要素：一是新型学习者。与传统意义上的学生概念不同，新型学习者把学习不仅仅作为谋生的手段，而是作为乐生的需要。要引导和鼓励社会学习需求的多元增长，形成和发展学习型社会的动力机制。二是遍布全社会的学习型组织。依托社区、企业、社会组织等，建立各方面的学习组织，让学习者随时、随处可学习。汇集全社会的学习资源和教育资源，通过管理、引导、资助、督导和认证的方式促进优质学习资源的丰富和发展。三是服务终身学习的制度体系。以法律形式保障全体国民终身受教育的基本学习权利，构建起学分银行制度，为学习者提供学分认证、学分积累、学分转移、"微证书""微学历"等服务。加强政府各职能部门对学习型社会的关注、支持和服务，依法促进和规范学习型社会的成长与发展。

五、以教育信息化带动教育现代化

信息技术的迅猛发展和广泛应用，正在并将继续引发人类生活各个领域的革命性变革。《教育规划纲要》指出："信息技术对教育具有革命性影响，必须予以高度重视。"这种影响是全方位的。首先，人们生活的网络社会环境，将改变教育的社会环境，改变学生学习、生活、成长的外部环境。培养适应网络社会生活的新人，是教育面临的前所未有的挑战。其次，信息技术在教育领域的应用正在引起教与学方式的革命性变革。网上学习、移动学习、游戏学习、项目学习、翻转课堂等新型学习方式正在加速知识生产方式、传播方式和内化方式的变革，未来教育在互联网等技术的作用下变得越来越个性化、多样化。学校和教师需要更多地关注学生的个性化培养，发掘每个学生的潜质。再其次，随着教育信息化的进一步扩大，会打破学校对教育的垄断。网上教育、混合学习等各种各样的非正规教育的发展，使教育形式更加多样化。新技术所带来的交流互动、个性化服务和灵活的学制将使学校获得新的生机。

教育信息化是教育现代化的核心特征。信息技术的普及和渗透，将改变重大教育战略实施的生态环境，对教育战略目标的落实提供变革性的思路和挑战。教育部发布的《教育信息化十年发展规划（2011—2020年）》将教育信息化列为我国教育改革和发展的战略重点议题，提出把教育信息化作为国家信息化的战略重点和优先领域全面部署、加快实施，以教育信息化带动教育现代化。在发挥教育信息化对教育支撑作用的同时，更加强调其引领性作用，以信息化引领教育理念和教育模式的变革和创新。

　　教育信息化是一个过程。联合国教科文组织2005年出版的《教育领域的信息通信技术》将教育信息化划分为形成、应用、融合、革新四个阶段，我国教育信息化总体上处于应用阶段向融合阶段的过渡期。全面进入融合阶段，关键是要应用信息技术促进教育目标、内容、方法和手段各方面的改革，促使以人为中心、为学生发展服务的新型教学、服务和管理体系的形成。一是促进信息技术与教育教学深度融合。这意味着，不是把技术作为教学的辅助手段，而是要把教育技术融入整个教学设计中，着力推动教与学方式的深刻变革，让教师"教"的行为、学生"学"的行为和教育技术融为一体，构建以学生为中心的课堂，使之成为人才培养模式变革的技术保障和驱动力量。二是完善教育信息化体系建设。目前我国正在推动"三通两平台"，即"宽带网络校校通，优质资源班班通，网络学习空间人人通"，建设教育资源公共服务平台和教育管理公共服务平台，其中数字教育资源开发应用和服务在体系运行中居于突出位置。立足中国国情，发挥后发优势，集中政府的、市场的、专业的多方面力量，组织开发优质教育资源，让尽可能多的人群特别是农村、偏远地区学生享有优质教育资源是必然选择。三是完善管理信息平台建设。在"大数据时代"，进一步整合和集成教育管理信息系统，优化教育管理与服务流程，支撑教育管理改革，建设覆盖全国所有地区和各级各类学校的教育管理信息体系，促进教育决策科学化、公共服务系统化和学校管理规范化。

六、综合改革，推进教育法治化战略

　　教育要发展，根本靠改革。党的十八届五中全会公报指出，全面依法治国，运用法治思维和法治方式推动发展。20世纪80年代以来，我国教育改革以体制改革为突破口，从改革计划经济体制下政府对教育"统得过死，包得过多"的弊端入手，破除计划经济体制框架对教育发展的体制性束缚，对于促进教育跨越式发展，产生了不可估量的作用。随着国家发展进入新阶段，改革进入"深水区"，教育改革已处于更为艰巨复杂的攻坚阶段。《教育规划纲要》实施以来，教育改革顶层设计明显增强，国家教育体制改革试点项目在这一架构下各自探索前进，取得了一定进展，但许多深层次的矛盾和问题还没有根本破解。针对教育领域的改革，因涉及面和覆盖面广，尤其是涉及每个公民切身利益，深受社会关注和期待，每一项创新都牵涉多个部门的联动协作。

改革开放只有进行时没有完成时。党的十八届三中全会明确提出，全面深化改革的总目标是完善和发展中国特色社会主义制度，推进国家治理体系和治理能力现代化。新阶段的教育改革"从人民群众和广大师生最期盼的事项改起，从制约教育公平、质量最突出的问题改起"，以"牵一发而动全身"的重点领域和关键环节为突破口，完善科学规范的教育治理体系，形成高水平的教育治理能力。深化教育领域的综合改革，以构建政府、学校、社会新型关系为核心，以推进管办评分离为基本要求，以转变政府职能为突破口，建立系统完备、科学规范、运行有效的制度体系，形成政府宏观管理、学校自主办学、社会广泛参与的格局，逐步形成新的政府治理制度、现代学校制度与人才培养制度。

法治是现代教育治理的基本特征。党的十八届四中全会和五中全会提出全面推进依法治国，在教育领域最核心、最本质的要求就是依法治教。在教育改革发展新阶段，依法治教第一要义是以法治思维和法治方式深入推进教育领域综合改革。习近平总书记强调，"在整个改革过程中，都要高度重视运用法治思维和法治方式，发挥法治的引领和推动作用。"教育领域综合改革事关全局，必然涉及利益和权力的重大调整，只能用法治理念去破解。通过法定程序广纳众议形成的改革方案，用法治方式化解改革风险，才能确保改革有序进行。比如，在转变教育管理方式、深化招生考试制度改革、落实学校办学自主权、推进管办评分离等群众高度关切的重大改革过程中，要切实推进依法行政，健全教育依法决策机制，形成学校依法办学、自主管理，教师依法执教，学生依法维权的局面，不断增强运用法治思维和法律手段解决学校改革发展中突出矛盾和问题的能力。

目前我国已建立较为完备的教育法律法规体系，但在某些方面仍存在着滞后性，不能充分反映依法治国的要求和教育法治化发展规律。确保教育改革事业在法制轨道上推进，需要建立健全教育法律制度，完善规范性文件、重大决策合法性审查机制，健全规范性文件备案审查制度，建立健全推进教育领域综合改革的法定程序。结合行政审批制度改革，落实高校办学自主权和管办评分离的要求。教育行政部门要依法履行政府职责，加快建立权力清单、责任清单和负面清单，通过"放""管"结合，把该放的权放开、放到位，把该管的事管住、管到位，激发各类教育主体的发展活力和创造力，实现教育治理从以行政管理为主向以依法治理为主的转变。

七、为我所用拓展教育国际化战略

教育的国际化是对经济全球化挑战的回应，是一个影响社会和教育发展方向的重要现象。经济全球化促使资金、商品、信息、人才等流动性增加，各国竞争日益加剧。可以这样说，越能培养、引进和留住优秀人才的国家，越具有国际竞争优势，进而越能将教育推向国际竞争的前沿。

教育在质量上要具有国际竞争力，教育成功的标杆不再仅仅依据国内原有的需求来提升，而且要参照国际范围内表现卓越的教育体系甚至经济社会创新体系来提升。要积极推进教育国际化，开发和引进人力资源，促进文化交流、知识获取和创新。

中国的改革开放在一定意义上可以说是从教育对外开放起步的。邓小平同志在复出后的第一次科技教育界座谈会上做出了迅速派遣留学生的决策，带动了各个领域的开放，也为各方面改革注入了活力。可见，改革和开放是推动中国历史迅速变化和快速前进的两个紧密相连、不可分离的车轮。当前，由于先进通信技术和服务的发展、劳动力国际流动的增长、对市场经济和贸易自由的强调等原因，教育国际化维度因此变得愈加重要而复杂。20世纪80年代至90年代，中国派遣的出国留学生以研究生居多，现在已经出现了低龄化、多层化、生源争夺白热化的趋势，尤其是出国留学、人才外流低龄化是值得注意的动向。中国教育改革和发展必须增强忧患意识和竞争意识，努力把握国际教育主动权。因为教育的国际化是一把双刃剑，要以我为主，为我所用，通过扩大教育对外开放，增强国家的知识基础，变成人才和高等教育服务全球市场上的玩家。

大胆迎接全球知识和人才市场的挑战，赢得国际教育竞争胜利的关键是采取创新的教育发展策略。首先，办教育要有国际眼光，培养能够参与国际竞争的人才。国际化人才是一种新型人才，具有国际视野，并具有把握国际专业知识前沿、通晓国际规则规制、参与国际事务的能力等。当然，国际化人才是多样化的，在多元文化背景下需要培养各领域、多方面的国际化人才。其次，引进优质教育资源，改革教育模式，探索中国特色的教育发展道路。加强国际交流和合作，借鉴国际先进的教育理念和经验，开展中外联合培养、协同创新和中外合作办学。与大批出国留学相对应，形成一股在国内接受国际化教育的浪潮。与中国国情和文化相适应，办好"中国特色的世界一流大学"，"发展中国特色、世界水平的现代教育"。再其次，伴随中国进一步融入国际社会，中国将成为经济全球化的重要力量，教育在国家"走出去"战略中扮演着不可或缺的角色，中国教育正在登上国际舞台。在教育对外开放的进程中，中国教育理应展现出一种不同于以往的开放和自信。2009年末，世界各大媒体在显著位置登出一条消息：中国上海在经合组织"国际学生评估项目"（PISA）测试中，学生的阅读、数学和科学成绩均名列第一，中国教育的优势、质量、方法成为世界各国热议的话题。由于中国经济增长迅速，发展机会越来越有吸引力，在不断优化的政策环境和爱国之情感召下，"支持留学、鼓励回国、来去自由、发挥作用"，越来越多学有所成的优秀人才选择回来，当年留学回国人员人数正在接近甚至超过出国人数。但是，在激烈的教育与人才的国际竞争中，中国在具有世界领先水平的优质教育资源和拔尖创新的高端人才的培养上，仍然存在差距。要拓展中国教育多层次、宽领域交流途径，形成一种倒逼机制，促进中国教育争创世界一流的综合改革，使教育在借鉴吸收人类优秀文明成果、增强中华文化国际影响力、树立中国的崭新形象、搭建世界人民友谊桥梁等方面日益发挥积极而独特的作用。

第二部分
教育体制改革：制度建设与体制创新

中国教育模式改革初探[18]

中国的教育要前进，迫切需要改革现存的教育模式。这是经济、社会发展，也是教育本身发展提出的迫切任务。我国经济体制改革从根本上触及了僵化的经济模式，从而开拓了经济发展的新路。与以往经济模式相适应的教育体制、教育体系、结构以及教育内容和方法，实际上构成了一种特有的教育模式。不从总体上改革这种教育模式，教育改革就很难有突破性进展，教育事业也很难迈出新的步伐。因此我们讨论教育模式问题，并不是要设计一种新的模式来代替旧的模式，而是着眼于对客观存在的教育现象进行总体分析，使教育从僵化的观念和体制中解放出来，注入时代的血液，增强活力，以适应新时代的需要。

一、我国原有教育模式形成的历史背景与主要特征

我国现存的教育模式是在"文革"前17年期间基本形成的。其间，经过十年动乱的破坏，教育事业出现了历史上少有的停滞、倒退和畸形发展。粉碎"四人帮"后，教育事业拨乱反正，主要是致力于全面恢复原有的教育模式，尽管在新形势下有所突破和发展，但其基本格局仍然是"文

---

[18] 谈松华、徐海鹰："中国教育模式改革初探"，《文汇报》，1986年12月16日第2版。

革"前的框架。因此，对于这种教育模式的形成过程、形成基础及其基本特征进行历史的反思和科学的剖析，是摆在我们面前的现实课题。

新中国成立以来逐步形成的教育模式，是否定、改造旧教育，全面学习苏联教育经验和继承老解放区革命传统，开展教育革命这三个方面结合、补充和发展的产物。它是对于旧中国封建、买办教育制度的否定，是与当时的经济、政治体制以及对于社会主义的认识相适应的。它废除了国民党反动的训导制度和法西斯主义教育内容，确立了中国共产党对于教育的领导地位和马克思主义在思想上的指导地位。它改变了受教育权利为少数剥削阶级子弟所垄断的局面，实行教育向工农开门的民主平等原则。它从根本上扭转了教育为剥削阶级培养精神贵族的方向，明确了造就德智体全面发展的社会主义建设人才的培养目标。它改变了教育脱离实践、脱离群众的倾向，坚持理论与实践相结合的原则，使教育与社会主义建设相适应。总之，这种教育模式是在我国社会主义革命和社会主义建设的特定历史条件下产生和形成的，在中国发展史上无疑是一种历史的进步。

正如任何一种社会运动和社会组织形式总会带有自身的历史特点一样，我国现存教育模式作为一种特定的社会现象，也具有它所产生的历史环境所决定的基本特征。这种历史环境大致是：在政治领域是以阶级斗争为纲，在经济领域是集中统一的产品经济的僵化模式，在思想领域是对于社会主义的僵化的思想观念影响着各个方面，在社会活动和社会生活方面是封闭的、内向的。这种历史条件对于教育的影响，除了使教育完全从属于政治，以阶级斗争规律代替教育规律之外，还深入到教育领域的各个方面，形成了特有的教育模式。其主要特点：一是统一。这表现在教学计划、教学大纲、教学内容、培养规格、招生考试等方面都是全国统一规定，各校统一执行。二是集权。这表现在管理体制上，教学怎么搞？学校怎么办？决定权集中在教育行政部门手里，而作为办学实体的学校则无法决定自己的命运。三是封闭。这不仅表现在教育与世界隔绝，也表现在学校教育与社会的脱节。从专业设置、培养目标、教学内容到教学评估，教育内部自成一体，缺乏与社会沟通与协调的机制。学校与社会生活相对隔绝。四是呆板。这不仅表现在教育内容和方法上，也表现在教育体系上，学生只能按小学——中学——大学这样的既定路线拾级而上，各类教育之间缺乏横向沟通和交叉，学生发展和选择的天地十分狭窄。

具有以上特点的教育模式，既有继承中国教育历史传统的一面，又有中国社会主义建设特有的历史特点对教育影响的一面。从直接的影响而言，有两根支柱支撑着这种教育模式，一是经济社会发展的僵化的计划体制，二是统分统包、单一计划调配的劳动人事制度。正是由于这种外部因素与教育内部因素的结合，才构成了一整套僵化的教育运行机制。其后果是学校缺乏特色，培养人才缺乏个性，整个教育缺乏活力。这成为教育进一步发展的主要障碍。

二、教育模式改革的外部与内部依据

随着社会主义有计划的商品经济的逐步发展和全面改革的深入开展，现有的教育模式受到了来自两个方面的挑战。一是教育外部的挑战，即多元化发展的社会经济模式与单一化发展的教育模式之间的矛盾和冲突。二是教育内部的挑战，即教育发展的个性原则与教育模式的共性原则之间的矛盾和冲突。这种矛盾运动构成了新时期教育发展的主要特点，也表明教育模式改革的紧迫性已经尖锐地提到了我们面前。

教育的发展就总体而言，可以归结为教育与社会发展、人的发展之间的相互适应和相互促进。上述两个矛盾正是反映了教育在整体上的不适应性。教育与社会发展，尤其是与社会改革的不适应，已经为越来越多的同志所认识。人们正在从不同的角度探讨教育发展与改革、开放、现代化的相互关系，并由此而提出了许多改革的观点和主张。然而，根据经济体制改革中已经发生了根本性模式转换来探讨教育模式的整体改革，实际上还没有认真和系统地进行。这也正是教育改革难以有重大进展的症结所在。现在的问题是：现存的教育模式所赖以形成和发展的经济模式和社会结构正在发生深刻的变革，教育却基本上是在旧模式中运行。这种情况下，希望在旧框架下进行局部性改革来适应新形势，显然是作茧自缚、寸步难行。

教育面临的第二个挑战，实质上是新的历史时期人的发展的新要求与教育模式的旧原则发生了矛盾。教育本来是促进人的发展和完善的重要条件，然而，不良的教育制度非但不能促进人的尽可能充分发展，反而会压抑人的健康发展。这里关键在于充分发挥人即教育的主体在教育过程中的能动作用。教育是人认识世界、改造世界、改变自身的创造性活动。教育主体包括作为学习主体的学生、作为教学主体的教师、作为管理主体的学校领导，这三个方面相互联系和相互作用，构成了教育的主体性，即人在教育过程中能动作用的发挥与肯定。评价教育模式的基本尺度应该是教育模式对于教育主体的适应性和开放性。如果一种教育模式，能够使教育主体的能动性和创造性充分发挥或基本发挥出来的话，这种模式就是合乎教育发展规律的，就是合理的、具有生命力的，反之，则是不合理的、缺乏生命力的。

现存教育模式的一大弊端，正是在于它忽视、束缚和限制了教育主体的能动作用。在这种模式中，单一化、统一性占了主导地位。它不仅规定了学校的教育的基本内容，而且在组织管理上制定了强有力的措施和制度，使得学校只能按照上面的规定行事，无法发挥能动性，也无法主动考虑和适应社会发展的需要。在这种行政干预下，学校领导的手脚被捆住了，教师的才华和学生的潜能受到不应有的压抑，教育主体只能处在被动的、消极的地位上，教育这一人类自身掌握的富于创造性和生命力的社会实践活动，变成了僵化的、枯燥的、令人难以接受的固定化程式。

总之，现存的教育模式与教育发展之间的矛盾已经到了非解决不可的时候了。近几年的教育改革总体上来说就是为了克服这一矛盾。它预示着这样一种趋势单一的封闭的呆板的模式将被打破，代之而起的将是多样的、开放的、灵活的教育制度。

由上可知，教育模式的改革实质上是教育的整体性改革，要解决的根本问题是社会现代化、人的现代化和教育现代化的协调发展。从教育内部而言，就要确立人在教育中的主体地位，使教育的发展更好地促进社会现代化进程和人的全面发展。

三、教育模式改革的关键是体制机制的改革

改革旧的教育模式涉及的问题很多，既要解放思想，敢于革新，又要采取科学的态度，谨慎从事。教育决策上的失误，常常不是立即就能发觉，更不是短期内就能纠正过来的。这就要防止用感想代替决策，大起大落。要认准方向，抓住中心环节脚踏实地地前进。我们认为，教育模式改革的中心就是要增强教育主动适应社会发展的能力，给人的发展提供尽可能充分的余地。做到这一点的关键在于确认在国家法律和行政法规范围内学校的办学自主权、教师的教学自由权和学生的学习选择权，解除束缚他们主动性和创造性的不合理的旧体制、旧章法、旧框框，解放他们的手脚、身子和脑子，使学校办活、教师教活、学生学活，使他们各自的潜能得到尽可能充分的开发。

为了实现教育的这种解放作用，需要改变旧模式的运行机制，建立新的运行机制。在旧模式下，教育工作的运行主要是受自上而下的行政权力推动，越是往上主动性就越大，在教学第一线的教师和学生的活动余地反

而很小。这可以说是一种逆向运行，它是教育缺乏生气和特色的一个主要原因。要使教育走向顺向运行的轨道，应该从学生个性形成和发展的规律出发，建立教学相长的机制，使教学过程充分体现教师和学生的主动性和创造精神。学校领导和教育行政领导部门的各项活动的基本点，就是要为这种富有创造性的教学过程，提供各种内部和外部的条件。因此，新的运行机制应该是双向传递的机制，即教学第一线的活动是上级领导部门活动的依据，上级领导部门的活动有指导和推动教学第一线的活动的作用。在这里，改革的突破口，就是切实保障办学单位享有充分的办学自主权和从根本上改变教学行政部门的宏观管理职能。这种改革不应该只是领导权力在量上的再分配，而应该是从质上划清权力的界限。凡属办学权力要全面交给学校，教育行政部门的主要职能则是在法律和行政法规的范围内负责教育方针、政策的领导，研究教育发展战略和规划，进行宏观指导，委派校长，组织教育内部和外部的评估，进行检查、监督，以及组织编写和推荐教材、推广教学经验等指导性活动。

总之，科学的划分教育行政部门、学校领导和教师、学生这三个层次的职能，就能使教育主体性作用真正得到发挥，教育才能办得有声有色。

改革旧的教育模式还要有外部的改革相配套。经济体制改革改变了计划体制的模式，为教育与社会之间建立直接联系提供了条件。现在的主要问题是劳动人事制度改革的配套。改变统包统配、单一计划调配、部门所有的现行劳动人事制度，是改革旧教育模式的外部突破口。改革的方向是在人事使用和管理制度上引进市场竞争机制。这样人才的竞争，必然会促进教育的竞争，从而增强教育的压力、动力和活力。只要教育的发展，直接受到社会的检验和推动，教育界办学模式千篇一律的空气就会改变，中国教育百花争艳的局面就会到来。

对优化教育结构的思考[19]

1985年《中共中央关于教育体制改革的决定》提出了普及九年义务教育、改革中等教育结构、建立与我国国力大体相当的高等教育体系的构想，勾画了我国教育结构的总体蓝图。国务院正在研究拟定的《中国教育改革和发展纲要（1990—2000年）》，把调整教育结构列为我国教育发展战略的基本内容，并且据此规定了各级各类教育的指导方针。可以预料，我国教育事业在20世纪90年代将经历一个以调整和优化教育结构为主要内容的发展时期。按照业已明确的基本思路，对我国教育结构的历史、现状和未来发展进行整体性思考，并做出切合实际的筹划，已经是教育界面临的一个现实课题。

一、我国教育发展的结构分析

在对我国教育结构进行现状分析时，涉及一个有争议的问题，就是对于这一时期高等教育发展速度和规模的估计。有些同志认为我国教育结构上的问题主要是由于高等教育发展过快、规模过大造成的，而高教发展过快又是由于计划管理上的宏观失控。这就势必影响到调整和优化教育结构

---

[19] 谈松华："对优化教育结构的思考"，《上海高教研究》，1991年第1期。

的思路。教育结构成为分析中一个关键性问题，需要做出必要的回答。

讨论我国高等教育的发展速度，首先要对其现实背景进行简要的分析。我们知道，在20世纪60—70年代，国际上有一个高等教育迅速发展的时期，我国在这一时期高等教育恰恰处于萎缩状态。许多发展中国家在经济起飞前都有一个加速发展高教的过程，我国也正处于经济发展的这样一个阶段。这就是说，在80年代我国存在着加速发展高等教育的客观需要。当然，我们应当注意到一些国家曾经出现过的高教发展过快导致整个教育结构不合理的教训，也应当避免出现大起大落。但是，从总量上分析，我国高教的发展速度低于发展中国家的平均水平。1979—1988年间我国普通高校入学率年均增长4.6%，而1970—1980年间，发达国家年增长2.6%，发展中国家年均增长5.7%。再从在校学生总数看，1960—1987年全世界增长4.3倍，发达国家增长2.47倍，发展中国家增长12.3倍，而中国在同期增长1倍。可见，从20世纪60年代到80年代我国高等教育的发展低于全世界的平均增长速度，同大多数发展中国家相比更是很难得出发展过快的结论。

在过去的10多年中，我国高等教育曾经有过1978年和1984—1985年两次发展高峰，招生数年递增分别为46%、21%、30%，对此需要做具体分析。1978年的大发展带有恢复和补偿的性质，而1984和1985年的发展则是经济社会发展计划的需求猛增促成的。这两次加速发展对于缓和高级专门人才的青黄不接，促进经济、科技和高教事业的恢复和发展起了积极作用，并且在增加数量的同时，还注意发展社会急需的专科和应用学科人才，调整高等教育结构。但是，由于在专科学校审批权下放等管理权限下放的同时，没有及时制定高等学校设置标准等宏观管理措施，加之高教管理体制上的条块分割和政策导向（如干部工作中的唯学历论）等原因，一度出现宏观失控，特别是20世纪80年代前期新建学校猛增，形成了外延型扩展的格局，约有 100 多所学校不符合设置标准。学校人力、物力、财力全面紧张，影响教学质量和规模效益的提高。这些问题教育领导部门在 1985 年已经发现，并且及时做出了控制招生规模、严格控制审批新校、收回专科学校审批权等决策。1986 年开始（除 1988 年因"创收"刺激超计划招生外）到 1989 年招生数控制在 60 万人上下，高教发展过猛的势头得到控制，进入稳定发展状态。

至于我国高等教育的适度规模，有待专门研究。但是，不论从三级教育的发展程度，还是从投资比重来看，均不能得出现有高教规模造成教育结构不合理的结论。以联合国教科文组织 1989 年统计年鉴为依据，在有三级教育入学率统计数据的 142 个国家和地区（第二级教育为 139 个）中，第一级教育（6—11 岁）入学率在 80% 以下的 38 个，81%—100% 的 38 个，101% 以上的 6 个，我国为 132%，以净入学率 98% 算，亦居前列；第二级教育（12—17 岁）入学率，40% 以下的 61 个，41%—80% 的 51 个，80% 以上的 27 个，我国 42%，居中等程度；第三级教育（20—24 岁）入学率，3% 以下的 42 个，3.1%—20% 的 24 个，20% 以上的 4 个，我国普通高校入学率 1.7%，加上成人高校为 3.2%，处于较低的发展程度。可见，我国并未出现一些发展中国家曾经发生过的高教过度发展、基础教育严重落后的问题，而教育投资比例，在有该项数据的 139 个国家和地区中，高教经费占公共教育经费 15% 以下的有 49 个，15%—25% 的有 69 个，25% 以上的有 21 个。我国高教经费占公共教育经费 21%，居于中等水平。在教育基建投资中，高教比例偏高，生均 1407 元，中小学生均 19 元。但中小学基建经费有相当大比例为地方集资和个人捐资，实际差距没有这么大。至于生均教育事业费支出，1987 年与 1978 年相比，大学生由 1844 元增至 2314.7 元，增 30.8%；中学生由 39.5 5 元增至 141.15 元，增 253%；小学生由 16.5 元增至 59.96 元，增 270%。大中小学生均事业费的比例也由一个大学生相当于 46 个中学生、111.5 个小学生，改变为一个大学生相当于 16 个中学生、38.5 个小学生。可见，在近 10 年的教育发展格局下，教育事业费投资是逐步向基础教育倾斜。当然，我国教育经费尤其是基础教育经费极其困难，这主要是我国国民经济投资结构和教育体制上包得过多的弊端造成的。在我国现有投资总规模不做较大幅度调整的情况下，即使压缩高教投资比例，也很难迅速改变经费短缺的状况。

有些同志从近年来出现的大学毕业生供求关系的变化得出结论，认为我国高教规模过大，超过了社会总需求。这种看法也是值得商榷的。我国大学毕业生的供需比例正在逐步趋向缓和，供需比从 1986 年的 1：2.8，下降到 1987 年 1：2.0 和 1988 年 1：1.85。1989 年和 1990 年一度出现了供大于求的现象。但是，对此要做具体分析，不能由此得出大学生已经过剩的结论。我国专业技术人员占职工的比例仍然偏低，以几个行业为例，计算机工业 15%—18%，电子工业 1.39%，机械工业 4.8%，冶金工业 9.5%，只及国外同类企业的 1/3 到 1/2；正副主任医师数只及配备标准数的 1/10，金融、财会、法律方面的专业人才比例距离要求更远。按照我国社会发展的要求，现有的高校规模是不应该出现总量过剩的。主要是结构性过剩，即层次、专业种类、人才规格与社会要求脱节。至于近年出现的大学毕业生就业难的问题，当然在一定程度上反映了供需关系的改变，但不能不看到还有一些其他原因，例如治理整顿期间的近期效应，某些企业承包和工资总额包干后的短视行为，现有劳动人事制度影响岗位合格人员的合理配置，毕业生供求矛盾缓和以及部分大学生适应性差造成的求职心理的障碍，毕业生择业取向与社会要求之间的差距等等。因此，不能依据一时出现的暂时现象不做分析地做出全局性判断，而应该从经济、科技、社会发展的需要出发，通过调整内部结构（包括普通高教和成人高教的比例），并在某些领域采取人才保护储备政策等措施，使高等教育更好地适应社会主义建设的需要。

我国教育结构确实存在着问题，并且已经成为实现教育事业与社会主义建设协调发展的一个突出的课题。问题是不宜从单一因素做孤立的分析，而是需要从各级各类教育的配比和功能上做综合分析。例如，基础教育薄弱的状况仍未根本改变，就多数地区而言，主要并不在于数量和规模，而是辍学率、重读率高，巩固率和按时毕业率低，从而在质量和规格上有差距。职业技术教育在地区之间和城乡之间发展不平衡，尚有待于探索适合我国国情的教育序列和办学模式。高等教育摊子铺得过大，层次、科类和人才规格结构同社会主义建设的实际需要存在一定差距。各级各类教育之间缺乏沟通、衔接和合理组合，重复设置，自成体系，使有限的教育资源不能发挥最大的教育效益。需要着重指出的是，我国教育面临的结构性问题，并不只是某一类教育的发展速度和规模问题，从其更深层的方面说，这是经济社会结构变动引发的教育整体结构的转换。只有从这样的基点出发把握我国教育结构调整的方向，才能达到整体优化、协调发展的目的。

二、优化教育结构的整体性思考

结构本身是一个整体性概念，只有从整体上把握局部，才能达到优化的目的。这种整体性既包括把教育的各个层面和各个部分作为一个系统考察，也包括把教育放到社会大系统的整体之中，实现教育内部的合理组合、协调运行、教育结构与经济社会结构的大体适应。

如果我们考察一下发达工业国家和新兴工业国家的发展历程，可以发现在这些国家工业化的不同阶段，基础教育、职业技术教育、高等教育之间的配比是有所不同的。当然，基础教育是整个教育大厦的奠基工程，许多国家普及义务教育并不都是由经济原因引发的，但普及教育却是经济增长的一个必要条件，而工业化的进程也反过来成为普及教育的一种动力。在经济起飞阶段，大都有一个初、中等职业和技术教育加速发展的时期；随着经济转向集约化轨道，达到发达工业社会阶段，高等教育的普及率将达到一定程度。当然，各国经济类型和结构不同，教育结构也会有自己的特点，例如美国和瑞士人均国民生产总值均在2万美元以上，而1988年高校入学率却分别为60%和24%，差别很大。但是这些国家的教育发展大体上还是有一个临界点（例如大多数发达国家均已普及10年以上基础教育，高校入学率在20%以上），这为分析我国教育结构提供了一个重要的参考依据。我国社会在今后几十年内将由二元结构向现代化结构转变，呈现过渡期的特征：大量初级技术即半机械和手工操作的工业、手工业和农业将逐步呈下降趋势，但仍占相当比重，目前数量有限的中级技术即机械化、半自动化的工农业会有较快发展，比重会逐步增加；少量高技术产业和信息产业尽管比例不会很大，但代表未来方向，也应放在重要位置。我国教育结构的总体部署应从这样的经济社会结构出发。

（一）层次结构：初等、中等、高等教育的合理配比

到20世纪末、21世纪初，这种配比是否可以大体设想：全国首先扎扎实实普及小学教育；城镇和中等以上发达地区的农村普及九年义务教育，中等职业技术教育基本满足新增劳动力普遍接受职业培训的要求；高等教育在稳定和调整的基础上，有重点地适度发展，满足社会急需的高级专门人才的需求。合理的层次结构不仅在于三级教育的发展规模要保持恰当的比例，而且要有效地发挥各级教育的功能和调整其内部结构。改变基础教育的薄弱状况，既要提高和巩固入学率，还要提高毕业率，更要确保大面积的教育质量，使受教育者具有合格公民和合格劳动者的基本素质。这是建设牢固的教育大厦的基础所在。高等教育在近期主要是调整结构，

深化改革，提高水平。

控制研究生和本科生招生规模，在改革现有专科教育模式的基础上，专科层次应有适当的发展，特别注意发展适应性强的短期大学。对高等学校的整顿，要着眼于现有办学条件和学校整体布局两个方面，分别采取调整、充实等不同做法：有些学校重复设置，即使具备条件也应调整；有些学校条件虽然较差，但如确属缺门，则应通过联合、充实等方法限期办好，不能像企业那样关停并转。研究生教育要考虑到留学生政策的调整和博士生培养基本立足国内的方针，主要是调整科类专业结构，重视应用科学人才培养。

（二）类别结构：普通教育、职业教育、技术教育的协调发展

因有关教育分类标准需要专门研究，本文着重讨论中等教育结构和高等教育科类专业结构。从1980年以来，我国实行小学后、初中、高中三次分流，发展不同层次（主要是高中阶段）的职业和技术教育是适应现阶段经济和社会发展需要的。现在的问题是要根据不同地区的发展水平和经济结构，确定普通高中和高中阶段的职业、技术教育之间的不同比例；在贫困地区的农村和大中城市还要分别发展初中阶段和高中后的职业和技术教育；逐步理顺三类职业技术学校的关系，理顺大专、中专和职工大学、高等职业学校的关系，通过多种方式逐步使职业技术教育同普通教育沟通。

高等学校专业划分过细，专业布点过多，专业设置与社会需求相脱节。仅据1989年部分省（市）和部委上报的毕业生需求数与毕业生人数的比例，理科为0.38∶1，文科为0.58∶1。这种以基础学科设置的专业的毕业生的过剩问题，提示我们，在高等学校科类专业结构调整中，要压缩基础学科，发展应用学科；按照高等学校分类标准和专业目录，

逐步调整本科专业设置，专科和短期大学的专业设置应按社会需求灵活调节。

(三)形式结构：正规教育、非正规教育、非正式教育的渗透互补

这里所说的非正式教育是指非教育机构进行的广义的教育。多种形式教育的发展是与终身教育的要求相伴而生的，是现代教育的一个重要特征，在成人教育的发展中表现得特别明显。近10多年来，我国成人教育蓬勃发展，一度迅速发展的成人学历教育带有补偿教育性质，正随着成人岗位培训的发展和普通学校扩大招收成人学员而逐步改变。可以预计，随着我国经济文化的发展，成人学习的要求将会进一步增长，应该建立一种包括各种教育形式和教育机构的大教育体系，以适应这样一种社会化的学习需求。在这个体系中，要打破单一正规学历教育形式的局限，各种教育机构既有合理分工，又能渗透互补；普通全日制学校主要承担正规学历(包括成人)教育，同时也要开展继续教育和补偿教育；企业、事业单位、地区和社会团体举办的成人教育机构主要承担岗位培训、单科学习和继续教育，也可举办补偿性的学历教育；社会教育设施主要承担文化生活教育，也可发挥正规和非正规教育的补充作用。通过各种教育形式的互补，尽可能地满足社会多方面的教育需求。

(四)区域结构：发达地区、中等发达地区、欠发达地区的梯度推进

我国地区之间经济文化发展水平和经济社会结构差异很大，教育程度和教育结构也会有明显的地区特色。在全国范围内按照经济文化发展水平形成一种梯度结构，在各个区域内也要有分区布局的考虑(例如沿海、山区、侨区、少数民族地区等)。在教育程度方面要有不同要求，在各级各类教育的配比和发展模式上也应有适合当地实际的特点。这种既有统一要

求又有地区特色的区域结构，将使教育在为当地建设服务中得到发展，并且逐步缩小地区差距。

在对教育结构进行重大调整的时期，需要加强总体筹划和宏观调控。这是保证教育内部和外部协调发展的必要条件。仅从宏观决策的角度讲，一要重视宏观决策研究。在政府职能转到宏观管理为主之后。应当把加强教育宏观决策研究摆到十分重要的位置。在中央和省（自治区、直辖市）两级建立或加强宏观决策咨询研究机构，并以其为中心组织教学、研究，情报信息和实际工作部门形成研究网络，承担政府提出的教育宏观决策研究课题，力争使重要决策建立在科学论证的基础之上。二要加强社会参与决策。为了把社会参与作为一种必要的决策程序，除重大决策单独组织各界共同研讨外，还应建立必要的社会参与制度和咨询、审议机构，吸收各界权威人士和政府有关部门专家对重大决策进行咨询审议。三要完善宏观决策系统。例如制订事业发展计划，包括教育结构的调整。根据国家经济建设和社会发展计划，由教育部门归口与计划、财政等综合部门协商统筹提出教育事业发展计划，经综合平衡后纳入国民经济和社会发展计划。教育部门以及政府其他部门有关教育的决策凡需以法规形式固定下来的，应由人大立法，教育决策和实施都要在法律规定的范围内进行，同时，加强人大和政协对于教育决策的审议和监督。

深化教育体制改革的思路和目标[20]

《中国教育改革和发展纲要》继《中共中央关于教育体制改革的决定》之后，对深化教育体制改革的思路和目标做出了总体设计，并且对教育其他方面的改革也提出了原则的要求，是指导我国20世纪90年代深化教育改革的纲领性文件。学习贯彻《纲要》要抓住教育改革这根主线，注意把握改革是贯穿《纲要》始终的主要课题，不仅在第三部分集中规划了深化教育体制改革的蓝图，在其他部分包括教育事业的发展、全面提高教育质量、教师队伍建设、教育投资体制等方面，也都体现了改革的精神。要把改革与发展结合起来，教育改革同其他方面改革贯通起来，协调配套，相互促进，实现教育全面改革的预期目标。

一、现阶段我国教育改革的社会背景和基本内涵

教育作为社会大系统中的一个子系统，它的改革除了有其自身的动因外，还受到社会发展和改革的影响和推动。从社会发展和改革的全局分析其背景动因，有助于把握教育改革的时代课题和基本脉络。

---

[20] 谈松华："深化教育体制改革的思路和目标"，郝克明、张天保、谈松华主编《建设有中国特色的社会主义教育体系的宏伟纲领——学习〈中国教育改革和发展纲要〉》，人民教育出版社，1993年。

从历史上看，新中国成立以来到 20 世纪 70 年代中期，我国曾经经历过三次大的教育改革过程。如果撇开具体的细节，可以发现，每次都是社会发生的变化对教育领域产生影响，从而引发了一个改革过程。第一次，是新中国成立初期到 20 世纪 50 年代前期。当时处于新旧社会制度的转换时期，开始奠定了社会主义政治制度和经济制度的基础。与此相应。在教育领域经历了一场废除半殖民地半封建的教育制度，逐步建立社会主义教育制度的改革过程。以 1953 年院系调整为标志，初步形成了与产品计划经济体制相适应的教育体制和教育模式，为实现国民经济和社会发展目标做出了贡献。第二次是 1958 年到 1961 年。当时一方面我国社会主义建设开始摆脱照搬苏联的教条主义的束缚，探索适合中国国情的社会主义建设道路，另一方面，党的指导思想上"左"的错误开始显露，影响政治、思想、文化和经济领域。在这种背景下开展的 1958 年"教育大革命"，以解放思想、破除迷信为口号，以克服脱离政治、脱离实际、脱离工农为主要目标，冲击了过于集中统一的教育管理体制和比较封闭的学校教育模式，在加强地方政府管理职能和促进教育与生产劳动、社会实践相结合方面进行了探索，起到了一定的积极作用。但是，由于指导思想和思想方法上的片面性，在破除旧体制、旧秩序的同时，没有建立起符合教育规律的新体制、新秩序，以政治运动冲击学校工作，以生产劳动代替教育教学，学校正常教育秩序遭到破坏，教育质量下降。经过调整、整顿，逐步恢复了学校制度和教育质量，总结了新中国成立以来教育工作的历史经验，制定了"高教 60 条"以及其他相应的工作条例，初步形成了符合我国教育工作规律的规章制度。当然这些规章制度也有其历史的局限性。第三次，从 1964 年直到演变到"文革"中的"教育革命"。当时在阶级斗争问题上的"左"的指导思想进一步发展，国际上反修斗争逐步升级，农村和城市相继开展社会主义教育运动。教育战线由于贯彻"60 条"等工作条例，总的情况比较稳定，在教育教学方面也出现了一些新的问题。这次教育改革开始是解决学生负担过重、教育脱离实际、教学方法和考试方法不甚得当等教育教学上的问题的，以后社会政治运动迅速波及学校，提出了资产阶级知识分子统治学校的领导权问题，直至发展为"文革"全面否定17年教育工作，对教育战线全面开刀，全面破坏。这已经不是什么教育改革问题了，而是打着教育改革的旗号，实现其政治目的。

以上三次教育改革（第三次发展到"文革"时期并不是通常意义上的教育改革），都发生在我国社会历史的转折时期。社会政治、经济的变动对教育改革起了主要的驱动作用，尤其是政治因素在某种程度上作用更大。在这种变动频繁的现象后面，可以发现贯穿着一条线索：如同我国社会主义建设的多次波动反映了对于在中国如何建设社会主义进行探索的历程一样，教育的几次改革所要解决的根本问题是如何建设具有中国特色的社会主义教育。沿着这样一个线索考察从20世纪80年代中期以来在我国逐步展开的教育改革，是在新的历史条件下进行的新的探索，具有更为广阔和深刻的历史背景，带有时代的特征。

（一）当代经济、科技领域的变革与教育改革

从20世纪60年代发端的世界范围内的新技术革命，全面而深刻地改变着社会生活的各个领域和人们的生产方式、生活方式和思维方式，对教育的改革和发展产生了深远影响。首先，它加速了知识更新的速度，使人类知识总量空前增长。据英国科学家詹姆斯·马丁推测，人类知识在19世纪时每50年增加1倍，20世纪初每30年增加1倍，到20世纪80年代后期每3年增加1倍。现在世界上每小时有近20项新发明。每天有600—700篇科学论文。知识的增长还促进了学科的分化和综合，产生了许多新型学科、边缘学科、交叉学科，如环境科学、生命科学、材料科学等都是

多学科的综合性学科。科学技术的这种发展态势，使得学校的教育功能和人们的学习方式将发生重大变化。其次，科学技术与生产日益紧密结合，加速了科学技术向生产力转化的过程，也使生产过程产生了革命性变革。经济、科技、教育的结合已经成为现代经济和社会发展的一个显著特征。以往那种以学科教育为主线的封闭式的教育模式已经不能适应现代经济和社会发展的需要，同时，现代经济的发展，使产业结构加速变化，职业变动频繁，人们的职业流动也加快了。据测算，发达国家在一代人的时间里有50%的职业将被新的职业所替代。每3—5年有50%的职业将会更新。例如在把电脑运用于工作过程之后，像电话接线员、银行储蓄业务员、手工操作生产人员的职业需求就会大大减少。据统计，美国每年每七个工人中就有一个人变换职业或雇主，在1970—1980年开创的1700万个就业机会，其中90%用于知识、信息和一般性服务。经济发展对就业结构和就业趋势的这种影响，势必要求改变那种过于狭窄的专业教育和职业教育模式。再次，新技术革命正渗透到社会生活的广泛领域，尤其是电脑和大众媒体的普及，社会日益信息化，改变着社会的交往方式和人们的日常生活方式，社会对教育的需求更加多样化。

科技和经济的发展对教育提出了新的要求，其影响是多方面的。例如，以往仅仅把不会读写算的称为文盲，在科技革命时代，缺乏计算机和必要的科学知识将被称为"功能性文盲"。基本教育的要求扩展了：那种以传统学科知识为主线的教学模式，将发展为更注意培养人吸收、消化、创造信息的能力；适应现代交往和职业变化的需要，那种仅仅针对某种职业甚至某种工种的培养规格，将会被更具有适用性的培养规格所取代。经合组织的专家提出的三张证书，即在学历证书、职业证书之外，需要第三张证书——这种证书指的是人的事业心、进取精神、人际交往能力、组织协调能力等等，这些正反映了现代社会对人的素质要求。总之，教育要适应变化着的社会需求，就势必要在教育目标、课程结构、培养过程等方面进行全面的改革。

（二）社会主义市场经济体制的建立与教育改革

我国这一阶段的教育改革之所以从 20 世纪 80 年代中期逐步展开，其主要背景就是城乡经济体制改革的全面推进。从体制改革入手，推进教育的整体改革，是这次改革的显著特点。尤其是社会主义市场经济体制目标的确立，必将引导和推进教育体制改革的深化。因此，研究教育改革和社会主义市场经济的关系，是推进现阶段教育改革的根本依据。

社会主义市场经济作为我国经济体制改革目标的确立，其影响所及不仅涉及经济领域的各个方面，也涉及政治、文化等其他领域，影响社会生活。例如，社会思想观念上自主自立观念、平等竞争观念、信息效益观念、法制观念等等将会取代某些与计划经济体制相适应的观念；社会组织结构上，将从垂直依附型向网状自主型转变；社会运行机制上由某种程度的行政和人事的运作方式向经济与法制的运作方式转变等。市场体制的内在规律不以人的意志为转移会渗透到社会生活的方方面面，教育作为社会活动的一个领域，必然也要受到市场经济的影响。例如，教育资源的配置原先全部由政府通过指令性计划实现，而在市场经济体制下，教育资源的相当部分将会通过市场配置（例如：大中专和职业学校学生的招生就业、学校资金的筹措、科研项目的确定等等），这就势必要改变政府与学校的关系，改革教育管理体制。又如，人才劳务市场的发育，不仅是在大中专和职业学校的学生的招生就业方面发挥市场调节作用，教师的聘任和员工的雇用也会受市场供求的调节，这样学校和社会的联系更为直接，学校运行直接或间接地会受到市场经济的影响。至于校办企业，更是直接进入市场，参与市场竞争。这些是列举教育的体制和运行上受市场经济影响的方面。这些方面主要是同市场体制中的人才劳务市场、资金市场、技术市场、信息市场等要素市场关系比较密切。我以为，研究社会主义市场经济同教育改革的关系，还需要研究在市场经济体制下，由于就业方式、转业机会、岗位要求的变化，对人才素质会提出的新要求。例如适应性强、适应面宽、知识结构多种类型，除了本门专业知识之外，还要有相应的能力等等。以工科教育为例，在计划经济体制下，工程师主要负责产品和工艺开发、设计、技术管理等等。学校主要培养学生的工程技术知识和能力。而在市场经济体制下，工程技术人员不仅要掌握工程技术方面的业务，还要懂得成本效益、经营管理、市场营销等等。这就需要增强管理、金融、会计，甚至法律方面的知识。就社会主义市场经济对人才素质要求的角度说，这种影响不仅对高等教育和职业技术教育比较直接，对基础教育也会有直接或间接的影响，不仅要在教育体制上进行相应改革，也要在教育教学制度和人才培养模式上做必要的改革。

在教育改革与社会主义市场经济的关系上，无论在理论和实践方面都有待于做进一步的探讨。教育要通过改革主动适应社会主义市场经济体制和政治体制、科技体制改革的深化。这就是教育体制改革的总题目，而对于如何适应这个问题，认识上还不完全一致，实践上也还缺乏系统的经验。我认为，在今后一段时间内，在学习和贯彻《纲要》过程中，有必要在以下三个问题上做些探讨：一是社会主义市场经济条件下的教育改革和发展规律。需要研究这种规律同经济规律的区别以及相互联系，研究在计划经济体制和社会主义市场经济体制下教育规律的联系和区别。在这样的基础上明确教育改革的方向、目标和重点。二是不同层次和类别的教育适应社会主义市场经济体制的不同特点。例如职业技术教育和成人教育的大部分可以更多地由市场调节，高等教育按照不同科类和学校类别确定计划调节和市场调节的范围和程度，义务教育则主要由政府兴办和管理，只在一定范围内,引入某些市场机制等等。这些都不应该停留在概念上的争论,而需要在改革的实践中进行探索。三是社会主义市场经济体制的发育过程和教育改革的实施方针和步骤。资本主义市场经济从开始产生到形成发达的、完备的市场体系,经过了很长的发展过程。我国从计划经济体制转向社会主义市场经济体制也将会有一个相当长的转换和发展过程,并不是一提出市场经济,各个方面很快就能按市场机制运行了。在一段时间内必然会新旧体制交替,有一个过渡和发育的时期,而且各个地区的发展水平悬殊,建立社会主义市场经济体制也有一个地区的不均衡性。因此,教育体制改革要按照这种时间和空间上的不平衡性来确定实施步骤。《纲要》提出"综合配套、分步推进"的方针正是从这种客观实际出发的。

(三)教育现代化与教育改革

教育现代化这个命题尽管还需要做出科学的界定,但它的提出对于教育改革无疑具有现实的指导意义。它从另一个角度提出了确定教育改革目标的依据。

教育现代化既是从教育同社会发展的关系的角度,又是从教育自身发展的趋势提出来的。教育现代化是国家和社会现代化的基础。社会的现代化是一个社会全面进步的过程,它不仅有物质层面(工业、农业、科学技术、国防等)的现代化,还有精神文化层面(包括思想观念、道德水准、社会风气、民族文化心理等)和制度层面的现代化。所有这些层面的现代化的基础在于人的素质的现代化。而人的素质的现代化的基础又在于教育的现代化。换句话说,只有依靠现代化的教育培养具有现代化素质的人,才能建设现代化的社会。反过来说,教育的现代化,又是在社会现代化进程中实现的,是社会现代化的客观要求和组成部分。因此,教育要从根本上适应社会主义现代化的要求,它自身必须实现现代化。教育改革只有把实现现代化作为自身的任务，才能实现教育改革的根本目的。

教育现代化是教育形态全面演进的概念。它既包括现代的教育设施、教育手段等物质层面，也包括教育制度、教育体制的进步，更重要的是教育思想、教育观念的现代化。这是一个改革和创新、继承与发展的过程。要在继承我国传统教育中科学合理部分、吸收世界优秀的教育和文化成果的基础上，改革那些不适应现代化建设需要的方面，特别是要在教育思想观念上有更新，注重教育体制和教育制度的建设，在课程改革和课程建设方面有所突破。把改革和建设结合起来，在实践中创造符合现代化要求的教育体制和教育制度。

由上可知，现阶段我国教育改革是在国际国内广阔的社会背景下展开的，肩负着双重任务，一方面要适应经济、科技、政治体制改革的需要，实现教育体制的新旧转换，另一方面要适应当代经济、科技、文化的新发展，迎接 21 世纪的挑战，在教育思想、教育教学制度、教育内容和方法等方面进行全面改革。这样一场涉及面极其广泛的改革，不仅是教育系统内部的综合改革，也需要经济、科技、劳动人事等方面相配套的整体改革。它包含着观念更新、制度创新、模式转换等多方面的内涵，而以体制改革为突破口，带动教育其他方面的改革，则是其显著的特点。

二、深化教育体制改革的主要思路

《中共中央关于教育体制改革的决定》发布后，教育体制改革在全国范围内逐步展开，取得了明显的进展。基础教育实行地方负责、分级管理的体制，推动了普及义务教育的进程；农村实行基础教育、职业技术教育、成人教育"三教统筹"，促进了各类教育协调发展，同地方建设相结合；高等教育在单项改革和学校内部管理体制改革方面有了初步成效。但是，从总体上仍然没有突破原先那种适应产品计划经济的教育体制的框架，与日益深化的经济体制改革不相适应。尤其是党的十四大确定我国经济体制改革的目标是建立社会主义市场经济体制，既明确了教育体制改革的基本目标，也提出了加大改革力度的要求。《纲要》正是顺应这种要求，提出了深化教育体制改革的思路和目标。

《纲要》指出："在90年代，随着经济体制、政治体制和科技体制改革的深化，教育体制改革要采取综合配套、分步推进的方针，加快步伐，改革包得过多、统得过死的体制，初步建立起与社会主义市场经济体制和政治体制、科技体制改革相适应的教育新体制。"这里规定了20世纪90年代我国教育体制改革的方针、步骤、主要内容和基本目标。《纲要》还根据改革是社会主义制度自我完善的思想，提出了教育体制改革要做到"三个有利"，为建立有中国特色的社会主义教育体系奠定基础。

教育体制改革在现阶段主要是改革包得过多、统得过死的体制，处理好政府、学校、社会这几个方面的关系，建立起政府宏观管理、社会主动参与、学校自主办学的体制。这种改革包含多方面内容，仅就三个方面做些说明：

(一) 办学体制改革

这里的办学体制主要是指由谁来办学校，即办学的主体。从新中国成立初期对旧学校接管和改造后，我国形成了单一由政府办学的体制，政府包办各种教育，社会团体、集体单位和公民个人都不能独立办学。这种办学体制在教育对象限于少数人的英才教育阶段，教育形式限于正规的学校教育的条件下，大体还能适应社会的需求，也能比较统一地规范和管理教育。但是，它束缚了社会办学的积极性，使教育模式单一化，学校缺乏特色，为政府对学校统得过死提供了条件。随着教育规模的扩大，社会对教育的需求日益增长，教育要求更为多样化，政府包揽办学的体制已经无法满足这种新的需求，也阻碍了教育的多样化和教育活力的发挥。

《纲要》根据教育发展的新情况，并总结了近十多年来各方办学的经验，提出实行以政府办学为主体、社会各方共同办学的体制。在这种体制中，政府办学仍然是主体部分。这在许多国家都是共同的，兴办学校为居民提供平等的教育机会是政府的一种责任。我国政府今后仍将承担兴办教育的主要责任。《纲要》同时又规定："国家对社会团体和公民个人依法办学，采取积极鼓励、大力支持、正确引导、加强管理的方针。"这就是我们平常所说的社会力量办学，将呈现发展的趋势。根据各级各类教育的不同情况，鼓励发展社会力量办学，正是办学体制改革的主要内容。基础教育尤其是义务教育属于国民素质教育，要以地方政府办学为主。高等教育以中央和省（自治区、直辖市）两级政府办学为主，社会共同参与办学。这是因为兴办高等学校投资大，办学条件要求高，社会团体和公民个人在一般情况下难以单独兴办，即使在美国，私立高校在校学生也只占高校在校学生数的24%。在日本和韩国，私立高校学生数占70%—80%，但大多为专科学校、专门学校和专修学校，这种学校职业性强，主要由市场调节。在我国，随着经济水平和教育普及程度的提高，在发达地区的若干中心城市，社会对高中后教育需求将会明显增长，社会各界兴办短期高等教育的前景会拓展，高等教育尤其是成人高等教育社会力量办学有所增长。至于职业技术教育（包括成人的职业和岗位培训），要以企业、行业、事业单位和社会各方面联合办学为主，政府只兴办若干骨干示范性学校或培训中心，这类教育也更多地受到市场的调节。

政府在鼓励和支持社会力量办学的同时，要加强引导和管理。首先要严格学历教育的管理。凡举办学历教育的机构要按学校设置标准和审批手续，经评议后由法定的审批单位批准。要鼓励举办非学历教育、各种形式的职业培训和资格证书教育。资格证书教育应在国家统一规范下由行业负责管理。某些非学历教育机构可为学生发放写实性学习证明，并可通过自学考试等形式获得学历文凭。国家将制定有关法律，使社会力量办学走上法制化、规范化的道路。

（二）教育管理体制改革

新中国成立以来，我国在教育管理体制上曾进行过几次调整。新中国成立初期建立了中央集权的管理体制；1958年高等学校下放，扩大了地方管理权限；1960—1961年之后经过调整，加强了中央统一管理的权限；"文革"又大批下放高校，基本上都交给地方管理；1978年之后又基本恢复了"文革"前17年形成的管理体制。所有这些改革有一个共同点：都是在中央集权这一总的体制框架内，在政府管理权限的划分上做调整，每次调整对学校来说只是换了"婆婆"，政府和学校的关系并未引起根本性变化，政府对学校的管理，不论是中央政府还是地方政府，都采用直接的行政管理的方法，学校与社会直接沟通的渠道并未真正打通，教育主动适应社会需要的体制并未建立起来。20世纪80年代中期开始的教育体制改革提出了改革政府对学校统得过死、包得过多的问题，涉及了政府与学校的关系和政府职能问题。《纲要》则更加明确地提出由适应计划经济体制的教育体制向适应社会主义市场经济体制的教育体制转轨的问题，这就把教育体制改革的出发点和目标同社会改革全局联系了起来，并从适应社会主义市场经济体制的角度提出了管理体制改革的基本思路。主要是处理好三个方面的关系。

1. 政府与学校的关系

这是管理体制改革的基础。不论采取中央集权还是地方分权的制度，都要解决好政府与学校的关系问题。以往的教育改革大多在解决条条块块上做文章,这当然也需要解决,但是仅仅停留在这一点,仅仅触及了哪一级政府管学校,并没有解决政府与学校应建立一种什么样的关系这一根本问题。《纲要》提出建立政府宏观管理、学校面向社会自主办学的体制,对政府与学校的职能及其相互关系做了原则的界定:政府要行使管理权,但那是宏观管理,并不是对学校办学过程进行行政干预,学校有自主办学的权利,这种自主办学的权利并不是孤立的、封闭的,而是在政府宏观管理下,面向社会办学,社会要参与办学。保证这种体制的运行,需要从三个方面进行改革:①通过立法,明确学校的法律地位及其权利和义务,使学校成为自主办学的法人实体。从民法角度说,学校一经批准就有了法人资格,而真正落实其独立的法人地位,还需要制定相应的教育法规,例如教育法、学校法等等。按照政事分开的原则,规定学校的权利、法律责任、社会义务、学校如何履行自己的义务、如何维护自己的权利、政府的职权和责任,政府与学校的关系,还有实现上述权利和义务的法律保障条款、法律诉讼程序等等。只有这样,才能从根本上改变单纯用行政手段确定学校自主权和政府的管理权限,从法律上确定两者关系,依法保证各自的权利和义务。②通过社会参与办学,学校面向社会,形成一种自我发展、自我约束的机制。我国长期以来实行一种学校隶属政府的垂直型的管理体制和运行方式,社会很少参与学校的决策和管理,学校运行的推动力和约束力都来自上级政府,一旦政府不实行直接管理,如果没有社会参与,学校就成了自我服务、自我完善的系统。在国外,例如美国州和地方都设有教育委员会,它的职权很广,实际上是教育的决策机构,而教育行政部门则是管理机构,这种教育委员会由教育界以外的人士组成,由选民选举产生,或州长任命,这样教育就有社会参与决策。学校董事会 2/3 的董事是校外各界人士,学校的规划、拨款、校长的遴选、终身教授的聘任等学校重大问题的决策由董事会决定。我国近十多年来中小学建立社区教育机构，高等学校也尝试吸收社会参与讨论学校建设重大问题等等，开始注意增强社会参与的作用，但还有待于从体制上健全和完善。总之，学校自主办学并不是在封闭状态下的自我完善，而是在国家法规范围内，政府宏观管理和社会多方参与下，充分调动学校自主性和积极性。可以说这是多方面合力的作用，使学校在一个合理定位上发挥最大的潜能。③真正履行学校自主办学，还要完善学校内部管理体制。党委领导下的校长负责制、校务委员会或董事会制、职工代表大会制等制度要协调和健全，其目的是使学校的决策、管理和监督的机构和职能相互协调、相互制约，使学校内部体制具有高效协调、应变的活力和主动适应社会主义建设需要的能力。

2. 政府管理体制中中央和地方的关系

这是我国教育改革中反复试图解决的问题，即集权和分权的问题。这个问题在国际上有两种模式，一种实行中央集权制，如法国、日本等，一种实行地方分权制，如美国、德国等联邦制国家。这种不同体制的形成有其各自历史的、政治的和文化的原因，也各有其利弊。近几十年来，这两种体制都有所改革，即集权制有扩大分权、联邦制有增加中央参与协调的趋势。例如美国联邦宪法中没有教育的条款，教育属于州和地方政府的责任，这是因为从17世纪殖民时期开始，美国东部由市镇办学校，西部办乡村学校，南部由教区或县办学校，形成了地方办学和管理教育的传统。但是随着经济发展和教育的普及和提高，联邦政府越来越重视教育。20世纪50年代联邦政府参与的教育活动达300多项，之后恢复了联邦教育部，联邦政府拨款在教育经费中的比例由1919—1920年度的0.3%，增加到近年的9%。继里根、布什宣称当教育总统之后，克林顿也要当教育总统。布什制定的《美国2000年教育战略》还规定了在4、8、12年级进行英语、数学、自然科学、历史和地理学科的全国性考试，说明联邦政府增强了对教育的干预。而法国则扩大了省的权力，正改变中央集权过多的状况。这些提示我们对于中央集权和地方分权要从实际出发，权衡利弊得失，做出恰当的选择。

我国从20世纪50年代开始实行中央高度集权的体制。这是同计划经济体制和政治体制相适应的。在这种体制下，权力过于集中，统得过死，管得过多。在这种体制格局下，几次进行的下放权力的分权改革，也都是在统一决策下的管理权限下放，地方并没有独立的决策权。这种体制在国家建设初期，人力、物力资源有限，教育规模较小、类别比较单一的情况下，对于集中资源保证重点建设，对于建立统一的社会主义教育制度，对于保证教育的规范化和基本的教育质量，具有历史性的积极作用。但是，我国经济、文化发展地区差别很大，过于集中统一的管理体制不能适应地区不平衡性的现实状况，也不能适应社会主义市场经济体制的发育。《纲要》提出实行中央统一领导和地方分级管理相结合的管理体制，即在中央大政方针下，实行分层决策、分级统筹、分级管理、分级负责。也可以说，我国基本上实行中央集权下的地方分权，改革的方向是扩大和加强地方政府的决策和管理权限。各级政府的管理权限应按照不同类别的教育加以区别。基础教育由中央规定基本学制、课程设置和课程标准、学校人员编制标准、教师资格和教职工基本工资标准等，省、自治区、直辖市政府有权确定本地区的学制、教学计划、教材选用、教师工资水平等，基础教育的统筹管理以县为主，乡镇亦有一定的管理权限。职业技术教育在中央方针政策和省级统一规划的指导下，分别由中心城市和县负责统筹管理。高等教育在现阶段实行中央和省（自治区、直辖市）两级办学、两级管理，改革的重点是扩大省一级的教育决策权和包括对中央部门所属学校的统筹权。我认为，随着地方经济实力的增强，在一部分发达地区，今后中心城市举办短期高等教育的趋势将会发展，中心城市办学和管理权限问题需要进行试验和探索。

3. 政府管理部门内部教育部门与其他业务部门的关系

这里包含着两个方面的内容：一是如何对待部门办学的问题，一是行业如何参与管理的问题。我国在历史上形成的部门办学局面，在新形势下面临着新的问题。在产品计划经济体制下，中央和地方业务部门集中了较多的人、财、物的占有和管理权，由业务部门举办了一批为本行业系统服务的学校，对于发挥部门办学积极性、密切教育与行业发展的结合有积极意义。但是，学校隶属于业务部门，大量办专门学校，服务面局限于行业范围之内，影响学校和学科的发展，同时它使教育过于专门化，专业面窄，适应性差。随着社会主义市场经济的发展、政府部门职能的转变，部门办学需要区别不同情况采取不同的改革措施。《纲要》提出可采取继续由部门办、部门与地方政府联合办、交给地方政府办、企业集团联合办等不同做法，经过试点逐步实施。《纲要》还提出要加强业务部门对本行业的人才预测和规划，协助教育部门指导本行业的人才培养工作。这是完善我国教育管理体制的客观需要。在教育类别和形式日趋多样化的情况下，教育与经济、科技的结合，需要更多地发挥行业的规划、指导和协调作用，包括各种岗位规范的制订、岗位资格制度的建立和岗位资格证书制度的施行，都需要发挥行业的作用。

（三）教育运行机制的改革

这是教育体制改革的重要内容。在原先的体制下，教育的运行机制可以概括为由政府通过行政指令自上而下地推动，学校基本上处于封闭状态下，按政府指令办学。这种运行机制的特点是：①指令性。从计划、经费、人事到办学过程都由行政指令指挥，学校处于被动执行的地位。②划一性。集中指令造成大一统，从专业设置、机构设置、招生分配、教学计划、教材、教师管理和教学管理都按一个标准模式，缺乏灵活性、多样性和学校的特色。③封闭性。社会缺乏参与渠道。教育处于系统内部垂直运行的状态。运行机制实际上是政府、学校、社会（一部分为市场）三方面相互作用的关系。原先那种体制的运行机制是政府运用行政手段的直接管理起主要作用，学校按政府指令运作，社会不直接介入教育运行。这是教育缺乏压力、动力、活力的根本原因。

《纲要》在体制改革的思路中，贯穿了运行机制转换的基本构想，这就是政府由单纯行政手段的直接管理转变为运用多种手段的宏观管理，社会通过多种渠道参与调节教育运行，学校面向社会自主办学。这里的实质，一是要转变政府职能，加强和完善宏观管理，一是要加强社会（一部分是市场）的参与和调节作用。这方面改革大致包括三个方面：

1. 政府职能和管理方式的改革

办学体制和管理体制的改革，改变了政府与学校的关系。政府不能把学校当作行政附属机构进行直接的行政管理。它的主要职能转变为统筹规划、政策指导、组织协调、监督检查、提供服务，在管理方式上也由单一的行政手段转变为综合运用立法的、经济的、学术的和必要的行政手段进行宏观管理。政府要把原先那些属于对办学过程管理的职能交给学校，加强教育立法、执法、决策咨询和政策研究，制订发展战略和规划，经常提供信息，沟通社会各界参与教育，组织审议、评议，通过督导与评估加强监督检查等等，在组织机构上也要精简行政管理机构，加强立法、决策咨询和政策研究、信息服务、督导评估和各种中介性服务机构（如毕业生就业指导、标准化考试机构等）。这样，政府对于学校办学起宏观管理和指导作用，对学校和社会的联系起引导和调控作用，保证政府、学校和社会按照社会需求和教育规律协调一致地运行。

2. 改革计划、拨款体制、大中专毕业生就业制度和教师聘任制度，发挥社会参与和市场调节作用

这种社会参与和市场调节作用在职业技术教育和成人教育中应起主要作用。基础教育则主要通过社区教育组织吸收社会参与办学。教师聘用制度和部分社会力量办学受到市场调节的影响。高等和中等专业教育则设想把计划体制、拨款和收费体制同毕业生就业制度改革贯穿起来，实行计划调节和市场调节相结合，即①招生计划实行国家任务计划和调节任务计划（委托培养和自费）相结合；②拨款分别实行国家任务计划全额拨款、调节性计划部分拨款或补贴；③按国家任务计划入学的学生享受公费待遇，毕业后按国家任务计划就业，由企业、事业单位委托培养（或按合同享受企业、事业单位贷学金或奖学金）的学生，费用由委托单位负责，毕业后按合同定向就业，自费的学生由本人交付规定的费用，毕业后自主择业。这还是一种设想，其结果是相当部分大中专学生的招生、收费和就业受市场的调节。这里涉及劳务人才市场和资金市场的发育程度、教育和社会需求的适应程度，需要通过试验，逐步完善。《纲要》对计划体制、拨款体制和收费制度、毕业生就业制度的改革提出了近期和远期的目标，指导这项改革分步到位，探索出适合我国国情的计划调节和市场调节相结合的运行机制。

3. 配套改革

运行机制改革不仅涉及教育内部的计划、拨款和人事体制改革，也要有教育外部计划、财政金融体制、劳动人事制度和社会保障制度的改革相配套。尤其是劳动用工制度，要改变单一的计划调配，开放劳务人才市场，改革人员单位所有终身制，实行社会招聘和人员流动。与之相适应，要改变官本位和单纯倚重学历文凭的用人制度，实行多种证书制度，尤其是各种职业资格证书和岗位资格证书制度。同时，要建立和健全各种职业资格考核和证书颁发机构、各种职业介绍和待业培训等中介机构，要建立社会保障制度，实行待业保险、医疗保险和养老保险。这样学校与学生，学校与用人部门，学生与用人部门都是一种契约关系，都能独立地行使权利和履行义务，才能让市场调节在一定范围内发挥积极的作用。

三、全面、深入地进行教育教学改革

教育教学改革涉及教育改革的深层问题，同人才培养过程和质量直接相关，要在教育体制改革的同时抓紧进行。《纲要》在教育教学改革方面涉及了教育思想、教育教学制度、教学内容和方法等多方面的内容，提出了按照小平同志"教育要面向现代化，面向世界，面向未来"的要求积极探索符合中国国情的社会主义教育模式。在某种意义上可以说，教育体制改革最终要落实到教育教学改革上头，实现提高民族素质、多出人才、出好人才、主动为社会主义现代化建设服务的目的。

我国20世纪90年代教育教学改革肩负着双重任务。一方面是在教育普及程度逐步提高的情况下，通过改革大面积提高教育质量和效益，实现现阶段既定的教育目标。另一方面，面对21世纪的激烈竞争，要通过20世纪90年代的教育教学改革，为迎接21世纪的挑战做好人才和智力准备。这就要把近期和远期、现状和目标结合起来，通盘考虑，总体设计，分类试验，逐步推进。在研究和设计中，要注意研究我国经济、科技和社会发展对教育教学改革提出的新要求，研究国际上迎接21世纪的教育教学改革的新动向，研究我国教育教学改革的历史经验和新鲜经验，结合本地实际，规划不同地区、不同层次和类别教育教学改革的目标和进程。

教育教学改革涉及面广，各级各类教育教学改革的内容和重点也不尽相同，这里仅就《纲要》提到的教育教学制度改革问题提些想法。我认为教育教学制度的改革在教育改革中起着承前启后、制度保证的作用。教育思想的更新固然是先导，但只有通过相应的教育教学制度改革，新的教育思想才能在教育教学实践中保证贯彻。教学内容和方法的改革是教学改革的最终实施环节，但只有建立稳定的教育教学制度，教学内容和方法的改革才能有整体的效果。例如，基础教育由应试教育转变为全面素质教育这一改革目标早已确定，但仅有教育思想的研讨和转变，课程教材的改革还不能真正实现这种改革目标，只有在高考制度和评估制度上进行改革，才能有助于实现转变。《纲要》提出的"逐步改革和完善升学和考试制度，稳步推进……高中会考制度和高考制度的改革"，"建立各级各类教育的质量标准和评估指标体系"，这些都涉及教育教学改革的重要方面。顺便提一下，日本文部省咨询报告中在分析日本中等教育升学考试竞争的弊端时，集中剖析了高中教育单一化的制度上的问题，主张从制度上推进高中教育的多样化，这也说明教育教学制度改革在教育改革中的整体性作用。我国教育教学改革已经有了单项的局部的进展，深化改革除了力求在教育思想上有所突破、课程改革上有所创新，也要在教育教学制度改革上走出新路，推动教育教学改革的整体进展。

大学生就业制度改革与高等教育运行机制的转换[21]

大学生就业制度改革,经过十多年来理论与实践的探索,取得了基本的共识。《中国教育改革和发展纲要》及其《实施意见》在总结实践经验的基础上,为这项改革提供了设计蓝图和施工方案。现在是如何按照业已确定的改革思路,创造条件组织实施的问题。而实施这项改革必须要牵动高等教育的整体改革,还需要内部和外部的改革配套,需要从高等教育整体改革的角度探讨大学生就业制度改革的总体框架和实现条件。本文正是想就这些问题进行讨论。

一、转换高等教育运行机制是大学生就业制度改革的一个基本出发点

我国现阶段高等教育体制改革的基本任务是由原先适应计划经济体制的高等教育体制,转变为适应社会主义市场经济体制以及政治体制、科技体制改革需要的新体制,其中运行机制的转换是实质和关键所在。大学生就业制度改革,作为高等教育体制改革的组成部分,首先需要明确的是它同高教整体改革和运行机制转换的相互关系以及它在这种机制转换中的地

---

[21] 谈松华:"大学生就业制度改革与高等教育运行机制的转换",《大学生就业》,1995年第1、2合期。

位和作用。

回答这个问题需要分析计划经济体制下高等教育运行机制的基本特征。从管理体制的角度说，在计划经济体制下，高等教育实行的是高度集中统一的以行政计划为主要手段的管理体制，政府对学校实行直接行政管理，学校按照政府的行政计划办学。然而，仅仅这样描述，还不能充分揭示其运行机制的实质，因为政府对学校究竟实行集权还是分权管理，对学校的人、财、物管得多还是少，严还是松，即使在市场经济国家，各国的管理体制和做法也是不尽相同的。问题在于管理运行的实际内容。与经济领域通过指令性计划配置资源的方式相适应，我国计划体制下高教管理运行的一个重要内容是，学校按国家指令性计划招收学生，按统一的教学大纲（甚至教材）培养学生，学生由国家统包学习、医疗和一部分生活费用，学成后由国家统一分配就业。这就构成了一种政府行政主导型的运行机制。在这种运行机制下，政府的行政计划处于主导地位，学校处于从属地位，学校与社会缺乏直接沟通的渠道，也就缺乏主动适应社会需求的能力，进而影响高等教育整体的活力。可见，从一定意义上说，大学生统招、统包、统配制度是计划经济体制下高等教育运行机制的主要内容和基本条件。从改革大学生就业制度入手，正是抓住了高教改革的关键所在，它将产生推进高等教育内部和外部改革的整体效应。

大学生就业制度改革对高等教育体制及其运行机制的转变所产生的影响将是全面的，其作用具有整体性，集中地反映在它将改变政府、学校、社会以及学生之间的关系：

第一，学校与社会的关系。由于绝大部分学生毕业后进入社会（市场）自主择业，学校将按照社会的要求接收学生、培养学生，自然要更主动地关心适应社会的需要；社会用人部门有了选择学生的权利，也会更关心人才培养，增强参与办学的积极性，这就有利于建立起学校与社会直接联系和沟通的机制。

第二，学生与学校、社会的关系。学生由于成为自主择业的主体，学生同社会用人部门产生了双向选择的关系。学生同社会的这种直接联系使社会需求通过学生反映到教学过程之中，学生必然要求增强教学中自主选择的主体地位，这种要求有利于促进学校教育教学改革适应学生和社会的实际需求。同时，学校同学生的关系也由单向的按政府计划确定培养要求和培养过程，改变为把国家、社会的要求同学生的选择结合起来，指导、引导和影响学生，实现教育目标。

第三，政府与学校的关系。在学校教育教学受到学生和社会需求选择的直接影响下，政府对学校办学过程的直接管理职能日益弱化，政府将作为国家意志的代表来确定教育宗旨、教育方针和政策，并通过法律的、经济的、学术的和必要的行政手段对学校实行宏观管理；学校则在政府的宏观管理下，直接面向社会自主办学。由此可见，大学生就业制度改革将引起高等教育运行机制的整体转换，也是这种转换的必要的、基本的条件。这应该成为考察和设计大学生就业制度改革的一个重要依据，也应该是高等教育整体改革的一个设计思想。

二、大学生就业制度改革的目标模式和整体内涵

大学生就业制度改革对高等教育运行机制的影响，在很大程度上是同这种改革的目标模式的选择直接有关的，也可以说大学生就业受计划和市场影响的程度，直接关系到高等教育运行机制中计划和市场机制的作用程度。因此，目标模式的选择是大学就业制度改革的一个核心问题，经历了反复探索的过程。

这里我不想系统地回顾这种探索的具体历程，尽管这种回顾也许是必要的，因为这种探索过程同经济体制改革中对计划和市场机制作用的探索

几乎是同步的。当然，经济领域同高等教育领域计划和市场机制作用的范围、方式及其目的是不同的，但是，社会主义市场经济体制目标的确定，无疑是确定大学生就业制度改革目标模式的理论基础和政策依据。

大学生就业从宏观角度说属于社会资源配置的领域，它是由社会资源的宏观配置方式所决定的。在我国工业化的初始阶段，经济规模和高等教育规模相对有限，与计划经济体制相适应实行国家统一分配大学生就业，有利于有限人才资源的合理配置和利用，也可以保证国家重点建设的需要，在当时有作用积极的一面。随着经济规模和高等教育规模日益扩展，尤其随着社会主义市场经济体制的建立和发展，市场在资源配置中发挥基础性作用的条件下，作为社会重要资源的大学生的就业不可能完全游离于市场机制之外，而必然要直接或间地受到市场机制作用的制约。也就是说要改革那种按指令性计划统一分配学生就业的制度，让绝大多数毕业生进入市场自主择业。这可以说是大学生就业制度改革目标的基本取向。但在改革目标模式的选择上则应该充分考虑我国的国情。例如我国现阶段大学生仅占同龄人口的 5% 左右，即大学生仍然是一种稀缺资源。我国城市和农村，沿海、内地和边远地区，发达地区和欠发达地区，高收入、高智力行业和艰苦行业之间工作条件、生活条件和收入水平差距很大，人才的个体选择与社会需求存在矛盾；市场体系尤其是劳动力市场发育不平衡、不完善，尚未形成全国统一的劳动力市场；工资、税收等收入调节手段不完善，就业竞争条件不公平等等。所有这些决定了国家宏观调控和管理应该成为大学生新的就业制度的一个必要因素。也就是说，大学生就业制度改革的目标模式可以概括为，国家宏观管理下的市场调节，也可以说是在国家宏观管理下大学生进入市场自主择业。国家宏观管理作用和范围的大小取决于市场发育程度及其作用范围的大小（国家宏观调控和管理的内容和方式将在后面讨论）。

实现这种改革的目标模式需要扩展就业制度改革的内涵，即实行招生、收费和就业制度的系统改革，把这三项制度作为相互关联的整体实施改革。在《纲要》和《实施意见》中对这种改革思路做了明确的规定，在此仅从其相互关联的角度略做说明。这三项制度本来就是密不可分的。在计划体制下它表现为统招、统包、统配的三位一体。其蕴含的一个原则是把大学生作为准国家工作人员（干部），由国家统一招收，统包其全部培养费用和大部分生活费用，毕业后学生有义务服从统一分配，国家有责任分配其工作。这种制度包含有新中国成立前解放区干部教育制度的某些成分，在当时有利于按国家确定的统一标准招收学生，能保证学生基本的政治和业务素质，有利于向工农和工农子弟开门，改变旧大学的学生成分，有利于按国家意志培养人才，分配和使用人才。随着大学生就业制度的改革，招生和收费制度必然要相应地改革，其中收费制度以及与之相应的投资体制的改革则具有调节两头的杠杆作用。这种系统改革的大体设想是：根据不同学校、不同专业学生的国家要求程度、市场供求关系以及就业后回报率的状况等因素按照实际培养成本的一定比例确定收费标准，并视社会家庭承受能力逐步到位，同时辅之以奖学金和贷学金，国家亦按实际要求和成本分担原则采取不同的投资标准和拨款方法。如果把三者的改革联系来，其可能出现的图像是：凡国家急需和必须保证的地区、行业和专业的人才，由国家设立专业奖学金，学生免交学费，并对该学校或专业全额拨款，学生毕业后按国家规定就业；凡行业或企业提供奖学金的学生，学生与用人部门签订协议，由用人部门提供学习和生活费用，国家实行资助，学生毕业后按协议就业；凡无定向要求的专业的学生，原则上由学生缴纳学费，属热门且毕业后回报率高的专业，收费可占培养成本的比例较高，国家只给予少量补助，属一般专业的可按培养成本的一定比例和学生家庭承受能力确定收费标准，国家确定合理的拨款标准给予拨款,学生毕业后进入市场自主择业。在这个总体框架中,收费制度以及与之相应的拨款制度起着调节招生和就业的作用;就业制度则是实行招生和收费制度改革的出发点和归宿。而这三者的系统改革都取决于市场体系的发育程度、政府宏观调控能力以及学校对社会需求的应变能力,也就是说大学生就业制度的系统改革需要教育内部和外部的配套改革。

三、大学生就业制度改革的教育内部配套:高等教育微观运行机制的转换

高等教育运行机制在一定意义上说,是指在高等教育运行中学校(包括学校内部各个部分)、社会(市场)、政府各方面的相互关系及其相互作用的机理。这种机制本来是一个整体。这里,为了分析和论述的方便,我把学校内部的运作称作微观运行机制,把学校与社会(市场)、政府的相互作用称作宏观运行机制。

大学生就业制度改革必然引起学校内部运行机制的转换,也必须以这种转换为条件。这种内部机制的转换包括行政管理、教育教学管理、人事管理、后勤管理乃至教学内容的改革。其中教育教学改革是这种机制转换的中轴,其他各种改革将围绕它进行。这是因为高等学校的基本任务是通过培养人才和发展科学文化,为经济建设和社会发展服务,而人才培养是高等学校诸项任务的中心。大学生就业制度的改革使人才培养同社会(市场)发生直接的联系,这将从两个方面对学校的人才培养产生影响:一是市场经济促进经济结构、产业结构、技术结构的变动,促进科学技术与经济的紧密结合,促进社会信息化程度的提高,进而推动社会的全面进步,这就势必引起社会职业结构的变动和职业流动性的增加,从而对人才素质提出新的要求。学校培养人才将由过去适应比较

单一和稳定的需求转向适应多样而易变的需求。另一点是学生毕业后直接进入市场竞争就业，社会（市场）的需求比较直接地影响学生对专业的选择，人才培养一定受这种市场竞争的影响。这两个方面的影响将引起人才培养规格和人才培养模式的变化。也将使围绕人才培养的教育教学、教学管理、人事管理乃至行政、后勤管理等学校内部运行机制发生整体性转换。

教育教学改革涉及学校专业设置及其服务面向，课程设置和内容，教学组织以及教学过程等等，有其自身的规律，要根据学科和专业自身的发展规律，确定改革的目标和内容。但是，计划经济体制下形成的专业设置过细，服务面过窄，课程设置和培养过程过于划一、呆板，造成学生的素质规格、知识和能力结构不能适应社会迅速变化的多种需求，不能适应进入市场竞争就业的改革要求。因此，适应社会需求推进教育教学改革，是高等学校内部改革的一项重要内容。这项改革在不同学校、不同学科专业之间差别很大，不可能有统一的模式。但是从体制和机制转换的角度，又可能有一些共性的问题。例如需要处理好这样几个方面的关系：在培养规格上把统一性和多样性结合起来，在保证基本要求的前提下，学校办出特色，学生发展个性，以多种规格的人才适应社会多样化的要求；在课程和教学内容上，把学科要求和学习者的要求结合起来，即从构架学生整体综合素质的角度，合理安排学科教学要求；在教育教学管理上，把规定性和选择性结合起来，要有必要的规章制度规范学生的学习和生活，又要给学生以较大的选择余地，增强其适应能力和竞争能力；在教育评价上把教育内部评价和社会评价结合起来，重视社会弹性的反馈作用，完善全面评估制度，密切学校与社会的联系等等。改革的具体内容应在实践中探索深化，如：减少专业种类，拓宽专业服务面；减少必修，增加选修课；实行灵活的学分制、辅修制、工作与学习交替制以及教学、科研、生产三结合、合作教学等等改革举措。教育教学改革不仅与大学生就业制度改革相配套，也是高等教育适应经济、科技和社会变化的客观要求，因为大学生适应社会需求的程度也是学校适应社会要求程度的一个重要标志。

高校教育教学改革牵动学校诸多方面机制的转换，也会推动学校内部管理综合改革的深化。例如：改革教职工一次分配定终身、一包到底的人事制度，按学科、专业教学和研究的需要，实行灵活的聘任制，改革平均主义、"大锅饭"的工资分配制度，实行按工作实绩奖优汰劣、奖勤罚懒的分配制度；改革学校办社会、统包师生员工生活后勤的做法，实行生活服务社会化，学校适当扶持的做法等等。这些改革都是为了确保学校工作以人才培养为中心，并在人才培养和学校管理中充分发挥选择机制和激励机制的作用。在学校管理的改革中，与大学生就业制度改革最直接和密切相关的是学生管理的改革。在计划经济体制下，学生的入学、培养、就业都按统一的计划进行，学生管理就是保证实施这种预定的计划，如果借用生产上的术语，可以说是从原材料进口到加工产品再到产品出口整个过程都是按计划组织运行的。学校按照这种计划要求，把学生工作分解为教育、管理、生活服务不同的部分，这些工作的整合需要通过不同部门的协调，实际工作中很难产生这种整合作用。这种管理模式在学生作为被动的客体的计划体制下，尽管也有矛盾，还不太尖锐，而在实行就业制度改革后，学生处于选择就业的主体地位，他们增强了对学校教育教学的选择性，这就要求学校管理职能中大大增强服务的功能。在这种情况下，学生工作当中教育、管理、服务三位一体的体制较能适应改革的需要，其中尤其要突出服务的功能，包括学生在入学、学习、生活以及就业等等方面的信息服务、咨询服务、勤工助学服务、就业指导、职业介绍服务等等，使思想教育、行政管理和多方面的服务渗透结合。这样，在原有的学生工作系统中要建立一套比较健全的就业指导和服务机构，包括提供劳动力供求信息就业咨询和指导以及为学生就业提供相关的服务等等。这项工作要在全国和地区高校间形成信息网络，并同劳动力市场的多种实际机构（如职业介绍、人才交流等机构）建立联系，保证就业信息和就业渠道畅通、便捷，成为学生、学校同社会（市场）联系的重要纽带，并促进大学生就业制度改革和学校教育教学改革。

四、大学生就业制度改革的教育外部配套：高等教育宏观运行机制的转换

涉及大学生就业制度改革的外部配套，主要是劳动力市场的发育成熟和政府宏观管理职能与系统的完善，归结起来也就是学校、政府、社会（市场）相互作用的运行机制的转换。

全国统一的劳动力市场的形成和发展，是大学生就业制度改革的必要条件。与各种要素市场的发展相比，目前劳动力市场的发展相对滞后。这是因为劳动力市场的形成牵涉劳动用工制度、公务员制度、工资分配制度、户籍管理等一系列制度的改革，还要相应改革医疗保险制度、退休保险制度、住房制度，否则就无法打破人员单位和部门所有的制度，无法实现人员在地区、行业和单位之间的自由流动。同时，要制定劳动法等一系列法规，建立失业救济、待业和转业培训制度以及相应的机构。要实际运作起来，还要建立打破地区封锁的职业信息、职业介绍机构、劳动仲裁机构等等。只有实行了与此相关的各项改革，各种相应的法规、制度、机构建立起来了，劳动力市场才有可能实际运作；也只有劳动力市场正常而健全地运作起来，大学生才能进入市场公平、公正地竞争就业，大学生就业制度的改革才能真正付诸实施。在这种条件下，

市场供求信息就能通过学生求职和录用的实际及趋势反映到学校，并且进而学生知识结构和能力结构的优劣、强弱也能由此受到间接的检验。这无疑会成为学校工作的一种社会反馈，会成为学校不断改进人才培养工作的一种驱动因素。这样，原先那种单一由政府行政计划指挥办学的运行机制就会改变，在政府指导下市场需求导向的机制会发挥重要的作用，而这种机制的运行会使学校的人才培养更能贴近社会（市场）的需求，反过来为实现大学生就业制度的改革创造条件。在学校与社会（市场）建立直接联系和相互作用的机制下，政府的职能和作用必然要发生变化，它不再用指令性计划对学校的招生、人才培养和学生就业实行直接行政管理，而是运用立法的、经济的、学术的和必要的行政手段，实行宏观调控和间接管理。在大学生就业制度改革方面，政府这种宏观管理作用是必要的组成部分。主要包括：第一，政府按照社会（市场）要求和财力供给，确定招生和学生就业的指导性计划，控制供求总量平衡；第二，政府通过拨款、奖贷学金，调节收费标准，在力求总量平衡的基础上，调节不同地区、行业和专业的人才供求；第三，政府实行拨款倾斜、工资优惠以及服务期制度等政策措施，保证国家紧缺专业、贫困地区和艰苦行业的人才需求；第四，政府通过法律保护、专项资助等手段，保护处于不利地位人群的求学和求职的平等竞争地位不受损害等等。当然，这里所列只是略举一二，并不是政府在这方面职能的全部内容，还有一些属于政府的职能则应转轨到社会中介组织承担。我以为，在大学生就业制度改革中政府的作用归结起来说，一方面是引导市场调节机制的作用，使之更加符合社会发展的客观要求，另一方面是限制市场调节可能产生的负面影响，在市场不能发挥作用的方面发挥政府的作用。在这诸多作用中，政府作用的基点是，在保证教育供给和社会需求的总体协调的前提下，力求实现学生求学公平、学校选择公平、学生就业公平。

这里，除了政府要发挥和调节市场在保证公平机会方面的作用之外，从长远看还有赖于经济和社会改革以及教育机会的扩展和教育制度的改革。可以说，教育需求（包括数量和质量）与供给之间始终会存在程度不同的差距，政府宏观调控和市场调节也就必然要发挥其各自作用并且力求与教育发展之间的协调。这就是高等教育宏观运行机制将会长期起作用的原因所在。问题是，在不同发展阶段，政府宏观调控、社会（市场）参与调节、学校自主办学的各自作用程度、范围和方式将会有所变化。

中国现代教育体系中的职业教育

——兼述现代职业教育制度[22]

职业教育是中国教育体系中的重要组成部分，它经历了一个曲折的发展过程，到 20 世纪 90 年代中期已经成为同普通教育并行和沟通的教育序列，对于中国经济建设和社会发展发挥着独特的作用。在走向 21 世纪的历史转折时期，中国的职业教育正面临着改革和发展的新任务，需要在理论和实践的结合上探索建立适合中国国情的现代职业教育制度。本文试就有关问题做一概述。

一、中国职业教育的发展历程及其主要特点

近代职业教育是同产业革命相伴而生的。1747 年法国第一所工程学校诞生。之后，在欧洲大陆建立了各种职业学校，"他们把经验转化为知识，把学徒所学的东西转化为教科书，把技术保密转化成方法论，把干活转化为应用知识，这就是我们所说的工业革命的实质"。[1] 1866 年建立的福建船政学堂和 1867 年建立的上海江南制造局机器学堂是我国第一批近代职业学校，也是同我国现代工业的发展相伴而行的。只是由于我国工业基础十分薄弱，职业教育的规模相当有限，到 1949 年，中等职业学校（包括

---

[22] 谈松华：" 中国现代教育体系中的职业教育——兼述现代职业教育制度"，《教育研究》，1996 年第 11 期。

中等师范学校）在校生仅 23 万人[2]。

新中国成立后，在全国范围内加速推进了工业化和农业、手工业合作化的进程，对城乡熟练劳动者和中、初级技术人员、管理人员的需求增加。职业教育逐步发展大体经历了三个阶段。

职业教育的奠基阶段（1949—1957 年）。在改革原有教育制度的过程中，吸取苏联的经验，着重发展中等专业教育和技工教育。到 1957 年，中专（含中师）和技校的在校学生 844,833 人，普通高中在校学生 904,000 人，各占 48.5% 和 51.7%[3]。这种职业教育结构主要依据城市工业化初期的需要，以培养中初级技术人员、管理人员和中级技术工人为主，大体适应大规模工业建设对人才的需求。

职业教育的发展阶段（1958—1965 年）。这一时期经历了前期大起大落和后期稳定发展两段，尤其是 1964 年刘少奇提出两种劳动制度、两种教育制度之后，在原有中专和技校的基础上，农职业中学迅速发展（1965 年达到 443.3 万人，其中高中 77.5 万人）。1965 年中专、技校、农职业高中在校生 143.5 万人，普通高中在校生 130.8 万人，各占 52.3% 和 47.7%[4]。这种局面的出现，一方面是由于工农业生产技术水平提高，要求提高从业人员的文化技术水准，另一方面是教育普及程度提高，大批小学和初中毕业生需要经过职业培训后参加工农业生产。可惜，这种分流教育的格局在十年"文革"中遭到彻底破坏，使中等教育结构单一化，1976 年各种职业学校在校生只占高中阶段在校生的 1.16%[5]。

职业教育全面恢复和发展阶段（1977—1995 年）。在改革开放和全面推进社会主义现代化方针的推动下，教育结构改革取得明显进展。在全面恢复和发展中专、技校的同时，城乡各种职业高中长足发展，尤其是面向第三产业的各种职业学校发展更快，形成了面向第一、二、三产业，专业门类比较齐全，形式多样的职业教育序列。到 1995 年中等职业学校在校生占高中阶段在校生58%以上，[6]同时各种职前职后的职业培训网络遍布城乡，职业大学、职工大学、短期高等学校等属于高等职业教育的教育机构初具规模，为全面建立发达的现代职业教育制度准备了必要的条件。

纵观我国职业教育的发展历程，大体可归纳出以下主要特点。

（一）职业教育的发展程度主要由经济发展水平和产业结构变化所驱动和制约

我国职业教育发展在20世纪50年代前期、60年代中期和80年代中期之后这三个时期呈现快速、稳定和协调发展的势头，同这三个时期经济上持续、稳定、协调发展的环境有密切关系。同时，这三个时期的职业教育先后在工业领域（20世纪50年代中专、技校）、农业领域（20世纪60年代中期农职业中学）、第三产业（20世纪80年代中期之后的职业高中）的重点发展，又同不同时期产业发展倾斜的重点几乎同步发生。这充分说明职业教育同经济发展之间存在着相互促进的关系，同时职业教育的发展最终受经济发展水平的制约。

（二）职业教育的层次结构同技术装备水准和技术进步程度相联系

新中国成立初期，工业化刚刚起步，大多数工业企业技术装备落后，大多采用初级技术。在一段时间内，小学毕业学习3年左右的技术学校有较大比例。之后随着工业建设的发展，到1954年招收初中毕业生学习3—4年的中等专业学校占了主要成分。其后在20世纪60年代中期，随着技术的进步和教育程度的提高，又有一批中专学校招收高中毕业生学习2年。职业教育学制的演变从一个侧面反映了技术进步的轨迹及其对职业教育层次的影响。

（三）职业教育的发展规模受教育分流与劳动力就业的供求关系的影响

职业教育兼有教育和组织就业培训的双重功能。它的发展一方面同中学毕业生总量及其分流比例密切相关，另一方面又受到劳动力供给与需求变动的影响。这两者需要协调平衡，即：在中学毕业生总量增加、就业需求有限的条件下，要尽量扩大教育分流比例，增加职业学校招生人数，缓解就业压力，准备劳动后备力量；在中学毕业生总量减少，就业需求增加时，则可适当控制职业学校招生人数，增加短期培训，以满足就业需要。当然职业学校的学历教育和短期培训的比例更主要是由不同职业的岗位规范要求所决定的。毕业生总量和劳动力供求状况对目标年度的比例选择会产生影响。

（四）职业教育的发展模式同宏观教育结构的变化以及借鉴国外经验相关

我国 20 世纪 50 年代以中等专业学校和技工学校为职业教育的主要办学模式，同当时工业系统职工中工程师、技术员、技工这样的人力结构以及分别由本科、中专、技校承担这种培养任务的教育结构有关，同时，也同当时学习苏联教育模式的决策相关。20 世纪 60 年代，国家纠正学习苏联的教条主义倾向，走中国自己的发展道路，同时又要扩大对城乡劳动者的职业培训，各种农职业中学迅速发展。到了 20 世纪 80 年代，经济技术结构发生了很大变化，人力结构分化复杂，教育结构也更多样化，加之改革开放，多方吸取发达工业化国家的经验，各种高中后教育机构普遍设立，形成了多种职业教育模式并存的局面。这也是处于新旧交替，从学习借鉴到探索创新的过渡阶段所出现的一种格局。它预示着我国职业教育制度创新的条件已经具备。

二、跨世纪中国职业教育发展的若干趋势

如果说 20 世纪下半叶我国职业教育走过了它的初创时期，那么，在

21世纪它将进入一个发展成熟的时期。未来15年，我国将基本实现工业化，经济的快速增长和产业结构的调整将对劳动者素质和就业结构提出新的要求，尤其是经济建设上的两个根本性转变对职业教育将产生直接影响：经济增长方式由粗放型向集约型转变，意味着劳动力投入将由量的增加转向质的提高，普遍提高劳动者的职业素质无疑是实现经济增长方式转变的必要条件；经济体制由计划经济向社会主义市场经济转变，意味着劳动力资源将由行政计划配置转向通过市场配置，用人部门和劳动者的选择性增加了，必然增强职业教育的压力和动力。在新的历史条件下，职业教育面临着发展的机遇和挑战，要把握未来发展趋势，迎接新的挑战。

（一）职业教育，尤其是职业培训的总规模将继续扩展

如上所述，经济快速增长，产业结构调整，尤其是经济增长方式的转变必然要求发展职业教育和职工培训。同时，未来劳动就业的格局客观上构成了庞大的就业培训需求。

我国实行计划生育政策，有效地控制了人口的增长势头，但由于人口基数惯性的作用，在今后二三十年内人口总量仍会增长，年轻型人口结构的格局仍将继续，每年新增就业劳动者数量很大。预测，15—59岁劳动年龄人口1990年为7.3亿，2000年达8.1亿，2020年达9.26—9.61亿。[7] 20世纪90年代将有2.76亿新增劳动力需要就业，每年约有2700万人，这些就业劳动者的城镇人口中受过大专教育的约占5%，受过中等职业教育的约占20%，受过初等职业教育的占30%，未受职业培训的占45%。据估计，现有教育培训能力仅能满足60%城镇就业人口的培训要求。[8] 这说明职业培训的规模要进一步扩展，以适应城乡劳动者的培训需求。

（二）职业教育层次在稳定中等职业教育的基础上，有适度高移的趋势

按照我国经济和技术发展水平，在今后一个时期，城镇和中等以上发达地区的农村将以初中后即高中阶段的职业教育为主，而在经济欠发达地区则仍应发展各种形式的初中阶段的职业教育（包括初级职业学校、初中二年级再加不同时限的职业培训等）。随着产业结构的高度化和技术装备、技术水平的提高，也由于城乡劳动者文化程度的提高，一部分职业岗位的从业人员需要在高中文化基础上或在中等职业教育基础上进行高一层次的职业教育，即高等职业教育，例如包括工业企业的生产现场技术人员、管理人员，技术复杂的生产装置的操作人员，知识含量高的第三产业的基层管理和业务运行人员等等。

高等职业教育兼有职业教育和高等教育的双重属性。所谓职业教育的属性是指它的培养对象是针对职业岗位群的，以技术应用和技艺型为主（其中包括一部分专业要以中等职业教育的技艺水平为基础）；所谓高等教育的属性是指它是在相当于高中文化程度基础上进行的第三级教育。如何在这两者结合的基础上形成高等职业教育的特色，这是一个需要在改革实践中探索创新的课题。我国将通过几条途径进行试验：一是相当部分高等专科学校，尤其是工科、农科、财经管理类学校，要在从专业设置、培养规格到课程设置、培养途径等方面，改变学术型培养模式，按照高等职业教育的特色推进教育改革。二是大多数职工大学按照行业发展需要办成综合性教育培训中心，成为行业高等职业教育的基地；三是近十多年新建的职业大学，要走职业性、地区性、综合性的办学路子，成为地区综合性的职业教育中心。今后高等教育着重发展社区性短期高等教育机构，亦应以这种办学模式为主。四是少量有条件的中等专业学校（包括个别技工学校），按照职业需要和可能办成面向初中毕业生的五年制高等职业教育机构（包括高级技工和技师培训机构），以适应某些技

术、管理和技能相结合的职业岗位的要求。我们将通过这些不同途径的试验，逐步形成既有共同特色的，又有多样性的高等职业教育，以满足现代化建设对高级人才的多种需求。

（三）职业教育适应终身教育的发展趋势，形成纵向衔接、横向贯通的系统

从传统意义上说，职业教育属于终结性教育，且专门化强，服务面较窄。但是，随着现代经济技术的发展，职业变动和职业技能的更新加速，劳动者在一生中将会多次变动职业和更新职业技能，这就要求职业教育系统具有更大的灵活性和适应性，为人们一生提供多种、多次接受职业教育的机会。根据这种客观要求，职业教育各个层次的不同教育机构横向之间尽可能融会贯通：中等职业教育阶段，不以培养技工和管理人员、技术人员的分工而设校，也不以就业方式的不同（国家安排就业和自主择业）而分设不同学校，而以其不同服务方向即不同产业（如一、二、三产业）和不同行业（如机电、轻纺、交通、医疗卫生、金融、商业等）设置综合性教育机构，以便学生在学校学习时可以自由选择，构建复合型智能结构，在就业时有更大的适应性和选择性；在高等职业教育阶段，不论是区域性教育机构，还是行业性教育机构均应尽可能综合化，拓宽专业服务面向，培养复合型人才，以适应经济技术结构变动中对高级技艺人才的需求。在不同层次职业教育的纵向之间也需要开拓相衔接的渠道，例如若干需要职业实践经验的专业和需要有中等技能基础的专业，应优先或主要招收中等职业学校毕业并有实践经验的学生，这样既能培养出有高级技艺和技术应用（管理）人才，又能建立起与普通教育相并行的职业教育序列，有利于人才结构和教育结构的多样化，为具有不同禀赋的社会成员提供多种成才途径，为经济建设和社会进步提供多种多样的人才群落。

（四）职业教育将着眼于全面提高受教育者的素质，通过多种形式逐步建立同普通教育相渗透和沟通的机制

当代经济、科技和教育一体化的趋势表明，在一个开放的、复杂多变的现代社会体系中工作和生活的社会成员，不仅需要有适应本行工作的职业素养，而且需要有适应社会系统、技术系统、组织系统不断变化的全面素质。这就决定了现代教育既有分流教育，又有综合教育的趋向。实行职业教育同普通教育的渗透和沟通是顺应这种趋势的现实选择。

这种选择包括：在中小学教育中除了加强劳动技术教育外，应按不同地区的实际需要，渗透部分职业教育的因素；在高中阶段教育分流的同时，适当发展一部分综合高中，在进行综合教育的基础上适当推迟分流；在职业学校中适当加强文化科学基础教育，提高职业学校学生的文化科学素养；建立普通高校通过必要程序招收中等职业学校毕业生的途径，职业学校也可建立通过必要程序吸纳普通学校毕业生的途径等等。总之，职业教育要置于现代教育体系之中，同普通教育相互补充、相互促进，成为一个开放的、多样的、灵活运行的系统。

三、探索建立现代职业教育制度的相关问题

中国职业教育经过近半个世纪的发展和改革，已经到了制度创新的发展阶段。现代职业教育制度的建立和完善，既是21世纪职业教育发展和改革的新课题，也是实现教育现代化的客观要求。建立现代职业教育制度的外部依据是：社会工业化、信息化、现代化及相应的经济结构、产业结构、技术结构变动所引起的人力结构的变化，使职业教育在社会主义现代化的进程中，担负构造现代社会人力资源系统的部分职责。其内部依据是：按照终身教育原则构造的现代教育体系将是一个庞大而复杂的系统，现代职业教育制度要在这个系统中定性、定位的基础上建立起来，并同其

他种类教育协调发挥其特有的功能。显然，现代职业教育制度的形成是一个需要在实践经验基础上不断总结探索的过程。这里仅就与形成这种制度相关的几个因素做一探讨。

市场导向。职业教育直接培养城乡熟练劳动者和现场技术人员、管理人员。他们将通过劳动力市场进入职业岗位。劳动力市场的需求将直接或间接地决定职业教育的规模、结构和规格要求。因此，在政府宏观调控下的市场导向和市场调节是建立现代职业教育制度的重要内容。这就需要建立相应的就业用人制度、工资分配制度和社会保障制度（包括失业救济）等，保证平等竞争、优才优用，以素质高低、贡献大小确定工资水平和等级晋升，建立一种市场需求和职业教育之间相互驱动、相互制约的运行机制，以市场需求促进职业教育培养合格人才，以职业教育提高人才素质，不断满足和推进新的人才需求，进而建立起职业教育同经济建设和社会发展之间良性循环的关系。

社会（联合）办学。职业教育同市场直接联系及其教育成果多方受益的特点，决定其实行以社会办学为主，多方联合办学的体制。在这种办学体制中，政府举办少量示范性、骨干职业教育机构。其主体是行业（企业）举办的行业职业教育系统和地区举办的社区性职业教育系统。这些系统可与教育部门联合举办，也可以是多方联合举办。其他由社会团体、公民个人以独立的法人资格举办的各种职业教育机构，灵活地适应市场需求的变化。不同的办学主体决定不同的投资主体。总的来说，职业教育的投资应实行成本分担原则，办学单位出资、受教育者交费、政府适当扶持相结合，既保证职业教育的正常经费来源，又体现投资和收益相一致的原则。不论何种办学体制，职业教育办学过程都要实行教育机构和生产（工作）部门的联合办学。在按照实际需要确定教育培训时限的前提下，一般在生产（工作）部门接受教育培训的时间应多于在教育机构内的时间，以保证职业教育的应用性和适应性。

法（律）制（度）规范。现代教育的重要特点之一是依法治教。现代职业教育制度也必须建立在法制基础之上，即通过立法确定职业教育的地位、办学主体和受教育者的权利和义务、经费来源和管理、教育机构和生产（工作）部门的关系、政府管理权限和责任等等，使现代职业教育的发展受到法律的保护和制约。《中华人民共和国职业教育法》的颁布和实施，为我国职业教育的发展和改革提供了基本的法律依据。对于现阶段建立中国现代职业教育制度来说，相关的制度建设，尤其是职业资格制度的建立和完善是关键所在。只有建立起有法规作用的职业资格制度，才能规范用人制度和工资制度，进而为职业教育提供动力和依据。这种基础性工作要从制定职业岗位规范入手，明确各行业主要职业岗位的职业道德、文化水准、职业知识、职业能力、职业心理以及其他相关的素质要求，并制定相应的考核程序，作为某种职业岗位就业的必备条件和程序。职业教育主要应当以职业资格规范为依据，实行职业资格教育。实行职业学历教育的学校也应实行学历文凭和职业资格两种证书制度，让职业教育走上规范化、制度化的轨道。

行业协调。职业教育的行业性强，职业资格证书制度也将会实行行业管理，因此，职业教育要充分发挥行业协调和管理作用。从我国经济体制和政治体制改革的趋势看，行业在今后将发挥行业指导协调职能和部分行政职能，以前者为主。这样，行业在职业教育中的作用大致有：第一，组织制定行业职业岗位规范，指导实施职业资格制度，制定行业职业教育目标和标准；第二，举办或审查举办行业性强的职业教育机构，按照行业发展规划，制定行业职业教育规划和布局，提出教育机构的审查意见，由相应的教育行政部门审批；第三，组织行业系统职业教育评估检查，不断提高本行业职业教育水准。

政府调控。加强和完善政府对职业教育的宏观调控和科学管理，是建立现代职业教育制度的必要保证，从广义说也是这种制度的组成部分，因为政府在职业教育中的作用范围和作用方式的创新，正是现代职业教育制度发展程度的标志之一。政府对职业教育的调控和管理主要是：第一，制定和执行法律、法规和相关政策，以法制规范职业教育的发展；第二，通过信息、政策和投资等手段引导职业教育的发展符合社会需求；第三，严格执行职业资格制度，督促检查各用人部门履行职业培训职责；第四，调节和规范劳动力市场，保证依法公平竞争，健全市场机制对职业教育的调节作用；第五，沟通教育培训机构与生产（工作）部门的联系和合作，为职业教育发展创造良好的社会环境。此外，政府还将对职业教育实施必要的行政管理和监督评估。

注　释

　　[1] 天林，"知识社会的兴起"，《世界教育信息》，1995 年第 2 期，第 6 页。
　　[2][3][4][5] 孟广平等：《当代中国职业教育》，高等教育出版社，1993 年，第 27、30、31—32、32 页。
　　[6] 国家教委计划建设司：《中国教育事业发展统计简况（1995 年）》，第 1 页。
　　[7] 李京文：《走向 21 世纪的中国经济》，经济管理出版社，1995 年，第 19 页。
　　[8] 国务院发展研究中心：《经济发展改革与政策》，社会科学文献出版社，1994 年，第 309 页。

当前我国人口流动、迁移的特征及教育政策的取向[23]

人口流动和迁移是一种普通的社会现象，各国在不同时期都存在着不同规模和流向的人口迁移。而我国的人口流动和迁移带有特殊历史阶段的特征：流量规模大——20世纪80年代约有8000万；流向集中——农村流向城市，中西部流向东部沿海；流动对象年轻，多为寻求新的职业。这些特征是与我国社会转型期的经济和社会变化的过程相联系的：①市场经济的发展。计划经济体制下劳动力的计划分配改变为通过市场配置劳动力资源，使劳动力在部门之间、地区之间的流动成为可能，大大促进了劳动力从劳动力剩余的地区和部门向劳动力短缺的地区和部门流动，从劳动收益低的地区和部门向劳动收益高的地区和部门流动。②产业结构的调整。农村第一产业的劳动力向第二、三产业流动。从事农业（包括种植业、养殖业、林业和副业等）的劳动力在20世纪80年代有近1亿人转移到二、三产业。到21世纪初连同新增的1亿农村人口，还将有2亿农业劳动力转到二、三产业，这构成了未来人口流动和迁移的主要部分。③城镇化过程。工业化必然伴随城镇化。城镇人口将从20世纪80年代的24%增加到2000年的40%和2010年的60%。这将引起人口由农村向城镇的迁移。

---

[23] 谈松华：“当前我国人口流动、迁移的特征及教育政策的取向”，《上海高教研究》，1997年第6期。

④区域经济梯度发展的格局。东部沿海地区由于区位优势和政策优惠，比内地经济发展更快，水平更高。1979—1991年，东部、中部和西部地区国民生产总值的年均增长率分别为9.2%、8.3%、8.8%。20世纪90年代之后差距更大。东部地区劳动力的需求以及相对较高的收入水平吸引中西部地区的劳动力大量流入。以上因素引发了10多年来全国范围内的人口大规模流动和迁移，而且还将持续发展。这是社会转型期社会结构变化的重要特征之一。对于流动人口和移民子女的教育问题，要从历史视角加以考察和寻找相应对策。

人口流动和迁移，既然是经济社会发展及其结构变动的反映，由此而引发的教育问题也需要从这种转型过程的社会整体性转变中寻求对策。这种转变包括：①城市化的方针和道路。许多国家在与工业化相伴的城市化过程中，均出现人口向大城市聚集，农村荒芜，城市严重膨胀的"城市病"。中国有近10亿农村人口，不可能都向城市转移，要通过发展小城镇，以就地转移为主，严格控制城市尤其是大城市的人口增长。这就决定了教育的政策取向。②城市规划和管理问题日益成为工业化和现代化的一个现实问题。教育，包括流动人口和移民子女的教育问题，要纳入城市规划、建设和管理之中。③户籍制度和人口管理要适应经济社会发展和改革的趋势，进行相应的改革，尤其要改变以商品粮供应作为划分人口管理依据的政策，改革过于凝固的户籍制度，实行适应中国国情和社会主义市场经济发展的户籍和人口管理制度，保证人口合理而有序的流动。④加强社区建设，促进来自不同区域、职业和阶层的人群之间的文化融合，化解文化冲突，增强文化认同，推进地区现代化进程。

人口流动和迁移中的教育问题可以分为近期和远期两个方面。近期解决办法要为长远解决问题提供条件。同时，又要从战略规划和政策研究两个层面展开，即首先从战略角度做出整体性谋划，由此确定对于人口流动和迁移的基本方针和政策，明确总体目标和走向。在此基础上，研究制定对于流动人口和移民子女的教育政策。这种政策应该因地因时制宜，并且要有相应的变通办法，尤其是现阶段要为各种探索实践留有充分的余地。总的来说，这种政策的制定需要考虑：①鼓励人口合理而有序的流动，既要为现在和今后出现的人口流动和迁移提供教育上的方便，又能发挥对于这种流动的某种导向作用，并在此基础上，形成一种比较稳定的政策框架。②保证流动人口和移民子女受教育的基本权利，即不论采取何种政策措施，目的都应是确保适龄儿童少年接受义务教育的权利。③实行人口流出地政府、流入地政府和受教育者家庭的利益分享和义务分担原则。现在初步商定流动人口和移民子女义务教育的实施，以流入地政府承担为主，验收（指义务教育"普九"验收）由流出地政府负责，家长适当负担培养费用。这种思路有合理性，但要在实践中试验和完善。

论积极发展高等教育[24]

进入 20 世纪 90 年代以来，我国高等教育发展的速度和规模经历了几次变化。在 1992、1993 年快速发展之后，20 世纪 90 年代中期实行适度发展的方针。1997 年，党的十五大提出"稳步发展高等教育"。1999 年，党中央、国务院《关于深化教育改革，全面推进素质教育的决定》明确提出："通过多种形式积极发展高等教育，到 2010 年，我国同龄人口的高等教育毛入学率要从现在的百分之九提高到百分之十五左右。"接着在全国范围内扩大高校招生规模，使高等教育出现了加快发展的局面。在即将进入 21 世纪之际，如何按照积极发展的方针，实现高等教育的持续、协调发展，这是一个需要在总结历史经验的基础上，进行理论和实践探讨的重大问题。

一、积极发展高等教育的方针，符合社会发展和教育发展的客观要求

高等教育发展的规模和速度，是同一个国家经济社会发展的水平及其不同阶段的教育供求关系相联系的。处于农业社会以及工业化初期的国家，高等教育的发展速度一般比较缓慢，会长期处于精英教育阶段（高等

---

[24] 谈松华："论积极发展高等教育"，《求是》，2000 年第 8 期。

教育毛入学率在15%以下）；进入经济起飞阶段后，高等教育的发展速度会逐步加快。改革开放20年，我国普通高等学校在校生数增长近3倍，高等教育毛入学率从2%提高到7%。这一时期，我国的经济发展正处于从工业化初期向中期过渡的阶段，对高等教育的支撑能力有限，特别是还肩负着普及九年义务教育的艰巨任务，能有这样的高教发展规模和速度，是很不容易的。

我国高等教育原有的基础薄弱，"文革"中又被耽误了整整10年，20世纪80年代以来的发展在一定程度上带有某种补偿性质。所以，尽管这一时期的发展速度较快，但并没有改变我国高等教育总体水平仍然比较落后的局面。1998年，我国高等教育毛入学率按新口径计算为9.2%（老口径为7.1%），远低于1995年世界高等教育毛入学率16.2%的平均水平。这个问题引起了社会各界的关注。近几年来关于高等教育大众化（高等教育毛入学率在15%—50%）的讨论，正是高等教育的发展不能满足社会需求的反映。

从国际经验来看，高等教育加快发展需要具备以下条件：①人均GDP超过1000美元，国家工业化基本实现；②居民收入从温饱进入小康并发展到宽裕阶段，接受高等教育的支付能力提高；③教育普及程度提高，社会教育需求向高等教育转移等等。目前，我国经济社会的发展正呈现出这些特征。1998年我国人均GDP为750美元，2000年前后超过1000美元，2010年预计将达到1800—2000美元，全国基本实现工业化。随着产业结构、技术结构、城乡结构的变化，对专业人才的需求将会迅速增加，尤其是西部大开发和农村工业化、现代化的发展，将大大增加西部地区和农村吸纳人才的能力。人民生活由小康进入宽裕，教育消费和支付能力明显提高，尤其是随着全国基本普及九年义务教育，城镇和发达地区的农村将普及高中阶段教育，今后10年将相继出现高中阶段（15—17岁）和高等教育阶段（18—24 岁）的适龄人口高峰期，教育需求重心高移将推动高教的加快发展。这些特征表明，我国高等教育正处于由精英教育阶段向大众化教育阶段转变的过程之中。因此，适当地加快高等教育的发展速度，不仅是经济社会发展和教育发展的客观要求，也已经具备了现实条件。

二、积极发展高等教育要从现实的供求关系出发

高等学校扩大招生规模有利于满足居民日益增长的高等教育需求，有利于为经济社会发展准备和储备人才，有利于缓解高考升学竞争，为基础教育阶段实施素质教育创造宽松的环境，有利于推迟就业，缓解就业矛盾，有利于启动教育消费，拉动经济增长。总的来说，1999 年高校扩招的社会反响是积极的，带动了教育观念和体制机制的变革和更新。但是，1999 年高等学校招生比上年增长 47%，是新中国成立以来除 1958 年之外招生数和增长率最快的一年，属于超常规发展。促成这种发展格局的既有长期起作用的因素，也有特殊的因素。今后，我国高等教育的发展速度应该保持怎样的水平？这是需要认真研究的问题。

我国现阶段高等教育发展所面临的首要矛盾是，日益增长的社会需求，构成了拉动高教发展的巨大动力，而原有的高教发展机制和模式，限制了高教的供给能力。国内外许多有市场头脑的人士正是基于这一点，看好并涉足中国高等教育的生源市场，形成了对高教发展的拉力和压力。我们应该如何抉择？存在两种不同的判断：一种认为高等教育应该放开发展，以充分满足社会需求，强调以"需求拉动"为原则；另一种认为应依据供给能力确定社会需求的满足程度，强调要考虑"供给约束"。这里的关键是，如何正确地判断现实的供求关系。

在计划经济体制下，社会的教育需求不被重视，还会受到一定程度的扭曲。例如，计划用工制度使高等教育以满足机关、事业单位和国有企业

的人才需求为目的，把广泛的社会需求排除在视野之外；长期沿袭的"包培养、包就业"的准干部教育分配制度，刺激社会盲目追求高学历，从而导致高教需求膨胀；比较单一的公办教育制度，限制了社会对教育的投入，制约了教育的供给能力。因此，我们今天考虑供求关系，首先，要突破计划经济的思维框架，在需求方面不仅考虑到国家的需求，还要关注日益增长的社会需求；在供给方面不仅要考虑到国家财政的投入，也要把社会投入纳入总供给的视野。其次，还应该认识到，所谓社会需求，是指社会有支付能力的需求。因为只有有支付能力的需求，才能构成社会现实供给能力的基础。因此，把握社会有支付能力的需求，也就找到了现实供求关系的结合点。

国家有支付能力的需求，主要是指国家财政对高教经费的支付能力。今后，国家财政性教育支出仍然是支撑高教发展的主要经费来源，这是没有问题的。但是，目前在政府教育经费中，高教经费所占比例偏高，在22%—24%。据联合国教科文组织1998年《世界教育发展报告》统计，1995年在世界180多个国家和地区中，高教经费占政府公共教育经费比例超过20%的国家只有37个，且大多数为发达国家。中国作为发展中国家，又有超大规模的普及教育任务，高教经费比重过高，势必会影响普及教育。这样，今后的趋势将是，政府对高教的投入总量会随着公共教育总经费的提高而不断增加，但由于普九是重中之重，政府对高教的经费支出占高教成本的比重将会下降。社会对高教的投入将成为影响高教发展水平的重要因素。

社会有支付能力的需求，主要是指居民对高教经费的支付能力。随着工业化和现代化的进展，我国居民的教育支付能力正在不断提高，并且还有较大的增长潜力，这为发展高等教育提供了重要的物质基础。但是，我国正处在市场经济的发育阶段，经济发展成果在国民中的分配很不均衡，国民收入分配的差距处于拉大的过程之中，地区之间、行业之间、人群之间的收入相差几倍、十几倍甚至几十倍，人们之间的教育消费水平存在着很大的差距。居民高储蓄率确实为增加教育消费提供了条件，但这是在消费结构调整和改革预期不明朗的阶段出现的情况，而且居民存款的分布极不均衡，因此，对于受教育者分担教育经费的能力和比例不能估计过高。

让受教育者承担多大比重的教育成本，取决于我们的政策选择：如果扩大招生部分的教育成本大部分由受教育者负担，那我国的高等教育就势必要实行两种收费制度，让一部分富裕家庭增加教育投资来扩大高教机会，这样有可能大幅度增加社会的高教经费分担比重；如果扩大招生部分也采取国家和个人共同分担成本的办法，那就不能依据少数富裕阶层的收入水平，而应该以普通家庭的支付能力为主要依据。政府已经确定选择后者。至于社会各界包括企业、社会团体和公民个人对教育的投入，依照现有的民间资本实力和税法，还不可能成为教育投入的重要渠道。因此，从总体上说，社会有支付能力的高教需求，会随着经济的发展而不断提高，但是在经济社会发展的不同阶段以及不同社会阶层之间，这种支付能力存在很大的差距，不同阶段、不同地区以及不同层次和类别高教发展的速度和规模，也应该有所区别。

依据上述分析，既然受教育者支付的费用只是高教经费的一个部分，既然政府已确定按照普通家庭的支付能力确定成本分担比例，那么，发展高等教育对于启动教育消费，进而拉动经济增长的作用就是有限的（当然，如果一部分高等教育实行高收费，情况会有变化）。高教发展的规模和速度不能以拉动经济增长为主要依据，而要以社会有效需求和供给相对平衡为依据，以高等教育和基础教育、职业教育的合理比例（包括投入的比例）为基础，实现高等教育的持续和协调发展。这样，高等教育的发展就要避免大起大落。今后几年高教规模还会继续扩展，但增长速度将趋于平稳。按照 2010 年高教毛入学率达到 15% 左右的目标，今后 10 年高教的年递增率约为 6%—7%。当然，发展的前期和后期以及不同年份之间发展的速度会有差异，但是明确总体目标和持续发展的原则，符合教育发展的客观规律，也有利于教育与经济社会之间的协调发展。

三、深化改革，转换机制，为积极发展高等教育提供制度保证

目前，围绕着高教的发展存在着几个有争议的问题：在教育投入上，是完全把高等教育作为公益性事业，还是也作为一种产业来发展？在调节教育供求关系上，是主要依靠政府行政计划，还是更多通过市场调节？在教育质量上，是单纯按照大一统的教育内部的质量评价标准，还是在坚持基本质量标准的前提下，按照市场对于人才需求的多样性让社会参与质量评价？在毕业生就业出路上，是按照原有的计划用工制度和就业去向，设想社会对毕业生的容量，还是把毕业生摆到城乡就业大市场上去平衡就业的供求关系？解决这些问题都有一个改革思路和发展机制问题。有了改革的思路才好制定发展规划和政策，实现高教发展的供求协调。

（一）制定发展教育产业的有关政策，调动社会各方面力量，积极发展高等教育

导致高教发展出现"瓶颈"的主要原因，是投入不足。在一定范围内运用产业运作机制是扩大教育资源的有效途径。这就需要实行某些向教育倾斜的产业政策，包括：政府要把教育作为具有全局性、先导性、基础性的知识产业，摆在优先发展的战略地位，确保政府公共教育经费在高教投入中的主渠道作用；实行优惠政策，积极鼓励和支持社会各方面力量，采取多种形式兴办教育包括高等教育，在国家民办教育法律颁布之前，可以对亟须解决的一些政策性问题，例如关于民办学校的产权归属、出资人的

投资回报、营利和非营利的界定及政策区分等提出试行办法，在若干地区进行试验，逐步形成公办教育和民办教育共同发展的格局；运用税收和金融等手段，吸引社会资金通过捐赠和借贷等途径投向教育，可以在税法中规定对教育的捐赠从税基中扣除，银行对有偿还能力的高校实行低息贷款，学校自有的财政拨款外资金可以通过金融机构运用金融手段增值；实行教育成本分担原则，根据不同学校、专业的培养成本和回报高低，根据不同地区的经济发展水平和家庭实际承受能力，确定高校学生承担培养成本的一定比例，这样家庭对高等教育的支出不仅是一种消费行为，同时也是一种投资行为，高校理所当然地要为这种投资回报做出回答。

（二）按照效率与公平相统一的原则，扩大高等教育的机会

在国家投入达到一定量的条件下，高教发展的增量在很大程度上取决于社会投入，主要是学生的缴费水平。这里，不同的政策选择，会有不同的结果。有两种可供选择的办法：一种是公立学校按照同一种标准收费，民办学校按照成本收费。一种是公办学校国家财政全额拨款的部分，按照成本实行较低比例的收费；同时允许公办学校举办二级学院，除国家给予补贴外，主要通过收费补偿培养成本。这两种办法的共同点是国家教育经费的应用确保教育公平，而增加的受教育机会则依据效率优先、兼顾公平的原则，同时国家设立学生资助制度，帮助家境贫困的优秀学生得到公平的受教育机会。不同点是，运用民办机制扩大受教育机会的政策，一种是只限于民办学校范围，另一种是扩大到公办学校的二级学院。政府已经确定采取前一种办法，那就需要加快民办高校的发展速度，并且提高其办学水平，增强民办高校的吸引力，使之成为扩展高教规模的重要途径。同时，对于公办学校，政府要么大幅度增加投入，支持其扩招，要么大幅度普遍提高收费标准，弥补其扩招后财政拨款的不足。

不论采取哪种政策举措，扩大招生部分势必要由学生家庭承担培养成本的大部分。这些费用如果不是主要由有支付能力的富裕家庭承担，就要由全部学生分担，就必然要普遍提高收费的总水平。在这种成本分担机制下，为了实现既能扩大受教育机会，又能确保受教育机会公平的目标，政府教育经费中的一部分要以奖学金和助学金的形式，用于奖励优秀学生，帮助贫困学生和特殊专业的学生；同时要大幅度增加贷学金的总量，让一般家庭通过借贷提前进行教育消费。当然，这需要以提高居民收入水平和大学毕业生工资标准为前提，使高校收费与受教育者的偿还能力、投资回报相适应。这样，通过建立高教的成本补偿制度和投资回报制度，可以为形成高教发展的市场调节机制提供制度基础。

（三）改革高等教育的管理体制和布局结构，促进高等教育与经济社会的紧密结合，为高教发展开辟广阔的空间

改革开放以前，我国高校主要集中在少数大城市，培养的人才有些不能适应地方建设的需要，也不容易到基层服务。因此，高教发展同急需人才的地方政府缺乏利益相关。随着高教管理体制改革的深化，省级政府开始负起统筹、管理高等教育的主要责任。但是，要从根本上解决高教同社会的结合，必须确保高校有面向社会自主办学的权利与责任。只要学校有招生、培养、就业等方面的权利与责任，其发展就自然受到社会需求的驱动和制约，这是高教发展的市场调节机制的基础。在深化管理体制改革的同时，还要调整高教的类别结构和布局结构，尤其要重视发展社区性、职业性的高等教育。可以发展各种形式的合作办学，例如，试行一部分公办学校与民间投资相结合，充分利用两种资源结合的优势；实行城乡合作办学和跨地区合作办学，利用城市和发达地区的资源优势，带动欠发达地区和为农村服务的高等教育的发展；依法发展中外合作办学等。尤其是可以

利用一部分基础较好的高校的资源优势，同中心城市的地方政府合作，举办社区性高等学校，使高等教育的发展能更加贴近急需人才的基层和农村，这不仅有利于调整人才的城乡、地区、行业布局，也为高等教育创造了更加广阔的发展空间。

（四）调整人才培养规格和服务，把培养适应社会主义建设实际需要的人才，作为提高教育质量的重点，实现高等教育的可持续发展

积极发展高等教育的制约因素，除了教育投入之外，还有教育质量和就业容量问题。从我国劳动力市场的供求现状看，表面上大学毕业生尤其是专科毕业生已经相对过剩，实际上这只是一种结构性过剩，是高校现有的那种只着眼于学历文凭和书本知识的培养模式不能适应社会实际需要的反映。《世界高等教育宣言》提出："在高等学校，必须将培养创业技能与创业精神作为高等教育的重要目标，以提高毕业生的就业能力，使他们不仅成为求职者，而且逐渐成为工作岗位的创造者。"

这对于中国高等教育是一个深刻的启迪。如果我们高校培养的学生大多是一些只懂书本知识、只会应付考试的书呆子，那么，高校越是扩大规模就越会增加社会就业负担；而如果高校把培养学生的创新精神和实践能力，尤其是创业精神和创业能力摆在突出位置，则学生不仅能为自己创造工作机会，而且还能为社会创造新的就业机会和新的经济增长点，那么，高教越是发展就越能缓解社会就业矛盾。因此，高校不仅要努力扩大规模，为社会提供更多的受教育机会，更要调整培养规格和服务面向，使人才培养的质量更加符合社会多样化尤其是基层实际的需要，在推进经济社会发展的同时，不断为高教发展创造新的社会需求。

教育正成为我国投资和消费新热点[25]

一、教育正成为国家和社会投资的新领域

随着"人力资本"理论的问世,科技进步在经济发展中的作用日益增强,人力资源已经成为经济增长的主要因素,教育在经济增长中的特殊作用越来越受到关注和重视。教育作为人力资源的生产都门,突破了仅仅是公共服务部门的属性,已成为提供最重要的生产要素——人力资源的特殊产业部门;在知识经济加速发展的条件下,它更是提供新经济增长的重要源泉——知识生产、传播和应用的主要基地。因此,教育具有公共事业和产业的双重属性。

教育的产业属性表明:教育作为一种特殊的知识产业,不仅具有很强的社会效益,而且能产生明显的经济效益。这种经济效益反映在教育培养的劳动者和专业人才,能创造更多的社会财富,也反映在教育提供的知识贡献(包括高新技术成果和各种实用技术的推广应用),会极大地促进科技进步及其对经济增长的贡献,提高经济增长的质量。教育产业所产生的经济效益,还表现在基于教育所产生的回报。

---

[25] 谈松华:"教育正成为我国投资和消费新热点",《人民日报(内部参阅)》,2000年第4期。

二、教育供求反差明显，市场扩展空间广阔

我国人口基数大，构成了庞大的受教育社会需求。全国现有各级各类学校89万余所，在校学生2.42亿多人，还有6.29万人接受各种形式的在职培训。随着经济发展水平和人民物质文化生活水平的提高、教育普及程度的提高，社会教育需求将会高移，尤其是高层次和高质量教育的供求矛盾将日益尖锐。

义务教育阶段。主要是政府的责任，同时也存在着一定的市场投资空间。城市和发达地区一部分居民，希望为子女选择教育质量高的学校接受更好的教育。由社会力量创办学校，既能满足这种择校的要求，又可以扩充教育资源。近年来，许多地方民办中小学的发展正是适应了这种需求。一部分公办薄弱学校改革办学体制，实行"公办民助"（有的称为"国有民办"）也是一种扩大民间投资的形式。从更广的一个层面说，现在实现义务教育目标的大多数地区，学校的教学设施多数并未达到国家或地方政府规定的基本标准，这就为增加教学设备投资提供了很大的市场空间。

高中教育阶段。在城市中，近几年考高中甚至比考大学还难，反映了高中阶段的教育规模不能适应社会的需求。国务院批转的《面向21世纪教育振兴行动计划》和最近颁发的中共中央、国务院《关于深化教育改革，全面推进素质教育的决定》，都提到在城市和发达地区2010年普及高中阶段教育。政策上对发展高中阶段教育将要相应放开，这将使我国高中阶段教育进入一个新的发展阶段，在规模上有明显的扩展。适应这种发展需要，不仅要兴建一大批学校，增加基建投资，还由于教学设施要不断改善，教师待遇不断提高，生源成本递增，这方面投入也将会呈现递增的趋势。

高等教育阶段。近20年来，我国高等教育尽管有了较快的发展，但现有规模远不能满足社会急剧增长的需求，形成了尖锐的供求矛盾，各种

民办助学机构迅速发展，境外教育机构到国内抢占生源市场等现象反映了高等教育市场扩展的巨大潜力。

我国高校（包括成人高校）现有在校生 630 万人，每年招生约 200 万人，仅占同龄人的 9%，占高中毕业生的 40% 左右，占高中阶段毕业生的 20% 稍多。今年扩大招生规模（招生 240 万人左右）后，仍不到高中毕业生的 50%。今后 10 年内，高中阶段（15—17 岁）和高等教育（18—22 岁）适龄人口将先后进入高峰期。加之初中阶段普及程度的提高，高中阶段在校生数将明显增加。如果再提高高中阶段毕业生升入高等学校的比例，高等学校的招生数和在校生数更将大幅度扩展。中共中央、国务院《关于深化教育改革，全面推进素质教育的决定》提出，到 2010 年高等教育毛入学率达到 15%，按当时适龄人口推算，在校生可能要达到 1700 万—1800 万人。

城乡职业培训。这是更为广阔的市场。近几年，我国每年职工和农民培训近亿人次。今后产业结构、技术结构、城乡结构的调整和改革，必将引发社会职业结构和就业结构的变动。各种转业、转岗、再就业和在岗培训将构成超大规模的职业培训需求。据国务院发展研究中心预测，城市现有教育培训机构仅能满足 60% 左右的培训需求。还需考虑两个因素，一是技术进步将需要大批在职职工更新知识和技能，提高智能素质。这种知识更新、技能更新和提高智能的培训将成为各行各业的共同要求。二是结构调整和减员增效将增加待业和失业人口。按劳动部门统计，目前全国城镇登记失业人口 800 万，这又构成大批待开发培训的人员。农村实用技术培训更是面广量大，随着农业产业化和现代化的发展，农村培训市场的发展具有广阔的前景，涉及几亿人的市场潜力。

现代远程教育。现代教育技术的应用，正引起教育领域的革命性的变化，尤其是网络和卫星通信技术的发展，正在把多种教育资源组合成为网络化的教育系统。我国今年相继发表的《面向21世纪教育振兴行动计划》和中共中央、国务院《关于深化教育改革，全面推进素质教育的决定》都把发展现代远程教育作为建设21世纪现代化教育体系的重要战略举措，确定以中国教研计算机网和卫星视频系统为基础，建设覆盖全国城乡的现代远程教育网络，并要求在2000年全国高校和1000所中等学校入网，网络进入6万名教授家中。在此基础上，在下世纪初，会加大教育网络建设的步伐。可以预期，今后10年左右时间，远程教育网络是教育市场中投资量最大的领域之一，它也将吸纳几千亿的教育投资。在运行过程中还需要不断地维护和更新设施，不断地补充教学软件，因此，这是一个具有广阔发展前景的投资领域。

三、教育支付能力呈明显增长态势

支付能力直接影响教育供给。国家和社会的支付能力决定教育投资的供给能力；居民个人的支付能力则影响教育消费能力。在现阶段，国家对教育的投入将会持续增长，且主要用于义务教育和大部分本科以上教育的运行经费，以及对其他各类教育的资助，非义务教育投入特别是高中阶段和高等职业教育发展的经费，则主要依靠居民按教育成本分摊，按成本的一定比例（有的可能按全部培养成本）付学费，政府给予必要的资助和补贴。因此，义务教育的择校部分，非义教育阶段（包括一部分本科和研究生教育）的教育需求的满足程度，在很大程度上取决于居民的支付能力。

居民对教育的支付能力同经济发展水平相联系。在我国目前条件下，家庭只有摆脱了贫困，才开始具备最低的教育支付能力；解决温饱之后，对教育的支付能力才能成为现实；而实现小康，才能使教育在个人消费中的比例逐步上升。我国在20世纪末人均GDP将达到1000美元左右，实现小康目标。大多数地区正处在教育支付能力开始上升的阶段。城市和发达地区正积聚较强的教育投资和消费能力，形成了教育支付能力明显增长的态势。

教育支付能力又与居民的消费意向相关。因为教育是一种长期投资行为，涉及家庭收入分配先后次序的选择。我国现有居民储蓄6万亿元，其中近5万亿元为居民个人储蓄。国家统计局和北京大学进行的居民消费意向抽样调查表明，子女教育费用支出被列为家庭消费支出的首位。这一方面是由于大多数家庭目前的经济收入和储蓄水平尚不足以购买商品住宅和私人轿车，不具备大宗消费的能力，另一方面，更为重要的是，我国家庭舍得为子女投资，尤其是对子女教育的投资被当作对未来的投资，许多家庭往往节省其他消费，优先用于教育。这种消费意向无疑会提高居民的教育支付水平。居民对教育的支付能力还要考虑消费方式的变化，即借贷消费的发展前景。北京大学高等教育研究所关于居民教育支付能力的研究认为，现有居民存款分布很不平衡：1998年居民存款余额5.33万亿元，但占全国人口71%的农村人口只有1.67万亿元存款，其中10%最高收入农户与10%的低收入农户收入之比为14.7倍；城镇20%富裕户占有其余的3.66万亿元存款的绝大部分。因此，对于大多数城镇居民而言，过高的教育费用是难以承担的。研究者认为每年平均3000—3500元的学费能为多数家庭所接受。在这种条件下，考虑教育支付能力不仅指现有的收入和积蓄，还要包括通过贷款提前消费。这种消费将为更多的人提供教育机会，同时也使潜在的教育支付能力提前成为现实消费行为，进而成为发展教育事业的推动力量。

应对入世：全面提升教育国际竞争力[26]

加入世贸组织，标志着我国在参与经济全球化的进程中迈出了决定性的步伐，也意味着我国将全面参与全球经济与综合国力的竞争。教育是国家综合国力及其竞争力的基础。许多国家在国家竞争力受到挑战时，都从教育上寻求对策。以美国为例：1958年，当苏联人造卫星上天，美国的国防与科技竞争力遇到挑战时，他们反省教育，通过了以加强科学教育为主要内容的国防教育法；20世纪80年代，当日本企业和商品不断挤占美国市场，美国的经济竞争力遇到挑战时，他们又一次检讨教育。从里根政府到小布什政府都以教育为重点提出了国家战略目标。现在，全面提高教育的整体水平与国际竞争力，也应该成为我国应对入世的根本性对策。

入世对教育的影响是双重的：一方面，我国政府在有关教育服务贸易的承诺中，允许境外教育机构在我国境内合作办教育，并允许其享有多数拥有权。这将使我国教育机构直接面对教育市场的国际竞争，我们称之为直接影响和显性竞争。另一方面，入世将引起我国经济、政治、文化领域的一系列调整与变革，并对人才和国民素质提出新要求。这是教育面对的

---

[26] 谈松华："应对入世：全面提升教育国际竞争力"，《求是》，2002年第11期。

间接影响，我们称之为隐性竞争。教育要从应对这双重影响和两种竞争着眼，寻求对策。

一、完善教育体制与运行机制，提高教育机构的办学活力与竞争能力

入世后教育市场准入程度的提高，从积极方面说，为我们引进境外优质教育资源，学习和借鉴世界各国适应市场经济的教育运行机制，改变国内教育在长期卖方市场环境中形成的缺乏服务意识、竞争意识、应变意识的弊端提供了机遇。从不利方面说，境外教育机构在涉外专业的课程教学与职业培训等方面具有明显的优势，特别是它们长期以来在市场经济体制下形成的教育体制、管理方式与运行机制，使其具有较强的市场竞争实力，势必同国内教育机构在生源市场、资金市场、人才（教师）市场、信息市场、技术市场以及教材、网络市场等等方面形成全面争夺的态势。因此，我国教育机构要在这种既合作又竞争的条件下取得主动，就必须进行制度建设和体制创新。

首先，政府要转变职能。政府从教育服务的直接提供者转变为教育服务体系的构建者与监管者，从对学校的直接行政管理转变为间接的宏观管理，从指挥具体教育行为转变为制定行为规则，这是教育体制创新的关键所在。当前特别急迫的是要完善教育法规体系。一方面要尽快颁布国家有关中外合作办学的法规，为境外教育机构进入我国教育市场提供法律依据，既要确保我国的教育主权，保证我国法律确定的教育宗旨、教育方针、教育基本制度的实施不受干扰，又要保证境外办学机构的合法权益；另一方面要规范政府行为，特别是要增加法规和政策的透明度，使政府对教育的管理方式从单纯依靠行政指令，逐步走向依法行政的轨道。例如对于中外合作办学，政府除了进行必要的法律规范和行政审批

外，还可以通过发布专业目录，明确哪些是鼓励发展的专业，哪些是限制发展的专业，对办学机构进行政策指导和信息服务，以保证教育开放符合我国的国家利益。

其次，要规范教育市场运作。这是教育体制创新的重要内容。世贸组织的教育服务贸易是按照市场机制运作的。形成健全成熟的教育市场，是教育开放的体制基础。有关教育市场及其运行机制的理论及相关的政策问题，在教育界内外还有争议，本文不可能涉及，只想就教育开放中的市场运作和体制创新中的市场机制问题谈些想法。我认为，在教育市场对外开放的同时，一方面要积极发展国内的民办教育，也可以让一部分公办学校按照市场机制运作，实现办学主体和投资主体多元化，同按照市场机制运作的中外合作办学机构实行公平竞争，另一方面要进行市场体制的规范化、法制化建设，特别是对于办学机构的资质认证、法人资格的规定、办学行为的规范、办学质量的监督评估等，都应有明确的法律界定和实施程序，以保证教育市场的有序运作。在目前境外机构普遍看好我国生源市场、国内某些教育资源供不应求的情况下，应特别注意防止外国劣质教育资源进入我国教育市场，防范市场欺诈行为扰乱教育事业的正常发展。

第三，学校自主办学。这是教育体制创新和增强我国教育国际竞争力的基础。在国际竞争中，教育竞争实际上是学校实力与活力的竞争，而学校的实力与活力主要表现为适应社会变化的能力和自我调节的能力。在科技、经济、社会急剧变化的今天，有没有这种能力，成为学校生存与发展的关键性因素。而学校的这种应变能力与调节能力受到它所享有的决策权、管理权和办学权的影响与制约。在教育市场进一步开放的条件下，我们的学校，不论是民办的还是公办的，都要在法律规定的权利与义务的前提下，通过体制与机制的创新，建立起科学、民主的决策程序与管理机构，形成自我发展与自我约束的机制，逐步建立起现代学校制度，这样，才能在国际竞争中居于主动地位。

二、调整教育结构和人才培养规格，提高各类人才的国际竞争能力

我国教育结构和人才培养规格在计划经济向社会主义市场经济转变过程中，经历了一次重大的转变。近十多年来，加快发展中、高等职业教育，减少专业数量，拓宽专业面，培养复合型人才等，就是教育适应市场经济对人才需求的变化而做出的调整。现在，中国市场经济进入与世界市场接轨的新阶段，人才需求发生结构性变化，对人才的规格、类型以及知识能力也将有新的要求。因此，调整教育结构和人才培养规格应当作为入世的基本对策。

（一）调整教育结构，加快培养适应世界市场运作的紧缺人才

我国正处于经济产业结构调整的关键时期。入世必将增加结构调整的新变数。发展和提高我国的优势行业（例如纺织、服装、家电等劳动密集型行业），调整和发展高附加值的产品，提高国民经济整体科技水平和科技含量，需要一大批熟悉世界市场行情和技术前沿的专业技术人才与管理、营销人才。尤为急需的是与WTO以及世界市场运作直接相关的涉外、财经、政法方面的人才，如国际注册会计师、金融运作人员、世界贸易营销人员、涉外法律人才、跨国公司管理人才等。这类人才的紧缺程度在一段时间内会十分突出，需要采取特殊应急措施，从现有在职人员和相近专业的毕业生中选拔进行专业培训，还要通过出国进修或请国外专家来华讲学等形式，尽快培养高校相关专业的骨干教师，建设好人才培养的工作母机。

（二）调整人才培养的规格要求，优化人才的知识结构与能力结构

在从计划经济向社会主义市场经济转变的过程中，我国教育部门在人才培养上实现了从适应单位、部门的具体专业、岗位到适应社会和市场需要的转变。入世之后，教育在人才培养方面则应从适应国内市场的需要扩展为适应世界市场的需要，从应对国内市场竞争扩展为同时应对世界市场的竞争，突出的是要培养国际性人才。这种人才首先要有世界眼光、全球视野，从知识背景到思维方式、行为方式，都能主动适应和参与全球运作，这样才能高屋建瓴，在风云变幻的全球化浪潮中应对自如。其次要有较好的外语水平与交流能力，有跨国的文化理解，不仅能与同行进行业务的交流，而且能进行文化与心理的交流，这就需要对本土文化与世界文化都有所了解，有一定文化底蕴。再次要在专业或学科领域，在本行业务领域，熟悉国际运作程序与规则，了解本领域的世界发展现状、前沿与趋势。这样才有可能参与世界事务及国际竞争。因此，就必然要求教育系统在人才培养规格、教育内容、课程设置、培养途径等诸多方面做出相应的调整与必要的改革。

（三）强化职业培训与继续教育，形成政府、学校、企业和市场共同参与的具有快速应变能力的职业培训系统

我国一贯重视学历教育，这对于提高人的基本素质无疑是重要的。但是，在科学技术突飞猛进，经济环境瞬息万变的今天，单靠一次性学校教育显然不能满足不断变化的世界的需要。在职学习、职业培训、继续教育将会成为一种普遍的、经常的教育与学习方式，成为培养具有应变能力人才的重要途径。需要在全社会建立一种在职学习与继续教育的制度，这样，才有可能始终保持一支能够适应世界变化要求的、充满活力的人才队伍。在现阶段，最为紧迫的是要根据入世的需要，有计划地对政府公务

员、企业经理与管理人员、各类专业人员进行有关世贸规则及入世对策的专题培训。对其他各行各业的从业人员，也要通过多种形式进行宣传与培训。这种教育培训要同各行各业的业务及相关对策研讨相结合，使各方面人才尽快地进入状态，为应对入世做好准备。

三、优化国民素质，提高民族凝聚力、创造力、竞争力

应对入世后面临的挑战，国民整体素质无疑是决定胜负的基本因素。科学技术的发展固然需要科技专家的创造发明，但把科技成果转化为现实生产力则需要大批高素质的劳动者；新产品、新工艺需要工程技术人才去开发设计；而制造出高质量的产品则需要第一线的熟练的操作人员。人们常说"产品质量是民族素质的体现"，正是反映了国民素质在经济竞争中的作用。投资环境尤其是软环境的建设，在很大程度上取决于社会的文明程度，而国民素质的优劣则直接影响社会文明程度的高低。因此，我们在讨论入世的应对之策的时候，不仅要关注人才培养和体制机制创新，同时要格外重视全面提高国民的整体素质。

大力发展教育事业，提高全民知识水平，是提高民族素质的基础。世界银行在1999/2000年《世界发展报告》中指出：当今世界国家与国家之间经济发展水平的差距，实际上是知识的差距，而全民受教育程度无疑是国家知识水平高低的重要条件。世界银行在1991/1992年《世界发展报告》中比较了发展中国家与美国之间资本与产出弹性系数的差距，认为主要原因是教育水平的差距。这种差距在知识经济时代有可能不是缩小，而是进一步拉大。我国在2000年实现"两基"目标，基本普及了九年义务教育，居民平均受教育年限从1990年的5—6年提高到7—8年，但是，在经合组织国家，居民平均受教育年限均在12年以上，我国与发达国家的教育和知识差距是显而易见的。因此，加快发展教育事业，缩小与发达国家的

教育差距，是提高国家竞争力、缩小与发达国家经济差距的基础所在。我国的国家发展战略应把人才作为第一战略资源，把人力资源开发作为提高国家竞争力的第一要务，实行资源配置的战略性调整，确保教育适度超前发展；同时，要通过扩大教育市场的准入程度，发展各种形式的民办教育与合作办学，动员国际国内的各种教育资源，实现我国教育的超常规、跨越式发展。

　　教育事业的发展、知识水平的提高，并不仅仅是教育规模的扩展，数量的增加，同时应该是办学水平和教育质量的提高。由于科技、经济、社会的迅速变化，其对人才素质的要求也在发生深刻变化，我们所要追求的教育质量已经不再是原有教育观念、课程体系和教学模式框架内的质量，而是能够适应科技革命、知识经济、网络社会以及经济全球化浪潮需要的教育质量。我们要建设21世纪的新教育，培养适应21世纪要求的新素质的国民。世界银行在《中国与知识经济：把握21世纪》的报告中指出："上千年的儒家传统，几十年的计划经济体制，以及对死记硬背而不是创造性思维的强调，造就了中国的教学理念与教学方法。"[1]当然应当全面地分析评价我国现行教育的长短和优劣，扬长避短，去芜存精，但是，变化着的国际国内环境对受教育者的要求的确与过去时代有了很大的不同。世界银行的上述报告指出："在新经济中，学生们需要掌握的远远不止简单的读写、计算等基本技能，他们还需要掌握行为技能，例如批判性地思考、有效地交流以及在团队之内开展工作等方面的能力。创造性、敢于承担风险、企业家精神以及电脑技能也将变得非常重要。其中，最为重要的则是将知识灵活地运用到新的非同寻常的问题中去。"[2]如果循着传统的教育模式去提高教育质量，有可能培养出大批学历水平不低却不能适应新环境要求的人才，这样是很难提高人才和教育的国际竞争能力的。因此，实施素质教育，建设高质量教育，就必然要经历一个教育变革与创新的过程，以培养新一代能担当起民族复兴重任、在国际事务中能干的中国人。

在提高民族素质和国际竞争力的过程中，有一个问题是特别值得关注的，那就是科学文化素养与思想道德素养、科技素养与人文素养、德育与智育、科学教育与人文教育的关系问题。在当今科技革命和知识经济时代，国民的知识水平与科技素养无疑是至关重要的，也是在全球化背景下提高国际竞争力的关键性因素。我国不仅在研发经费占GDP比例、科学家和工程师占从业人员的比例、科技成果与专利数量方面都远远落后于发达国家，国民的科技素养同样如此。全面提高国民的科技素养，需要加强科技教育，包括在学校中加强自然科学、社会科学及各种应用技术教育，在全体国民中加强科技知识的普及等等。同时，面对全球化浪潮的冲击，西方思想文化的渗透，市场经济运行中功利主义价值观以及科技迅速发展带动的唯科学主义思潮的影响，我国社会文化思想及价值观念正处于碰撞和重构的过程。如何弘扬民族精神，增强民族凝聚力，如何弘扬人文精神，增强人文关怀与社会协调，如何弘扬敬业、诚信的职业道德，形成相互负责、相互信任的社会风气，这些不仅是建设文明社会、规范市场经济的必要条件，也是增强综合国力、提高国际竞争力的重要因素。

这里尤其需要强调的是，增强民族凝聚力和提倡敬业诚信的职业道德，同提高民族创造力一样是提高国家竞争力的必要条件。因为面对国际人才竞争与境外机构的大量进入，能否正确地对待外来文化，提高民族自信、自立、自强精神，是国家竞争力的重要精神动力。有了这样的精神动力，才能凝聚和动员全民族的力量参与国际竞争。在各行各业的产品与服务的竞争中，从业人员的业务水平与工作技能固然会影响产品与服务的质量，他们的敬业精神与诚信态度则会对企业产品与服务的水平产生更为长远和根本的作用。因此，在应对入世，提高国民素质的教育中，要把提高民族凝聚力、创造力与敬业诚信精神摆到突出的位置，为全面提高民族素质与国家竞争力奠定坚实的基础。

注　释

［1］［2］世界银行发展学院:《中国与知识经济：把握21世纪》，北京大学出版社，2001年，第22、69页。

国民能力建设与制度创新[27]

中国在加快经济社会发展的进程中,人力资源的开发和利用越来越显现出其特殊的地位和作用。人力资源的开发,最根本的是开发人的各种潜能,提高人的生存和发展能力。从这个意义上说,能力建设是人力资源开发和人力资本积聚的主要内容。中国政府在推进现代化建设的进程中,十分重视国民能力建设。江泽民在亚太经合组织人力资源能力建设高峰会议上的讲话中提出:"要充分认识人力资源能力建设对经济社会发展的基础性、战略性、决定性的意义,把它放在社会经济发展的突出位置。"[1]这需要各个领域、各个部门的共同努力,而教育无疑是能力建设的基础,尤其是教育制度能否适应并促进人力资源的能力建设,提高国民能力建设水平,已经成为中国人力资源开发和人力资本积累的关键而紧迫的现实课题。

一、国家竞争力与国民能力建设

在全球化加速发展的当今世界,国家竞争力日益成为一个国家发展的现实能力与潜在能力的重要表征。瑞士国际管理发展学院发表的《世界竞

---

[27] 谈松华:"国民能力建设与制度创新",《教育研究》,2003年第5期。

争力报告2001》显示：2000年在47个参评国家排名中，中国GDP总量排第7位，国际竞争力排第31位，其中文盲率排第44位，大学教育对竞争性经济的满足程度排第42位，国民有效专利持有率排第38位，熟练劳动力易获得性排第44位，合格工程师在劳动力市场易获得性排第47位，公共教育经费占GDP的比例排第44位。[2]可见，影响中国国际竞争力的主要因素在相当程度上与教育发展和人力资源开发相关，特别是人力资源开发和教育发展的质量直接影响国民素质和人力资本的质量，成为制约中国国际竞争力的主要因素。

中国在近20年，特别是近10年来教育事业得到了空前的发展，人力资源的开发程度也有了明显的提高，为什么国民素质的竞争力却远远落后于其他方面呢？这一方面当然同原有教育基础薄弱、人口素质整体水平低有关，但更值得思考的是，如果把人力资源开发和人力资本的积聚仅仅理解为教育规模的扩展、学历程度的提高，那是不充分、不准确的，只有把人力资源开发和人力资本积聚当作数量、结构、质量的统一，学历与能力的统一，尤其是把能力建设摆在首要位置，实现从学历本位向能力本位转变，才能造就符合社会要求的高素质的劳动者、专业人才和拔尖创新人才，也才能使教育发展和人力资源开发对提高国家竞争力发挥更大作用。

能力建设的重要性是与当今时代和社会变迁的客观环境有密切联系的，在20世纪90年代中期之后更加迅速显现：随着知识经济的崛起和全球化的进一步发展，人们面对的学习和工作环境发生着深刻而前所未有的变化，这也必将使未来的工作能力与传统的工作能力相比发生根本性变化。一方面知识和技术的爆炸性增长，使得学习成为人们生存和发展的必要前提，学习获得的知识的多少已经不再是应对现实的主要条件，而学习能力尤其是自主学习、终身学习、灵活学习的能力正在影响和决定着人的未来发展；另一方面人们的工作环境和组织形式发生着重大变化，在一个变化速度不断加快，新的问题和机遇层出不穷的时代，对于人们应对新的环境需要具备的基本能力提出了新的要求。为了回应这种新的要求，20世纪90年代以来，一些国际组织和国家机构相继研究和提出了有关岗位能力要求和教育能力要求的报告。例如美国劳工部在《要求学校做什么样的工作》报告中提出了美国未来工作者的五种能力：确定"组织和分配资源的能力；与他人共同工作的能力；获取和使用信息的能力；理解和运作系统的能力；运用多种技术工作的能力"。另外还提出了三部分基础：基本技能（读、写、算、听、说）；思维技能（创造性地思考、决策、解决问题、形象思维、学习和推理）；个性品质（责任感、自尊、社交能力、自我管理、正直诚实）。[3] 尽管中国的文化和教育传统中存在着偏重知识尤其是书本知识的局限，但是培养和提高人的能力问题也在逐步受到重视。在教育领域，20世纪80年代提出过改革陈腐的教育内容和方法，在90年代初提出成人教育以岗位培训为重点，着重培养岗位能力，至于从80年代中期开始推行的素质教育更是教育观念和教育模式的重大变革。所有这些决策和举措表明，培养和提高国民能力已经受到政府和社会的重视，能力建设开始成为国家发展的重要领域。

从国家竞争力和社会发展的角度考察能力建设问题，中国面临着一些独特的机遇和挑战。首先是中国正处于社会转型时期。在今后20年左右的时间里，中国将大体完成工业化过程中的结构调整，即有2亿左右农业劳动力转移到制造业和服务业，有3亿左右农村人口转移到城镇工作和生活，城市人口中也会有相当数量的就业者转换工作岗位。在这么短的时间内，有这么多的人要转换职业岗位，改变工作和生活环境，人们的应变能力、再学习能力、再就业能力，就显得特别重要。近年来城市下岗人员的再就业、农村进城务工人员的就业问题，都反映出再学习能力、再就业能力和应变能力对于职业转换和结构调整具有长期性的调节作用。可以说,中国正处于最大规模的能力建设高峰期,它在很大程度上将影响结构调整和社会转型。其次是中国人力资源的基本国情是高素质人才短缺和低素质劳动力过剩并存。在近期内,低素质劳动者的就业不足是一个突出的社会问题。据世界银行发展学院的报告《中国与知识经济:把握21世纪》的分析:20世纪80年代中国经济的年增长率为9.3%,就业增长率为3%;90年代经济增长率为10.4%,就业增长率下降到1.1%,实际失业率超过10%。报告预测,今后10年将新增劳动力8000万,至少需要创造1亿个工作岗位,即每年要增加800万—1000万个就业岗位(而"九五"期间每年增加550万—650万个岗位)才能适应就业的需要。[4]这一方面需要通过结构调整创造新的工作机会,另一个更重要的方面,则需要提高劳动者的创业能力,让劳动者自己创造工作机会,而不是在旧的体制和工作框架内解决就业和发展问题。再次是中国面对全球化和知识经济的机遇和挑战,选择以信息化带动工业化的新型工业化道路,既要以制造业的优势发展传统产业,又要发展新经济以迎接知识经济的浪潮。

不论是发展高新技术产业,还是以高新技术改造传统产业,关键在于提高民族创新能力,尤其是知识创新和技术创新能力。正如《中国与知识经济:把握21世纪》报告所指出的:"随着中国步入知识经济,它的竞争力将越来越取决于公民有效地创造、获取、分享和使用知识的能力。"[5]所有这些方面的机遇、问题和挑战,对国民能力建设提出了全方位的要求,并赋予它极其丰富的内涵。

二、中国教育与能力建设:问题与选择

从能力建设的要求来考察中国教育发展和人力资源开发,尽管近些年来有所进步,例如现在人们英语、计算机、吸收信息和交流信息等方面

的能力，是上几代人都无法相比的，但从总体上看，可以明显地发现能力建设落后于教育数量的增长，在某种程度上存在着学历的提高并不一定带来相应的能力提升的问题，在某些方面甚至存在着学历膨胀而能力滑坡的问题。教育过程中能力建设的薄弱，势必造成人力资源开发和人力资本积聚中的缺陷：一是学历膨胀而实务人才短缺，加剧人才供求上的结构性矛盾；二是人的职业能力狭窄，缺乏综合与迁移能力，不能适应产业结构调整和职业、岗位技能变化的需要；三是高层次人才缺少创新思维和创新能力、宏观决策和统筹协调能力、国际交往与竞争能力。这种状况必将影响人力资本整体效益的发挥，也对中国教育提出了一个十分尖锐的问题：是按照"学历本位"，还是"能力本位"的要求发展教育？这个问题对于中国教育的影响是广泛而深刻的，它必将影响教育目标、内容、方法乃至教育的结构和体系。中国教育界实际上已经做出了选择，并且正在努力解决这个问题。本文仅就教育改革中的能力建设问题，或者说能力建设影响教育改革的相关问题略陈管见。

（一）制定能力建设的国家战略

能力建设应该成为知识发展战略的基本内容，因为只有以能力建设为本的知识发展，才能提供知识发展的人才支持，才能以人才为中介，实现知识发展的目标。把能力建设提到国家战略的层面，就是由国家规划和统筹能力建设。这不仅需要提出战略思想、战略目标，而且要制定各类人才和各种职业（岗位）的能力标准。这种标准不仅作为各行各业录用人员和职务晋升的依据，还可以供职业教育、成人教育和高等教育参考。在基础能力培养方面也可以供基础教育参考。

目前，中国的能力建设标准主要是部分行业的职业岗位规范，分别由劳动部门和人事部门牵头制定，实际上主要是岗位技能，属于能力结构中的专业（职业）能力部分，并没有从人力资源开发的全过程提出能力建设的总体要求，需要在这个基础上制定国家能力标准的基本框架。这方面的工作许多国家已有多年的基础，近年来大多根据知识经济和全球化的新发展，提出了新的内容。特别是国际劳工组织在《知识社会中的工作学习与培训》的报告中，比较完整地提出了知识社会能力发展的要求，包括基本（基础）能力、核心能力、职业（岗位）能力、终身学习能力等，并且分别在基础教育、职业培训和终身学习中相应地体现。[6]这样，能力建设就不只是职业培训的要求，而应该是贯穿于各级各类教育的共同要求，不过不同层次和类别的教育，能力建设的重点有所不同。例如学校教育主要是基本（基础）能力的培养，职业培训主要是有针对性的岗位能力的培养，而核心能力、终身学习能力、创新能力和创业能力则是在各种教育中都应当着力培养的。我们既要引导各行各业注重基础能力的要求，也要使之有利于行业之间的转业和转岗，使不同行业之间的教育培训相互衔接和沟通，形成完整的职业教育培训体系。

（二）以能力建设的要求改革学校教育模式

知识与能力是人才培养的基本要求，两者也是相互作用的，不能割裂开来孤立地强调知识或者能力的培养。问题是我国教育传统和现实都比较偏重于知识传授，其缺陷之一是缺乏系统的能力培养的要求和训练。这在很大程度上影响了我国人才的整体素质和应对时代变化的能力。从这个现实出发，能力建设，在教育领域而言即能力培养显得特别紧迫，需要加以系统的设计和实施。

学校教育的改革，主要是从单一的知识传授和知识评价，发展为知识与能力相融会的综合教育与综合评价。从国民能力建设的整体要求而言，学校教育着重培养学生的基础（基本）能力，其主要内容是读写能力、计算能力、公民资格、社会技能、学习技能以及共同解决问题的能力等，同时也为培养核心能力打好基础。所谓核心能力是在基本能力的基础上适应工作需要发展的新技能。例如新加坡把这些能力规定为个人能力、集体能力、组织能力和领导能力等。学校培养学生的能力要求的内容随着经济发展和社会变化而不断变化。《中国与知识经济：把握 21 世纪》报告提出："在新经济中，学生们需要掌握的远远不止简单的读写、计算等基本技能。他们还需要掌握行为技能，例如批判性地思考、有效地交流以及在团队之内开展工作等方面的能力。创造性、敢于承担风险、企业家精神以及电脑技能也将变得非常重要。其中，最为重要的则是将知识灵活地运用到新的非同寻常的问题中去。"[7]为了实现这样的要求，报告提出："实现各级课程的现代化，培养知识经济发展所必需的新的基本技能。除了基本的读写算等核心能力之外，还应当培养应用计算机和互联网的能力，以及创造性思维能力，以适应不断变化的工作需要和综合技能需求。"[8]这实际上触及了学校教育的一个基本出发点，即学校培养学生是单纯从学科知识的系统性出发，还是从生活对未来人的要求以及人面对未来生活的要求出发。对于中国学校教育的发展与改革而言，系统地研究和设计知识与能力在人才培养中的相互作用，特别是基础能力、核心能力，以及创新能力和创业能力的培养要求和培养途径，实在是当务之急。

（三）以能力建设的要求完善教育培训体系

国内外的许多研究表明，由于知识和技术更新的速度加快，职业岗位和岗位技能的变化速度也在加快，学校教育不可能为人们准备工作和生活所需的所有能力，大部分职业能力和岗位技能是要在工作岗位上习得的。"中国区域教育现代化研究"课题组对六省 12 个市 31,736 名工人的问卷调查结果显示，在 20 种岗位能力中，只有"撰写工作报告与技术文件……主动学习，掌握新知识和新技术……查阅排除故障的技术资料"三项能力，学校教育起了重要作用，其他能力90%以上由工作岗位和培训提供。[9]因此，一个完善的教育培训体系是实现能力建设目标的必要条件。在中国的教育体系中，学校教育有着完备的系统，而职业培训和继续教育尽管市场很大，发展很快，但却缺乏系统的设计和整体的组织，目前还是分散的、不规范的，尤其是缺乏实训条件和工作环境，培训机构和工作机构脱节，缺少实践能力的培养，成为能力建设的主要障碍之一。因此，从能力建设的要求出发，构建和完善教育培训体系，关键是要在政府宏观调控下，培育和完善培训市场，其中必然涉及标准制定、机构设置、培训模式、评价认证等诸多方面的问题，需要系统地设计和组织实施。

第一，培训标准的规范化和多样化。既可按照工作能力—职业资格—培训标准，也可以是工作能力转化为多种培训标准，或者是培训标准中包含着多种能力要求的组合。总之，以能力为本位组合成各种培训标准。有了这样的标准，培训的内容选择、成绩测试、评价考核以及证书发放，都可以作为依据。确定这种标准需要政府和市场的共同参与，既要有政府颁发的规范的标准，也需要行业参与和市场运作形成的标准，两者互补，不断培育和规范培训市场，完善培训体系，发展适应经济社会需要的教育培训。

第二，培训机构的多元化，即多种主体并存。发挥政府、学校、企业、社会（团体、社区、私人等）的各自优势，形成既有竞争又能互补的培训网络。一般情况下，政府主要承担公益性和通用性的职业培训，特别关注弱势群体和政策性转业人群的培训机会；学校主要承担基础性和系统性较强的培训，把职前和职后的教育培训联系成为一个整体；企业应该是培训的主要提供者，承担各种与岗位技能有关以及提高员工素质的在职培训；社会组织和私人提供的培训则是为了满足不同人群就业、转业和自我完善的培训需求。既然人们对培训的要求是多方面的，不同的培训机构应该提供各具特色的培训服务，避免雷同、重复，避免浪费教育资源。

第三，培训模式的个性化和信息化。即充分应用现代信息技术，实行灵活的培训计划，按照不同培训对象的起点水平、学习需要、工作安排等实际，让学习者选择符合需要和可能的学习计划，实行"按需施教""设计教学""灵活学习"。这就需要实行从以教学提供者为中心的培训模式，向以学习者为中心的培训模式的转变，即建立一种类似服务（销售）与客户关系的"订单式"培训模式，使培训更贴近培训对象，发挥提高学习者能力的实效。

（四）能力建设的重点是提高创新能力和创业能力

可以说，极大地提高国民的创新精神和创新能力，包括培养一大批拔尖创新人才，是提高民族素质和国家竞争力的核心所在；极大地提高劳动者的创业精神和创业能力，则是把沉重的人口负担转变为人力资源优势，实现经济增长与社会稳定的根本出路。而创新能力和创业能力的提高，将会提高能力建设的整体水平。因此，要把提高创新能力和创业能力作为能力建设的重点，既要普遍提高国民的创新能力和创业能力，同时要着力造就一大批具有原创能力的拔尖创新人才和各个领域的创业领头人。这对于学校教育的要求，不仅涉及教育思想、教育内容和方法的改革，而且在制度安排和教学组织上都需要做出新的调整。例如，对于特殊才能学生和人才的发现、培养和使用，需要有特殊的办法、政策和制度；对于创业能力的培养要创设内部和外部的条件和环境，包括创业基金和风险基金等。总之，在人才培养的观念和制度上，打破消极平衡的传统，才能极大地激发民族的创新精神和创业精神，提高创新能力和创业能力。

三、教育制度创新：扫除能力建设的制度性障碍

制度创新对于能力建设具有特殊的重要性。一方面是由于中国长期受计划经济体制影响的教育体制和制度，制约着人的能力发展与提高，实现向适应市场经济体制的转轨，势必引起与体制转轨相应的教育制度的变革与创新；另一方面，新世纪对人的素质和能力的新要求，也必然要求冲破束缚人的能力发展的某些制度性局限，要求人才培养制度的创新。这样，教育制度的创新主要包含与体制相关的制度、与人才培养相关的制度这两个方面，前者侧重于宏观领域，后者侧重于微观领域。本文主要从人才培养的角度讨论教育制度创新问题，兼及体制相关的问题。

（一）教育管理制度：集权与分权

适应计划经济体制的教育管理体制的主要特征是高度集中统一的政府主导型管理体制，学校自主决策和管理的权限极小。经过近十多年的改革，政府与学校的关系发生了很大的变化。但是，政府主导型的管理仍然没有从制度上根本改变，特别是由制度产生的惯性在观念和行为上都还有深刻的影响。政府习惯于直接指挥学校，学校习惯于听从政府指令。这种行为习惯与制度影响的黏合，形成了制度转型中特有的胶着状态，常常引起学校与政府的角色错位。因此，管理制度创新的首要问题是学校与政府的角色定位。把政府作为行政机构、把学校作为学术和教学机构的职能从制度上加以区分，特别是在人才培养上政府的职能严格地限制在宏观管理层面，在能力建设方面则主要是制定国家能力标准、职业资格制度、能力考核和证书制度以及与能力建设相关的法规政策等。在政府的宏观管理下，建立现代学校制度，让学校（教育机构）享有面向社会和市场的办学自主权，为充分开发受教育者的潜能、发展各种能力创造制度环境。

（二）入学制度：开放与选拔

入学制度的开放度和选拔方法，无疑会影响能力建设、能力开发的广度和深度。现行的中小学和高校入学制度，义务教育阶段实行免试就近入学，开放但缺乏选择；高校实行全国统一考试入学，严格选拔但缺乏开放。实行这种入学制度与我国目前教育的供求矛盾（包括优质教育的供求矛盾）直接相关，其弊端是限制了义务教育阶段学生的选择权和一部分学生高等教育的入学机会，直接或间接地影响人才的发现和人的潜能的开发。入学制度的创新，在义务教育阶段，当学校之间逐步实现均衡发展之后，在保证教育公平的前提下，提供必要的选择机会；在高等教育阶段，当大众化水平逐步提高之后，大多数高校实行开放注册入学，少数研究性大学选拔入学，在选拔标准和方法上，要以能力考核为主，尤其是注重发现和选拔具有特殊才能的学生，从人才培养和能力建设的入口处，就为具有各种不同才能的各类人才搭建成长和发展的舞台。

（三）教学制度：规范与选择（灵活）

人的禀赋与才能是千差万别的，而教育教学却需要规范的要求和循序渐进的安排，这样在教学制度安排上就存在统一的规范与个性发展差异的关系问题。我国教育制度的特点和长处是统一要求，严格规范，能保证基本教育质量，而问题恰恰是忽视了个体差异，缺乏适应不同教育对象的灵活性，在某种程度上甚至会窒息有特殊才能的人的发展潜能。在知识革命和信息网络化迅速发展的当今时代，过于呆板划一的教学制度已经过时，灵活的、个性化的教学制度正在形成和逐步成熟。这种制度是"以人为本"的、"因材施教"的、"规范与选择"相统一的。例如，在课程设置上，分设国家课程、地方课程、校本课程；设置必修课和选修课，增加选修课内容和学时；重视显性课程的同时，开发隐性课程。在教学安排上，设置不同进度，允许学生自由选择，甚至可以为有特殊需要的学生单独制订计划，实行按需施教。在教学管理上，实行学分制和工作学习交替制度，承认学生在（学校认可的）其他教育机构取得的学分，允许学生边工作边学习，给学生以充分自主学习的机会和权利。

（四）合作教育制度：学校、企业、社区

能力建设需要学校与社会的共同参与。中小学阶段的社区教育与校外教育，高等教育阶段的合作教育，"三明治"式的教育以及知识经济时代的"三重螺旋结构"（政府、企业、学校合作的新组织形式）；职业教育和成人教育中的产教结合，或者以企业为主的教育，都说明人才培养尤其是能力建设必须依靠学校与社会机构的合作伙伴关系。这样就需要在制度和政策层面保证这种伙伴关系的建立和运行。关键在于合作伙伴之间的利益和责任，要做到利益共享，责任分担。学校与社会的双向参与和合作制度，应该成为现代国民教育体系和终身教育体系的组成部分，也应该是构建学习型社会的制度孵化器。学习型企业、学习型社区、学习型组织的发展，必将为校企合作和现代学校制度的建立提供组织的基础。

（五）多种证书制度：学历证书、职业资格证书、技能等级证书、"第三张通行证"

从能力建设的角度看，学历证书主要体现学术性能力；职业资格证书和技能等级证书主要体现职业性能力；而"第三张通行证"原意指"事业心、进取精神和开拓能力"，也可理解为综合素质和综合能力。实行多种证书制度可以比较全面地反映能力建设的要求。问题在于劳动用工制度、劳动力市场的准入制度，需要从制度建设的基础工作做起，制定各类职业岗位的资格标准和考核发证制度，为实行"能力为本"的用人制度提供保证。

注 释

［1］［2］中国教育与人力资源问题报告课题组：《从人口大国迈向人力资源强国》，高等教育出版社，2003年，第89、11页。

［3］美国劳工部：《要求学校做什么样的工作》，人民教育出版社，1994年，第148—149页。

［4］［5］［7］［8］卡尔·J.达尔曼、让-艾立克·奥波特：《中国与知识经济：把握21世纪》，北京大学出版社，1991年，第14—15、70、69、22页。

［6］国际劳工组织：《知识社会中的工作学习与培训》，国际劳工局，2002年，第17—18页。

［9］王蕊："现阶段我国教育现代化的背景和基础——中国教育与培训问卷调查与分析"，《中国教育现代化的区域发展》，广东教育出版社，2003年，第203—205、219页。

民办教育的发展模式和制度选择[28]

我国民办教育是在特定的社会环境下发展起来的。一方面我国存在着单一的公立教育体制和庞大的公立教育系统，民办教育的发展空间较小；另一方面市场经济发展的时间较短，民营资本实力有限，现有税法对于民间资金进入教育领域的鼓励力度不足。这就决定了我国民办教育发展初期的困难处境，可以说是在夹缝中求生存，也使其发展模式呈现出多样化的特征。经过十多年的经验积累，我国民办教育大体上有以下几种发展模式：①由非政府民间机构或公民个人举办的民办教育机构；②公立学校设立的按民办机制运作的分校或二级学院；③公办学校按"国有民办"或"公办民助"的原则改革办学体制和运行机制；④多种投资主体合作办学（有的地方称为"股份制"办学）；⑤各种形式的中外合作办学。实际上，全国不同地区的城乡近几年来的办学体制出现了更为多样的形式，因为在上述几种模式内各自还有诸多不同的情况，反映了初创期的过渡性特征。在民办教育缺乏法律规制的情况下，各种发展模式都应该具有探索作用。而在《民办教育促进法》实施后，进入法制规范下的成熟发展期，则需要对各种发展模式做出制度安排，也就是说要用一种制度安排的思路有

---

[28] 谈松华："民办教育的发展模式和制度选择"，《教育研究》，2003年第10期。亦载于《中国民办教育研究》，2004年第7期。

序地进行探索，这样才能逐步形成符合中国国情的制度框架。本文试图从所有权和资金来源这两个维度，把我国现在实际按照民办教育机制运作的几种模式归纳为三种类型：由单一民间机构或个人举办的、在公办学校基础上发展起来的、多种投资主体合作举办的，并对这三种类型的教育机构的发展走向和制度安排进行探讨，以求从中寻找多种途径发展民办教育的模式，并对未来的制度选择提供研究的线索。

一、由非政府的民间机构或公民个人用非财政的资金投资举办的民办教育机构

这类学校是我国民办教育的主体，近十多年来新办的民办学校多数属于这种类型。根据《民办教育促进法》关于民办教育的性质、产权和投资回报以及优惠政策、管理规范等方面的规定，国务院有关部门正在制定相关实施细则加以落实。这些法律和行政法规的实施，必将促进民办教育的发展。从法律规范和学校制度建设的要求看，这类学校面临着一些需要进一步探讨的问题。

（一）学校举办者的资格

按照《民办教育促进法》的规定，民办学校应由非政府机构和公民个人举办。这里的非政府机构是指立法、司法、行政系统（包括中共的党委系统）以外的组织机构。在中国还有相当数量的非政府机构是直接或间接由财政拨付经费的，如民主党派、群众团体、事业单位等。国有企业的税前列支的经费支出也包含财政经费的部分。因此，这些机构如果用其与财政拨款相关的经费举办学校，并不符合举办者资格，而如果用非财政性经费（包括银行贷款、收取学费、社会捐赠等）则应属于民办教育举办者范围。可见，对于民办学校举办者资格的认定，在区别机构和个人身份的

政府与非政府性质的同时，还需要界定其办学资金来源的财政性与非财政性。也可以说，资金来源在一定意义上也应该纳入办学资格的内容，不仅对于机构办学者是如此，对于个人办学者也需要有资金来源的规定。从这个角度说，对于公民个人办学者应该更多地鼓励社团法人或财团法人，通过基金形式投资和举办教育，以避免个人或家族利益影响办学行为和学校治理结构。

(二) 政府对民办学校的支持与管理

我国民办教育是在已有强大的公立教育体系和民间资本相对不足的条件下开始发展的，政府拥有一般国家政府少有的社会资源和管理权力，因此，政府的法规和政策对民办教育的发展起着决定性作用。政府对民办教育的支持程度和管理范围，一方面取决于对民办教育性质的界定，另一方面又与民办教育在国家教育体系中的地位与作用有密切的关系。综观世界各国民办教育的发展，一部分国家把民办（私立）教育只是作为国家教育体系的补充，政府一般支持力度较小，如北欧诸国；而一部分国家把民办（私立）教育作为国家教育体系重要组成部分，政府采取多种政策和措施支持，包括给予经费支持等。我国民办教育发展的条件比较困难，多数举办者把办学作为投资行为，这就要求政府对于民办教育实行支持性的优惠政策。《民办教育促进法》关于民办学校在土地使用、税收、产权、投资回报、教师和学生待遇等方面的规定，体现了政府支持民办教育发展的政策导向。其中尤其是对于投资者在学校存续期的产权及其依法享有的合理回报的规定，是在现阶段我国国情条件下的特殊政策。它有利于鼓励民间资本进入教育市场，有利于多种形式发展民办教育，也有利于壮大教育产业。需要从实际出发制订实施细则具体落实，并在实践中形成和丰富我国民办教育特有的发展模式。但是，从长远看，政府对民办教育的管理应该建立在对于营利性教育机构和非营利性教育机构区分的基础之上，因为只有这样才能建立起对于不同教育机构的管理规范。

（三）学校内部的法人治理结构

民办学校与公办学校在内部治理结构上最主要的区别是，前者存在着出资者与管理者的关系问题。这种关系的处理应该建立在制度规范的基础之上，通过制定学校章程确定学校决策、执行、监督的运行机制和规则，建立起现代学校制度。在这个制度框架中，决策机构（一般是董事会或理事会）应该由出资者、学校管理和教学人员以及学区或社区代表组成，负责制定学校发展规划、遴选校长、确定经费使用原则等重大问题的决策；行政管理机构则在决策机构确定的原则下，独立地行使职能，实行校长负责制，其工作对决策机构负责；还应该建立社区或家长委员会及类似的机构，作为服务对象（顾客）参与学校的管理和监督。

二、公办学校基础上发展起来的民办教育机构

这部分学校往往不统计在民办教育机构之内，但它们实际上是按照民办教育机制运作的，成为独立建制的民办学校的强有力的竞争对手。如何对待这部分学校以及研究制定相关的政策和制度，是进一步发展民办教育的现实课题。

我国发展民办教育与早期工业化国家有一个重要的国情差别是，我国在计划经济体制下已经形成了庞大的公立教育系统，而由于长期的积累，优质教育资源主要集中在公办学校。如何适当地利用公立教育资源，加快民办教育的发展，无疑是一个重要的政策选择。近十多年来，一部分公立学校实行按民办教育机制运行的改革，证明这是一条发展民办教育的便捷途径。它不仅可以充分发挥公办教育资源的作用，而且有利于转变公办学

校的运行机制,增强其活力。实践证明,只要有恰当的法规政策并认真执行,国有资产不仅不会流失,有可能增值,而且还会带动公办学校运行机制的转换。但是,在这个问题上,不论是思想认识,还是制度政策上都还存在着一些不明确、不规范的问题,有待于理论与实践的进一步探索。

在现阶段,适当扩大公办学校转制的规模,是满足社会日益增长的教育需求和推进教育体制改革的客观需要。2001年我国民办小学在校生只占全国小学在校生的1.4%左右,普通中学占2.97%,高等学校占1.2%。[1]从构建公办教育与民办教育共同发展的新体制的要求来看,办学体制结构需要有较大的调整。这种体制结构的调整,相当程度上需要通过一部分公办学校转制来实现。公办学校转制的重点在非义务教育阶段。普及高中阶段教育和高等教育大众化的推进,都需要提高民办教育的份额。在加快新建民办学校发展的同时,部分公办学校的转制或部分新建高中按民办机制运作,也应该成为一条重要的途径。而义务教育阶段的多样化和选择性教育的需求,也可以通过一部分公办学校的转制来满足。从这样的现实出发,在今后一个时期,公办学校的转制可能会成为教育体制改革的一个新领域,需要形成明确的决策思想,并在总结已有经验的基础上,提出系统的政策措施。

公办学校的转制改革经过一段时间的试验,正面临着制度选择和制度创新的问题。现有公办学校进行的各种类型的转制改革,在产权关系方面大多不甚清晰:转制的学校,其校产仍属国家所有,校长和教师亦属国家编制,主要是经费来源和开支按民办教育机制运作。这种体制的优点是利用公办教育资源吸纳民间资金,节省政府投资,又满足社会多样化的教育需求,而问题是它占了公办教育和民办教育两头的资源和政策优势,同独立举办的民办学校之间是一种不公平的市场竞争。因此,需要从产权关系入手做出制度选择。是否可根据不同情况进行试验:一类是从所有权到资金来源、学校管理均转变为民办学校运作；一类则学校所有权不变，采取由财团法人或社团法人承办的形式，按民办机制运作，要规定在承办期间国有资产不流失，增值部分可按国有资产和学校法人资产各占一定比例认定。这类学校的发展有可能完全转制为民办学校，也有可能成为公办学校的一种特殊的管理模式。

公办高校举办的按民办机制运作的二级学院、一部分中小学（重点学校或示范性学校）利用公办学校的优质教育资源和无形资产举办的分校，应该与其举办者——公立学校脱钩，成为独立的法人实体。以公办学校为核心，由一批民办学校组成的教育集团，其产权关系不清晰，运行机制各不相同，组织性质也很难界定，不宜作为民办教育发展的形式。民办学校组成的教育集团，则是民办教育产业运作的发展方式，将在实践中不断完善。

在公办学校转制改革中，如何创造一种公平竞争的市场环境和政策环境，是政府管理和制度选择的一个现实问题。在少数学校的试验阶段，转制学校的校长任免、教师聘任和身份待遇以及学校管理等，仍然沿用公办学校的制度规定，这就使其享有公办和民办两种优势。从体制改革的长远发展来说，这种保留公办学校人事制度和管理制度的特殊待遇应改变，与民办学校一视同仁，建立符合自身特点的、责权利相统一的相关制度。

三、多种投资主体合作举办的教育机构

这类学校在不同地区有不同的组织形式，大体上有这样几种类型：①在公办学校基础上，由民间资本参与投资发展起来的；②由政府和民营企业共同投资，按民办机制办学的；③由政府出面组织，国有企业和民营企业共同投资办学的；④由民间集资、合伙办学的。这类形式的办学浙江省发展较早，如台州市椒江区有多方合作办学形式，他们称之为"股份

制"学校。这种称谓有待探讨和规范,但它由多方合作办学的做法值得试验。这类学校与公办学校转制的学校的不同之处是,它一开始是以入股的方式明确投资者的产权关系,但是,由于其投资主体多元,公私混合,在资产运作和治理结构方面会遇到许多新问题,需要从制度安排上做出选择。

(一) 产权关系

根据投资主体的不同情况,明确各方在产权关系中的权利和义务,即确定各方的投资责任和产权比重,包括资产形成过程和增值过程的各方关系。对于有形资产和无形资产应采取不同的评估方式估值,对于资产增值部分的分配协商确定。所有这些都要有章程作为依据,并需要有法律效力的协议或合同作保证。总之,产权关系涉及投资主体的利益和责任,也影响学校的正常运行和长远发展,从一开始就要建立在规范、公正、明晰的基础上,并遵循依法运行的轨道。

(二) 运作机制

实行资产按产业机制运作、学校按教育规律运作的双重运作机制。在校产运作中,需要运用企业经营的理念,讲究投入产出、成本效益,以最少的投入,追求效益的最大化,实现资产的保值增值,为学校的长远发展提供财力和物质的保证。而学校的运行则按照教育规律,把培养人摆在学校工作的首位,遵循学生身心发展规律和人才成长规律,最大限度地发展学生的潜能,办出特色,追求卓越,以灵活多样的教育满足社会的需求,以高质量的教育赢得生存和发展的空间。

(三) 管理模式

适应产权关系和运作机制的特点,在这类学校的内部治理结构中,一般由学校资产管理机构负责校产经营管理，学校行政机构负责教学业务，实行决策统筹、执行自主、责任分担、利益共享。这类学校的发展需要把企业与学校的关系、校产运作与学校运行的关系明确地加以区分，并且以董事会的组织形式管理校产和学校重大决策。把校产经营和学校办学分开，一方面借鉴企业管理经验，提高学校的办学效益，另一方面坚持按照教育教学规律办好学校。

四、讨论

以上只是初步讨论现有的几种发展模式及其相关的若干政策性问题，如果从长远发展的角度探讨问题，对于民办教育发展模式和制度安排的选择，实际上涉及我国教育体制改革的未来走向和体制创新的制度选择问题。这里的关键在于：如何界定学校的性质？是否可能出现多种性质的学校类型，即在公立学校和民办学校之间是否有"混合型"的学校类型？要不要区分营利性学校与非营利性学校，在这两者之间，是否允许有合理回报的"半营利性"公益性学校？政府与市场在不同类型学校的发展中发挥什么样的作用？本文试图提出一些与此相关的问题，以期引起讨论。

对于社会组织机构的分类，从公共管理学的角度分为公共组织和私人组织，从社会学的角度则分为政府组织、市场组织和第三部门。学校作为一种社会组织究竟在未来社会的发展中会发生什么变化？它处于社会组织结构的何种位置？这同政府与市场在教育发展中的作用是密切相关的。本着这样的认识，下面就所有权、资金来源、社会控制模式三个方面进行讨论。

（一）所有权

教育机构的产权所有者，亦即《民办教育促进法》中的学校举办者。

一般而言，由政府举办的教育机构为公办学校，由非政府组织或公民个人举办的教育机构为民办学校，这样的区分是清楚的。但是，在实际运作中，存在着政府机构与非政府机构合作办学的形式，政府参与办学，包括：公办学校与企业、事业单位、社会团体合作办学；政府无偿划拨土地或国有资产；政府建好学校，以租赁或承包的方式，按民办学校机制运作；地方政府建校，与名牌学校合作，按民办机制运作等等。这些学校的所有权是政府与非政府机构共有，有形资产与无形资产并存，所有权与使用权交叉，单纯以举办者和所有权作为界定标准，有时并不能明确认定某些学校的性质，需要有新的思路，做出新的界定。

对于公办学校转制或举办民办机制运作的学校，到前一阶段为止，还只是在个别地区试验，并没有政府的统一政策，而日前教育部发布的《关于规范并加强普通高校试办以民办机制和模式运作的独立学院管理的若干意见》，则表明教育行政部门把公办学校与非政府机构合作举办的以民办机制运作的学校，纳入了教育发展的轨道。可以预期这类学校的发展将会成为高等教育发展的一个新亮点。问题是，这类学校只明确了以民办教育机制和办学模式运作，但对学校的性质、产权关系以及能否有投资回报等方面并没有明确的规定。这就提出了一个有待探讨的问题，即在公办学校和民办学校之间，能否存在一类"中间型"或"混合型"的学校。

按照公共管理学者的研究，在公共组织与私人组织之间存在着"半官方""半私人"的组织。美国学者海尔·G.瑞尼指出："半官方""半私人"这一类组织提出了一个难题，即上述核心的公共的和私人的两种类别的差异，是否适用于它们。然而我们已经找到越来越多的证据证明，居于两者之间的半官方、半私人组织——即使是有相同职能或是同一产业范畴的——都因它们的公共程度或是私人程度不同而有很大的差异。"[2]可见，居于公共组织和私人组织之间的组织机构是客观存在的，是否承认这类

"混合型"学校的存在，直接影响到今后公办学校体制改革的制度选择。有学者指出，国际发展趋势表明，高等教育领域内公立学校和私立学校的差异正在缩小。"从各种可能性来看，美国公立和私立高等教育机构的差别已经逐渐弱化，将会最终消失。"[3]"正如公立和私立大学在组织上的差别一样，他们的基本文化最终将趋于相似。"[4]我们现在很难预料这种趋势是否会成为现实，但是，承认和允许"中间型""过渡型"学校类型的存在和发展，不仅有利于公办学校的体制改革，也有利于民办教育的多样化发展，从而为学校制度的创新留下较大的空间。

（二）资金来源

一是区别财政性与非财政性：以财政性经费来源办的属公办学校；以非财政性经费来源办的属民办学校。二是区别出资（包括捐赠）与投资：出资举办的（不求回报）属于非营利性学校；投资举办的属于营利性学校。这样的区分原则是明确的，但是，现实状况却非常复杂。以学校经费来源的现状而言，相当数量的公办学校，学费和赞助费收入是其经费来源的重要部分，尤其是一部分重点学校，非财政性经费来源超过财政性经费来源。这是否影响其公办学校的性质？而民办学校的出资者，其出资数额差距很大。据全国人大教科文卫委员会教育室对82所民办学校的调查，提供资料的70所学校中举办者投入2000万元以上的学校数占20%，100万元以上的占42.8%，1万元以下的占15.7%。[5]可见，出资者的投入只占民办学校建校费的一部分，建校费的相当大部分是靠银行贷款和学费收入，如果算上政府土地、税收等优惠，实际上中国大多数民办学校也是混合投资。这份调查还反映出，出资人投入的意向和性质，大致有三类：①捐赠，占10.8%；②借贷，占23%；③投资，占66.2%。[6]这就是说有近90%的出资人是要求有所回报的。

这就提出了两个问题：一是按资金来源有可能会出现非财政性经费超过财政性经费来源的公办学校、多种经费来源的混合型学校，在今后还可能出现接受政府资助或政府采购的民办学校。这几类学校同纯民办和纯公办学校是有区别的。二是民办学校客观上存在着营利与非营利两种类型。应该说，区别营利性和非营利性教育机构，不仅便于政府依法规范管理，也有利于民办学校依法享受政策优惠和自主办学。[7] 从这个要求说，《民办教育促进法》并未区分营利性和非营利性教育机构，这是一个缺憾。但是，它把民办教育机构定性为可以获得合理回报的非营利机构，既可以有合理回报，又可以享受公益性机构的一定的政策优惠，这是从我国现阶段国情出发的鼓励民办教育发展的立法选择，是符合现实需要的。在经济和教育发展的条件进一步成熟之后，有必要修改《教育法》中关于"教育不得以营利为目的"的条款，明确区分营利性和非营利性教育机构，并实行相应的政策待遇。但是，《民办教育促进法》中对于出资人中不以捐赠为目的的资金投入，可以在法律规定的范围内收回本金，并依法获得合理回报的规定，如果实践证明有效，是否可继续试行，使得这种区别于纯"营利性机构"的半公益性机构可以运作。这也可与承认半官方、半私人性质机构的存在相对应。当然，这种机构也应承担政府赋予的相应责任。

(三) 社会控制模式

公办学校受政府控制，即政治权威的影响为主；民办学校受市场控制，即经济权威的影响为主。这是对公共组织和私人组织控制模式的一般意义上的区分。其实，这种区分是相对的。在实际运作中，民办学校同样受政府管理，公办学校（主要是在非义务教育阶段）同样也受市场的调节，问题是如何合理地发挥政府与市场在学校运作中的作用。从发达国家的发展趋势看，公办学校与民办（私立）学校的管理（控制）模式的差异正在缩小，相互借鉴和接近的趋势在发展。政府在对私立学校资助增加的同时，也加大了参与和影响的程度，尤其是对公办学校管理模式的改革，更多地借鉴企业管理的经验，也包含市场机制的作用。例如美国部分州采取企业承办公立学校的做法，正反映了政府管理和学校管理模式的转变。

（四）在政府管理和学校管理中，如何把企业管理与教育管理、政府控制与市场控制相结合，这是教育管理面临的一个新课题

在我国教育（主要是非义务教育）的运行和管理实践中，产业运作、市场机制，甚至企业管理的作用正在增强。这不仅在民办教育发展中得到体现，而且公办教育也在不同程度上发挥这种机制的作用。因此，如何以企业精神提升教育服务，如何以产业运作扩大教育资源并提高教育资源的使用效益，如何以企业管理的理念和经验促进教育管理和制度创新，这些对于公办学校和民办学校同样具有现实意义。日本东京市政府邀请索尼和三菱公司的企业经理担任公立高中的校长。[8]中国也开始有一批原先从事企业经营管理的科技人员，进入教育领域，从事产业运作和管理咨询，如毕业于北京大学生物系、并获加拿大生态学博士学位的侯昕，从美国一农业化学公司市场推广负责人转向教育管理咨询，已参加了五六所学校（包括公办和民办）的重建工作。中科天地软件人才教育有限公司执行总裁和中科院研究生院软件学院院长助理谢勇，从企业管理工作转向教育产业投资基金管理人，提出：运用产业投资基金的形式，集合社会资本大规模地投入教育产业，既提供高质量的教育服务，同时投资者又获得合理的回报。其教育培训的流程是：创意研发—市场招生—教学管理（质量控制）—售后服务，突破了传统教育内部的封闭循环，把教育培训与用人需求对接起来。[9]当然，产业运作和企业管理的借鉴都要同教育规律相结

合。多样化地发展民办教育必将为我国教育制度和教育管理的创新提供广阔的舞台。

注　释

［1］中国教育与人力资源报告课题组：《从人口大国迈向人力资源强国》，高等教育出版社，2003年，第441、442、443页。

［2］海尔·G.瑞尼：《理解和管理公共组织》，清华大学出版社，2002年，第74页。

［3］［4］Michael Mooney，"美国私立高教的过去与未来"，《民办教育发展研究（内刊）》，2003年第3期。

［5］［6］全国人大教科文卫委员会教育室、香港大学中国教育研究中心：《民办教育研究与立法探索》，广东高等教育出版社，2001年，第43页。

［7］贾西津："对民办教育营利性与非营利性的思考"，《教育研究》，2003年第3期，第50页。

［8］赵中建："以企业精神提升教育服务"，《人民政协报》，2003年1月22日第3版。

［9］卓挺亚："催生一批教育职业经理人"，《人民政协报》，2003年1月22日第2版。

教育民营化现象与民办教育发展策略[29]

民办教育的发展预期与发展现实之间存在着较大的反差,尤其是在人们期盼的《民办教育促进法》实施后,民办教育尽管有了新的发展,但是并没有出现原先期望的那种民办教育加速发展的势头,而是遇到了许多新的政策与制度性问题。

与此同时,公办学校举办民办学校或运用市场(民办)机制做大做强公办教育,即所谓教育"民营化"的现象却迅速蔓延。这样,中国的民办教育实际上正沿着两条平行的路径在发展,于是我们正面临着这样的问题:中国的民办教育是否存在着独特的发展道路?如何从制度创新上规范和推进民办教育的新发展?本文不可能对这些问题做全面的探讨,只是从建设学习型社会的供给模式的角度发表一点关于民办教育发展的想法。

一、中国民办教育发展的背景:供给约束型的教育供求关系

中国将建设世界上最大的学习型社会,面临着超大规模的学习需求。除了庞大的人口规模决定中国需要构建巨型的教育体系外,中国处在社会转型期,经济的快速持续发展、产业升级、城市化以及人口结构的转化,

---

[29] 谈松华:"教育民营化现象与民办教育发展策略",《教育发展研究》,2005年第9期。

也提出了各种新的学习需求。教育系统正承受着越来越沉重的需求压力，供给不足成为制约教育发展的主要瓶颈。举一个教育债务上升的例子说明教育供给不足的问题：普及义务教育过程中，全国初步统计教育的欠债是 500 亿—600 亿元，这笔债到现在还未还清，近几年高校扩招以及建设示范性高中等举措又形成了新的债务，并且远远高于这个数额。所以，有人说中国银行业的第一批坏账主要是由国有企业造成的，如果教育债务照现在这样发展下去，第二批坏账很有可能是由公立学校形成的。这种说法不一定准确，但是，公办学校在教育大发展背景下形成的巨额银行债务，则从一个侧面反映了教育供给的现状。

教育供给上既有总量短缺的问题，又有体制性供给不足的问题，集中表现就是过于庞大的公办教育系统，政府难以支撑其规模的迅速扩张，而如此庞大的公办教育系统，又使民办教育机构处于竞争中的不利地位，不易做大做强，在一定程度上限制了民间资源进入教育领域。教育的市场空间受到了庞大公办教育系统的挤压，加重了教育供求的矛盾。以高等学校扩招为例。1999 年以来，高校的在校生从 780 万增加到了 2000 万，但民办高校仅占了不到 200 万人。同期政府对高等教育投入占全部政府教育经费的比例从 1998 年的 20% 提高到了 2002 年的 24%，就是说政府对高等教育的投资比例也提高了，这种提高在一定程度上加重了义务教育经费的困难。不过即使政府增加了高等教育的财政投入，但高等教育的经费仍然严重不足。其间公办高校通过举办二级学院和提高学费标准使非财政经费占高等教育经费的比例提高到 45% 左右，其中学费占到 26% 以上，就是用了一些民办机制来解决扩招带来的经费不足问题。另一个例证是基础教育阶段的名校办民校。在短期内许多地区优质教育资源的名校，为了满足社会对优质教育日益增长的需求，举办了以民办机制运作的分校，有的还以教育集团的组织形式，以公办名校为核心，发展了一批民办学校，出现了公办学校进入民办教育领域，挤占民办教育市场的现象。这两种现象说明，我国过于单一的公办教育体制无法满足不断增长的社会教育需求，教育发展的客观要求正在突破这种体制束缚。但是，这种变化还是属于体制内的调整，是政策调整引起的变化，还不能说是制度性的变革。现在学界讨论的独立学院的制度设计以及公办学校收费标准等问题，也正反映了实践呼唤着教育改革的制度创新。

总之，如果维持这样过于垄断的公办教育体制，高中教育的基本普及、高等教育毛入学率的进一步提高乃至各种教育培训和继续教育的发展，政府将如何支撑呢？这就是现在要进一步发展和建设终身教育体系和学习型社会必然面临的一种选择：摆脱体制和供给约束，从中国的国情出发，多种模式发展民办教育。

所谓多种模式发展民办教育，第一是扩大市场准入，扩展民办教育的生存空间；第二，利用公办教育资源发展民办教育；第三，发展多种主体合作办学的新模式。

二、拓宽教育供给：扩展民办教育的发展空间

（一）中国各级各类民办教育的发展现状

2002年底《民办教育促进法》颁布后，至2003年，民办教育在数量上有明显增加：2002年底有各级各类民办学校6.12万所，在校生总规模已达1115.97万人；到2003年全国有各级各类民办学校、教育机构7万余所，占全国学校总数的9.6%，在校学生1416万，占全国在校生总数的5.5%，但应注意在7万多所机构中间，幼儿园占了5万多所，培训机构占了1万多所，实际上大中小学加起来不到1万所，所以学校和学生数量的增长是非常少的。

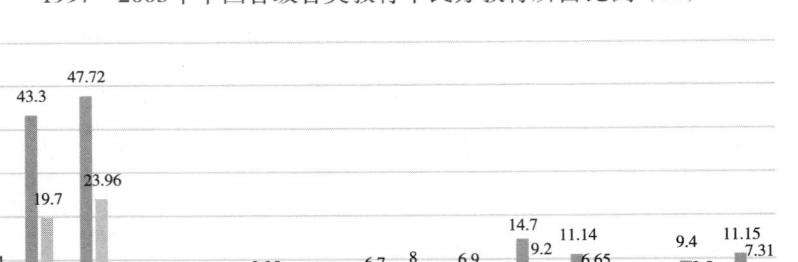

1997—2003年中国各级各类教育中民办教育所占比例（%）

类别	年份	学校数比例	学生数比例
幼儿园	1997	13.5	5.4
幼儿园	2002	43.3	19.7
幼儿园	2003	47.72	23.96
小学	1997	0.3	—
小学	2002	1.1	1.8
小学	2003	1.33	2.35
普通中学	1997	2.2	0.9
普通中学	2002	1.8	6.7
普通中学	2003	8	4.64
职业中学	1997	6.9	3.5
职业中学	2002	14.7	9.2
职业中学	2003	11.14	6.65
民办高校	1997	2	0.4
民办高校	2002	9.4	3.5
民办高校	2003	11.15	7.31

图 29—1

上述情况说明：尽管政府对民办教育从限制、提倡到鼓励、支持，并且实行优惠政策，民办教育有所发展，但是民办教育的发展仍是举步维艰，所占比例一直很小，有些困难反而加重了。究其原因，从客观上讲，近几年公办学校运用民办教育机制，占有两种体制的优势，形成不公平竞争，挤占民办教育的发展空间；而从民办学校自身而言，也有先天不足，后天失调的问题，在走过了"铺摊子"、粗放型发展阶段之后，实际上经历着一次"洗牌"过程。"适者生存"这个规律同样也适用于民办教育的发展。凡是能按照教育规律办学和育人的学校，一般能不断地调整并逐步适应内部和外部环境的变化；凡不是或不能按照教育规律的要求去规划和运筹学校的发展，就难以适应教育发展的客观要求。因此，分析中国民办教育发展的独特的主客观因素，是探讨其发展走向的必要前提。

（二）影响民办教育发展的因素分析

民办教育的发展受诸多因素的影响，这些因素主要包括：

1. 社会因素

一是庞大的公办教育系统集中了优质教育资源，民办教育缺乏竞争优势。二是中国缺少兴办捐助性、慈善性的教育事业的社会机构和社会基础。在发达国家，慈善事业的经费一般占 GDP 的 4%—5%，而我国则只占 0.01%，社会捐赠经费占教育经费总量的 1%。三是民营企业处于资本积累的初级阶段，出资于教育的主要目的是寻求新的投资机会，不是出于捐赠公益事业的目的，绝大多数要求回报。这是对中国现阶段民办教育发展具有直接影响作用的社会因素。

2. 政策因素

教育政策长期只限于公办学校。政府习惯于用公办学校的管理办法与政策规章管理民办学校，导致政策法规与操作层次的衔接有问题，法律规定的优惠政策难以落实。政府管理部门把公办学校作为扶持单位，它的发展纳入政府规划的范围，无形之中享受着政策优惠，而民办学校处于不公平竞争中的弱势地位。同时，适应市场经济体制的政策和法规还不完善，例如在累进制的个人所得税的征收中、关于个人向公益事业和慈善事业的捐赠是否可从税基中扣除的法规、遗产税法等，尚未形成鼓励社会各方面捐赠和举办公益事业和慈善事业的法律和政策环境。

3. 民办教育自身因素

从先期发展起来的民办学校的相关利益主体看：

民办教育的投资者期望在短期内获得回报，其中包括有的投资者期望教育投资的收益率能高于一般行业。这种利益驱动的动力会直接或间接地影响办学行为，包括发布承诺过高的带商业性的广告等，也常常造成投资者与办学者之间的矛盾甚至冲突。

民办教育的求学者多数是能够支付较高学费和生活费的较富裕的家庭，他们以为高投入一定会有高回报，即使自己的孩子基础并不好，也期望通过缴纳高额学费享受优质教育，获得高学历，考上名牌学校，这种期望容易给学校增加片面的压力。

民办教育的办学者，开始时的主体是退休的校长和教师。从公办学校跳槽或兼职的教学和管理人员，其身份和待遇不同于公办学校，缺乏安全感，队伍不稳定。

这样产生的问题是：这三方面利益主体都有比较强的功利目的，容易滋生急功近利的短期行为，难以持续发展。这三个因素的相互作用使得中国的民办教育的发展一直处在比较艰难的境地。

（三）民办教育发展的策略选择

民办教育的发展，从根本上说，还是要从不同地区的教育供求关系的实际出发确定发展的重点。学校也要按照社会需求和自身的条件合理定位。国际上认为私立学校的发展大概有两种类型，一种是"过度需求"模型，一种是"差异需求"模型。"过度需求"模型指当公办教育供给不足，教育的个人收益较高，民办教育可以满足社会迅速增长带来的公办教育无法满足的需求，超过公办教育能够提供的这方面的教育需求由民办教育来承担。"差异需求"模型指当公办教育无法满足各种不同需求的教育，民办教育可以满足一部分人的选择性教育需求。

一般来讲，"过度需求"型的民办教育主要是满足数量扩张过程中政府一时无法满足的教育需求，例如：在义务教育阶段，城市中满足部分外来人口子女的教育需求，普及高中阶段教育和推进高等教育大众化进程中政府难以满足的这样一些需求。而"差异需求"的民办教育主要是满足有较强支付能力的人群的或者有特殊发展潜能的人群的教育需求，例如：寄宿制学校；外语（双语）学校、艺术学校，或以外语、艺术为特长的学校；获得国内证书和国际证书的国际合作办学的学校。这种差异性需求的学校也包括在条件成熟时由民间举办的高质量、高水平的学校。所以，民办教育要按照不同的服务对象进行定位,避免目标模式单一,盲目追求和承诺不切实际的目标。一些学校没能很好地发展下去,和它的目标定位是很有关系的。而政府对这两种不同类型的民办教育也应当有不同的政策安排,比如说,对"过度需求"型学校要适当补贴,或者购买学位,而对于选择性教育中的贫困学生设立奖学金予以支持。

在民办教育发展的新阶段,需要在以下三个方面做进一步的探索:

1. 政府的政策层面

政府对民办教育政策的基点,在于界定政府与市场作用的边界。现在的问题是政府过多地介入选择性教育和竞争性教育的领域,挤占了民办学校发展的空间,而必须由政府保证的基本的公共教育领域却不能保证基本的教育需求。前者是政府职能的越位,后者是缺位。解决现存的政府的越位和缺位是调整政府政策的主要内容。因此,一方面政府要适当退出选择性和竞争性教育领域,给民办教育以更大的发展空间。另一方面,政府要保证政策的公平性,提供公办教育和民办教育,以及民办教育和民办教育之间的公平竞争的政策环境,取消一切对民办教育的歧视性政策,如税收、学校设置、招生计划、学历资格等等。

2. 学校制度层面

首先是公益性和合理回报的制度问题。这里涉及学校的性质分类,因为中国现行的政策里面,在学校制度安排方面有一个最大的问题没有解决,即一方面承认民办学校是公益性学校,但又允许有合理的回报,这样就使得学校很难定性。第二,产权制度问题。产权制度上现在没有区分营利和非营利的问题,法律规定了有合理回报,那么出资者除了能够得到回报以外,能否在一定时间回收初期的出资款?第三是学校管理制度,政府、学校、社会、受教育者的决策、执行、监督的制度安排等。

3. 社会文化层面

民办教育的发展受制于社会文化和价值观念。就现状而言,一是教育服务的公益性观念，即鼓励社会教育投资，更鼓励民间对教育的捐赠，或者由民间举办不求回报的公益性学校。近年来内地开始出现了由民营企业家举办的全免费的学校，例如广东顺德碧桂园集团举办的国华中学，学生在校三年不仅学费、书本费全免，还给生活费、假期探亲交通费，家庭特别困难的学生还能得到家庭困难补助。这当然还只是个案，但它有着极其重要的象征意义，说明我国的民营企业家经过资本积累的初始阶段后，正在努力回报社会。这种义举的意义不仅在于增加了教育资源和教育机会，更在于它倡导了一种文化，即企业家或其他成功的人士应该具有回报社会、帮助困难人群的社会责任感。这种文化不仅是发展民办教育的精神动力，也是建设和谐社会的精神纽带。

二是教育服务多样性的观念。因材施教，人尽其才，改变家庭期望目标和学校服务目标单一化的定势，给学校更广阔、更宽松的发展环境。早期一批民办学校难以为继的原因之一是家庭对孩子进而对学校的期望过高，而这种期望又集中在考试成绩这个单一目标上，这就给学校造成了要在短期内迅速提升学生考试成绩的无形压力，难以全面开发学生各具特色的潜能。所以，民办学校不仅要对学校发展合理定位，还要对不同基础、特长和个性的学生的发展潜能做合理的分析，并同家长共同设计其发展定位。这个过程也可以说是一种文化（观念）的交流、碰撞乃至融合的过程。只有在学校文化、家庭文化和社会文化相互沟通并协同一致的条件下，民办学校才可能有自由发展的天地。

三、寻求新的发展模式：利用公办教育资源发展民办教育

（一）现状分析

中国的教育存在着小的非公共部门、大的非公共财政的现状，即中国

的民办教育数量不多，但在教育投资中，非政府的投资比例非常大。这实际上反映了公办教育存在着"民营化"的倾向。例如，2002年民办学校在校生的比例，小学1.68%，中学3.68%，高校2%左右。可见民办学校占公办学校的比例非常小。但教育经费方面，来自政府的占全部教育经费的56.83%，而40%多来自非政府财政。按照北京大学承担的世界银行与国家发展和改革委员会委托课题的数据，政府教育经费在各级学校中所占的比例：小学74.51%，初中68.28%，高中38.63%，高校44.64%。按照我们的核算，政府教育经费所占比例要高于这个数据，但这个比例连年下降是明显的事实。

近几年来，公办学校纷纷运用民办学校运作形式。主要有这样几种形式：第一，名校办民校，主要发生在基础教育阶段；第二，是公办高等学校举办二级学院，又叫"独立学院"，全国的二级学院原来是300多所，现在经教育部批准的独立学院有249所；第三，是以公办学校为核心的教育集团，教育集团的大多参与者是民办学校；第四，公办民助型的转制，即产权不变，以民办机制运作；第五，资产转让型的转制，即这两年出现的有形资产或无形资产转让的学校；第六，政府出资（包括土地）、吸纳民间资金举办的"股份制"学校；第七，地方政府新办（多数用贷款）的学校，用民营办法经营；第八，部分地方发放教育券，公办与民办教育资源共享；第九，采取委托管理，利用企业管理经验管理学校；第十，优质学校采取择校收费。以上多种机制说明公办学校正在积极探索如何运用民办机制改革原有的公办学校办学机制。

这种现象的出现，一方面反映了教育供求的客观需要，政府无力承担如此庞大的公办教育的财政供给，势必需要通过民办机制的改革扩大教育供给，另一方面也反映了目前处于体制转轨的过渡期，现有改革举措缺乏系统的制度设计，尤其是某些地方的教育行政部门直接介入转制学校运作，既造成与民办学校之间的不公平竞争，又让公权进入私营领域，为腐败行为提供了体制保证，亟须制度规范。

（二）公办学校体制改革的制度选择

首先要研究办学体制改革的范围和重点，要在确保公办教育主体地位，确立公共教育公平性的前提下，推进公办学校的办学体制改革。改革的范围主要是非义务教育阶段，重点是选择性、竞争性领域。主要涉及三类：一是政府公共教育经费无法提供的部分，主要是高等教育中超过政府所能提供教育经费的部分；二是超出公共教育所能提供的基本需求的特殊的、具有选择性的部分，主要是基础教育中特殊需要的部分；三是具有较强私人性、与劳动力市场联系较直接的部分，主要是职业教育与培训部分。

在改革的策略与制度选择方面，目前主要有以下几种：①转制，即公办学校整体转为民办学校。现行的两类：公办民助，需明确产权关系和人员身份；资产转让，缺少法律依据和运作程序，但可以选择前者试验成功的学校进行整体转制试验。②存量公办，增量民办。这是比较稳妥的一种转制办法。一是名校办民校；一是公办学校保持政府派位的学额，扩大部分采用民办机制。这两者都是过渡形式，其发展趋势是两者合二为一，政府在这类学校中保留为贫困学生提供资助的额度，并在财力许可条件下扩大其份额。③多主体合作办学，包括地方政府与名牌学校合作、企业与学校合作、中外合作等。这类学校的制度和组织形式多数采取"股份制"形式，有待结合教育系统的规律和特点探讨。④委托代理、政府采购。公办学校委托民营教育管理公司经营管理。这一类学校是政府对公办学校管理制度和方式的一种改革。现在美国和其他一些国家正在出现的这种民营教育公司管理公办学校方式的做法也是解决公办学校长期以来效率和质量不高的一种措施。

（三）相关政策问题讨论

首先，学校转制和企业转制的不同点是：一般不采取出售、转让产权的做法，而是转让经营权，也就是实行所有权和经营权的分离。需要明确：只要是非营利性的学校，即使是私立学校，它的产权还是为社会所有的，而不是出资者所有，这就不像民营资本购买企业后，产权属购买者所有。所以，这就需要有社团法人和财团法人举办社会公共事业的相关法规，同时还需要对相关的人事制度、社会保障制度以及招生、就业等做出相应的规定，取消造成分办校与独立举办的民办学校之间不公平竞争的歧视性政策和制度。现在转制学校里的最大的一个问题就是，它还保留了公办学校的很多优势，所以民办学校认为这是一个不公平的竞争。

第二，公办学校转制大多通过多种过渡形式，例如名校办民校、独立学院、合作办学等。这些形式中有多方面投资进入，而产权关系不甚清晰。现在所采取的"股份制"是借用企业的组织形式。至于如何适应学校的特点明确多方投资者的利益关系，如何评估各方资产所占比例，如何评估无形资产等，需要深入探索。

第三，转制学校（包括民办学校）如何处理自主与责任、市场运作与公益原则、效率与公平、自主办学与承担社会责任、市场标准与学术标准之间的关系，直接影响体制改革根本目的和基本原则的实现。

第四，政府在公办学校转制中，既是规则的制定者，又是运作过程的当事人和利益主体，需要制定法定程序和组织中介机构，公开、公正、公平地实施运作。转制确认的国有资产产权，也要有相应的机构和制度加以监管，保证保值增值。政府部门不能直接参与学校的市场运作，更不得从中获取利益。

第五，政府管理从面对单一公办学校转向面对公办学校、转制学校、民办学校等多种类型的学校，迫切需要转变管理职能和管理方式。一是要营造不同类型学校公平竞争、共同发展的政策和制度环境；二是从公共服务直接提供者的角色转变为公共服务体系构建者和监管者的角色；三是采取新的措施，引导公办学校运用市场机制提高效率和质量，引导民办学校提高公益服务水平，发展公私合作伙伴关系，实现教育公平、质量、效率全面提升的目标。

以上讨论主要涉及现阶段民办教育发展的若干策略性问题。如果就建设学习型社会的制度设计而言，这些举措还是过渡性的，主要也是从教育供求关系的现状出发的。而深入地探讨学习型社会的教育供给模式及其相应的制度设计，则需要对市场经济条件下的政府与市场的关系、政府与市场的作用边界、教育的公益性与产业性的相互关系、公共组织与私人组织的相互关系乃至半公共半私人的混合型组织等问题进行比较系统的理论和实证的研究。尤其是国际上正在讨论的教育"民营化"以及公私合作的伙伴关系等方面问题，值得联系我国教育改革的现实进程，进行深入的探讨。

现代学校制度建设的若干理论与实践问题[30]

现代学校制度本身是一个相对的概念。就像现代化这个概念是指社会发展的一种过程和状态（形态）一样，它也是指学校制度发展的现实过程及其特定内涵。因此，现在还很难对现代学校制度给出一个准确而公认的定义，只能在探索过程中使得对它的认识逐步清晰而达到共识。就像现代企业制度开始提出时也还只是非常原则性的界定，经过理论和实践的探索实验，才逐步丰富其内涵。例如十六届三中全会明确"股份制"作为现代企业制度的组织形式，即使这样，今后还会在经济形态的变化过程中不断补充和丰富其新的内涵。可见，现代学校制度是在现代教育变革过程中提出的理论和实践问题，也只有在变革的实践中才能逐步揭示其基本特征，界定其基本内涵。本文只是就探讨这个问题的某些脉络提出一些粗浅的看法，以期引起讨论。

一、现代学校制度的提出：现代学校教育的制度性变革

学校制度是与学校教育相伴而生的，也伴随着学校教育的变化和发展而经历着历史性的变革。从这个意义上说，现代学校制度问题的提出，也

---

[30] 谈松华："现代学校制度建设的若干理论与实践问题"，《人民教育》，2005年第3期。转载于《新华文摘》，2005年第13期。

正是现代学校教育正在经历的变革在制度层面的反映。只有从现代教育变革的内涵及其在制度层面的含义来理解，才能把握现代学校制度建设的脉络。从现阶段中国教育所经历的变革而言，一方面是世界教育面临的共性问题：即从工业社会的制度化的学校教育，向知识社会的终身学习环境下的学校教育转变；另一方面又是中国教育所特有的个性问题：即从计划经济体制下的行政指令主导型的学校教育，向市场经济体制下的政府、学校、社会、市场关系发生根本变化环境下的学校制度转变。这两个方面的重大变化，既对学校制度的变革提出了新的要求，也规定了学校制度变革的基本走向，因此，分析学校教育的这些变化是探讨现代学校制度建设的前提。

（一）体制转轨背景下的学校制度变革

提出现代学校制度问题的初衷与体制转轨有直接的关系。随着教育体制改革的逐步深化，政府与学校关系发生了变化，学校与社会的关系、学校与服务对象的关系，以及学校自身的组织结构都在发生变化。尤其是学校从行政附属机构转变为自主办学的独立实体之后，学校制度问题就显现了出来。因此，体制转轨应该是探讨现代学校制度的重要视角。

（二）教育体系的转变影响学校制度的变革

随着工业社会向信息社会的转变，一次性的学校教育正在向终身教育转变，终身教育也正在从一种教育思想转变为教育体系和教育制度，转变为建设学习型社会。这种转变必然会深刻地影响学校教育和学校教育制度的变革，学校将不再是人们接受教育和学习的唯一场所，学校也不再只对学龄段的人群开放，而会变成人们终身学习的机构。因此，那种象牙塔式的、封闭的学校制度不再适应变化着的社会的需要，社会的进步呼唤着新的学校制度，即现代学校制度的建设和发展。

（三）人才培养模式的转型要求学校制度的变革

从工业社会向知识社会转型的一个重要标志是社会对人才的要求将从学历本位向能力本位转变，从工业社会标准化的人才培养向知识社会个性化的人才培养转变。当然，学历仍然是衡量人才科学文化水准的重要依据，但知识更新和社会变化速度的加快，使人们不断学习和更新知识的能力以及不断适应社会变化的能力显得更加重要。按照国际劳工组织的报告，在必须具备的基础能力、核心能力、职业能力中，学校只在培养这些能力的某些部分发挥主要作用，而工作场所以及社会其他机构的作用越来越明显，教育和培训的界限变得模糊起来，培训在人力资源开发和人的全面发展中的作用迅速增长。在美国，每年培训经费相当于高等教育的经费。教育不再满足于为社会输送以学历为唯一标志的标准化人才，而是着眼于以能力为本的个性化人才。这样，建立在工业社会基础上的以大批量、标准化的人才生产为特征的学校制度势必要为建立在知识社会基础上的以社会化、个性化的人才生产为特征的学校制度所代替。

（四）信息和网络技术在教育领域的应用必然引发学校制度的深刻变革

前面第二、第三个视角都同技术变革有密切的关系，但是，信息技术和网络社会对教育的影响，不仅涉及教育体系和人才培养模式，它还会涉及学校的组织结构和管理方式，乃至教与学的关系以及教学过程，即学习方式的革命性变革。因此，由此而引起的学校制度的变革与创新是具有全新的时代内涵的。

我们可以毫不夸张地说，学校制度面临着自它从工业社会产生以来最巨大的挑战与压力。从现实的角度说，一方面社会对教育越来越高的期望和并不相称的支持之间的矛盾，使得学校越来越成为社会批评的对象；另一方面政府投入不足，对学校的质量要求却越来越高，学校为获取生存和发展的资源，引起某些制度失范的现象。学校制度建设迫切需要回答教育转型进程中提出的现实问题。从未来的角度看，学校确实处于传统与创新的十字路口，正如经合组织《2001年教育政策分析报告》所指出的："当学校由于落后和变化缓慢而继续受到批评时——像极端的科层化以及教师总是支持传统的教学方法等指责——某些惯性的东西也非常轻易地存在于学校系统的本质中。"

因此，变革的压力是现实的。我们讨论现代学校制度就是回应这种压力的实际行动。而讨论这个问题的前提是学校制度仍将是未来教育体系的主体部分，"去学校运动""学校消亡论"等思潮和主张是不能接受的，正如经合组织鹿特丹会议主席 Yiva Johansson 所说："总体上看，学校一直是非常重要的，而且在许多方面是一个非常成功的机构。它们在从农业社会向工业社会的转型中是不可缺少的。在我们的国家进一步从一个工业化的国家向今天或明天的一个以知识为基础的社会转型的过程中，它们体现了一种十分重要的投资。但是，也正由于这个原因，它们又必须具有新的活力和动力。"既充分肯定学校教育制度在未来教育体系中的主干地位，又清醒地认识到原有学校制度面临的变革的压力，这是研讨现代学校制度的基本出发点。

二、学校的性质及其法律地位：面向社会的独立自主的办学实体

这是从学校与政府的关系角度提出的学校制度问题。明确学校与政府的关系，是现代学校制度建设的前提，因为只有在这个前提下，才能确定学校的机构性质和法律地位，而只有明确了学校的法律地位，才谈得上现代学校制度的建设。

在学校与政府的关系上存在着两个主要问题：一个是要区分学校与政府的性质，学校并不是政府附属的行政机构，而是提供教育服务的教

学机构，因而学校应该是自主办学的实体，具有独立的法律地位。另一个是要区分学校与政府在提供教育服务上的不同作用：学校是教育服务的提供者，而政府是教育服务体系的构建者和监管者；政府既可以通过建立公办学校提供教育服务，也可以通过付费购买、委托代理等形式实现目的，私立（民办）学校和公立学校同样都是教育服务的提供者。按照政府与学校关系的这种基本判断，在现代学校制度的组织和管理设计上有几个问题需要探讨：

（一）学校的法律地位

建设现代学校制度的前提是确认学校的自主性和独立性的地位，也就是学校应该是一个独立地享有权利和承担义务的办学实体。一方面它作为学术机构，享有学术自由的权利和负有社会责任；另一方面它作为教育服务机构，履行其公共服务的职责并享有实施这种职责所必需的权利。这种独立自主的地位及其相应的权利和义务，需要由法律规定和保证，而不是由政府的行政命令所决定。因为只有通过法律形式确定的政府与学校的关系，才具有公正性和稳定性，而如果政府与学校的关系及其权利和义务仅由行政单方面决定，就既缺少不同利益主体之间的博弈机制，也缺少制定或改变规则的法定程序，也就难以保证学校与政府的关系以及学校地位的公正性与稳定性。因为在政府与学校的关系上，政府处于强势地位，而学校处于弱势地位，如果用行政机制和程序去确定双方关系或学校权责的话，就很难通过平等的对话和协商形成，而且这种关系也很容易由政府单方面改变。因此，通过法律程序确立学校的法律地位，明确学校与政府的关系，即学校与政府各自的权利与责任以及处理相互关系的法律程序，是确保学校独立自主办学，从而建立现代学校制度的基本前提。在讨论学校法律地位的问题时，关于学校法人地位是一个有待结合中国实际探索解决的问题。因为学校是否具有法人资格，在不同国家情况是不同的。日本近几年刚进行大学法人化的改革，目的是为了给大学以更多的自主办学权力，也承担更多的责任，而中小学仍未明确其法人资格。可见，学校法人资格和地位是探讨现代学校制度需要回答的现实问题。

（二）学校类型

学校作为一种社会组织，既有属于公共组织的学校，也有属于私人组织的学校，它们同政府的关系以及内部治理制度是有所区别的。在我国教育供求的现实条件下，政府只能按其财力提供最基本的教育服务。要扩大市场准入程度，发展民办教育，同时要从选择性、竞争性的教育服务领域退出，让民间力量提供或政府和民间共同提供。这样，就必然会存在多种学校类型。按照公共管理理论，区别公共组织与私人组织，主要依据举办者、资金来源、控制形式这几个因素。那么，我国现在的学校类型，至少可以分为公办学校、民办学校、合作举办的混合学校。而按照学校产权和收入分配方式区分，又可以分为营利性学校、非营利性学校、有合理回报的非营利性学校。把这两个维度结合起来，我国学校的分类大体有：营利性学校、非营利的公益性（公办）学校、非营利的公益性（民办）学校、有合理回报的非营利公益性（民办）学校、有合理回报的混合性学校。实现这样的制度选择，政府与学校的关系就不仅有管理权范围内的关系，还有所有权范围内的关系，而所有权也不仅有公办学校与民办学校之分，还有公办学校与合作举办的混合性学校之分。对于这些不同类型的学校，产权和管理如何设计与安排是建设现代学校制度的一个新问题。一方面它们都是独立的自主办学的实体，都应该依法自主办学；另一方面由于办学主体不同，其产权关系、同政府的关系包括政府的管理内容和方式都有所区别，需要加以具体设计，并纳入法律框架。

（三）政府管理

在多种类型学校制度的条件下，政府对学校的管理需要区分所有者和管理者的角色。作为所有者，政府应该思考如何实施对国有校产的监管，其有效的组织形式与制度框架有待探索和实验。而作为管理者，政府对所有学校包括公办学校和民办学校应该一视同仁，不应有亲疏之分：在经费拨款上，在保证公办学校经费的同时，也可按项目或学位给民办学校适当拨款；在对学校的管理和监管上，由于公办学校和民办学校的经费来源不同，政府管理与监管的内容和方式应有所不同。但即使是对公办学校，政府既可以通过直接拨款实行行政管理，也可以用委托代理的形式采取灵活多样的管理（包括委托教育管理公司实行管理）；对民办学校也可通过购买服务进行监管。至于美国在少数地区推行的"教育券"，则更打破公私界限，推动公私竞争，使政府管理也必然要有新的变化。在讨论政府管理问题时，政府、市场与学校的关系判定是一个基本问题。政府主要保证教育服务中的公共产品部分，而私人产品和准公共产品则可以由市场提供或由政府与市场共同提供。但不管通过哪类组织，采取何种形式，教育服务的完全市场化是不可取的，也是不可行的。这是因为，一方面教育服务中的公共产品和准公共产品部分不能完全由市场提供，另一方面服务市场普遍存在不完善的问题，政府的介入和监管是必不可少的。

（四）学校经营

学校有没有经营的问题，这一方面同教育的产业属性相关，如果承认教育的产业属性，学校当然就有经营问题，同时它又与学校管理的效率机制相关，因为提高管理效率需要有效经营。而经营问题实际上就是要在学校管理中引入"成本—效益""投入—产出"的机制。现在许多学校在招生和就业中应用的市场拓展手段，在学校发展中用的"品牌"战略，在选择性教育中用的收费办法以及在学校管理中应用的绩效制度、后勤企业化经营等做法，实际上都带有学校经营的性质。问题在于：是把这些经营手段作为学校发展的基本战略？还是作为学校管理的一种手段（同时把它限制在特定的范围，服务于学校教育教学的根本目的）？我认为应该是后者而不是前者。

三、学校内部治理制度：利益主体和谐协调与自我制衡的治理机制

在学校组织制度即政府与学校的关系明确后，学校内部治理制度就成为现代学校制度的核心问题。如果说在学校与政府关系的制度层面要解决的基本问题是确保学校办学自主权，即学校自主性问题，那么，在学校内部治理制度建设中要解决的基本问题则是处理学校所有者（决策层）、管理者（管理层）、教学者（操作层）、学习者之间的关系。其核心是保证管理者的自主管理权、教学者的自主教学权、学习者的自主学习权。这样，学校内部治理结构涉及：

（一）决策者与管理者的关系

现行的校长负责制的管理体制实际上是决策与管理合二为一的体制，需要在具体实施中补充决策机构和相应的机制。可以有两种做法：一是建立相应的决策机构，吸收校内外相关的利益代表参加，重大问题由决策机构议决，需要由决策程序做保证；二是学校规模较小的，不必建立决策机构，可以通过建立重大问题的决策程序和制度，保证决策的民主化和科学

化，而不是个人说了算，既做到重大问题决策的公开透明，又便于民主监督。这是学校制度建设中一个迫切需要解决的现实课题，因为学校的自主权首先体现为校长管理的自主权，但是，这种自主管理的权力需要有决策和管理的制度化的程序与机构做保证。如果把校长负责制理解为校长一个人说了算，在学校办学自主权扩大之后，权力过于集中在个人手中，就会产生集权制所固有的种种弊端。处理好决策与管理的关系正是避免权力过于集中、实施有效制约的制度性保证。

（二）管理者与教学者的关系

这里的关键在于处理好校长的管理自主权与教师的教学自主权的关系。学校工作的主要内容是教学和科研，而教学和科研的主体是教师，因此，如何确定教师在学校治理结构中的地位和作用，如何确保教师在教学和科研中的自主性，是学校治理结构中的关键性问题。从宏观方面说，要解决教育法规如何保障教师的合法权益，如何保障学术自由的法律和政策环境，如何建立健全的教师资格制度，如何实施保证教师有一定自由度的课程政策等问题；从学校治理方面说，要在组织架构和制度程序上体现"行政力量—学术力量—市场力量"的相互协调和制衡的机制，其中特别重要的是，教师或教师代表要参与决策和管理机构，行使相应的权利，教学和学术领域的问题，不能完全用行政决策和行政命令的方式处理，而要由教学人员自主地决定和实施。总之，在学校治理和学校运行过程中，要避免过分行政化的偏向，使教学和学术活动真正成为学校活动的中心，并通过教学和学术的创新过程，使行政力量与学术力量实现互动和制衡。

（三）教学者与学习者的关系

在传统的科层制的学校制度中，行政力量相对于学校处于主导地位，教师相对于学生也处于主导地位，而学生则处于被动和受支配的地位。它的优点是便于大批量、标准化"生产"人才，可能会节约管理和运行成本，而其弊病是限制学生的主动性，阻碍学生个性生动活泼地发展。在现代学校制度内部治理结构的设计中，学生的地位和角色将会发生变化，他们将成为教学过程和管理过程的主动参与者，他们的愿望和利益将成为学校教学与管理的重要出发点。在治理制度安排中，应给学生以更大的自主选择权、更多的参与决策和管理的机会。

四、学校的社会参与制度：开放的社会学习中心

学校与社会关系的改变是探讨现代学校制度的重要动因，而学校与社会关系变化的原因，一方面是随着从计划经济体制向市场经济体制转变，学校与社会的关系不再是原先通过政府的计划和指令建立联系的间接关系，而是学校直接面向社会，或者通过市场直接建立联系，这样势必要求建立健全与社会直接联系、沟通的人才培养、社会参与等相关的制度；另一方面是世界范围正在经历从单一的学校教育向终身学习的转变，学校教育正在成为终身学习系统的一部分，学校的功能、服务对象、教学形式乃至组织和管理都将发生深刻的变革，学校教育的制度性变革就成为国际教育界共同的课题。

学校与社会关系变革的广度和深度现在还很难确切地认定，因为终身学习体系与学习型社会的发展给未来教育和学习带来的影响将是极其深远的。就现阶段学校教育制度的变革而言，我认为需要关注的主要问题有：

（一）家庭—社区—学校——合作和参与式的组织架构

要改变以学校为轴心的组织架构，建立一种家庭、社区、学校之间平等参与、协调制衡的关系。社区是学生校外学习的环境资源，要建设

学习型社区，包括建设校外学习基地，社会文化体育设施免费向学生开放，建设社区学习室等，为学生营造适于学习、健康成长的社会环境；同时，社区也是学校管理和建设的参与者：一方面社区代表直接参与学校的管理机构，另一方面社区还可以组织社区居民参与学校工作的讨论，让学校在社区成员（纳税人）的关心、参与和监督下发展。家庭与学校的关系比社区更直接，内容也更丰富。要在学校制度设计中给家长的参与提供制度保证。家长不仅是学校教学实施过程的参与者和辅助者，更应该是学校教学计划制订过程的参与者，在学校建设和发展的诸多方面要有更多的发言权，而不只是被动的执行者。这样，在一种平等互动的关系中，形成三者协调一致的新的学校制度，为学校与社会的协调发展提供制度的保证。

（二）终身学习体系中的学校制度——开放的社会化的学习机构

首先是学校功能的变化：学校不仅是为一定年龄段的受教育者提供教育服务的教育机构，更是为人们终身学习提供多种服务的学习机构，在可能条件下，它还是社会（社区）科学文化的传播和活动中心。其次是学校服务对象的变化：它不仅为适龄人口提供文化科学教育，也要为有各种学习需求的社会成员提供多样化的教育和培训服务。再次是学校组织制度的变化：它不再是一种内部封闭的教育机构，而是与社会互动并双向参与的开放的社会学习中心；学校的组织和管理有社会（社区）的参与，学校也参与社会（社区）的建设。

（三）学习型社会中的学校制度——学习型学校

从长远说，只有当学校自身建设成为学习型组织，并且成为学习型组织的中心时，学校才能适应学习型社会对新的学校制度的要求。而这个问题现在还只能提出来供思考和共同探索。对这个问题的清晰的回答，有赖于理论与实践的不断发展。

还有信息网络环境下的学校制度。"虚拟学校"的制度设计，这里不再详细讨论。

从以上粗略的讨论中，我们可以看到，对于现代学校制度的研究，从狭义的角度讲，主要涉及现存学校的制度和管理领域的变革与革新；从广义的角度讲，则涉及未来学校的组织及其制度变迁。我在这里只是提出了一些相关的问题，其答案则需要在长期的实践和研究中逐步清晰与完善。

以制度建设为重点深化教育改革[31]

党的十七大的主要精神在改革，改革是教育发展的动力，改革是教育发展之路。

党的十七大报告指出："改革开放是决定当代中国命运的关键抉择，是发展中国特色社会主义、实现中华民族伟大复兴的必由之路。"在论述坚持科学发展观时指出："要把改革创新精神贯彻到治国理政各个环节，毫不动摇地坚持改革方向，提高改革决策的科学性，增强改革措施的协调性。"坚定不移地深化改革，这是推进现代化建设、全面建设小康社会的根本动力，也应该是优先发展教育事业、办好人民满意的教育的根本动力。学习党的十七大精神，要用改革的思路审视教育改革的历史进程，分析教育改革面临的新课题，明确进一步深化改革的任务和重点，坚定不移地把教育改革推向前进，为建设中国特色社会主义教育提供不竭动力和制度保证。

一、以教育改革为动力，解放教育生产力，我国教育事业实现超常规发展

20 世纪 80 年代以来，我国教育改革以体制改革为突破口，从改革计

---

[31] 谈松华："以制度建设为重点深化教育改革"，《中国教育报》，2007 年 12 月 1 日第 3 版。转载于人大复印《教育学》，2008 年第 3 期。

划经济体制下政府对教育"统得过死,包得过多"的弊端入手,逐步进行管理体制、办学体制、投资体制、招生就业体制改革,进而深入到学校内部管理体制和教育教学体制的改革。改革涉及范围之广、触及问题之深都是前所未有的,对于破除计划经济体制框架内对教育发展的体制性束缚,解放教育生产力,促进教育的跨越式发展产生了不可估量的作用。回顾总结这一发展进程,分析评价其历史贡献和历史作用,是联系教育实际学习党的十七大精神的重要内容,也是继续坚定不移地推进教育改革的必要基础和前提。

1985年《中共中央关于教育体制改革的决定》提出了教育体制改革的根本目的和重点领域,特别是在提出普及九年义务教育目标的同时,提出了"基础教育由地方负责,分级管理"的体制改革目标,迈出了教育领域在中央统一领导下实行地方分权的改革步伐,极大地调动了地方政府,尤其是县、乡政府的积极性,发动农村居民广泛参与普及九年义务教育行动,为在世纪末实现基本普及九年义务教育目标提供了体制保障。

1993年中共中央、国务院发布的《中国教育改革和发展纲要》明确提出,教育体制改革的目标是"建立起与社会主义市场经济体制和政治体制、科技体制相适应的教育体制",并全面提出了办学体制、管理体制、投资体制、招生就业体制、学校内部管理体制等改革的目标。在国务院关于纲要《实施意见》中进一步提出高等教育"逐步实行中央和省、自治区、直辖市两级管理,以省级政府为主"的分权管理体制,极大地推动对于部门办学、条块分割的体制改革,基本形成了中央和省两级管理,以省为主的管理体制,增强了省级政府统筹管理教育的权力和责任,保证高等教育更好地适应和促进区域经济社会的发展;提出了高等学校实行缴费上学、成本分担的原则,使高等学校经费来源中的学费所占比例,由1990年的2%提高到2005年的30%左右,同时办学形式的多样化,包括民办高等学校和公办高等学校举办独立学院等的发展，扩大了社会资源对高等教育的投入。正是这些改革举措，调动了地方政府、社会力量和家庭的多种资源，为高等学校扩招，在短期内使高校在校生增加两倍提供了体制和资源的支持。

此外，高等学校招生就业体制改革、高等学校内部管理体制改革主要是后勤社会化和人事制度改革，对于高等教育的快速发展也发挥了重要支持作用。农村教育经费的多渠道筹措体制对于农村普及九年义务教育进程也发挥了积极作用。在今天回顾、反思过去20多年教育改革历程时，需要历史地、全面地进行评价分析，对于改革过程中出现的种种现象和体制形式，要放到教育发展的具体环境和背景中评价其利弊得失，而从总体上充分肯定改革对教育发展的历史贡献则应该是基本前提。没有教育改革，主要是教育体制改革的进展，就不会有我国教育的超常规、跨越式发展的成就。这是我国近30年教育发展的客观现实和基本经验。

二、现阶段教育改革的主要任务是加快制度建设，克服制度供给约束

20多年教育体制改革的主要进展是实现了新旧体制的转轨，而体制改革的任务不仅要革除旧体制的弊端，更需要建设适应社会主义市场经济体制和政治体制的教育新体制。新制度的建设正是现阶段教育改革的主要任务，而新制度的建设不是短期内就能完善的，需要一系列过渡的形式和环节，才能产生比较合理的制度形式。在这样的过渡阶段，制度的不完善、制度的缺位将会是主要矛盾，这种现象也可以称作制度供给约束。

如果我们从制度供给的角度去考察现阶段教育发展中的诸多热点问题，就会发现许多热点问题背后存在着制度供给的缺位问题。

比如，农村义务教育一度出现困境。一方面，农村经济的变化已经不

能沿袭主要依靠农民负担农村教育经费的制度安排；另一方面，国家实行分税制、中央和地方财政收支结构变化，相当多县以下政府无力承担农村义务教育经费的主要责任，而这种情况是由农村教育投资体制调整滞后造成的。2000年之后，国家先后实行"贫困地区义务教育工程""农村寄宿制初中工程""西部两基攻坚工程""贫困地区两免一补工程"，直至实行农村免费义务教育，根本改变了农村教育的面貌。而这些工程属于政府实施的专项政策，还不是长期的制度安排。农村免费义务教育已经具有制度性质，但需要有几级政府分担经费的制度保证，而这有赖于国家公共财政制度的完善。

城市基础教育阶段的择校收费，其根本原因是优质教育的供求矛盾。问题是面对这种供求矛盾的制度选择，前一时期大体有以下几种：一是发展民办学校，由民办学校满足选择性教育的需求，这是很多国家的制度安排。但是我国优质教育资源集中在公办学校，民办学校现时难以满足优质教育的需求。二是选择部分公办学校转制，即依托公办学校资源，用民办机制运作。其中有些学校办学比较成功，既满足了社会需求，又加快了学校的发展。但是，这种做法由于缺乏制度设计，使采用这种方式运作的公办学校同时占有公办学校和民办学校两种优势，造成其与民办学校的不公平竞争。三是优质公办学校采取办分校或集团式办学，扩大优质教育资源。这是20世纪90年代后期政府允许的办学形式，对缓解优质教育的供求矛盾起了积极作用，但是这种做法也缺乏制度设计。可见，这些体制性调整并未解决优质教育供求矛盾的制度安排。而现实的问题是，政府不可能承担满足急剧增长的选择性教育需求的责任，又不可能在短期内让民办教育来满足这种需求。这种制度供给的两难选择是城市择校竞争矛盾集中到政府的原因之一。

高等教育在扩招过程中采取举办独立学院和提高学费标准即提高家庭分担成本比例等体制性措施，也面临着制度选择问题。同时，高等教育正把重点转向致力于提高教育质量，而现有的人才培养制度包括选拔、评价、培养等方面的制度规范仍然影响质量的提升，制度变革必然成为提高高等教育质量的现实需求。

三、以改革创新精神进行制度建设，保证实现党的十七大提出的教育发展任务

深化以制度设计为重点的教育改革，是落实科学发展观，科学认识和处理现阶段教育改革和发展面临的现实问题，推进教育现代化建设的迫切需要。制度建设是教育发展和改革对制度供给提出的现实需求，它必须以满足教育发展和改革的现实需求为前提。党的十七大报告中提到教育发展的诸多任务，其实现都对制度建设和制度供给提出新的要求。例如，关于义务教育的均衡发展和扶持贫困地区、民族地区教育，健全学生资助制度，保障经济困难家庭、进城务工人员子女平等接受义务教育等保障教育公平的要求，需要完善公共财政制度，强化政府公共服务的制度建设。又如，坚持教育公益性质，加大财政对教育投入，规范教育收费以及鼓励和规范社会力量办学，则需要在明确政府与市场提供教育服务边界的基础上，建设政府公共管理和公共服务制度；而大力发展职业教育，提高高等教育质量，必然涉及劳动人事制度和教育教学制度的改革和建设。

总之，党的十七大报告提到的教育制度建设的任务是多方面的，我们需要在总结、研究国内外经验的基础上坚定不移、扎扎实实地加以落实。在研究和落实的过程中，我们不可能预设制度供给和制度建设的具体模式，而只能力求探索制度供给和制度建设的路径选择。这种路径从其走向而言，是一个经过若干过渡环节而逐步成熟和完善的发展过程，就其结构而言，则是政府治理制度（宏观）、现代学校制度（中观）、教育教学制度

(微观)这些要素相互影响和相互制约的整体演变过程。在此,就这几方面制度建设的路径探索提些想法,以期引起讨论。

(一)政府治理制度

党的十七大报告提出,要"加快行政管理体制改革,建设服务型政府"。在从计划经济体制向市场经济体制转变的教育体制演变过程中,从一定意义上说,政府行政体制的转变对教育体制的变革具有关键性作用。这种变化主要反映在三个方面:一是政府系统内部,中央与地方、部门与部门,即集权与分权;二是政府与学校,即管制与服务;三是政府与社会,即公共服务的生产与提供。从改革的进程看,三者的变化程度是递减的:政府系统内部的改革调整力度最大,包括中央与地方政府对基础教育、高等教育管理权的下移等;在政府与学校关系上,明确学校依法自主办学的地位和权利,学校也比过去享有更多的自主权,但仍未建立完善的制度,既有政府干预过多,也有监管不严的问题;在社会参与方面并未有实质性变化,基本处于政府直接控制之下。

政府治理制度的改革既有我国体制转轨中的特殊问题,也有世界性政府治理变革的共同问题。从 20 世纪 80 年代以来,在政府治理变革上,经历了从新公共管理理论到新公共服务理论的演变。这反映了在市场经济条件下政府治理的职能和方式并不是一成不变的,而是一个需要结合国情进行探索和完善的过程。

现阶段我国政府治理制度的建设,要实现这样几个转变:首先,在政府职能上,要从"全能政府"向"有限政府"转变,即改变计划经济体制下政府无所不包、无所不管的"全能政府"的状态,分清在教育服务提供中政府与社会、市场的边界,政府承担应该承担、也能够承担的权力和责任,避免包得过多、统得过死的弊病。其次,在政府治理方式上,从主要依靠行政指令向建设法治政府转变。在依法治教的治理框架下，综合应用法律的、经济的、政策的、信息的和必要的行政手段，变人治为法治，管理为治理。再次，在政府作用的定位上，从"管制型政府"向"服务型政府"转变，并围绕建设服务型政府调整政府机构设置、治理结构和运作程序，发挥社会中介组织在提供公共服务中的作用。

（二）现代学校制度

学校制度是教育体系的主体部分。我们可以毫不夸张地说，学校制度面临着它从工业社会产生以来最巨大的挑战与压力，处于传统与创新的十字路口，迫切需要回答教育转型进程中提出的现实问题。从世界发达国家的动向看，学校制度的改革和建设大致沿着两条路径：一是改革公立学校体制（例如美国提出的教育券、特许学校、责任制、选择机制、透明性等，就都是这方面的尝试），增强学校的自主、选择和竞争机制，以提高公办学校的质量和效益。二是建设学习型学校，调动学校内部因素的作用，提升学校的品质，以适应迅速变化的社会的需要。

在我国学校制度建设的实践中，主要涉及的问题有：学校自主办学的法律地位；学校治理结构；行政权力与学术权力之间的关系；决策、执行、监督机构之间的关系；管理者、教师、学生之间的关系；学校与家庭、社会（社区）之间的关系等。

（三）人才培养制度

党的十七大报告多处提出人才培养的问题。比如，在实现全面建设小康社会奋斗目标部分指出："全民受教育程度和创新人才培养水平明显提高"；在建设创新型国家部分指出："努力造就世界一流科学家和科技领军人才，注重培养一线的创新人才"；在优先发展教育，建设人力资源强国部分指出："培养德智体美全面发展的社会主义建设者和接班人"等。这些要求集中反映了我国教育在实现历史性跨越之后，发展的重点正在转向提高人才培养的质量。影响人才质量的因素是多方面的，而制度和文化则是关键性因素。党的十七大报告提出"更新教育观念，深化教学内容方式、考试招生制度、质量评价制度等改革"，正是对人才培养的制度变革和制度建设提出的明确要求。

人才培养的制度建设——从人才评价制度、人才考核制度、人才选拔制度、人才培养制度（包括继续教育）到人才使用（晋升）制度等——需要进行系统设计，其中涉及在教育目标和人才使用中学历与能力的关系，在人才评价和选拔中知识（分数）与综合素质的关系，在人才培养中共性与个性的关系等。要继承和发扬我国教育制度中注重面向全体和基本标准的传统，并在此基础上着重创设有利于学习者个性、禀赋、潜能、特长充分发展的制度环境。在制度建设中，既要有学校层面中小学的小班制、走班制、允许选修高一学段课程的制度，以及高等学校的学分制、主辅修制、学习与工作交替制等，也要有政府部门教育教学管理制度和质量监控评估制度的建设，例如如何实行多样化的评估，并发挥社会中介机构的作用等。在现阶段要着力推进党的十七大报告中提出的考试招生和质量评价制度改革，充分发挥其对人才培养特别是拔尖创新人才培养的导向作用。而以终身学习体系建设为主线，系统地进行教育制度变革和建设则是一项长期而带有根本性的任务，只有在这样的制度环境下，人们的学习才不会成为一种外在的沉重负担，而是自身发展的内在需求，人的各种禀赋和潜能才能得到自由的、充分的发展。

发展中国特色社会主义教育，需要中国特色社会主义教育制度的保障。目前，我国的教育制度在长期改革和发展中积累了宝贵的经验。要在改革和发展中借鉴世界教育制度的经验，不断完善中国特色社会主义教育制度。

深化教育改革需要制度创新[32]

现在社会各界各领域都在开展纪念我国改革开放30年活动，系统总结改革开放30年的成绩、成果和基本经验，深入思考进一步深化改革的问题。概括地讲，总结和思考我国改革开放30年主要涉及三个问题：一是如何总结和评价30年的改革开放。事实证明，中国的改革开放取得的成就是举世公认的，不仅在国内有共识，而且在国际上也得到了越来越多方面的承认。二是如何判断新阶段改革开放的新特征。经过30年，我们正在进入一个新的阶段，在这个新的阶段，我国的改革开放究竟面临着什么样的新环境，面临着什么样的新矛盾、新要求？三是深化改革的思路、重点和重大的制度创新在哪里？我们教育界在纪念我国改革开放30年的时候，同样需要回答这些问题。

一、关于改革背景

不同阶段的环境对不同阶段的改革会提出不同的要求。前30年的改革，是在什么背景下提出的呢？我认为，主要有两个方面：一方面是"文革"时中国的经济已经到了崩溃的边缘，加快发展是当时整个中国面临的

---

[32] 谈松华："深化教育改革需要制度创新"，《中国教育学刊》，2009年第1期。根据作者在中国教育学会第21次全国学术年会上的总结发言录音整理。

一个生死攸关的问题，所以第一轮的改革要解决的突出问题就是如何加快中国的发展，扫除中国加快发展的体制性瓶颈；另一方面，20世纪70年代出现的新技术革命，由于"文革"的影响，我们没有把握住新技术革命这个发展机会，所以拉大了我国和发达国家的差距，因此改革要解决的问题是进一步开放，进一步缩小同发达国家的差距。这是当时整个国家的改革背景。

教育改革开放的背景，同样可以从两个方面来分析：一是教育是"文革"的重灾区，教育在此期间，受到毁灭性的破坏，迅速恢复和发展教育是第一轮改革开放要解决的突出问题，教育同样也是要解决解放生产力的突出问题；二是20世纪80年代中期，国家进行经济体制、科技体制改革，实际上涉及经济、社会的变革，经济、社会的变革又对教育体制的变革提出了新的要求，突出的是要突破计划经济体制下教育体制的一些弊端。

因此，这一阶段教育改革要解决的问题就是要加快教育发展，满足社会基本教育的需求，同时突破计划经济体制对教育的束缚。

我国的教育改革开放现在进入了新的阶段。教育改革所面临的教育发展的阶段性特征：第一，教育发展的目标从穷国办大教育到大国办强教育，我们已经不能停留在满足基本教育需求上，而是要做强教育。第二，从发展机制上来讲，需要有一个比较大的变化。我将其称作从供给约束型的教育转向需求导向型的教育。我们前期的教育基本上是处于短缺教育的背景下，教育发展的突出问题是供给的约束，资源供给不足影响着教育的发展，所以教育体制的改革多是要扩大教育资源，增加教育供给，以满足社会对教育的基本需求。这一目标经过第一轮的改革已经初步实现，缓解了教育供求的矛盾。现在需求发生了变化，需求从比较基本的需求已经转向对公平、优质、多元化的需求。所以说，社会对教育公平的需求突出了，优质教育的需求突出了，多元化的需求突出了。这种公平、优质、多元化的需求和我们原先的那种体制或者比较单一的供给模式是有矛盾的，所以现在要以需求导向来改革我们原有的教育供给模式。

另一方面，教育改革所面临的体制改革的阶段性特征是：我们在突破旧体制的过程中，又产生了改革过程中的问题。比如：我们在突破原有的体制形式的时候，出现了多样化的办学形式、体制形式，这种体制形式，有的是规范的，有的是不规范的，像名校办民校、公办学校转制、独立学院等。

这种多样化，在制度层面上还没有完善。我们很多改革举措是通过行政举措来做的，往往是改了后又积累了新的问题。这就是我们改革过程中和以往启动改革的时候不一样的情况。我们现在面临的不仅是计划经济遗留下来的问题，还面临着改革过程中间积累起来的新问题。

改革是利益格局的调整，在这个调整中间，就会出现一些新的利益群体，这是新问题中尤其突出的一点。这些利益群体有可能会成为利益集团，这种利益集团对于改革来讲是会有阻力的。所以有人讲，现在改革的问题是，改革的既得利益者，原来可能是动力，现在有可能成为阻力。教育上现在有没有这个问题呢？有没有一部分行政权力和一部分教育上的优势群体、话语权大的群体形成利益相关体呢？如果形成了利益相关体，就会对教育的改革形成阻力。这个问题提出来供大家探讨。现在改革不同于第一阶段的，就是增加了改革的复杂性。它不仅要改革原先没有彻底改掉的，更要进一步面对改革进程中出现的问题。

二、关于改革目标

关于教育改革的目标，1985 年《中共中央关于教育体制改革的决定》和 1993 年中共中央、国务院印发的《中国教育改革和发展纲要》都做了

明确具体规定。关于教育改革目标,实际上包括三个层面:

一是人才培养体制的改革。改革最终必须体现在人才培养上。关于人才培养,过去叫人才培养模式,现在讲人才培养体制,因为模式最终受制度和体制的制约,人才培养体制这个问题是改革最要落实的问题。改革的目的,归根结底是为了培养符合时代需要、社会需要和人自身发展需要的人才。因此说,人才培养体制改革是教育改革目标的第一个层面。

二是学校制度改革。人才培养体制的落实和实现很大程度上取决于学校有没有自主权、有没有活力以及有没有合理的组织结构。

三是政府职能问题。

从迫切性来看,人才培养体制是最迫切的。曾经有人讲,说到改革开放成就大家都没有异议,成就非常大,但如果问到对现实的满意程度,很多人可能还不满意,甚至很不满意。在教育中是不是也存在这种现象?

教育的发展实现了两个跨越,人均受教育年限的提高,整个教育条件的改善,大家有目共睹。但目前的教育,大家对教师学生疲于应试、苦不堪言的状况是不会满意的,这就是我们改革中间面临的现实状况。从大的方面来看,改革发展得很好,但是一到第一线的现实来看,问题并没有根本性的改变。有两个问题没有根本性的改变:政府职能和管理方式没有根本性转变。这是下一步改革非常重要的内容。人才培养的模式仍然没有根本性的转变。这三个层面的问题都是我们在进一步改革中需要突破的。三个方面问题是互相联系的,最终落实在人才培养上,但关键是政府职能和管理方式的转变。政府必须给学校更多的自主办学的权力,建立充满活力的制度,在这样的制度下,教师和学生能够实现自主发展。

从改革来讲,还涉及很多其他问题需要探索,比如:在人才培养方面,我们面临着精英和大众、共性和个性、国际化和本土化、继承和创新等一系列的问题。教好每一个学生和培养一批拔尖人才不是相互矛盾的,如果制度是合理的，这两者都可以很好地实现。现在的问题在于制度有欠缺，要么就讲选拔，牺牲了很多孩子，要么像过去那样，大家齐步走。所以在人才培养体制上，如何处理好这些关系是制度设计中需要进一步考虑的。政府和学校的关系是前提，学校内部学术和行政的关系、学校和社会的关系以及政府和市场、政府和社会、监管和服务等方面的关系，都是在我们教育体制改革中需要正确处理的，需要突破的体制瓶颈。

三、关于改革重点

根据我们初步的调查研究，制度供给、制度建设、制度创新是改革的重点，无论是从哪个层面来讲。比如：人才培养。我们要着力改变应试教育问题，大力推进素质教育，不是观念不清楚，问题在于现在整个制度框架，完全是一种选拔性的，而且是单一的以分数来选拔的制度设计。这种制度设计使得我们的教学行为最后都要受此制约。制度框架不做大的改变，人才培养模式很难有大的突破。因此说，制度创新是一个关键。

学校制度也是如此。我们讲一个好校长能够办一所好学校，这个经验判断是对的，但是好校长办好学校的经验、理念如果不转化为制度的话，就不是持续的，换了个校长就不一定这么办了。所以还是制度建设问题。

对政府来说，这一点就更重要了。现在我们的政府管理存在的突出问题，是一种行政管理，而不是通过法律的手段来实行管理。如果没有制度的完善，即使不想管死，现在的方法也必然管死，因为没有一套制度设计。比如说，现在的教育行政部门很多地方管得很死，因为他们觉得如果不管的话，下面就乱掉了，那么全国范围内什么事情都会出现。因此，就发个文件，来个规定，来个不准。所以一定要有一套制度设计来解决。最近民办教育在讲合理回报，怎样衡量呢？没有一个严格的会计核算制度，怎么能知道他回报多少？要有一套制度才能使我们政府的管理转向间接管理。当然制度的成长是一个过程，过去我们总想每一步都做成一个理想的东西，实际上是不可能的。经济学界的樊纲在讲到改革的时候，讲了一个观点很有意思。他说打破旧制度一个晚上就能完成，建设一个新制度就不是这么简单，没有三五年，甚至更长时间，是很难建立、完善一个新制度的。制度完善是一个过程，在制度完善过程中会出现很多过渡形式、中间环节，这种过渡形式和中间环节有可能是什么都不像。这启发我们，关于制度设计和制度建设，我们不要希望一步就有一个理想的制度，而是根据现实情况能够设计可行的制度，只要有一种制度存在，它就会逐步完善。所以在进一步改革中，把制度建设放在重点位置是我们所希求的。

四、关于改革路径和动力

中国现在的改革是政府主导型的，自上而下的改革路径。这种改革路径是符合中国国情的，因为中国是一个集权型的国家（这个集权不是贬义的，国际上也有集权型，也有分权型的），政府掌握着非常庞大的资源，包括人力资源、财政资源和其他的社会资源。掌握这么庞大的资源，通过政府自上而下地推动改革，改革就比较容易推行。这种改革路径的好处就是可以比较有力、稳健地推进。但它的问题是因为它是渐进的，所以每一步改革都会积累问题，这就是前面讲的问题。

还有一个问题，路径的问题。人们叫它"内部人"改革，因为改革的设计是从上设计的。它的问题是，话语权强的人对改革的设计很可能起着举足轻重的作用，而外部的、民间的、下层的利益诉求，就不大容易在这种改革路径里面得到充分的体现。所以有人认为，"内部人"改革容易形成利益集团控制。近年出现一种情况，一面在改革，一面行政权力在加强，当然这个不能完全说是主观意图，也是有客观情况的。但改革的主动权是在上边。把自上而下和自下而上结合起来，增强自下而上的动力，包括社会的参与、各种利益相关方的参与，形成各种利益相关方的参与机制，或叫博弈机制，这样的改革才能体现各种利益相关方的诉求。这里包括校长、教师都要积极地参与。现在改革动力不足，因为其利益不明显。特别是课程改革，教师还受到这方面利益的损害（指要付出更多的工作精力等）。只有把改革的阻力变为动力，改革才能真正实现它预期的目标。

总之，我们的改革到了关键的阶段。经过30年的改革，积累了基础和经验，我们面临着深化改革开放问题。这个任务应该说是新的，要用新的思路深化改革，推进改革。

深化教育体制改革的整体框架和推进策略[33]

改革创新是教育事业科学发展的根本动力。这是我国30多年教育跨越式发展的基本经验，也是实现2020年教育发展目标和任务的根本保证。《国家中长期教育改革和发展规划纲要（2010—2020年）》（以下简称《教育规划纲要》）将"改革创新"作为工作方针的重要内容，提出把改革创新作为教育发展的强大动力。学习和落实《教育规划纲要》精神，就要总结教育改革的历史经验，把握新的历史阶段教育改革的阶段性特征和总体部署，积极而稳妥地推进各项改革，为建设人力资源强国和创新型国家提供体制和制度保障。

一、深化教育体制改革的阶段性特征

改革开放以来30多年，我国教育改革基本实现了从适应计划经济到社会主义市场经济体制转变中的教育体制转轨，为教育的跨越式发展提供了体制保证。现在正站在一个新的历史起点上，处在改革的转折阶段：旧的体制框架打破了，新的体制需要一个制度建设和制度创新的过程；旧的利益格局改变了，新的利益关系的调整依然是，或者甚至是，一个更加深

---

[33] 谈松华："深化教育体制改革的整体框架和推进策略"，《国家教育行政学院学报》，2012年第5期。转载于《新华文摘》，2012年第18期。

刻的变革过程。要不要改？改什么？怎么改？这些问题是必须回答的，同时也是有不同的认识和意见的。这是因为我们已经进入了改革的新阶段，只有把握新的阶段性特征，才能明确深化改革的目标和任务，坚定不移地把教育改革推向前进。我个人认为，教育改革新阶段大体有如下阶段性特征：

第一，改革的环境。中国社会已经从温饱型社会进入小康型社会。联合国开发计划署称之为从生存型社会进入发展型社会。社会发展阶段的变化必然影响社会教育需求的变化，也就是说从满足生存型社会的教育需求转变为满足发展型社会的教育需求。总体而言，是从主要解决供给约束型教育资源短缺的矛盾（即改革的重点是扩大教育资源供给）转变为解决需求导向型教育需求日益多样化的矛盾，提供更加丰富的优质教育。

第二，改革的政策取向。效率优先、市场取向的改革举措，在加速教育发展的同时，扩大了教育差距，影响了教育公平。兼顾效率与公平，更加关注公平，强化教育的公共服务职能，维护教育公平成为社会关注的热点和教育政策的基本取向。

第三，改革的重点。教育管理体制改革在解决"条块分割、部门办学"问题方面取得进展，但是政府职能和管理方式未有根本改变。在新制度建设中公共治理结构的完善明显滞后，政府管理中行政措施、财政专项和各种工程的实施，强化了行政功能。制度设计、制度创新、制度供给成为教育体制改革的重点，尤其是教育行政体制改革成为教育体制改革的关键。

第四，改革的动力。从各利益相关方普遍在改革中得到实惠的阶段，进入对既有利益格局进行调整的攻坚阶段。要突破既得利益群体、强势群体对改革的阻力，形成不同利益群体之间合作共赢的动力机制。

第五，改革的路径。政府主导型的改革，采取自上而下的路径，容易演变为"内部人"改革。要打破"内部人"改革局面，在推进政府行政体制改革同时，加强改革中的社会参与，实行自上而下和自下而上相结合的改革路径。地方政府和基层学校的教育制度创新的经验可能成为宏观教育体制改革的生长点。

二、深化教育体制改革的整体框架

教育体制改革是包含诸多领域的综合改革，需要综合配套，整体设计。如果说过去30多年的教育改革侧重于办学体制和管理体制改革，为教育发展扫除体制性障碍，那么，新阶段的教育体制改革的一个突出特点就是把改革深化到人才培养体制和模式这个领域。《教育规划纲要》强调教育以培养人为根本目的，教育体制改革的根本目的是创设有利于人才（尤其是创新型人才）辈出的制度环境。因此，人才培养体制改革成为新阶段教育体制改革的核心；培养创新型人才必然要求具有自主办学权责、充满活力的学校制度，学校制度改革成为人才培养制度改革的必要条件；学校制度的改革在很大程度上受政府治理制度的影响和制约。这样，人才培养制度—现代学校制度—政府治理制度的改革构成教育体制改革的基本组成部分。而就这些部分的相互作用而言，则政府治理制度改革是推进教育体制改革的关键，制度建设则是重中之重。基于以上认识，《教育规划纲要》把人才培养制度作为核心，把建设现代学校制度、办学体制改革与政府管理体制改革这几个部分作为整体进行系统设计。

（一）人才培养体制改革

人才培养是整个教育工作的根本任务，把人才培养体制改革作为教育体制改革的核心，正是新的发展阶段教育改革深化的重要标志。人才培养体制主要是指人才培养的体系、制度和机制。《教育规划纲要》提出形成体系开放、机制灵活、渠道互通、选择多样的人才培养体制，并从更新人才培养观念、创新人才培养模式、改革教育质量评价和人才评价制度等多个方面提出了人才培养体制改革的任务措施。其中，适应经济社会和教育发展的新趋势新要求、转变人才培养观念是关键，按照学思结合、知行统一、因材施教的原则创新人才培养模式是核心，遵循人才成长规律、改革教育质量评价和人才评价制度是重要保证。

改革人才培养体制的关键在于构建以能力建设为重的教育制度框架，建立与学历序列平行和沟通的能力序列。在制定各种人才和各种职业（岗位）的能力标准和资格证书体系的基础上，将能力建设作为贯穿于各级各类教育的共同要求，构建初中后教育和培训，建立全国统一的与职业、工作岗位相对应的资格证书体系。完善普通教育与职业教育、学术型教育与应用型教育并重和相互衔接、沟通的人才培养体系。完善学生为本的教育教学管理制度：在中小学实行小班制、走班制、跳级、允许选修高一学段课程的制度，在高等学校进一步完善弹性学制、学分制、主辅修制、学习与工作交替制等管理制度。推进小学、中学、大学有机衔接，普通教育与职业教育多向沟通，教学、科研、实践紧密结合，学校、家庭、社会密切配合。加强学校之间、校企之间、学校与科研机构之间合作以及中外合作等多种联合培养方式。改革考试招生制度、教育质量评价和人才评价制度。推进素质教育实施和创新人才培养，以考试招生制度改革为突破口，探索招生与考试相对分离的办法：政府宏观管理，专业机构组织实施，学校依法自主招生，学生多次选择，社会有效监督，逐步形成分类考试、综合评价、多元录取的考试招生制度。建立由政府、学校、家长及社会各方面参与的人才培养质量评价机制。建立以岗位职责要求为基础，以品德、能力和业绩为导向，科学化、社会化的人才评价选拔机制，克服社会用人单位单纯追求学历的倾向，形成有利于各类人才脱颖而出、充分施展才能的选人用人机制。

（二）建设现代学校制度

学校自主办学的制度化建设是教育体制改革的基础建设。从某种意义上可以说，政府职能的转变，社会参与的实现，乃至教育能否真正适应和促进社会发展和人的全面发展，最终取决于学校是否具有主动适应和促进社会发展以及人的全面发展的能力，而学校的这种能力又取决于它是否具有自主办学的活力。以前也讲过扩大办学自主权，但并未在深层次上涉及学校与行政、管理与办学的分离，没有从根本上改变有关部门对学校统得过死的局面，束缚了学校应有的活力。《教育规划纲要》提出：推进政校分开、管办分离，建设依法办学、自主管理、民主监督、社会参与的现代学校制度，构建政府、学校、社会之间新型关系。突出了政校分开、管办分离，相比于以前，是一个很大的进步。在《教育规划纲要》制定的过程中，大家认为，政府与学校是不同性质的机构，政府不应把学校作为政府的行政附属机构进行管理。学校的权力是法律给予的权力，而不是政府赐予的，因此应还权于学校，进一步确立学校的自主权，确保学校独立自主办学的法律地位，学校依法治校，政府依法治教，教育行政部门和学校之间建立以法律为依据的、权利和责任相对等的关系，为实现教育家办学创造更为完善的法律和制度环境。

根据改革的实践经验和理论研究成果，实现学校自主办学的关键在于建立学校自我发展和自我约束的机制。这种机制大体包括三个相互联系、相互制衡的部分：其一，理顺行政权力与学术权力之间的关系。探索建立符合学校特点的管理制度和配套政策，克服行政化倾向，取消实际存在的行政级别和行政化管理模式。之所以出现学校行政化现象，从外部原因而言，是因为政府把学校作为行政机构来管理，政府用行政手段管理学校，用行政权力干预学校内部管理，使得学校缺乏独立行使学术权力的机制；从内部原因而言，则是因为学校行政机构权力过于集权，干预甚至排挤学术权力，所以现代学校制度应明确行政权力与学术权力之间的关系，强化学术力量在学校治理中的作用。《教育规划纲要》提出充分发挥学术委员会在学科建设、学术评价、学术发展中的重要作用，充分发挥教授在教学、学术研究和学校管理中的作用，强调学术自由与教授治学，积极为教授治学创造条件。其二，完善学校法人治理结构。学校自主办学不是个人行为，而是建立在现代学校制度基础上的组织行为，因此，当学校有了自主办学的外部条件后，能否真正运用好自主权办好学校，关键在于学校的治理结构。这种治理结构，从权力结构而言主要是行政权力与学术权力之间的协调与制衡；从组织结构而言是决策机构、执行机构、监督机构之间的协调与制衡；从利益结构而言主要是管理者、教育者、学习者之间权益的协调与制衡。在强化学术权力的同时，加强教职工代表大会、学生代表大会建设，发挥群众团体的作用，中小学实行校务会议等管理制度，建立健全教职工代表大会制度，不断完善科学民主决策机制，使学校各个层次、各个领域、各种利益的行为主体都能平等享有权利、分享发展成果、共同承担责任，最大限度调动各方面的积极性，增强办学的活力。其三是建立和完善学校与社会双向参与互动的机制。学校自主办学不是封闭办学，而是在参与社会与社会参与的互动中，在社会支持与社会问责的作用下，建立起学校与社会更为密切的关系。其中重要的一个改革措施是探索建立学校董事会或理事会制度，吸收行业企业代表、社会贤达和公众代表等各方人士参与学校重大事项的决策咨询和管理参谋。学校开放办学的另一个举措是探索和逐步完善校长的选用方法，在有条件的学校试行公开招聘，采用竞聘和遴选的程序，最后由政府确定任命。

（三）办学体制改革

教育体制改革的基本问题是正确处理政府、社会、学校之间的关系，逐步形成政府宏观管理、社会有效参与、学校自主办学的教育新体制。处理这三者关系的一个重要前提是明确政府与市场在提供教育服务中的边界。一般而言，教育基本公共服务（公共产品）由政府提供；一般性公共服务（准公共产品）由政府与市场共同提供；非公共服务（私人产品）由市场提供。深化办学体制改革的出发点是，政府应该保障基本公共服务，其前提是明确教育服务的提供，哪一部分由政府保障、哪一部分由市场提供。建立政府办学为主、社会参与办学、公办教育和民办教育共同发展的办学体制是教育满足社会多样化需求的必然选择。因此，《教育规划纲要》提出由政府和民间共同办学，形成"以政府办学为主体、全社会积极参与、公办教育和民办教育共同发展的格局"。这是《教育规划纲要》所确立的办学体制的基本依据。《教育规划纲要》把民办教育视为教育事业发展的重要增长点和促进教育改革的重要力量，提出大力支持民办教育。这是基于对中国现阶段教育供求的现实状况而提出的。在现阶段，随着经济发展水平和人民群众的收入水平的提高，人们的受教育程度与对质量的需求都不断提高，而且需求趋于多样化。面对这样更加多样的需求，动员民间力量满足人民群众的需求成为教育发展的客观要求，所以民办教育将成为教育事业发展的新的增长点。

　　基于满足这样的需要，由此提出鼓励和支持民办教育发展的政策，但是，民办教育发展到现阶段，面临新的情况。近年来政府教育投入的增加，明显地改善了义务教育阶段公办学校的办学条件，提高了公办学校教师的收入水平，学生上学免费，这些都给民办教育带来了新的挑战，在一定程度上使民办教育发展的空间受到挤压。基于这样的考虑，政府提出了一系列新的举措支持民办教育的发展。例如：政府委托民办学校承担有关教育和培训任务，拨付相应教育经费；县级以上人民政府可以根据本行政区域的具体情况设立专项资金，用于资助民办学校；国家对发展民办教育做出突出贡献的组织、学校和个人给予奖励和表彰。其核心是政府职能从直接管理转为间接管理，政府购买社会各类教育机构提供的教育公共服务。

另一个重要的问题是，《教育规划纲要》提出"开展对营利性和非营利性民办学校分类管理试点"。区分营利性与非营利性的学校既是国际教育的通例，同时也是新阶段民办教育发展的制度基础。区分营利与非营利，旨在鼓励捐资办学、出资办学。对于投资性教育要有合理的政策，这些问题如果监管不好，将无法进行有效管理。因此，基本的制度设计是：政府财政用于完全公益性的公共服务；对于非营利性的民办学校，政府要实行和公办学校一视同仁的政策；对于营利性的民办学校，也要优惠，但是要按照企业的类别登记管理。要进行试点，探索建立营利性和非营利性教育机构的财务会计制度和审计制度。简言之，要鼓励民办教育的发展，但是对于不同类型的民办学校，要区别对待。此外，目前民办教育缺乏合理的治理结构，因此要完善合理的治理结构，明确界定出资人和办学者之间的权力和责任，并建立社会问责制，建立民办学校办学风险防范机制和信息公开制度。

在推进办学体制改革进程中，公办学校办学形式多样化也是《教育规划纲要》的重要内容。《教育规划纲要》提出："深化公办学校办学体制改革，积极鼓励行业、企业等社会力量参与公办学校办学，扩大优质教育资源，增强办学活力，提高办学效益。各地可从实际出发，开展公办学校联合办学、委托管理等试验，探索多种形式，提高办学水平。"公办学校，如果完全是政府办学，缺乏第三方参与，就难以优化与整合教育资源，实现教育服务的低成本和高效益。所以提出多种形式办学，特别是多种形式的合作办学，以使学校充满活力。一方面通过改革治理结构，实现办学形式多样化；另一方面，通过委托管理的方式进行合作办学，例如，公办学校可以委托中介管理。

（四）政府管理体制改革

建立和完善政府宏观管理体制是教育行政体制改革的主要任务，其核心是政府职能转变和治理模式的变革。《教育规划纲要》明确要健全统筹有力、权责明确的教育管理体制，以简政放权和转变政府职能为重点，深化教育管理体制改革，提高公共教育服务水平。此举是为了适应社会主义市场经济体制和全面建设小康社会的社会体制改革要求，建立一种教育的新体制。其关键是要完善政府的公共服务与公共治理制度。一方面，政府要切实履行公共服务的职能；另一方面，在承担基本公共服务的责任的前提下，为了保证基本公共服务的均等化，要面向社会开放，提供社会力量进入、平等竞争的社会环境。换言之，在政府职能上，要改变计划经济体制下政府无所不包、无所不管的"全能政府"的职能，要为各种办学机构提供平等竞争的政策环境与社会环境。社会参与是实现政府职能转变和学校自主办学的必要条件。它涉及宏观（政府）、中观（学校）、微观（教学）多种层面，覆盖决策、执行、监督等不同的方面。在办学体制方面的社会参与，要广开学路，鼓励各种非政府的社会力量、民间组织机构、行业企业以及境外教育机构，采取多种办学形式，举办多种类型的教育机构。在管理体制方面的社会参与，要加快专业化中介机构发展，逐步把教育决策咨询、学校课程设置、教育考试和鉴定、教育质量评估、教育财政拨款、就业与人才交流等业务管理工作交给专业的中介机构。

在投资体制方面的社会参与，要鼓励非财政资金通过社会中介组织采取捐资、出资或投资等方式参与教育发展。在学校教学和管理方面的社会参与，通过建立中小学"社区委员会""家长委员会"，高等学校理事会、"产学研联合体"等途径，落实社会（社区）参与学校办学、管理的知情权、问责权和监督权。

关于政府放权、转变职能，主要是针对中央过于集权的问题提出的。中央教育行政机构还存在较多的集权管理和统一管理，表现为中央与地方教育管理权责分工不明确、关系未理顺，很大程度上限制了地方教育管理的自主权，难以调动地方形成发展教育的积极性、主动性并承担相应的责任。目前全国 2358 所高等教育机构中，111 所归中央管，其他归地方管，从学校的隶属关系上已经基本理顺，但实际管理权与办学权仍未真正厘清，权力过度地集中于中央政府和地方政府，所以提出"中央向地方放权，政府向学校放权，明确各级政府责任，规范学校办学行为，促进管办评分离，形成政事分开、权责明确、统筹协调、规范有序的教育管理体制"。在加强省级政府教育统筹方面，这一次明确规定："依法审批设立实施专科学历教育的高等学校，审批省级政府管理本科院校学士学位授予单位和已确定为硕士学位授予单位的学位授予点。"政府的主要职能要从行政事务和微观管理中解脱出来，转向规划（政策）引导、资源配置、信息服务和监督管理等宏观管理。在治理方式上，从主要依靠行政指令转向综合应用法律的、经济的、政策的、信息的和必要的行政手段，变人治为法治，管理为治理。按照建设"服务型政府"的要求，完善民主科学的决策制度，健全政府重大教育决策调研论证、公众参与、合法性审查、社会听证、质询等程序和制度。因此，以转变管理职能、完善管理手段为宗旨，《教育规划纲要》提出"改变直接管理学校的单一方式，综合应用立法、拨款、规划、信息服务、政策指导和必要的行政措施，减少不必要的行政干预"。为了提高决策的科学化、民主化，《教育规划纲要》明确提出："规范决策程序，重大教育政策出台前要公开讨论，充分听取群众意见"；"成立教育咨询委员会，为教育改革和发展提供咨询论证"。2010 年 1 月正式成立的国家教育咨询委员会，是落实《教育规划纲要》的重要举措，也是我国教育决策科学化、民主化走向制度化的重要标志。

三、深化教育体制改革的推进策略

中国改革的"渐进性"决定了实现改革目标将经历一个较长的过程，不同的阶段有不同的改革目标和任务，同时，正由于其"渐进性"，也增加了改革的复杂性和艰巨性——在新的阶段不仅有改革的新任务，同时前期改革中积累的问题增加了改革的难度，形成的新的利益集团又会成为改革的阻力。因此，这一阶段的改革被称为改革的"攻坚期""深水区"，尤其是我国正在进行的教育体制改革更是触及不同群体的利益，难度是可想而知的。积极推进新一轮教育体制改革，既需要改革的胆识，又需要改革的智慧，既需要有科学而可行的改革思路和施工蓝图，还需要有积极而稳妥的实施方略。《教育规划纲要》提出大胆创新、稳步推进的策略，以及"统筹规划、分步实施、试点先行"原则，正是体现了改革方略的积极性与渐进性的统一。

（一）注重顶层设计

改革的整体性和系统性，决定了必须进行顶层的整体设计，才能保证改革能积极而稳妥、坚定而审慎地推进。《教育规划纲要》的总体框架就是顶层设计。各项重大改革，如高考招生制度改革、现代学校制度改革、办学体制改革等，都要有顶层设计，以确定改革的目标、路径、实施步骤和配套条件。

（二）注重试点先行

从改革思路到具体实施，需要有许多中间环节，解决诸多实际问题，形成政策和制度。这需要进行点和面的试验，即区域和学校的试验。国家成立教育改革领导小组，分成10个方面，第一批有425项试验，去年又确定了20个改革重点项目。

（三）注重分区推进

改革进度和要求不是要求所有区域"齐步走"，而是按照不同区域的现实条件和客观需求，从实际出发确定改革的目标、进度和做法。不同区域在改革重点、步骤和政策设计方面要有侧重。同一项改革在不同地区也有不同的做法。实现目标的时间可以有先有后，条件成熟的，可以走得快一点，条件相对差一点的，不急于求成。实现改革目标的模式也可以有不同区域的特点，因地制宜地推进改革的具体实施。

（四）注重分步实施

每个地区和每一项改革都不会一步到位，要有步骤地推进，具备什么条件办什么事。例如，学业水平考试和综合素质评价在高考招生录取中如何使用，就要根据诚信制度建立的进程和单位诚信的公信力确定其被使用的程度和方法。

集团化办学的几点建议[34]

世纪之初,党和政府就明确提出,教育公平是社会公平的基础,义务教育公平是教育公平的"重中之重"。中央和各地政府先后采取加强农村教育、改造薄弱学校、调整资源配置、实施教师流动、实行特岗教师计划等多项措施来推进教育均衡发展。但我们也不难看到,这些措施对于缩小强校和弱校之间办学水平的差距,短期内较难见效。

在这种情况下,为推进优质教育均衡、有质量的公平,让更多的孩子享受优质教育机会,在实践中出现了一种新的组织形式——集团化办学。推进教育均衡有很多办法,其中集团化办学是通过一种组织形式来力求实现教育公平。

一、为什么会出现集团化办学?

我认为,集团化办学是我国基础教育从"非均衡发展"向"均衡发展"转变的一种策略选择。集团化办学的出现,很重要的一个原因是要解决城市学校的择校问题。

改革开放之初,政府采取了"举办重点学校"的政策。当然,"文革"

---

[34] 谈松华:"集团化办学的几点建议",《人民教育》,2015年第19期。

之前也有重点学校。"文革"以后，由于人才的断层，使得"多出人才，快出人才"的问题比较紧迫，因此邓小平同志提出从小学开始办重点学校。教育资源向少数学校倾斜，举办了一批重点学校。

其实，学校之间的差异有的是历史原因形成的，有的百年老校不仅在国内有名，甚至在国际上都有名。而我们现在所讲的"教育均衡"，主要针对的是政府行为造成的不均衡——政府把原来稀缺的教育资源配置到了少数学校，人为拉大了学校之间的差距。另外，造成学校之间差异的还有"越是优质教育资源，越能吸引更多的好生源和资金"等市场的原因。由于政府和市场两方面的原因，使得优质学校把薄弱学校远远抛在后面，进而使得社会对教育产生了强烈不满，认为教育很不公平，甚至影响到了社会公平。

另外，由于城乡二元结构、历史的、区位的、政府行为等方面的原因，扩大了城乡之间、地区之间和学校之间的办学水平差距。我认为这是造成学校之间差异的最主要的原因。

此外，城市化进程正在改变城市的布局。城市向外扩张，老城区人口向新城区转移，城市周边兴起了大量新的住宅小区，老城区人口大部分向城乡接合部和新城区转移。这在北京、上海等特大城市尤为明显，而优质教育的学校基本上集中在老城区，使得教育资源配置与人口分布相互脱节。这就需要在新区举办一些新学校。这些新的学校很多由老城区的名校到新城区办分校。这实际上是"一种自然的合作关系"，甚至是母体和子体的关系。这也是出现集团化办学不能忽视的一个重要因素。

二、集团化办学的三个发展阶段

集团化办学雏形期。校际合作发源于世纪之交。其实，一开始并没有"集团化办学"的概念，而是一种"校际之间的合作"。校际合作的出现是为了推进义务教育均衡发展。因此，在一些省市进行了"强校对弱校"的合作办学的探索。如四川成都是国家城乡教育一体化实验区，出现了成都市武侯区的"捆绑式"办学、成都市青羊区的"结对子"、成都市锦江区的"优质教育链"等探索和经验。这些合作办学主要在城乡学校之间，是"一对一"的帮扶性质。这些早期的实验取得了显著成效，得到教育界、社会和政府的认可。国务院在成都还召开了全国城乡教育一体化的现场会。全国其他地区和学校也进行了类似的探索和实验。这可以看成是合作办学的第一阶段，也是集团化办学的雏形。

集团化办学格局形成期。随着教育的改革发展，城市校际办学水平差距带来的择校问题，成为社会关注的教育热点问题。政府为此采取了诸如实施教师流动制度等一系列治理择校的措施，也采取了学校之间一定程度的资源共享措施，如特级教师的多校共享等。但择校问题始终没有得到有效解决。由于社会对教育公平的关注集中在义务教育阶段，一些城市采取了一所强校带若干弱校的办法来促进义务教育均衡发展。这一时期已经进入了"组团式办学"阶段，突破了城乡学校之间"一对一"的帮扶办学模式。这可以称为合作办学的第二阶段，已形成了集团办学的格局。

集团化办学完善期。经过一段时间的实践积累，集团化办学的影响进一步增强和扩大，形式更加多样，架构更加完善，一方面表现在集团的规模在扩大，其覆盖面更大，另一方面，集团的组织架构进一步完善，效果也从多方面呈现出来。如浙江省杭州市政府曾专门发文来促进教育集团化发展，如今杭州已经有69个教育集团，覆盖面比较大。这是合作办学的第三阶段，也是集团化办学完善时期。

三、集团化办学的组织和运行模式

尽管集团化办学在各地已经进行了一段时间的实践，但总体上还处于探索和积累完善阶段，因此在组织和运作模式上呈现出多样化的特征。主要表现为以下四种形式。

松散型。这实际上是"帮扶性"和"指导性"的校际合作，两所合作学校可能派出副校长、教师进行交流，但没有组织上的变化。

紧密型。有组织上的架构，学校之间的资源是统一调配的，但参与集团化办学的学校的法人是独立的，各校资产分属。有的集团建立学校理事会，是一个决策机构。

一体型。集团是一个法人，参与学校只是实施教学的实体，人事、资产等都由集团统一调配，但不能说合并成一个学校了。总校的权力比较集中，如北京小学教育集团，实行主任委员会每月例会制度。

混合型。大概有三种类型。第一种混合型：有些学校小学和小学是一个集团，初中和初中是一个集团，高中和高中是一个集团。第二种混合型是公办和民办在一个集团里面。第三种混合型是北京现在做的，成立了教育集群。如北京方庄教育集群，是以北京十八中为龙头的27个教育机构，有理事会、监事会。集团内学校之间资源共享，学生学籍可以流动等，各个学校的特色可以在区域内共享。

四、集团化办学的思考

集团化办学是现实的需要，也是在实践探索中被认为比较行之有效的一种组织形式。有几个问题值得深入思考研究。

第一，相当一批集团化办学是由政府推动的，在集团内部，学校之间的内在需求是否得到了满足，必须认真关注。很多集团化办学是政府提出，由优质学校来带动发展的，如北京人大附中带动30多所学校，但不给他们增加编制，也不给经费，他们感到"很累"。我们不能忽视的是参与学校的内在需求究竟是什么。所以，既要有政府的推动，又要有学校的自愿——学校应该根据内在的需要来组成集团。

第二，集团是由不同学校组成的，不同学校之间的文化融合会经历相当长的过程，缺乏一体的紧密组织架构，文化融合是难以实现的。不同的学校有自己的特色，有自己特有的文化——比如，有自己的办学理念，这是学校长期积累形成的；还有自己的办学目标、生源情况和教师构成——这些因素形成学校文化。这种文化是否适应集团内部的所有学校，需要进一步探讨。实际上，现在很多是一种协同、合作式发展，真正要做到融合，就不仅是组织上的融合，更重要的是文化上的融合。把一个地区的所有学校都集中到少数几个集团，学校的多样化发展会受到影响。所以，集团化发展与学校的多样化发展要结合起来，不要限制集团内部学校自己另外的特色，这样才能做到"和而不同"。即使在一个集团中，学校之间也不会完全相同，不同学校应该有自己的教学、管理和文化的特色，以满足学生多样化发展的需求。不同学校的生源、师资是不一样的，在集团化办学中，学校文化是需要消化的，而不是搬来就用。

第三，均衡发展不是要把所有学校都拉平，均衡发展也并不否定精英教育。这里实际上讲了两个问题。一是"龙头学校"不要强行要求下面的学校都按照一个模式来办，参与集团的非龙头学校要根据学校情况办出特色。另外我对"龙头学校"有一个担忧：优质教育为更多人享有，但是优质教育资源会不会被稀释？因为承担太多义务，"龙头学校"本部如果优质资源稀释了，那么这个学校将来的水平是会受影响的。我们在考虑均衡发展、促进公平的时候，不要否定精英教育。一个国家即使着重强调大众教育、教育公平，也应该有精英教育。但是，这个精英教育不要只是为少数人享有，应该对所有人敞开大门，因为精英在各个社会阶层都有。政府的责任不是去否定精英教育，而是让弱势群体也能够享受到精英教育。

第四，要把集团化和学区制管理结合起来探索。集团化办学从制度设计来讲，是一个学校制度，不是一个区域性的组织，是学校之间的一种联合、合作，只能是总校与分校的关系。学区管理是政府治理中的一种制度设计，集团化办学不能代替学区制，要把学校制度探索与政府治理制度很好地结合起来考虑。如果能进一步完善政府的治理制度，那么集团化可能会纳入到学区制管理的框架中。

五、集团化办学的几点建议

一是产权清晰。因为这是不同的办学主体之间的一种集团，不同的办学主体如果是独立法人，那么独立法人拥有产权，在完整意义上说是所有权、使用权、处置权。我们的公立学校所有权是国家的，使用权和处置权在学校。这里，集团与学校之间在产权关系上要清晰，即谁具有使用权和处置权。

二是权责匹配。权力和责任应该是匹配的。如果实行总校集权，那么总校应该承担主要责任。如果是各个学校分权，那么责任应该是总校和分校共同分担。不能说权力是集中的，责任由分校来承担，这就权责不匹配了。反过来也一样。

三是模式多样。集团不要办成一个模式，不是所有学校都按照强校的模式来办，还是应该允许多样。集团与集团之间肯定是多样的，集团内部也不应该是一样的，应该"和而不同"。"公平"应该是有差异的公平。所谓享受优质教育的公平，不是说所有的学生都接受一样的教育，因为学生本身就是有差异的。公平是要提供给不同的学生适合的教育，因此集团内部应该能满足不同学生的需求。另外需要强调的是，资源的共享靠一个"龙头学校"满足这么多不同需要，我认为是不可能的。在资源的共享与提升方面，信息化应该是集团化发展中一个很重要的纽带。现在很多集团化学校里，教师的备课、优质资源的共享，都通过信息化来实现。应该重视信息化在集团化发展中的纽带作用。

四是制度规范。既然集团是一种组织形式，那么任何一个组织都是由制度来规范的，没有制度规范的组织是松散的。所以我很赞同北京小学的做法，要有学校章程，章程是一个学校的"宪法"。由不同学校组合的集团应该有章程，章程就是集团运作的法规依据。章程之下应该还有决策制度、管理制度、监督制度、评价制度、人事以及财务等制度。只有制度规范了，集团才能够有序运行。

上海基础教育改革试点的几点启示[35]

上海作为国家教育综合改革试验区，承载着先行先试和探索创新的重任，受到教育界和社会各方面的普遍关注和热切期盼。这两年上海教育改革的成果陆续显现，媒体给予了大量的报道。可以说，上海教育是全国教育的先行者和试验田，研读其改革的指导思想、路径、制度设计，对于推进全国教育改革都有特殊的借鉴意义。

上海的教育改革有其历史渊源。比如全国统一高考，上海在20世纪80年代就开始了单独命题的探索。上海的课程改革也是从20世纪80年代开始的，早于全国。1999年第三次全国教育工作会议和教育部《面向21世纪教育振兴行动计划》公布后，新一轮基础教育课程改革方案推出时，上海也单独进行了二期课改。上海改革的优势在于比较系统，强调整体性，而不只是突出单独某一局部的改革。长期积淀形成的基础，让上海在教育改革的路上一直都不断前行。2010年《国家中长期教育改革和发展规划纲要（2010—2020年）》发布之后，上海作为国家教育综合改革试验区，其教育改革进入了新的历史阶段。

在上海教育改革的进程中，我多次参与过实地调研、专题研讨和试点项目研讨评议，感触良多。

---

[35] 谈松华："上海基础教育改革试点的几点启示"，《人民教育》，2016年第8期。

一、以育人为核心的价值取向

育人问题是教育的核心问题，教育领域的各种单项改革最终都要落在这个核心点上。上海市教育综合改革的顶层设计聚焦于育人问题，把育人模式改革的着力点放在课程改革、评价体系改革、教师队伍建设和信息技术应用上。

推进素质教育以来，对于改革人才培养模式，各地做了许多探索。上海改革抓住了教育评价这一具有导向作用的环节，取得了实效。比如，上海颁布实施《中小学生学业质量绿色指标》，就是针对育人过程中，过于重视知识传授、重视考试、追求升学率等偏差提出的。这个评价体系既强调学生的全面发展，也重视学生的个性发展，学校各项工作的成效、成果，都应该用学生发展这个核心目标去衡量。今天，这个指标体系在上海基础教育界已经深入人心，并在多个教学实践领域内都有体现，它的积极作用已经影响全国许多地区。

育人模式的改革关键取决于教师教育理念、行为模式的转变和专业化水平的提高。上海在教师专业发展的体系和制度建设上进行了多方面的尝试，针对不同教师，探索了多样化专业发展的途径。课程改革始终是上海教师专业发展的理论导引和实践载体，他们提出的提升学校课程领导力，有力地促进了教师的专业发展。他们还在全国较早成立名师工作室。一些不同学科的大学教师参加中小学的名师工作室，初步打破了基础教育与高等教育的隔离，建立了高校与中小学相互交流、学习的有效机制。这样，中小学教师就有了更多更好的业务提升的动力、资源和空间。教师专业化水平的提升，为上海市的教育质量提升发挥了重要的作用。

信息技术与教育教学的深度融合，是上海育人模式改革的一个显著特点。上海在上世纪末是全国最早大规模推进中小学信息技术应用的地区，这些年一直在不断创新。一是把信息技术应用与课改结合，应用信息技术提高学生认知效能。在有的学科学段，如小学数学，实现了减少课时、提高学习能力。二是鼓励区县和学校创新。虹口区的电子书包、闵行区的智慧教育以及上海中学、嘉定实验小学都产生了具有全国影响的创新应用模式，在培养学生的创新精神和实践能力方面取得了一定的实效。三是注意用信息技术缩小教育鸿沟。上海市教委在多年前就组织了对崇明县中小学的"精准"帮扶，取得了明显效果。

二、追求优质均衡的制度设计

教育制度的设计必须寻求公平、质量和效益的统一。上海教育正在从满足基本的公平和质量要求转向提供更高质量、更加公平的教育。实现的路径是制度供给的多样化。由于学生禀赋、潜能和兴趣志向等方面的差异，必然要求教育要提供适合不同学生需求的学校教育制度。

多样化首先反映在公办学校上，不同学校可以办出不同的特色。比如，有的学校探索国际化，有的高中在与大学的衔接上有非常突出的经验……不同的公办学校都在探索自己办学的特色。民办学校，尤其是基础教育阶段的民办学校，尤其是初中，发挥了满足老百姓选择性需求的作用。在20世纪90年代末，公办学校改制的时候，上海一批公办初中选择转为民办的比较多，这样就有了一批比较好的民办初中，与此同时上海加强了公办初中建设，两个措施下来，缓解了公办学校择校的矛盾，较好地实现了办学多样化。

2011年上海启动了"新优质学校"推进项目，集中推出一批"不挑选生源，不集聚资源，不争抢排名"的普通公办学校，以"教好每一位学生、成就每一位教师、办好每一所学校"为追求目标，引导学校走向新优质，一批"名不见经传"的学校办出了特色和品牌，得到社会和家长的认同。这样的学校目前已经超过了百所，推进了义务教育优质均衡发展。这样，在上海形成了各具优势和特色的多样化的学校教育制度供给，为满足学生多样化的教育需求提供了保证。

三、管办评分离的政府治理新体系

政府治理体系和治理能力的现代化是教育综合改革的重要内容和制度保障。"管办评分离"，即政府宏观管理、学校自主办学、专业机构评估，是改革过于集权的管理体制，探索现代治理体系的新途径。上海在探索管办评分离的政府治理体系上起步较早，并且在综合改革的过程中不断丰富其内容和形式。

上海市浦东新区是最早进行管办评分离试验的。通过建立学区性质的教育管理机构、鼓励发展教育专业服务组织、尝试政府委托管理和购买服务，转变政府职能和管理方式，建立政府、学校、社会共同治理的新型关系。例如，浦东新区政府委托上海成功教育管理咨询中心对两所薄弱初中进行管理，并且让第三方机构去评价管和办的质量等。在探索现代教育治理体系的改革过程中，上海不仅鼓励发展专业服务的民间组织，同时通过建立一些事业单位、专业机构，承担政府原有的某些职能。例如，成立了上海市教育督导事务中心，这个事业单位在上海市人民政府教育督导室和上海市教育委员会的领导与授权下进行专业督察和行政执法，既强化了监管职能，又在一定程度上解决了教育法规缺乏执行力的问题，产生了一定的效果，也很有探索价值。

四、寻求多方参与的改革机制

综合改革强调系统设计、多方参与。教育改革不只是教育部门的职责，需要各政府职能部门的参与和协同。上海建立市级教育综合改革领导小组，统筹领导、规划、协调，组织多部门、多界别、多层面共同负责和参与改革有关事宜。例如，在解决农民工随迁子女义务教育阶段就地入学问题上，建立了教育、财政、发改、公安、规划、社保等多部门的协作机制，保障了符合条件的孩子的受教育权益。教育改革不仅要改革政府管理方式，还需要通过让社会机构、家庭、社区的加入，使教育的相关方都能参与到综合改革这项事业中来。在上海的许多学校里都可以看到，互联网企业直接跟学校合作，开发学校需要的产品，体现了多方参与，提高了效益。再比如，学校的家长委员会。以浦东新区为例，有些学校专门设立了家长委员会办公室，定期与家长们协商办学事宜，一些按照以往制度很难做成的事情，在家长委员会的框架下就能较好地解决。特别是家长中有不少专业人员、高技能人才、成功人士以及高学历的全职妈妈，能够吸引这样的家长加入家长委员会，他们的热心参与会带来不同领域的专业信息，扩大了学校教育资源，对家校共同育人和学生的生涯教育等都很有意义。上海教育和社区的合作也很紧密，例如，学校体育设施与社区活动中心双向开放，密切了学校与社区的良性互动关系。

上海在教育综合改革方面取得了明显的进展。希望能够客观、深入地总结其规律性的内核，从而从理论与实践的结合上真正为中国教育改革提供有借鉴价值的经验。

我国教育改革40年主要经验与启示[36]

我国教育改革开放40年，是教育事业实现从低收入国家教育行列进入中高收入国家教育行列的历史性跨越的40年，是中国特色社会主义教育制度不断变革创新的40年，是教育现代化发展越来越接近全面转型的40年。这将在我国教育史上留下继往开来、浓墨重彩的一页，也将成为我国社会主义教育发展进程中，具有转折与开创意义的历史篇章。

党的十九大开启了中国特色社会主义新时代，教育改革开放已经进入深化和攻坚的新阶段。站在新的历史起点上，我们需要系统地总结和梳理40年教育改革开放进程所经历的曲折的历程，所积累的丰富而有益的经验，面对发展中的新矛盾和新问题，深入推进教育改革开放，实现党的十九大和全国教育大会提出的教育改革和发展的目标。这是时代赋予我们的新使命。

作为教育改革开放40年的亲历者和见证者，仅就我国教育改革的特征、启示及未来展望谈点感言，就教于同行。

一、我国教育改革的主要特征

过去40年的教育改革发生在经历了十年"文革"的中国大地。在政

---

[36] 谈松华："我国教育改革40年主要经验与启示"，《人民教育》，2018年第21期。

治、经济、科技先后发生了全球范围的深刻调整和变革的历史和现实背景下，我国的教育改革必然带有时代印记，具有中国特色，构成了一些值得关注的特征。主要是：

（一）教育改革的目标和重点具有阶段性特征

在教育改革的不同发展阶段，改革的目标和重点会发生变化，这些变化与各个阶段的社会和教育的主要问题、主要矛盾密切相关。以党中央和国务院召开的五次教育工作会议（教育大会）及相继发布的文件为主线，大致经历五个阶段：

第一个阶段以 1985 年第一次全国教育工作会议为标志，围绕邓小平同志关于发展社会主义事业"以经济建设为中心，坚持四项基本原则，坚持改革开放"的总体部署，遵循"经济建设是中心，科学技术是关键，教育是基础"的战略格局，于 1984—1985 年相继发布了《关于经济体制改革的决定》《关于科技体制改革的决定》《关于教育体制改革的决定》，三个领域的改革配套推进，而教育体制改革正是基于国家总体改革的目标同步发展的。1985 年 5 月 15—20 日，中共中央、国务院在北京召开全国教育工作会议。会议讨论了《中共中央关于教育体制改革的决定（草案）》，研究了实行教育体制改革的步骤，指出：教育体制改革的根本目的，是提高民族素质，多出人才，出好人才。要把发展基础教育的责任交给地方，有步骤地实行九年义务教育；调整中等教育结构，大力发展职业技术教育；改革高等学校的招生计划和毕业生分配制度，扩大高等学校办学自主权；调动各方面积极因素，保证教育体制改革的顺利进行。该《决定》提出"实行基础教育由地方负责，分级管理的原则"，从而极大地调动了基层和地方各级政府，尤其是县、乡两级政府办学的积极性，对于实现"两基"目标发挥了关键性作用。

第二个阶段以 1993 年 2 月 13 日中共中央、国务院印发《中国教育改革和发展纲要》为标志，该《纲要》提出到 20 世纪末，我国要实现基本普及九年义务教育，基本扫除青壮年文盲，全面提高教育质量。当时中央已经确立了市场经济体制改革的目标，教育体制改革要从适应计划经济到适应市场经济体制。该《纲要》规定"改变政府包揽办学的格局，逐步建立以政府办学为主体、社会各界共同办学的体制"。民办教育的地位得到承认，民办教育作为社会主义制度的一部分和补充力量，改变政府在教育领域大包大揽的现象。

在高等教育领域，改变计划经济体制下政府对高校学生包入学、包培养、包分配的制度，逐渐改指令性计划为指导性计划招生，培养成本分担，学生缴费上学，毕业不包分配，学生自主择业。同时，教师由组织分配改为聘任制，加快了教师资源的流动，提高了其他教学资源的利用率。当然不可忽视的是，在此过程中一度产生了教育"产业化""市场化"的偏差，出现了资源流动和配置中的公平性问题。对此及时发现，及时做了调整。

第三个阶段以 1999 年 6 月 13 日中共中央、国务院做出《关于深化教育改革，全面推进素质教育的决定》为标志。当时的背景是，一方面基本普及义务教育的目标即将实现，教育发展的重点开始从数量增长转向质量提升，另一方面从 1996 年开始，国际上提出"知识经济"的概念，我国也提出发展知识经济，创建国家创新体系，对人才素质尤其是培养创新精神和创新能力提出了新的要求。中共中央、国务院《关于深化教育改革，全面推进素质教育的决定》，正是回应了国际国内经济社会发展和教育发展的新要求，把全面推进素质教育提升到教育改革和发展战略任务的高度。由此，围绕人的培养逐渐成为教育改革的重点。

第四个阶段以 2010 年 7 月 29 日中共中央、国务院印发《国家中长期教育改革和发展规划纲要（2010—2020 年）》为标志。在这一阶段，"两基"达标，包括老少边穷在内的地区也已全面普及义务教育，但教育发展存在不均衡、不公平的问题，优质教育资源供不应求；另一方面，高等教育存在产教脱节，创新创业人才缺乏的问题。该《纲要》提出"优先发展、育人为本、改革创新、促进公平、提高质量"的 20 字发展方针，把促进教育公平和提高质量作为教育改革和发展的重点。全国各地大力倡导义务教育均衡发展，义务教育阶段学校在学校建设规划、校际对口支援、教师补充机制等方面，推出"全域化规划、标准化建设、倾斜化配置、一体化管理"的城乡义务教育一体化发展模式。全国范围通过改革试点项目推进深化改革。在职业教育的产教结合、高等教育的考试招生制度改革以及调整招生名额分配等方面也取得了进展。

第五个阶段以 2018 年 9 月 10 日全国教育大会在北京召开为标志。习近平总书记在大会的报告中，对新时代教育的改革和发展做了总体部署。未来《中国教育现代化 2035》还将再对教育体制机制改革进行持续实践、探索和完善。

（二）在改革路径和节奏上，体现出渐进性特征

中国特色社会主义教育的发展和建设是一个持续探索的过程，是一个边实践边探索，从实践和探索中不断深入和完善的过程。改革没有现成的经验和模式可以借鉴，只有走自己的路，推进改革。所以很多改革措施都不是一步到位的，而是需要从点到面，先试后推，逐步完善。举两个例子说明。

一个是教育经费筹措机制。1983 年 5 月，在《关于加强和改革农村学校教育若干问题的通知》中，国家强调中央和地方增加教育经费的同时，要求基层组织和农民集资办学。于是在全国范围内，普遍发动农民集资办

学,或者由农村集体经济来负责办学。乡村学校建设、改造及民办教师待遇等大多由农民或集体经济组织负责,极大地加快了农村普及九年义务教育的进程。这与农村联产承包责任制释放农村经济发展的潜力,加之农产品价格提升,农民收入增加的背景是相关的。

但到20世纪90年代后期,这两个因素都发生变化。联产承包责任制的红利到头,同时农产品价格当时已经高于国际价格,没有提升空间,再加上农业税取消,乡一级政府失去财政收入来源,原先义务教育经费靠乡村筹措的机制难以施行。这也导致了大量农村教师的流失和农村学生的辍学。从2000年起,农村实行"税费改革",取消了农村教育费附加和农村捐、集资,农村教育的经费成为无源之水,情况急剧恶化。

因此到21世纪初,这种经费筹措方式已经不适应现实要求,2001年5月,国务院《关于基础教育改革与发展的决定》改变了这一实行了15年的管理体制,"实行在国务院领导下,由地方政府负责,分级管理,以县为主的体制",将基础教育管理权限上升至县级,以保障农村基础教育的基本需要,尤其是教师工资的发放。"以县为主"的管理体制,在一定程度上改善了教育管理重心过低、教育经费以乡镇为主的问题,但对于很多财力薄弱的县而言,县级财政仍然无力承担农村义务教育投入。由于部分县区经费赤字严重,无法实现完全负责,因此2002年又加上了"省级统筹"。中央和省级人民政府要通过转移支付,加大对贫困地区和少数民族地区义务教育的扶持力度;省级和地(市)级人民政府要加强教育统筹规划,搞好组织协调,在安排对下级转移支付资金时要保证农村义务教育发展的需要;县级人民政府对本地农村义务教育负有主要责任,包括负责制定本地区农村义务教育发展规划,调整农村中小学布局,调整本级财政支出结构,合理安排使用上级转移支付资金等。经社会各界的持续呼吁,2005年,国家将在农村全面免除义务教育阶段的学杂费提到议事日程。2006年初，财政部、教育部联合制定了《农村义务教育经费保障机制改革中央专项资金支付管理暂行办法》。按照"明确各级责任、中央地方共担、加大财政投入、提高保障水平、分步组织实施"的原则，逐步将农村义务教育全面纳入公共财政保障范围，建立中央和地方分项目、按比例分担的农村义务教育经费保障机制。从2006年起，在农村实行"两免一补"（免除杂费、书本费，补助寄宿生生活费）的义务教育经费新机制。首先在西部农村开始实行，2007年扩大到所有农村。但这一改革并未触动占义务教育经费70%—80%的教师工资，改革仍然有待继续深入。

从这种演变可以看出，从对农村和城市实行不同的经费分担机制，即中央只分担农村义务教育经费，城市义务教育经费由地方负责、中央适当奖补，调整为中央和地方对城乡义务教育实行统一的分项目、按比例分担的机制。具体来讲：国家规定课程免费教科书资金由中央全额承担，地方课程由地方承担；家庭经济困难寄宿生生活费补助资金由中央和地方按照5∶5比例分担，贫困面由各省重新确认并报财政部、教育部核定；落实生均公用经费基准定额所需资金由中央和地方按比例分担，西部地区及中部地区比照实施西部大开发政策的县（市、区）为8∶2，中部其他地区为6∶4，东部地区为5∶5。可见，由于中国改革的渐进性，教育体制改革也在实践中不断完善。

另外一个例子就是高等学校的收费。

高等学校经费原来由国家统包。在作为基本公共服务的义务教育本应免费，却实行收费的情况下，作为非基本公共服务的高等教育反而实行免费，明显是不合理的制度，需要改革为义务教育免费，高等教育实行成本分担即收费制度。但一开始只对自费生收费，因为政府没有足够的经费招收大量学生，只能采用收费的办法来解决问题。当高等教育进入大众化阶段后，公办学校不能够完全满足社会需求，一方面要靠民办学校补充公办学校的不足，另外一方面在公办学校也开始实施高校学生的收费制度。但很快收费制度也出现一些问题，家庭贫困的学生难以承担高额的学费，于是在建立公办收费的基础上，也同时建立了学生资助制度。有了困难学生资助制度，再进一步实行贷学金制度，就这样形成一套制度，使得高等学校的收费制度得以完善，使学生们不因为家庭贫困而失去上大学的机会。这两个例子就充分说明，教育改革是渐进的，而非一步到位的。

（三）在改革的组织与实施方面，具有政府主导型特征

中国教育改革作为整体改革的一部分，同样是由政府主导，是自上而下和自下而上相结合的，但更多的是自上而下的改革。包括改革的整体设计和相关制度政策，也包括相关配套的一些措施，基本都是政府主导的。

政府主导的优点在于有顶层设计，有比较统一的要求和比较有序的推动，所以能够在一定的时间内实现改革的目标；缺点就是政府作用边界如果不清晰，主导作用被泛化以后容易影响其他方面对改革的参与。

中国改革也有很多试点和做法，但基本上是"千校一面"，学校制度和课程的统一性还是比较强的。从原先的改革的目标来看，应该是集权和分权结合。问题在于政府过于强调统一性的话，对于各基层的积极性会产生一定影响，其创新愿望和创新余地相对会比较小。

这一点也可以说是中国改革中始终在讨论的问题。经济体制改革明确市场在资源配置中起决定性作用，同时发挥政府的重要作用。但教育改革不同，教育的资源配置不是市场起决定性作用的，它应该是政府起主导作用的。教育是公益性、事业性的公共产品，所以政府主导型的特征在中国教育领域是很明显的。

（四）改革的外部环境（内外关系）具有双重综合性特征

教育改革本身是一项综合改革，涉及各级各类教育和教育的各个领域，需要综合配套推进。同时教育改革又是社会改革的一部分，教育改革和社会改革之间存在着交叉和相互作用的关系。教育改革需要社会改革为之提供社会外部环境。现在看来，有一些教育方面的改革不能到位，并不完全是教育内部改革问题。比如对于激烈的高考竞争、学生课业负担过重、"一考定终身"等基础教育的顽症，多少年来采取了各种各样的措施，但是见效并不是特别明显。这一方面由于教育的各种改革本身还没有形成合力，另外一方面也有社会外部因素的关系。实际上升学竞争就是基础教育、应试教育的一个非常重要的影响因素。升学竞争的背后是社会地位的竞争。唯学历，唯名牌大学学历，这不是教育本身的问题，而是社会用人制度的问题。另外，大部分家长的观念中，希望孩子上最好的大学，这是一个社会文化问题。因此有些问题不是一项改革能够解决的，而是受到各种要素交杂在一起的影响，所以我们要把教育综合改革和社会综合改革配套起来。

（五）在改革的空间格局上，具有区域差异性特征

中国的区域发展不平衡，在经济文化各方面的差异性是比较明显的。它不仅是发展水平上的差异，而且有发展阶段上的差异。有的地区处在工业化的早期，有的已经进入了工业化的后期。比如长江三角洲和珠江三角洲，人均收入达到两三万元的水平。不同区域所处发展阶段不一样，改革过程中很难用统一标准来要求。同时因为历史传统和文化的差异，同一个改革举措在不同地方呈现的形态可能不完全一样。发展水平和阶段差异我们已经讲得很多，也希望有的问题能在短期内通过几项措施解决，但更多的问题需要时间。现在有些西部地区的初中生辍学率达到两位数以上，这

种差距不是短期内能够解决的。中央如何能采取一些积极的措施，帮助欠发达地区找到实现跨越式发展的一条路子，比如人力资源的转移，需要一些政策鼓励。人不变，其他资源也很难发挥作用。有了人才，就能够带动当地的文化发展。我到过甘肃一个小学，中山大学和哈工大的研究生在那里支教一年，不仅对学校教学，而且对教师和当地居民的文化观念上也会有很多改变。所以，区域之间差距的缩小要着力在人力资源的流动，想办法要影响一个区域，连续做几十年。这种流动不仅会带动物质资源的集聚和流动，更重要的是文化和思想观念的碰撞和融合。一定要有这样一些因素介入，才能够改变原来的板结结构。我们的教育改革一方面要承认这个差异性，明白其不可能在短期内完全解决，另一方面要解决不合理的差距。

二、我国教育体制机制改革的几点启示

40年教育改革开放的过程，是中国特色社会主义教育不断探索开拓的过程。在13亿人口的大国进行这场前所未有的改革开放，不仅要解决长期积累的顽疾，还要解决发展过程中出现的新问题，更要克服改革过程中既得利益势力的阻挠，特别是面对新情况需要不断探索创新的模式和制度。在如此复杂艰难的改革过程中，总的走向是平稳而成功的。这说明改革的方向、目标、路径及政策措施是正确的、符合实际的。系统地梳理总结40年的经验教训，剖析改革实践给予我们的启示，对于进一步推进教育的改革创新具有重要意义。

（一）"解放思想，实事求是"是教育改革的思想路线和思想动力

教育改革要突破旧模式对教育发展的障碍，克服旧制度中的弊端，就必须要有教育思想和观念转变。不突破旧的思想观念的束缚，就不可能走出改革的步伐。教育改革的不断推进，也是一个思想不断解放、观念不断

更新的过程。

在全国性范围内进行的"实践是检验真理的唯一标准"大讨论，对于全党全国都是一场思想解放运动。对教育界来讲，它同样起了思想解放的作用，它突破了"文革"期间对教育评价的思想禁锢，促进了教育的拨乱反正，成为后续教育改革的基础。

关于教育本质的讨论。20世纪80年代在全国范围内有过一次关于教育本质的讨论。尽管这次讨论最终没有达成权威性结论，但讨论过程对思想解放起到了重要作用。在此之前，教育长期以来被认为仅仅是属于上层建筑。这种认识没有反映现代教育多方面的功能和特性。而在此次讨论过程中，对教育本质的认识反复突出两点，极大促进了改革。一是肯定了教育的生产性属性，肯定教育不仅是上层建筑，教育也是生产力。人力资本理论进入教育领域，扩展了教育的功能，提高了教育的国家战略地位。在十三大之后，教育成为经济战略的重点，确立了教育优先发展的地位。二是讨论得到的共识是，教育是培养人的活动，教育的各种各样的属性和功能，最终都要汇聚到培养人的根本上。这就回归教育的本源，对于教育改革具有理论指导意义。

关于教育和市场经济的关系的讨论。社会主义市场经济提出以后，关于教育和市场关系成为推进教育改革中不可回避的问题。当时也存在两种不同的观点：一种主张认为教育也是一种产业，强调教育的产业属性。既然是产业，就应该接受市场调节，提出教育产业化、市场化的主张。因此，在改革中出现过于强调经济效益，追求功利，违背教育规律的一些问题；而另外一种观点认为教育就是公共事业，不应该受市场机制的影响，应该按照公共事业的发展规律，更强调公益性。而比较多数的意见认为，教育的基本属性是公共事业，它同时也具有产业属性，它是生产人力资本的产业。我们要坚持教育的公益性，坚持教育的基本属性，也就是事业属性，但同时要看到教育具有产业属性，教育不能完全由市场来调节，但可以在某些范围、某些领域内运用市场调节机制。比如学生的就业和教师的聘用，都进入人才市场进行调节；教师的技术成果的转化，主要也要通过技术市场；教育经费的来源过去只有一个来源，就是政府，在市场经济条件下，它可以包括学校贷款、捐赠、企业投资等方式。在思想观念上的讨论和碰撞，对于探索市场经济条件下的教育运行机制具有促进作用。

关于教育的功利主义和人文主义讨论。功利倾向比较严重地影响教育，尤其是近几年，教育界反思教育中的工具论影响，因而提出要弘扬教育的人文主义价值观，强调以人为中心办教育，包括教育以育人为中心，教学以学生为中心，重视教师的作用等等。这对摆正教育改革方向、推进改革健康发展产生了积极的作用。

这些讨论的过程给予我们的启示是解放思想与实事求是是有机统一的关系，归根到底，解放思想要符合客观规律，受实践检验。

（二）以满足人民不断增长和提升的教育需求为中心，实现教育需求与供给的动态平衡，是教育改革的基本要求和目标

教育改革从根本上说，就是使教育供给满足人民不断变化的教育需求，因此，实现教育需求与教育供给的动态平衡，这是教育改革的基本要求和基本目标。

在不同的发展阶段，人民群众和社会对教育的需求不同。当基本教育需求没有得到满足的时候，满足基本教育需求是教育供给的主要目标。在20世纪80年代到90年代，把普及九年义务教育作为教育的重中之重，就是要满足人民群众"受到基本的教育"的需求，因此我们改革初期围绕这一目标做了大量的工作。比如说基础教育的管理体制的改革、义务教育投资体制改革。比如多种形式办学。鼓励社会力量办学，其目的就是要解决

教育供给满足不了教育需求的问题，所以要采用各种各样的办法，调动各方面的力量增加教育供给，满足人民群众最基本的教育需求。

当基本教育需求满足以后，人民群众对教育的需求转向结构和质量，尤其是质量。越来越多的群体希望能够受到优质教育。因此优质教育供给不足，成为教育供求关系的一个主要的矛盾。之后就是围绕优质教育的供给不足问题来进行后期的教育改革，主要从两个方面来来着力，一个方面就是要增加优质教育的总量，另一个方面要使优质教育的供给更加公平合理。增加优质教育供给，尤其是针对弱势群体比较集中的区域，要采取一些特殊的政策。既要办好公立的优质教育，同时鼓励民间力量提供优质教育资源，因此需求—供给关系的平衡是一个动态过程。这个动态过程在不同阶段要解决的主要问题是不同的，在改革的重点选择上，也要在供求矛盾的主要方面着力。

（三）妥善处理教育公平、教育质量和教育效率之间的关系，是教育改革过程中政策选择的重点和难点

在政策选择上如何处理这三者关系，是资源配置的重要依据。这三者的关系既有统一性，即必须兼顾而不是排斥，又有差别性，即不同时段政策选择的重点会有变化。

中国改革开放初期所面对的主要的问题是计划经济体制下的平均主义，影响了质量和效率。因此当时的政策选择是"效率优先，兼顾公平"，也就是要打破这种平均主义的格局。在教育资源有限的情况下，需要按照效率原则来配置，同时也应用了一些市场机制。强调竞争，在学校建设上，一度在中小学也设立重点学校。配合当时国家实行的非均衡战略，在区域上采取梯度战略。东部地区和城市集中了更多优质教育资源，这些地区、单位和人群的积极性被调动，增强了活力，也提高了效率，但这种

政策带来的问题是，因为它较多地按照市场机制进行调节，造成的结果是，区域之间、城乡之间、校际之间、人群之间占有教育资源，特别是优质教育资源机会不均等。少数优势阶层，特别是城市的那些优势阶层占有了过多的优质教育资源，而弱势地区农村和弱势群体，这种机会就非常稀缺。因此在改革的后期调整了政策，强调"公平优先，兼顾效率"，要解决教育资源配置不公的现象，推行义务教育的均衡发展和城乡教育一体化发展，出现了"结对子""捆绑式发展""一对一""集团化发展"等形式，使得优质教育资源尽可能覆盖更大范围和群体。

历史经验说明，公平与质量和效率的统一是相对的，在不同学段、区域和时段是有差别的。在基础教育阶段要在保证基本教育公平的前提下，重视质量和效率，进一步实现优质均衡；高等教育则要实现以能力为基础的公平，同时适当加强重点建设。在质量和效率的关系上，应该是有质量的效率和有效率的质量的统一，不能以牺牲质量追求效率（例如追求速度而牺牲质量），也不能牺牲效率而追求质量（例如通过大量重复练习追求高分）。总之，公平、质量、效率的统一应该体现在每个学生受到适合其自由而充分发展的教育。

（四）保持宏观层面、中观层面、微观层面的改革的协调推进，是教育改革路径选择的重要依据

教育综合改革涉及宏观、中观、微观不同层面，三者相互联系互动，但在改革的路径选择上各个部分并不是完全齐头并进，而是根据不同阶段问题的重点和优先程度，通过关键、重点领域突破，带动整个改革的整体推进。这形成了不同的路径选择。

改革过程中，从决策和管理的角度看，一般把宏观指中央，中观指地方，微观指学校。而从改革的实施和运行来讲，宏观指政府，中观指学

校，微观指教育教学，就是政府、学校、教学育人三个层面。要根据不同时期改革的关键部位和重点领域，确定改革的路径选择。

中国的教育改革，把政府管理体制改革作为突破口。1985年的体制改革就是从政府简政放权开始入手的。当时计划经济体制下过于集权，学校完全从属于政府，缺少活力。在这种情况下，不突破政府管理体制的束缚，学校就没有活力，育人模式几乎"千校一面"。所以改革从政府管理体制开始，政府把办学权力放到学校，但如果学校管理和学校制度不改革，仍然按照僵化的体制进行治理，学校的活力就得不到发挥。因此在改革的中期，提出推进学校改革，建立和完善现代学校制度，要从制度上解决学校的管理层、教师和学生之间的关系，把学校的利益相关者之间的关系处理好，激发学校各个层面和所有参与者的积极性和创造性。后来实行教代会，鼓励学生民主式地参与，还有家长参与学校管理。而学校改革最终要落实到教育教学领域，落到育人实践中。改革一步一步深入，进入到以育人模式改革为核心。实施素质教育、主体性教学，强调以学生为中心、研究性学习，鼓励教师和学生的互动……都涉及育人模式的改革。因为教育改革如果落不到学生头上，落不到培养的人身上，所有的教育改革都在空转。梳理过去40年的改革路径，下一步的改革应该是以育人体系改革为核心，以培养人为核心来考虑学校制度设计，建立政府治理体系。

（五）政府、学校、社会形成合力，营造推进改革创新的健康良好的生态环境

教育改革的成败，不仅取决于改革的指导思想、顶层设计、路径选择、政策措施和组织实施，这些可以说是改革的内部环境，同时还有赖于地方政府的正确引导和督查、家长的教育观念和合理诉求以及社会舆论和社会组织的相向而行，这些可以说是改革的外部环境。只有内外环境的协

同作用，才能营造健康的改革生态环境。

从改革的实践过程来看，凡是政府、学校、社会协调一致、相向而行的改革，进展就比较顺利，效果也比较理想，例如小升初免试就近入学、集团化办学、高校成本分担、缴费上学、毕业不包分配、自主择业等。而反之，则步履维艰，难以见效，例如高考改革和中小学生学业负担过重这两个"顽疾"，多次改革，见效甚微。这两者是密切相关的，学生学业负担过重，主要的原因是高考升学竞争引发的"应试教育"所致。从这次新高考改革的试点可以得到的启示是：尽管新高考某些改革举措有待完善，其总体制度设计和改革初衷是得到教育界和社会多方面认同的，但是，实际实施的过程，却由于新的应试教育的干扰而影响改革的效果。从学校、家长到地方政府的种种表现，可以称为非理性的行为——例如：名牌大学采取种种手段"掐尖"、抢"状元"；部分高校和考生功利性地选择选考科目，背离学校和学生增加选择性的初衷；地方政府以升学率、名牌大学录取率考核教育部门的政绩；家长采取各种方式让学生加班加点；学校在政府和家长的双重压力下，违背教育规律，扰乱正常的教学秩序，三年的课程教学两年上完，高三整年用来复习应考，等等——种种非理性、反教育的做法，形成了劣币驱逐良币的恶性竞争的教育生态，造成了诸多改革举措变形扭曲，难以落地。因此，教育改革必须从源头做起，正本清源，回到教育的原点，采取严厉措施惩治和纠正各种违规行为，严格按照教育规律办学。政府、学校、家庭、社会形成正能量的教育全图，营造健康良性的教育生态环境，已经成为教育改革取得成功的必要条件。

三、展望未来教育体制机制改革

我们现在正处在历史交汇期。党的十九大称之为"'两个一百年'奋斗目标的交汇期"。最近习近平总书记指出，我们正处在中国历史上发展最好时期和国际格局变革最深刻时期的历史交汇期。党的十九大和全国教育大会提出了新时代教育工作的整体部署。面对新的历史交汇期和新的使命，要不断地解决改革开放进程中的新问题，把教育改革开放推进到一个新阶段，提升到一个新水平。

（一）以立德树人、培养德智体美劳全面发展的时代新人为教育改革开放的总目标，改革人才培养体系

世界范围正在兴起的新科技革命和新产业革命改变着各种业态和格局，改变着就业方式和就业环境。中国特色社会主义进入新时代，对我国教育提出了新使命，对人才培养提出了新要求。我们要适应新时代的要求，担当起培养时代新人、参与新的国际竞争、完成新的历史使命的重任。为此，建立多样化、个性化、国际化人才培养的体系和制度，将成为教育改革创新的新使命。

（二）以建设高质量教育，作为教育改革开放的重点任务，实现质量变革、效率变革和动力变革

要满足人民对更加公平、更加优质教育的新要求。要把优质公平作为教育改革的重点，建设高质量教育，让每个人得到适合其自身发展的最好的教育。充分开发学生发展潜力。以社会主义核心价值观武装学生，培养一代又一代拥护中国共产党领导和中国特色社会主义制度，立志为中国特色社会主义奋斗终生的有用人才。

（三）以建设现代教育体系为主线，建立满足终身学习需求的教育新体系

人才培养和质量发展需要好的体系。这个体系体现终身教育理念，是学校教育、家庭教育、社会教育互动融通，各级各类教育纵向衔接、横向

沟通的整体，是一种灵活、开放、弹性的体系，为不同人群的终身学习和终身发展提供保证。

（四）以现代教育技术为支撑，创造教育新业态

顺应信息化、智能化的快速发展，深化信息技术与教育教学深度融合，加快教育教学形态、学校组织形态、教育管理形态、教育制度形态等诸多方面的业态性的变革，让新技术催生多种形式的教育新业态，以教育信息化、智能化带动教育现代化。

（五）以体制机制创新为动力，探索创建后制度化教育的教育新制度

我们现在的教育是伴随工业社会兴起而出现的制度化教育，它的典型代表是学校制度的发展。但在信息化、智能化社会，教育的组织机构包括学校组织会发生变化。在教育制度的设计上，包括学校制度、教学制度、评价制度、不同机构的学分转换制度、管理和治理制度等，都需要适应新时代进行新的探索。

第三部分
教育政策选择：公平与效率

论我国现阶段的教育公平问题[37]

我国基础教育事业的发展，同许多国家走过的路程相似，也面临着如何处理好普及与提高关系这样的现实课题，即如何让所有人受到更多，同时又是更好的教育。如果用国际上常用的术语，就是如何实现入学机会均等和享受高质量教育的机会均等两种目标的统一。正如国际教育规划和研究所（IIEP）首任所长菲力浦·库姆斯所说："改进教育质量的目的并不一定与增加教育机会平等的目标相矛盾，但有时会产生明显的对抗。当这种情况发生时，必须考虑替代的方法和权衡利弊，目的不在于实现理想，而在于达到一种合理和现实的折中和平衡。"[1]这就是说，在教育资源有限的情况下，两者有时会产生明显的对抗，使决策者处于左右为难的境地。怎样依据我国现实条件做出符合实际的选择，使我们的工作能最大限度地接近两个目标的要求，正是本文要探讨的问题。

一、教育公平是我国教育的基本目标和基本政策

教育机会均等即教育公平，已经是人们所普遍接受的一种原则。然而，对于在教育实践中如何体现和实行这一原则，存在着不同的主张，并

---

[37] 谈松华："论我国现阶段的教育公平问题"，《教育研究》，1994年第6期。

直接或间接地影响教育决策。其中，两种各执一端的认识和主张有一定代表性：一种认为在我国现阶段经济发展水平较低、教育资源相对短缺的条件下，不可能也不必要实现普及教育上的机会均等，主张延缓一些地区和人群普及教育的进程，保留适当数量的文盲，把有限的教育资源用到为一部分人提供高质量的教育上去；另一种则认为公平地享有接受高质量基础教育的机会是每个公民的基本权利，主张在现阶段消除实际存在的入学机会和教育条件、质量方面的差别，实现全面的教育公平。这里涉及的是在现实条件下如何实行教育公平原则的政策选择问题。下面我们将联系普及教育的历史和现实对前一种主张略做分析。

在相当长的时期内，许多国家都实行过只有少数统治阶级和富家子弟才有上学机会的英才教育。随着产业革命的推进，西方各工业化国家相继提出并逐步实施了一定年限的义务教育。需要指出的是，先期实行义务教育的国家，在它们提出这一目标时，经济社会发展水平并不很高，尤其日本是在非常困难的条件下强制推行了普及教育。因为工业化对劳动者素质提出了更高的要求，需要普遍提高劳动者的教育程度；普选制和法治的推行，也需要普遍推行公民教育，使国民具备必要的文化知识和公民意识。而在现代，普及教育已经是现代化的一个基本条件和重要内涵，许多国际机构都把居民识字率和人均受教育年限，作为衡量一个国家经济和社会发展水平的必备指标之一。据联合国教科文组织1991年统计，全世界现在有132个国家实施义务教育，其中4—6年46个，7—9年58个，10—12年28个[2]。1990年世界全民教育大会通过的《全民教育宣言》明确宣布，"每一个人——无论他是儿童、青年还是成人——都应能获益于旨在满足其基本学习需要的受教育机会。"[3] 这个《宣言》已由包括我国在内的各国政府首脑签署，成为各国的国家发展目标和共同的行动纲领。

我国政府早在20世纪50年代就提出了普及小学教育的任务，20世纪 80 年代中期又以法律形式确定了实施九年义务教育的目标,《中国教育改革和发展纲要》进一步明确了 20 世纪末实现这一目标。这意味着,届时我国公民将在九年义务教育范围内初步实现教育公平原则。应当说,同西方国家 100 多年前提出普及初等教育时的条件相比,我国现在实现普及教育的条件要好得多。事实也是如此。1990 年全国 2100 多个县中,已有 1459 个县即占全国人口 90.1% 的地区普及了初等义务教育,预计到 2000 年将有 95% 以上人口的地区可以普及初等义务教育。[4] 初中教育无论在普及程度和教育质量方面都还有一定距离,但根据预测,到 20 世纪末大约 80%—85% 人口的地区有可能达到普及九年义务教育的基本要求。

二、正确处理不同发展阶段教育公平与教育质量的关系

教育公平原则在不同发展阶段有不同的内涵:一般地说,在尚未实现教育普及时,公平是指人人都应享有受教育机会;已经实现了教育普及时,公平则是指人人都应享受到较高质量的教育。因此,只能按照在普及的基础上逐步提高的原则,确定公平和质量的现实目标。

在普及教育中,首先应该做的是使适龄儿童都享有均等的入学机会。这至少要有两个条件:一是国家或社会要提供必要的教育机构和设施;二是适龄儿童有入学的需要和可能。这两者都建立在起码的经济基础上,即社会有可能在维持简单再生产的基础上提供一部分剩余物资用于办教育;家庭的收入有可能养活不参与劳动去求学的儿童。但这只能说有了普及教育的可能性,至于因生存条件的差异,每个地区、每个家庭是否产生这种现实需求是另一个问题。有些地区、有些家庭有可能从眼前的需求出发放弃最低限度的受教育机会,这就会延迟普及教育的进程,拉大地区和人群之间的差距。

从全国范围来看,我国还不能说已经实现了入学机会方面的完全均

等。经济发达程度不同的地区之间适龄人口受教育机会仍然存在着很大的差异。1992年，全国除西藏外的29个省区市，小学入学率低于90%的县共120个，其中四川、青海、甘肃、贵州、云南和宁夏等六个省区占116个。[5] 如果加上辍学率、及格率等指标，地区之间的差距会更加悬殊。如1992年小学辍学率全国为2.19%，沿海省区一般在1%以下，而西部有5个省区超过5%，贵州高达7.1%；初中辍学率全国5.78%，有四个省区超过7%，贫困地区个别县高达50%。[6] 在那些人均收入不足300元的贫困地区，由于经济落后，再加上居住分散、交通不便、缺乏住宿设施等原因，尚缺乏普及小学教育的必要条件。这些地区贫困农户的孩子与发达地区特别是大城市中富裕家庭的孩子，不论在入学机会上，还是在所享受到的教育条件、质量上，都存在着悬殊的差距。至于女童和男童之间在入学机会上的差距，在贫困地区也十分明显。因此，这些地区在选择基础教育的发展目标时，当然首先要将有限的教育资源投入到为所有学龄儿童提供入学机会上。至于质量方面则应该从实际出发，以达到最低标准为限，只要具备了基本的办学条件，同时符合了起码的办学水准就可以视为达标。这种普及教育的标准可能是相对较低的，但对于经济落后地区是必然要经历的，只有在这样的基础上，才有可能解决更高层次上公平和质量的关系。

如果说普及教育的第一步是解决适龄人口有没有公平的受教育机会的问题，那么，接着就应该侧重于解决能不能使他们公平地接受高质量教育的问题。这可以说是教育公平目标的真谛所在，也涉及更为艰难、更为复杂的教育理论和实践问题。世界上许多国家都正致力于实现这一目标，又都还未能真正实现。使受教育者都有均等的进入高水平学校、接受高质量教育的机会，在实践中会遇到两个方面的难题：一是学校教育水平和教育质量总是有差别的，甚至在一段时间内可能差距很大；二是受教育者的禀赋、才能也有差别。在这种客观上存在差异的主体和客体条件之间如何体现公平原则呢？一种观点认为，作为人的基本权利的教育应该是平等的，只要给予同等的教育，每个人都有可能发展自己，因此，人人都需要接受高质量的教育。另一种观点认为，人的智力和禀赋是有差别的，不需要也不可能接受同等质量的教育，让学生选择自己擅长的方面发展自己的才智才更符合教育公平的原则。两种不同的观点导致了不同的教育政策。例如，中学阶段是否有必要区分重点中学和一般中学，持前一种观点者反对，持后一种观点者赞成。又如，中学阶段分流为职业中学和完全中学、综合中学，让学生学习不同课程，分别为未来升学或为就业做准备，对于这种做法，后者认为是符合社会对劳动力的客观要求和受教育者不同特长的教育改革之举，而前者则认为它阻塞了一部分学生升入高一级学校的机会，是不公正的歧视性政策。这里问题的关键在于如何依据客观条件对公平和质量这两个概念进行科学的把握。应该承认，社会需求具有多样性，学生的才能类型也具有多向性，普及教育阶段特别是中学阶段，既然是为各种才能学生未来的发展打基础的阶段，那么基础教育质量标准就不应该只有一种尺度，而应该有符合多种发展方向的多种尺度；还应该看到，在现阶段，囿于国力的限制，政府所能提供的高水平的学校及接受高质量教育的机会都很有限，适龄人口在教育质量方面所能享受到的公平，只能达到保证其具备基本文化科学素养这样一个较低的标准。从这样的角度来看，公平就意味着在保证基本文化科学水准的基础上，为学生未来的发展创造条件。

按照上述界定，在入学机会的公平目标实现之后，教育质量上的公平首先应该是保证基本的教育质量。按理说，这个目标本来是普及教育的题中应有之义，然而，在我国实现这个目标还有一段很长的路要走。现实状况是，教育质量上的不公平远比入学机会的不公平要严重得多，解决这一问题也比解决入学公平要艰巨得多。教育质量受到多种因素的影响，诸如社会经济、科技发展水平，文化发展程度和文化氛围，社会信息化和大众传播媒介的普及程度，社区环境，学生家庭和家长的文化背景，教育的历史基础，教育经费投入，办学设施条件，师资水平等等。属于社会环境的部分我们将在后面分析，仅就办学条件而言，地区之间的差距是显而易见的。例如，据国家教委教育经费统计，1991 年预算内全国平均生均教育经费：小学为 114.79 元，除西藏外，小学生均费用最高的上海为 367.37 元，最低的河南为 59.66 元；中学为 254.63 元，其中最高的北京为 760.10 元，最低的江西为 166.47 元。沿海不少农村乡镇兴建了一批现代化的校舍，配备了先进的教学设备，吸引了高学历的教师，而贫困地区连最起码的粉笔、备课纸等也难以保证。以理科教学仪器配备的全国平均达标率来说：中学为 29.5%，其中上海为 91%，北京、天津分别为 52% 和 65.2%，但广西、海南、西藏、青海四省区还不到 10%；小学为 12.7%，其中上海为 62.9% 多，但有 12 个省区不到 5%，其中广西、海南、西藏、宁夏、新疆等 5 省区不到 1%。[7] 沿海一些省、市准备实施由大专生担任小学教师，本科生担任初中教师，而中西部地区有 6 个省区初中专任教师学历合格率低于 50%，[8] 有些地区甚至还有同级教师参加同级毕业生考试不及格的现象。撇开社会环境的综合条件，就教育自身的这些办学条件看，教育质量上的悬殊是不言而喻的。另外，根据若干抽样测试的结果分析，在文化科学知识方面的差距也十分明显，即使在同一个地区和同一所学校内，达不到基本教育质量要求的学生也有一定比例。

今后一个时期，在继续推进入学机会均等的过程中，尤其在初步实现普及教育目标的地区，应该要更多地关注教育质量上公平原则的实施，使基础教育真正为每个受教育者的生存和发展做好必要的、充分的准备。新中国成立后，在一部分地区，一方面小学入学率不断提高，另一方面新文盲又不断产生的事实是很值得冷静思考和分析的。没有基本的质量保证，入学机会方面的均等只能是表面的、暂时的公平；只有大面积提高教育质量才能确保教育公平原则的真正实施。这里所说的大面积提高教育质量，从全国来说是各个地区都要保证基本的教育质量；从地区来说是各所学校都要达到办学的基本水准；从学校来说是所有学生都应符合教育质量的基本要求，也就是为培养合格的建设者打好基础。

三、促进教育公平的社会环境和政策保障

教育公平和教育质量关系的协调，有赖于一定的社会条件和社会环境，同时也受到特定的教育政策的影响。1949年以后，我国在社会主义的政治制度和经济制度基础上通过实行普及教育和向工农开门等政策，改变了旧中国半封建半殖民地教育的性质和教育上的阶级歧视，使广大劳动人民子弟获得了前所未有的受教育机会。但是，随着国内阶级关系的变化、受教育人群的日益扩展以及社会主义市场经济的发育，我国教育的外部环境发生了新的变化。现阶段教育公平所要解决的已经是工人、农民、作为工人阶级一部分的知识分子、社会主义劳动者和爱国者及其子女受教育的基本权利问题，而这些阶层由于收入分配的差距，其经济地位和经济条件的差距也拉大了。这样，教育公平问题的解决更带有历史阶段性的特征，需要从社会条件、教育政策和教育改革几个方面综合度量，合理选择，逐步解决。

（一）教育公平目标和质量目标的实现程度，从根本上说取决于经济文化的发展水平，在一定意义上也取决于社会公平的实现程度

在一些社会改革论者，尤其是空想社会主义者看来，教育似乎是消除社会不平等的一种灵丹妙药。在一些国家和地区的某种具体条件下，教育在摆脱贫困、改变社会分层结构等方面也确实起了积极作用。世界

银行发表的以消除贫困问题为主题的《1990年世界发展报告》中，就把优先发展教育作为解决世界贫困地区问题的重要政策。[9]对于教育在社会改革中的作用，菲力浦·库姆斯的判断是有参考价值的，他说："在所有国家里，从最富的到最穷的，教育在促进有助于缩小严重不平等的社会和经济变革中将起到关键性的作用，但教育本身并不能带来这些艰难的社会变革，只有和强大的政治、经济、法律及其他努力共同朝一个方向奋斗，它才能很好地发挥自己的作用。"[10]"否则，存在于人们日常生活中的不平等仍然存在于教育制度，使教育金字塔顶端成为特权的避难所"[11]。培米尔·德克黑姆说，教育"实际上保护甚至加剧了社会不平等"[12]。这些论断从不同侧面说明了教育上的不均等与社会不均等的关系：第一，教育上的不均等是由社会经济上的不均等产生的，反过来，教育的不均等又可能加剧社会经济的不均等；第二，教育改革可以成为社会改革的一种积极因素，有助于推进消除社会不均等的社会进步和改革过程；第三，教育的改革必须与社会、经济和政治改革同时进行，才有可能产生缩小社会不均等的作用。我国正经历着经济、社会加速发展和经济体制、政治体制全面改革的过程。这种发展和改革过程，在它的起始阶段将会打破在计划经济体制下形成的收入分配上的平均主义，拉大地区之间、行业之间和个人之间的收入差距，加上不规范市场经济中某种社会分配不公的影响，甚至会在局部出现贫富悬殊的现象。社会分配不公带来的收入悬殊将会随着市场经济的规范化逐步解决，但是，在市场经济发育过程中，社会收入分配的差距则是经济发展一定阶段不可避免的现象。那么，在这种经济上存在着不均等的发展阶段，教育的公平能达到何种合理的程度？如何通过发展经济以及教育改革与社会改革的协调配套来逐步缩小这种差别？

我国近十多年来教育和社会经济发展的变化过程为我们回答这些问题

提供了有益的启示。沿海一些发达地区的农村，经济开始走上了良性循环的轨道，集体经济基础大大增强，农村居民初步达到小康生活水平，中小学的办学条件明显改善，普遍达到了基本的标准化要求，还给学生以各种照顾、奖励，许多地方农村的教学条件同城市没有多大差别，有的地区还由集体负担考上大学学生的学习和生活费用。在这些地区的农村，适龄人口接受基本教育，已初步实现了公平原则。其中珠江三角洲和长江三角洲的有些县、市，正在逐步普及高中阶段教育，并准备兴办短期高等教育。这些地区的实践表明，经济的持续、稳定增长，集体富裕，社会的协调发展是实现普及教育和教育质量上公平原则的基础和前提；同样地，这些地区教育的普及和提高，也是其经济持续发展和实现共同富裕的重要条件。从这个角度看，教育普及和教育质量上公平原则的实现，是教育、经济、社会发展的良性循环的实现过程，也是一个社会改革和社会全面进步的实现过程。一些贫困地区通过教育、科技和经济的统筹结合，在普及教育过程中促进经济发展，在经济发展过程中推进教育普及和提高的实例，也从另一个侧面证实了教育公平与社会进步的双向驱动关系。可见，教育公平程度并不是一种孤立的教育系统的内部状态，而是一种复杂的社会现象；教育所能做的是在现实条件下争取实现最大程度的公平目标和质量目标，并努力创造条件促进社会进步，提高社会经济的公平程度，又进而推动教育在更高层次上实现公平和质量的统一。

（二）教育公平目标和质量目标的现实统一，同时也取决于一定条件下教育政策的选择和教育资源的配置

如上所述，既然教育公平原则的实现程度同经济、社会发展水平密切相关，实现教育公平目标和质量目标的统一也就是一个动态的变化过程。在不同发展阶段上，教育政策的选择是至关重要的。因为经济发展水平固

然是教育实现公平原则的重要条件，经济发展，尤其在市场经济条件下，并不能自然解决社会公平问题；教育公平原则的实施固然要从经济发展的一定水平出发，同时也同社会制度、价值取向和文化教育传统相关。教育政策应该综合经济、政治、文化诸方面因素来确定。

教育资源配置是教育政策上的战略性选择，它涉及有限的教育资源在各级各类教育之间、地区之间、学校之间、受教育年龄人口之间的分配。教育资源配置的基本原则应该是兼顾公平和效益两者的平衡。首先应该保证人人享有基本教育的需求，在这个基础上教育资源优先投向其效益更高的部分。我国现阶段首先要保证小学义务教育的普及，进而保证九年义务教育的普及，包括保证基本的质量要求。

这就要求：第一，国家要首先保证普及教育的投入，并适度发展其他各级各类教育；第二，国家对贫困地区和贫穷家庭，即处于不利地位的地区和人群，采取特殊的照顾政策；第三，国家只能保证在基本质量基础上的普及教育的公平机会，超过这种基本要求的教育需求则无法得到公平的满足。中学教育的多样化，也是统一教育公平目标和质量目标的一种政策选择。从抽象的"公平"原则看，学生的分流教育也许是不合理的，然而，无论从社会的客观需求和受教育者的自身发展而言，中学教育的多样化都是合情合理的，问题在于采取什么形式。国外有两种主要形式：一种是亚洲和北美国家，在同一所学校里让学生选修多种课程，实行多向选择；另一种是西欧、拉美和非洲国家，设立多种形式的中学，实行分流教育。究竟采取何种形式，应该根据各国不同的经济结构和教育传统。在各国发展的不同阶段和不同地区也可以有不同的形式，但中学教育不应以一种模式、一种尺度来培养人这一点却是共同的。不论采取何种形式，都要为具有各种禀赋和才能的学生提供多种、多次选择的机会，让他们能有同等的机会开发自己的才智。

在教育政策选择中，最大的难题是如何处理承认差别和保证公平两者的关系。从长远看，应该采取措施逐步缩小学校之间的差距，使学生普遍接受较高质量的教育。但是，在一定阶段内，学校之间的条件和质量存在着很大差距是客观存在的，又不可能让所有学生都享有进入优质学校的公平机会。应该让哪些学生进入那些条件好的学校呢？现实的选择只能是：或者按学生的成绩，或者按居住区域，或者按缴费（后两者都必须是前一级学校的合格毕业生）。从一般意义说，按学习成绩选拔入学应该是比较公平的，但如果进一步分析那些有条件进入这种学校的学生的社区环境、家庭背景和学习经历，也会发现其中也有不公平的因素，同时这种做法势必加剧前一级学校的升学考试竞争，影响全面素质教育。至于把缴费作为入学的主要条件，其不公平性则是显而易见的，而按居住区域入学也包含着实际上的不公平。可见，在经济和教育方面客观上存在着较大差距的现实环境里，要想确定一种绝对公平的政策是十分困难的。有两种极端的选择：一种是类似"文革"期间的做法，人为地拉平学校之间、学生之间的差距，以牺牲教育质量和国家科学文化的发展去追求"均等"（实际是扼杀部分学生的才华）；另一种是继续实施英才教育，从政策选择上把财力、物力主要投向培养少数尖子，或者只对缴纳高额学费的学生进行特殊培养，以牺牲多数人的公平机会保证少数人的高质量，这也会影响民族的整体素质。显然，这两种选择都是不可取的。这里政策选择的界限是否应该定在：国家首先保证大多数人公平地接受义务教育的机会。对于一部分人接受更多、更好的教育需求，其学习成绩和学习能力要符合接受这种教育的基本要求。其次，本人要承担适当比例的培养费用，同时国家要负担成绩优秀、有培养前途的贫穷家庭学生的培养费用。这也就是说，在保证基本受义务教育机会的前提下，可以允许为一部分人提供更多更好的学习机会。在这方面国家需要保证的是家庭贫穷的优秀学生也要享有这种机会。

随着经济的发展和教育质量的普遍提高,这种高质量的教育将会更公平地为更多的人所享有。

(三) 实现教育公平目标和质量目标,目的在于推进教育改革,发挥教育公平地开发人的潜能的作用

我们讨论教育公平和教育质量的实质,是如何依靠现有的教育资源,通过实施公平的普及教育,使每个人的潜能得到最佳的开发。这里的前提是,教育要能起到启迪人的智慧、开发人的潜能、发展人的个性的作用。否则,即使实现了按现行标准的普及目标和质量目标,也并不见得真正达到根本目的。

注 释

[1][10][11][12] 菲力浦·库姆斯:《世界教育危机》,人民教育出版社,1990年,第 264、257、235、238 页。

[2] 联合国教科文组织:《世界教育报告(1991)》,联合国教科文出版社,1992年,第 108—113 页。

[3] 世界全民教育大会:《世界全民教育宣言:满足基本学习需要》,1990 年,第 3 页。

[4] 国家教委办公厅:《改革中的中国教育》,高等教育出版社,1993 年,第 6 页。

[5][6][7][8] 郝克明、张天保、谈松华:《建设有中国特色的社会主义教育体系的宏伟纲领》,人民教育出版社,1993 年,第 256—257、257、265、261 页。

[9] 世界银行:《1990 年世界发展报告:贫困问题·社会发展指标》,中国财政经济出版社,1990 年,第 80 页。

我国基础教育资源配置的若干趋势[38]

我国是一个教育规模极其庞大、教育财政资源严重短缺的国家。随着经济和文化水平的提高，社会对教育的需求还在迅速增长，教育面对着日益膨胀的社会需求的压力。在这种态势下，如何尽最大努力扩大教育财政供给的总量，固然是制约教育事业发展程度的关键所在；同样地，如何合理地配置和有效地利用有限的教育资源，也是关系教育发展战略的关键性课题。本文拟就教育资源配置总量中的基础教育以及基础教育的资源配置的若干问题做初步探讨，以求引起对基础教育发展若干战略选择的讨论。

一、教育资源总量配置中的基础教育

我国教育经费在近十几年内有了显著增长，但财政性教育支出占GDP的比例则处于波动状态。这一比例在20世纪90年代之后逐年下降（见表38—1）。

---

[38] 谈松华："我国基础教育资源配置的若干趋势"，《中国教育学刊》，1997年第4期。被收入香港中文大学香港教育研究所《教育政策研讨系列》，1997年第8期。

表 38—1　1980—1995 年教育经费增长情况

（单位：亿元）

年份	教育经费总支出	财政性教育支出	财政性教育支出占GDP 的比例（%）
1980		113.19	
1986	346.28	307.12	
1988	450.78	394.06	
1991	731.50	617.83	2.85
1992	867.10	728.80	2.75
1993	1059.90	867.80	2.52
1994	1488.80	1174.70	2.52
1995	1878.00	1411.50	2.46

（注：1980 年财政性教育支出仅指财政预算内教育支出，1991 年财政预算内教育支出为 459.7 亿元。）

以上数据中，财政性教育支出系指《中国教育改革和发展纲要》中规定的包括：①财政预算内教育拨款；②各级政府征收用于教育的税费；③企业举办中小学的经费；④校办产业收入的免税部分。在 1993 年之前则仅指财政预算内教育经费。从 1980 年到 1991 年，教育经费总额增加 4 倍，财政预算内教育经费增加 3.3 倍。1995 年与 1991 年相比，教育经费总额增加 1.56 倍，财政性教育经费增加 1.28 倍，财政预算中支出比例由 1991 年的 13.52% 提高到 1995 年的 16.05%，而财政性教育经费支出占 GNP 的比例 1991—1995 年依次为 2.85%、2.75%、2.52%、2.52%、2.46%，呈逐年下降趋势，这反映了我国教育投入水平还滞后于经济增长的速度。

表 38—2　1991—1995 年教育经费支出结构

（单位：亿元）

	1991 年	1992 年	1993 年	1994 年	1995 年
教育总经费	731.52	867.10	1059.90	1488.80	1878.00

（续表）

	1991年	1992年	1993年	1994年	1995年
一、财政性教育支出	617.83	728.80	867.80	1174.70	1411.50
占总教育经费的比例（%）	84.46	84.05	81.88	78.90	75.16
其中：财政预算内拨款	459.70	538.70	644.40	884.40	1028.40
占总教育经费的比例（%）	62.84	62.13	60.80	59.30	54.36
二、社会团体和公民个人办学经费			3.30	10.80	20.40
三、社会捐、集资办学经费	62.80	69.60	70.20	97.40	162.80
占总教育经费的比例（%）	8.50	8.00	6.60	6.50	8.60
四、学杂费	32.30	43.90	87.10	146.90	201.20
占总教育经费的比例（%）	4.42	5.09	8.12	9.87	10.71
五、其他教育经费	18.50	24.70	31.50	58.90	82.00

表38—2显示，在教育投入结构中国家财政性教育支出占教育总经费的比例由1991年的84.46%下降到1995年的75.16%，财政预算内教育支出占教育总经费的比例由1991年的62.84%下降到1995年的54.36%，而学杂费占教育总经费的比例，则由1991年的4.42%上升到1995年的10.71%。这说明多渠道筹措教育经费的体制正在形成，同时如何强化政府主渠道作用值得关注。

表38—3　1991—1995年财政预算内教育经费学校分类统计

（单位：亿元）

	1991年	1992年	1993年	1994年	1995年
总计：	388.70	464.00	644.40	884.00	1028.40
一、高等学校	82.90	97.20	137.10	186.10	213.50
占预算内经费的比例（%）	21.30	20.90	21.37	21.00	20.76
二、中等专业学校	11.50	13.40	58.20	74.50	87.40
三、中学	110.80	133.70	171.30	139.80	280.30
占预算内经费的比例（%）	28.30	28.70	26.56	27.10	27.20
四、小学	134.80	163.10	205.70	291.00	334.90
占预算内经费的比例（%）	34.67	35.10	31.92	32.90	32.50

基础教育经费投入长期处于较低水准。近十多年来，这种状况有所改变，但基础教育经费总量在教育总投入中的比例仍然偏低。1991—1995年教育经费中大学、中学、小学所占的比例为21.07%、27.57%、33.42%。其中小学和中学经费占财政预算内教育经费比例由62.97%下降到1995年的59.7%，这与20世纪基本普及九年义务教育的目标是极不相称的。

中小学生生均教育经费增长速度高于大学生生均经费的增长。生均经费的差额趋于缩小，但大学生生均经费与中小学生相比仍然偏高。

表38—4 各级学校生均教育经费支出

（单位：亿元）

年份	大学	中学	小学
1980	1752.38	60.13	23.19
1985	2477.29	128.54	47.30
1991	3462.00	254.63	114.79
1995	5442.09	561.86	265.78

以1980年、1991年、1995年生均经费来说：大学生生均经费由1752.38元、3462元增长到5442.09元，1995年比1980年增长3.1倍，比1991年增长1.57倍；中学生生均经费由60.13元、254.63元增长到561.86元，1995年比1980年增长9.34倍，比1991年增长2.2倍；小学生生均经费由23.19元、114.79元增长到265.78元，1995年比1980年增长11.46倍，比1991年增长2.31倍。以预算内教育经费计算，大学生生均成本与中学生生均成本之比，1980年为29.2倍、1991年为13.6倍、1995年为9.7倍；与小学生生均成本之比，1980年为76倍、1991年为30倍、1995年为20.5倍。也就是说1995年一名大学生的生均经费相当于9.7名中学生和20.5名小学生的生均经费。大学生相对培养成本明显偏高（1990年发展中国家大学生生均成本相当于中小学和学前教育生均成本的7.5倍，发达国家为1.9

倍）。其原因：一方面是我国高等教育长期以来实行国家统包统配的体制，高校学生的教学、住宿、医疗及一部分生活费均由国家负担，尽管其培养成本比发达国家低得多，但相对于中小学生均成本则过于悬殊；另一方面我国基础教育政府投入比例偏低，校舍、设备均较简陋，不足部分由群众集资弥补（80年代农村集资达700多亿元，用于改善农村中小学办学条件），政府预算内教育经费分摊到中小学生生均经费数额很低。

以上情况表明，我国教育财政资源相对有限，基础教育投入严重不足。首先要增加教育投入总量，尤其要增加政府对教育的投入。按国家规划，到2000年财政性教育支出占GDP的4%，如能实现这一目标，公共教育经费约达3200亿元。同时要适当调整高等教育与基础教育的投入比例，提高基础教育在教育总投入中所占的份额，如基础教育经费占总投入65%以上，约2210亿元，按当时普通中小学学生约2.15亿人计算，则生均经费约合120美元，这相当于1990年发展中国家中小学和学前教育生均经费的水平。如果达不到这样的投入比例，基础教育势必处于极其困难的境地。因此，合理地配置和利用有限的教育财政资源，是跨世纪基础教育带有全局性的问题。为此，需要处理好几个重大关系问题，包括普及与提高的关系、重点和一般的关系、硬件建设与软件建设的关系以及地区发展关系等，做出战略性选择。

二、普及与提高：首先保证普及九年义务教育目标的实现，在这个基础上逐步提高普及教育质量和普及教育年限

我国从20世纪80年代中期提出普及九年义务教育的目标，到1996年小学入学率达到98.8%，初中阶段入学率达到82.3%，全国有1482个县实现了普及九年义务教育目标，其人口占全国人口的50%。计划到2000年在全国85%以上人口的地区普及九年义务教育，到2010年在全国95%

以上人口地区普及九年义务教育。我国在经济发展水平相对较低的条件下，将用 30 年左右的时间，较快地实现普及教育目标（德国用 125 年普及 8 年教育，日本用 35 年普及 6 年教育）。这会是向实现全民教育目标前进的一大步。

由于经济和社会条件的制约，现阶段实施的普及教育的主要标准是适龄儿童入学率、巩固率、及格率和 12—15 岁人口中的普及率。这些标准侧重于为适龄人口提供基本的入学机会，办学条件还处于较低水平。仅以几项办学条件的现状为例，与国家规定的基本标准还有较大的距离。1995 年全国小学有危房 8,878,651 平方米，初中有危房 5,762,015 平方米。*理科仪器配备达标学校：小学占 26.42%，初中占 46.41%；图书设备达标学校：小学占 31.2%，初中占 42.57%；教学分组实验达标学校：小学占 20.28%，中学 42.93%；专任教师学历合格率：小学 88.9%，初中 68.1%，高中 55.2%。办学设施条件上的这些欠缺，造成相当部分学校不能按规定开出实验课，学生没有更多的书籍阅读，教师缺乏必要的参考资料，这些势必影响教育质量的提高。此外，从效益指标看，小学生 5 年保留率为 82.76%，初中生 3 年保留率为 87.46%。也就是说，近几年来小学和初中的辍学率有所下降，但留级率仍然偏高，按时毕业率比 20 世纪 80 年代有所提高，但仍有较多学生复读，浪费了有限的教育资源。这些情况说明，在基本普及教育之后的一段时间里，还有一个巩固和提高的阶段，尤其是要着重提高教育质量和办学水平，而不要急于提高普及教育的年限。否则，如果仅仅满足于数量上的普及，不能保证基本的教育质量，不仅不能适应变化着的社会发展需求，甚至会使普及教育流于形式，而失

---

* 中小学危房改造一直受到政府的高度重视。2000 年前，共改造严重危房 5657 万平方米。2000 年后，中央安排 90 亿元专项资金支持地方政府对农村中小学校舍进行全面安全检查和测定，并要求完成现存 D 级危房的改造任务，教育部、财政部共同实施了两期全国中小学危房改造工程，共改造严重危房 7800 万平方米。2019 年底，全国已完成全部改造任务。——作者

去普及教育的本来意义。这是在基本满足普及教育的入学需求之后，特别需要关注的决策选择。

提高教育质量将是跨世纪我国基础教育的发展重点。就全国范围而言，世纪之交基础教育将经历基本实现普及九年义务教育——巩固普及教育成果——重点转向提高教育质量这样一个发展过程。在不同地区，普及、巩固、提高的重点不同。但不论何种地区和发展阶段，都要增强质量意识，把提高教育质量作为普及教育的一项基本要求，作为迎接21世纪挑战的战略重点。而提高教育质量在某种程度上比实现普及教育难度更大，因为它涉及教育形态的全面演进和教育潜能的充分开发。美国从20世纪80年代初提出建设高质量教育的目标，到20世纪90年代初教育经费增加了将近一倍，而教育质量却未明显提高。

可见，提高教育质量真正牵动教育领域包括教育思想观念、课程体系、教学过程和组织、教学手段和方法乃至师资队伍在内的全面而深刻的变革。这种变革反映在教育资源的配置上，要求在普及教育过程中实行集约型发展，充分提高资源的利用效率。在初步实现普及目标后，要把资源配置到最能影响教育质量的方面，不做表面文章，深入研究教育规律，真正在影响质量的关键点上重点投资，实现建设21世纪高质量基础教育的目标。

三、重点与一般：逐步改变教育资源向少数重点学校倾斜的政策，办好每一所学校，面向全体学生

20世纪80年代初以来，国家决定举办少数重点中小学，以集中部分财力物力，较快培养少数优秀人才。这对于缓解十年"文革"造成的人才短缺问题是有积极意义的。但随着经济、文化发展和教育普及程度的提高，人民对于接受高质量教育的要求更为普遍和迫切。而重点中小学政策把本来有限的教育资源过多地集中到少数各方面基础已经很好的

学校,势必拉大这些学校与一般学校的差距,尤其是与少数基础薄弱学校的办学条件和教育质量形成明显的反差。据国家教育发展研究中心1993年对11个省、市282所小学,15,147名小学毕业班学生和201所初中,12,888名初中毕业班学生的测试结果,条件好的学校与条件差的学校之间的差距:小学语文及格率差12.4个百分点(96∶83.6),优秀率差3个百分点(10.3∶7.3);数学及格率差7.3个百分点(98.2∶90.9),优秀率差20个百分点(73.6∶53.6);初中语文及格率差21.4个百分点(74.6∶53.2),优秀率差9.9个百分点(10.1∶0.2);英语及格率差20个百分点(83.7∶63.7),优秀率差35.2个百分点(46.0∶10.8);理科及格率差16.7个百分点(76.8∶60.1)。需要说明,这次测评属于水平测试,所选学校也不是最好的和最差的。实际上重点校和薄弱校在选拔性测试中的差距还要大得多,其结果是少数重点学校成了升大学的"预备学校",而薄弱学校的学生则成了"陪读生"被淘汰。这种状况,一方面造成大批非重点学校学生学业成绩、心理素质乃至思想品德成长受到严重影响,另一方面社会上为学生选择进重点学校展开激烈竞争,使义务教育的功能严重扭曲。

针对这种情况,应当调整教育资源配置政策,重点加强薄弱学校建设,取消小学和初中的重点学校,公开地分配教育资源和教育机会,全面实现义务教育目标。教育资源在学校之间的公平配置主要包含:一是教育经费投入的公平分配;二是教师的合理配备;三是学校管理人员的合理调配。许多地区采取的措施有:①教育经费近期内向薄弱学校倾斜,改善这些学校的办学设施;②校长和教师在学校之间轮换流动;③学生划片就近入学。这种做法并不是要取消学校之间的公平竞争,把所有学校办成一个模式,而是创造一种公平竞争的条件,为学生提供公平入学、全面发展的机会,让不同的学校办出特色,不同禀赋的学生发展自己的个性。

过去十多年内,在教育投资总量中,硬件建设占有较大比重。这一方面由于原有校舍、设备等办学设施基础很差，另一方面普及教育扩大了中小学规模，需要增添教学设施。20 世纪 80 年代农村集资的 700 多亿元绝大部分用于改善校舍设备。这对于改变办学设施不足、创造基本的办学条件是必要的。同时，还有一个政策因素也助长了向硬件建设倾斜，即现有对义务教育评估督导和验收标准中，多数指标属于办学条件，这样无形中把硬件建设作为义务教育实施状况检测指标的主导方面。在一些已经具备了办学基本条件的地区，还在追求校舍和设施的高标准，有的甚至追求豪华、高档，浪费了本就有限的教育资源。这是今后一个时期教育资源配置中值得注意的问题。

四、硬件建设与软件建设：在尚未达到基本办学设施标准时，要保证基本办学条件的硬件建设，但从总体上说软件建设要优先于硬件建设，并逐步转向以软件建设为重点

从总体上分析，全国大多数地区校舍、设备等硬件投资水平仍然很低。以 1991 年全国教育经费统计数据为例，全国财政性教育经费 599.5 亿元，其中事业性经费 542.9 亿元，占 90.5%，基建投资 56.6 亿元，占 9.5%。在这个数据中，事业性经费比例很高，主要用于教师工资，真正用于培训教师、提供教学设备和研究条件等方面的费用则微乎其微，以 1995 年为例，初中占有 3.41%，小学占 8.58%，这部分经费主要用于维持教学过程开支。在今后普及教育过程中，尚未达到国家标准的地区和学校，仍然要花大力气改善基本的办学条件，尤其是农村中小学的办学设施与国家标准还有很大距离。同时注意加强软件建设，尤其是提高师资和管理人员的素质。在城市和发达地区的农村，则应把重点放到软件建设，包括更新教育思想观念，提高师资学历层次，加强师资队伍建设，推进课程改革和课程建设，提高管理水平等等。与此相关，还要完善教育的评估检测指标体

系，形成比较合理而全面的考核制度，以引导学校全面提高办学水平和教育质量。

五、地区发展：充分利用发达地区优裕的教育资源，发挥试验示范作用，并支持欠发达地区；国家教育投资重点向欠发达地区倾斜，逐步实现地区之间的均衡发展

由于历史、区位和文化等原因，我国地区之间在经济社会和发展水平上存在较大差异和差距。20世纪80年代以来，实行改革开放政策和梯度推进战略：沿海地区利用区位优势和优惠政策，加速了经济发展；中西部地区发展速度尽管也达到了历史上的高水平，但与东部地区相比，却拉大了差距。1991—1992年人均国民生产总值的相对差距，中部同东部地区间由32.2%扩大到43.1%，西部同东部地区间由44.5%扩大到50.5%。1992年东部地区人均国民收入（2322元）是西部地区（1268元）的1.83倍。这种状况反映在教育上同样存在发达地区与欠发达地区、农村与城市的明显差距。如果说，小学入学率省际差距并不大，而小学毕业生升学率省际差距则明显：在90%以上的省（自治区、直辖市）有15个，80%以上的有12个，还有2个省（自治区）刚过70%，西藏则只有69.48%，与最高的省市相比差30个百分点。至于学校设施、师资水平以及教学质量的地区差距则更大。1993年国家教育发展研究中心的测评结果，东部地区与西部地区相比，小学的及格率：语文差15个百分点，数学差12个百分点；初中的及格率：语文差25个百分点，数学差20个百分点，英语差38个百分点。在普及教育过程中，逐步解决地区差距过于悬殊的问题，是实施教育公平原则的重要内容，应该引起足够的重视。

教育的区域差距，本质上是区域经济和社会发展水平差距的反映，需要从社会发展和教育发展整合的角度解决。从教育资源配置的角度来说，

要在承认投入水平现状的前提下，增加对欠发达地区，尤其是农村的教育投入。以 1995 年为例：农村初中学生占全国初中学生总数的 57%，而全国初中教育经费中农村仅占 29.6%；农村小学生占全国小学生总数的 70.5%，而全国小学教育经费中农村仅占 48%。再以 1991 年生均预算内教育事业费支出为例：中学生最高的上海市为 2646 元，而最低的贵州省仅 174 元；小学生最高的上海市为 376 元，最低的河南省仅 60 元。国家实行分税制和财政转移支付制度，将有可能增强中央财政实力，增加对欠发达地区的扶贫资金，包括从 1996 年到 2000 年，中央财政将拿出 39 亿元，加上地方配套，总额将达 100 亿元，实施"普及九年义务教育扶贫工程"，支持欠发达地区实现普及教育目标。同时要鼓励发达地区对口支援欠发达地区，并通过欠发达地区自身经济的开发与起飞，逐步缩小地区教育水平差距，进而实现区域之间的均衡发展。

参考文献

1. 国家教委办公厅：《中国教育改革和发展文献选编》，人民教育出版社，1994 年。
2. 国家教育委员会：《新的里程碑》，教育科学出版社，1994 年。
3. 国家教育委员会财务司：《中国教育统计年鉴（1988 年）》，北京工业大学出版社，1989 年。
4. 联合国教科文组织：《世界教育发展报告（1993：消除知识差距　扩大教育选择性　寻求标准）》，联合国教科文出版社，1994 年。
5. 国家教育委员会财务司：《中国教育经费统计年鉴》（1991 年、1992 年、1993 年、1994 年、1995 年），中国经济出版社，1992 年、1993 年、1994 年、1995 年、1996 年。
6. 李京文主编：《走向 21 世纪的中国经济》，经济管理出版社，1995 年。
7. 谢安邦、谈松华：《全国义务教育学生质量调查与研究》，华东师范大学出版社，1997 年。
8. 滕纯、赵学漱：《教育机会均等与提高教育质量》，广东教育出版社，1995 年。
9. 胡瑞文：《中国基础教育发展研究》，上海教育出版社，1997 年。
10. 国家教育发展研究中心：《学习质量与基本标准》，广西教育出版社，1995 年。

"短缺教育"条件下的教育资源供给与配置：公平与效率[39]

在过去20多年间，随着经济发展与经济体制的转轨，我国解决了长期存在的"短缺经济"问题，市场供求关系正在由卖方市场转变为买方市场，这表明我国的经济发展与社会主义市场经济体制正走向成熟的阶段。与此相对照，教育领域的供求关系却仍然十分紧张：一方面教育供给不能满足社会日益增长的教育需求；另一方面教育财政资源的供给不能满足教育事业迅速发展的需求，尤其是教育经费供给不足已经成为制约教育发展的主要因素，我们实际上面对着"短缺教育"的现实，许多教育问题由此而生。研究"短缺教育"（主要是教育经费短缺）的特征及其成因，寻找其解决途径与策略，成为现阶段教育战略与政策的必要依据，也是我国教育经济学研究的一个现实课题。本文试图就"短缺教育"条件下教育资源的供给和配置中的公平与效率问题，做初步的探讨。

一、"短缺教育"的发展性特征

作为一个具有超大规模教育人口的发展中国家，教育供给不能满足社

---

[39] 谈松华："'短缺教育'条件下的教育资源供给与配置：公平与效率"，《教育研究》，2001年第8期。

会日益增长的教育需求，在我国将会持续一段相当长的时间。这是由现阶段经济发展水平所制约的财力供给和教育发展的客观需求之间的现实矛盾所决定的。不过，不同时期这种短缺具有不同的阶段性特征：一般而言，开始主要表现为满足基本教育机会的资源供给短缺；之后主要是扩大和增加教育机会的资源供给短缺；再后则是接受高水平、高质量教育机会的资源供给短缺。我国现阶段可以说是这三个阶段的教育短缺同时存在，只是不同发展水平的地区侧重点有所不同：西部欠发达地区，普及九年义务教育的目标尚未实现，资源性短缺首先集中反映在满足基本教育机会方面；中部中等发展程度地区，初步实现普及九年义务教育，资源性短缺转移到巩固"普九"成果和普及高中阶段教育方面；东部发达地区，正在普及高中阶段教育，资源性短缺集中在高等教育和优质基础教育资源方面。可见，教育资源的短缺会经历一个发展过程，在低层次教育短缺问题没有解决时，高层次的教育短缺必然存在，除非采取逆向发展战略，把有限的教育资源首先投向高等教育和精英型基础教育，才可以暂时缓解高层次、高质量教育的供求矛盾。但是，从长远看，由于缺乏扎实的基础教育的支持，高等教育的发展必然会受到制约，最终影响教育的可持续发展。因此，把握"短缺教育"的发展性特征，对于处在不同发展阶段的不同地区的教育资源配置、教育发展战略重点的选择，具有理论与实践意义。

我国现阶段教育资源供给的短缺，还具有过渡性的特征，既反映经济发展成熟程度的特点，又反映由计划经济向社会主义市场经济转轨过程的特点，突出地表现为既有总量性短缺，又有财政性、体制性和结构性短缺。总量性短缺是基本的、长期起作用的因素，取决于经济发展是否能够为教育发展提供充足的财政资源。而财政性、体制性和结构性短缺，则是在经济体制转轨过程中的暂时现象，可以通过有效的市场调节和政府的政策调控得以缓解。因此，从政策研究与战略研究的角度，要把重点放在解决财政性、体制性和结构性短缺上。

教育资源供给的总量性短缺,是我国教育供求关系基本矛盾的反映。我国有庞大的受教育人口;居民生活进入小康水平后,教育需求高移,教育消费成为生活消费的新热点;国家确定以信息化带动工业化,教育必然要实行适度超前发展战略。这些因素使我国社会教育需求持续增长,教育规模不断扩展,仅各类学历教育的在校生就达到2.3亿人。而由于国家财政收入和居民收入仍处于较低的水平,必然制约教育的投入水平。以1998年为例,我国人均公共教育经费为167元(折合20.2美元),生均公共教育经费为945元(折合114.4美元),远低于世界平均水平(1995年人均241美元,生均1273美元),这就使教育经费的供给难以满足现有教育规模的需要,更制约了教育事业的进一步发展。这就是我国现阶段教育供求关系的基本国情。由经济发展水平所决定的教育资源的总量性短缺,是制约教育发展水平的主要因素,需要较长时间才能根本解决;而现在的问题是财政性、体制性、结构性短缺,加剧了教育资源供给的短缺程度,因此,现阶段解决好财政性、体制性、结构性短缺,可以缓解总量性短缺的程度。

二、缓解财政性短缺:调整国民收入分配与财政支出结构

随着经济的持续快速发展,我国财政性教育经费不断增长,从1990至2000年,财政性教育经费支出由569亿元,增加到2563亿元。其中政府拨款由426亿元增加到2086亿元,但是,财政性教育经费支出占国民生产总值的比例,20世纪90年代前期逐年下降,从1990年的3%下降到1995年的2.44%,20世纪90年代中期之后开始回升,但直到1999年也只占2.78%,并未达到《中国教育改革和发展纲要》规定的,2000年财政性教育经费占国民生产总值4%的要求,也低于1995年公共教育经费占国

民生产总值4.9%的世界平均水平。在20世纪90年代中期实行分税制之后，中央财政收入占财政总收入的比例从38%上升到52%，地方财政收入所占的比例由62%下降为48%，尤其是县、乡两级财政十分困难，严重影响基础教育，主要是农村基础教育的发展。因此，提高财政性教育支出在国民收入分配中的比例，是增加教育经费总量的基本途径，需要特别予以关注。

改变财政性教育经费供给不足，从长远来说取决于经济发展水平的提高为教育发展提供的坚实财力基础。而从财政收支而言，要努力增加财政收入，提高财政收入占国民生产总值的比例。我国财政收入占国民生产总值的比例，在20世纪80年代连年下降，从80年代初的32%下降到90年代初的10.6%，直到1998年才提高到14%（预算外收入未列入），明显偏低，影响财政对教育的支持能力。改变这种状况，一方面要提高经济增长的质量与效益，减少较为普遍存在的生产性浪费和行政性浪费现象，尽力扩大税源，足额征税，堵塞各种漏洞，提高财政收入占国民生产总值的比例，预算外收入纳入预算内管理，也就是要做大"蛋糕"，增强政府教育投入的财力基础。另一方面要建立和完善公共财政体制，调整财政支出结构，在财政支出结构中真正体现教育优先和适度超前发展的方针。现在国家财政对于亏损的国有企业的直接或间接的补贴，对于生产性建设项目的投资，仍然是一个不小的数目，势必影响国家对社会公共事业的投入。在公共开支中，行政管理费的增长过快，从1991至1998年行政管理费增加了4倍，而同期预算内教育经费增加了3.4倍，在全国正在实行政府机构改革的情况下，行政管理费的增加幅度超过了教育经费的增加幅度，是很难令人理解的。这里还没有分析中央部门的行政管理费与地方政府行政管理费增加幅度的差别，也没有分析政府行政管理费增加的项目。总之，即使在现有财政收入总量的条件下，合理地调整财政支出结构，也有可能提高教育支出在财政支出中的比例，进而提高财政性教育支出占国民生产总值的比例。为此，需要完善财政预算的审核制度，实行教育经费在财政预算中单列，增加预算的透明度和教育部门参与预算编制与审核的权力，保证财政支出真正体现国家发展的战略意向。

三、摆脱体制性短缺：扩大政府宏观调控下的市场参与

所谓体制性短缺，是指在计划经济体制下形成的办学体制和投资体制，造成单一的办学主体和投资主体（政府），限制了非政府渠道的资源投入。其结果：一方面政府投入越来越不能满足日益增长的教育需求；另一方面非政府的教育资源难以进入教育市场，加剧了教育资源短缺的程度。我国长期来沿袭与计划经济同步的单一公办教育体制，政府承担了（主要是城市）公办学校的几乎全部经费（包括高校学生的一部分生活费用）。随着教育普及程度的提高和教育规模的扩大，有限的政府教育投入越来越不能满足公办教育的经费需求。20世纪80年代中期以来，我国逐步发展各种形式的社会力量办学，开始突破单一的公办教育体制。到1999年为止，全国共有民办教育机构（不包括幼儿园）4138所，在校学生140多万人，当年经费收入48亿多元，仅占全国教育经费总收入2949亿元的1.63%；社会捐资和集资办学经费141.85亿元，占教育经费总收入的4.81%，其中农民集资53亿元，占1.8%；学费、杂费收入369.7亿元，占教育经费总收入的12.54%。可以看出，各种非政府的教育投入正在增加，尤其是学费、杂费的收入占教育经费的比例，从1990年的2%到1999年的12.54%，有了明显的增加。但是，与社会教育需求以及居民的支付能力相比，非政府的教育投入比例仍然偏低，现有的办学体制和投资体制，仍然没有为各种民间资本的投入提供宽松的环境，体制性障碍还是教育资源

供给短缺的重要原因。

既然体制性短缺的根源是办学主体和投资主体的过于单一，那么，改变体制性短缺的出路就在于深化教育体制改革，尤其是改革单一的公立教育和政府投资的体制，在政府宏观调控下，加大市场参与和市场调节的力度。具体地说，政府要改变作为教育资源供给的唯一主体的角色，区分教育的公共产品、准公共产品、私人产品的不同属性，保证公共产品的供给，退出私人产品领域的供给，调节准公共产品的供给，扩大社会参与和市场调节，充分发挥市场调节教育供求关系的作用，增加教育资源的供给，缓解教育资源的体制性短缺，实现教育供求的动态平衡。

解决教育资源的体制性短缺，政府与市场要在保证教育资源配置的公平与效率方面，发挥各自的作用。政府把保证义务教育的经费供给作为主要责任，实现基本教育机会的公平原则，同时把对非义务教育的投入，主要用于帮助处境不利的地区和人群获得公平的教育机会，并运用多种间接调控手段，创造市场参与的法规和政策环境。在这样的政策背景下，探讨市场参与的多种途径，扩大市场准入，从社会吸纳教育资源供给，为社会增加更多的教育机会。这里，仅就正在发展的几种社会参与的形式做些政策性探讨。

发展多种形式的民办教育，广泛吸纳社会力量对教育的投入，这是解决体制性资源短缺的主要途径。在我国教育供求关系紧张的条件下，民间对教育的投入有很大的潜力，民办教育应该有很大的发展空间。但是，目前民办教育的规模仍然有限，学校数和在校生数仅占公办学校的0.6%，即使这样，现有的民办学校也面临着许多困难。其原因是多方面的，主要是：一方面国家有关民办教育的法规和政策尚不完善，发展民办教育的政策和制度环境还不够完备；另一方面我国有着庞大的公立教育系统，民办教育起步不久，基础薄弱，在竞争中处于弱势地位。因此，从我国的实际出发，发展民办教育需要采取多种形式，大体包括：①由非政府机构和公民举办的民办教育机构；②公办学校改制，即校产国有，按民办机制运行，亦称"国有民办"；③公办学校举办民办二级学院或按民办机制运行的分校；④由混合办学主体举办的民办学校，即一部分由公办学校的校产入股，大部分由民间资金投入，按民办学校机制运作（有的地方把这类学校称为"股份制"学校，似不准确）；⑤中外合作办学的学校，也按照民办教育机制运作。在各种非政府办学投资主体中，有国有企业、民主党派、社会团体，也有民营企业、公民个人等，而实际的经费来源主要还是学生缴费。因此，不能单纯以投资来源作为衡量公办教育和民办教育的依据。也就是说公立学校可以吸纳非政府的资金来源，而政府也可以资助民办学校；民办教育既可以由非政府机构和个人新建学校来发展，也可以利用公办教育资源，通过改制来发展；作为非营利性机构，公立学校与民办学校，可以通过发展多种形式办学，发展出各种混合型的学校。总之，办学体制的改革，要在国家法规和政策的规范下，更多地应用市场机制，按照有利于增加教育资源供给，有利于扩大教育机会，有利于教育事业发展的原则，突破现有体制的束缚，发展出符合我国国情的多种办学体制，增强教育满足社会多种需求的能力。

非义务教育阶段的公立学校，实行教育成本由受益者分担的原则，也是解决体制性资源短缺的改革举措。在教育普及程度不断提高，教育规模迅速扩大的情况下，政府已经不可能承担公立教育的全部经费供给。非义务教育阶段按照教育成本的一定比例，适当收取学费，既是在教育投资上效率优先原则的体现，也符合教育公平的原则。20世纪80年代中期开始，在高等学校实行公费生、自费生、委培生制度，对一部分计划外的学生实行收费。20世纪90年代中期，非义务教育阶段实行收费制度，高等学校实行收费并轨，统一按教育成本的一定比例收取学费和住宿费，义务教育阶段的公立学校收取少量杂费，使学杂费收入占教育总经费的比例由1990年的2%增加到1999年的12.54%，成为教育经费各项收入中增长最快的一项。现在的问题是如何规范公立学校的收费制度，使之既能增加教育供给，又要符合家庭承受能力，并尽可能保证教育公平，这就需要研究以下问题。①学校收费标准的确定。目前高校收费一般占成本的20%—30%，财政拨款约占50%—60%，从实际需要而言，还要适当提高收费标准。但高等学校的学费已占经常性支出的27%，从家庭支付能力看，现在教育费开支已占家庭消费支出的8%—9%，大多数工薪阶层不可能承受大幅度提高学费的负担，至于广大农民则更缺少支付能力，近几年农村初中辍学率的迅速提高，在一定程度上也是对高中和高校提高收费标准的消极反应。因此，公立学校的收费标准要与多数居民的支付能力相对应。②如何根据不同的收益和回报制定和调整收费标准。例如对某些收益回报率高的热门专业，可以提高收费标准，有的可以按成本收费；而对有些关系国家科学文化发展的基础学科的专业则可以免收学费，或设立国家奖学金。这在一定程度上可以应用收费政策，调节专业结构和供求关系。③健全法规制度，规范社会捐赠和赞助行为。要设立学校基金，把社会捐赠和赞助规范化、公开化，使之与学校的招生脱钩，并使基金的使用与运作制度化。

在市场活动中，资本运作具有重要作用。近几年来，教育界开始注意金融资本的注入对缓解教育经费短缺的作用，金融界也开始把教育作为投资的一个新领域，于是，就提出了金融资本与人力（教育）资本相结合的问题。在实际运作中，主要表现为教育系统（包括学校和地方教育行政部门）向银行贷款，或由企业（国有企业或民营企业）贷款建设社会化教育设施，由学校租用或合作共用。这无疑能增加教育投入，缓解教育经费短缺的困难，如果应用得当，也是扩大教育资源供给的新途径。但是，资本市场运作的主体，应该是能自主处理产权关系、自负盈亏的企业法人，学校的财产所有权属于国家，它也不是营利性机构，它同金融机构发生的信贷关系，实际上是政府主管部门承担着信用责任，这就有一个政府、学校与市场的关系问题。例如在20世纪90年代中期，为了加快普及九年义务教育，不少地方政府用借贷来兴建校舍，改善办学条件。据不完全统计，全国借款普及九年义务教育的金额500多亿元，原来打算用以后几年的教育费附加偿还贷款。如果农村实行费改税的改革，则还款来源没有着落。一部分高校的贷款也有还款来源问题。因此，需要探讨金融资本介入教育的相关领域与政策。从目前情况看，金融借贷一般发生在：一是举办民办学校；一是建设学校后勤社会化设施；一是满足教育发展需要的教学与科研的基本建设。前两种借款属于企业和个人行为，应用市场运作的方式与机制处置。而教学与科研的基本建设（除少数大学城由企业贷款建设社会化设施外）多数由学校借贷，数额大，周期长，有的地方提出仿照国家建设高速公路等基础设施建设的办法，实行政府财政贴息的长期贷款，即把还款期定为20—30年，政府财政付息，学校通过收费、创收等途径，分期偿还本金，这是一种用明天的钱办今天的事的办法，在目前教育事业加快发展、教育经费严重短缺的情况下，是否可以进行有限度的试验？当然，学校如何运用金融资本运作，需要慎重研究，要做到既要遵循国家有关金融的法规和政策，又要符合教育与学校运行的特点和规律。

四、调整结构性短缺：强化政府在教育资源配置中调节公平与效率关系的作用

在教育资源供给的短缺中，由于发展水平的差距，在不同地区和学校之间，存在着生存性短缺和发展性短缺这两种不同类型的短缺，这可以

归纳为结构性短缺。这种结构性短缺反映在基础教育与高等教育之间、农村教育与城市教育之间、重点学校与薄弱学校之间、发达地区与欠发达地区之间差距明显。这种差距的存在，一方面是由于自然和历史的原因而造成的经济发展水平和教育基础的悬殊，例如地区之间的生均教育经费的差距，省与省之间差几倍，县与县差几十倍，乡与乡差上百倍，实际上是跨越几个历史阶段的差距。这方面教育资源的相对短缺，有赖于经济社会的协调发展，需要较长时间的努力。另一方面是由于政府的非均衡发展政策，教育投资向一部分学校倾斜，加剧了教育资源配置的不平等和结构性短缺。仅以生均成本为例：发达地区与欠发达地区的差距，高等学校为3.9倍，中学为7.3倍，小学为8.8倍；城市的"标志性学校"与农村的学校相比，差距百倍以上。在教育的实际运作中，有一小部分学校具有超过当地消费水平的"豪华"设施，而相当多的学校则缺乏基本的办学设施。仅以实验仪器和图书配备为例，尚有约60%的小学和50%的中学未能达到国家规定的最低标准，相当数量的农村中小学教师不能按月发放工资，全国拖欠教师工资达100多亿元。这种生存性短缺反映了我国教育资源配置中的结构性失衡的严重性。政府在保证教育资源配置公平性方面的作用，是解决结构性短缺的关键因素。

现阶段我国教育资源配置中的主要矛盾是：一方面教育的公平性原则要求为所有的学校和学生提供平等的机会和条件，政府应当公平地分配教育资源，保证基本的教育需求；另一方面我国作为一个发展中的大国，为了迎接国际竞争的挑战，保证国家和民族长远发展的需要，又要重点建设一批学校和学科，使之达到或接近世界先进水平，这样，教育资源就不能完全平均分配。这里的关键在于公平与效率的合理的"度"的现实选择，例如：在义务教育与高等教育的关系上，政府的财政资源应当优先保证义务教育的基本条件，实现基本教育的机会均等，同时，在此基础上，政府尽可能扩大自身和社会的财力资源，最大限度地满足社会对高等教育的需求；在农村教育与城市教育的关系上，政府的投资取向和政策选择，首先是不扩大城乡教育的差距，然后逐步缩小城乡之间的差距，目前则需要特别增加政府对农村教育的投入，解决农村教育面临的严重的生存性危机；在一般与重点的关系上，要在保证一般学校生存基本需要的前提下，重点建设若干学校和学科，通过政府与市场的相互作用，促进学校之间、学科之间的相互影响和相互竞争，只有这样才能真正发挥重点投资的经济效益和社会效益，产生重点投资的带动效应；在中西部地区与东部地区的关系上，既要承认区位优势的客观性和区域差距的长期性，不能用行政手段人为地拉平地区之间的差距，同时又要运用经济的、政策的和行政的手段，使地区差距不再继续扩大，并且通过实行投资和政策适当向西部倾斜的战略，为缩小地区之间的差距创造条件。

总之，在调整结构性短缺的问题上，政府所能做的，首先是要尽可能公平地分配教育财政资源，不要因为政府行为加剧结构性失衡与短缺，也就是说，政府的关注重点首先是"雪中送炭"，其次才是"锦上添花"。同时，在重点建设上既要有投资的重点倾斜，更要注重运用政策效应和市场机制，在改革中增加教育投资，在改革中提高投资效益，即通过政府与市场的共同作用，实现公平与效益的动态平衡。

解决结构性短缺是一个涉及利益关系和政府行为调整的复杂的过程，需要一系列体制变革和政策调整。笔者认为在现阶段迫切需要采取的举措是：①完善中央和省级政府的财政转移支付制度，加大中央和省级政府对义务教育尤其是农村义务教育的转移支付。在目前中央已经决定适当加大财政转移支付的情况下，需要明确财政转移支付中用于教育的比例。在条件成熟后逐步实行确定不同地区义务教育成本标准、各级政府分担义务教育成本的规范化的财政转移支付制度。②建立和完善教育经费的拨款制度。首先是要制定各级各类教育的基本的拨款原则与拨款标准，使教育拨款有章可循；同时要完善拨款程序，增加拨款的透明度，例如高等教育的拨款可以通过类似拨款委员会这样的中介机构，合理地分配教育经费。③政府要把帮助处境不利的地区和人群作为重要的职责。在市场经济体制下，必然会有一部分地区和人群处于弱势地位。政府要采取直接的或间接的手段帮助弱势群体，包括已经实行的"贫困地区义务教育工程""特困生补助金"等。今后要有更多样的政策与项目，从不同方面帮助贫困地区和人群获得更多的教育机会，逐步实现教育机会包括高层次和高质量教育机会的公平。

参考文献

1. 国家统计局：《2000年中国统计年鉴》，中国统计出版社，2000年。
2. 教育部发展规划司：《2000年中国教育事业发展统计简况（内部资料）》，2001年。
3. 联合国教科文组织：《1998年世界教育报告：教师和变革世界中的教学工作》，联合国教科文出版社、中国对外翻译出版社，1998年。
4. 教育部财务司：《1999年中国教育经费统计年鉴》，中国统计出版社，2000年。
5. 教育部：《面向21世纪教育振兴行动计划》，北京师范大学出版，1999年。
6. 教育部：《深化教育改革，全面推进素质教育》，高等教育出版社，1999年。
7. 国务院：《关于基础教育改革与发展的决定》，2001年。
8. 刘溶沧："谈谈公共财政问题"，《求是》，2001年第12期。

农村教育：现状、困难与对策[40]

农业、农民、农村问题是当代中国经济和社会发展的突出问题，其发展状况将在很大程度上决定现代化的发展进程。农村教育既是农村发展的基础性条件，也是农村发展状况的重要表征。从20世纪80年代初到90年代中期，在农村改革和农村经济发展的带动下，农村教育获得了长足的进展，而90年代中期之后，随着财政体制与农村经济状况的变化，农村教育正面临着严峻的形势和严重的困难，普及九年义务教育面临经费短缺的困难，继续提高教育水准更是举步维艰，城乡教育与知识差距明显加大。这种状况如不及时改变，不仅影响教育的普及与提高，更将影响社会的公正与稳定乃至现代化事业的健康发展。因此，把农村教育作为一个战略性问题进行全局性的思考与筹划，实在是当务之急。本文只是就普及教育角度提出一些问题和建议，以期引起重视与讨论。

一、现状

农村教育是中国教育改革和发展的重点。中国（内地）农村人口占全国总人口的65%，人口素质低，文盲和半文盲人口2.19亿，在农村就业人

---

[40] 谈松华："农村教育：现状、困难与对策"，《北京大学教育评论》，2003年第1期。

口中，文盲和半文盲占 35.9%，小学文化程度者占 37.2%，每万人口大学生数为 4 名，平均受教育年限为 4 年。这种状况是现代化进程中的沉重包袱。大力发展农村教育，把沉重的人口负担转变为人力资源的优势，不仅是教育发展的重要目标，也是影响现代化建设进程的战略性任务。

农村基础教育是中国教育的主要部分，其普及程度及教育水平，直接影响全国普及教育和基础教育的实现程度。2000 年全国有小学 553,622 所，其中城市 32,145 所，县镇 81,184 所，农村 440,284 所，分别占 5.81%、14.66%、79.53%；小学在校生数 130,132,548 人，其中城市 18,166,507 人，县镇 26,928,904 人，农村 85,037,183 人，分别占 13.96%、20.69%、65.35%。初中学校 62,704 所，其中城市 14,473 所，县镇 20,852 所，农村 41,942 所，分别占 18.73%、26.99%、54.28%；在校生 61,676,458 人，其中城市 10,346,351 人，县镇 17,045,443 人，农村 34,284,664 人，分别占 16.78%、27.64%、55.59%。如果从教育民主化的要求来看，没有农村教育的普及和提高，就不可能实现中国教育的公平原则，更谈不上教育的现代化。

农村普及教育正在全面展开，并且取得了历史性的进展。从 1986 年《中华人民共和国义务教育法》公布后，全国分三片地区推进普及九年义务教育。到 2000 年，全国有 2410 多个县通过了九年义务教育的验收，人口覆盖率达到 85%，扣除城市人口，农村普及九年义务教育地区的覆盖人口也达到 54% 左右。普及教育对农村社会起了动员作用，重教兴教蔚然成风，办学条件明显改善，许多地方农村学校的校舍确实是当地最好的建筑之一，为农村教育的进一步发展奠定了较好的基础。

农村基础教育管理体制初步形成，并对普及教育发挥了重要的保证与推动作用。1985 年《中共中央关于教育体制改革的决定》，明确规定基础教育实行地方负责、分级管理的体制，调动了地方政府主要是县乡两级政府的积极性。在这种体制下，义务教育的经费投入实际上是由县乡政府和农民共同负担：教师工资由县乡政府和农民缴纳的农村教育费负担；学校建设和设施由农民集资；学校公用经费向学生收取杂费。过去提倡的人民教育人民办，农民说实际上是人民教育农民办；县级以上政府的教育经费支出主要承担了城市的教育投入，而农村教育经费则主要落到了县级以下政府和农民身上。

农村已经实现的基本普及九年义务教育还只是初步的，是低水平、不平衡、不巩固的，其中还存在一些水分，而城乡的差距扩大正在加剧，是一个严峻的现实。据 20 世纪 90 年代中期的统计，全国只有 40% 左右的小学和 50% 左右的初中达到了原国家教委规定的实验仪器和图书配备的标准。由此推断农村中小学绝大多数没有达到国家规定的最低标准。在有些城市投入上亿，甚至数亿元建设所谓标志性学校或示范性学校的同时，乡村不少学校却在危房里上课；城市有的学校建设超标准的健身房、温水游泳池等高于当地居民生活水准的豪华设施，而不少乡村学校的学生买不起必需的书本，教师得不到必要的教学材料。当然，这些现实是现阶段城乡差距的反映，但是教育体制和政策在缓和还是加剧这种差距上，是有重要作用的。我们这里讨论的重点也就是这方面的现实问题。

二、困难

财政体制的调整影响农村教育的体制基础，县乡政府财力难以承担原先分担的财政责任。20 世纪 80 年代中期确定基础教育实行地方政府负责的体制时，财政体制改革的主要内容是实行财政包干，分灶吃饭，扩大地方政府的财力，调整中央政府与地方政府财政收入的比例，从 80 年代初的 40∶60，变为 90 年代初的 22∶78。地方政府财力的增强为支持农村教育的发展提供了物质基础。而 90 年代中期开始实行分税制的财政体制改革，改变了中央政府与地方政府的财政收入结构。1998 年中央财政收入与地方政府财政收入的比例改变为 52∶48，地方政府尤其是县乡政府的财政收入日渐困难，而教育成本由于教师工资和教材等材料价格的上升而提高，许多地区单靠县乡财政已经难以承担义务教育的全部经费，贫困地区有的县乡全部财政收入还不够发放教师工资（例如甘肃省榆中县 2000 年全县财政收入 7410 万元，而财政支出 13,900 万元）。在农村义务教育的管理权放到乡级政府后，由于乡财政中的大部分是教师工资，容易被挪用，这样就连续出现了大面积拖欠教师工资的现象，2000 年曾达到 180 亿元，有的地区拖欠达半年以上，农村教育面临着经费短缺的严重困难。

农村正在全面进行的税费改革，势将给现有的农村教育投资格局以重大的冲击。农村税费改革将取消各种收费，改为只收一种农业税，这对于减轻农民负担，发展农村经济和保证农村的社会稳定，将产生深远的影响。但是在税费改革中将取消农村教育费附加和大部分教育集资，大幅度减少农村教育经费。全国农村教育费附加 1996 年 240 亿元，1997 年 269 亿元，2000 年 151.97 亿元，地方教育费附加 25.94 亿元，农村教育集资 34.2 亿元（1999 年）。在农村地区，教育费附加是补充教师工资不足部分的经费来源，而农村教育集资则是改善校舍和办学条件的主要经费来源。由于税费改革造成的经费缺口，只靠地方财政是难以完全填补的。仅以已经全面推行税费改革的江苏省为例，根据去年的调查材料看，该省 2001 年财政增加 20 亿元转移支付，用于苏北地区税费改革造成的缺额，其中 10.6 亿元用于教育，其结果是保证了苏北地区教师国标工资（现有教师工资构成中，60% 左右是国家规定的工资标准，而 40% 左右是地方政府规定的各种补贴）按时足额发放，教师的这部分工资不再拖欠。由于苏北地区原先约有一半以上的教师未被发放地方补贴，现在矛盾不太突出，但长远来看这部分工资来源没有落实；而苏中地区现在国标和地方补贴都发，这次没有省财政的转移支付，地方财政只能支付国标工资，地方补贴并未落实，教师实际收入减少，反响强烈。财政厅估计如要解决地方补贴省级财政还要增加 20 亿元的转移支付。即使这样，农村学校的校舍设施和设备添置仍然没有经费来源。江苏属于经济发达地区，地方财力充裕，其困难尚且如此，其他地区可想而知。如果没有中央财政的大幅度转移支付，农村税费改革可能会造成农村教育的严重困境。

城乡经济和收入水平的差距持续拉大，农村教师主要是骨干教师大量流失，城乡之间的教育差距仍在扩大。大城市、中心城市、县城、乡镇之间以及不同地区之间的收入差距和工作、生活条件悬殊。一般县城的教师比乡镇教师的收入高出 1/3 或一半，造成教师逐级向上流动。中西部城市的教师向东部北京、上海、深圳等大城市流动，县城的向中心城市，乡镇的向县城流动，而流出的都是骨干教师。如四川省德阳市 2001 年已流出高中高级教师 61 人。有的国家级骨干教师在参加国家级培训时，就给沿海大城市挖走。与此相对应，农村又大量增加了代课教师，因为一名公办教师的工资相当于五六名代课教师的报酬，由于教育经费短缺，地方政府和农村中小学宁愿用代课教师，而不用师范学校的毕业生。如果这种情况继续发展，农村教育仍将不断滑坡，将会失去持续发展的条件。农村经济和农民收入增长放缓，缺乏推动和支持农村教育持续发展的能力。农村经济和农民收入在 20 世纪 80 年代联产承包和 90 年代农产品提价的政策调整中，曾有两次明显的提高：1978—1990 年，农民人均收入增加 5.1 倍；另一次发生在 90 年代前期。但 90 年代后期以来，由于乡镇企业的调整、农业生产资料价格上升、农业劳动力过剩等原因，农村经济增长速度减缓，虽然 1991—2000 年，农民人均收入增加 3.1 倍。但农民实际收入增长甚微，有的地区和有的年份甚至下降，个别的还有入不敷出、种地赔本的现象。这势必影响农村教育的经济基础。

而农村教育水平低，脱离农村建设和农民生活实际，相当一部分学生厌学；学校收费提高，超出部分农民的经济承受能力；高等学校收费过高，使贫困家庭失去继续学习的希望。这些因素造成农村地区教育与经济之间的非良性循环：农村经济基础薄弱造成农村教育办学条件差；农村教育落后，难以发挥对农村经济的促进作用，影响农村教育的可持续发展；优秀的人才很少留在农村任教。现有的教育也缺乏对学生的吸引力，突出表现在初中辍学率大幅提高，一般县在10%以上，有的县高达30%—50%，如任其发展，"普九"成果有可能得而复失，农村教育的基础将会因此而动摇。今后若干年，农村教育面临着危房改造、学校布局结构调整、初中入学高峰、加快高中阶段教育发展的四重叠加的校舍建设高峰，短期内需要大量基本建设投资，如不统筹规划，合理调节教育资源，将很难应对如此巨大的基建投资。

三、对策讨论

（一）调整并逐步完善农村教育管理体制与投资体制

为适应财税体制改革的新情况，2001年国务院《关于基础教育改革与发展的决定》规定农村义务教育实行在国务院的领导下，地方政府负责、分级管理、以县为主的体制，明确了新体制的总体目标和基本框架，对于改变基础教育管理权限和经费分担责任层层下放，农村学校经费难以保证的状况，提供了制度的保障。现在的问题是如何从不同地区的实际出发，形成实现体制的制度模式。从全国范围而言，最终应该制定包括农村基础教育在内的教育投资法规。作为过渡性措施，首先建立教师工资由中央、省、地、县几级政府分担的机制，加大中央和省级政府的财政转移支付力度，确保农村教师的工资按时足额发放。然后按照不同地区义务教育生均成本的额度，确定不同地区中央、省、地、县几级政府的分担比例，并以法律形式保证实施。为此，需要从现在就开始着手进行调查研究，确定不同地区义务教育的生均成本，并按不同地区财政收支状况，确定各级政府分担比例，作为制定投资法规的依据。只有这样才能保证农村教育经常性经费的按时足额拨付，农村教育才能持续健康地发展。

（二）采取应急措施，缓解现阶段农村基础教育的经费困难

农村教育的投资体制与农村经济发展以及国家财政状况有密切的关系，它的完善势必要经历一段发展过程，而目前农村教育的经费短缺不可能等新体制完善之后才解决。这就需要采取一些应急措施，主要包括：加大中央政府对农村义务教育的投入；发达地区继续发挥乡级政府对义务教育的管理和投资作用；在基本实现小康目标的农村地区，地方政府财力不能充分满足教育需求的阶段，继续实行多渠道筹措教育经费的政策，例如义务教育适当收取杂费、按照规定程序进行单项教育集资等。当然，鼓励发展民办教育也是增加教育投入、满足社会多样化教育需求的途径。这里就增加中央政府对农村教育主要是贫困地区教育投入问题提些建议。2000年国务院召开基础教育工作会议之后，中央财政增加农村教师工资转移每年50亿元，危房改造两年30亿元，贫困地区义务教育工程五年50亿元，还有其他用于农村基础教育的投入，是历史上中央财政对农村基础教育投入增长最快的时期，对缓解农村义务教育经费困难产生了明显的作用。但是，财税体制改革和农村教育发展所带来的经费缺口，仍然没有充分解决。仅以"普九"期间的举债而言，据全国不完全测算约500亿元。近几年将要相继进行的大规模校舍建设更需要大量资金投入。近期维持学校正常运行的经费仍然难以保证，需要采取特殊的办法缓解困难。是否可以从两个方面考虑：一方面，下决心调整财政支出结构，真正把人力资源开发

作为"第一要务",把农村发展摆到国家发展的战略重点地位,下决心压缩行政性开支(1991—1998年财政预算内教育支出增加3倍,而政府行政性支出增加4倍)和生产性建设中的决策成本浪费(例如有的生产性项目投资决策错误造成浪费达数十亿元之巨,据调查新疆某油田盲目决策建设石化厂,投资达24亿元,建成至今未能投产,每年还要支付一大笔维持费,把这样的经费用于解决教育经费困难对国家和人民会产生多大的功德)。因此,完善国家预算审核程序和投资决策程序,就有可能把一部分经费用于教育,主要是农村教育,把对农村教育的转移支付的水平提高到基本弥补税费改革后的缺口。另一方面,在近几年内把国债的一部分用于农村教育的基础设施建设,以缓解近期农村教育基础设施建设高峰期的困难。现在许多地方政府用国债进行城市基础设施建设,使城市面貌发生了显著的变化,而有些"标志性工程"标准过高,经济效益并不高,不必要地加大了城乡差距。如果从城乡协调发展的要求,加大农村教育的基础设施建设,对国家的现代化建设将产生更大的作用。因此,在现有的财政收支框架内进行适当的调整,有可能增加对农村教育的投入,而这方面所需的投入比之大型工程项目和城市标致性工程的投入要少得多,它所产生的作用和效益则是长久和深远的。

(三)中央与省级政府采取一些特殊政策,解决贫困地区农村教育的燃眉之急

中央政府在"十五"期间实施"贫困地区义务教育工程",将极大地推进贫困地区九年义务教育的实施,但是,因为它面对三片地区(包括少数两片地区)的相当数量的乡镇和学校,可能产生的效果是有多少钱办多少事,不能产生普及教育的整体性效果。根据笔者在一些地区调查的情况,有的地方行政部门领导建议能否从贫困地区开始首先实行免费义务教

育，在此基础上逐步在全国实行免费义务教育。在实施步骤上，例如可以在云南这样的办学非常分散（小学办学点两万多个）的多山省区，由国家在乡建设九年一贯制寄宿学校，学生免交杂费、书本费以及住宿费和伙食费，让贫困地区的孩子能保证接受九年义务教育。这对于已经进入工业化中期和初步实现小康的政府财政而言，适当向贫困地区实行倾斜是有可能做到的，而对于从根本上改变贫困地区面貌、全面推进现代化的事业则是千秋功业。

（四）加强城乡教育交流与互助，逐步缩小城乡知识差距

城乡知识差距不可能在短期内解决，现在的问题是首先不要继续拉大这种差距，然后逐步创造条件力求缩小差距。跨地区的城乡差距有待于全国经济的均衡发展，而现在需要努力的首先是在一个县域范围内实现教育的均衡发展。据一些成功的地区的经验，现在有可能做到的，首先，是政府公共教育经费和其他教育资源的分配应该按照公平的原则分配给每一所学校。农村"示范性学校"的建设既要有适当的超前性，更应有现实的可效仿性，即公平的竞争性。而且政府的教育经费不应只集中在个别学校，人为地制造不公平竞争的局面。就现阶段而言，政府的重点不是"锦上添花"，而是"雪中送炭"，应更多地关注农村薄弱学校的建设，对于那些条件好的优质教育资源可以适当放宽政策，让他们增强自我造血的功能。其次，建立城市与农村教师定期轮换的制度。可以先从年轻教师做起，即规定城市年轻教师要有在农村学校任教的经历，才能晋升职务或职称。还可以规定高中等院校毕业生从事教育工作，要先到农村学校任教。与此相适应，应实行在一个城市和县域范围内城乡教师工资标准统一（包括地方补贴），以便于城乡教师流动。有条件的地方（如江苏省江阴市）实行城市教师到农村学校工作提高工资待遇，并

计入退休工资之内的政策。只有这样才能逐步改变农村教师素质低下的状况，为提高农村教育的总体水平提供基本的条件。此外，采取多种形式，鼓励城市学校与农村学校、发达地区的学校与欠发达地区的学校建立合作关系，包括校长、教师之间的交流任职，定期组织专题研讨，有条件的还可进行学生之间的交流。实际上这种做法不仅对农村学校，同时对城市学校都会有帮助。

城乡学校、教师以及东中部与西部的交流，不仅是教育资源的合理使用，而且从现代化的进程而言，应该看作是现代教育与现代文明的传播过程。因为农村教育的现代化不仅需要现代校舍和教学设施的建设，更需要现代教育思想与教育模式的传播与实施，因此，人员的交流在某种程度上更为重要。可以在团中央现在组织的青年志愿者活动的基础上，扩大其范围，适当提高其服务期的待遇，让各类高校的毕业研究生到贫困地区的农村学校服务1—2年，除了从事教育工作外，还可以运用自己的专业知识培训教师，提高教师业务水平，因为造就一支高素质的教师队伍是农村教育持续发展的根本条件。

（五）积极推进农村教育创新

处在社会转型和全球化背景中的中国农村正在和将会发生历史性的巨变，农村教育也必将经历一个前所未有的变革与创新过程。如果说我国长期形成的农村教育传统与教育经验基本上是适应小农经济基础与社会环境的话，那么，在我国农村正在进入农业产业化和农村工业化、城镇化的新时期，农村经济结构和社会结构将会发生激剧的变化，农村教育的对象、功能、机构和体系都将需要调整和变革，尤其需要有适合中国农村实际的教育创新。这可以说是中国教育创新的主要内容与时代使命，需要几代人在继承前人经验基础上坚持不懈的探索。以下就几个实际问题提出一些想法，供研究讨论。

农村教育与农村经济社会紧密结合、协调发展，要从新世纪的实际出发，探索不同地区的新思路、新模式。农业产业化的发展，尤其是"公司加农户""贸工农"以及各种专业经营、规模经营的发展，正在改变传统农业的生产方式和生产组织。农村教育将扩展其内涵，不仅要增加农业生产与农业教育的科技含量，促进农业生产走向依靠科技进步的轨道，还需要适应农村工业化的发展，培养和培训制造业和服务业需要的劳动者和专业人才，并为农村劳动力向非农产业转移提供多种教育服务。在有条件的地区，各种教育机构应该逐步成为当地社区文化传播和科技扩散中心，带动地区现代化的发展。

农村城镇化的发展，也将赋予农村教育新的任务与要求，集中体现在城乡教育一体化发展的趋势，势必会有许多新问题需要研究、回答。在当前，尤其是对农村学校布局结构的调整不仅要统筹规划乡村中小学的集中布点、新校舍建设与危房改造，而且还要规划未来新城镇建设中的学校布局，使学校建设与社区建设相协调，也使有限的教育资源发挥最大的作用。而从更长远的角度，农村教育在人才培养的素质与规格上要着眼于造就一代具有现代精神的新农民，即促进人的现代化，为改变中国的二元社会结构、实现城乡现代化协调发展准备人力资源。

教育信息化在推进农村教育的跨越式发展方面具有独特的作用。国家教育信息化工程包括中小学的"校校通"工程，最好能通过政府拨款、城市支援、银行贷款和社会捐助等多种途径筹集资金，逐步增加信息技术在教育中的应用，并且不断探索与丰富适合农村实际的教育信息化发展模式，把重点放到增强教师和学生的信息意识，学会应用信息技术接受现代文明，学习现代科学文化知识，扩展视野，促进人的现代化，进而推进教育现代化。

参考文献

1. 国家统计局:《2000 年中国统计年鉴》,中国统计出版社,2001 年。
2. 教育部发展规划司:《2000 年中国教育事业发展统计年鉴》,人民教育出版社,2001 年。
3. 教育部财务司:《2000 年中国教育经费统计年鉴》,中国统计出版社,2001 年。
4. 杜育红:《教育发展不平衡研究》,北京师范大学出版社,2000 年。
5. 苏明:"中国农村基础教育的财政支持政策研究",《经济研究参考》,2002 年第 5 期。

义务教育的均衡发展：从行政措施到制度建设[41]

我国从1986年开始实施《义务教育法》时，地区之间就存在着很大的差异。因此当时确定分东中西三片分阶段普及九年义务教育，即：东部地区在20世纪90年代前期、中部地区在20世纪90年代末、西部地区在2015年前分批实现"普九"目标。这种非均衡推进策略是从我国经济社会发展不平衡的实际出发的，也可以说教育发展不均衡的根本原因是经济和社会发展的不均衡。当时实行非均衡发展策略是符合国情的决策。

一、义务教育发展不均衡问题及其成因

义务教育均衡发展问题是在基本普及九年义务教育后，在教育领域贯彻落实科学发展观而提出的。首先是对农村教育的滞后和滑坡，尤其是一度出现大面积拖欠农村教师工资，大面积农村中小学生辍学给予严重关切。同时，同一地区学校与学校之间的差距激化了择校矛盾，加剧了教育机会的不公平也引起了社会关注。因此，教育的不均衡所引发的教育不公平问题使义务教育均衡发展成为社会的热点，也成为政府公共政策的热点。

义务教育的不均衡主要表现在：

---

[41] 谈松华："义务教育的均衡发展：从行政措施到制度建设"，《群言》，2008年第11期。

第一，区域之间的不均衡。东中西部省与省、省内县与县之间的不均衡。以生均教育经费为例，上海与贵州相差九倍，某些县与县之间相差几十倍。

第二，城乡之间的不均衡。城市教育经费来源于政府财政支出，而农村除教师基本工资外其他经费靠农民的教育费附加和集资。即使在一个县的范围内，县城教师工资也比乡村教师高一半或一倍。

第三，校与校之间的不均衡。重点建设的学校既有政府的额外投入，又可收取择校费、赞助费等，条件优越；而一般学校则入不敷出，有的更成为学生少有问津的薄弱学校。

第四，人群之间的不均衡。即不同区域、不同地域、不同家庭背景的学生，在受教育机会、条件和质量上存在不合理的差距。

教育公平对社会公平的影响是根本的、长远的，它不仅影响当代，还会影响后代，即世界银行报告所说的"代际传递"。从根本上说，义务教育不均衡发展是经济和社会发展不均衡的表现，这需要通过长期的战略和政策调整实现，而现阶段要解决的主要是由于体制和教育政策的原因造成的不均衡问题。所谓体制原因是指教育管理体制与财政体制的错位：即义务教育实行"地方负责，分级管理"的体制，责任层层下移，主要由县、乡、村负责；而财政实行分税制，中央财政收入占55%以上，而中央财政直接用于义务教育的经费（不包括一般转移支付中用于教师工资的部分）仅占义务教育总经费不到5%，全国有一半以上的县收不抵支，无力承担义务教育经费。所谓政策原因是指教育上的重点学校建设和地方政府的政绩工程相结合，公共教育资源配置不公平，加剧了教育发展的不均衡。

因此，现阶段推进义务教育均衡发展的重点应该是在实现区域和城乡之间教育机会公平的基础上，着力推进县域或市域范围内的均衡发展，基本内容是政府公共政策的调整和公共财政制度的建立和完善。

二、促进均衡发展的政策调整及其效果

（一）政策调整

第一，调整中央与地方政府在义务教育中的责任，加大中央政府的投入。从2002年起，中央财政连续实施"贫困地区两基攻坚工程""农村寄宿制初中建设工程""农村学校两免一补工程""农村远程教育工程"，直至在全国农村实行免费义务教育，中央财政增加对农村义务教育投入1600多亿元。

第二，建立义务教育经费分担新机制，明确中央政府与地方政府的财权与事权的划分，为完善公共财政制度奠定基础。2005年底，颁布《国务院关于深化农村义务教育经费保障机制改革的通知》，制定了"明确各级责任、中央地方共担、加大财政投入、提高保障水平、分步组织实施"的基本原则，逐步将农村义务教育全面纳入公共财政保障范围，建立中央和地方分项目、按比例分担的农村义务教育经费保障机制，以彻底解决农村义务教育经费的短缺问题。2007年至2009年，全国财政用于调整完善农村义务教育经费保障机制改革相关政策的经费，将累计新增约470亿元，其中，中央财政约350亿元，地方财政约120亿元。2006年至2010年，整个农村义务教育经费保障机制改革累计新增的经费将由原来的2182亿元增加到2652亿元，其中，中央财政1604亿元，地方财政1048亿元。

第三，各级政府采取多种措施促进义务教育均衡发展，包括：加强薄弱学校建设；城乡教育一体化发展；优质学校与薄弱学校"捆绑式发展"；校长和教师的适度流动等。

（二）政策调整的初步效果

政府对义务教育投入的增长率在农村高于城市，生均拨款的城乡之比

有所缩小。2000 年至 2004 年，全国农村义务教育生均预算内事业费，小学由 413 元增加到 1014 元，年均增长 25%，初中由 534 元增加到 1074 元，年均增长 20%，均高于城市 6 个百分点。小学、初中生均预算内事业费的城乡之比都由 1.51 缩小为 1.21。

农村校舍增长较快。大部分省生均校舍面积城乡基本相近。2002 年至 2004 年，全国农村中小学新建和改造校舍 1 亿多平方米，农村小学生均校舍建筑面积从 4.7 平方米增加到 5.2 平方米，农村初中生均校舍建筑面积从 4.8 平方米增加到 5.4 平方米。到 2004 年，全国大部分省中小学生均校舍建筑面积城乡已基本相近。农村中小学新增校舍质量明显提高。

教师学历合格率进一步提高，城乡间、地区间差距较小。2002 年至 2004 年，全国农村小学教师学历合格率从 96.7% 提高到 97.8%，城乡差距从 2.2 个百分点缩小为 1.5 个百分点。西部地区小学教师学历合格率从 95.4% 提高到 97.0%，与东部地区的差距由 3 个百分点缩小到 2 个百分点；中部与东部地区缩小到 1 个百分点左右。同期，初中教师学历合格率的城乡间、地区间差距也呈缩小态势。

全国农村学校现代教育技术装备水平有较大提高，城乡差距有所缩小。2002 年至 2004 年，农村初中每百名学生拥有计算机台数由 2.0 台提高到 3.2 台，增长近 60%，建网学校比例由 6.3% 增加到 13.1%。农村小学每百名学生拥有计算机台数和建网学校比例也有所提高，许多学校计算机配备实现了从无到有。

义务教育学校的中级及以上职称教师比例，城乡间、地区间差距较大。2004 年，全国农村小学高级教师的比例为 35.9%，农村初中一级及以上职称教师的比例为 32.3%，分别比城市低 8.9 和 14.5 个百分点。小学高级教师的比例、初中一级及以上职称教师的比例，东、西部地区都相差 12 个百分点。

总之，这些政策调整取得了初步的效果：从全国范围而言，缩小了区域和城乡的差距，初步实现了"有学上"的机会公平（进城务工人员子女的教育权仍然存在问题）；就地区范围而言，初步实现了校舍建设和公用经费的低水平均衡，即最基本的硬件初步均衡。现在，我们进入了在全国全面"普九"，城乡全面免费的新阶段，办学条件、教师配置和教育质量的不均衡，即"上好学"的过程公平成为突出的问题。如何进一步促进义务教育的均衡发展，是政府提供基本公共服务必须面对的问题。

三、义务教育均衡发展的若干理论、政策、制度问题

义务教育均衡发展实质上涉及发展中的公平与效率的关系问题，而公平与效率关系的调节又与不同阶段教育的供求关系相关。需要在现实的教育供给与需求、公平与效率关系的框架内，寻求政府在促进均衡发展、提供公共服务上的责任定位。

义务教育的供求关系在经济社会发展的不同阶段是有所不同的：在欠发达的农村地区是在满足基本学习需求的基础上，逐步改善办学条件，在巩固机会公平的同时，努力实现过程公平；而在城市和发达地区在做到办学条件基本均衡之后，社会对优质教育的需求成为主要的需求，同时又呈现出教育需求多样化的趋势。这样，均衡与优质、均衡与多样的关系就成为义务教育均衡发展的一个新课题。

显然，政府的公共服务应该是提供基本的服务，满足最大多数人基本的教育需求，而超出基本需求的满足一般应该个人付费，由市场提供和满足。但是在我国公办教育仍然处于垄断地位，优质教育集中在公办学校的情况下，均衡发展中如何处理政府主办的优质教育的问题，是一个需要慎重研究的体制与政策问题。我们这里讨论的均衡发展是就基本公共服务这个范围而论的。

首先，建立和完善公共财政制度，逐步实现公共财政均等化，为教育公共服务的均等化提供制度保证。从建设财政转变为公共财政。增加公共教育经费，为教育公共服务提供必要的财政支持；明确政府在教育公共服务中的职能，优先保证基本公共服务；根据财政体制的权责划分，明确中央及各级地方政府的分担责任；中央政府通过转移支付及对口支援等多种形式，支持和帮助欠发达地区加快发展，缩小差距，推进区域均衡发展。

第二，合理配置教育资源，实现教育机会和过程的公平。制定义务教育学校建设基本标准，通过标准化建设，推进均衡发展上新台阶；加强薄弱学校建设，为所有学生提供公平的教育机会和教育条件；逐步完善教师任用和流动制度，实现教师资源的合理配置。目前教师资源的配置有几种做法，实行具有轮岗性质的流动：如沈阳实行"集团式""捆绑式"的定期流动，如成都实行优质教师资源学区共享，实行存量不动、增量轮岗的制度。

第三，改革和完善公办学校制度，以制度创新满足社会多样化教育需求。改革公办学校的体制，建立既反映均等，又反映绩效的评价考核制度，鼓励公办学校办出特色，办出水平。

第四，加强教师队伍建设和以信息化为基础的现代远程教育，让尽可能多的学生享受优质教育资源。

第五，鼓励为不同学生提供充分发展空间，为国家培养多种多样的人才。

城乡教育一体化的新阶段、新任务[42]

城市化、城镇化是伴随工业化而发生的社会变迁的历史进程。从这个意义上说，从1953年开始，我国已经进入城镇化过程，只是这个进程在改革开放前非常缓慢。改革开放后，城镇化进程加速，对教育产生的影响越来越深刻，推动着城乡教育一体化的发展。目前，我国正在进入新型城镇化的推进阶段，也是城镇化的加速发展阶段。诺贝尔经济学奖获得者、世界银行的前首席经济学家、美国哥伦比亚大学教授斯蒂格利茨说："美国的高科技和中国的城镇化将是拉动未来世界经济增长的两大引擎。"可见中国城镇化进程对于中国未来发展的影响甚至对于世界的影响都是不可估量的。因此，需要总结以往城镇化、城乡教育一体化的历史经验，深入研究面临的新情况、新问题和新任务，在新型城镇化的进程中，扎实推进城乡教育一体化。

一、城乡教育一体化的阶段性进展和存在问题

（一）城乡教育一体化的阶段性进展

城乡教育一体化是城镇化的重要内容和条件，研究城乡教育一体化发

---

[42] 谈松华："城乡教育一体化的新阶段、新任务"，《教育与教学研究》，2014年第4期。

展必须和国家城镇化进程相联系。城镇化是历史过程,是伴随工业化发展必然经历的社会转型过程。研究城镇化进程的阶段性特征,对我们研究城乡教育一体化是非常重要的前提。美国经济地理学家纳瑟姆根据西方经验把城市化进程划分为三个阶段:第一个阶段是起步阶段(城市化率在30%以下);第二个阶段是加速发展阶段(城市化率在30%—70%);第三个阶段是成熟阶段(城市化率在70%以上)。我们国家现在的城镇化率,按照常住人口来算是52%,按照户籍来算是35%,正处在30%—70%的城镇化加速发展的历史阶段,而且这个阶段要经历比较长的时期。

最近30多年来,特别是21世纪以来是中国城镇化加速发展的过程,城镇化率几乎每年以一个百分点的速度在增加。城乡教育一体化是我国适应城镇化发展、建立新型城乡关系的一种探索,伴随着城镇化发展提出并开始了积极的实践。像成都等地,城乡教育一体化的发展已经积累了比较丰富的经验,其中最主要的是政府规划引导和基层探索实践这两个方面的结合。

最近30多年来,中国城镇化速度之快、人口集聚规模之大,在刚刚改革开放的时候是没有完全预计到的。而且中国城镇化的一个非常重要的特点就是区域性流动特别大。西方国家工业化带动城市化,区域流动也大,但是没有像中国这样大规模的农村人口向城市迁移,而且主要是从西部农村向东部的特大城市迁移。由此带来的很多问题,如随迁子女和留守儿童教育、农村学校布局、城乡教育差距等问题都需要去应对和解决。由于解决这些问题没有可资借鉴的经验,所以只能在实践中不断摸索和积累经验。推进城乡教育一体化前一阶段主要抓了四个方面的工作:一是农村劳动力转移的职业教育培训。因为人口大量从农业转向非农业,必须要有一个农村劳动力转移的职业教育培训,这种培训在西部很多。二是进城务工人员子女的教育问题。经过多年的努力,应该说这个问题已经得到初步解决，就是"以流入地为主，以公办学校为主"来解决农民工子女接受义务教育的问题。三是留守儿童的教育问题。推动了寄宿制学校的建设。四也是最重要的，是城乡义务教育的均衡发展。在国家层面，加强了中央财政对西部和贫困地区的经费投入，教育部与各省签订了义务教育均衡发展的责任书。在省级层面，加大了省级政府对义务教育的统筹力度。市县范围内的城乡校际均衡发展是义务教育均衡发展的重点。义务教育均衡发展是前一阶段城乡教育一体化的重中之重，各地从实际出发，做了多方面探索，积累了不少经验。例如成都等地在实践探索中，形成了城乡校际的"捆绑式""结对子""优质教育链"、集团式发展等模式，以及与此相适应的公共财政均等化、教师流动、学区制等制度建设和制度创新，有效地缩小了区域内城乡义务教育校际间差距，促进了城乡教育一体化发展，为解决城镇化进程中的教育突出矛盾探索了新的路径。

（二）城乡教育一体化存在的问题

城乡教育一体化的发展，尽管取得了进展，积累了经验，但是由于阶段性的局限，还存在一些问题。①教育的城乡协调发展进程，滞后于城市化发展进程。我国最近20多年城市化超常规快速发展，使教育面临着前所未有的新问题、新要求，原有的教育布局、结构、体系、模式乃至政策法规在诸多方面不能适应这种变化，例如农民工随迁子女的教育问题、外出务工人员留守儿童的教育问题、部分外出务工人员集中的乡村教学点和村小"空心化"问题、城乡教育差距更加拉大问题，等等，这些问题集中暴露了原有的公共服务格局不能适应城市化进程中城乡关系变化的新情况。在这个阶段，教育的诸多举措是由被动应对逐步转变为主动参与。而如何主动适应进而促进城市化的发展，特别是各级各类教育如何为促进城镇化做出贡献，尚需根据国家城镇化规划进行整体筹划。②人口的城市化滞后于土地的城市化。这主要是户籍制度限制了农民工身份的改变，同时也反映了教育对于城乡文化融合的作用滞后于教育对于促进机会公平的作用。进入城市的农村人口，他们的身份没有完全改变，其子女进入城市学校，主要是公办学校学习，虽然初步实现了义务教育阶段入学机会公平，但身份差异特别是由此造成的文化心理差异明显存在，影响他们真正融入城市生活。人口城市化还有很长的路要走。③制度改革滞后于城镇化进程。包括户籍制度、医疗保险制度、社会保障制度等社会管理制度方面的改革滞后于城镇化的进程。在教育制度方面，城乡财政统筹制度、教师人事管理制度、劳动工资制度、升学考试制度等，同样制约着城镇化和城乡教育一体化发展。

二、新型城镇化对城乡教育一体化提出的新问题、新要求

（一）新型城镇化的内涵及特征

1. 新型城镇化的内涵

中央提出的新型城镇化，既是总结西方国家城市化的历史经验、教训，同时也是在我国城镇化过程积累经验的基础上，对进一步推进城镇化所做出的新的选择。李克强总理提出"坚持走以人为本、四化同步、优化布局、生态文明、传承文化的新型城镇化道路"。我理解这就是对新型城镇化内涵的明确界定，这个内涵的界定改变了对传统城镇化的理解。关于城镇化问题，人们的直接印象，就是城乡空间布局的调整，特别着眼于城市城镇的兴建。最早城镇化的规划曾经提出，金融危机以后，我国使用4万亿元投资拉动经济增长，而城镇化的投资拉动是28万亿元，远远大于4万亿元，会成为新一轮中国经济增长引擎。这容易被理解为城镇化是一个造城运动，很多地方政府的城镇化就是一味地造一批新的城。实际

上，中央提出的新型城镇化的内涵，对我们理解如何进一步推进城镇化是有指向意义的。而新型城镇化的内涵及所要实现的目标，对教育必然会提出新的问题、新的要求，需要教育界转变思路。我们现在讨论城乡教育一体化，更多是从城镇化过程中出现的教育问题这个角度来探讨，即比较被动地应对，而新型城镇化是以人为本，教育在城镇化中的地位就不应该是被动地适应人口流动所产生的教育问题，而更应关注教育与城镇化关系的另外一面，就是教育如何促进和服务新型城镇化。现在城乡教育一体化的一个问题，是城市教育与农村教育如何协调发展。这是城镇化以后，原先二元结构带来的问题，也是人口流动以后可能会加剧二元结构分化，要实现城乡的均衡发展，需要注意的问题。另外，现在还有大量的人口还会继续向城市、城镇流动，会带来新的问题，需要教育去适应、去促进这样的城镇化进程。

2. 新型城镇化的特征

为了深入思考新型城镇化与教育改革发展的关系，需要探讨新型城镇化的特征。依我粗浅的认识，至少有这样三个特征：

（1）新型城镇化是以人为核心的城镇化。新型城镇化要解决的问题，并不首先在于造城，而是在于人的城镇化。人的城镇化至少包括两个方面的内涵：一个是人的身份的转变，真正把农民变为市民，这就是一个户籍制度的变化；另外一个内涵是农民变为新市民，不仅仅是身份的市民化，还包括他的素养、思想观念、文化心理、生活方式、行为习惯等方面的市民化。教育在促进农民向市民转变、培养具有现代素养的新市民过程中，担负着基础性的、不可替代的职责。

（2）新型城镇化是以产业升级、产业转型、产业集聚为基础的城镇化。城镇的发展以产业为基础。如果我们单纯造了楼，修了马路，建设了基础设施，农民进了城，而没有产业集聚，就无业可就，那么就不能实现由农业向非农产业转移，也就不可能发展起新型城镇。而产业的转型、升级、集聚是需要各种类型、各种层次、各种规格的人才，尤其是一大批具有创新创业能力的人才，才能实现的。这些人才培养的基础在教育。教育要适应新型城镇化的要求，实现体制、机制、模式的深刻变革。

（3）新型城镇化是以农业现代化为必要条件的城镇化。城镇化同时伴随的应该是农业现代化，如果没有农业现代化而去片面发展城镇化，结果必然是新的二元结构，而且小城市、小城镇很难发展起来。我最近特别关注美国小城镇发展。例如：美国的大学，有的一所大学就是一个城市；某些大公司总部不在大城市，而就在镇上，带动小城镇发展起来了；相当多的小集镇周围就是农业，高度现代化、专业化的农业，有各种为农业服务的企业，这些企业都在镇上；农业现代化以后，农民的消费和服务明显提升，这种提升需要小城镇提供服务，所以他们的小城镇上很多是农业企业或与农业相关的企业，所以可以说农业现代化是小城镇发展的一个非常重要的条件。

（二）新型城镇化对城乡教育一体化提出的新问题

新型城镇化对城乡教育一体化提出的新问题、新要求

1. 农村教育方面

（1）农村教育的发展在新型城镇化的过程中，需要为实现农业劳动力的转移打好基础。所以我们现在城乡教育的联动，各种形式的协作，有利于农村教育与城市教育缩小距离、缩短差距，打好各种基础。

（2）农村教育应该为培养新农民打好基础。城乡教育一体化不是把所有的农村孩子都变成市民，还有一部分仍然会在农村生活。如果我们真的把现代农业建设起来，农村教育也要为现代农业和农村现代化服务。

（3）随着小城镇发展，农村的学校布局可能还是会有必要调整。有段时间，因为农村布局调整过急，超越了小城镇发展速度，所以出现了学生上学比较远等问题，但是如果小城镇进一步发展了以后，农村学校布局的

调整还是应该要考虑的。

2．城市教育方面

（1）要城乡联动，以城带乡。目前成都在这方面已经积累了许多经验，我想这是城市教育要做的。同时，如果从城乡教育均衡发展的进一步要求来看，城市教育自身应该提升自己的品质。但并不是说现代的城市教育模式能够带动农村发展就实现了城乡均衡发展的要求。如果城市教育的模式已经不能适应当今世界的发展，那么这种均衡发展并不一定完全符合未来时代发展的要求。因此，城市教育应该考虑国际国内环境的变化提出的新要求，这样才能使城乡教育的互动提高到更高的水平。

（2）城市教育要解决市民之间的文化融合问题。现在特别是大城市中，常住人口中原有户籍人口不超过一半，超过一半是新市民，新市民与原来有户籍的市民是有文化差异的。在教育中如何解决这些问题，是应该有所考虑的。

3．培养适应新型城镇化需要的各种人才

至少有三方面人才是迫切需要的：

（1）适应产业转型、升级、集聚的创新、创业人才。城镇发展需要产业带动，发展产业需要创新创业人才。创新和创业人才是不同层次的。像小城镇的发展特别需要这类人才。目前来看，已经有一部分农民工改从东部打工为回到家乡创业；大学生毕业以后也不完全是到大城市，而是愿意到中小城市发展。所以需要深入思考在教育中如何培养具有创业能力的人。

（2）适应现代城市社会管理和社会服务的实用性人才。城镇发展对社会管理提出了更高要求，而我们的城市规划、社会管理这方面的人才是紧缺的。最近有人主张中国城市化现阶段要发展特大城市，提出发展10个特大城市，发展大的城市圈、城市群，他们认为现在北京、上海等出现的问题，出现的城市病，不是人口集聚造成的，是管理水平太低造成的。这

个看法我觉得还是有点片面，但是城市规划、管理、服务的人才确实是紧缺的。最近调查发现城市老龄化带来的服务人员短缺，便是一个问题。所以对这方面人才，在城镇化进程中也是需要教育关注的。

（3）适应农业现代化需要的农业专业经营者。未来的农业，十八届三中全会提出来，不会像现在这样一家一户长期单干，而是要规模经营。规模经营需要专业的经营管理才能，和各种各样为专业发展服务的譬如种子、肥料、机械等各方面的人才。农业过去被看成是低技术行业，如果农业实现现代农业、规模经营，那么需要的技术装备、管理水平是比较高的。例如德国家庭农场的农业工人的人均固定资产原值（劳动力使用的机械设备原值）高于工业系统，资本有机构成不低。所以培养现代农业需要的人才是需要教育关注的。

三、深入推进城乡教育一体化的新任务

虽然城乡教育一体化已经积累了相当的经验，但面对新型城镇化的要求，要有更广的思路来思考如何进一步推进城乡教育一体化。首先，城乡教育一体化要从义务教育扩展到各级各类教育尤其是职业教育的城乡协调发展。其次，从城乡教育资源均衡配置，扩展到城市教育中的文化融合和农村教育的为农服务。再次，城乡教育一体化要从教育系统内部的城乡协调发展，扩展到以教育发展促进新型城镇化，为新型城镇化提供智力贡献和人才保证。从工作角度，提出几点想法：

（一）城乡教育一体化现阶段的主要内容应该仍然是义务教育阶段的城乡教育均衡发展

城乡教育一体化现阶段的主要内容应该仍然是义务教育阶段的城乡教育均衡发展。很多地区提出，要从起点或者基本的均衡提升到高位均衡，

从起点公平到质量公平。推进城乡教育高位均衡，有几个问题需要思考：对均衡和公平的概念，特别是教育公平的概念应认真思考。机会公平就应该是对每个人提供同等的机会，而质量的公平应该是承认有差异的公平，因为人是有差异的。第一，办学模式要更加适应学生差异化的发展，为具有不同禀赋才能的学生提供充分发展的机会。第二，信息化是促进高位均衡的很重要的因素，最近教育界对信息技术对教育变革的革命性作用讨论得很多，特别是优质教育资源怎样通过信息技术手段让更多人共享，这应该是在现有资源条件下，缩小城乡教育差距，实现高位均衡发展的有效手段。第三，提高教师专业化水平，包括教师城乡之间的交流和教师教育培训水平的提高。第四，体制机制的完善。体制机制有两个问题是比较突出的：一个是财税体制，财税体制上，因为义务教育均衡发展的基础是公共财政的均等化，财税体制能够实现公共财政均等化，是实现义务教育均衡发展的制度保障；另一个是教师人事制度，包括教师资格、教师聘任、教师流动、教师管理等等，是实现城乡教育高位均衡的基本条件。

（二）完善社会管理和教育管理的相关制度

因地制宜地逐步制定和完善包括户籍、医疗、社会保障、社会服务等相关制度，不断提高社会管理水平，是推进新型城镇化和城乡教育一体化的前提条件。没有这个条件，推进新型城镇化和城乡教育一体化就受到基本制度的制约，只有解决了这些制度保证，市民化和新市民教育，才有实现条件。在城乡教育一体化深入发展的制度建设方面，十八届三中全会提出实行校长、教师轮岗交流制度，这是一项难度比较大的基本制度建设，需要从实际情况出发，建立既能够保证优质学校教育质量和学校文化得以传承，又能使教育资源更加合理配置的制度。这就有一个存量和增量的关系、刚性流动与柔性流动的关系。这些问题都是在制度设计上要进一步考虑的。

（三）创新人才培养模式

城乡教育一体化发展，农村教育和城市教育都面临改革创新的新任务，特别是人才培养模式要适应现代农村和现代城市对新农民、新市民的要求，适应城市产业转型、农业现代化对各类人才的需求，从教育结构、学校布局、专业设置，乃至教学内容方法等方面，进行系统而深刻的改革。如果人才培养模式能够适应城镇化和农业现代化对人才的多样化和不同学生多样化成才的需要，就能推动农村教育的发展，同时能够提高城市教育的水平。

（四）完善教育评价制度

教育评价制度对教育和人才培养具有很强的导向作用，对于促进城乡教育一体化发展同样起着重要作用。成都做的是均衡发展指标体系，这是一个对于区域城乡教育一体化发展的评价、监测指标，对于学校、学生的评价。用什么标准和要求来评价学生？现在只有一个标准——分数。分数通过考试，而考试这种评价方法又主要是知识性的。如何把学生发展比较全面地体现出来？这就需要建立能力本位的学生综合评价制度。另外，对学校的评价现在主要是利用升学率、考试成绩，也存在片面性。对学校办学的实际功效，能不能用增值评价等办法来衡量学校是否确实提高了学生的发展水平？比如上海的新优质学校项目，有40多所，就是用了新的评价方法。总之，要改变我国现行教育评价考试制度和方法不适应教育现代化需要的现状，加强教育评价学科包括教育测量学科建设，积极而稳妥地推进教育考试评价制度改革，为深化教育综合改革，为城乡教育一体化发展提供有效的制度保证。

第四部分
素质教育：人才培养模式的变革

社会改革　教育改革　思想教育改革[43]

在全面改革和对外开放的形势下，学校思想教育面对着改变了的社会环境和新时代的教育对象，迫切要求进行必要的改革。改革已经成为加强思想教育的必要前提。那么，正在经历的思想教育改革的社会历史原因是什么，这种改革应该如何适应和满足时代的要求呢？这个问题不可能单从思想教育本身做出回答，而应该从社会改革和教育改革的总体中去寻找答案。

一、思想教育改革与社会改革

由农村改革开始的城乡经济体制、科技体制和教育体制的改革，正在汇合成一股社会改革的洪流，广泛而深刻地影响着我国社会生活的各个领域。学校思想教育的改革正是在社会改革的背景中展开的，是社会改革的必然要求。

万里同志在全国教育工作会议的讲话中指出："我们的国家当前正处在又一次革命的新的历史时期，要革贫穷的命，革落后的命，大大加强民主和法制，建立一个高度文明的、高度民主的社会主义强国。"这场新的

---

[43] 谈松华："社会改革　教育改革　思想教育改革"，《中国高教研究》，1985年第4期。

革命必将引起我国社会的深刻变革，不仅影响到经济领域，也必然对思想领域产生前所未有的影响，对思想教育提出新的改革要求。这种影响和要求是多方面的，主要的是：

(一) 面对着更为开放、更加多样、迅速变化的社会环境，思想教育必须由单通道的封闭型转变为多通道的开放型

当前的社会改革正在使我国的社会生活和社会面貌发生急剧的变化：经济形式由单一转为多样，经济结构由静态变为动态，精神文化生活由多年禁锢转为百花争艳，尤其是对内搞活、对外开放，大大扩展了社会活动的空间，开拓了人们的视野。在原先那种封闭和单一化的社会环境中，人们被人为的地域分割所束缚，只能得到纵向的信息，主要接受自上而下的教育，受教育者的选择余地很小，教育内容和形式的多样性和开放性的要求并不迫切。而在一个开放和思想活跃的环境中，信息渠道大大增多，信息传递手段更为多样而迅速，横向交流增加了，受教育者处于一种主动选择信息的地位，尤其是大学生处在社会信息交流的前沿，他们往往是在各种信息的对比中做出选择，可以说，他们接受教育的过程也就是从多侧面比较中进行选择的过程。在这种情况下，原先那种封闭式的教育必然要被环境的变化所打破。开放的环境要求开放的教育，开拓教育信息、传递的通道，面向社会，面向世界，充分发挥各种信息在思想教育中的作用，形成选择、吸收、消化、创造教育信息的思想教育机制。

(二) 面对着社会思想观念变革的趋势，思想教育必须转变自身的传统观念

正如历史上任何一次伟大的社会革命总会引起思想观念的巨大变革一样，我国社会的思想观念也正随着社会改革的深入而经历深刻的变革。这

种变革受到改革和开放两方面的影响：一方面社会改革正改变着社会经济结构、生产方式和生活方式，社会经济生活的现代化要求思想观念的现代化，要求破除与社会主义现代化进程不相适应的传统观念：即主要反映农业文明的中国传统的思想文化观念和由僵化的社会主义模式派生的种种"左"的偏见和教条。属于前者的如时效观念、信用观念、信息观念、法制观念等等；属于后者的如社会主义商品经济和价值规律的作用、多种经济形式、竞争观念、生活方式的观念等等。这种观念的变化渗入人们的物质生活和精神生活的各个领域，动摇着长期占支配地位的某些思想信条。另一方面对外开放不仅促进了中外经济、科技的交流，也促进了东西方思想文化的交流，必然对正在发生的社会思想观念的变化产生深远的影响。近几年大学生思考和提出的问题，实际上已经反映出西方的思想文化对于他们思想观念的变化所起的作用。总之，改革、开放加之行将到来的新技术革命对于我国思想领域的影响将是全面而深刻的，它对学校思想教育提出了两个突出的问题：一个是如何正确对待中国传统的思想文化，即如何在继承祖国优秀文化遗产的基础上，破除与现代化进程相矛盾的旧观念；另一个是如何正确对待西方的思想文化，剔除糟粕，洋为中用。归结起来，也就是如何适应社会变革的要求，在思想观念上实现历史性变革，创造出符合时代精神的社会主义新文化。处在这种观念变革的历史背景中的思想教育，面临的任务是双重的：一方面要研究社会思想文化观念的变化所提出的新问题，使思想教育适应和促进这种变革，也就是要发挥破除旧观念、发展新观念的积极作用；另一方面思想教育自身沿袭已久的旧观念也必须转变，例如把政治等同于阶级斗争，脱离经济和业务谈政治的旧观念，政治挂帅，政治工作为中心，一切工作服从于、服务于政治工作的旧观念，"兴无灭资""破字当头，立在其中"等关于思想政治工作方针的旧观念，此外如思想教育模式化、培养目标一刀切等旧观念。只有突破诸如此类旧观念的束缚，思想才能解放，视野才会开阔，思想教育也才能开拓新的路子。

（三）面对着在新的经济、文化环境中成长起来的新的教育对象，思想教育必须实现多方位的转变

当代大学生是在历史转折时期成长起来的，又生活在一个社会变革的环境中，在他们身上比较集中地体现着时代的精神：对于旧事物、旧观念的批判和否定，对于新事物、新观念的追求和探索。他们具有由旧时代向新时代过渡的思想特征，新旧交替，积极面与消极面交互作用，用他们自己的话说，他们的思想是杂色的，受到各种思潮的影响，这在客观上也就使他们的思维带有独立思考的特点。这种思想特点突出地反映在他们的价值观念和思维方式的变化上，因为价值观念和思维方式是思想观念变化的集中表现。他们的价值观念更重视人的价值，重视实际利益，重视个人的完善和发展；他们的思维方式注重从事实中进行实证思考，而不是从现成结论中进行演绎推理，注重多元的立体式思考，而不是单轨的直线式思考，注重横向比较分析，而不只是纵向比较分析等等。总之，在他们身上具有渴求创造思维的明显的倾向，又带有某种思想上不成熟、不稳定的特征。面对这样的教育对象，思想教育再也不能墨守成规，拘泥于固定的模式，"不能用五六十年代的钥匙去开八十年代的锁"，必须从教育任务、要求、内容、形式等方面进行多方位的改革，在同受教育者一道探索前进中创立新的教育模式：培养创造型人才的教育，必须转变到创造型的轨道。

二、思想教育改革与教育改革

学校思想教育改革是教育改革的组成部分，受到教育改革的影响、推动和制约。思想教育要适应社会改革的要求，首先就要研究教育改革对于

思想教育的要求，把思想教育的改革纳入教育改革的总体，使两者相互促进、同步前进。

思想教育改革与教育改革的联系是全面的，需要进行系统的研究。这里着重就教育改革的目的和思想教育的改革这两个问题提出些看法。

教育改革的根本目的是提高民族素质，多出人才，出好人才。这也应该成为思想教育改革的根本目的。现代科技和经济的发展，已经把人的素质问题提到了社会发展的突出地位。社会改革的成败，现代化建设的进程，最终将取决于人才，取决于人的素质。因此人的素质问题引起了国际社会的普遍关注，成为哲学、教育学、经济学、社会学、未来学等多学科的研究课题。例如，美国哈佛大学国际事务研究中心探讨了现代化与人的素质的关系，提出了现代化的分析模型与行为模型。苏联学术界从不同侧面探讨了未来人的基本特征，把未来人的素质同共产主义新人的需求联系起来考察。至于教育界对于这个问题的研究更为直接、具体，已经成为研究新技术革命与教育关系的一个十分重要的问题。国际教育界正在从多方面探讨"理想大学生的形象"这样的问题。足见这个问题对于未来教育发展的重要意义。我国的教育体制改革，从根本上说也就是要改变教育与经济社会发展要求不相适应的状况，培养出符合时代要求的合格人才。这指的是不仅在人才的数量和结构上能满足社会经济发展的要求，而且在人才的素质上也要符合时代的要求。人才的素质是一个完整的概念，既包括科学文化、专业技术的智力素质，也包括理想、道德、纪律等思想政治素质。社会改革和现代化建设无疑对人的智力素质提出了新的要求，同样对思想政治素质也提出了更高的要求。思想教育的改革应该研究和满足时代对于人才素质的新要求，使自己的全部工作建立在这样的基础之上。

为了培养符合时代要求的人才，在进行教育体制改革的同时，还要改革传统的教育思想、教育内容和方法。我国有些陈腐的传统教育思想和教育方法，沿袭久远，影响深广，不仅束缚学生智力的发展，而且也阻碍学生思想品德的成长。在思想教育领域，这种传统教育思想还同党在思想战线上的教条主义影响相结合，更有其独特的表现：在教育目标上，着眼于老实听话，循规蹈矩，束缚学生在思想政治上的探索精神；在教育要求上模式化，把"全面发展"归结为面面俱到、十全十美，限制个性发展，不利于才华横溢的拔尖人才的成长；在教育内容上，"唯书唯上"，讳谈发展马克思主义，缺乏时代气息；在教育方法上灌输注入，而不注重培养学生分析、解决问题和获取、创造新知识的能力。这就是说，在思想教育领域，不仅有传统的旧观念的影响，而且还有新教条的束缚，用违背马克思主义的教育思想和教育方法向学生进行马克思主义的思想教育。其后果是窒息学生的创造精神和创造能力，压抑和埋没人才。只有改革这种教育思想和教育方法，才能改变思想教育的僵化模式和沉闷空气，才能出现生机勃勃的创造性气氛，学生的智力才能得以充分的开发，精神上才能得到真正的解放，大批富有时代精神的人才才能脱颖而出，成为勇于思考、勇于探索、勇于创新的新时代的主人和人民的公仆。

三、思想教育改革的现实任务

从社会改革、教育改革的总体探讨思想教育的改革，是试图从更广阔的背景考察发展对思想教育改革提出的要求，以便从战略上研究思想教育改革的方向、任务和途径，指导思想教育改革的具体实践。那么，思想教育的改革从宏观战略上应该研究哪些问题呢？我以为可以先从四个问题入手：

（一）转变指导思想

这对思想教育的改革具有关键的作用。长时期来，思想教育的指导思想实际上是以阶级斗争为纲，为阶级斗争服务。这是思想教育工作中

"左"的错误的集中表现，也是思想根源所在。把思想教育归结为阶级斗争，把社会活动和人的一切思想活动等同于阶级斗争，把人作为阶级斗争的对象，伤害了不少干部、群众和青年学生，贻误了革命和建设事业，也败坏了思想政治工作的声誉。实践已经宣告了这种指导思想的破产。但是，它在理论上和实际工作中的影响不能说已经完全清除，当然那种言必称阶级斗争的观点没有多少市场了，但那种以政治为中心，脱离经济，脱离业务谈政治，谈思想教育的旧观念还时有表现。党的十二大确定的社会主义物质文明和精神文明一起抓的方针，为明确思想教育的指导思想奠定了基础。那么，思想教育应该怎样贯彻这个方针呢？中央《关于经济体制改革的决定》指出："在新的时期，党的思想工作和组织工作必须坚定地贯彻执行为实现党的总任务、总目标服务，密切结合经济建设和经济体制改革的实际来进行的指导方针。"这个指导方针的基本精神同样适用于学校：思想教育要由为阶级斗争服务转变到为两个文明建设服务；由凌驾于经济业务工作之上，转变到渗透于经济、业务工作之中。在学校，为党的总目标、总任务服务也就是要为培养符合时代要求的合格人才服务，为培养人、促进人的全面发展、全面提高人的素质服务。从这个意义上可以说，思想教育指导思想的转变，就是要由把政治自身当成目的转变到把提高人的认识世界和改造世界的能力作为根本目的，把思想教育的全部工作转变到提高人的觉悟和素质上来。

（二）更新教育培养目标

在学校教育中，培养目标和规格具有定向的作用。这种培养目标从根本上说是由社会主义教育目的所决定的，具有相对的稳定性，而具体地说，在不同时期又有不同的时代特征。因此，研究时代对于人才素质的具体要求，是确定培养目标、规格的前提。邓小平同志1978年《在全国教育工作会议上的讲话》中重申了毛泽东同志提出的"应该使受教育者在德育、智育、体育几方面都得到发展，成为有社会主义觉悟的有文化的劳动者"，并且明确肯定这就是社会主义学校培养人才的标准，这是我们研究新时期培养目标的根本指针。随着社会改革和现代化建设的进展，尤其是新技术革命对于教育的影响，社会对于人才培养规格提出了新的要求。1983年，邓小平同志提出"教育要面向现代化，面向世界，面向未来"，反映了时代对于教育的要求，也为确定培养目标的时代内容指明了方向，开阔了思路。近几年来，教育界包括从事思想教育工作的同志对这个问题进行了反复的探讨。万里同志在今年召开的全国教育工作会议上的讲话中实际上对此做了概括性的总结。他指出："这个新时代需要的人才，应该是有理想、有道德、有文化、有纪律，热爱社会主义祖国和社会主义事业，具有为国家富强和人民富裕而艰苦奋斗的献身精神，应该不断追求新知，具有实事求是、勇于创造的科学精神。"这是对于新时期人才素质和培养规格的精辟概括。在这个概括中，包括了教育界近几年来的研究成果，把创造精神和创造才能提到了突出的地位，把理想和纪律作为人才培养目标的必要内容，认为"如果缺乏这种时代精神和新的品质，没有理想，没有纪律，没有奋发进取的精神状态，不管有多少知识，也不能算新时代需要的人才"。这就是说，新的时代要求培养的人才，总的说来要由知识型转变为创新型。思想教育的培养目标也应该实行相应的转变，才能使学生在思想政治品德上能适应社会改革急剧变动的形势、对外开放遇到的各种复杂的环境以及新技术革命对人的素质的新要求。

（三）完善教育体系

思想教育任务和目标的变化，要求改变过去那种临时突击、零星分割的政治运动式的教育模式，把思想教育作为一项系统工程，按照全面塑造人的素质的要求和规律，把各种分散的或者是相互重复、抵消的教育因素加以合理组合，形成纵横联系的总体结构。这个结构包括横向系统和纵向系统，横向系统是指把各种组织（党、团、行政、后勤、学生会、社团）、各种途径（政治理论课、形势任务课、思想品德课、党团活动、业务教学、日常思想工作、社会实践）、各种内容（政治教育、品德教育、审美教育）以及各种形式的教育有机地组合起来，使学校教育、家庭教育和社会教育协调配合，使学校内部的政工系统、业务教学系统和行政后勤系统协调配合，形成教育的合力，从多个侧面协调一致地教育影响学生。纵向系统是指按学生学业和思想发展过程，把思想教育划分成若干相互衔接的阶段，形成螺旋式上升的阶梯，由浅入深，循序渐进，使学生在校期间得到全面而系统的教育培养。这样组合起来的纵横联结的网络体系，把思想教育的各个"零部件"有机地组装起来，像一部自动运转的机器，具有自动调节的机制，通过输入新的信息可以自动地调整运转，充分发挥教育效能。

（四）改进管理体制

思想教育的管理体制是学校教育管理体制的组成部分。学校实行党委领导下的校长负责制。改革教育管理体制，势必要求其实行相应的改革。思想教育任务、内容、形式的改变也要求改变思想教育管理机构和政工队伍的组织和职能。这种改革不只是涉及机构设置和人员配备上的调整，而且应该有结构和功能的根本变化。随着客观环境、教育对象和教育任务、目标的变化，思想教育的组织和活动方式也要变化，也要求思想教育机构和人员的功能更为复杂和多样。我认为，学校思想教育机构应该发挥教育功能、管理功能、研究功能。从事思想教育的人员应该包括教育人员、管理人员和研究人员。与此相适应，思想教育机构可以由三部分组成：思想教育研究机构（如思想教育研究室）、学生工作管理机构（如学生处）、思想教育的教学机构（学校可把各种实施思想教育的教研组组织为社会科学部，统一安排实施教学计划）。系里的有关人员可分别参加这三种机构。学校党政领导就是要统一组织这三方面的组织、人员、功能，在组织结构和活动方式方面，由行政型逐步转变到更多地注重研究指导型，把教育管理工作建立在科学化的基础之上。

教育创新的时代内涵[44]

创新是人类文明进步的基本条件。在新科技革命和知识经济迅速崛起的今天，创新精神和创新能力已经成为经济社会发展的决定性因素而备受关注。我国正在着手创建国家创新体系，提高知识创新和技术创新的能力，迎接国际竞争的挑战。提高民族创新能力的关键是人才，基础在教育。国家创新体系要由创新型人才来创建，创新型人才需要具有创新精神的教育来培养。时代呼唤教育的创新，呼唤创新型学习。素质教育把培养创新精神和实践能力作为重点，正是反映了时代的要求。

一、教育创新的时代背景

我们现在使用的"创新"这个概念，已经从经济学的内涵扩展成广义的概念，在实际使用中，有的包含"创造"的含义，有的则主要指新的革新和发展。在科技和经济领域，创新已经成为一个完整的体系，包括知识创新、技术创新、制度创新、管理创新、机制创新、市场创新，等等。就技术创新而言，也已经从研究开发扩展到生产过程和营销过程。可以说，创新内在于各个领域之中，成为发展和进步的动力。因此，创新精神和能

---

[44] 谈松华："教育创新的时代内涵"，《中国教育学刊》，2000年第6期。

力是未来工作者的基本素质要求。如果说工业经济时代能够按照规范完成任务就算是合格工作者的话,那么,在知识经济时代,则还要求工作者有新思想、新创意、新建议,不断有所发现,有所前进。

教育担负着人类文明传承的历史使命,长期以来着重于继承和传播现有的文明成果。这对于变化比较缓慢的社会,大体上是可以适应的。而在知识、科技、经济和社会变化速率不断加快的时代,这种"面向过去"的教育已经不能适应时代的要求。早在20世纪70年代初,世界著名的未来学研究机构罗马俱乐部,在《学无止境——迎接未来的挑战》的报告中就明确指出,人类面临的各种困扰自身的问题(诸如人口爆炸、环境污染、资源枯竭、贫困问题等),都是人类自身的行为造成的,而人类的这种行为是由"维持性学习"形成的"撞击式思维方式"产生的。报告提出,为了迎接人类面临的未来挑战,要由"撞击式"的思维方式转变为"预期性"的思维方式,相应地要由"维持性"的学习方式转变为"创新性"的学习方式。这是在20世纪60年代开始的世界范围新技术革命的条件下,应对经济社会发生的新变化提出的教育变革的主张。"创新性学习"成为人类迎接新挑战的战略对策。

20世纪90年代以来,世界范围发生了一系列新的深刻变化。经济全球化、信息网络化、社会知识化浪潮,正在深刻地改变着人类的生存环境和生存方式。科学技术突飞猛进的发展,使知识增长和社会变化的速率空前地加快。人类只有改变学习方式,才能适应社会环境的迅速变化。前年在巴黎召开的世界高等教育大会通过的《世界高等教育宣言》指出:"人类正走向知识社会……高等教育面临着巨大的挑战,必须进行历史上从未要求它进行过的最彻底的变革和革新。"可见,我们即将进行的教育的革新是前所未有的,具有革命性的。这是由我们正在经历的人类文明史的变革,即由产业文明向信息文明的历史性转变所引发的,应该从历史变革的视角把握教育创新的时代内涵。

我们即将经历的教育变革与创新，从本质上说，是从工业社会向信息社会或知识社会转变中的教育革新。这种转变对于教育的影响是极其广泛和深刻的。首先，信息社会引起的生存环境和生存方式的变化，使人们将面对复杂多变、更富挑战性的社会环境。这要求教育变革与创新，培养人具有新的素质，以应对新的环境。其次，科学技术的迅速发展，正在引发一场"知识革命"。知识更新速度大大加快，知识结构体系发生重大变化，尤其是知识经济的崛起使科技与经济呈现一体化发展的趋势，原先那种知识传授体系已经不能适应知识社会的要求，需要创建一种适应知识不断更新和创新要求的教育体系。第三，信息技术，尤其是信息网络化的发展，正在改变人类文化传递的方式，人们称之为人类文化传递的第三次革命，将突破现有教育的时间和空间的局限，实现教育资源的跨时空共享，引起教育手段方式、教育过程、教育组织结构、师生关系乃至教育思想观念和教育模式的革命性变革。因此，我们这里讨论的教育创新，并不是教育方法和技巧的革新，而是如何在继承教育优秀传统的基础上，创建适应知识社会的教育体系和教育模式的问题。

教育创新，在宏观领域是构建学习化社会的终身教育体系，为社会成员的终身学习提供制度化保证；在微观领域是最大限度地开发人的创造力潜能，形成适合人的充分发展的教育模式。这也正是素质教育的本义和要求。素质教育把培养创新精神和实践能力作为重点，必然要求教育领域的全面变革和创新，主要是观念创新、模式创新、制度创新。

二、教育观念创新

观念的创新是教育创新的先导。教育观念与教育理论、教育思想密切联系，又有所不同。它存在于教育工作者和社会大众的行为习惯之中，在教育实践中形成，又影响和指导教育实践。教育观念具有继承性，对人的教育行为和社会教育实践产生长远的影响。教育观念的创新并不是割断历史，而是在继承传统教育观念的合理内核的基础上，进行符合时代要求的创新，这是一个受多种因素影响的渐进的过程，包括社会思想观念、教育技术、教育实践等因素变化的影响。例如教育技术改变教育手段方式、教育过程和师生关系，势必影响教育观念的更新。这里，仅就社会思想观念，主要是知识观和人才观的变化，对教育观念创新的影响略陈管见。

（一）知识观

我们正在经历的科技革命正带来一场知识革命。对于知识革命，《美国国家知识评估大纲》做了这样的描述："近几年来，由于科学技术的发展，世界运动方式发生了根本变化。长途通讯价格下降，计算机的普及，全球网络的出现，以及生物技术、材料科学和电子工程等领域的发展，创造出 10 年前根本不可能想象的新产品、新服务系统、新兴行业和新的就业机会，这就是当今人们所称的知识革命。"这场知识革命对于教育的影响至少涉及以下三个方面：第一，改变知识结构体系，即扩大了传统知识结构的内涵。按照经合组织专家的界定，当代人类知识可以分为四类：关于事实和现象的知识（know-what）；关于规律和原理方面的知识（know-why）；关于技能和诀窍方面的知识（know-how）；关于人力资源方面的知识（know-who）。许多研究知识经济的专家普遍认为，当代人类知识分为两类：一类是可编撰的知识，即显性知识，指的是可以用符号、图像表示的知识，也可以说是学科性、理论性知识；另一类是可意会的知识，即隐性知识，指的是存在于人们行为和经验中的知识，也可以说是经验性知识。知识结构的扩展，必然使教育内容和重点发生变化，教育观念自然也会有深刻的变革。第二，知识更新的速度加快，知识总量急剧增加。现在知识更新的周期已经缩短为 2—5 年,网络技术的更新周期更是从 18 个月缩短为 8 个月。《世界高等教育宣言》指出,现在有的专业的大学生,进校时学的知识到毕业时有些部分已经陈旧了。知识更新的速度不断加快,学校教育的重点要从传授知识转变为着重培养能力,特别是学习能力和思维能力,为终身学习打好基础。第三,知识转化为实际应用的周期缩短,知识与实践的结合更加紧密,尤其是知识经济更使科技与经济一体化发展,教育不仅应引导学生学习知识,还要培养学生应用知识的能力。

（二）人才观

不同的时代需要不同的人才,人才的标准和人才观念总是要随着时代的变化而相应变化。当今时代的迅速变化既为人才成长提供了多种机会,也对人才素质提出了新的要求;同时,随着产业结构、技术结构、经济结构和社会结构的变化,特别是组织结构的分化和职业的变动,人才的类型更加多样化。例如制造业和服务业的人力结构,大型企业和中小型企业的人力结构就有很大的区别;新技术企业规模一般并不大,但研究开发人员的比重很大,人员的流动性大,对人才适应性的要求就更高。因此,社会对于人才的需要是多样的,人才的素质也是不断变化的,那种呆板的、划一的人才标准和人才观念不能适应社会发展的需要。

教育界习惯于把培养人才理解为学校按照自己的标准培养出来的人,出去就是人才;学校又往往把学习成绩作为能否成才的主要标准,而学习成绩又以考试分数为依据,势必把人才培养的重点放到知识记忆和应试能力上。事实上,这样的人才标准与社会实际需要的人才是有距离的。在科学技术和社会变化的速度不断加快的现代社会,真正能成就一番事业的人才,是对新思想和新机遇能迅速做出反应,具有应变能力的人。学校的人才培养脱离社会实际需要,已经成为一个世界性问题,受到许多国家的共同关注。因此，人才观的创新，从根本上说，就是要顺应时代要求，学校再也不能用自己设定的"模子"去塑造人才，而是要为学生应对未来不断发生的变化做好准备。

（三）教育观

社会环境、教育技术和知识观、人才观的变化，势必影响未来教育发生革命性的变革。这种变革的广度和深度可能是产业革命以来所仅有的。教育的深刻变革，将引起教育观念的更新，也需要以教育观念的创新为先导。新的教育观念无疑要从未来教育变革的实践中形成和发展，我们要密切关注其变化的趋势，例如：教育将从主要作为传授知识的活动，转变为学习和交流活动；将从以学科为中心转变为以学习者为中心；将从规范的统一性转变为选择的多样性；将从维持性学习转变为创新性学习；等等。总之，教育不再是知识灌输的机器，而应该成为开发和释放人的创造潜能的发动机。

三、教育教学创新

教育观念转变为教育行为和教育实践，将会形成一定的教育模式，即教育活动按照一定组织结构和运行机制形成的样式。教育模式是在长期教育实践基础上形成的，它一旦形成就具有相对的稳定性，会成为教育机构和教育工作者的思维定式和行为习惯。因此，教育创新的落脚点应该是教育模式的变革和创新。教育模式涉及教育运行的方方面面，这里仅就与教育教学过程关系比较密切的几个方面谈些想法。

（一）教育目标的综合化

教育综合化是当今教育发展的重要特征，也是培养创新人才的客观要求。这是由当今时代科技、经济和社会发展的现实所决定的。当代科学技术的发展在学科分化的同时，呈现出综合化发展的趋势。许多新兴学科在交叉学科和边缘学科中产生，过分强调学科分割的教育正在为学科综合教育的趋势所代替。当今世界面临的各种经济和社会问题往往由多种复杂的因素造成，需要多方面的知识和经验，需要知识迁移能力和应用知识解决实际问题的能力，因此，所培养的人才要有宽广的知识背景和各种实践能力。在科学技术对人类生活的作用日益增强的时代，科学知识与人文精神、人文知识与科学精神的相互渗透、相互促进，也是教育综合化的重要课题。特别是在经济全球化和信息网络化的环境中，人们活动的范围和联系越过了地区和国界，人们在其中工作和生活的社会系统、组织系统、技术系统越来越复杂，因而能够成就一番事业的创新人才往往并不是凭借单一学科知识的作用，而需要综合素质的基础。这种综合素质主要包括：知识、能力、非智力因素（心理素质）、态度（对国家和社会的责任感、对事业的进取心、与他人的合作精神、对自己的超越的态度）等方面。教育要拓宽视野，为人的综合发展打好基础。

（二）教育过程的民主化

培养创新精神和能力，需要自由探讨、平等讨论的民主氛围。教育过程的民主化，也正是21世纪教育变革与创新的重要内容。教育过程的创新，首先要从单向的知识灌输，转变为双向的学习交流。这不仅要求教学方法上由灌输式转变为启发式，而且要确立学生在教学过程中的主体地位。以学习者为中心实施教学，"按需学习""设计教学"正是这种教育原则的体现。其次，要从单一结论的趋同，转变为多向思维的求异。这可以说是教育过程民主化的实质所在。传统的教育总是着眼于让学生接受和认同某种结论和原则，使学生的思维停留在既有的科学文明水准，并不注意让学生通过了解这些科学原理的形成和发展过程，培养他们的怀疑和探索精神，激发他们在前人成果的基础上做出新的创造。求异思维的培养要求改变教学中过分集中于结论的阐发与理解，而更着眼于思维能力的发展，鼓励学生按照不同的思路得出不同的结论。再次，要建立民主的平等的师生关系。提倡师生之间在学术问题上自由讨论、平等对话。鼓励学生发表不同意见并且争取超过老师，使学生在民主和宽松的环境中，发展创造性思维。

（三）教育途径的多样化

传统教育的局限之一是教育的封闭性，使教育局限于学校生活和课堂教学之内，影响学生的生活体验和思维发展。随着终身教育的发展，学习社会化、社会学习化将成为未来社会发展和教育发展的共同趋势，教育再也不能在"象牙之塔"内进行，而必然在开放的环境，与社会生活密切联系。从人才培养的角度说，社会实践不仅是学习知识的重要途径，更是培养创新精神和创新能力的必要条件。要增加实践教学尤其是社会实践在教学中的分量，使学习与生活、学与做相结合。创造条件让学生接触社会，参与社会实践，发展各种形式的产教结合、产学研结合、合作教学和社会服务制度等，让学生经受实践锻炼，增加生活经验和社会体验。要发展"研究性学习"，让学生带着问题，通过独立自主的探索，寻求解决问题的思路和方法。在中学高年级适当组织学生参加大学或科研单位的科学研究，可以培养他们的创造性思维和观察、研究问题的方法。在教学和评价过程中重视学生的发明创造，是培养学生实践能力和创新精神的重要途径。这不仅能培养他们的动手能力，还能使他们在实践中增强自主性和自信心，发展创造性品格。教育途径的多样性，特别需要家庭教育和社会教育的参与，让孩子从小就在独立生活的环境中成长：家庭要养成孩子的独立人格和独立能力；社会尤其是社区要营造学习化的环境，并为学生参与社会实践提供物质和精神条件。

（四）教育技术的信息化

信息技术在教育领域的应用，既是引起教育变革与创新的因素，也是实现教育变革与创新的条件。信息化教育，尤其是网络教育的发展，将为学习者的主动学习和民主讨论，提供技术支持，也能扩展视野，促进交流，发展创意。信息网络技术的应用，不仅引起教育手段、方式的变革，更将带动教育过程、教育组织管理、师生关系乃至整个教育运行模式与机制的变更与创新。因此，教育信息化应该成为教育创新的技术基础。

四、教育制度创新

教育观念和模式的创新，需要制度的创新做保证。我们正在经历的教育创新并不是教育的某些部分或某些环节的变化，而是涉及观念、模式、制度等诸多层面的整体性变革。制度的创新不仅对教育创新起保证作用，而且在一定程度上对人的创造力的开发具有解放作用，需要给予特殊的关注。

（一）人才选拔制度

就教育领域而言，主要是指入学选拔和学习过程中的评价选拔。现阶段主要通过规范化考试的方式选拔人才，其优点是体现选拔的公正和公平性，而不足是评价指标呆板，选拔方式单一，并不有助于创新性人才的选拔。在保持现有考试选拔制度的条件下，一方面，要从侧重考查知识记忆转变为着重考核综合素质，把学习能力、思维能力特别是综合应用知识的能力摆到突出的位置；另一方面，要运用多种指标和方法考核、选拔人才，包括给学校自主考试和选拔人才的权利，增加综合能力的考查，特别要给有特殊才能的人以表现和入选的机会，即让那些才华出众的人才有破格录取和晋升的机会，使学校真正成为创新性人才成长和施展才华的舞台。

（二）人才培养制度

现有的人才培养强调统一性和标准化，能保证大面积的基本教育质量，问题是过于划一，按照一个"模子"塑造人，不利于学生个性的充分发展，更不能适应创新精神与能力的培养。要把"因材施教"同发展个性结合起来，形成制度，让教育适应学生发展的需要，而不是让学生适应标准化教育的需要；教育制度要有更大的弹性，给学生以更多的选择权，在达到基本教育要求的前提下，充分发展其特长；在制度上保证学习者的主体地位，发展"参与性学习"和"研究性学习"，让学生参与学习计划的制订和实施，使整个教学过程体现学生的创新精神，以利于培养和发展他们的创造性品格。

（三）人才使用制度

人才使用无疑对人才培养具有某种导向作用。20 世纪 70 年代末 80 年代初恢复高考，重视学历文凭，改变了"读书无用论"，极大地调动了全社会学习的积极性，促进了教育的发展和社会风气的改变。但是，过于单一的以学历文凭用人的制度，也产生了负面影响，助长单纯追求学历文凭，忽视能力和综合素质的提高，也容易使学校满足于自我发展，学历膨胀。要为创新人才的成长创造制度化的环境。一方面要实行包括学历文凭和职业资格证书在内的多种证书用人制度，这其中要特别强调以能力为本位，不拘一格使用人才，鼓励通过多种途径成才。另一方面要打破平均主义的人才使用制度，敢于打破平衡，实行奖优汰劣、优才优用，为有特殊才能的人创造特殊的工作和生活条件，给做出突出贡献的人以特殊的奖励。总之，人才政策和制度，要激励上进，鼓励创新，使创新精神和创新人才受到社会赞扬，形成创新精神弘扬、创新人才辈出的社会氛围。

从外延扩张到内涵建设：高职教育发展的新选择[45]

一、我国高等职业教育发展及其特点

20世纪80年代以来，我国高等职业教育的发展大体经历了三个阶段：80年代初，一批地方职业大学的建立，标志着在我国教育体系中出现了相对独立的高等职业教育系统，但那时的职业大学以自费、走读、不包分配、培养应用性人才为主要特点，改革的重点侧重于体制的探索；20世纪90年代初，职业大学按高等专科学校规范办学，将高等职业教育的培养目标明确界定为培养高级技能性人才即操作性人才，这就把原先的职业大学和高等专科学校排除在高等职业教育之外；20世纪90年代中期，通过"三改一补"发展高等职业教育，到90年代末，大力发展高等职业教育，大批建立职业技术学院，并将高等专科学校纳入高等职业教育系统发展。

高等职业教育成为高等教育体系和职业技术教育系统中发展最快并相对独立的部分。追溯高等职业教育20多年的发展历程，我们可以发现其在探索中前进的特点。一方面我国高等教育从20世纪50年代以来缺乏发展高等职业教育的基础，几次发展高等专科教育都是为了加快高等教育发

---

[45] 谈松华："从外延扩张到内涵建设：高职教育发展的新选择"，《教育研究》，2005年第5期。转载于《职业技术教育》，2005年第5期。

展，缩短学制，快出人才，早出人才，这样发展起来的高等专科教育几乎都是把本科课程压缩，并未形成独特的人才培养模式，需要在改革和发展的实践中进行探索。另一方面，20世纪80年代以来在发展高职的过程中广泛地借鉴国外高等职业教育的经验，包括德国的高等专科学校、美国的社区学院等相关经验，但是德国高等专科学校的学制同我国高等专科学校和职业技术学院并不一样，美国社区学院既承担职业教育又有大学基础学院的职能，加之国家经济、文化、教育体系和制度环境的不同，很难仿照哪个国家的模式发展我国的高等职业教育。这两个方面的因素决定了我国高等职业教育必须从中国的国情出发，借鉴国外成功的经验，自主地探索高等职业教育的体系和模式。

在过去20多年的发展中，许多地区和学校对高等职业教育的定位、体制和模式等诸多方面的问题进行了探索和试验，积累了多方面的经验，在理论上也有所建树。但是，由于高职教育处于初创阶段，对于国外经验尚缺少系统深入的研究，特别是世纪之交全国范围的快速发展，数量扩张，使许多新建学校缺少办学的基本条件，只能在外延扩张中逐步充实内涵。

正因为如此，现阶段高等职业教育的探索具有发散性和起步性的特点，还缺乏系统和深入的探究以及不同模式的比较研究，在超常规的大发展之后，亟待从以数量扩张为重点转向以模式和制度建设为重点，通过多种模式的试验和比较，寻求不同地区、不同行业（产业）、不同类型学校多样化的教育模式及其相应的制度安排，以求从制度上保证其持续健康的发展。

二、高等职业教育模式和制度建设是内涵发展的重点

讨论模式和制度建设，首先遇到的是定位问题和体系问题，而这两者之间又是相互联系的。定位要解决的是教育的层次和类别问题，而层次和

类别的认定则影响到体系的内涵。在这个问题上的分歧，主要在于高等教育的学术型和职业应用型的分类，是教育层次的区别即职业应用型高等教育限于专科层次、本科以上归入学术型高等教育，还是类型的区别即从专科一直到博士学位都存在着学术型和职业应用型的区别。这种分歧不仅影响体系的具体内涵和要素，而且也影响模式和制度建设的目标和走向。显然，这是一个重要的理论和实践问题，又是一个需要长期实践探索才有可能逐步明确的课题。

而在实践中正在着手解决有些问题，譬如说在硕士和博士学位中就区分了学术型和专业（技术）型学位，不过在体系上没有把专业（技术）型学位归入职业教育体系。由此可见，在定位和体系的理论研究没有定论的情况下，并不影响实践的探索，相反，模式和制度的实践探索也可能会有助于相关理论问题的解决。

为什么把模式和制度建设作为内涵建设的重点呢？如果我们把高等职业教育作为区别于学术型高等教育的属于职业应用型的高等教育，那么，这种区别应该主要体现在教育模式，即人才培养模式的区别，因为只有不同的人才培养模式才能培养不同类型的人才，而不同的人才培养模式需要不同的教育制度的保证。从这个意义上说，教育模式和制度的建设应该成为现阶段高职教育内涵建设的主要内容。从另外一层意义，即高职教育面临的时代要求这个角度说，正如国际劳工组织在2002年所发表的报告《知识社会中的工作学习与培训》中所分析的那样，知识社会的工作和工作岗位能力要求的变化，充分说明我们正在面临的教育变革是极其深刻而根本性的，它的脉络是：经济和社会环境变化——工作和工作岗位变化——工作组织和工作者能力要求变化——教育和培训的目标和模式变化。可见，教育模式和制度的变革是教育尤其是高等职业教育回应社会转型和变革的急迫课题。

三、高等职业教育模式和制度建设的几个关系

高等教育的教育模式和制度建设,涉及教育观念、教育功能、教育内容和方法、教育组织和形式以及教育制度和管理等诸多方面。本文仅就几个现实的关系问题略陈管见,以供讨论。

(一)以就业为导向(学校、市场、政府的关系)

高等职业教育同就业关系最为密切,在一定意义上可以说,就业状况是衡量高职教育成效的综合性指标。而影响学校就业有多方面因素,其中有两个方面的因素更为重要:

一是沟通政府、市场和学校的关系,这是具有机制性作用的因素。在市场经济条件下,就业由劳动力市场的供求关系调节,以就业为导向实际上就是以市场为导向;而学校能否主动适应就业市场的一个重要条件就是政府能否保证学校享有面向市场的充分的自主权,能否通过法规、政策、信息等多种手段,调控学校与市场的关系,这就要求通过体制改革形成政府、学校、市场之间的协调和制衡的关系,而就业正是学校与市场、政府关系的晴雨表。

二是处理好人才培养的针对性和应变性的关系。高职教育强调职业岗位群的针对性,这种针对性有助于强化职业能力培训,在就业市场上会有独特的优势;但是,在产业结构和技术结构变化迅速的条件下,职业和岗位也处于不断变化之中,过于强调针对性,必然会使专业过窄,职业知识和能力受限,难以适应不断变化的就业市场的变化。因此,在重视针对性的专业教育的同时,也要拓宽专业面,注重培养学生的综合素质,提高他们适应就业市场变化的能力。

(二)以能力建设为本(知识与能力的关系)

在知识革命迅速兴起的背景下,能力建设日益成为人力资源开发的核

心，它覆盖各级各类教育。而对于高等职业教育，能力建设更具有特殊的意义。这不仅由于知识革命正在加快知识更新的速度，缩短知识陈旧的周期，只有培养终身学习能力才能使人不断自主地学习和更新知识，更是由于职业教育要着重职业能力的培养，才能适应就业的需要。能力尤其是实践能力的培养应该是职业教育的优势所在。

在高等职业教育中体现能力建设为本，首先要建立能力等级标准，把能力序列引入教育系统，形成与学历序列并行的能力教育序列，教学安排不仅依据知识序列递进的要求，还要依据能力序列提升的要求，形成知识和能力并进的教学安排。其次要按能力标准设计课程和培养计划，特别是重视实践能力的培养，建设实习场地和实践基地，包括在教师队伍建设中聘请生产和服务第一线的，有实践经验的管理人员、专业技术人员和操作人员担任兼职教师，培养"双师型"教师，以适应能力建设和实践教学的需要。再次是建立和完善能力考核制度，实行学历教育和证书教育并重的教育制度，努力实现毕业生具有学历证书和职业资格证书两种证书，为他们进入劳动力市场就业提供充足的准备。

（三）多种形式办学（学制与教育培训的关系）

职业教育同普通教育的重要区别之一是：普通教育按学科系统进行科学文化教育和专业教育，学习年限相对比较稳定和统一，学制也比较规范；而职业教育则在必要的学科知识教育的基础上，更加注重职业知识和能力的培养，而不同职业尤其是不同职业岗位群的知识和能力要求是有很大差异的，有的需要较强的普通科学文化知识基础，有的则更需要动手操作能力的训练，有的还需要长时间连续的训练。这种职业（专业）要求的差别决定了高等职业教育的学制和教育形式的多样性：按照不同职业及其岗位群的差别，学制该长则长，该短则短；在基本学制的规范下，给不同专业一定的机动余地,也让学校和学生有一定的选择权,当然,这种选择需要遵循国家基本学制的规定,并结合本专业的实际需要。

职业教育的多样性不仅体现在学制的相对灵活性,更加体现在教育和培训形式的多样性。需要强调在正规学历教育的同时,把培训纳入高等职业教育的范畴。随着知识和技术变化速度的加快,许多职业岗位的从业人员需要通过时限不等的培训来学习和掌握新知识和新技术。这些培训包括接受普通高等教育的人员学习某种职业技能而接受的培训、高等职业学校毕业生的转业培训、各种知识和技能更新的培训等等。总之,培训市场在我国还刚刚发育,市场前景极其广阔,高等职业教育理应面向培训市场,寻找新的发展空间。

(四)产教结合(学校与企业的关系)

校企合作、产教联盟是高等职业教育的突出特点,这是由其教育职能、培养目标和途径的特殊性所决定的。与发达的工业化国家相比,我国职业教育中学校与企业的合作无论在广度和深度上都有较大的距离,其中既存在着体制性障碍,也与我国企业发展中技术进步的作用和学校教育中能力建设的地位有着密切的关系。发展产教结合涉及体制、机制、制度以及人才培养目标等一系列相关因素,需要系统整体地解决,其中有两个方面涉及制度和机制的转变:一是寻求学校与企业发展共同利益的结合点,形成利益的共同体;二是衍生学校与企业结合的新的组织形式,通过这种组织形式实现两者利益的共赢,在最大程度上实现组织上的优势互补,利益上的共赢共享,为校企合作和产教结合奠定持续发展的基础。

教师专业化与教师教育的制度建设[46]

我国的教师教育是伴随着近代教育制度的产生而发展起来的，其间随着社会的变迁、教育的变革而经过了多次的变化。社会的变迁引起了教育的变革，教育的变革引起了教师角色的变化，教师角色的变化必然导致教师教育的转型。我想沿着这样的思路谈谈教师教育中涉及的教师专业化的时代要求和教师教育的制度建设。

一、教师专业化是时代发展的要求

从我国教育发展的历史变化看，教师角色经历了三次变化：第一次是道德本位阶段，教师是一种教化的形象；第二次是知识本位阶段，教师是教书匠的一种形象；第三次是现在，正进入人本发展阶段，教师是专家形象。也就是说，在今天这样的时代，仅仅有一定的文化科学知识，并不能自然地成为一名教师，必须有教师职业所要求的各种专业知识和能力，才能成为现时代的教师。所以，教师正面临着向专业化发展的角色转变，教师专业化也就成为教师教育发展的一个重要前提。

---

[46] 谈松华："教师专业化与教师教育的制度建设"，《中国高等教育》，2004年第8期。

(一)时代发展对教师专业化的影响

进入 21 世纪,教师教育时代背景已发生了很大变化,这种变化对教师专业化的影响可以从三个方面考察:

第一,知识革命直接影响着教育学科与课程的改革。20 世纪 90 年代在世界范围内出现的新科技革命引发了一场知识革命,它不但影响着 21 世纪人类的经济社会生活,而且直接影响着教育的改革与发展。这种影响主要体现在知识更新速度大大加快,知识总量激增,知识转变为应用、科学技术转变为生产力的周期大大缩短,同时改变着知识的结构、体系和知识的呈现方式、传播方式。它对教育最直接的影响是促进了教育学科和课程的改革。过去单纯满足于传授已有知识的学科和课程结构,已不能满足知识革命的要求,而学科与课程的改革必然对教师的知识能力提出新的要求。

第二,信息技术的发展影响着教育方式与方法的变革。网络化的发展预示着 21 世纪人类将进入一个信息化的社会。它对教育最直接的影响是教育方式和学习方式的变革:一方面它突破了教育在时空上的局限,使学习在任何时间、任何地点由学习者选择任何方式进行;另一方面教育也不再只有教师教、学生听这样一种形式,学习者主动学习将成为普遍的学习方式,这种学习方式的变革对教师的教学手段、教学环境以及师生关系都会产生重大的影响。

第三,构建学习型社会使教师角色发生转变。党的十六大提出,要构建全民学习、终身学习的学习型社会。在学习型社会里,学校和社会的关系正在发生深刻的变化,教师的角色也会随之发生变化。首先,教师不再是教育资源的唯一拥有者,而是教育资源的发现者和综合运用者。其次,教师不再是教育产品的生产者,而是教育生产的组织者和指导者。再次,教师不再是教育过程的独奏者,而是教育过程的伴奏者。联合国教科文组织有一个总结报告说:"在这样的背景下,教师和学校丧失了很大部分属于他们的教育经验的优势,他们必须面对新的任务,把学校办成更能吸引学生的场所,并向他们提供真正理解信息社会的钥匙……教师应在传统与现代性之间、在学生固有的思想及态度与教育计划的内容之间取得正确的平衡。"也就是说,教师原来的一些传统优势正在丧失,在新的社会变迁中如何架构起新环境下教师的优势,这是教师教育面临的一个课题。荷兰教育部提出:"教师和学生要建立一种新的关系,从'独奏者'的角色过渡到'伴奏者'的角色,从此不再主要是传授知识,而是帮助学生去发现、组织和管理知识,引导他们,而非塑造他们。"这些都是时代变化对教师提出的新的挑战和新的要求。教师专业化是时代的要求,教师教育转型应该体现这种时代的要求。

(二) 教师专业化的基本要求

联合国教科文组织在《学会关心:21 世纪的教育》中指出:"一个教师的专业态度至少应包括三个基本方面:知识、自知和同情心。"也就是说,我们应该从更广的视角去考察教师所应该具有的专业素质,概括起来大致包括:职业精神和职业道德、基础知识和职业知识、一般能力和职业能力三个方面。

首先,体现在教师的职业精神和职业道德上,不是所有具有一定学科知识的人都能够胜任教师工作,作为教师必须有教师的职业精神和职业道德。这种职业精神和职业道德实际上是一种价值追求和职业理想,是从事任何一种职业的精神支柱。体现教师职业精神的职业道德就是热爱学生,尊重学生人格,为人师表,全心全意为学生服务,对学生的未来负责,把学生的成长、成材作为自己事业的追求和成就。这是教师专业化的必要前提。

其次，体现在教师的学科知识和专业知识上，教师必须具备一定的学科知识。但是，教师的学科知识和科学家的学科知识有一个很大的不同，即教师的学科知识更强调综合性，而科学家更强调在某一个学科上具有非常精深的学科知识。教师在学科上当然也要不断地钻研，但是，他需要有更强的学科综合性，除教学所需的学科知识之外，还需要有宽广的知识背景，即对人文科学、自然科学、社会科学的相关知识基础的了解，这不仅有利于学科教学，也有利于打破学科界限，在学科教学中综合应用其他学科的知识，培养学生应用知识的能力。教师需要跟踪知识发展的前沿，及时了解和把握知识发展的新动向，以不断补充教学内容，并引导和帮助学生主动学习新的知识。我们常讲，教育是一种科学，教育是一种艺术。这种科学性、艺术性是教师专业知识的一个重要特点。掌握教育的科学性，把握教育的艺术性，并能把这种知识转化为教师的能力，就是一个合格教师所必须具备的专业知识。

第三，体现在教师的基本能力和专业能力上，作为一名教师应该具备学习能力、思维能力、交流能力和组织能力，这是教师的基本能力，但是仅有这些基本能力还不够，教师还需要有专业能力。专业能力包括口头和书面表达能力。教师不仅要对自己的学科知识有深入的了解，而且，要能够把这种知识转化为学生的智力，能够用知识去开发学生的智力，能够把学科知识变为学生的智慧。

除此之外，教师还要有了解和研究人的能力。在这一点上，目前我们的教师做得很不够。我们过去的教育是知识本位，重视的是学科知识点，很少去了解和研究教育对象。中国的教师教育正面临着转型的变化，这种变化对教师专业化有了更高的要求。教师教育过去是为了补充教师，满足数量要求，现在已从满足数量增长要求向建设高质量教师队伍转变，为培养高素质、高质量的教师服务。对教师的要求仅仅满足学历达标已远远不够，而是要从学历达标向专业化发展转变,从培养学科型的教师向培养综合性、复合型教师转变,强调教师既要有学科知识,更要有综合素质和能力,要求教师教育从一次性的职前教育向职前职后衔接的终身学习转变。

二、教师教育的制度建设

教师教育的转型包括教育目标、内容、途径、体系、制度等诸多方面,它对教师专业化的影响也是多方面的,其中最为关键的是制度建设。因为,制度是调节各种关系的法规、组织机构和社会规范,是由规则建立起来的秩序。一个系统、一种组织只有在制度框架内才能够有序地运作。教师教育的制度建设包括很多方面,我这里提出六个方面的问题。

(一)教师资格制度

这是教师教育制度的基础。作为教师教育的基本依据,在教师资格制度中要规定教师资格标准,不断完善聘任制度、考核制度和晋升制度。

(二)教师学历教育制度

教师教育的学历教育正面临着体系上的变化,即从封闭的单一师范教育体系向以师范院校为骨干的开放的教师教育体系转变。实现这种转变需要有一个过程。在过渡阶段,我认为需要解决好两个问题:一是要建立非师范教育举办教师教育的资格认证制度,什么学校能够承担教师教育,应该有认证制度。二是建设好专业型的学位制度。在学历教育上我国实行的是学术型和专业型两种学位制度。在这两种学位制度中,专业型学位应该成为培养中小学教师的主要类型。如何建设好这种专业型学位制度?我认为,凡是举办教师教育的高等院校,教师不仅要有大学的教育经历,而且还要有中小学教育的实践经验,或者至少对中小学教育有所了解和研究,这样才能够有针对性地培养中小学教师。

（三）继续教育制度

教师继续教育有两种方式：一种是以知识更新为主，以学历提升为目的的继续教育，这种方式可以实行学分制，教师可以在方便的时候来进修，不一定要完全脱产学习。第二种是以进修提高为主的继续教育，这种教育方式可以采用访问学者制度，以自我提高为主，通过课题研究达到提高的目的。

（四）骨干教师的培养制度

对骨干教师的培养一是要强调能力本位，即骨干教师培养要着重在各种能力的提高，二是强调以在职研修为主，通过学术活动达到培养骨干教师的目的。

（五）校本教育培训

校本教育培训应该是培训在职教师的主要途径。这里包括大学和中小学建立共同体。目前已有一些地方的师范大学与中小学校建立了教师培训机构。也可以成立教师发展学校，即教师的学习与发展依托所在的学校。校本培训要求学校增强学习功能，把学校建设成为学习型学校。

（六）发挥学术团体的作用

学术团体作为群众性的组织可以起到纽带的作用，各方面的教师通过这样一个平台来交流、学习，成为一种相互学习、自我教育的形式。在教师教育中学术团体可发挥自我教育的组织、沟通传播的平台、信息交流的通道、评价认证的中介等作用，还可以通过学术团体组织一些群众性的课题，吸收教师参与。这也是教师学习受培训的一种途径。

追求有质量的教育公平[47]

2010年颁布的《国家中长期教育改革和发展规划纲要（2010—2020年）》（以下简称《教育规划纲要》）提出"把促进公平作为国家基本教育政策"，"把提高质量作为教育改革发展的核心任务"。促进教育公平和提高教育质量，已经成为现阶段我国教育特别是基础教育改革和发展的基本目标和基本任务。

目前需要关注的是：如何具体界定教育公平和教育质量的现实内涵？如何在教育政策和教育实践中实现公平与质量的统一？

一、追求有质量的教育公平，是"后普九"时代基础教育发展的内在要求

在基本实现"普九"后，追求有质量的教育公平，将成为我国推进教育公平的新诉求。一方面我国经济结构亟待升级，经济发展方式转变和社会转型，都对人力资源提出了更高要求，国家和社会希望通过发展教育去提高人的素质，以实现可持续的经济增长与结构的顺利升级和转型。另一方面，人民群众希望获得更加平等的和高质量的教育，不仅能"有学上"，

---

[47] 谈松华、王建："追求有质量的教育公平"，《人民教育》，2011年第18期。转载于人大复印《中小学教育》，2012年第1期。

而且能"上好学"，盼望通过教育改变命运，实现向上的社会流动，过上有尊严的生活。

当前，我国教育事业发展的根本矛盾在于社会日益增长的教育需求与公共教育供给相对不足特别是优质教育资源不足之间的矛盾。这里，社会日益增长的教育需求包括量与质两个层面。从量上看，"后普九"时代的教育需求层次向两头延伸，重点在学前教育、高中阶段教育和高等教育；从质上看，社会需求正在从受教育向受好的、优质的教育转化。在基础教育阶段，社会需求与教育供给的矛盾正在由供给总量的短缺性矛盾，转变为优质教育供给不足而产生的结构性矛盾，部分城市出现的择校、乱收费等现象正是这种矛盾的一种表现。这说明，我们在保障基本的"有学上"的教育公平的同时，还必须将提高质量、推进义务教育均衡发展纳入新的基础教育公平体系，并作为教育战略调整的方向和教育政策的关键点。

二、借鉴有益的国际经验，正确认识有质量的教育公平

应该说，在追求"有质量的教育公平"上，目前，我们国家及各地政府出台了不少得力举措，取得了很大成绩。但总体而言，理论和实践上都还比较初级，认识上存在一些偏差以及似是而非的问题。此时，需要我们进一步明确教育公平和优质教育的内涵和性质，阐明其政策含义，并吸收和借鉴国际有益经验，以推进相关教育政策的完善和实施。

（一）全面认识教育公平：从"同质"到"多元"

教育公平原则是一个具体的历史范畴，不同国家在不同的历史发展阶段有着不同的认识和政策取向。近现代的教育公平，最初更重视机会和待遇的平等，像联合国教科文组织于1960年通过《反对教育歧视公约》，里面提出："保证同一级的所有公立学校的教育标准都相等，并保证与所提

供的教育素质有关的条件也相等。"在这股思潮的影响下，日本于"二战"后推行公立中小学标准化建设，中小学生按居住地严格实行"就近入学"，义务教育阶段的公办学校教师纳入公务员系列实行定期流动，而且要求所有儿童接受同等的教育内容，以保持学校之间的均衡水平。韩国在高中阶段进行了"平准化教育"，促进中小学教育质量在达到标准、均衡的基础上实现统一和公平。

但从20世纪70年代起，国际社会开始倡导一种多样化的和注重"选择"的教育公平，教育公平的标准不再局限于同一的平等，也承认差别的平等。1972年，联合国教科文组织国际教育委员会在《学会生存——教育世界的今天和明天》中强调："教育上的平等，要求一种个人化的教学……机会平等不等于把大家拉平。""给每一个人平等的机会，并不是指名义上的平等，即对每一个人一视同仁，如目前许多人所认为的那样。机会平等是要肯定每一个人都能受到适当的教育，而且这种教育的进度和方法是适合个人的特点的。"

受此影响，各国进行的教育改革，主要是通过教育类型、体制、结构、形式和内容的多样化，为不同能力和不同个性的学生创造适合的教育机会和条件，以此达到一种实质上的公平。像日本和韩国进行教育改革时，就颇为强调重视个性的原则。主要方向是：从整齐划一到多样性，从僵化到灵活性，促进和推广尊重中小学生个人之间的差异。日本的革新措施之一，便是在中学按学生学习进步程度分班教学；韩国主要通过国家设立英才学校、英才班和英才教育学院来施行。一些工业化国家（如美国、英国、瑞典等）则通过教育管理体制改革，允许公立教育融入更多的个人选择和市场竞争机制，更加强调受教育者作为主体，自主选择符合自己能力与个性发展的教育，促进和提高公共教育的多样性与质量。

《教育规划纲要》对我国现阶段教育公平的目标、任务和重点做了明确的规划，提出"教育公平的关键是机会公平，基本要求是保障公民依法享有受教育的权利，重点是促进义务教育均衡发展和扶持困难群体，根本措施是合理配置教育资源，向农村地区、边远贫困地区和民族地区倾斜，加快缩小教育差距"。这说明我国现阶段教育公平的重点仍是实现机会公平，特别是义务教育阶段公共教育资源，包括经费、设施、设备、师资等要按均等原则配置，并向弱势地区、薄弱学校和弱势群体倾斜。

但在实施过程中，我们也要注意结合国际上对教育公平的理解，深入理解公平与差异、均衡与多样的关系，不要片面地认为，只要入学机会公平和办学条件标准化就实现教育公平了。从更深层次的意义上看，提供平等的入学机会和办学条件，只是为实现教育公平提供了客观条件，而学生是否真正受到公平的教育，更重要的是看教育者是否尊重了教育对象的能力和兴趣差异，使具有不同潜质的个人都得到充分发展，因此，学生是否受到平等而有差异的教育才是教育公平更本质的要求。目前，我国教育存在的问题，既有资源配置和办学条件差距过大的问题，也有教育教学同质性太强的问题，影响了学生的个性发展。教育公平必须正视个体的差异，为学生提供多样性的教育，包括多种类型的学校、多种类型的课程和教学模式甚至多种类型的课外活动，为学生提供"适切教育"和"有效教育"，使学生得到最充分的发展，"适合自己的，才是最好的"。既强调统一性（基本标准），又强调差异性（多样性、选择性），这是一些国家所积极推行的教育政策的价值追求，也是我国推进教育公平时应该加以关注的重点。

（二）全面认识教育质量：从"认知"（应试教育）到"素养"（素质教育）

如今，国际社会和世界各国的教育质量观已发生深刻变化，质量的内涵已经从单纯评价学生掌握知识的多少，扩展到包含认知发展、社会均衡和学习态度等方面。联合国教科文组织指出，教育质量大体有两项因素至关重要：一是确保学习者认知能力的发展；二是强调教育在促进学习者的创造力和情感发展以及帮助他们树立负责任公民应有的价值观和处世态度方面所发挥的作用。优质教育（学校教育或其他有组织的学习方式）应该有利于获取知识、技能和具有内在价值的处世态度，并且有助于实现重要的人类目标。[1]

与此相适应，国际社会提出了"素养"的概念，以与此前的仅强调读写能力的概念区别开来。仔细分析，我们可以看出，"素养"的概念更为宽泛，它是一种广义的学生能力的连续体，包括了学生在主要学科领域中应用知识和技能的能力，分析、推理和有效交流的能力，以及在不同情境中解决和解释问题的能力。而世界各国的教育政策，也越来越强调在个体、学校和整个教育系统等多个层面，去优化有利于培养学生素养的教育环境。[2]

如美国总统奥巴马提出，要改变只强调数学、英语和科学，忽视社会科学、艺术等其他学科的狭窄政策倾向，采用更高的教育标准和更适当的评估体系，使美国教育走出10年来的"分数陷阱"，考虑如何让孩子具备21世纪所要求的技能，比如解决问题的能力、批判性思维能力、企业家精神以及创造力。[3]

目前在我国，对教育质量和优质教育的认识和理解还存在相当大的片面性。很多人把优质教育单纯地等同于能够升学的教育，把考试成绩等同于教育质量，由此导致了被诟病的"应试教育"。尽管从20世纪90年代的《中国教育改革和发展纲要》，到去年的《教育规划纲要》，都在要求中小学要由"应试教育"转向素质教育，《教育规划纲要》甚至将"坚持以人为本，全面实施素质教育"作为教育改革发展的战略主题，明确指出素质教育的核心是"培养什么人，怎样培养人"的问题，重点是"面向全体学生，促进学生全面发展，着力提高学生服务国家服务人民的社会责任感、勇于探索的创新精神和善于解决问题的实践能力"。但在实践中，将教育质量的重心放在素养的培养上，仍然任重道远。我们要切记：应试本无罪，错在我们把"应试"当作了教育目的。我们现在实施素质教育，就是把教育的目的指向"人"，指向人的全面素养的提高，德育为先，能力为重，全面发展。

（三）正确处理公平与质量的关系：从"对立"到"统一"

综观国际社会和世界各国促进教育公平的政策轨迹，可以发现两条较为清晰的发展脉络。一是拓展教育公平的广度：主要是不断扩大教育覆盖面直至实现全纳教育，强调教育要普及到各种边缘群体，同时教育公平的重心逐步上移，由基础教育向高等教育扩展。2008年联合国教科文组织以"全纳教育"作为第48届国际教育会议讨论的主题，强调各国必须制定包容性更强的措施以保护弱势群体，消除不平等。二是拓展教育公平的深度：由单纯的机会公平向追求有质量的教育公平转化，关注点从受教育机会转向教育的过程和结果。2000年世界全民教育论坛提出不仅要为"所有人提供教育"，还要为"所有人提供高质量（优质）教育"；2004年联合国教科文组织第47届国际教育会议的主题是"使所有年轻人获得优质教育：挑战、趋势和优先领域"，提出质量是全民教育的核心所在，倡导获得优质教育机会是一项人权，要从平等的角度推进"高质量的全民教育"。

以均衡的方式实现"提高教育质量"和"扩大教育机会"的双重任务，促使许多国家的基础教育体系开始了漫长的、以提高质量为重点的战略转型。发达国家已完成了普及的任务，基础教育开始将提高教育质量、缩小学生学业成绩差距和满足有特殊需求孩子的教育需要作为重点，促进"质"上的教育公平，保障学生学业成就的平等。美国20世纪60—80年代，受民权运动影响，教育政策更多关注公平和平等问题，80年代以来则强调保证教育平等与追求学术卓越两个教育目标并行不悖、不可偏废，二者的关系是通过提高教育质量实现教育公平，强调"没有优异的公平是空洞的成就，没有质量的数量是未兑现的承诺"[4]，主要通过提高教师专业化水平和基于标准驱动进行的教育改革，不是通过抑制先进而是靠补偿激励后进，确保"每一个儿童尤其是处境不利的儿童受到一流的教育"。因此，尽管遭遇了经济危机，奥巴马政府仍投入巨额教育经费修订《不让一个孩子掉队》法案和实施"迈向巅峰计划"，促使各州政府和中小学实行更严格的教育标准，招聘更加优秀的教师，推进学校改革与创新等，打造具有高质量及竞争力的美国教育。[5] 英国政府 2009 年发布《新机遇：迎接未来的公平机会》白皮书，提出：创建世界一流的学校，不断提高学校标准，缩小个体学生之间的学业差距，同时实施个性化教学，确保课程具有挑战性和相关性，为学生提供量体裁衣式的学习机会。[6] 芬兰在国际学生评估项目中各项学科测验总分最高，学生间的差距很小，社会背景对成绩的影响也很小，正是因为芬兰教育既实行全国统一的教学设施、经费投入和教师资格标准，同时又通过设立班级教师、教师助理、特殊需要教师和多学科综合工作小组等，建立了完善的个性化学习和辅导制度，以确保每个学生都享有均等的优质教育。

  各国的改革趋势告诉我们，教育质量提升与教育机会均等具有同等重要的意义与作用。教育公平不仅要从"量"的角度去考虑，还必须从"质"的方面去把握。一般来说，这种"质"的内容总是与个性化、差异化、特色化、多元化等联系在一起的，是以学生的和谐发展为本的。但我们也要注意到，尽管提升教育质量和实现教育公平的目标不是互相矛盾的，不过在实践中，有时也会产生对抗。此时，应当追求"一种合理的和现实的折中与平衡"。就我国义务教育阶段的教育公平而言，目前和今后相当长时期内，仍然需要进一步推进教育机会的公平。在此过程中，各个地区特别是在已全面普及义务教育的大多数地区，应更多地关注教育质量公平，大面积地提高教育质量。要通过全面实施素质教育，提供促进人的全面发展和适应社会需要的高质量教育，使义务教育真正为每个受教育者的生存和发展打下应有的基础。

三、追求有质量的教育公平的新途径：义务教育内涵式均衡发展

我国不同地区、不同学校之间的教育水平和教育质量差别较大，同时，受教育者的个人禀赋、才能和主观努力等方面也存在着很大的差异，所以，当我们追求"有质量的教育公平"时，需要不同的相关教育主体同时在宏观（国家和区域政府）、中观（市场、社会）和微观（学校、班级和教师）层面合理配置教育资源，协力推进有质量的教育公平。

（一）政府责任：实现教育基本公共服务（义务教育）均等化

义务教育作为基本教育公共服务，是一项重要的公共产品。达到高质量均衡发展的主要责任在政府。必须高度重视与教育效果和教育质量相关联的资源配置，并以教育公平中的平等原则、差异原则、补偿原则为指导，推进义务教育均衡发展。

要实现义务教育服务均等化，政府需要制定完善的战略规划，包括明确义务教育均衡发展的近期和远期目标。笔者认为，短期目标可以是在推进免费义务教育的基础上，保证学生接受一定质量的义务教育，率先在县（区）域内实现城乡均衡发展。为此，政府应确定义务教育全国统一的最低质量标准，包括经费投入、师资配备和校舍设备等主要投入，保障全国学龄儿童，不论是男童还是女童，不论城镇儿童还是农村儿童，不论是发达地区还是欠发达地区的儿童，包括农民工子女，都能享受到符合这个

最低标准的义务教育。在全国范围内，国家应该稳步地和显著地增加教育投入，并逐步实现教育资源在义务教育与非义务教育之间的合理分配，向农村地区、边远贫困地区和民族地区倾斜，加快缩小教育差距。在区域层面，推进义务教育学校标准化建设，均衡配置教师、设备、图书、校舍等资源，重在缩小城乡差距，在财政拨款、学校建设、教师配置等方面向农村倾斜。在义务教育评估方面，不仅强调投入性指标，还要使用质量指标，如学生学业成绩和学龄儿童家庭对其子女接受义务教育的满意度等。

从中长期战略来说，推进义务教育均衡发展，国家应为教育结果设定一个较高的国家基本标准，要求所有学生都达到这个标准。应该注意的是，即便所有的学生都达到这个国家规定的、较高的质量标准，学生的发展也是有差异的。同时，随着政府间财政转移支付制度规范化程度的提高，要大幅度减少财政上的不均衡程度，特别是要保证有特殊需要的省份及省内贫困县有充足的教育经费供给，促进不同省份以及一个省内不同县域义务教育的均衡发展。在财政决策和学习效果之间建立更为密切的联系，财政均衡配置标准要从"以政府财政供给能力或者实际的教育财政支出水平为准"转变为"以确定满足学生和学校均等地享受教育公共服务的实际需求为准"，保证学生能够掌握必要的知识、技能和具有内在价值的处世态度。

（二）市场作用：增强多层次供给能力和满足多样化需求

进入"后普九"时代的义务教育，教育供求关系发生了变化，即在总体性供求矛盾缓解的同时，结构性供求矛盾突出了，主要是优质教育的供给不能满足急剧增长的社会需求。基于"大国办强教育"的客观现实，政府所能提供的财政力量和接受高质量教育的机会有限，远远满足不了实现基础教育质量公平的需要。为此，需要积极采取政策导向机制和适当的制度安排，包括采用适当的市场运行机制，引导、吸引、吸纳、调动一切可以利用的社会教育资源，建立教育公共服务的多元参与机制，形成以政府办学为主体、全社会积极参与、公办教育和民办教育共同发展的追求"有质量的教育公平"的新途径——义务教育内涵式均衡发展格局，使教育公平建立在相当的资源基础上，满足人民群众多层次、多样化的教育需求。

一般来说，世界各国教育的通例是：公办教育立足于满足公众基本教育需求，具有公平、普惠的特点，体现统一、均衡的原则；而民办教育则立足于满足公众多元教育需求，具有多样、可选、自愿的特点，体现差异和选择的原则。

与国外优质教育资源主要集中在私立学校不同，由于历史的原因，我国中小学优质教育资源主要是在公办学校。所以我们要深化改革，一是大力支持民办教育发展，通过减税、免税、财政补贴和财政转移支付等多种方式加以扶持，引导民办中小学向满足优质、特色、选择性教育需求的方向发展。二是公办学校也应该形式多样化，避免人才培养上的单一化倾向，满足学生的多种发展需求。

（三）学校主体：在公平的环境中最大限度地实现个性化教育

推进有质量教育公平的关键因素在教育内部，实施的主体是学校。教育质量提升必须落实到各学科教学质量与学生综合素质的提高上，这是学校教育最重要、最核心的内容。

一方面，要积极引导和鼓励学校向特色化、多样化发展。均衡发展不是"削峰填谷"，而是"建峰填谷，提升底线"，千方百计把薄弱学校扶上去。实现均衡发展也不是"千校一面"。我们呼吁义务教育内涵式地均衡发展，就是鼓励和引导每一所学校从自身实际和内在发展机制出发，从班子建设、师资队伍、办学条件、社区反映等多方位开展学校发展诊断和改进策略探索，真正落实学校的办学自主权，促进现代学校制度和发展性督导制度的实施，积极发展富有个性的学校文化，创建办学特色，从而改善和提高教育质量。

另一方面，学校既要面向全体学生，实现人人成才，又要尊重学生个性差异，充分开发学生潜能，培养多样化人才，在教育理念、教育教学模式、教育教学制度等方面进行探索和改革。既需要增加学生在学制、课时、课程、教材、教师、班级等各教育要素上的选择性，推进分层教学、走班制、学分制、导师制等教学管理制度改革，又需要把培养所有学生的主体性、创造性与培养拔尖创新人才有机统一起来，建立学习困难学生的帮助机制，对优异生在跳级、转学以及选修更高学段课程等方面给予支持和指导，为每个学生提供个性化的适切教育，促进义务教育的"高质公平"。

（四）社会参与：构建新的"学校—家长—社区"伙伴关系

学校教育的成功有赖于教育系统内部和外部的合力，全社会要共同促进有质量的教育公平。在我国现有中小学管理体制框架中，没有给家长、社区参与管理留下太多空间，学校决策机制缺乏社会的参与和监督。

随着改革的逐步深入，必须要完善中小学学校内部治理结构和管理制度，如建立学校管理委员会或中小学家长委员会。这种新的学校、家长、社区之间伙伴关系的构建，应当与"平等关系""过程参与""结果质询"等联系起来，家长和教师共同为孩子制定个别化的学习改进计划，社区和家长代表参与学校决策讨论，并询问学校运作状况，学校工作绩效的评估和校长职级的评审与确定应当参考家长的意见，等等。[7]只有建立家庭、社区和学校的和谐关系，只有政府、家庭、社区、企业、公民和学校相互配合，才能促进学生的全面而有个性的发展，才能追求到"有质量的教育公平"的实现。

参考文献

1. 联合国教科文组织:《2005 年全民教育全球监测报告：全民教育 提高质量势在必行》，联合国教科文出版社、中国对外翻译出版社，2005 年。
2. 经济合作与发展组织:《面向明日世界的学习——国际学生评估项目（PISA）2003 年报告》，上海教育出版社，2008 年。
3. 周红霞:"奥巴马政府教育政策追踪"，《世界教育信息》，2009 年第 4 期。
4. 国家教育发展研究中心译:《发达国家教育改革的动向和趋势（第七集）》，人民教育出版社，2004 年。
5. 范国睿、何珊云:"危机时代的教育变革——奥巴马政府的教育政策述评"，《教育研究》，2011 年第 2 期。
6. 刘熙:"全球经济危机背景下英国教育策略研究"，《世界教育信息》，2009 年第 4 期。
7. 冯大鸣:《美、英、澳教育管理前沿图景》，教育科学出版社，2004 年。

人才培养模式创新的时代抉择[48]

《国家中长期教育改革和发展规划纲要（2010—2020年）》（以下简称《教育规划纲要》）在教育体制改革总体部署中，第一次提出了人才培养体制改革和人才培养模式创新的任务。这是我国教育体制改革进入新阶段的客观要求，也是我国教育应对国际国内经济社会经历深刻变化所面临的战略性课题。如果说后危机时代的国际竞争，从根本上说取决于人才和教育的国际竞争力，那么人才和教育的国际竞争力，在很大程度上取决于人才培养体制和模式对时代的适应能力。因此，伴随我国正在经历的经济与社会转型，从人口大国转变为人力资源强国和人才强国，改革教育模式的弊端刻不容缓，构建与本国国情相适应的人才培养体制和模式，是迫切需要从理论与实践的结合上做出回答的重大问题。

一、人才培养模式创新是中国教育改革的核心问题

人才培养模式问题之所以日益突出并成为我国教育改革的核心问题，有其深刻的时代背景。追溯20世纪80年代以来，美国、日本、中国等诸多国家所进行的教育改革，尽管由于各国的发展阶段、社会制度和教育文

---

[48] 谈松华、王建：" 人才培养模式创新的时代抉择"，《中国高等教育》，2012年第3期。

化传统不同，改革的重点、路径和策略有所不同，但几乎在同一时期，美国的"基于标准驱动的改革"，日本的"个性化的宽松教育"，中国的素质教育，虽然各自所要解决的问题不同，但改革的目标都是要革除教育不适应正在兴起的知识革命、知识经济、知识社会需要的弊端，培养适应迅速变化的时代所需要的新人。因此，研究全球化背景下经济和社会深刻变革对教育的影响，梳理世界范围内教育改革的内在动因，特别是厘清中国教育改革的社会背景和发展脉络，是把握人才培养模式创新的时代特征的前提。

（一）从工业社会向知识社会转变对人才素质要求的深刻变化，对传统的教育制度和人才培养模式提出了严峻的挑战

自20世纪90年代开始的从工业社会向知识社会的转变，对人才及其劳动力的素质要求发生了深刻变化。知识时代的劳动领域要求各种技能的组合，要求更高的知识水平以及专家型思考、复杂交流等更高的应用技能，要求从业者具有综合技能、专业知识和创新能力。

经济和社会转型对人的素质要求的变化，对植根于工业社会的现代教育制度和模式提出了前所未有的严峻挑战。20世纪的学校教育让年轻人为工业社会做准备，培养了众多具备满足工业社会需求的基本技能和循规蹈矩的学生。而在急剧变革的信息时代，教育发展的参照系由面向过去、面向现实转向面向未来，学校教育虽然继续培养学生有序而高效的工作习惯，但同时也要培养锐意进取、执着探索、大胆预测的精神，以及跨区域、跨年龄、跨文化进行团队合作的能力。面对复杂性和充满不确定性、模糊性和多种可能性的生活，追求锐意进取则有可能为下一代提供最有希望的机会。"正确答案"已经让位于多元视角，要求人们发挥探索精神及创造性，摆脱工业时代过时的教育体系。世界各国的教育和学校都在进行

新的学习设计，对各类教育进行重新调整。教育观念、教育目标与评价体系、教学内容和方法等都随之进行相应的范式转换，为每个孩子提供一种21世纪的教育，并使他们成为有教养和具备数字化生存技能的公民。

（二）当今世界各国围绕教育质量展开的改革，核心是改革人才培养模式，培养创新人才

从20世纪80年代开始，世界范围经历了一场以提高教育质量和人才竞争力为主要内容的教育改革。尤其是美国和日本，作为走在知识革命和知识经济发展前列的国家，也是当时国际经济竞争中的主要对手，为了应对新经济条件下的国际竞争，进行了持续不断的教育改革。这两个国家的教育改革历程，展示了不同教育传统和模式的国家在社会转型过程中，人才培养模式所经历的转型性变革的轨迹。

20世纪80年代，日本的国际竞争力逐渐超过美国，引起美国朝野震惊，以1983年美国国家优质教育委员会发表《国家处于危急中：教育改革势在必行》报告为标志，开启了美国新一轮追求教育优异和平等的教育改革运动。从老布什政府《2000年美国：教育战略》（1991年）提出在核心科目领域开发世界级标准，联邦政府建立统一的教育标准，克林顿政府《2000年教育目标：美国教育法》（1994年）开发具有国际竞争性的学术标准、测量学术成绩的评价体系以及与州的管理结构相应的责任制度，到小布什政府《不让一个孩子掉队》（2002年）通过提高学科标准和强调标准化考试的绩效责任制度，确保每一个儿童受到一流的教育，奥巴马政府延续《不让一个孩子掉队》法案对于"教育质量"的诉求，强调采用更高的教育标准和更适当的评估体系，使所有学生都能达到基本的素质和能力要求。这一系列包含多方面要素的改革，被称为"基于标准的教育改革"，把重点放到强调标准、问责制和高利害考试等方面，通过强调更高教育标

准，建设高质量教育，正是从美国实际出发对人才培养模式的重大调整。但这并不会导致美国教育失去其传统优势，重视学生个性发展和创新精神培养仍然是美国教育的优势所在。进入 21 世纪的最初几年，创新和竞争力成为美国政府和社会各界关注的话题。2004 年 12 月，由一些美国著名企业和高等院校等单位组成的竞争力委员会发表《创新美国：在挑战和变革的世界中达致繁荣》报告，提出美国必须领先和领导一个开放的、竞争的全新时代，"创新精神将成为决定美国在整个 21 世纪获得成功的唯一最重要因素"。2006 年 2 月，美国白宫科技政策办公室国内政策委员会发布《美国竞争力计划——在创新中领导世界》，强调为了保持美国的竞争力，"首先必须继续在优秀人才和创造力上引领世界"。2009 年 9 月，着眼于"后危机时代"的美国战略布局，奥巴马政府发布《美国创新战略：推动可持续增长和高质量就业》政策报告，强调为了继续在科技创新中领导世界，提出"必须用 21 世纪的知识和技能培养下一代，建设世界一流的人才队伍"。保持基本质量标准与培养创新能力和拔尖人才之间的协调，正是美国教育改革触及模式调整的主要内涵。

日本在 20 世纪 80 年代已走上或接近全球技术前沿，其教育质量，特别是基础教育质量被认为是成功的主要原因之一，但是在新科技革命和知识经济发展的背景下，发现存在的问题是中小学生不具备应有的批判性和创造性思考能力，这种能力的缺失成为在高等教育层次上开展创新性研究的一个主要障碍。日本早在 20 世纪 80 年代中期开始进行第三次教育改革，临时教育审议会在《关于教育改革的第一次审议报告》（1985 年）中指出："在未来的社会中，教育不仅仅是单纯获得知识和信息的途径，还必须重视自如地运用各种知识及技能，培养独立思想、创新、活用的能力。"此次教育改革的主要方向，就是要打破教育中存在的划一性、僵死性、封闭性等弊病，确立重视个性的原则。在 1989 年和 1998 年修订的学习指导要领中分别提出以态度和能力为中心的新学力观，以及在"宽松教育"中培养学生的生存能力。进入 21 世纪，日本教育在不断反思中重新定位，从大学生"学力下降"到基础教育的"学力低下""学力危机"，争论焦点直指"宽松教育"。2008 年出台《教育再生计划》，开始反思"宽松教育"，培养生存能力教育的实践转向"确保质量"，提出今后 10 年在义务教育阶段培养所有学生在社会独立生存的基本能力，确保扎实的学力，提高公共教育质量，在高等教育阶段要实现培养杰出人才的目标，培养主持社会活动、推动社会发展、领导国际潮流的领袖人才，为此要保证高中和大学的教育质量，培养能够贡献于"智能创造的人才"。日本的教育改革之路，总体上提倡学生的个性化，更加关注情感、创造力和其他技能。

（三）中国教育改革的历史经验和现实任务，越来越聚焦于人才培养模式的变革和创新

如果把素质教育的实践过程和我国经济社会以及教育发展的历史过程联系起来考察，就会发现教育改革每深入一步，都会触及人才培养模式的弊端。20 世纪 80 年代至 90 年代前期，素质教育的主要内涵是：面向全体学生，学生全面发展和积极、主动、生动活泼地发展。这主要是为了促进计划经济体制束缚下学生主体精神的释放以及解决"片面升学率"导向下影响全体学生全面发展的弊端。90 年代中后期，在世界范围知识经济兴起的背景下，明确素质教育的重点是培养学生的创新精神和实践能力，可以说是迎接知识经济挑战在人才培养上所要解决的重点问题。进入新世纪，胡锦涛总书记明确指出：素质教育的核心是培养什么人、怎样培养人的问题，实际上全面而深刻地提出了人才培养模式的问题，触及了我国教育改革的核心问题。

几千年的儒家文化和几十年的计划经济的影响形成了中国特有的教育传统和人才培养模式。其基本特点体现为：重视系统知识传授，基础知识比较扎实，但是理论脱离实际，缺少实际能力培养，学生普遍缺少解决实际问题的能力；强调基本标准，能保证基本质量，但忽视学生个性发展，缺少具有个性特长的多样化人才；强调统一要求，规定教育教学，学生选择余地小，不易冒尖，缺少拔尖创新人才。在过去的30多年中，中国实施了一系列的教育改革，从管理与财政改革到教学改革，特别是20世纪90年代末提出全面推进素质教育，实施大规模的课程改革，培养学生的创新精神和实践能力，但可以说，教育教学改革并没有取得预期的效果。如今，学生和学校依然背负着过重的课业与考试负担，缺乏独立思考能力，就业创业能力不足，体质下降，频频出现身心健康问题。美国与中国间创造力的差距并非因为美国的学校更多或更好地教授了创造力，而是因为它们比中国学校更少地抑制了这种能力的发展。教育竞争的核心是质量竞争，要提高教育质量，培养创新型人才和合格公民，就必须改变现有的人才培养模式，实现中国教育发展的历史性转变。

二、人才培养模式创新的主要内涵

《教育规划纲要》指出，深化教育体制改革的关键是更新教育观念，核心是人才培养体制改革，目的是提高人才培养水平。强调人才培养观念更新和培养模式成为新的亮点。可见，《教育规划纲要》是把人才培养观念、模式、制度这三者作为一个整体，把创新人才培养模式作为人才培养体制改革的核心环节，提出要注重学思结合、知行统一、因材施教，实现各类人才辈出、拔尖创新人才不断涌现的目标。因此，既要从时代对人才素质的现实要求出发，明确人才培养模式创新的丰富内涵，也要与观念、制度相结合，确定模式创新的现实任务。

（一）注重学思结合

从知识（学历）本位向能力（素质）本位转变，实现人才培养目标指向及其教与学方式的根本变革。学习与思考的结合是教育过程的基本要求，中国古代教育提出的"学而不思则罔，思而不学则殆"深刻地揭示了教育规律。而在不同时代，随着科学、技术、文化以及经济和社会的发展变化，学习和思考的内容及其结合的要求会发生变化。与工业社会相伴而生的现代教育和学校制度，按照科学文化知识体系形成了学历序列，教育主要是按部就班地传授知识、提升学历。而在向知识社会转变的当今时代，原先单纯以知识传授——考试分数——学历文凭为目标的教育模式遇到挑战，学力、能力、素养与技能成为各国教育的重要目标和衡量教育质量的参考体系。1996年，联合国教科文组织国际21世纪教育委员会在《教育：财富蕴藏其中》报告中提出了教育的四大支柱：即学会认知、学会做事、学会共同生活、学会生存。这些意见反映了从工业社会向知识社会的转型过程中教育面临的根本性转变。

从工业社会向知识社会转变，在教育上提出了学历与能力的关系问题。20世纪90年代以来，许多国家在教育改革中，几乎都突出了能力培养的要求。日本教育改革提出从"学历社会"向"能力社会"转变，培育扎实的学力，学力要素包括基础知识与基本技能的掌握，应用知识和技能解决问题所需的思考能力、判断能力、表现能力以及学习意愿。欧盟则提出了涵盖基础教育、高等教育和职业教育与培训的"能力框架"和"能力序列"，将能力解读为知识、技巧和态度三个层面的微观标准落实在人才培养过程中，学历资格根据个人实际知识、技术和能力水平对其具体学习与培训成果进行等级评定，以衡量一个人终身学习的成果，而非拘泥于学习与培训的时限与形式。倡导终身学习、注重全人发展、关注核心能力、实行建构主义教学成为各国教育教学改革的共同趋势。

与国际教育和人才培养模式相比，我国教育过分偏重知识记忆的考试，社会过分重视通过高利害考试获得的学历文凭，教育沿着考试—分数—学历这样的路径前行，"应试教育"和"唯学历论"演变为考试分数决定人的命运，导致教育异化和摧残人才，忽视对学生能力和综合素质的培养，已经成为中国教育的"顽症"。经合组织国际学生评估项目总负责人安德烈亚斯·施莱克尔认为中国教育体系与世界一流教育体系差距在于"关注学生能力培养不够，教育资源合理分布欠缺，优秀人才进入教育体系困难"。创新人才培养模式，必须实现教与学方式的转变，实行学思结合，从知识/学历本位向能力/素质本位转变。首先要解放学生，把他们从集中于书本知识的灌输、应试教育的束缚和过重的课业负担中解放出来，从过于划一、呆板、缺乏选择的教学模式中解放出来；其次要启发学生，倡导启发式、探究式、讨论式、参与式教学，帮助学生学会学习，营造独立思考、自由探索、勇于创新的良好环境。不论是基础教育领域的课程改革，还是高等教育国家精品课程建设、试点学院改革等教学改革，问题不在于具体的教学方法，讲授式照样可以是启发式教学，而讨论式也并不一定能达到启发学生思考的效果，问题在于各种教学方式是否真正能启发学生思考问题，提高他们的思维能力。因此，真正做到学思结合，要倡导以启发式教学和研究性学习为核心，使用讨论、互动交流、实验、案例、探究等多样化的方式调动学生学习的兴趣和积极性，培养学生大胆质疑、多向思考、科学想象等创新思维能力，形成一种以创新精神汲取知识、应用知识的习惯，才可能使人才培养质量和水平有根本的改观。

（二）注重知行统一

从封闭的学校教育向开放的社会化学习体系转变，实行教育教学与生产劳动、社会实践紧密结合。知行统一这个基本的教育原则，其实现内容和形式同样经历着时代的变迁。随着知识更新和社会变化的速率空前加快，学习社会化，社会学习化，教育与社会的边界日益融合，今天所说的知行统一既包括学校教育中的教育与生产劳动、科学实验的结合，更强调社会化的终身学习体系中的教育与经济、政治、文化等社会实践的密切结合。

早在20世纪70年代，联合国教科文组织国际教育发展委员会在《学会生存——教育世界的今天和明天》报告中指出，教育已经超越学校教育的范围，向学习化社会前进。必须在空间和时间上重新分配教学活动，从而在教育中恢复生活经验的各个方面。1996年经合组织教育部长会议提出将"全民终身学习"作为教育政策的指导体系：一方面审视学校教育，认为面向未来要重塑学校教育，学校将与社会产生更有力的联系，转变成为学习型组织；另一方面完善评估与资格认证体系，认可所有形式的学习，建设终身学习体系。2008年，欧洲议会和欧盟理事会联合通过立法成立法定的欧洲创新工学院，整合"知识三角"的三边——高等教育、研究和企业组成"知识和创新共同体"，开设有关学科领域的硕士和博士学位层次课程，大力培养研究人员和学生的创新能力，提高他们的管理能力和创业能力，促进研究人员和学生的流动。

我国教育体系的典型特征是封闭性，不仅正规教育与非正规教育、非正式教育之间还未形成一个统一的整体共同发展，更大的缺陷在于教育与社会需求脱节、教学内容与实际生活的联系太少，导致毕业生从学校向社会过渡困难和就业难问题。创新人才培养模式，必须促进封闭的学校教育向开放的社会化学习体系转变，使教育同社会生活和需要更加紧密地结合，注重知行统一，增强学生素质能力的社会适应性。

注重知行统一，应包括三个层面的含义：一是在教学过程中，加强实践环节，增加体验性学习。中小学应开展职业生涯教育、社区服务活动和重视科学实验教学，以帮助学生在提高动手能力的同时领悟职业、行业与谋生的含义。职业教育和高等教育要适应社会经济发展需求，调整人才培养目标，强化实践教学，推行基于问题、基于项目、基于案例的教学方法和学习方法，加强综合性实践科目设计和应用。教育部等七部门最近联合下发《关于进一步加强高校实践育人工作的若干意见》，强调高校要把实践育人工作摆在人才培养的重要位置，提出以强化实践教学环节为重点，以创新方法途径为基础，以加强师资队伍建设为支撑，以加强实践基地为依托，以整合社会各方资源为纽带，以加大经费投入为保障的制度和策略，特别是结合专业特点和人才培养要求提出了实践教学标准和比重，从而把实践育人纳入教育教学体系。二是在组织上，建立一种大学、产业和政府之间的"三重螺旋结构"，形成大学与企业之间结构化的关系链和从学术部门到产业部门的人员流动机制，并让这种合作延伸到人才培养环节中，在专业学位、卓越工程师培养、课程模块、科研课题等不同层次或方面开展合作教学，让产业界人士走上大学的讲堂，聘请企业科研人员共同担任指导教师，共同培养学生的创新意识和实践能力。三是在体系上，构建终身学习体系，保证人才培养体系的开放性、灵活性。构建学校、家庭、社会紧密协作的教育网络，改革和重塑学校教育，把封闭的学校教育拓展为开放教育，并在继续教育与传统教育之间建立相互承认和资源共享机制。

（三）注重因材施教

从学科为中心向学习者为中心转变，促进和推广个性化教育。在学习型社会，"教正在变为学"，这是 21 世纪教育理念最深刻的变化。联合国教科文组织在《国际教育标准分类》2011 年新版本中对学习和教育做了新的界定："'学习'是个人通过经历、实践、研究或授课而获取或改变信息、知识、理解力、态度、价值观、技艺、能力或行为；而'教育'则是社会有意识地将积累的信息、知识、理解、态度、价值、技艺、能力或行为从上一代传给下一代的过程，牵涉到学习交流。"既然教育是学习，那么教育的主体应该是学习者，由此产生的设计教学、订单教学、参与性学习、研究型学习等教学方式都是以学习者为中心的。由于学习者动机、兴趣和能力的差异性，以学习者为中心还必须考虑学习者的个性差异，注重学生的个性发展，注重因材施教。

注重因材施教，关注学生不同特点和个性差异，发展每一个学生的优势潜能，对于中国教育改革具有特殊的意义。为什么中国出不了创新型人才，关键是没有重视学生的个性差异，标准化的教学方式埋没了特殊的人才。中国过去也讲因材施教，更多地是讲求教学方法，但在终身学习视野中，关注点从教育供给向学习需求转变。要对教育供给进行组织，使教育体系、结构、组织形式、课程内容、教学模式多样化，为不同能力和有个性发展需要的学生创造适合的教育机会和条件。一是在教学过程和组织形式中，推进分层教学、走班制、学分制、导师制等教学管理制度改革，建立学习困难学生的帮助机制，并改进优异学生培养方式，在跳级、转学、转换专业以及选修更高学段课程等方面给予支持和指导。二是在教育结构和学校类型方面，学制安排应更多地考虑多样性和灵活性，满足不同潜质学生的发展需要。三是建立拔尖创新人才培养体系。探索高中阶段的高等学校拔尖学生培养模式，为具有特殊禀赋和潜能的学生制定个性化的指导方案并提供培养条件。支持有条件的高中与大学、科研院所在优异人才培养方面进行合作，建立创新人才培养基地。高等学校启动实施基础学科拔尖学生培养试验计划等都已列入国家教育体制改革试点项目，以全新的模式探索建立拔尖创新人才培养的制度和机制。

三、推进人才培养模式创新的驱动和保障机制

人才培养模式创新既然是一个观念、模式、制度的整体变革过程，就

不是靠单纯的行政推动就能实现的，需要创设相关条件，形成驱动和保障机制，而技术、制度、文化这几个层面的作用将是推进人才培养模式创新的机制性因素。

(一) 充分利用和挖掘现代信息技术优势和潜力，为创新人才培养模式提供技术驱动和支撑

技术变革对包括教育在内的文化传递产生着革命性的影响。自 20 世纪 90 年代以来，以信息技术为核心和先导的新技术革命迅速发展，不仅带来人类社会生产方式、生活方式的深刻变革，而且对教育、学习方式产生了深刻影响，学习的组织以及与日程安排、资源配置、课程组织、教学模式有关的教育制度正在受到影响和冲击，那种"自上而下""点对面"的专家讲授式学习正越来越让位于向学习者赋权，学习变得个别化、自定义化和个性化。无论是工业化国家还是发展中国家，把信息技术应用于教学以及支持"虚拟教室"或"远程"教育系统的实验都在大量增长，基于信息技术的教学模式改革创新方兴未艾，信息技术在教育方面的潜力已经得到了快速的发展。美国《2010 年国家教育技术计划》提出，建立一个基于信息科技的 21 世纪个性化、多样化学习模式，通过信息技术在学习、教学和评估系统的应用，提供更具吸引力的网络学习环境和技术工具帮助学习者（包括个人和群体）进行知识和技能的学习，提供个性化的学习内容和方式，以适应特定的学习需求和提高学习效果。到 2005 年，美国 99% 的学校可以上网，学生与计算机的比例是 5∶1，大约 25% 的公立中小学能够提供各种形式的虚拟教学，约有 90% 的四年制公立大学以及半数的四年制私立大学为学生提供了各种形式的网上教育。

我国教育信息化尽管整体上还处在以"建网、建库、建队"为内容的基础设施建设阶段，但已经奠定了较好的基础。2010 年，全国高等学

校校园网已经普及。约 16% 的小学、46% 的初中、77% 的高中、85% 的中职学校建成不同程度的校园网并以多种方式接入互联网。在不少地区和学校，已开始更多地把信息技术作为功能丰富的工具灵活地整合在各种学习、教学和管理活动中。日益发展的远程教育也为构建学习型社会发挥了重要作用。深入推进信息技术在各级各类教育教学、管理、科研等方面的深入应用，需要变革传统教育理念、模式与方法。经合组织研究表明，阻碍信息技术的使用以及促进教学效果的因素不仅和核心的教与学过程有关，还和教育机构自身的组织模式有关，和整个教育系统的组织模式有关。如在那些注重考试尤其是以知识为中心的教育体系中，运用信息通信技术实现以学生为中心的教育改革尤为困难。此外，还有一些因素有效促进了信息与通信技术和教学的融合，比如教师愿意在这方面花时间，调整课程表以适应小组学习或个体研究模式的要求。我国实施教育信息化带动教育现代化战略，必须以教育理念创新为先导，以优质教育资源和信息化学习环境建设为基础，以学习方式和教育模式创新为核心，以信息技术促进教育与产业、学校与企业、教学与科研的深度结合，增强信息化环境下学生自主学习的能力和教师有效教学能力，开展网络环境下的在线学习、项目学习、合作学习等方法，促进人才培养模式创新，支撑和引领教育创新发展。

（二）推进教育管理和人才培养制度改革，为创新人才培养模式创造良好制度环境

今日的学校贯彻和实施的是诞生于工业化时代的标准化教育，教育管理采纳的是工业机构和社会机构的科学管理原则和官僚体制，教育系统变得流水线化、高效率化和标准化，通过每门课程、每年和每天确定的时间参数、考试分数和教师资格认证与评估体系来影响学生学习，作为受教育

成果体现的学历成为衡量教育水平的重要标准,并成为进入劳动力市场的筛选装置。这在我国体现得更为明显,沿着工业化的思路发展教育,集权化和统一化的管理体制,高风险和高利害的标准化考试评估机制,重学历、轻能力的用人制度与劳动工资制度,不断强化着学生的应试能力,同时却在不断扼杀学生们的想象力和创造力。为此迫切需要解决考试招生制度、教育治理制度和社会用人制度等与人才培养模式改革相互衔接的问题。

改革考试招生和教育评价制度。考试和评价制度改革对人才培养模式具有很强的导向作用。治疗"应试教育"的病症,首先要从改革高考和学校教育评价体系入手。根据《教育规划纲要》提出的高考改革的总体思路,要在考试招生体制上由实行"招考合一"走向"招考分离",各相关主体的职能定位是政府宏观管理、专业机构组织实施考试、高校依法自主招生、学生多次选择、社会有效监督;其次,改革普遍以学业成绩为主要评价标准的教育质量评价制度,建立由政府、学校、家长及社会各方面参与的人才培养质量评价机制。学校完善综合素质评价,从幼儿园开始,把思维能力、想象力、创造力作为考核学生的重要指标,建立素质教育督导评估制度,将评估结果作为问责学校、考核政府官员政绩的重要依据。

改革教育管理和治理模式。面对现代教育系统日渐增长的复杂性,从上至下的管理方式已做不到足够快捷或足够好。多种网络和伙伴关系的发展,要求把政府管理改成政府治理,不是从上而下的管理,而是从上而下和从下而上相结合的治理。在治理结构上,提倡政府、社会、企业(学校)共同治理,充分发挥企业行业协会、学会、中介机构等的重要作用;在治理方式上,要从直接的行政管理转向间接的调控、监管和服务。高等学校要以章程建设为切入点,实施包括决策机制、治理结构、民主管理、学术体制、专业评价、社会合作等方面的整体改革,明确高等学校内外部权利义务关系，依法自主办学和管理，增强办学活力和对社会需求的主动适应能力，造就更多优秀人才。

改革社会人才评价和选用制度。教育和学校担负着的一个传统任务是为挑选未来的杰出人才而进行筛滤，而决定的因素是选择原则，所以人才评价和选用制度具有重要的导向作用。要树立科学的人才观，树立人人成才和多样化人才观念，建立以岗位职责为基础，以品德、能力和业绩为导向，注重实践和贡献的人才评价、发现、选用和激励机制，逐步克服重学历、轻能力现象，从而形成有利于各类人才脱颖而出、充分施展才能的选用制度和保障机制。

（三）建设数字化时代和学习型社会的学习文化，为创新人才培养模式营造新的文化氛围

教育与文化是相互作用的。教育传承文化，文化影响和制约着教育，这种影响不仅反映在教育理论和制度设计上，同时也影响到学校、家庭和社会的教育观念和行为。因此，人才培养模式的变革和创新，实际上也是一个学校和社会文化的整体变革和创新过程。

学校文化的创新对于人才培养模式的创新具有直接的作用。随着信息技术特别是网络技术在教育中的应用，正在形成一种数字化生存时代的学习文化，这种学习文化是对技术和人之间的关系的重新组织和塑造，从而影响着学生和教师扮演的角色。为此，美国"未来规划：变革世界中的高等教育"项目研究报告提出：高校为学生的学习负责，必须开创优质学习的组织文化，并成为学习中心型院校。在传统的学习文化中，教师是生产者，而学生是产品，教学过程就是教师对学生进行加工的过程。而在数字化的学习文化中，学生是学习过程的主体，教师则是学习过程的组织者和指导者。教师的职业责任和社会责任并没有减少，而是要承担更多的责

任，既要促进学生学术知识习得，又要推动其社会性发展，使其可以腾出更多的时间来投入更好的专业发展。要不断寻求最好的教学方法，提供个性化教学和使所有的学生达到高标准。只有在这种学校的学习文化中，教学关系才会有新的发展，才会孕育出新的人才培养模式。

家庭和社会的学习文化对于学校教育产生着推进或冲击作用。当前尤其需要引起全社会关注的是要孕育和创造有利于创新人才成长的适宜的社会文化环境。数千年儒家思想所浸润的功利性教育价值观、人际敏感和盲目攀比造成的恶性竞争与浮躁心态，正在造成学生们创造动机萎缩、创造欲望泯灭。营造创新人才成长的人文环境，需要大力营造追求真理、崇尚理性、尊重科学、怀疑批判、敢冒风险和宽容失败的环境，需要家长对于孩子多些宽容，多些理解，多些鼓励，多些支持。只有伴随这种社会环境和文化的根本改进和变革，才可能出现教育的大变局，杰出人才的脱颖而出和辈出才成为可能。

参考文献

1. 美国总统执行办公室、国家经济委员会和科技政策办公室：《美国创新战略：推动可持续增长和高质量就业》，2009年，http：//www.docin.com/p-55216104.html。
2. Shahid Yusuf：《东亚创新 未来增长》，中国财政经济出版社，2004年。
3. 田慧生、田中耕治：《21世纪的日本教育改革——中日学者的视点》，教育科学出版社，2009年。
4. ［美］柯蒂斯·J.邦克、焦建利：《世界是开放的：网络技术如何变革教育》，华东师范大学出版社，2011年。
5. ［美］伯尼·特里林、查尔斯·菲德尔著，洪友译：《21世纪技能——为我们所生存的时代而学习》，天津社会科学院出版社，2011年。
6. ［美］弗兰克·纽曼著，李沁译：《高等教育的未来——与市场风险》，北京大学出版社，2012年。

第五部分
改革攻坚之举：教育评价与考试招生制度改革

我国教育评价现状与改进建议[49]

在我国，学科考试成绩实际上是对学生评价最主要的标准，学生的升学率则是对学校工作评价的最终指标，这样层层向下传递的沉重的考试压力成为不利于学生健康成长的最重要因素之一。其原因是我国目前的教育评价体系存在着标准单一、方法简单、技术落后等弊端。因此，改革教育评价的标准、内容和方法是促进学生健康成长的重要制度因素。笔者认为，在进行教育评价制度改革时应注意以下几方面：政府对学校绩效采用更为科学、公平的增值评价；科学解读评价结果，为学生和教师提供信息反馈，提供发展性评价；改进教育评价的内容、方法和标准，形成知识与能力并重的全面、多元的评价。

一、教育评价与学生成长的关系

近年来，随着我国义务教育的全面普及，数量逐渐不再是教育工作者的中心议题。全面提高教育质量，实施素质教育，促进学生健康成长，已成为我国基础教育最重要的目标。

健康成长的内涵是让学生在知识、体魄、心理、道德等多个方面得到

---

[49] 谈松华、黄晓婷："我国教育评价现状与改进建议"，《中国教育学刊》，2012年第1期。此文第三部分相关内容发表于《光明日报》，2013年1月23日第14版。

全面发展，培养学生独立、乐观、积极的个性和社会责任感，使其成为具备生存能力、发展能力、社会参与能力和继续学习能力的合格建设者。基础教育过程中的各项教育实践，都应该服务于这一主旨。

在过去的十多年中，社会各界一直关注着基础教育的发展。各地在推进素质教育的实践中也取得不少经验。然而，长期困扰着学生、家长、教师和学校的学生负担过重问题却仍然没有得到解决。许多"减负"举措难以落到实处，造成很多地方出现"素质教育轰轰烈烈，应试教育扎扎实实"的现象。其中一个重要原因是我国现行的考试评价制度与方法并未相应革新，这成为学生健康成长的桎梏。

教育评价活动不仅是检验当前教育目标是否得到实现的手段，更是激励学生进步、帮助学校提高教育质量的重要手段，同时还体现着整个社会的价值判断，因而在很大程度上影响着教学的内容和方式，甚至影响学生的人生观、价值观等。科学的教育评价可以说是促进学生健康成长、改变应试教育的治本之策。

二、我国教育评价的现状

我国的教育评价肩负着检验学生学业质量、选拔人才、考核教师和学校绩效等重要使命，在过去的几十年中积累了很多宝贵的经验，但仍然存在着一些弊端。

首先，评价标准过于单一。各级各类大规模教育考试的成绩被普遍用来作为评价学生、教师及学校教育成果的唯一法宝，从而导致了对分数片面、盲目的追求。由于目前最主要的高利害考试（如中考、高考等）都较侧重书本知识，教学实践往往受其影响，强调记忆性知识，而忽略其他能力素质、实践技能等，严重制约了学生全面、均衡发展。

其次，评价技术还比较落后。一方面，我国在命题技术上与教育发达国家的考试命题存在一定差距；另一方面，在我国目前的教育评价实践中，对考试成绩的解读仅止于得到一些简单的描述统计量（如原始分、平均分、排名等），而往往忽略评价结果所能提供的如何提高教学的宝贵信息。原始分、平均分等数字貌似非常精确，容易统计，便于比较，但它们完全不同于物理测量单位的直观含义，纠缠其中实在是极大的谬误。例如，在同一次考试中，60分和70分的差距截然不同于90分和100分的差距。即使两个考生的分数完全相等，也不能认为他们的知识、能力与学习成果完全相同，因为构成总分数的各部分的具体分数可能存在差异。同理，某次考试的70分和另一次考试的80分也无从比较，因为试题内容、难度等都可能存在较大差异。并且，这些统计量与各学科预设的学业质量标准缺乏联系，使得我们无法从中解读到如何取得进步的反馈信息。学生仅能看到自己依据本次考试在群组中的排名，但究竟哪些方面学好了、哪些方面存在欠缺、是否取得进步，却不能从考试结果中体现出来，更不用说客观评价学生进步的程度了。这很容易造成学生死啃书本却收效甚微，使其逐渐失去自信心，影响他们的健康发展。

最后，在对教师、学校进行评价时，方法上存在着非科学性和不公平性。在对教师的评价中，常以学生成绩或教师的教龄为依据。而对学校的评价中，常以办学条件代替教学效果，或单以升学率为依据。以单一考试（或升学率）为主要依据的评价方式不仅会使教学活动进入应试教育的误区，而且由于这种做法不考虑学生入校时的基础、学生的家庭背景、培养成本等因素，还会对一些入学学生基础较差的学校产生较严重的负面影响，使学校之间争夺优质生源，导致优质生源不合理地集中在少数甚至个别学校。在一些"差校"，教师和学生都缺少成就感，缺乏自信，学生学业、心理、道德等多方面都受到这种消极因素的侵害。

三、改进教育评价的三点建议

针对上述几个弊端，笔者对如何改进教育评价提出三点建议。

（一）政府对教师及学校绩效采用更为科学、公平的增值评价

1. 增值评价的概念

现行政府对学校的评价缺少客观的、体现教育规律的标准。以单一的考试成绩和升学率作为主要标准的做法，把拥有不同生源和条件的学校，以同一标准衡量学校工作的绩效，使占有优质生源的学校始终处于优势地位，而那些生源和办学条件差的学校则不能根据学校实际条件提高办学绩效。

增值评价（value-added assessment）是指评价学生在一段时间教育过程后的"成长"，以变化取代原来对学生在某一个特定时刻的状态的关注。这种评价方式将学生原有的学业成绩及家庭背景等多个因素考虑在内，提出一个合理增长的模型。它不仅关注学习过程的最后产出，更看重学习过程所带来的增长，凸显了"以人为本"、尊重每个学生的教育理念。运用这种方法评价学校、教师绩效，有利于促进学校和区域间的公平比较，有效激发生源质量差的学校和区域促进学生学业进步的动力。

这种新的评价方法在很多国家得到关注和研究。美国在2005年对《不让一个孩子掉队》法案做出重大调整后，政府要求各州建立基于学生水平增长的绩效模型，增值评价在各州大行其道，成为评价实践和研究的热点。

2. 增值评价的方法

目前，国际上最常用的增值评价方法可以根据数据要求的不同分为两大类。

一是不同学校、地区及不同年份间的学生学业质量评价结果不能直接进行比较，需要先将其换算成标准分、百分位排名等再进行分析。例如，研究者最早使用的标准分差额法，就是通过将至少两次区域性考试的成绩换算成标准分，两次标准分相减即为所求的增值量，后测标准分大于前测越多则增值越大。这种方法的最大局限在于，学生层面和学校层面的因素没有得到关注。另外，起点高的学校很难取得较大的增值量，但这并不意味着这些学校教学成果不显著。我们不难理解，学生成绩由95分提高到100分比从60分提高到65分困难多了。因此，这种简单的求增量的方法在国际上已经较少使用。

二是回归分析法，这是现在比较常见的方法。它是指通过回归方程（如多层水平模型）考虑学生起点水平、家庭背景特征、学校特征等，获得一个预期的成绩，然后计算学生实际成绩与预期成绩间的差异即增值量，超出预期越多则增值越大。这种方法利用了学生、教师、学校等多个层面的数据信息，还可以灵活地结合标准分。但这种方法仍存在一定的局限性。首先，这种方法是常模依赖的，也就是说，增值的多或少是相对分析的样本平均值而言的，我们无法从中确知每位学生的学业水平到底提高了多少，也不能进行跨样本、跨年度的比较。

上述两种方法都无法直接比较学生在一段时间内的学业质量变化。而第二种方法则可以通过直接可比的、与学业质量评价标准紧密联系的多次学业质量评价结果计算增值量，然后运用回归分析来分析学生、教师及学校等各类因素对增值产生的影响大小。例如，在美国，一些州通过建立纵向链接的测量工具，将学生每一年的学业水平增长与该州的标准要求、学生历史水平和学校历史水平、其他学校增长情况等进行多角度的跟踪评价。

当然，第二类方法也并不完美。其主要局限是要建立和维护一个跨年度、跨年级都直接可比的增值评价体系的成本很高。另外，一些科目的不同的教学内容不具有很强的连续性，因而很难设计出相应的考试来实现考试结果等值等距。

3. 增值评价的运用前景

增值评价在我国的教育政策制订和管理过程中应该能够发挥重要的作用。我国的增值评价研究起步较晚，目前仅有少量标准分比较或回归分析的实证研究。并且，一些研究中还存在着方法陈旧、样本量不足、测量工具质量没有保障等问题。我们可以在此基础上，加快步伐，使这一更科学的新方法得到长足运用。同时，我们也要警惕误用和滥用这一新方法。增值评价依赖教育测量学和统计学的分析方法，本身存在着一定的误差，因此需要谨慎地解释和使用。另外，过去的增值评价多以学生考试成绩为标准，但这一方法完全应该扩展到艺术、体育等多个方面，使之有利于促进学生的全面发展和健康成长。

（二）改进评价技术，科学解读评价结果，为学生和教师提供信息反馈，提供发展性评价

1. 发展性评价的概念

过去的评价中，成绩主要用来将学生排序，我们很难了解成绩背后每个学生的优势和不足。要全面细致地阐释评价结果，从中了解学生个人及群体的能力结构，我们必须改进目前以原始分为依据的评价技术，采用当代教育测量理论及先进统计方法，结合课程设置、教学大纲等学业标准，深入细致地分析分数的"成分"和"含量"，并联系各种背景信息，研究影响学业质量的因素，为学生和教师提供发展性评价。这些详细的反馈信息可以帮助学生弥补不足、均衡发展以及发挥优势、培养个性化特长，为教师因材施教提供有效依据。

2. 实现发展性评价的条件

发展性评价亦称诊断性评价或过程性评价，其概念并不复杂，但操作起来并不容易。首先，需要有科学、合理的评估指标，并且要有与指标密切联系的高质量评价工具；其次，要有先进的分析方法；最后，要有正确的解读。在美国等教育评价发达地区，目前多由专业考试评价服务机构向政府、地方教育机构、学校乃至个人提供详细的书面反馈。以大型标准化考试国际学生评估项目为例，组织方经合组织在官方网站上公布收集到的各地学业水平、政府投入、学校组织、个人环境这几方面的总体信息以及研究发现的各种影响学业的因素、教育质量发展的趋势等，同时还向各地提供分析该地区情况的分报告，但各类评价报告的运用情况最后还取决于教师和学生。因此，美国等国家还通过向在职教师提供教育评价知识培训，帮助教师解读和利用各类评价结果，促使发展性评价真正发挥作用。

3. 发展性评价的运用前景

发展性评价能够引领学生全面、健康的发展，对提高教育质量有极大的助力。此类评价实践在我国刚刚开始。例如，在教育部考试中心主导的"云海工程"中，云南、海南两省参加高考的学生不仅能查阅到自己的高考分数，还能获得一份诊断性的"高考成绩分析报告单"，报告内容包括考试成绩、百分等级、在各学科不同内容中的能力结构等信息。同时，"云海工程"还引入心理测验、问卷调查等，对考试科目以外的素质进行调查，向学生提供更详尽的升学选择参考。

要大范围推广发展性评价，我国不仅需要建立各个学科、各方面能力素质的详细评价标准，还需要努力提高各级考试评价机构的专业化水平，培养评价专业人才，并对教师进行评价专业知识的培训，提高学生、教师乃至社会对新的评价方法的认知度。

（三）改进教育评价的标准、内容和方法，形成各种知识与能力并重的多元综合评价

1. 改进评价工具

通过逻辑推理、信息筛选等方法灵活应用知识的能力是我国学生面对未来世界竞争所需要的最重要能力。然而，目前绝大多数考试过于强调机械记忆和重复性操作。改变这种状况的第一步，是要改进测试内容，转换命题思路。例如，近年来我国高考正在不断尝试新的科目设置方案（如"3+2""3+X"等），力求在评价中强调学生的全面发展。此外，我们还可以借鉴优秀国际考试的宝贵经验，改进考试内容和命题方法。例如，我国上海等部分地区参加的国际学生评估项目考试，其测试内容与学校课程并不直接相关，而是关注运用知识技能应对现实生活挑战的能力，如学生能否对书面信息进行分析、比较、对比和评价，能否有效地交流思想与观点，等等。国际学生评估项目的命题则往往通过需要运用或汲取知识和技能的情境来实现。

2. 拓宽评价范围

除了传统的科目考试外，一个综合、多元的评价体系还应当囊括学生的科学创新能力、学习策略、学习兴趣、心理健康、体育文艺等多个方面。我们可以通过成果展示等其他平台，评价学生在传统纸笔考试中无法显现的技能或才艺。多元的评价体系方能与全面发展、个性化发展的教育目标相匹配。

3. 丰富评价标准

在评价标准方面，固定而僵化的准绳不利于培养学生的想象力和创造力。如何改进标准，在评价中向学生提供开放性问题，对科学创新的尝试给予更大的权重等，正是目前评价研究开始探索的课题。

改进教育评价是提高教育质量、促进教育公平的关键性问题。它不仅

具有导向作用，同时也是实现教育目标、促进学生健康成长的最直接而有效的手段。长期困扰我国基础教育的学生学业负担过重、应试倾向突出、学生身心发展堪忧等顽症，固然和社会因素、政策影响以及课程教学等方面有关，但教育评价标准、内容和方法的偏颇无疑是不可忽视的因素。为有效发挥教育评价在促进学生健康成长和促进就业公平中的积极作用，迫切需要改革教育评价制度，迫切需要加强教育评价研究和开发，迫切需要培育专业化的教育评价机构，使我国教育评价走上科学化、专业化、法制化的轨道。

异地高考，需要积极稳妥地推进^㊿

2012年8月，国务院办公厅转发教育部、发展改革委、公安部、人力资源和社会保障部《关于做好进城务工人员随迁子女接受义务教育后在当地参加升学考试工作的意见》，要求各地原则上在2012年年底前出台随迁子女升学考试方案。目前，除西藏外，其余30个省（区、市）均已公布"异地高考"方案。从方案的内容看，各地政策呈现出一定的差异，"门槛"高低差别较大，推进方式和时间表不一。由于一些地区尤其是北京、上海、广东的方案与公众的期待尚有差距，近期社会上由此引发的意见、摩擦和争议不断。异地高考改革是教育改革的一块"难啃的硬骨头"，影响范围之大、涉及问题之广、情况之复杂，远远超出教育领域。怎么办？我们认为正确的态度是"等不得，也急不得"，既不能拖而不决，也不能操之过急，更不能不分情况、地域搞"一刀切"。因地制宜、分步实施应是在现阶段社会发展背景和现行高考制度框架下的理性选择。

一、异地高考是城镇化过程中必然面对和亟须解决的问题

异地高考是伴随我国经济社会发展、人口大规模流动产生的一个新问

㊿ 谈松华、王建："异地高考，需要积极稳妥地推进"，《求是》，2013年第7期。转载于《红旗文摘》，2013年第5期以及和人大复印《中小学教育》，2013年第6期。

题。2010年第六次全国人口普查数据显示，全国流动人口为26,138.61万人，其中按现住地户口登记地在外省的人口达到8,587.63万人。根据教育部门统计，2011年全国义务教育阶段在校生中进城务工人员随迁子女共1260.97万人。随着家长、随迁子女在居住地工作、学习年限的增加，完成义务教育的学生人数不断增多，在分省命题、分省录取的高校招生考试制度下，随迁子女升学考试问题日益突出。

党中央、国务院高度重视随迁子女在输入地接受教育工作。2003年，国务院办公厅转发的教育部等部门《关于进一步做好进城务工就业农民子女义务教育工作意见的通知》印发后，各地认真落实"以流入地政府为主，以全日制公办中小学为主"政策，随迁子女在当地接受义务教育的问题初步得到解决。2010年，中共中央、国务院颁布的《国家中长期教育改革和发展规划纲要（2010—2020年）》（以下简称《教育规划纲要》）提出"研究制定进城务工人员随迁子女接受义务教育后在当地参加升学考试的办法"。2012年，国务院办公厅转发了教育部等四部委《关于做好进城务工人员随迁子女接受义务教育后在当地参加升学考试工作的意见》（以下简称《意见》）。在落实过程中，按照党的十八大报告提出的"积极推动农民工子女平等接受教育"的新要求，教育部会同有关部委按照"解决实际问题，突出重点，区别不同情况分类督查"的原则，对各省（区、市）开展专项督查，对矛盾突出、工作压力大的几个重点省市实地督查指导，督促帮助他们研究、制定和落实方案。

二、解决异地高考问题需要一个有序逐步推进的过程

异地高考不仅仅是一项教育改革，还涉及地方发展、资源分配、人口管理、公共服务等诸多方面，是一项综合改革，堪称一项复杂的社会系统工程。我国区域经济和教育发展很不平衡，人口流入量和教育资源配置极

为不均。如在人口输入地集中的北京、上海、广东，2010年按现居住地户口登记在外省的人口分别达到704.45万人、897.7万人、2149.78万人，2011年三地义务教育阶段的随迁子女分别有47.8万、50.2万、339万之众，均占到当地生源的四成以上。庞大的人口规模与城市资源环境、公共服务有限的供给和保障能力之间的紧张关系非常突出，特别是一些特大城市的基础教育承载力接近饱和。各地以往对教育的投入和规划都是按照户籍学生配置，而非按照满足激增的外来人口需求。同时，由于北京、上海等城市拥有丰富优质的高等教育资源，考试和招生配额方面的优势形成了所谓的"高考洼地"。例如，北京、上海分别有26所和9所"211工程"高校（全国共112所），7所和3所"985工程"高校（全国共32所），36所和9所中央部委属院校（全国共111所），且有不少高校在属地招生的比例接近教育部规定的30%上限。如果在现有政策、指标环境下全面放开异地高考，外来人员子女势必"分享"流入地户籍考生上大学、上好大学的权益，还会引发"教育福利拉动型"人口增长，从而导致基础教育阶段"入园难"或"入学难"问题长期存在，使得城市资源环境的承载压力进一步加大。户籍制度的樊篱、高教资源的不均、生源利益的难调，使这些地区对出台异地高考细则审慎对待，亦在情理之中。

异地高考本质上是城镇化进程中现有城市管理体制对非户籍人口权益保障不能包容所造成的问题。异地高考要取得实质性进步，核心在于平衡资源、利益与公平问题。这里涉及两个关键制度点：一是现有户籍制度对教育权利与机会的强约束力，二是分省定额的计划招生体制。若向深层追问，全国范围内教育发展的不均衡以及接受高等教育权利和机会的不平等乃是问题的症结所在。对于这些问题的根本性解决方案，国家已做出长远规划。十八大报告提出"加快改革户籍制度，有序推进农业转移人口市民化，努力实现城镇基本公共服务常住人口全覆盖"，"合理配置教育资源，重点向农村、边远、贫困、民族地区倾斜"。《教育规划纲要》提出了高考制度改革的方向："探索招生与考试相对分离的办法，政府宏观管理，专业机构组织实施，学校依法自主招生，学生多次选择，逐步形成分类考试、综合评价、多元录取的考试招生制度。"这种基于高校与考生之间相互选择基础上的高校自主招生体制，自然将打破现行分省按计划集中录取的制度。

但是，户籍制度和高考制度的改革与完善需要智慧和时间。即使按照常住人口配置教育资源，充分满足不断增长的教育需求也还需要一个过程，因为新增教育资源能力的形成（无论是土地征用、校舍建设还是师资的培养等）需要周期，况且我们还需要将教育经费或教育资源的增量优先投放到义务教育阶段学习机会的保障方面，在高中阶段和高等教育阶段的重点则是权利和规则的平等。按照《教育规划纲要》确定的高考改革思路，今后要建立以统一入学考试为基本方式，结合学业水平考试和综合素质评价进行录取的高校自主招生体制。在这一招生体制下，高校在考生录取方面将被赋予很大的权力，必须有监督制度和诚信机制跟进，而监督制度和诚信机制的建立绝非短期内可以完成。至于在全国范围内推进教育资源均衡，则更需要在长期发展中才能解决。

总之，异地高考改革当然是大势所趋、势在必行，但各地随迁子女情况多有不同，高考环境条件也有差别，因而由各地在国家政策指导下拿出具体解决办法，有序逐步推进，显然要比全国"一刀切"更贴近现实。

三、因地制宜设定条件是解决异地高考问题的理性和现实的选择

四部委的《意见》把制定随迁子女升学考试的具体政策的责任交归地方。30个版本的异地高考方案，各地均通过设"门槛"的方式对考生户籍、在当地就读时间、合法稳定住所、父母合法稳定工作、社保证明等条件有所限制。大体上有三种情况：一是学籍认定。辽宁、黑龙江、江苏、

浙江、安徽等地对考生提出3年高中学习经历并获得学籍；河北提出高中2年；江西提出1年即可。二是户籍、学籍双重认定。包括云南、广西、海南、甘肃、宁夏等地，多集中于西部地区。三是随迁资格、学籍双重认定。北京、天津、吉林、上海、广东等地不同程度地对考生及其父母提出了学籍和社保要求，其中北京、上海、广东等人口流入集中地对异地高考的限制较为严格，上海和广东针对积分入户或取得工作居住证的外来人员的子女，北京对非户籍学生的教育年限和家长的社保、职业年限分别做出了3—6年的规定。

在实施年限和开放程度方面，出现了"率先破冰""缓冲落地""分步实施"等多种模式。2013年开始实施的有安徽、江苏、广西、重庆、浙江等17个省区市，其中有的省份将实现随迁子女满足条件后与当地考生无差别招录，而有的省份还只能针对高职或省属院校，不能填报高水平大学。2014年起实施的省份有山东、福建、海南、山西、宁夏等8个省区。北京、上海、广东、陕西的方案强调过渡和渐进。在广东、北京和陕西，符合条件的随迁子女从2014年可以报考高职，广东和陕西2016年可以报名高考。上海由于居住证积分制细则有待公布，异地高考真正试行的时间至少要推迟到2014年以后。

在现有资源和利益格局下，因地制宜设定具体条件是现阶段必然要经历的过程，也是一个积极稳妥的过渡办法。各地针对异地高考出台的具体办法大部分冠以"过渡""暂行"或"试行"方案，体现出各地积极探索的态度，并可能会根据推行程度调整具体的"门槛"，设置的门槛包括学籍、父母身份和报考学校的层次类型，其背后是流动人口的多少、教育资源的差别和权衡高考移民的问题。各地的门槛各不相同，人口单向流入集中的"北上广"地区门槛最高。

落实异地高考方案，对地方政府来说，一方面要按常住人口而不是按照户籍人口提供公共教育服务，将随迁子女教育纳入当地经济社会和教育发展规划，增加相应的基础教育资源投入和供给能力；另一方面要建立一个综合、完善的人口管理制度来确立不同人群在城市享有市民待遇的权利，基本权利实行均等分配，非基本权利按规则分配。在此前提下，教育部门要建立健全学籍管理制度，加强对考生资格的审查，防止"高考移民"。对国家主管部门来说，近期可以通过采取适当增加高校招生计划等措施，保障当地高考录取比例不因符合条件的随迁子女参加当地高考而受到影响。高校招生比例的形成是个历史的产物，确有很多不尽合理、公平的地方，但在高等教育内涵发展尤其是高水平大学规模相对稳定的情况下，仅仅通过调拨招生计划满足随迁子女需求并不能解决高考公平问题，反而可能造成第三个更大的群体即流出地考生的利益受损，引发更大的不公平。完善高校招生名额分配方式和招生录取办法，教育利益的重新分配是无法回避的。比较合理地解决协调异地生与本地生升学利益矛盾的中期方案需要探索的是，完善招生名额（主要是中央部委所属大学和高水平大学）在全国不同省份之间的分配办法，在尊重学校招生自主权的前提下，制定照顾弱势地区和群体的政策，尽可能达到各方面都能接受的公平。

　　异地高考其实只是我国现阶段国情中的多个"异地"系列之一，其他还有很多，如住房、医疗、社保、财政拨款等，牵一发而动全身。我国新一轮的城镇化即将开始，异地高考政策落地尽管不如许多人想象的那样乐观，但我们相信，这一政策既已启动，只要把握好改革的重点和节奏，不断凝聚共识和完善政策方案，积极稳妥地推进，应能成为撬动户籍制度和高考制度坚冰的有力杠杆。

关于教育评价制度改革的几点思考[51]

教育评价改革正在成为推进教育改革创新的关注热点。在有关当前教育现实问题的讨论中，常常把教育存在的诸多弊端归结为教育评价导向的片面性和评价机制的局限性，进而认为评价制度改革是教育综合改革的突破口。这无疑对教育评价改革提出了新的要求。历史和现实证明，教育评价对于人才培养模式的改革和教育体系的建设具有独特的、不可替代的作用，对于教育发展和改革具有多方面的推进性功能。我国教育评价正处在发展和转型时期，正在从以往比较单一的政府督导和政府主导的评价，发展为更加专业化、多样化的评价。而实现这种转型，以有效地发挥教育评价的多种功能，关键在于提高教育评价的专业化水平。因此，研讨教育评价制度改革，特别是强化教育评价的推进性功能与专业化建设问题，不仅是教育评价领域，也是全面深化教育改革，需要从理论和实践层面进行探索的现实课题。

一、教育评价制度改革的走向

教育评价制度涉及功能、目标、内容、方法、组织等多种因素，是

---

[51] 谈松华："关于教育评价制度改革的几点思考"，《中国教育学刊》，2017年第4期。

教育制度的重要组成部分。它的任务是为实现教育改革和发展的战略目标服务，为实现教育方针和培养目标提供保障，将伴随不同阶段教育任务的变化而发生变化。我国教育正处在一个新的历史转折点上：教育发展的重点将从普及基本教育转向着重提高质量；教育改革的重点将从体制转轨转向制度创新；人才培养模式将从比较划一、呆板、封闭转向更加多样、灵活、开放。这就必然要求教育评价进行相应的改革。我国教育评价的现状从整体上来讲还处于比较薄弱的状态，缺少相对完整或者完善的科学评价制度和评价体系。其存在的主要问题表现为以下几个方面：

其一，教育评价的目标比较狭窄。尽管国家提出了按照教育方针进行德、智、体、美等诸方面的评价要求，但升学竞争引发了强烈的功利导向，教育评价实际的目标指向主要是学生的学业知识，而不是着眼于学生的全面发展。

其二，教育评价的方法相对陈旧。既然学业知识是其评价的主要目标，因此评价的方法更多地是纸笔测试，学生要应付各种各样的考试。

其三，教育评价的主体比较单一。评价的主体从宏观上主要是政府，社会参与不够，参与渠道不完善。

其四，教育评价结果的呈现过于简单。评价结果呈现出来的主要是分数。对学生和教师的评价，仅仅依靠分数是不能完全反映其发展状态的，即使以分数呈现，对其背后应该发掘并可供学生、教师甚至家长更有针对性地改进的因素并没有呈现出来。

因此，教育评价的目标要从狭窄转向综合；教育评价的方法要从陈旧转向创新；评价的主体要更加多元；评价结果的呈现方式要更加丰富、更加有效，要能够真正起到改进的作用。改变这种情况，克服这些弊端，教育评价需要实现制度性转变。

一是教育评价从专注督政转向督政与督学并重，更加注重督学。教育发展的重点正在从量的扩张转向质的提升。过去 30 多年教育发展的重点是推进教育的普及，让更多的人受更多的教育，因此，数量的扩张必然成为一个主要的任务。这个任务现在基本接近实现，各级各类教育的毛入学率都已经达到了比较高的水平。现在的重点应该转向质量的提升，这既是教育内在的需要，也是社会大众所普遍关注的重点。过去人们关注的是有没有机会上学，现在更多关注的是接受一种什么样的教育。这是一个大的转变，这个转变要求教育评价也要相应地变化。过去在数量扩张阶段，教育评价的重点在于政府普及教育的政策能不能得到落实，而当重点转到提高教育质量的时候，与人的培养和发展直接相关的教育教学（包括校内外）就成为教育评价的重点。教育教学的评价更具有专业性，既要有政府主导的督学，更需要多方参与的专业化评价。

二是从知识水平的测量转向对人的素养的全面评价。教育正在从学历本位或者知识本位转向能力本位。过去强调教育质量，更多地是强调学业知识水平。而现在教育发展的趋势越来越关注能力和素质素养的提升。这种变化对评价来讲，也会有新的要求。当教育的质量更多关注知识的时候，我们测量的重点是考查知识水平，测量知识掌握的程度；当教育质量转向能力和素养的时候，仅仅评价知识水平已经不够了，它需要扩展为对人的素养的全面评价。

三是从封闭性的内部评价转向开放性的社会评价和国际评价。从社会开放的角度来说，就是要从学校和教育系统的内部评价转变为专业机构、行业组织及其他社会组织共同参与的社会化、专业化评价。从国际开放的角度来说，需要从单向的吸收转向双向的交流、从国内评价转向利用国际资源或参与国际评价。当我们的教育在对外关系上是单向吸收的时候，更多地是参照发达国家的发展程度，以此作为评价我国教育的重要坐标。当我国国际地位发生了变化，国际关系随之发生了深刻变化的时候，我国的教育评价不必仅依靠国内的机构和人员进行，也可以吸收国际著名专家或专业机构参与专业性评价。不仅需要吸收国际的先进经验，同时也需要总结自己的成功经验，以在国际教育上占有一席之地。所以，现在的教育评价应该比较我国和世界一些先进国家的长处和短板。例如，现在参与国际学生评估项目考试等就是参与国际评价。这个评价已经不是单向的、仅限于国内的封闭性评价。实际上，这种国际评价既要吸收国外的先进经验，同时也要总结我国的成功经验。

这必然要求我国教育从理念、道路、模式和制度上实现整体性的变革，而评价制度的变革，不仅是制度变革的重点，而且对教育的整体性变革具有驱动和保障作用。

二、强化教育评价的推进性功能

评价制度对于教育发展具有多重功能。一是诊断功能。在学校教育教学的过程中，评价可以诊断教育教学的实施效果及其成因，这种诊断对改进教育教学及实现教育教学目标提供重要的依据。二是选拔功能。选拔并不是教育评价的直接目的，但选拔过程必然也是一个评价过程，所以评价客观上也包含选拔功能。例如，基础教育阶段的初中后和高中后两次分流，都需要有一个考核评价和选拔的过程。三是导向功能。评价尽管是教育教学效果或结果的测评，是在过程后或结束时进行的，但评价是依据一定标准及由此而确定的内容进行的。这种标准和内容，客观上具有导向作用，而在应试教育环境下，常常会成为教育教学的"指挥棒"，必然会影响教学，考什么教什么，产生片面的导向作用。四是发展功能。实际上，上面三个功能的正确发挥就能实现评价的发展性功能。同时，在教育评价研究和实践中，越来越重视发展性评价，不仅强调评价最终是为了促进发展，同时围绕发展设计评价目标，组织评价过程。五是管理功能。教育教学管理需要通过评价来改进教育教学。

实际上，教育评价几乎涵盖教育的所有领域和过程，如对政府的政策评价和绩效评价，对高校的专业评价和院校评价，对职业教育的职业能力和职业资格评价等。各种评价的目标、内容和方法是有所区别的，但有一点是相同的：评价本身不是目的，而是一种方法，是为实现教育的目的和目标（长远的或近期的，原则的或具体的）服务的。从这个基点出发，各种评价功能的具体目标和要求有所不同，而推进教育的改革和发展，进而推进教育目的和目标的实现，应该是有共性的。因此，也可以说推进性功能是教育评价的综合性功能。强化教育评价的推进性功能，既能有助于避免各种单项评价的局限性，又能使教育评价回归教育的本原，发挥其综合效能。

三、优化发展性教育评价

教育评价有多种类型，如何分类，见仁见智，有从功能角度分的，有从对象角度分的，有从方法角度分的，都有参考价值。从功能整体和实际应用角度而言，一般分为过程性评价、形成（结果）性评价，而两者的综合可以归结为发展性评价。这样的归类与强化推进性功能评价导向相一致。发展性评价，主要是指学校发展评价、教师发展评价和学生发展评价。这三种评价在探索实践中，主要分别是学校的增值评价、教师的绩效评价和学生的综合素质评价。其中学生的评价是发展性评价的基础。

一是学校的增值评价。现在我国对学校的评价缺乏一个比较完整的指标体系。对学校的评价实际上主要是看考试分数、升学率，这是学校评价的硬性指标。这种评价的缺陷是明显的，因为学校的工作不能仅仅看考试成绩，而且每次考试的可比性也是不够的，用这样的一种测评办法来判断学校工作，本身是有局限的。各个学校的基础、生源和师资不一样，仅利用最终的分数来评，对这些学校是不客观，也是不公平的。20世纪80年代以后，英美国家采用比较多的是学校增值评价。增值评价就是把产出和投入作为一个整体来进行评价。学习成就是学校的产出，但是这种产出如果不和投入联系起来就不能全面反映学校发展和进步的程度。所以，就应改变过去只看产出结果，即最后考试成绩和升学率这样的做法。增值评价是把学生进学校时的成绩、家庭背景、社区环境、教师水平等各种因素都作为投入因素，然后对学生的表现，对最终的产出做细致的分析。如果某一所学校所有学生在进校时的平均成绩是60分，经过初中或者高中三年的教育后，以同样的尺度来考量，学生的平均成绩提高到了70分，而另外一所学校所有学生在进校时的平均成绩是80分，经过三年以后，学生的成绩提高到了85分，那从提升的幅度来讲，应该说前一所学校的增值性更强、增值效果更好。而基础好的学校，如果提升得很慢，相比来说，其增值效果是不理想的。这样一方面侧重评价学生接受学校教育后的进步程度，激励学生和学校尽最大努力，做最好的自己；另一方面，对于不同家庭背景和社区环境的学生做具体分析，找到针对性的改进措施。这些学生因其家庭环境和社区环境是不一样的，其所受的教育条件也是有差别的。我们可以分析成绩背后的一些因素，进而提出改进措施。应该说，增值评价至少比只看一个最终结果更合理、更公平、更科学，也更有利于改进学校的工作。

在推广教育增值评价的过程中遇到两个问题，这两个问题在发达国家也存在。第一个问题是，因为增值评价需要大量的数据做支撑，我国的学校档案建立尚不完善，没有完整的基础数据，所以要推行增值评价比较难。第二个问题是，一些基础好的学校提出异议，从60分提到70分是比较容易的，但是从90分提到95分是比较难的，这样的衡量，对于基础好的学校来说是不公平的。所以，如何找到一个既能反映学校增值水平，同时又能客观地反映不同学校的实际进步程度的评价方法，是增值评价需要进一步改进和完善的地方。

二是教师的绩效评价。国内现在还没有比较完善和成熟的教师评价制度。现在的教师评价无非是考查教师工作量、所教学生的成绩、工作态度及教育科研、论文发表等，但是缺乏一种比较客观完整的指标。对中小学教师来讲，是否发表论文可以作为评价教师的参考标准，但并不应成为必备依据。中小学教师的主要任务应该放在不断提高教学水平与教学质量上。有一部分教师有条件把好的教学经验进行比较系统的总结，作为论文来发表，是一件很好的事情，但不是所有教师都需要这样做。如果把发表论文作为一个主要评价指标的话，很可能会引导中小学教师在写好文章上下功夫，而不是改进学生的教学。对教师的评价应该和教师的专业发展，如教师的师德、职业责任等相联系。所以，教师评价是世界性难题，但是职业素养、教学效果、师生关系等多方面应该是对教师进行评价的基本要求。前一段美国出了《第56号教室的奇迹》这本书，一位校长把一所生源很差的学校办成了受到各方面都肯定的学校，这应该是我们对教师评价的更重要的一种标准。

三是学生综合素质评价。学生评价是教育评价的主要部分，对学校和教师的评价也包含对学生的评价，因为对学校和教师的评价要以对学生发展的评价为基础，离开了对学生发展的评价，就没有真正的教育评价。然而现在对学校的评价往往是看学校的占地面积、建筑面积、学校的教学设施等方面，对教师的评价往往更重视他们的学历，而这些恰恰没有更加有针对性地把学生本身的发展作为评价的基本依据。我国正在进行新一轮的教育改革，教育评价制度改革作为重要任务，主要是在核心素养的基础上制定基础教育质量标准和课程标准，再来全面评价学生的发展水平。要改进教育评价技术，科学解读教育评价结果，为学生和教师提供信息反馈，提供发展性评价，形成素养、知识与能力并重的多元综合评价。

对学生的评价大体上可以分为两类。一类是过程性评价，即诊断性评价。就是在教育教学过程中诊断学生教育教学的发展水平，如一些阶段性的测试，或者针对某些问题的检测。另一类是形成性评价。形成性评价也可以说是结果性评价，这个评价指在完成一个学段、需要进入另一个学段的时候，对已结束学段的整体性评价。形成性评价又分两种，一种是标准参照评价，另一种是常模参照评价。标准参照评价就是水平评价，如初中结业的形成性评价，考量的是学生能不能达到初中毕业水平；常模参照评价就是测量一个学生在年级中处于什么位置，以平均成绩为参照。标准参照评价是合格与不合格的问题，常模参照评价是处在什么位置的问题。

四、深化考试招生制度改革

在我国教育评价制度中，初中升高中、高中升高校的考试评价是高利害的系统性评价和选拔性评价，其中高考招生制度改革是教育评价制度改革的重点和难点。国家关于考试招生制度改革的意见，明确了改革的指导思想、基本原则和改革内容，正在进行试点，并逐步推进实施。高考改革的思路即制度设计可以用四点来概括。

一是招考分离。现在，我们的考试结果就是招生依据，考试就是招生。其实考试是招生的一种手段，并不是全部，所以首先应把考试和招生相对分离。

二是分类考试。现在主要有两类。一类是高职高专的考试，主要对文化素养和职业技能进行评价。从长远来看，高职高专不一定参加现在的高考，它可能会有另外一种文化测试，更重要的是它要加上职业技能评价，这样更符合职业教育选拔人才的要求。第二类是普通本科的考试，包含必考科目和选考科目，过去的高考是"3+X""3+文综/理综"，现在必考科目没有动，文理不分科。过去选考科目是指定的，文综就是文科三门，理综就是理科三门。现在浙江和上海开展试点，上海是在理、化、生、史、地、政这六门课里选三门，文理可以交叉选；浙江是七选三，加上技术课。这样的分类考试让学校和学生有更多选择的机会。怎么选择？这需要高等学校先提出来，高校提出不同专业的选考科目，学生会根据想报考的学校和专业公布的考试科目，选择高考选考科目。这对学生来讲有更多的选择，对高中教育教学具有促进改革的作用，但同时也是一个挑战，学生走班、小班教学是必然的，要求学校调整教学安排，教学组织也要发生变化，这需要有一个调整适应的过程。

三是综合评价。综合评价是指高校在录取学生的时候，要根据多种材料来综合评价学生。还有一个是综合素质评价，这是高中学校对学生的评价。复旦大学、上海交通大学、同济大学、华东师范大学等高校对学生的综合素质评价提出四个方面的要求，即品德发展与公民素养、修习课程与学业成绩、身心健康与艺术素养、创新精神与实践能力。[1]高中对学生实施综合素质评价的制度现在还在探索中，这种综合素质的评价当然也包括掌握各学科基本知识和基本技能、解决问题的能力、学科特长和兴趣以及身心素养、艺术欣赏等这些方面的能力。

四是多元录取。高校现在录取学生时会有"两依据一参考"，也就是改变过去招生只看高考总分这一个依据。"两依据"就是高考成绩和高中学业水平考试成绩。其中，高中学业水平考试成绩占一定的权重，高考成绩是主要的。"一参考"是指综合素质评价，目前还不能作为依据。如果综合素质评价作为依据的话，它必须要进行等级划分，分等了才能确定成绩，但是综合素质要分等是非常困难的，尤其在我国诚信制度还没有完全建立起来的时候，要把学生素质分等，其可信度是有问题的。

所以，现阶段主要是建立学生成长记录，即写实性的记录，学生可以自己写，教师也可以写，把学生最重要的一些表现或者特长通过写实性的记录，形成一个成长记录。这个成长记录档案是给高校做参考的，还需要进一步去探讨。

五、加强教育评价专业化建设

首先，要制定和完善教育评价标准。评价首先要有标准，没有标准就没有依据。根据学生的核心素养，制定教育质量标准；根据教育质量标准再来制定课程标准；根据课程标准编写教材；编写教材以后，进行课程实施，然后再进行课程评价。教育评价不仅是评价课程，它是整体性评价。对物的评价有客观的标准，合格就是合格，不合格就是不合格，但对人的评价是非常困难的，需要研究如何把外在的与内在的统一起来。还有基本标准与特殊才能的关系，基本标准往往是面面俱到，而那些有特殊兴趣或特殊才能的学生，如果只讲统一的标准就会影响或扼杀奇才怪才。最近电视上播出的一个爵士舞比赛节目，其中的一个表演者引起了很大的争议。非常有名的舞蹈家杨丽萍很欣赏这个表演者，但是一位专门研究爵士舞的评委认为，从爵士舞的角度来讲这位表演者并不合格。杨丽萍认为，舞蹈是用心来跳的，她看到了这个舞者的心，所以认为他就是非常优秀的舞者。这就是评价。"形"和"神"到底是什么关系？我们对学生进行评价的时候，是看外表的东西还是看内在的东西？所以，对人的评价是最复杂的，确实需要我们进一步探讨。其次，探索并完善教育质量评价的手段和方法。不同的手段和方法对测量的评价效果是不一样的，不同领域、不同评价对象需要有不同的评价手段和方法。评价方法可以采取定性和定量、普评和抽评、自评和互评、学业测评和心理测试等不同的方法。评价手段可以采取考试测评、数据采集与评价、问卷评价等不同的手段。现在互联网技术的发展对评价有一定的促进作用。例如，现在的评价很多是要靠数据的，互联网的发展对数据的采集分析具有很重要的作用。还有学生成长记录和档案也可以借助于互联网。上海现在有很多学校请一些互联网教育评价公司对学生进行评价，对学生考试的成绩进行分析，可以得出很多有针对性的结论。我们既需要单向地、深入地去研究一些评价办法，同时需要采用一些综合的手段来进行评价。

最后，加强教育评价专业机构的组织和队伍建设。现在我国的教育评价组织机构主要是政府设置的评价机构。我们应在重视政府评价机构作用的同时，鼓励民间专业评价机构的发展，特别要鼓励具有不同专业特色、针对性强的评价机构的发展，以适应不同层级、不同要求的细分评价市场的要求。[2] 例如，中小学绩效、学业成绩、学生综合素质、职业院校学生职业能力以及高等学校专业评价等，都要有不同的专业机构来进行评价。同时需要强调的是，教育评价的专业化水平取决于评价队伍的专业化程度，因而，要加强高等院校，特别是师范大学教育测量学科建设，加快教育测量评价专业人员的培养与培训，尽快壮大评价专业人员的队伍，同时加强国际交流，提升教育评价的国际化水平。我们离科学、专业化的测量评价，还有一段比较长的路要走，需要各方面的人员参与探索，一线的教师和校长们，也需要在实践中进行探索，逐步形成符合我国国情的教育评价体系和评价制度。

注　释：

　　[1] 杨琳："基层学校对普通高中学生综合素质评价的思考与实践"，《上海课程教学研究》，2016年第5期，第68—72页。

　　[2] 谈松华："管办评分离治理体系中的专业化教育评价"，《北京教育（普教版）》，2016年第8期，第22—23页。

深入推进高考招生制度改革[52]

考试招生制度改革作为教育综合改革的突破口,受到党和国家高度重视,也为社会各界和人民群众所广泛关注和热切期盼。2014年9月,在《教育规划纲要》确定考试招生制度改革的总体目标后,又在历时两年的系统调研和广集民意基础上,经习近平总书记主持的中央全面深化改革领导小组和中央政治局会议审议,国务院发布了《关于深化考试招生制度改革的实施意见》(以下简称《实施意见》),开启了考试招生制度改革的新航程。

高考招生制度改革是考试招生制度改革的重中之重和成败所系。高考改革是关系千百万学生及其家庭切身利益的高利害改革,是涉及诸多环节和参与者、存在安全隐患的高风险改革,是需要平衡公平与选优、基础教育与高等教育、考生与学校等诸多关系的高难度改革。不仅需要攻坚克难的胆识,冲破各种阻力,积极而坚定地推进改革,更需要如履薄冰的谨慎和多谋善断的智慧,审慎而稳健地设计实施路径和策略。

《实施意见》既进行了顶层的制度设计,又规定了试点先行、分步实施的改革步骤。《实施意见》颁布以来,高考改革按照既定部署,在多个层面和领域有序开展。全国各省、直辖市、自治区先后颁布了本地区改革

---

[52] 谈松华:"深入推进高考招生制度改革",《光明日报》,2017年5月16日第9版。系作者在中宣部(杭州)"治国理政论坛——全面深化改革理论研讨会"(2017年4月24日)上的发言。

方案，上海、浙江两个试点地区今年将有第一批学生按新方案进行高考，其他各省将分批进入方案实施。在此期间，教育部发布了减少奖励性加分、完善扶持性加分、自主招生学校在高考后测试招生等文件，连续增加"985"和"211"高校在集中连片特困地区的招生名额，发布了高中学业水平考试指导意见、高中学生综合素质评价指导意见等文件，部分省、市启动高中学业水平考试和学生综合素质评价，为建立和完善教育综合评价制度进行探索。高考改革正在朝着"打破坚冰，开通航道"的方向前进，开局良好，进展顺利。但是，这次高考改革涉及范围之广、改革力度之大，都是前所未有的，它不仅是一次考试招生制度的系统性改革，也将成为高中教育、职业教育、高等教育综合改革的助推器。

上海、浙江的试点是改革总体规划中重要而关键的一环，对于破解改革的难题，探索建立新的制度，具有先行和示范作用。试点的进展是平稳的，初步实现预期要求，并积累了实践经验。今年6月第一批试点年级的学生将参加必考科目考试，这项改革将完成从设计到实施的第一轮实践。从改革试点经验看，要特别注重改革的系统性、综合性、专业性、协调性，精心组织，务求实效。

第一，把握改革的系统性，把考试改革和招生改革作为密不可分的整体，进行系统设计和安排。就考试而言，从过去只有全国一次统考，到有高职高专与普通本科相对分开的分类考试，有自主招生学校高考后的测评，有高中学业水平考试，有实行秋季和春季两次考试，外语听力实行两次考试。如何合理安排，特别是如何尽可能做到既增加学生选择的机会，又不人为地加重学生的负担，或造成教学安排的碎片化，需要以系统的思维和方法，进行模拟试验，选优设计。就招生而言，从过去的分批次、分段录取，到逐步取消批次，按照"两依据、一参考"，按专业（类）录取，这势必要求增加学校与学生的双向选择，从而改变学校招生的程序和组织架构。这也需要从学生填报志愿、档案投放、学校选招直到学校发放正式录取通知，诸多环节必须环环紧扣，并有备选方案，才能实现学校与学生之间多次双向选择，使学生选到喜欢和合适的专业与学校、学校招到合适和满意的学生。

第二，注重改革的综合性，使高考改革与基础教育、高等教育、职业教育的改革互动贯通，推动综合改革。从试点调研情况看，高考改革对现行的高中教育模式的影响是明显的，尤其是选考科目由学生与学校双向选择，必然会产生选考科目的多种组合，走班制、小班教学会改变现行的教学模式，也要求教师的学科专业结构与之对应，教室与教学设施相应调整。学生按专业（类）填报志愿，高校按专业（类）招生，学生与学校之间的双向选择，对高中学校的生涯教育与指导提出了更新更高的要求。这些都要求推动高中教育多样化发展。职业教育面对通过不同考试和招生方式入学的学生，如何加强科学文化教育，特别是强化技能教育与培养，高等学校如何加强学科专业建设，办出学校特色，等等，都是伴随高考改革需要回答的问题。

第三，重视改革的专业性，以专业的标准和方法，解决实践操作过程中的公平、选优、科学性等难题。高考招生具有较强专业性，例如：考试命题的质量，包括命题的依据、难易度，特别是如何测试学生的思维能力和知识应用能力等；不同选考科目的难易度和权重；考试成绩的呈现等；高校招生机构的设置、招生章程和程序的制定、招生人员的遴选和培训、争端的协商和仲裁等。这些都需要专业性的机构、人员和途径，逐步探索完善，妥善解决。因此，考试机构的专业化建设、教育测量评价理论与实践问题的研究、教育测量的学科建设和人才培养，应该纳入改革的重要议程。

第四，强化改革的协调性，统筹政府、学校、社会的关系，兼顾不同地区、不同人群的利益，把握改革的时机和内部外部条件，因地制宜，积极而稳步地推进改革。政府要协调相关部门，配套解决高中教师编制、校舍建设标准、招生增加的经费、多次考试安全等方面问题；要转变政府职能，发挥专业机构的作用，确保学生的选择权和高校招生自主权，完善政府监管和社会监督制度；要采取多种政策和扶持举措，逐步增加人口大省和贫困地区高水平大学的招生名额，逐步完善非户籍人口子女在学籍地高考的政策。改革对于不同群体利益的影响是会不同的，如选考科目多样选择与农村学校师资结构错位、自主招生学校加试中的面试、全面评价中的非学业成绩的才艺和能力评价，农村学校学生会处于不利地位。除了要研究多样的测评考核方法，还需要采取必要的补偿政策。政府要强化多方协调职能，满足各方利益群体合理合法的利益诉求。这些需要协调的事项中，有些只靠教育部门是无法调动多方面资源的，需要国家进行多部门统筹协调，创造条件，合力推进。

应该看到，在改革取得重大突破的同时，由于应试教育的惯性作用，一些地方、学校和社会机构习惯于用应试教育的办法，应对新高考改革中遇到的新问题，出现了新的应试教育苗头。如：有些学校按照考试时间，安排教学计划，出现教学碎片化现象。有些校外社会机构按应试和录取机会，辅导学生选课、选专业，为应试做准备。这些事实虽然并非普遍现象，但却是改革的阻力，可能影响改革的正确走向，更说明了这项改革的艰巨性和复杂性，值得引起高度重视。

改革需要形成倒逼机制，发挥联动效应。从上海、浙江改革试点的实践可以看到，考试招生制度改革，对于基础教育、高等教育和职业教育的改革正在产生促进和倒逼的作用。例如：高中学生和高校在选考科目上的双向选择，实际上形成了倒逼机制，使早就提倡而难以落实的小班制、走班制、选课制成为普遍推行的教学形式，并进而为推进高中教育多样化创造条件。高等学校推行专业大类招生，对于高等教育专业建设、结构调整乃至人才培养模式改革也将产生推进作用。职业教育分类考试招生办法的实施，也促进了职业学校能够招收合适的学生，培养适应职业需求的人才。专业化的教育评价和考试招生制度改革，将促进政府治理体系管办评分离的改革。这种改革的倒逼机制也同样表现在教育技术与教育教学的深度融合，对教与学的方式乃至人才培养模式所引发的深刻变革。因此，倒逼机制是打破传统教育模式对改革所产生的惯性阻力的有效动力。

解决改革中出现的问题，要靠引导地方和基层用改革的精神、改革的思维、改革的办法去克服困难，保证改革的目标真正如期实现。要使改革的顶层设计真正落到实处，必须排除各种阻力和干扰，把各种形式的偏离改革方向的不良倾向扼制在萌芽状态。国家顶层制度设计为改革提供了施工蓝图，改革的深入推进，还需要按照"试点先行，分批推进；先易后难，逐步到位；因地制宜，同中有异"的路径，扎实稳妥地组织实施，才能最终把改革目标落到实处。

高考改革：历史经验与时代使命

——访国家教育咨询委员会委员谈松华[53]

自 1977 年恢复高考制度以来，高考改革一直在不断探索和深化。2014 年 9 月国务院发布《关于深化考试招生制度改革的实施意见》（以下简称《实施意见》），由此开启了恢复高考制度以来最系统、最全面、最深刻的新一轮高考改革。浙江、上海作为第一批试点高考综合改革的省份，目前已经完成首轮试点工作。从 2017 年起，北京、天津、山东和海南将作为第二批试点省份开启高考综合改革工作。首批改革试点省份的总体情况如何？有哪些经验可以传递给后续试点省份？新一轮高考综合改革将对我国的基础教育产生哪些影响？如何通过本轮改革破解我国长期存在的应试教育的怪圈？高考改革的未来发展方向如何？带着这些问题，本刊专访了国家教育咨询委员会委员谈松华研究员。谈松华研究员作为国家教育咨询委员会考试招生制度改革组组长、国家教育考试指导委员会委员，多次赴上海、浙江等地就高考综合改革进行专题调研。

一、恢复高考制度 40 年来取得的成绩和历史经验

问：2017 年是恢复高考制度 40 周年，很多地区、很多机构都组织了

---

[53] 谈松华、《中国考试》编辑部："高考改革：历史经验与时代使命"，《中国考试》，2018 年第 1 期。

形式各异的活动，以纪念这一关乎国运、决定国家历史命运的重大改革事件。您作为这一改革的亲历者，如何评价恢复高考制度这一重大事件？

答：对于恢复高考制度的评价，不仅要着眼于教育领域，更要联系当时的社会历史背景。1976年粉碎"四人帮"，十年"文革"终结，国家处于百废待兴、时不我待的时刻，邓小平同志复出后，最先提出的两大举措就是恢复高考和派遣留学生出国，也正是这两大举措，开启了改革和开放的先河。在这两项重大决策的背后，凸显了人才在国家现代化建设中的基础性、决定性的战略地位。我认为这是判断和把握恢复高考和目前正在进行的高考综合改革的基本出发点和立足点。具体而言，恢复高考的意义和作用，主要表现在以下三个方面：第一，对教育事业来说，高考招生制度是教育制度的重要组成部分，高考所建立的科学、公平的人才选拔制度，既保证了高等教育的生源质量，为高等教育人才培养奠定了基础，又对基础教育具有导向作用，引导中小学生健康成长。第二，为青年人提供了成才通道。教育是社会流动的润滑剂，恢复高考为青年人提供了通过自身努力而发展和成才的通道，激发了青年人奋发向上、刻苦学习、努力成才的热情。改革开放尤其是进入21世纪以来，我国在科技创新、经济社会发展、军队现代化建设乃至党和国家治理现代化等各方面所取得的新成果，与恢复高考后培养的一大批骨干人才的贡献是分不开的。第三，营造了尊重知识、尊重人才的社会氛围。人才的选拔标准对社会起着潜移默化的影响，恢复高考使社会风气发生变化，人们开始尊重知识，尊重科学，尊师重教，热爱学习，社会的文明程度逐步提高。总之，恢复高考，不仅对于教育事业，同时对整个国家、社会都产生了积极而深远的影响。

在肯定恢复高考制度所产生的积极作用的同时，我们也不能否定，随着高考实践的不断发展，其某些弊端及由此而产生的负面影响也日渐显现，比如：考试偏重学科学业知识，缺少对学生素养的全面考查，不利于学生全面而有个性的发展，由此造成考试分数成为衡量学生的唯一依据，进而导致分分计较的畸形竞争格局，加之用人制度中唯学历倾向和社会攀比习俗的影响，高考成为影响学生未来命运的高利害的博弈，学生前途、家庭希望、学校声誉乃至政府政绩都与其相关，给学生、教师和学校带来越来越重的压力。应试教育这种违背教育规律、违背学生、教师和学校意愿的"反教育"现象愈演愈烈，学生不合理的课业和心理负担越来越重，严重影响了学生的健康成长。这些负面影响使高考遭受社会多方诟病，也使高考改革成为教育改革的一个重点和难点问题。

问：高考制度恢复40年来，通过高考选拔进入高等学校的学生已经超过1亿人，为国家建设提供了源源不断的人才保障和智力支持，高考的功绩是巨大的，但是您前述提到的问题不容忽视。您认为产生这些问题的主要原因是什么？恢复高考制度40年来，高考改革一直没有中断过，从高考改革的历史轨迹中，有哪些经验值得汲取？

答：我们在看到高考制度取得的成绩的同时，还应理智分析存在问题的原因：第一，改革开放40年来，我国教育发生了翻天覆地的变化，但是教育发展不平衡不充分的问题比较突出，人们对优质高等教育资源的需求越来越高，由此产生的供求矛盾导致高考竞争的激烈程度依然存在。第二，高考导致的竞争不仅仅影响到个人，对学校乃至家庭教育的影响都是深刻的。中学将高考升学率、学生考取状元作为竞争指标，为此，不断加重学生的学习负担，家长为了让孩子考上大学、考上好大学，不断地给孩子加码，由高考引起的竞争下延至初中教育乃至小学教育、幼儿园教育，整个社会处于一种高考就是指挥棒的状态，严重影响了学校按照教育规律和人才发展规律办学。

从20世纪80年代中期以来，高考改革一直在进行中，大致有14次之多。这一时期改革的重点是考试科目改革，从考6门改为"3+1"或

"3+2"，又改为"3+X"，再到"3+ 文综 / 理综"。之所以有这样的改革轨迹，主要的考虑是既要选拔符合高校需要的人才，又要减轻高中学生的课业负担。于是在改革实践中就出现了这样一种两难选择：考试科目多了，怕加重学生负担；考试科目少了，又怕学生偏科。改革的过程也是在平衡两者之间摆动，但是，在应试教育的格局下，考试科目的多少，并不能决定学生负担的轻重，实际上也没有解决学生学业负担过重的问题。其次，"一考定终身"和"唯分数录取"一直被认为是高考弊端的主要问题。为了解决这个问题，改革中试行了保送生推荐录取和特长生加分录取的政策。但是，由于社会诚信制度未能根本建立，这些改革举措和政策在实际执行过程中出现了变形，甚至成了少数处于优势地位的人滋生腐败的通道。为了避免这些情况的出现，保送生推荐录取和特长生加分录取等政策逐渐被放弃，重新回到分数是考试招生公平的唯一可靠依据的老路。第三，如何平衡公平与选优之间的关系，从选优的角度需要给高校更多的招生自主权，采取多种方式进行多个方面的测评，从中选优。但是这种选拔方式可能会使农村学生处于弱势地位，加之一些高水平大学为争抢优秀学生而开展生源大战，不仅破坏了教育生态，也给社会带来了负面影响。通过粗略地梳理高考改革历史轨迹的某些侧面，可以发现在以往的改革中，改革的初衷是好的，有些设计也是合理的，但是在实践中往往变形走样，甚至背离改革的初衷。分析出现这种现象的原因，总结和思考改革的历史经验，对于推进当前和今后的改革具有借鉴意义：

第一，单项改革难以达成高考改革的整体目标，也难以实现改革的初始要求。多年来高考科目改革之所以在原有格局中循环，未能牵动整体改革，其原因就在于未能进行整体性的系统设计，因此，应该把考试科目、考试内容、考试方式乃至招生录取作为一个整体，实施系统性改革。

第二，高考有其自身的功能和价值，不能承载过多又无法承受的教育和社会诉求。在历次高考改革中，公平和减负是对高考改革最直接和现实的要求，也是社会考量高考成败的最敏感的指标。高考所能体现的公平是以教育公平和社会公平为前提的。抛开这些前提，简单地要求高考结果公平，就会演变为完全依赖分数录取成为被普遍接受的公平，这实际上绑住了高考改革的手脚。减轻学生学业负担同样如此，如果不从根本上杜绝应试教育的陋习和社会、家庭对高学历的盲目追求，难以缓解高考的非理性竞争，也就难以通过高考改革真正解决学生学业负担过重的问题。

第三，高考改革不是单一的考试改革，而是需要上下联动的综合改革，特别是对于那些破坏教育生态的违规行为必须制止，而且必须制止于萌芽状态。例如某些高中学校严重违背教育规律的依考定教、加班加点、弄虚作假等，高校的生源大战、不择手段抢夺生源以及招生中的舞弊行为等。只有维护健康的教育生态，保证风清气正、公平公正的竞争环境，才能确保高考改革不受干扰，真正落地。

问：前已述及，高考制度恢复40年来，在为国家选才、社会公平做出巨大贡献的同时，也带来诸如"唯分数论""应试教育"等弊端。我国从1999年明确提出实施素质教育，到目前已经推行了近20年，但是效果不是很理想，您认为主要的原因是什么？目前正在实施的考试招生制度改革能否破解这个难题？

答：从1986年开始就有关于素质教育的讨论。素质教育最初是针对应试教育而提出的，人们认为应试教育影响了学生全面素质的提高，应该用素质教育代替应试教育。1999年第三次全国教育工作会议颁布了《中共中央 国务院关于深化教育改革，全面推进素质教育的决定》，提出"实施素质教育就是全面贯彻党的教育方针"，同时提出"减轻中小学生课业负担已成为推行素质教育中刻不容缓的问题，要切实认真加以解决。

各级政府都要建立健全减轻学生课业负担的监督检查机制。"尽管提出了这样的要求，但是实际来看，效果并不显著，主要有教育和社会两个方面的原因。

第一，目前我国高等教育已经进入大众化阶段，从总量上来说，人们对高等教育的基本需求得到满足。但是，由于高等学校分层分类明显，高职院校、地方院校大量出现，文凭价值发生变化，一般高校的文凭贬值，高水平大学的文凭升值，由此导致高考的结构性竞争加剧。

第二，改革开放以来，我国的社会发展与经济建设都取得了重大进展，最为突出的是，人民的物质文化生活水平得到显著提高，对高等教育的需求已经并不满足于考上大学，而是要求接受优质高等教育；与此同时，我国社会的结构性变化也日益凸显，贫富差距、区域差距、城乡差距在扩大，一部分先富起来的人群和中等收入人群扩大，据有关机构统计占总人口的近1/4，这部分人对高等教育有更高的、有支付能力的需求。对教育需求的这种新变化，要求高考需要满足不同层次院校的需求，因此高考用一张试卷选拔不同层次高校需求的学生已经不能适应社会和教育发展的新需求。

正是针对教育和社会发展的新变化，在前期素质教育专题研究的基础上，经过近4年的调查和研讨，2014年国务院发布了《实施意见》，做出了新一轮高考综合改革的顶层设计，提出建立"分类考试、综合评价、多元录取"的高考招生制度。分类考试就是针对不同类型院校有不同的选拔标准，学生有不同的入学通道，使竞争合理化。综合评价就是对学生的思想品德、学业水平、身心健康、艺术素养、社会实践等方面进行综合考核评价。多元录取就是说，分数不再作为唯一录取标准，而是用多维度的考核标准，综合评价选拔学生，2014年启动的高考综合改革方案中的"两依据一参考"就是要打破唯分录取，实现多元录取。

二、高考综合改革试点省份的经验总结

问：从 2014 年 9 月国务院颁布《实施意见》至今已有 3 年时间，浙江、上海作为第一批高考综合改革试点省份，2017 年已经举行了首次"新高考"，并实行了"两依据一参考"的新录取模式。从调研的情况看，首批试点省份落实《实施意见》的情况如何？有哪些经验值得推广？存在哪些问题需要调整？

答：本次新高考改革方案的基本原则和主要特点有：第一，科学选才，满足不同类型的高校对于培养对象的要求；第二，促进公平，保证大多数人接受高等教育的机会公平；第三，促进素质教育发展，本次改革旨在减轻学生负担，减少了统一高考科目，使学生有自由发展的空间和时间；第四，以人为本，以学生为出发点来设计考试和招生，让学生有选择考试科目和选择专业的权利。从第三方的评估结果来看，这个改革方案得到了学生、学校及社会的肯定。从调研情况来看，改革整体进展平稳，实现了预期目标，社会反响积极，试点省份第一轮落实情况良好。从试点经验来看，选考对基础教育和高等教育的影响比较明显：第一，学生的选择性增强，调动了其内在积极性；第二，对高中教学改革具有明显的倒逼和推动作用，出现了走班、小班教学等形式；第三，促进高校改进招生工作，加强专业建设。

从试点反映出来的问题主要有：第一，选考问题。在学业水平考试选考科目的选择上，高校和学生出现功利化倾向，选择物理科目的人数明显下滑。长期来看，这种倾向会对国民的科学素养以及国家的发展战略造成影响。学业水平考试作为高考的组成部分，从实践看，如何理顺其与统一高考的关系，使得二者的定位以及关系更加清晰，需要进一步研究。第二，测量技术问题。比如：选考科目的计分方式、外语一年两考之间的等值、不分文理的数学考试难度和区分度把握，等等。这些问题对于招生录

取的科学性以及公平性具有重要影响。第三，改革的进度和条件匹配问题。高中选课后，出现了教室、教师资源短缺等情况。第四，学业负担问题。选考以及一年多考后出现学生负担不但没有减轻反而加重的问题。这些问题都需要在总结试点经验的基础上分析、研究，提出改进方案，为后续调整实施方案及即将试点省份提供决策依据。

问：高考综合改革对基础教育产生一定影响，特别是高中学业水平考试的选择性给中学教育教学带来一系列挑战。在大学教育都强调通识性的今天，您认为这种选择性是否与通识教育的理念相矛盾？如何从根本上转变我国传统的考试观和人才评价观？

答：通识教育的内涵丰富，不同专家有不同的解释。我理解你这里提到的通识教育，是与专业教育相对的概念，即通识教育是非专业、非职业性的教育。我们的中学教育涵盖所有基础学科，因此可以说是通识教育。高考解决的是人才选拔问题，不能因为高考综合改革中学业水平考试的选择性就否定中学教育的基础性、通识性。在我国，考试对教育教学产生比较大的影响，这是由我国长期以来形成的传统考试观所造成的，必须从根本上加以改变。2014年发布的《实施意见》明确提出"改革招生录取机制，探索基于统一高考和高中学业水平考试成绩、参考综合素质评价的多元录取机制"。落实这一改革举措，将引导教育界乃至整个社会扭转"唯分数论"的人才选拔观，创造不拘一格选人才的良好氛围。此外，通过考试内容的改革，加大"考查学生独立思考和运用所学知识分析问题、解决问题的能力"的试题比重，也是改变传统考试观的一个重要方面。

问：对学生进行综合素质评价是高考综合改革中非常重要的一个内容，从浙江、上海的试点情况看，高校录取学生时是否真正使用了综合素质评价作为参考？综合素质评价是否对农村特别是贫困地区的学生产生了不公平？

答：在高考综合改革中有"综合评价"和"综合素质评价"两个概念，前者是指在高考招生录取中的综合评价，是由高校负责实施的，例如包括自主招生中的测评和面试等；而综合素质评价是由高中实施的对学生进行的综合评价。对于高中综合素质评价的使用，浙江省在"三位一体"招生试点中，将综合素质评价作为综合评价录取依据的一部分；上海市在高校自主招生中使用综合素质评价作为参考。综合素质评价的目的是解决"唯分数论"，不以分数作为评价学生的唯一标准。要保证其有效性，必须首先解决真实性问题，现在一般采取写实记录或成长记录的方式，尽可能记录下学生各方面的表现。其次是高校的使用问题。现阶段的目标首先是让高水平大学能够认真地使用综合素质评价。另外，还需要考虑招生录取时间，比如，美国大学通常利用半年以上的时间来审查考生的材料。要延长录取时间，使高校能够充分地阅读和审查学生的材料。现在综合素质评价的使用率还不高，但已经破冰，大范围的使用还需要进一步探索。不同高校对综合素质评价有不同的使用方法，要考虑高校招生中的供求关系变化，一些学校招生已经从"买方市场"转变为"卖方市场"。那么对于这些学校来说，将会根据招到适合自身培养的学生来使用综合素质评价的材料。至于综合素质评价是否对农村特别是贫困地区的学生产生了不公平，无论是从评价内容的5个方面（思想品德、学业水平、艺术素养、身心健康、社会实践），还是从目前评价方法（以学生成长档案袋和计算机系统记录为主）来看，难以得出一定对农村或贫困地区的学生不利的判断。但对于某些高校招生的特殊要求，比如钢琴、机器人等，农村地区学生因家庭经济条件、学校教学条件等所限，可能接触不多或接触不到，但这不能成为多数学校录取的条件。目前的矛盾不是在综合素质评价，而是在高校的面试环节有可能会对农村学生不利。因此，高校在面试环节要考虑并尽可能消除对农村学生产生不公平的测试内容，将来在延长综合素质评价材料审查时间的过程中，还应该考虑学校面试的设点问题。

问：通过对浙江、上海高考综合改革试点经验的总结，您作为《实施意见》制定的参与者，对这项改革有何新的认识和解读？

答：浙江省和上海市的高考综合改革试点证明了国务院对考试招生制度改革顶层设计的方向和思路是正确的，两个试点省市高考综合改革的顺利落地证明了改革方案的合理性、可行性。试点经验说明，只要遵循因地制宜、从实际出发做好顶层设计和组织实施，就有可能在不同地区推行并落实新高考改革目标。同时，高考改革是一个高风险、高难度、高利害的改革，需要有攻坚克难的胆识，有如履薄冰的谨慎和多谋善断的智慧，既要坚持改革的方向和原则，又要及时发现和妥善处理改革中出现的问题。对改革中出现的新情况新问题要区别对待，对那些存心钻改革空子、对改革的方向和原则具有破坏作用的，要旗帜鲜明地坚决制止；对那些程序性、策略性和科学性的问题，要有一定的包容度，用专业的办法逐步研究解决。

三、对高考考试内容改革的评价

问：《实施意见》对高考考试内容改革提出明确要求。为落实这一要求，教育部考试中心作为全国统考科目命题的专业机构，提出高考命题要紧紧围绕"立德树人、服务选才、引导教学"的核心功能。您对此有何评价？您认为高考考试内容改革的关键点是什么？

答："立德树人、服务选才、引导教学"作为高考命题的指导性原则，服务于国家人才培养的宗旨和目标。立德树人是教育的根本任务，是一个总目标；服务选才是高考的本体功能，保证科学、公平才能选好才；引导教学是高考的延伸功能，是高考对基础教育影响的体现。坚持这些正确的原则，有利于落实高考改革的要求，办好专业化的国家考试机构。

考试内容改革是高考综合改革中的关键点和着力点，科学、合理的考试内容能够为选拔人才提供依据。高考内容改革，一要从高中教育课程改革的要求和实际情况出发，既要适应、又能推进高中课程改革，同时还要借鉴国际上有益的经验，探索符合中国实际的高考评价体系。二要从高校选拔人才的需要出发，逐步形成相对稳定的测量方法，不因内容变化而影响测量准确性。高考考试内容改革的关键点，概括地说，是要实现从以知识为主向以能力为主的转变，就是要适应新时代对人才培养的新要求，从根本上改变过于偏重学科知识重现的思路和范式，突出考查学习能力、思维能力，包括独立思考和批判性思维的能力。为满足考试内容改革的要求，考试方式也需要进行多样化探索。

问：2014年教育部在《关于全面深化课程改革，落实立德树人根本任务的意见》中提出要研究"各学段学生发展核心素养体系，明确学生应具备的适应终身发展和社会发展需要的必备品格和关键能力"。目前"中国学生发展核心素养"总体框架已经发布，正在修订的普通高中课程标准也提出各学科核心素养的内涵以及评价标准。您认为如何通过高考综合改革特别是考试内容的改革促进学生核心素养的养成？

答：这次高中课程改革的一个新变化是提出了学生发展核心素养。按照学生的核心素养确定学业质量标准，在学业质量标准之后再确定课程标准，在课程标准中体现核心素养。促进学生核心素养的养成有三方面的途径：课程改革、教学实践和考试评价。要充分利用高考的导向作用，在考试内容中体现对学生核心素养主要是各学科核心素养的考查。同时，要研究核心素养的考查路径，在命题中积极探索评价学科核心素养的方式和方法，创新试题形式以及评分方式，通过测评技术促进核心素养目标在高考中体现。

四、对高考改革发展方向的预期

问：《实施意见》提出"改革招生录取机制"，您认为理想的高校招生录取机制是什么？高校在招生录取中的地位和权利如何得到充分体现？高校如何提升招生能力？

答：本次高考综合改革是全面系统的改革，不仅涉及考试，还涉及招生体制机制改革，高校招生录取改革的空间还比较大。目前上海、浙江试点地区高校招生开始取消本科录取批次，未来理想的办法应该是按照学生志愿，一档多投，由学生与高校之间多次、双向选择。要改变政府（包括省市招办）在招生中的核心地位，充分体现高校是招生的主体，是科学选才的主体，并赋予高校更多的招生权利。高校要充分认识招生工作的重要性，制定招生章程，结合高校发展定位、人才培养目标规格和办学特色，确定本校的人才选拔标准、招生方式和程序、规则等。要成立招生委员会，由学校主要领导担任招生委员会的主任，各个院系和大类专业的专家作为招生委员会成员。各高校应逐步按专业大类录取学生，由各专业的专家参与选拔学生。要建立第三方监督机制、问责机制，确保招生工作公平、高效、有序实施。

问：您对本轮考试招生制度改革有何预期？高校招生制度改革的未来发展方向是什么？

答：在浙江、上海试点的基础上，北京、天津、山东、海南4个省份从2017年也启动试点工作，到2020年将全面实施新高考制度。尚未启动试点的省份，要在总结试点经验的基础上，从地区实际条件出发，按照循序渐进的原则，逐步加以完善。

党的十九大明确提出，中国特色社会主义事业已经进入新时代，高校招生制度改革要"不忘初心，牢记使命"，坚持改革的既定方向和原则，适应新时代的要求，为培养建设中国特色社会主义的建设者和接班人，为建设教育强国做出无愧于时代的贡献。对于高考综合改革的未来发展走向，我认为应该从以下三个方面加以考虑：第一，制度层面，探索建立和完善招考分离、分类考试、综合评价、多元录取制度的相关路径和举措，形成政府宏观管理、学校自主招生、专业考试机构提供考试服务、学生自主选择的良性运行机制。第二，政策层面，要充分发挥政策在高考综合改革中的调节和指导作用：一是要完善对特殊人才的选拔政策，为不拘一格选拔人才提供政策保障；二是对于弱势地区、弱势群体的保护性、补偿性政策，应提高政策落实的精准度，真正确保应该享受优惠的群体和个人受惠。第三，技术层面。考试评价和招生录取作为一项专业性很强的工作，要加强考试机构的专业化建设以及教育测量的专业建设、人才培养和招生人员的培训，要更好地探索利用新技术进行测量，评价手段应该更加多样化，要加强题库建设，探索使用技术手段解决考试中出现的问题。

第六部分

未来变革的目标和动力：终身教育、学习型社会和信息化教育

我国教育信息化进程中的卫星电视教育

——兼述教育技术的革新[54]

我国的卫星电视教育,从 20 世纪 80 年代中期兴起,已经走过了 10 年初创时期。过去的 10 年,它以自己独特的组织方式和发展方式,向人们证明:卫星电视教育是我国教育体系中覆盖面广、容纳量大、灵活性强的一种新型教育形式,是实现全民教育目标的一种具有自身优势的教育资源。21 世纪的卫星电视教育将面对社会现代化和教育现代化加速推进和交互作用的社会环境,尤其是社会信息化和教育信息化的进程将会对教育系统包括卫星电视教育产生前所未有的深刻影响。卫星电视教育要在这种信息化的进程中找准位置,选择战略,扩展功能。

一、社会信息化进程中的教育技术革新:卫星电视教育的社会基础

任何一种教育形式的产生和发展,总是由社会需求所驱动,也是受社会可能提供的条件所制约的。如果说早期的电化教育还只能在有限的范围内发挥作用的话,那么,随着社会向信息化目标的逼近,它同教育信息

---

[54] 谈松华:"我国教育信息化进程中的卫星电视教育——兼述教育技术的革新",《教育研究》,1997 年第 5 期。系作者在纪念中国卫星电视教育十周年会议上的发言。亦在《中国电化教育》,1997 年第 4 期上刊发。

化过程、同教育技术革新相联系和结合，将成为教育信息化的一个基本内容。在各种关于 21 世纪未来发展的研究中，几乎都认为人类社会将由工业化向信息化转变。因此，有人认为从 20 世纪走向 21 世纪，不单纯是世纪性的变化，而是人类文明史的变化，即由产业文明进入"知识社会""信息社会"。[1]这种论断是否准确有待研究，但是，知识和信息将成为未来社会发展的决定性因素，这种趋势是可以肯定的。因此，我国也要用新的信息技术改造和武装国民经济各个部门，并使信息产业逐步成为支柱产业。这种信息化的进程对教育包括卫星电视教育将产生多方面的影响。

（一）随着信息化程度的提高，要求普遍提高国民受教育水准

许多国家的经验证明：社会发展总是同普及教育相伴而行的。国外有关学者的研究表明，40% 的居民识字率是摆脱贫困（人均 GDP300 美元以上）的必要条件，80% 的居民识字率则是经济持续增长（人均 GDP500 美元以上）的基础。[2]大多数工业化国家在实现工业化时都普及了九年左右的义务教育。而进入信息化阶段，则需要进一步提高劳动者的教育水准。例如，高新技术产业研究和开发所需的科技人员为传统产业的 5 倍，要求劳动者 1/3 具有大学水平，工人要中学毕业后受两年专业训练。[3]这样，大规模的普及教育、大量劳动者的职业培训，以及高等教育规模的扩大将构成巨大的教育需求，据测算，从 1995 年到 2010 年我国受教育人口将增长 1 亿人。如此大的教育需求单靠学校教育的设施条件很难满足，尤其是对于不同地区和不同人群的教育需求更难满足，贫困地区、边远地区实现普及教育目标更有难度。卫星电视教育作为一种远距离教育形式，可以为教师、学生和管理人员提供多种教育服务，是实现普及教育目标、提高国民教育水准的有效途径。

（二）社会知识化的发展使人类面临一场知识革命

知识总量激增，知识更新速度加快，传统的一次性学校教育已经不能

适应知识日新月异的变化，在职教育和继续教育将成为未来教育重要的组成部分，终身教育必将成为现代教育体系发展的主要趋势。这就要求未来教育体系突破单一的学校教育形式，扩展到社会生活的各个领域。这种教育体系应该为人的一生的任何一个阶段提供所需要的教育服务。卫星电视教育借助先进的教育手段，不受时间和空间的限制，实施终身教育具有有利条件。

（三）社会信息化程度的提高，信息技术的发展和广泛应用，将引起教育技术乃至教育方式的革命性变化

教育实际上也是一种信息传递过程。随着现代信息技术尤其是微电子技术、多媒体技术和"信息高速公路"的发展，集计算机技术、声像技术和通信技术于一体，极大地提高了信息化水平。它在教育领域的应用，必将引起现代教育技术基础的革命性变化。[4]在物质生产中，生产手段尤其是生产工具的变化，对生产力的发展起决定性作用。如果我们把教育作为一种人才生产或精神生产过程，那么教育手段尤其是教育技术的革新，无疑也会引起教育过程的重大变革。这种变革对于卫星电视教育既提供了开拓领域、扩展功能的机遇，也提出了新的挑战。教育技术的普遍应用，尤其是信息交互网络的建立和发展，使卫星电视教育面对着教育信息化的新环境，因而如何找准自己的位置，充分发挥自己的功能是未来卫星电视教育面临的新课题。

二、现代教育体系中的开放系统和技术系统：卫星电视教育的功能创新

如果把卫星电视教育既作为一种教育形式（独立承担自身的教育任务），又作为一种教育手段（它为各种教育系统提供技术服务），在教育信

息化进程中扩展其技术容量，实现电化教育的网络化和社会化，那么，它在未来教育中将扮演双重角色：既是相对独立地承担远距离教育的开放教育系统，又是为现代教育各个部分提供技术服务的技术系统，在这样的基点上实现自身的功能创新。

我国现行教育体系分为四个部分：基础教育、职业教育、高等教育、成人教育。这四个部分各有其教育对象和任务，这样的划分是有其合理性的，但如果组成一个体系，则其中有交叉重叠。未来的教育应该按照终身教育原则构建终身教育体系，这就需要重新划分和组合教育的各个系统。我在《走向21世纪：中国未来教育的宏观展望》一书中提出了未来教育体系分为三个系统的设想：学校教育系统、行业（企业）教育系统、社会教育系统。[5] 这种构想的一个基点是想突破单一学校教育体系的框架，按照教育终身化、社会化的原则构建组合。但是，这种构建是按照分别承担学历教育、职业资格教育、社会文化生活教育这三部分教育的不同的教育机构划分组合的，并未涵盖各种教育形式。总之，教育体系的这两种分类都没有充分考虑教育信息化和社会化对未来教育体系的影响。去年，韩国提出《为建立主导世界化、信息化时代的新教育体制》，作为这种新体制的第一位的是构筑"开放的教育社会"和"终身学习的社会"，亦即"开放教育时期""开放教育场所""开放教育机构"，"建立任何人随时随地能按自己的意愿接受教育的'开放教育体制'"。作为这种开放教育体制的技术基础是设立"国家多媒体教育支援中心"（暂定名），其目的是"全面地支持用信息化教育手段将学校教育、社会教育和职业技术教育连接在一起，建立起'开放的教育社会'的体制"。韩国为了推进这个进程，准备成立直属总统的由有关部处、学术界、企业界、舆论界代表参加的总统咨询机构"教育信息化推进委员会"。[6] 这不仅向我们展示了韩国教育适应社会信息化的战略举措，而且也告诉我们以信息技术为基础的开放教育系统将把现有的各种教育资源连接起来，成为一个完整的现代教育体系。

作为现代教育体系中的开放教育系统和信息技术系统是相互联系的，信息技术的进展将使开放教育获得新的手段，扩展其领域和功能，提高其效能。例如在信息存储技术方面激光视盘的应用；在信息传递技术方面光导纤维的发展；在信息呈现技术方面大屏幕电视、微型电视、高清晰度电视的出现，小到30厘米口径的卫星天线和低成本的个人化微型终端的出现，将使卫星电视节目能直接收看，使人们可以在家里通过电视机收看世界各地的信息和资料。[7]尤其是卫星技术和计算机技术在教育中的结合，将把远距离教育推向新的阶段，教育信息网络化将极大地改变教育方式和组织方式。[8]在这种教育和技术背景下，卫星电视教育的功能将会有新的扩展，其重点也将根据各种教育的供求关系而有所改变。

（一）运用开放教育的优势，为不同人群提供各种正规教育课程

在义务教育阶段突出的是利用卫星电视培训中小学教师。1986—1994年，我国小学在职教师通过培训获得中等师范学历毕业证书的总数为170.8万人，其中通过卫星电视教育的占60%，初中教师也有相当一部分通过这一途径达到了国家规定的学历标准。今后小学教师学历达标的教育规模将会减少（目前尚有63.2万小学教师未达标），而初中教师的数量同实现义务教育目标的要求还有较大缺额，而且今后随着经济水平和教育水准的提高，中小学教师的学历层次将要提高（如上海、北京、苏南等地均已提出提高一个学历层次的目标），这样，中小学教师的学历达标教育仍会是今后卫星电视教育的一项任务。同时，卫星电视教育还将担负岗位资格培训、继续教育等任务。在普及义务教育方面还要为边远山区、海岛、牧场等交通不便和自然条件恶劣地区的儿童提供灵活的教育服务。在高等教育方面近期实行适度发展的方针，在目前的招生和培养制度下学历教育

不可能有很大的发展，可以着重为紧缺专业、高教薄弱地区和处境不利的人群提供教育机会。在今后，随着经济文化的发展和高教大众化目标的实现，卫星电视教育同其他教育形式相配合，同其他相关制度（如高考招生制度、学分累积制度、考试评估制度等）相配套，将成为扩大高等教育机会的重要形式。

（二）利用卫星电视灵活性强、适应面广的特点，实施开放的职业和技术教育

我国1993年底就业者6.05亿，由于人口自然增长和人口结构的影响，劳动年龄人口（16—60岁）2000年将达81,251万人。[9]现有在业劳动者中大量未经职业培训（约占60%）；城乡劳动者转业、转岗将达1亿人，培训面广量大；新增劳动者的职业培训任务更重，据预测，1990—2000年城乡合计需就业者2.76亿，而现有培训规模只能满足60%的城镇新增劳动者的培训要求，农村的差距更大。[10]满足如此规模的职业培训需求，要依靠社会各方面力量，开展多种形式的职业培训。运用现代教育技术是加快职业培训、提高培训效益的重要措施。美国各公司企业每年直接用于雇员培训的投资约400亿元，先进教育技术日益受到企业重视。正是在这种需求的带动下，美国教育技术学科在1989—1992年间增加了一倍，且大批教育技术专业研究生到工商企业从事职业培训的设计工作。可见，现代教育技术在职业培训中具有广阔的应用前景。我国农业广播学校遍布广大农村，培养了一大批农村初级技术和管理人员。教育电视台的县、乡站（点）向农民传播实用技术，受到广大农民的欢迎。从今后的发展趋势看，卫星电视教育要同不同行业、不同地区的需求相结合，分层次、分种类开设各种职业教育和培训的课程，增加服务项目，扩展服务领域。

（三）适应教育社会化、终身化的趋势，卫星电视教育为社会提供更广泛、多样的教育服务

在正规学历教育和职业教育培训之外，社会不同成员还有多种多样的教育需求，例如少年儿童的各种课外学习和艺术教育，青年的思想、心理修养和职业指导，成年人的知识和技能更新，各种年龄尤其是老年人的文化生活教育和健康教育等。这种教育需求具有多样性和分散性的特点，制度化的集中授课式教育往往不能完全适应不同人群和个体的特殊需求，利用卫星电视教育，针对不同人群的需求开设可供个人选择的课程，能提高教育资源的利用效率，同时也更能满足多种教育需求。

（四）通过卫星电视教育同计算机技术和通信技术的结合，为各种教育提供技术服务和多种教育资源

卫星电视教育具有传输距离远、传播面广和教育资源集中的优点，如果同计算机技术和通信技术相结合，则可以实现网络化和交互传输，大大扩展自身的功能，并促进教育技术和教育方式的变化，包括：①卫星电视教育的资源可以更加充分地开放利用，不仅为电视大学、电视中专等机构提供服务，也可以为其他教育机构提供服务；②计算机网络化有可能实现教育个体化，卫星电视教育可以直接为学习者个人提供服务；③通信互联将改变卫星电视教育单向传输的方式，实现交互式教学，如可以采取类似电视会议的形式，实现异地教学讨论和问答，使远距离教学交流与学生之间的交流成为可能。这样，卫星电视教育将成为这种教育信息网络的重要组成部分，以自己高质量和集中化的教育资源和技术优势，同其他教育系统、教育资源相结合，发挥其技术服务和资源服务的作用。

三、超越与渐进：教育信息化进程中卫星电视教育的战略选择

我国卫星电视教育的未来发展，无疑要适应世界教育信息化的趋势，同时又要从我国国情的实际出发。随着微电子技术和通信技术的迅速发展，世界范围内的社会信息化速度在加快，1988年以来，"互联网"（Internet）用户每年新增1倍，最近统计表明已有7000多万用户加入这一网络。这势必带动教育信息化的进程，一些发达国家已经着手建立教育信息联网，改变教育信息的传递方式。这种动向值得我们重视。我们要实现观念上的超越和技术上的超越，用信息化、现代化的观念统领未来教育的发展战略，用现代前沿技术来勾画教育信息化的蓝图。卫星电视教育也要在这种超越中寻求新的发展。但是，目前我国总体上说信息化程度还很低，1990年每千人拥有电视31台（世界平均156台，发达国家489台），收音机184台（世界平均371台，发达国家1017台）[11]，到2000年每千人拥有电话50部，处于很低的水平[12]。我国现有教育设施装备还比较落后，现阶段可能提供的教育经费不可能满足教育技术革新的需要。这就决定了我国教育信息化不可能一蹴而就，而要采取非均衡的渐进战略，充分发挥现有设施包括卫星电视教育设施的利用效率，扩展卫星电视教育的功能，逐步实现区域网络化，进而推进教育信息化进程。这是我国教育现代化工程的重要组成部分，从现在起就要着手准备。

（一）组织力量研究制定教育信息化规划

建议以电化教育机构和系统为基础，吸收相关方面的研究人员和主管部门（包括广播电视、邮电通信、电子技术等）人员，全面系统地研究我国卫星电视教育、学校电化教育、计算机辅助教育等领域的现状，分析未来发展趋势，确定我国教育信息化的发展规划、实施步骤和相关政策措施，并逐步付诸实施。

（二）建立各种信息教育手段之间的联系和合作，充分发挥其综合作用

在现阶段，这种合作可以从卫星电视教育与学校电化教育、计算机辅助教育之间开始。今后，卫星电视教育、学校电化教育和计算机辅助教育逐步加强联系，相互补充，形成教育信息化的网络。

（三）加强软件建设

我国卫星电视教育经过 10 年建设，已经初步建成了全国—省—地县这样的台站系统，要巩固和提高现有台站的作用，软件建设至关重要。随着电脑和多媒体技术的普及，各种计算机和多媒体软件的制作更是关键所在，现在软件建设已经是推进教育信息化的"瓶颈"因素。软件设计、制作和审查机构，需要通盘规划，分工合作，共同推进软件建设。

（四）加快教育信息技术人员和教师队伍的培训和建设

现在不少学校购置了电教和计算机设备，但缺乏专业人员开发和利用，尤其是广大教师缺乏必要的知识和技能，不会利用这些设备，极大地影响了现有设备的利用效率。随着教育信息化程度的提高，专业人员和广大教师的培训要有步骤地开展，要通过多种途径包括卫星电视教育开设专门课程，分层次分批组织培训，为全面推进教育信息化做好人才准备。

注　释

［1］［6］韩国教育改革委员会："为建立主导世界化、信息化时代的新教育体制"，《教育参考资料（内刊）》，1996 年第 9—11 期，第 17 页。

［2］M. J. 鲍曼："教育发展与经济增长"，《上海高教研究增刊·国际教育发展与战略比较研究专辑》，第 115、121 页。

［3］［9］李京文：《走向 21 世纪的中国经济》，经济管理出版社，1995 年，第 16、19 页。

［4］陈新:"信息高速公路给教育带来什么",《中国教育学刊》,1996年第5期,第61—62页。

［5］谈松华:"走向21世纪:中国未来教育的宏观展望",《21世纪教育展望:中国与世界》,广西教育出版社,1996年,第12—13页。

［7］黄济、王策三:《现代教育论》,人民教育出版社,1996年,第598、181页。

［8］［11］尹俊华:《教育技术学导论》,高等教育出版社,1996年,第182页。

［10］国务院发展研究中心:《经济发展改革与政策 第1卷(上)》,社会科学文献出版社,1994年,第309页。

［12］联合国教科文组织:《1993年世界教育报告:消除知识差距 扩大教育选择性 寻求标准》,1994年,第90页。

建设学习型社会与教育信息化(55)

一、引言

建设学习型社会，加快教育信息化进程，是十六大提出的全面建设小康社会的教育目标的重要内容，也是21世纪教育理论和实践的前沿问题。即使在发达国家，这一发展进程也不过10多年的时间。尽管“学习化社会”的命题早在《学会生存》这篇著名的报告中就已同“终身教育”思想同时提出，但建设“学习型社会”作为一个实践目标则是20世纪90年代之后的事情；至于网络教育和教育信息化则更是20世纪90年代中期才开始问世和迅速发展起来的。因此，学习型社会和教育信息化及其相互关系，是一个正在探索中的新课题，唯其如此，各方面在认识上存在歧义，实际工作中也有不同做法，只有通过多视角的探讨和试验，才能找到符合中国国情的建设学习型社会和发展教育信息化的路子和模式。

---

(55) 谈松华：“建设学习型社会与教育信息化”，《中国远程教育》，2003年第10期。亦被《中国职工教育》，2007年第2期刊发。

二、建设学习型社会：目标和前提

（一）学习型社会的重要特征是全民学习、终身学习

十六大提出"形成全民学习、终身学习的学习型社会"，而全民学习、终身学习正是学习型社会最主要的特征。所谓全民学习，应该是人人学习、处处学习，而所谓终身学习也就是人的一生时时学习。所以，有人把终身教育和学习型社会形象地概括为人人学习、处处学习、时时学习、灵活学习。构建这样一个全民学习、终身学习的学习型社会，教育体系无疑将有重大的调整。如果说学习型社会总的目标是全民学习、终身学习，那么，实现这一目标，就需要现代教育体系作为支撑。十六大报告提出建立完善的"现代国民教育体系"，同时强调构建"终身教育体系"。要构建学习型社会，就需要有这样两个体系来支撑全民学习和终身学习。通过这两个体系的相互作用，可以保证全民学习和终身学习目标的最终实现。

关于现代国民教育体系和终身教育体系的关系，有一种观点认为，现代国民教育体系和传统的国民教育体系的区别在于，它已经不限于学校教育的范畴。但如果做这样的理解，就很容易把现代国民教育体系和终身教育体系理解成同一个体系。还有一种观点认为，现代国民教育体系的主体部分应该是学校教育的系统，而终身教育体系应该是既包括学校教育，又越出了学校教育的范围。我比较倾向于这种观点。我认为，学习型社会的教育体系应该是以学校系统为主干的、覆盖全社会的教育体系。如果从学习型社会或终身教育体系的角度来分析，有这样四个教育系统：一是学校教育系统。这一系统主要承担学历教育和继续教育的任务。二是在职教育系统，或称行业（企业）的教育系统。这一系统服务于在职人员的继续学习，这种继续学习有相当一部分是在本行业或企业内部的在职学习。三是社会教育系统。这一系统既包括学校教育系统的校外教育这一部分，也

包括社会文化生活教育，是进一步延伸的一种教育系统。四是网络教育系统。这一系统可以为终身教育提供一种技术和基础设施的服务。有人认为网络教育系统不一定平列作为一个系统，但从现实情况来看，网络教育系统既实施着某种独立的教育任务（如现在高校的网络学院、中学的网校等），实际上又不完全表现为网络学院或网校，这系统可以为终身教育提供一种技术和基础设施的服务。

（二）学习型社会建设目标的主要内涵

学习型社会的第一个要素是学习者，即全民学习需求，学习覆盖全民，全民都是学习者。第二个要素是组织，学习型组织成为社会的组织基础，学习不受时间和空间的限制，社会提供处处学习、时时学习、灵活学习的机会。形成学习型组织是学习型社会的组织基础，而学习型社会的学习型组织已不仅限于学校，不再受传统的制度化教育的学习组织的限制。应该说，社会的各种机构、组织都具有学习的功能，如学习型企业、学习型社区、学习型政府等。与此相应，第三个要素就是制度，即形成适应社会化、个性化学习的评价认证制度。这种制度使得人们在不同的学习和组织中获得的学习成绩和成效得到承认，得到制度化的保证。这几个要素是学习型社会所必备的。

从上述要素来看，迈向学习型社会在教育领域意味着经历三个历史性的转变：学习对象的转变——从局限于学龄人口转变为全民学习；学习组织的转变——从单一的学校系统转变为多样的学习型组织；学习制度的转变——从学历文凭本位转变为能力发展本位。

必须认识到，学习型社会不是现行教育系统和教育制度的放大，而是现行教育系统和教育制度的变革和创新。也就是说，如果没有变革和创新，只是把原有的教育系统和教育制度进行放大，还不能建设成学习型社会。教育系统会面临一场前所未有的变革和革新。1998年联合国教科文组织在巴黎召开世界高等教育大会，大会宣言中就指出人类正走向知识社会，高等教育面临着巨大的挑战，必须进行历史上从未要求它进行过的最彻底的变革和革新。我认为，这实际上是指出了，从工业社会的教育发展到信息社会、知识社会的教育，绝不仅仅是量的扩展，而更是教育形态的变革。学习型社会正是这种变革的最集中的反映。

（三）社会变迁与学习的变革：学习型社会兴起的动因

学习型社会兴起是伴随着社会形态的变迁和提升而构建和形成的。我认为，应当把教育经历的历史性变革同社会变革与人类文化传递的变革联系起来进行考察。学习型社会的前提条件是：经济和社会发展水平既使学习成为人们生存与发展的基本需要，又为人们终身学习提供必要的条件：学习不只是一种"投资"，还是一种"享受"和"消费"，即学习不只是人力资源开发的过程，更是人的自我实现的过程。社会为人的发展和评价提供了比较成熟的制度环境，人们的学习有了更自由的选择机会和多维的评价机制。

有一种看法认为，过去也讲过，人人都要学习，"活到老学到老"，要生存就要学习，这不也是全民学习、终身学习吗？那么，学习型社会究竟是不是在一个特定的人类发展阶段上出现的呢？在一个低水平的条件下也能建设学习型社会吗？实际上，我们今天所说的学习型社会必须和网络社会、知识社会的背景联系起来。知识革命是正在发生的，而且将会深刻影响21世纪人类生活的一场革命。知识革命引起了各方面的变化，出现了知识经济新形态，出现了一种新的知识社会的形态。知识成为经济社会发展的决定性因素，而要掌握知识就必须学习，因此学习成为知识社会中人们生存和发展的基本条件，学习对于每个人来说比以往任何时候都更为重要。学习型社会的内在动力就在于社会本身对知识的需求增加了,知识成为每个人生存发展的条件,这是学习社会内在的要求、内在的动力。

再从人的发展来看。从工业社会进入后工业社会、知识社会,也就进入了经济学中的所谓"高质量生活阶段"。在这个阶段,一个很重要的变化就是人们生活和消费中的生存性需求将会转变为发展性需求,即人们的生活不仅要满足于生存的需要,还要满足于提高自己全面发展自己的需要。发展性需求中很重要的一个方面是完善自我,那么,学习就不再是一种生存(谋生)的手段,而更是一种"乐生"的需要。当人经常要不断完善自己的时候,学习即成为完善、发展自己的内在需要。从这个意义上说,学习型社会的学习不只是生存(谋生)的需要,更是"乐生"的需要。马克思谈到共产主义社会的时候曾说过,在共产主义社会,劳动不再是谋生的需要,而是乐生的第一要素。那么,我们能不能说,学习型社会的学习不仅是谋生的需要,而且更是乐生的需要?

回顾人类历史,我们是否可以这样来概括归纳一下:农业社会经历了人类文化传递的第一次革命,即文字的发明。随着文字的发明,出现了非制度化的精英教育,即贵族教育。工业社会经历了人类文化传递的第二次革命即印刷术的发明。印刷术的发明使平民教育、普及化的教育成为可能,出现了以学校为主要形式的制度化的大众教育。有人就曾指出,印刷术的发明打破了贵族对知识的独占和教会对教育的垄断。工业社会中所形成的制度化的教育目前占据着主导地位。知识社会正在经历人类文化传递的第三次革命,即信息高速公路的建立。这次革命是网络的应用所带来的,而社会和文化传递的这种变化就将催生社会化的全民学习,学习和教育不再完全局限在学校教育这样一种制度化的教育领域内。真正建设一个全民学习、终身学习的学习型社会,就必然要构建一个网络社会,网络化是学习型社会的技术基础。

在学习型社会和信息化建设的关系上，我认为，建设学习型社会必然要求加快信息网络的建设；信息化的建设和发展要为迈向学习型社会服务。信息网络化是学习型社会的基本前提，从这个前提出发，必须加快社会和教育的信息化进程，并以教育信息化带动学习型社会的建设。

三、教育信息化：机遇和挑战

教育信息化将会对教育领域产生广泛而深刻的影响，甚至会引起革命性变革，这已经是教育界的共识。这种影响既为发展中国家的教育提供了跨越式发展的机遇，同时也使我们面临着国际竞争和教育自身变革的挑战。如何把握信息化发展机遇期的内部和外部环境，扬长避短，趋利避害，真正实现以信息化带动中国教育现代化的目标，这是推进教育信息化进程中需要回答的现实课题。

在世界范围内信息化建设迅猛发展的背景下，发展中国家如果能抓住机遇，很好地应对挑战，就有可能实现跨越式发展；而丧失机遇，就会被进一步边缘化。因此，正确地把握我们面临的信息化浪潮的机遇与挑战，是确定我国信息化建设战略与策略选择的前提。

（一）在缩小国家间数字化鸿沟的同时，如何缩小国家内部的数字化鸿沟

在我们发展国家信息化，努力缩小与发达国家在信息化建设上的差距的时候，一定要考虑到，国家信息化建设的推进如何才能不是加剧，而是逐步解决国内的数字化鸿沟问题。目前，国内城市和农村、东部和中西部之间的信息化差距是明显的。我国和巴西、墨西哥等中等收入国家相比，千人拥有计算机台数相差3倍以上，每万人的网络基础相差10倍左右。而从我国国内中小学的情况看，2001年，北京、上海等地每15—16名学生拥有一台计算机，而西部一些省区100多名学生才拥有一台。这两年大城市学校的网

络和计算机建设发展很快，而西部就有非常大的差距。在高等教育领域，生均教学仪器设备值为 5000 元以上的有 5 个省市，全部属于东部地区；4000 元以下的 13 个省则全部属于中西部地区，其中西部就有 8 个省区；东部最高的是北京，为 6060 元，西部最低的是新疆，仅 2411 元，相差两倍多。在网络教育方面，全国 450 多所高校与 CERNET 连接，建设校园网的学校已占 90%，但已经和互联网连接的学校在全国高校中还是少数。国家正在加强农村和西部地区教育信息化建设的力度，如果能够采取倾斜政策，就可以在启动信息化发展的时候，避免进一步扩大数字化鸿沟。

（二）在建设信息化校园的同时，如何重建信息化时代的大学

必须思考在信息化时代、网络时代，大学在整体上会发生什么样的变化，而我们又应当如何应对这些因时代变迁而出现的变化，重建信息化时代的大学。

有一种观点认为，虚拟大学将会代替现在的大学。这种观点我们是不赞成的。但是，当虚拟学校、网络学校、网络教育在迅速发展的时候，大学能否不做变化而适应这样的环境呢？我想这不大可能。美国密歇根大学的校长讲过：在这样一种环境下，传统的大学要么进行变革，要么就灭亡。这话说得比较重，但其中的意义应当引起重视：大学不变革，确实是要落伍的。哈佛大学前校长陆登庭（Neil Rudenstine）教授 20 世纪 90 年代后期写过一篇题为《互联网与教育：珠联璧合》的文章，其中充分估计了互联网对大学所产生的革命性影响。我认为他的观点是比较全面的。他认为，互联网是 20 世纪在技术上对大学产生最具革命性影响的因素，而这种影响才刚刚开始；他同时针对互联网将代替大学的观点指出，教育不仅仅是传授知识，教育本质上是一个人文过程，是有关价值的事情。因此，互联网对大学会产生非常大的影响，但互联网是不能代替大学的，因为人文精神、价值观的影

响、人和人的交流、校园文化的熏陶，互联网是不能代替的。

大学究竟如何通过自身的变革来适应互联网时代提出的新问题呢？这些问题中包括学校的地位和功能，如学校在网络时代居于什么地位？究竟要发挥怎样的教育功能？虚拟和现实之间是什么关系？大学的组织和管理会发生什么变化？许多问题都值得我们思考。

（三）在广泛应用信息技术的同时，如何迎接信息化时代的学习革命，发展新型的教育教学形态

信息技术、网络教育在教育领域的运用和产生的影响，表现在很多方面。这种变化如果仅仅从技术层面上看，是如何利用更多的学习资源，如何使教与学、师与生产生良性互动，如何使学生进行参与性学习等等，如果进一步扩展开来，实际上涉及的是教和学方面很多极其深刻的变化。因此人们才会提出这样的问题：网络会不会引起学习上的一场革命？澳大利亚高等教育财政与政策委员会的一份报告指出："数字革命带来的变化极其普遍，以至于高等院校将不得不从根本上重新思考其提供自身服务方式的方方面面。"[1]同时，该书指出"学术界有一个大家默认的假设，即教育技术将引发重大的机构改革并使教—学过程产生革命性剧变"。[2]这种剧变如著名学者马修斯所指出的："高等教育最终将以技术为基础进行重组；学习将在时间和地点上实现独立（非同时发生）"；[3]学习内容对于教学来说已经不是那么重要了，学习的组织、学习的评价也都将会发生新的变化。

（四）在应用全球网络资源的同时，如何弘扬民族文化，保护本国知识产权，发展国家知识优势

互联网是没有国界的，而网上大量的信息传播使用英语。台湾一位大学校长曾说互联网是英语霸权主义。的确，互联网上传播的大量的信息，包

括具有深厚文化内涵的东西，带有明显的美国或发达国家的特征，所以这些国家在互联网传播方面占有文化上的优势。在这种背景下，我们如何一方面吸收世界多元文化的优质的部分，同时又弘扬我们的优秀民族文化，保护本国知识产权，发展国家自身优势？很好地解决这个问题可能要经历一个过程，但必须自觉地做工作，大力弘扬自己的文化，发挥自己的知识优势。

四、教育信息化：战略和策略

据有关专家测算，到 2020 年国家初步实现信息化大约需要投资 128 万亿元。这样规模的投资，相当于在今后不到 20 年的时间内，要以将近 13 年的国民生产总值的全部用于信息化建设，而且还不包括此期间三次设备更新和人员培训费用。可见，信息化是一项耗资巨大的建设工程。作为一个建设资金短缺的发展中国家，需要量力而行，循序渐进，整合资源、效益优先，走一条投资少、见效快、效益高的发展路子。在战略与策略的选择上，要从实际条件出发，突破重点、整体配套。如果决策不慎重，如果盲目地一哄而上，就会耗费大量的人、财、物力，而又得不到理想的成效。战略选择必须从中国国情的实际出发。

（一）网络建设处理好局域网与校园网、天网与地网、东部地区与中西部地区的关系

要充分利用现有的各种资源，不要搞重复建设，不要体制上各搞一套，部门分割，条块分割。还要注意量力而行，循序渐进，宁可留出今后发展的空间，不要总想在很短的时间内把什么都搞到"最好"。

（二）资源建设

要重视开发，积极利用，强调共享。在此基础上还要处理好市场、

政府、学校之间的关系，发挥各自应有的作用，而且，三者之间要能够协同起来。

（三）队伍建设

要加强教师队伍、技术队伍和管理队伍这三支队伍的建设。其中，在教师队伍的建设方面，不仅是要求教师掌握网络信息技术，更重要的是要强调现代教育技术和现代教育与教育观念的有机结合。前述美国学者的著作《高等教育与终身学习》中就提到，学校会利用"精致型的手提书写石板"，而不能把新的认识方法和新的学习方法结合起来，即用先进的技术所强化的是传统教育。在队伍的建设中，一定要真正使现代教育技术体现现代教育观念，并为发展现代教育服务。

（四）制度建设

没有制度保证，就很难形成学习型社会。制度建设包括学习注册制度、教学管理制度、学习考核制度和多种证书制度等的建设。这些制度的建设，有助于鼓励人人学习，处处学习，使人们在各种不同时间、地点和机构学习的成效，都能得到相应的考核和认证，以能力为本的各种证书得到同等的承认，从制度上保证学习型社会的建设和发展。

注　释

[1][2][3] 克利斯托弗·K.纳普尔、阿瑟·J.克罗普利著，徐辉、陈晓华译：《高等教育与终身学习》，华东师范大学出版社，2003年，第45、46、13页。

理念与实践：终身学习体系与学习型社会

——中国教育学会常务副会长谈松华访谈录[56]

一、教育思想观念的变化同知识特别是科学技术的发展趋势密切联系

问：构建终身学习体系、建设学习型社会，是全社会的共识，也是学术界探讨、研究的热点。您是否可以对相关理念的演变做一梳理，从这样一个视角对终身教育、终身学习和学习型社会等概念的内涵进行更深入的辨析？

答：一般认为，终身教育的理念是 20 世纪 60 年代以后提出的。1965 年，联合国教科文组织成人教育局局长保罗·朗格朗在一次关于成人教育的会议上提出"终身教育"的概念。1972 年，联合国教科文组织发布报告《学会生存——教育世界的今天和明天》，建议把终身教育作为各国今后制定教育政策的主导思想，这是第一份提出终身教育理念的国际机构的文件。

人的一生都需要学习，这种观念自古有之。有人因此认为终身教育、终身学习并非新东西。事实上，需要指出的是，终身教育、终身学习作为

---

[56] 谈松华、《中国远程教育》编辑部："理念与实践：终身学习体系与学习型社会"，《中国远程教育》，2007 年第 2 期（上）。

教育理念、教育理论,是现代教育发展到一定阶段才提出来的。这一阶段的显著特征是科学技术的迅速发展,人类经济社会变化发展速度的加快,使教育和学习在人一生生存和发展中的作用发生深刻变化。

在以往很长一段时期里,人们认为教育就是学校教育,学校教育结束了,人受教育的过程也就结束了。而科技更新和社会变化速度的加快,使得人们越来越意识到在接受学校教育之后,还需要继续接受教育,才能适应科技、知识更新和社会变化加快的情况,也就是说,学校教育不是教育的终结。这样,就出现了继续教育、回归教育和成人教育等概念。

教育思想观念的变化同科学技术的发展趋势,同知识的发展趋势是密切联系的。从20世纪60年代开始,新技术革命兴起高潮,知识更新的速度大大地加快了。当然,到80年代、90年代以后,新科技革命、知识革命更趋深化,科学技术的更新更加迅速,更新周期更为缩短,出现了所谓知识爆炸、技术爆炸、知识激增这样一些概念,这些概念实际上都反映着知识更新速度加快、新知识不断积累的情况。一般认为,20世纪初知识更新的周期是50年,到了20世纪末,这一周期只有2到5年。正如联合国教科文组织在1998年召开的世界高等教育大会的行动纲领中指出的:现在有的专业的大学生一年级进校时所学的知识,到毕业的时候有些部分已经陈旧了。可见,一次性的学校教育已经不能满足终身发展的需要。

随着科技、知识更新速度的不断加快,"终身教育"也演变为"终身学习"思想。以往所说的终身教育是指在学校教育之后接受继续教育,回归教育;终身学习则已经不仅是指学校教育以后接受教育,而是说学习贯穿人的一生,从摇篮到坟墓,人在一生中要持续不断地学习。人们接受教育是通过有组织的形式进行学习,而终身学习更强调人们可以通过多种形式进行学习,因为需要学习的知识太多了,只靠有组织的形式已经无法满足学习的需求。

终身教育、终身学习思想不断深化，教育体系也必然发生变化。也就是说，学校教育不再是人们接受教育和进行学习的唯一形式和场所，而应当成为终身学习的一个组成部分，纳入到终身学习体系中来发展，学校教育也不仅仅是为了学习者在校时期的学习，而是要为终身学习打下基础，并为人们终身学习提供多样化的服务。既然学习贯穿在学校教育和非学校教育的各个时期，人们在不同的阶段，也就会有不同的学习目的和学习内容，需要有不同的学习形式和学习组织，这就要求为人们的终身学习提供更多的机会，构建更为多样的平台，这种机会和平台，必然要求有一个终身学习体系来提供。所以，最初讲终身学习，是提出一种理念，是作为理论的指导，逐步发展，就提出了构建终身学习体系的问题，以满足人们终身学习的需求。

作为终身学习体系的深化，后来又提出学习型社会。我认为，这两个概念，是从不同的角度提出问题。终身学习体系，还是从教育、学习的角度来提出问题，而学习型社会，是从社会的角度提出问题。一个终身学习的社会才是学习型社会，学习型社会的形成，有赖于终身学习体系的构建，没有这样一个体系，很难覆盖到所有社会成员，只有形成和完善终身学习体系，才可能建设学习型社会。而学习型社会这一概念的提出，也使得终身学习体系的内涵进一步深化。终身学习体系的建设不可能离开社会大环境，也就是说，终身学习体系的建设有赖于全社会的共同参与。

关于学习型社会，国外有人提出一个观点，认为构建学习型社会要有三个基本条件，即学习者、学习组织和制度。这是有启发意义的，可以使我们对终身学习体系和学习型社会的认识更为深入。我结合这三个基本条件的提法谈谈看法。

第一个条件是学习者。学习型社会的学习者与以往社会的学习者有很大的不同。以往社会的学习者，学习是有功利的目的的，比如，是为了拿学历，拿证书，为了自己的职业需要，为了提升社会地位、增加收入等等，学习同这些具体的目的相联系。而学习型社会的学习者是把学习本身作为目的，即学习就是他的追求。也就是说，以往社会的学习者进行学习，是谋生的需要，而对于学习型社会的学习者来说，学习是乐生的需要。当社会发展到一定的水平，人们的物质和文化的基本需求得到满足，就会有进一步完善自己的需求。实现人的全面的、自由的、充分的发展，就需要不断丰富精神生活。只有当学习者发生变化，学习成为内在的追求，才可能形成学习型社会。

第二个条件是学习组织。作为学习型社会，学校已经不再是唯一的学习组织，各种社会机构都应该成为学习型组织，学校要成为学习型的学校，企业要成为学习型的企业，政府机关要成为学习型的政府，团体要成为学习型的团体，社区要成为学习型的社区，等等。学习组织覆盖全社会，才能形成学习型社会。因此，建设学习型组织是建设学习型社会的一个很重要的基础。学习型组织是学习型社会的细胞，细胞发育不好，学习型社会是建设不起来的。

第三个条件是制度。建设学习型社会，制度要有大的变化，要突破原来单纯的学校教育制度、学历教育制度。原来的学历教育、学校教育，是比较连续的、正规的教育，这是优点，但同时也是比较封闭的，人们只有在这样一种时间和地点所学习的内容才能得到承认，如果选择另外的灵活的时间和地点去学习，就无法得到制度的承认。这显然影响着学习型社会的建设。因此，要突破这种制度的局限，也就是说，要建设适应学习型社会的制度，形成贯穿在学习者一生中可以给学习者提供更灵活选择的制度。比如包括学校教育中应该有更加灵活的工学交替制度、学分制度等，可以让人们在一生中方便的时候修完学分、完成学业。此外，终身学习是学习时间地点不受局限的、方便学习者自己选择的学习，因此，就要承认在不同时间、地点学习所取得的成绩，这就需要有一定的累计、认证的制度。总之，要在制度上给人们更多的灵活性，方便终身学习。

学习者、学习组织和制度，这三个方面确实是构建学习型社会的基本要素，是比较重要的。当然，对于终身学习体系和学习型社会，可以从不同的维度进行分析。如果从教育形式的维度看，一般划分为正规的教育、非正规的教育、非正式的教育。简单地说，正规的教育主要指学历教育；非正规教育，一般指的是有教育目的的、非学历的教育培训，是有一定时限、有组织地进行的教育；非正式教育，是指各种没有特定组织形式的学习，也包括社会文化的影响，因为这种影响实际上也构成了一种教育，尽管这种教育不是由教育机构来进行的，也不是按照一定目的去进行的。从平台的维度来看，学校、企业或行业、社会机构，都是教育或学习的平台。

二、建设形成完善的终身学习体系和成熟的学习型社会，还必须经历一个发展过程

问：从您的分析看，理念的演变离不开社会发展这样一个大背景，而终身学习体系和学习型社会的建设更离不开社会大环境。那么，您能否就社会发展同构建终身学习体系和学习型社会的关系问题，概括地谈谈您的看法？

答：西方国家谈学习型社会，着眼点是在后工业社会以后。20世纪60年代提出终身教育概念的时候，当时也正是西方国家进入所谓后工业社会的时候。对于我国而言，建设形成完善的终身学习体系和成熟的学习型社会，还必须经历一个发展过程。我认为，学习型社会有不同的发展阶段，我国全面实现现代化，达到中等以上发达国家水平的时候，才有可能建成比较成熟的学习型社会。在此之前，我们可能会经历一段比较长的初

级阶段。

现阶段提出终身学习的问题有重要的现实意义。用终身学习和学习型社会的理念作为指导，来推进教育的发展，这是十分必要的。当前学校教育的改革，教育培训的发展，社会教育、社区学习的强化，等等，都需要贯彻终身学习和学习型社会的理念。我认为，从中国的现实出发，我们在现阶段需要着力做的，还是普遍提高教育水平，提高全民的科学文化水准。没有基本的科学文化基础，终身学习的水平就很难提高。目前，我国初步完成了义务教育的普及，高等教育进入大众化阶段。这为终身学习打下了初步的基础。之所以说是初步的基础，是因为还有大量人口的教育水平并没有达到高中水平，初中文化程度的人口占大多数。努力提高全民的教育水平，还需要一个过程，没有这样一个过程，终身学习就缺乏坚实的基础。

我们还应当加强终身学习的基础设施建设。这里所说的基础设施建设，包括各种教育设施、培训机构和网络。这样，就能为构建终身学习体系、建设学习型社会提供基础保障，为人们提供更多的学习机会。如果连学校还破破烂烂，最基本的学习条件都不能满足的话，就谈不上终身学习。

同时，中国的社会、经济、文化发展很不平衡，建设终身学习体系和学习型社会，所面临的现实问题不同，所以必须注意城乡的差别和区域间的不平衡，采取不同的推进措施。有的条件可能成熟得快一点，有的条件可能会成熟得慢一些。

三、应该从制度上突破单一的学历本位制度，改革人才培养模式

问：在教育改革与发展的进程中，我们还面临着很多挑战。如果从构建终身学习体系和建设学习型社会的视角来观察，您认为目前需要解决哪些深层次的问题？

答：建设终身学习体系和学习型社会，确实需要对一些深层次问题进行分析，找到解决的办法。这里提出四个问题，进行一点简要的分析。

第一，过于强调学历教育是比较突出的问题。

我曾经说过，中国教育有三个本位，即学历本位、学科本位和学校本位，比较强调学历、学科和学校。这是中国教育的重要特点。在以往教育的发展过程中，这三者当然是最基本的东西，但是，如果从终身学习的角度讲，过于强调学历、学科、学校，就不利于终身学习的发展。比如，现在过于强调学历，使得学校教育中普遍追求高学历，学历、学位成为学习者追求的主要目标。学历、学位是衡量一个人受教育程度的标志，那是因为不同的学历、学位代表着知识和能力水平的高低，它本身并不是教育所应当追求的唯一目标，更多地应该是学习知识，提高能力，发展自己的个性。片面追求学历，就忽视了人的全面素质的提高。而人的全面素质得不到提高，学习的动力就会受影响。学科本位，又会导致过分强调学科知识，学科知识又变成考试分数，实际上是通过分数来衡量学习的成果。这样过于单一的追求，就会导致在学校教育中不仅没有调动学习者的学习积极性和学习兴趣，反而在一定程度上抹杀了人的学习积极性和学习兴趣。学校教育本应该不断激发人的学习动力，激发人们不断追求、探求新知的欲望，现在却令人感到学习非常枯燥，只是"苦"。这是非常大的问题。如果学校教育给学习者这样一种感受的话，显然是不利于今后的终身学习的。在这个问题上，应该从制度上突破单一的学历本位制度，改革人才培养模式。学历和人的能力、人的个性发展应该统一起来，学历应该反映人的个性发展，而不是仅仅用考试分数来衡量。

同学历本位的问题相关联，教育培训中的能力建设也没有放到应有的地位上。人们的学习，一方面是学习知识，一方面是提高能力。在我们的制度设计中，衡量知识的这部分非常系统和强大，但对人的能力的提高却缺少制度保证。我们现在有很完善的学历学位系统，但是缺少一个能力考核和提高的序列。像在英国、法国、澳大利亚等国家，同学历、学位序列平行的，还有一个能力序列。能力序列是衡量人的能力提高的系统，实际上是鼓励人们既要提高学历，也要提高能力。而人们提高能力的途径，既可以通过学校的学习，也可以通过其他途径。这样，学习形式就多样化了，不只是读书，可以通过读书学习和工作实践两种途径来提高自己。我们现在也有职业资格证书，但并不覆盖所有的职业，也没有形成一个同学历序列相对应的能力序列。能力序列的构建恐怕也是终身学习体系建设的一种基本的制度建设。

在制度设计的层面，有关部门已经在考虑和推进应该从制度上突破单一的学历本位制度，改革人才培养模式。有关问题的解决，比如强调高等教育中的学分制、工学交替和合作教育等，这都是符合终身学习的理念和思路的。但原来教育中的运作惯性不是短期内可以解决的。比如学分制，学分制改革应该为终身学习在制度上提供条件，获取学分，不一定要在学校中连续学习，可以工作一段时间后再回到学校修习课程拿学分。有的高校已经在进行这方面的尝试，只是多数院校目前实行的大多还是学年学分制，还需要连续学习，选修课数量也相对有限，这同真正意义上的学分制还有距离。再比如回归教育，科技和知识的更新很快，学校专业应该适应这种变化，可以设计课程，供毕业后的学生在若干年内回来重新学习补充。我国的一些高等学校也已经注意并加强了回归教育，但这在整个学校的发展中设计得还不够系统。

第二，企业、行业还没有主动承担起教育、学习和人力资源开发的责任。

人们的工作时间总是比学习时间要长，如果企业、工作机构或行业不能主动地承担教育和培训的责任，那么终身学习就不能同实际工作结合起来。而且，如果在工作时间中的学习不能同工作密切结合，学习还是会缺乏持久的动力。在企业等工作机构中学习，一是学习和工作结合，二是工作机构要给学习者以鼓励、奖励，提供动力，激励员工不断学习。如果企业没有一套工作和学习结合的机制，终身学习就等于全成了教育和培训机构的事情，这是不可能实现终身学习的。

我们的一些企业不重视员工的培训，这和经济增长方式有关，粗放的经济增长方式，使得企业对于人力的知识、技术和技能的要求比较低。另外的原因，就是企业比较短视，只想赶快赚钱，不考虑长远发展。其实，对于企业的长远发展来说，员工素质决定着企业的竞争力，没有这种长远眼光，就会只重视硬件，不重视软件，不重视人力资源的建设。这样下去，企业会缺乏发展后劲。在这个问题上，国外很多企业的思路是很不一样的，他们对企业员工的培训非常重视，投入是比较大的。

目前，我们还没有制定终身学习法，而从制度上看，像经费由谁来承担等，是需要法律制度上予以明确的。有些国家通过制定法律法规，提供终身学习费用的保障，比如员工接受培训、通过考核并拿到学分，企业可以报销费用，负担一部分经费。我们现在的情况是，虽然有按照职工工资总额的 1.5% 提取培训经费的规定，但这 1.5% 以基本工资为基数，远远不敷使用。而且，对于很多企业来说，老总去参加个 EMBA，几十万就用掉了，职工根本就轮不到这个 1.5%。有人提出建议，希望改变这个办法，把培训经费直接给员工个人，由员工自主选择学习，学成之后把学习成绩交由单位来认定，也就是说直接给学习者提供各种支持。在这方面，我们需要一套比较完善的制度。各行各业都应当有一整套工作和学习相结合的机制，要承担起员工在职学习的责任。

第三，农村教育是薄弱环节。

目前农村的教育，包括三部分：一是农村的基础教育；二是新型农民的教育，即农村建设者的教育，是针对在农村工作生活的建设者们的教育；三是针对转业、转岗等农村劳动力转移的教育。对农村劳动力转移的相关教育，工作力度是比较大的，这适应了我国工业化、城市化的进程。我最近参加世界银行的一个研讨活动，有人提出，目前农村劳动力转移的教育，比较重视进行技术、技能的培训，但文化的补习也应该引起高度重视。确实是这样，很多农村劳动力缺乏基本的文化基础，而基础没有打好的话，将来继续学习会遇到很多困难。从终身学习的观点看，在针对农村劳动力转移的培训中，既要强调即将从事的工作的技术、技能培训，同时也要拓宽科学、文化和通用技术的培训。这样才能为农民工将来的职业转换打下比较好的基础，便于他们学习新的技术和技能。这就是说，应当按照终身学习的理念来考虑农村劳动力转移中的教育培训。而且，这类培训也应当纳入一定的能力序列，完成初级的学习之后，还可以进行中级的、高级的学习，一步一步提升。

对于新型农民即农村建设者的教育，现在就应当探索将来新农村建设中所需要的新型人才的培养方式。我们往往从传统农业、传统农村建设的老思路来考虑教育问题，这同农村的变化是不相适应的。比如，将来农村会发展专业化的、集约化的经营，专业农户或公司加农户的经营人才，同现在的农民会很不一样。再比如，将来生物技术普遍应用于农业生产以后，在技术扩散的背景下，农村的劳动者在新技术应用中到底需要什么，也是需要我们抓紧研究的。

从农村劳动力转移和新农村建设人才的培养，再来反思农村的基础教育，我想农村的基础教育恐怕应该和城市有所区别。现在我们过于统一地以城市为中心，来进行基础教育的课程和教育模式的设计。今后应该要考虑到农村的特点，使得农村的孩子学了以后，既可以向城市转移，又可以有相当一批农村孩子能够适应新农村的建设。将来农村的初中和高中，应该考虑多设一些选修课，让农村学生可以根据将来的发展需要进行多种选择。

第四，政府对教育管理的统筹整合问题。

目前政府对教育的管理，教育行政部门主要管学校教育，培训由劳动和人事部门主管，社会的教育则大量地通过宣传文化系统。显然，从终身学习体系的角度看，政府的管理实际上是分散的、缺乏统筹的。而缺乏统筹的结果，就导致很多资源的重复建设，不能充分利用，也造成系统之间的隔绝，无法沟通和转移，不能为学习者提供灵活选择的机会。比如，在职业教育当中，中等和高等职业学校由教育部主管，技工学校和各种培训机构是劳动部来管，人事部也有自己的培训体系，行业中还有不少培训系统。从政策看，就难免政出多门，相关的制度由各个部门各自制定和操作，互不通用，许多机构也是重复设置。学习者的实践经验、工作经历和职业资格证书，不能在获取学历、积累学分方面互认、转换，学习得不到应有的激励。曾有人提出设立人力资源部的动议，实际上像英国、澳大利亚、韩国、印度、马来西亚等国家都设有相关的机构，将劳动就业和教育统筹在一起。英国是就业与教育部，澳大利亚、韩国、印度是人力资源部。我们目前的办法是职业技术教育进行部级协调，解决职业技术教育中的跨部门的政策性问题，国务院科教领导小组决定教育发展和改革中的重大的战略与政策性问题，但这些组织形式还不是常设机构。需要完善全局性问题的研究、决策和统筹机制。建设终身学习体系、学习型社会，政府应该进一步强化公共事业的管理，更加统筹，更加综合。

问：您认为，在我国终身学习体系的建设过程中，成人教育的发展方向应该是怎样的？

答：成人教育在终身学习体系构建中，应该是很大规模的一个领域。毕竟学历人口只是一个部分，而学历人口以外，成人教育的覆盖面还很大。成人教育的情况也确实比较复杂，既包括学历教育，也包括大量的非学历教育。目前我国的成人学历教育正在调整过程中。从国际情况看，承担成人学历教育的，一种是独立的成人教育机构，另一种既招收应届生也招收成人。两种方式如何选择、怎样发展，恐怕要根据不同国家的历史状况和教育机构的现实来考虑。

我国历来设置有成人教育的独立系统，包括成人教育的学历系统。我想，随着基础教育的普及，单独设置的成人高校在数量上可能会减少。实际上，或许可以不再分成人高校和普通高校，而高校学生既可以招收在职人员，也可以有应届生。当然，我们的高考制度会是一个困难的问题，因为现在的高考有利于应届毕业生，在职工作者很难同他们竞争。如果仍然维持这样一种高考制度，那就应该保留一定比例的成人高等学校，让那些需要有实践经验再来学习的专业，主要招收在职成人，当然入学考试应该与目前的高考有所不同。也可以采取另外的办法，像美国的社区学院。我们的高职高专，我认为将来就可以以成人为主，适当招收应届毕业生。

四、我国的远程教育，重要的是总结经验和教训，找准定位。凡是能够满足不同学习者需要的远程教育，就是有生命力的

问：关于远程教育应当在终身学习体系建设中所发挥的作用，也请您谈谈看法。

答：我国的远程教育，重要的是总结经验和教训，找准定位。我们的高等教育，供求依然有矛盾，并不是说扩招以后社会的高等教育需求已经得到充分满足了。即使像美国高等教育毛入学率很高，也仍然有凤凰城大学这样的学校的发展空间。除了学历教育，远程教育应该做更多的探索，比如强调教育内容的模块化，将来在高校中，包括在新建的大学，不一定所有课程都重新搞一套，可以充分利用模块化的课程。将来在这方面完全

可以发挥电大和网院的优势，对教育资源进行整合。再比如，一些在职人员尤其是工作骨干不大可能离开工作岗位到学校去脱产学习，如果能够在工作岗位上选择方便的时间，选择愿意学习的课程，利用远程教育提供的平台和内容，这不是很好吗？还有，举个具体的例子，目前我们亟须培养大量社会工作者，仅靠传统院校进行培养，远远不能满足社会需要，远程教育不正是可以给街道的社会工作人员以社会工作课程的培训，来满足社会的迫切需求吗？北京市总工会、北京市教育委员会、北京市劳动和社会保障局、中央广播电视大学、北京广播电视大学正在共同组织和实施的首都职工素质教育工程，结合远程教育的形式，为广大工作在一线的职工搭建学习、提高的平台，其中的做法应该好好总结。在终身学习的体系和格局当中，很大一块是在职学习，在职学习是结合岗位进行的学习，学习内容是极为广泛、丰富的。目前很多人把学历教育看作教育培训市场生存的底线，认为学历教育比较稳定，国家的证书文凭也有权威性。这和相关的制度尤其是劳动人事制度有关，也同国家和企业用于培训的投入太少有关。但从趋势看，培训还是有非常大的市场，远程教育是能够有所作为的。

  网络出现后，远程教育在整个教育体系中的一个重要作用，就是突破传统学校的局限，为学习者提供了更加适合学习者需要的形式。从今后的趋势看，网络和广播电视的结合，应该是远程教育的主要形式。我认为，凡是能够满足不同学习者需要的远程教育，就是有生命力的。远程教育在很多国家已经表现出独特的作用，得到人们承认的远程教育机构，已经证明发展潜力很大，具有一些传统大学所不具有的优势，符合社会的需求。

中国继续教育的发展及其走向[57]

一、中国继续教育发展的历史进程及其特征

对于继续教育的内涵有广义和狭义的界定。联合国教科文组织出版的《职业技术教育术语》称"广义的继续教育是指那些已脱离正规教育、已参加工作和负有成人责任的人所受的各种各样的教育。它对某个人来说，可能是接受某个阶段的正规教育，对另外的个人来说，可能是在一个新领域内探求知识和技术，对另外的某个人来说，可能是在特殊领域内更新和补充知识，还有的人可能是在为提高其职业能力而努力"。

在中国，早期一般使用"成人教育"或"工农业余教育"这样的概念，最初使用继续教育主要是指对专业技术人员的再教育。《中国教育大词典》称：继续教育是"对已获得一定学历教育和专业技术职称的在职人员进行的教育活动"。这里包含广义和狭义的内涵，而在实践中则更侧重于把专业技术人员大学后的再教育纳入继续教育的范畴。

继续教育的发展同教育发展的水平有密切的联系。在20世纪50年代到70年代，继续教育实际上包含在工农教育之中；80年代之后，成人

---

[57] 谈松华："中国继续教育的发展及其走向"，香港大学《国际持续教育及终身学习期刊》，2008年11月第一卷第一期。

教育包含着继续教育。在 80 年代前期，学历补偿教育成为继续教育的主要形式，当时全国有 1200 多所独立设置的成人高等学校、5000 多所成人中专，在校人数 51 万人；80 年代中期之后，在政府文件中明确提出了继续教育的任务，侧重于大学后的继续教育工程。

1987 年 6 月，国务院批转国家教育委员会《关于改革和发展成人教育的决定》，规定成人教育的主要任务之一为："适应社会的迅速发展，科学技术日新月异的进步，对受过高等教育的人进行继续教育"。同年 12 月，国家教育委员会、国家科学技术委员会、劳动人事部、财政部、中国科学技术协会等五部门联合发布的《关于开展大学后继续教育的暂行规定》指出："大学后继续教育的对象是具有大学专科以上学历或中级以上技术职务的在职专业技术人员和管理人员。"可见，这一阶段的继续教育主要是指对具有大专以上学历和中级技术职务的专业技术人员和管理人员进行的大学后更新知识和技术的教育。

1993 年中共中央、国务院颁发的《中国教育改革和发展纲要》指出，"成人教育是传统学校教育向终身经验发展的一种新型教育制度"，并提出"要本着学用结合、按需施教和注重实效的原则，把大力发展岗位培训和继续教育作为重点，重视从业人员的知识更新。国家建立和完善岗位培训制度、证书制度、资格考试和考核制度、继续教育制度。"这里，不仅把继续教育的对象扩展到所有从业人员，并且把建立继续教育制度纳入建立终身教育制度的任务之中。

20 世纪 90 年代末，随着以网络技术为基础的现代远程教育的兴起，继续教育向多样化、远程化、终身化的方向发展。1998 年国务院批转教育部发布的《面向 21 世纪教育振兴行动计划》，首次提出"现代远程教育工程"，把广播电视教育与网络教育联结起来，实现"天网、地网、人网"的一体化发展，为继续教育提供了新的技术基础和实现形式。2004 年，

《2003—2007年教育振兴行动计划》中提出:"大力发展现代远程教育,探索开放式继续教育新模式"。

纵观30多年走过的发展历程,中国的继续教育发展呈现出一些值得关注的阶段性特征,主要是:

第一,经济和社会发展水平和阶段决定继续教育需求的重点。在20世纪90年代之前,中国处在工业化初期,迅速兴起的出口导向和来料加工型企业,需要大批初级工和熟练工以及初中级技术和管理人员,大专学历补偿教育和短期岗位培训成为当时继续教育的重点;20世纪90年代之后,从沿海地区开始逐步进入工业化中期,产业和技术的升级对劳动者提出了新的要求。继续教育的重点转向中高级技能型人才和专业技术人才。

第二,教育发展水平影响劳动力的结构变化,进而影响继续教育的重点对象的转移。中国从20世纪80年代到21世纪初,大体经历了普及小学教育、普及初中教育到正在普及高中阶段教育的不同发展阶段,就业劳动者在离开学校后继续学习的起点和需求也是逐步提升的。从总体上说,中国学校后教育正在从小学和初中后教育转向以高中和大学后教育为重点。

第三,在经济、社会和教育发展水平不断提升的推动下,继续教育的形式从比较单一的学历教育,向学历教育、职业资格教育、岗位技能培训和知识技能更新培训等多种形式转变。

第四,随着计划经济体制向社会主义市场经济体制转轨,继续教育的体制机制也正在发生变化,由比较单一的政府推动转变为政府、市场、社会共同推动,继续教育的供给也出现了多元化的势头。

二、中国继续教育的需求与供给走向

进入21世纪,中国教育进入新的发展阶段:在包括西部农村地区在内的全国范围普及九年义务教育，高等教育毛入学率达到 23%，高中阶段教育毛入学率超过 60%，正规学历教育的人口超过 2.6 亿。

在新的发展阶段，中国共产党第十七次全国代表大会提出"优先发展教育，建设人力资源强国"的战略目标，并提出教育发展的任务是："优化教育结构，促进义务教育均衡发展，加快普及高中阶段教育，大力发展职业教育，提高高等教育质量。"这意味着建设人力资源强国面临着两方面的任务：一方面是巩固、发展和提高正规学历教育，其重点将从数量扩张转向质量提升；另一方面，按照终身学习的要求，发展正规学历教育后的继续教育，着力提高在职人员的素质和人力资源的整体水平，为提高综合国力和国际竞争力提供相应的人力资源保证。因此，继续教育正在成为教育体系的重要组成部分，提到了教育决策的重要议程。

（一）影响现阶段继续教育发展的主要因素

第一，教育事业的长期发展，已经形成了庞大的具有高中学历和大专学历的从业人员队伍，构成超大规模的继续教育需求。

第二，随着世界范围正在兴起的知识革命，科学技术突飞猛进，知识更新速度大大加快，继续教育正在成为经济社会发展和个人适应社会急剧变化的客观需要。

第三，中国正在经历以工业化、城市化、市场化为主要内容的社会转型，空前加快了人们的职业流动、地域（城乡）流动和社会流动，在工作中学习正成为适应社会转型和社会流动的现实要求。

第四，国际互联网的建立和发展加快了信息传播和信息流动，在信息激增的条件下，不断刺激人们新的学习需求，也使学习突破学校校园，不受时间和空间的限制，为在职继续学习提供了前所未有的技术支持。

（二）在这样的背景下，继续教育的需求将迎来前所未有的增长势头

第一，学历继续教育类需求。

在实现全面普及九年义务教育后，学历继续教育主要是高中后和大学后的成人非全日制学历教育。按照教育事业"十一五"发展规划，到2010年高中阶段教育毛入学率将达到80%，在校生4500万人（其中普通高中2410万人），即每年高中阶段的毕业生1500万人（其中普通高中约800多万人），而普通本专科学校每年招生约600万人左右，即高中毕业生中每年将有几百万人不能进入高等学校学习，存在着庞大的高中后继续学历教育的潜在需求。

另一个资料是：按照"十一五"规划，2010年高等学校在校生3000万人，而普通本专科在校生1900万人，研究生130万人，还有近1000万在校生，将会是在职人员通过多种途径接受高等教育。教育部高教司司长张尧学提供的资料显示，"现代远程教育、成人教育、自学考试等主要面向在职人员的高等学历教育的在学人数约占高等教育总规模的近50%"。可见，在今后一段时间内在职人员的继续学历教育仍有较大需求。

第二，职业资格和技术等级层面的继续教育需求。

《中华人民共和国劳动法》规定，实行国家职业资格制度，即从业人员需按照国家确定的职业分类和职业技能标准，接受职业教育和培训，经过由政府授权批准的考核鉴定机构的职业技能鉴定考核，获得由国家颁发的职业资格证书，才能从事相应的职业。职业资格制度是与学历文凭制度相平行的用人制度，与此相适应的职业资格教育培训是与正规学历教育相平行和衔接的教育，因而纳入继续教育的范畴。

中国现有2000多个职业和工种可以进行职业技术鉴定，获得职业资格证书4500万人。2006年，高等学校和中等职业学校接受资格证书培训

和岗位证书培训的在校生分别为 1,828,626 人和 3,630,558 人，职业技术培训机构的资格证书和岗位证书在学人员为 57,336,156 人。近年来，越来越多已获得大专或研究生学历的毕业生参加职业资格培训，反映了继续教育的新需求。

第三，转业转岗层面的继续教育需求。

处在产业结构、技术结构、城乡结构迅速变化的社会转型时期，人们的职业流动性增加，包括：在三类产业之间，从事第一产业的人员向第二、三产业转移，第二产业的从业人员向第三产业转移；在同一产业内部也有行业之间的转移；在企业内部还有工作岗位的转移。

劳动力的这种大规模转移必然提出多方面转业和转岗培训的需求。例如，自 20 世纪 80 年代以来，已有约 1.2 亿农村劳动者转移到城镇就业。据有关部门预测，2005 到 2015 年农民将由 34,000 万人减少到 28,000 万人。转移中的农村劳动力大多是初中以下文化程度，正在经历的产业结构升级对劳动者素质提出更高的要求。不仅是学历提升，更有职业岗位转移过程中的教育培训，国家正在实施的"农村劳动力转移培训工程""现代制造业、现代服务业培训工程"等项目正是适应这种客观需要而提出的。

第四，知识和技术更新带来的继续教育需求。

在知识革命极大地加快知识和技术更新速度的背景下，出现了被美国劳工部报告中所说的"技术爆炸性增长"的局面。中国正在推进的转变经济增长方式、建设创新型国家的进程，对劳动者知识、能力（技能）的要求明显提高，无论是管理人员、专业技术人员、技能操作人员都需要继续终身学习。在国家人才规划中提出建设党政管理人员、专业技术人员、企业管理人员这三支队伍，包括了大学后继续教育的主要任务，尤其是发展高新技术产业、提高国家自主创新能力更需要一批站在国际科学技术前沿的创新人才。

此外，从终身教育和高质量生活的角度，文化生活层面的继续教育的需求也必将日益增长。在沿海城市中学习型社区的发展，以文化生活为主要内容的继续学习已经扩展到全民范围。

综上所述，中国继续教育的供求关系正在发生历史性的变化，教育对象从青少年学龄人口转变为全民范围；教育类型从单一的正规学历教育转变为正规教育、非正规教育、非正式教育等多种形式；教育机构从学校扩展为各种社会机构。总之，全民学习、终身学习将成为未来教育的必然走向，正规教育后继续教育需求的增长必然成为教育发展新的增长点。据国家教育发展研究中心对248家企业和3175名在职员工的问卷调研，60%的企业表示对员工的培训需求很大或较大，68%有加大培训投入的打算，55%的企业在职员工在其后一年内有自费参加培训的打算。

面对迅速增长的继续教育需求，现有的教育供给形式和体制模式有诸多不适应的方面。例如，较单一的学历教育供给形式不能适应多样化的继续教育需求；培训市场不发达、不成熟，难以满足各类人员学习及更新知识和技能的需要；继续教育和培训管理体制仍然存在部门分割、政出多门的问题；尚未形成激励和规范继续教育持续发展的法律和政策环境。

三、对于继续教育政策调整和制度建设的思考

在教育发展的新的历史阶段，中国的继续教育正在经历两个重要变化：一是继续教育从作为教育体系中的补充角色转变为终身教育体系的重要组成部分；一是继续教育的重点从侧重学历补偿教育转变为多种形式的教育和培训。教育对象的覆盖面大大扩展，教育形式更为多样化，教育需求的广度和深度不断延伸，尤其是随着互联网普及后网络教育的迅速发展，对继续教育的影响必然带来前所未有的深刻变革。为了适应这种变革，迫切需要进行政策调整和制度建设。以下仅就个人所见提出几点建议：

第一，制定继续教育中长期发展战略，并把其纳入教育中长期发展规划和终身教育体系建设的总体框架之中，使之成为教育发展的新的增长点，全面提升教育发展水准和人力资源开发水平。

第二，逐步完善职业资格制度和任职资格制度，包括不同职业岗位知识和技能更新的标准，有条件地实行学术休假和带薪学习制度，为继续教育提供制度保证和政策驱动力。

第三，以天网（广播电视）和地网（互联网）为载体，建设包括继续教育在内的终身学习的公共服务体系，整合各种教育资源，充分发挥正规教育机构和非正规教育机构的作用，形成多种教育形式的合力，为不同社会成员提供不受时间和空间限制的教育制度。

第四，改革学校教育制度，包括实行高等学校宽进严出的入学和毕业制度，以学分制为基础的弹性学习制度，以"学分银行"或"终身学习卡"为依托的学分互认制度，学校与企业的合作教育制度，高等教育的工学交替制度，大学教师与政府、企业机构相互兼职制度等，打破学校教育的封闭性办学模式，改革人才培养模式，使学校教育与社会发展有实际的密切联系，发挥学校教育在继续教育中的骨干作用。

第五，突破部门分割、政出多门的体制性障碍，建立政府统筹、部门分工、行业参与的管理协调机制。继续教育涉及各行各业以及各种层次和职务的从业人员，需要政府统筹规划，根据国家法律，制定相关法规政策，为继续教育提供政策和制度环境；在政府统筹下，有关部门和行业制定职业资格标准，明确不同职业岗位人员的知识和能力要求，为继续教育提供制度性规范要求；继续教育的实施需要发挥各级各类学校、行业和企业的教育培训机构、社会教育培训机构的积极作用，同时需要建立必要的管理协调机构，提供服务，实行监管，还要通过社会中介组织进行评估，实现质量监控。

第六，明确政府和市场在继续教育中作用的边界，区别不同类型建立继续教育成本分担制度。继续教育就其基本属性而言，并不属于基本公共服务领域。而提供公共服务的机构既可以是国家建立的公共教育机构，也可以是社会力量建立的教育培训机构。这些不同机构提供的继续教育培训既可以是非营利的，也可以是营利的。因此，要区别不同类型的继续教育培训，建立政府、企业和个人合理分担成本的经费保障制度。

参考文献

1. 陈宇："职业资格证书与终身教育体系"，《终身教育国际论坛报告集萃》，高等教育出版社，2006年。
2. 顾明远：《中国教育大辞典》，上海教育出版社，1998年。
3. 国家教育委员会：《新的里程碑》，教育科学出版社，1994年。
4. 国家教育发展研究中心："中国的培训与就业：城市地区企业、劳动者的培训与终身学习状况调研"，《2006年中国教育绿皮书》，教育科学出版社，2007年。
5. 国家教育发展研究中心："要求学校做什么样的工作"，《发达国家教育改革的动向和趋势（第五集）》，人民教育出版社，1994年。
6. 国家教育委员会等：《关于开展大学后继续教育的暂行规定》，1987年。
7. 国家教育委员会计划财务司：《1988年中国教育统计年鉴》，北京工业大学出版社，1998年。
8. 国家教育委员会：《关于改革和发展成人教育的决定》，1987年。
9. 禾青："促进教育公平作为国家基本教育政策——访教育部部长周济"，《紫光阁》，2007年第11期。
10. 胡锦涛：《高举中国特色社会主义伟大旗帜，为夺取全面建设小康社会新胜利而奋斗——在中国共产党第十七次全国代表大会上的报告》，2007年。
11. 教育部：《〈2003—2007年教育振兴行动计划〉学习辅导读本》，教育科学出版社，2004年。
12. 教育部：《国家教育事业发展"十一五"规划纲要》，2007年。
13. 教育部发展规划司：《中国教育统计年鉴》，人民教育出版社，2007年。
14. 张尧学，"中国远程教育的现状及政策走向"，《终身教育国际论坛报告集萃》，高等教育出版社，2006年。

第七部分

教育现代化:教育发展的新任务

跨世纪中国教育的历史性转变[58]

我们正处于世纪之交的历史性转折点上，将从现在走向新世纪的未来。可是，"未来不是我们要去的地方，而是我们要创造的地方。"[1]走向未来，就是要架设通向未来的桥梁，实现从现实向未来的转变。对于21世纪的中国和中国教育来说，这种转变更具有深刻的、历史的内涵，它将经历一个社会转型期的深刻变革。因此，研究面向21世纪的中国教育，既要展望和预测其未来走向和理想目标，更要着重探讨从现实走向未来将经历哪些转变？我们该为这种转变做些什么？

一、总体性转变：社会主义现代化进程中的教育现代化

实现社会主义现代化，是21世纪中国经济、社会发展的战略目标，建设现代化教育是社会主义现代化的客观要求和基本保证。两者存在着相互依存、相互促进的关系：在社会主义现代化进程中实现教育现代化，以教育现代化保证和促进社会主义现代化，这是研究21世纪中国教育的基本立足点。如果说从20世纪中叶开始到20世纪末，经过曲折的探索，形成了社会主义教育的基本框架，那么，进入21世纪，我们

---

[58] 谈松华："跨世纪中国教育的历史性转变"，《教育研究》，1996年第6期。转载于《辽宁高等教育研究》，1998年第5期以及《教育改革》，1996年第6期刊发。

将在这个基础上全面建设社会主义现代化教育。这就是跨世纪中国教育的总体性转变。

现代化是一个社会全面进步的历史过程。教育现代化也不是一种孤立的现象，它是在社会主义现代化进程中逐步实现的教育系统和教育制度的全面进步的历史过程，其核心是培养适应21世纪需要的社会主义建设者和接班人。社会现代化——人的现代化——教育现代化，这种双向联结表明：教育现代化就是通过培养人，最终为实现社会主义现代化服务。从这个基点上把握教育现代化的实质，并进而探讨其基本内涵。对于教育现代化内涵的探讨，可以避免停留于抽象概念的讨论，有利于从决策和操作层面指导实践。但是，现代化本身是一个历时性概念，并没有固定不变的统一标准，只能提出一些阶段性参照目标。现阶段可以参照经济上达到中等发达国家水平这样一个总目标，结合中国实际，按照物质、制度、观念这三个层面，分别在：全民教育水准、教育思想观念、教育内容和课程体系、教育设施和办学条件、教育手段和教育技术、终身教育体系和教育制度、现代组织管理等方面提出相应目标，以推进教育现代化实践，并在实践中完善其内涵。

这还只是一般性讨论，更重要的是要探讨在我们这样一个人口众多，经济、文化比较落后的国家如何推进教育现代化？它有哪些特征？该做什么样的战略选择？这是探讨跨世纪教育的症结所在。从80年代以来，随着我国教育事业的全面发展和改革，教育面临着新的挑战和困境。急需人才与投入不足是工业化时期经济高速增长与资金紧缺这个经济建设主要矛盾在教育上的集中反映。这个矛盾在工业化过程中会持续一个时期。教育仍将处于经济和人口的两极推动和双重制约之中，加上人民生活水平提高对教育提出更高要求，年轻型人口结构导致就业压力增加，1990年我国就业劳动者40岁以下占70%，日本仅占48.9%，[2]进而会增加教育压力。

这样，社会日益增长的教育需求同有限的财力供给之间的矛盾将会继续成为制约教育发展的主要矛盾（估计会在基本实现工业化阶段后有所缓和），加上社会二元结构带来的社会知识差距，更使教育面对一系列两难选择。

（一）在战略地位选择上，教育发展与经济发展的关系

联合国教科文组织早在 20 世纪 70 年代发表的《学会生存》中就提出了著名的"教育先行"的观点。这种观点为许多新兴工业化国家所证明，并得到国际社会的公认。世界银行在其 1990 年和 1991 年这两年的世界发展报告中都具体举出了教育对经济增长的贡献，并得出结论："教育促进了经济发展，并使其他发展目标得以实现。"[3]中国是一个自然资源相对不足（人均耕地只占世界平均 1/3，人均牧场只占世界平均 1/4）[4]，人力资源丰富的国家，要以较短时间走完发达国家走过的工业化、现代化路程，只能依靠科学技术和人力资源开发，把教育放到优先发展的战略地位。而我国现在的教育投入水平远不能保证教育的优先发展，1990 年人均公共教育经费约合 8 美元，世界平均约 220 美元，生均公共教育经费 48 美元，世界平均 1230 美元。[5]没有必要的教育投入，教育现代化就没有基本的物质保证。要在确保教育投入上体现教育优先发展的战略地位，根据不同发展阶段做出具体选择：在工业化时期，把教育列为基础设施建设，同基础设施同步超前，为经济起飞做物质和人力资源的准备；在初步实现工业化、进入工业现代化阶段，教育同科技同步超前，使教育发展同科技进步相辅相成，促进产业结构高度化、经济增长集约化，并促进社会全面进步。

（二）在教育发展目标选择上，教育总需求和总供给的关系

在整个现代化进程中，教育总需求由于经济加速发展、结构调整提高、城市化过程以及人口等因素持续增长；而教育总供给的增长却受到

经济发展水平、财政收入及国民收入分配等因素的制约。在这种供求关系下，教育发展目标就存在需求导向和供给约束这种两难选择。前者会满足于一时的数量增长而牺牲持续协调发展，后者则会使教育严重滞后而影响教育在社会发展中应起的作用。这就要寻求一种两者积极的、动态的平衡，即尽力扩大社会教育总供给，合理配置和充分利用教育资源，最大限度地满足有效的教育需求。换句话说，教育目标的选择取决于扩大了的供给同有效需求之间的平衡。

（三）在教育发展重点上，普及与提高的关系

在相当长时期里，中国教育肩负着普及和提高的双重任务，不过在不同时期会有所侧重。在基础教育尚未普及的时期，要把普及教育作为发展的重点，满足人们接受基本教育的权利；而在普及教育之后，则逐步把提高作为重点，包括提高教育程度、提高教育质量，直至实现高等教育大众化，促进高质量教育，在努力办好所有学校的同时，重点建设少数高质量、骨干性学校等等。把握这些关系的"度"，是推进我国教育现代化的一个策略原则。

（四）在教育政策选择上，公平和效率的关系

教育公平即教育机会均等，这是教育现代化的基本原则之一。但它的实现程度却同经济和社会发展水平相联系，有一个逐步实现的过程。在现阶段乃至今后一个时期，教育公平首先体现在满足社会成员基本学习需求，保证义务教育的入学机会均等，并尽可能为更多的人接受更高一级教育提供公平的机会。在义务教育以上的各种教育，则依据效率优先、兼顾公平的原则，选拔有条件入学者接受更多的教育，即在入学机会上采取竞争性入学、择优培养的原则。再过若干年，根据经济和社会可能提供的条

件，将在教育程度、教育质量上提供更为公平的机会，进一步缩小和消除知识差距。

（五）在区域布局选择上，发达地区和欠发达地区的关系

我国地区之间经济文化发展不平衡将会持续一段时间，据预测，在1995—2010年，东部地区和中西部地区经济增长的比例为1.5∶1。[6]不同地区教育发展和将来所面临的问题和条件并不相同。实行分区规划、分类指导，从各地实际出发确定教育现代化的目标和进程，是我国教育现代化的一个重要战略思想。经济上地区之间梯度发展格局对教育发展有影响。但是，教育受资源、区位和基础设施的制约较小，只要具备起码的办学条件就有普及教育的可能，尤其是教育本身就是经济发展的基本条件之一，只要有普及教育的可能，就要适度超前发展。因此，教育的区域发展应有自身特点：在改革政策选择上向发达地区倾斜，让这些地区进行超前改革试验，积累经验，带动欠发达地区教育的改革和发展；在投资政策选择上向欠发达地区倾斜，力争逐步缩小区域知识差距，实现区域经济和区域教育的协调发展，最终共同实现教育现代化。

以上分析了我国教育现代化过程的若干特点及其战略选择，包括：教育将成为21世纪中国经济社会发展的决定性因素；按照需求和供给之间相平衡的原则，教育应采取适度超前发展战略；未来教育的发展要坚持从数量、结构、质量、效率等协调发展转变到质量效益型发展方式；21世纪的教育要把培养适应21世纪的社会主义建设者作为根本任务；建设高质量的教育，要处理好发达地区和欠发达地区教育发展的关系，逐步缩小知识差距，实现区域教育的协调发展；把教育改革和发展结合起来，形成主动适应和促进经济、社会发展的机制等等。这些也可以说是我国教育现代化过程所经历的历史性转变的主要内容。

二、教育发展：从数量扩张型发展方式向质量效益型发展方式转变

新中国成立以来，我国教育发展面临着繁重的普及教育的任务，职业教育、成人教育和高等教育，也都有一个数量扩张的过程。这可以说是在经济、文化比较落后基础上教育发展的必经阶段。经过 40 多年的发展，预计到 20 世纪末将基本完成义务教育的普及任务，各级各类教育都会具有相当规模，从而，为构建社会主义现代化教育体系奠定基础。但是，这种传统的发展方式也有副作用，那就是把发展局限于数量增长和规模扩展，有时甚至追求高速度、高指标，造成某些时期教育的波动式发展，影响教育系统整体功能和效益的发挥。进入 21 世纪，在全国范围内，教育仍然担负着普及和提高的双重任务，在不同时期和不同地区如何选择其发展重点，如何转向注重提高质量和效益的发展方式，这涉及面向 21 世纪中国教育发展战略思想的选择。

在 20 世纪末基本普及九年义务教育的情况下，基础教育应当如何确定其发展重点：一种选择是在近期内继续提高普及教育年限，仍然把数量增长、规模扩展作为发展重点；另一种选择则把重点放到巩固和提高普及教育的成果，在此基础上继续提高普及教育的程度。当然，不同地区会有不同的选择。就全国范围而言，重点应该是巩固和提高，首先是已经实现普及九年义务教育的地区要有一个巩固的阶段，不能满足于一次性达标式的普及。2000 年是国家适龄人口高峰，全国要增加 500 多万名学额，保证高峰期的普及目标要做很大努力；小学和初中的辍学率仍有波动，按时完成率较低（小学 5 年保留率约 80%），[7] 普及教育的效益有待提高；课程开设不齐，尤其是音体美、劳动技术和实验课开出率还很低，许多地区在师资达标、图书、实验设备配备以及其他教学设施上还有差距等等。只有认真解决了这些问题，才能保证普及教育质量和效益的基本要求，然后

才有可能真正转到全面提高质量上来。其次，尚未完成普九的欠发达地区，实施质量效益型发展方式的含义是，走出一条符合当地实际的普及教育的路子，把普及义务教育同当地经济发展、社会进步、人民幸福结合起来，不是将单纯的教育自身的指标作为检验标准，而是把社区物质文明、精神文明建设的实际进展作为重要的检验内容。最后，从城市和发达地区开始，然后扩展到全国，要把基础教育发展的重点放到提高质量上来，建设高质量教育，培养高素质人才，迎接21世纪的挑战。这是面向21世纪教育发展的主旨所在。从某种意义上说，提高质量比数量增长更困难。一般地说，有了基本的办学条件就有可能实现数量增长，而提高教育质量则不仅要有良好的教育设施，更涉及师资建设、课程改革、教育管理、教育手段和方法，乃至教育思想的改革等等更为深层的方面。美国从1983年提出建设高质量教育的目标，到1991年教育经费达到了3700亿美元，比国防预算多500多亿，但到1990年时教育质量并未有多大改善，1991年发表《2000年美国教育战略》继续提出建设高质量教育的问题。可见，教育质量的竞争才是21世纪教育竞争的焦点，而提高教育质量则势必牵动教育系统的整体改革，要把它作为一项关系子孙后代的跨世纪工程组织实施。

我国职业教育、成人教育和高等教育仍将有较大的发展。实现教育发展方式的转变，职业教育和成人教育有个学历教育所占比例，高等教育有个适度规模的问题，这些涉及宏观教育结构，影响到教育系统的整体效益。1992年我国劳动年龄人口7.2亿，社会就业劳动者达5.9亿，据经济部门测算，仅1990—2000年城乡合计需就业劳动力2.76亿人，年均2700万。这些就业的城镇人口中，受过大专以上教育的仅占5%，受过中等技术教育的占20%，受过初等技术教育的占30%，45万左右处于待开发状态。据他们测算，10年中教育培训规模仅能满足城镇就业资源的60%，[8]

农村就业劳动者的培训任务更重。不论这种测算是否准确，说明我国职前和职后专门培训的任务很重，规模很大。处于这种供求关系下，我国职业教育和成人教育要以非学历的教育培训为重点，按照职业岗位规范的要求，安排教育培训的内容和形式，实现职业资格教育的规范化；学历教育应取决于职业岗位的有效需求和社会可能提供的教育投入，在政府宏观管理下实行市场调节；调整教育机构的布局，形成纵向和横向衔接沟通的网状结构，提高规模效益；改善办学条件，提高教育质量，真正发挥提高劳动者素质、促进经济和社会发展的积极作用。

高等教育将继续经历一个数量扩张的过程，尤其是在经济发展水平达到下中等收入国家程度之后，社区学院这种形式的综合性的短期高等教育将在发达地区陆续发展起来，架设起高等教育通向农村的桥梁。预计在 2020 年前后将实现高等教育大众化的目标（入学率在 15% 以上）。我国高等教育的适龄人口基数大，能够用于高教的经费有限，因此，发展高等教育不能用"广种薄收"的粗放型发展方式，而是要采取注重质量和效益的集约型发展方式，即以有限的教育资源获取尽可能大的实际效益。这就要改变那种过于注重外延扩展、波动起伏过大的发展路子。我国高教发展曾经经历过 1958—1960 年（在校生规模从 66 万人增加到 96 万人），1983—1985 年（学校数从 805 所增加到 1016 所，在校生从 120 万人增加到 179 万人），1992 年—1993 年（在校生年递增 22% 和 21%）[9]这样三次大发展，每次高速增长后都要经历一个调整、整顿和提高的过程。经验证明，这种大起大落的增长方式不符合教育发展规律，也不能有效地满足社会需求。实行质量效益发展首先就要在坚持质量和效益优先的前提下，稳定、持续地发展。同时，要在发展过程中推进三个层面的改革：第一是宏观层面，调整高等学校布局结构，改变重复分散设校，提高学校规模效益；第二是中观层面，调整科类和专业结构，拓宽专业面，合理布局，提高专业点平均规模，扩大专业适应面；第三是微观层面，调整学生培养规格，完善知识和能力结构，增强学生对社会的适应能力。总之，今后几十年，我国高等教育在向大众化目标迈进时，既要尽可能满足社会成员对于高等教育日益增长的要求，又要保证高等教育基本的教育质量，保持相对偏紧的高级人才供给状态，并同时放手发展多种形式的高中后教育，灵活地培养社会急需的各种应用人才。

三、教育体制：从体制转轨向制度创新转变

体制涉及组织管理，也是教育现代化的重要内涵和必要条件。过去一段时间，由于我国正处于由计划经济向社会主义市场经济转轨时期，关注的重点在教育体制的改革和转轨。世纪之交，新旧体制的转轨大致可以到位，新体制的基本框架将会形成。这样，今后一个时期要把重点转向制度创新，在2000年前后形成定型的、成熟的新的组织体制和管理方式。制度创新是体制转轨的延续，也是现代管理体制建设的过程，它受到多种因素的影响。例如：①社会主义市场经济体制和政治体制的发展和完善，将会改变中央政府和地方政府、政府与学校之间的关系；②区域经济和社区建设的发展，学校与地区的关系将更为密切；③教育手段和教学组织的革新，也会影响学校组织管理的变化。这种变化主要涉及政府、社会、学校三方面关系的调整以及这三者内部组织管理的变化。下面分别就这三个方面的制度创新做些探讨。

关于学校。近代学校教育制度是伴随着产业革命和制度化教育的兴起而普遍发展起来的。在新技术革命和终身教育不断推进的条件下，它的功能和结构形式将会发生变化，尤其是大众传播媒介的普及，远程教育的发展，电脑、多媒体的应用乃至"信息高速公路"的建立等等，使教育社会化、个体化的趋势增强。这样，"学校作为社会机构需要重新考虑其结构

形式。目前它仍以19世纪的自上而下的科学管理模式为基础。"[10]而在终身教育和社会化教育的条件下,"学校再也不是一个为学生的一生准备一切的地方,"尤其是"教育个体化是今后一种主要趋势,因此必须有灵活的行政制度才能适应个人需求的多样性。"[11]可见,学校教育制度的创新是面向21世纪教育改革的一个重要议题,包含着比体制改革更为广泛和深刻的内涵。确保学校自主办学的独立的法人地位,只是推进这种制度创新的基本条件。从走向21世纪教育的角度说,不能停留在学校办学自主权的认定和实施,而是要探索适应未来的学校教育制度创新的主要趋势和内容。例如:①学校教育要扩大自身功能,把重点放到为学生终身的生存和发展打基础,在完成学历教育的同时,发展多种形式的教育,为社会各方面成员提供多种学习机会;②学校制度对社会更加开放,管理具有更大的适应性和灵活性,为不同社会成员在不同时间接受各种教育提供条件;③学校内部组织管理增强灵活性和选择性,更有利于开发各类人员的潜能,建立师生双向交流、教学相长的关系,提高学校各种资源的利用效率;④学校同社会更紧密地联系与合作,学校组织管理更加包容社会的参与与介入。例如,中小学的社区教育委员会、职业和专业教育中的董事会等;⑤学校举办主体多元化,在以政府举办公立学校为主的前提下,实行公有民办、民办公助、行业和企业办学、社团和私人办学,职业培训和岗位培训等各种非正规教育,以市场需求为导向,主要由社会各方面力量举办。

关于社会。随着终身教育的发展和学校教育制度的创新,社会在教育体制、教育管理乃至整个教育制度的变革和创新中的作用,将会日益增强。这种作用主要反映在:①社会教育将会成为终身教育体系的一个重要部分,包括校外辅助教育,社会化职业培训,闲暇文化生活教育,传播媒介、社会文化和各种社会活动的教育影响,这种社会教育网络将会覆盖社会全体成员；②社会参与办学和管理（前面已提及）；③社区教育使教育同社区建设结合起来，将成为教育—社会一体化的重要形式，也是未来教育制度创新值得探索的方面。这种社区教育在城市和农村、发达地区乡镇和欠发达地区农村、工矿区为主的城市和商贸区为主的城市会有不同的组织结构，大体上会形成中心城市—县—乡（镇）这样一种网状结构。就一般发展水平的地区而言：乡镇设小学、初中这样的普及教育机构和职业（成人）教育中心；县分片设高中和职业（培训）教育中心；中心城市设综合性社区学院和分片设若干高中后教育培训机构。本科以上教育则由省级和全国统筹。这样，在全国形成一种纵横交叉的社区教育网络，承担国民教育的基本任务，培训当地建设需要的熟练劳动者和初中级人才，并为当地社会发展提供各种教育服务；④社会中介机构将会发展和加强，包括非政府的咨询研究机构，信息服务机构，学生就业指导和职业介绍机构，经费拨款和审计机构，教育金融、信用机构，教育评估机构等等，原先政府管理的一部分职能将由其承担，学校同社会的联系也有相当部分将通过这一渠道。社会化是生产现代化和社会主义现代化的一个重要标志，教育的社会化也必将成为教育现代化的重要内容，构成未来教育制度的组成部分。

关于政府。从制度创新角度推进政府管理体制改革，是实现上述学校和社会两个方面制度创新的保证，也有可能走出一条避免以往体制改革在放权和收权中反复循环的路子。总的来说，我国政府对教育将实行中央统一政令下的地方分权体制。从制度创新角度需要探索的是：①建立和完善中央宏观管理体系，除管理少量示范性、骨干性学校外，主要是立法、执法，制订政策和战略规划，统筹各级各类教育的大政方针；②加强地方统筹和管理职能，其中省、地、县三级要按不同地区实际，分别对高等教育、高中等阶段教育和义务教育实行分级统筹管理；③对学校实行目标管理和间接管理，建立和完善立法的、经济的、学术的和行政的管理机制，使政府走上依法治教的轨道。学校在政府宏观管理下，面向社会自主办学，主动适应和促进经济和社会的发展。

四、人才培养：从学科为中心向学习者为中心转变

教育现代化最终体现在培养出适应社会主义现代化建设要求的、具有现代素质的人才。因此，跨世纪教育转变的关键在于人才培养模式的转变。

我国教育经过40多年的改革和发展，从培养目标、专业设置、课程体系、大学组织管理乃至学制系统等等，形成了一整套人才培养模式，培养了大批社会主义建设人才，基本上适应社会主义建设的需要。进入21世纪，我国教育的外部和内部环境都将发生深刻变化，势必将对人才培养产生影响，其中主要是：经济的全球一体化日益加深，国际经济的竞争与合作，产业结构和技术结构调整，将加速职业岗位和职业技能的变化更新；科学技术革命，尤其是科学技术转化为生产力的周期缩短，人们知识和技能更新的要求提高了；信息和交通、通讯、大众传播手段的普及，电脑、多媒体和"信息高速公路"的建立将对社会工作方式、生活方式、交往方式乃至思维方式产生深刻影响；文化、思想、道德的发展和交流；社会主义市场经济体制的建立和发展改变着人们的就业选择机制，人才培养将受到劳动力市场调节的影响等等。总之，21世纪的中国人将生活在一个更富有挑战性的、复杂多变的世界里，21世纪的教育要培养出能面对未来挑战的社会主义建设人才，它自身的人才培养模式也要有符合时代要求的转变。

人才培养模式并不是一个十分精确的概念，它只是对于人才培养过程的一种总体性表述，有待探讨。围绕人才培养的历史性转变涉及许多方

面，我提出从学科为中心向学习者为中心的转变，也只是提供一种研究的视角和思路，主要是从国际和国内教育发展的现状和趋势思考问题的。从国际范围说，许多研究从教育社会化、信息化、个体化的角度，从维持性学习向创新性学习转变的角度，从改变学科分类和知识综合化整体化角度等方面论述了这种转变的趋势。1989年底教科文组织和国家教育发展研究中心联合召开的"面向21世纪教育"国际研讨会，从21世纪社会变迁的角度探讨了未来教育的变化，会议通过的《学会关心：21世纪的教育》报告中指出："传统的教育观建立在教师和教材是知识的源泉，学生是被动的接受者的这样一种学习观的基础上"，并提出："学习越来越应当成为学习者主动和由学习者推动的过程。"还说："知识越来越被感到被分割成经常是毫无意义的无关联的单位，我们的教育体系深受其害，我们需要一种新的具有更高整体化的求知方式。"[12] 报告把这种转变列为21世纪新的教育哲学和新的学习观的主要内容，作为指导21世纪教育革新的重要原则。可见，这种转变是21世纪教育的基本特征之一，也是建设我国现代化教育的必要条件之一。从我国现行人才培养模式看，基础教育以应试为目的的学科教育为主的模式，专业教育的专业科类分得过细，专业人才知识能力的局限，职业教育和成人教育在一定程度上模仿学科教育，学历化的倾向等等，说明实现这种转变对各级各类教育具有普遍意义。

当然，这种转变并不排斥教育教学过程中教师、教材和教学组织等等基本因素的作用，只是要转变到以学习者为中心这样的基本格局之下，如同经济、社会发展战略正在转变到以人为中心的可持续发展战略，同样并不排斥经济增长和社会发展其他因素的作用一样，只是其他因素要转变到以人为中心这样的基本格局之下。由以学科为中心转变到以学习者为中心，牵动教育思想、教育具体目标、教学过程、课程结构乃至教学方法和组织方式的改革。这里仅就几个侧面做些探讨。

（一）教育目标的统一性和多样性

伯顿·R.克拉克教授把教育目标分为综合性目标和操作性目标两种。[13] 我的理解，前者相当于国家规定的培养目标，是教育目的在不同时期的具体化，是各级各类教育的统一的基本要求；后者相当于培养规格，即不同层次和类别教育的具体目标。如果从学习者为中心这种教育观念看，还应当有第三个层面的目标，这就是具有不同禀赋、基础、爱好和特长的学生，其具体的发展方向和智能结构也是有所不同的。这样，在统一的培养目标下，教育的具体目标是丰富多样的，而学习者的潜能开发、个性和全面发展是基本出发点。

（二）课程结构的系统性和整体性

学科教育仍将是未来课程结构中的重要部分。学科的系统性是学科教育的特征，但是，在以学习者为中心的课程结构中，学科教育是为提高人的整体素质服务的，这种系统性要同知识的整体性相结合。从许多国家教育改革的趋势看，主要是打破学科中心主义的课程结构，实行学科综合、知识和能力的综合。尤以美国"2061计划"为代表，反映了21世纪中小学课程改革的全新框架。这种改革的主要方向是：学科的严格分界将被整体组合的课程所代替；体育、音乐、美术和劳动技术教育将成为课程体系的重要组成部分；在重视"显型"课程的同时，重视"隐型"课程等等。尽管课程和内容的架构有各种不同的设想，但从学习者的整体素质出发做出改革设计，这是共同的出发点。我国要在已有课程改革实验的基础上，规划未来的课程体系。

（三）教学过程的主导性和双向性

教师在未来的教育过程中仍将发挥主导作用，但是，学生不再是被动的接受者。两者关系不再是生产者和被加工的产品之间的关系，而是双向交流和驱动的过程。因为未来教育过程的重点并不只是传授知识，而更着重培养学生的能力，让学生"学会学习""学会生活"，为他们一生的生存和发展打基础。这就需要改革整个教育和学习方式，即由维持性学习转变为预期性、创新性学习，即不仅使他们接受现成知识，更要使他们学会怎样吸取知识，并学会创新以解决未知的问题。在这种学习方式中，教师是学习的促进者、组织者和管理者。用这种方式，教师注意力不是集中在要求什么，而是如何支持学生学习，这种教和学的双向式运作将是未来教育的显著特征之一。

（四）教育方法的现代性和综合性

现代教育手段，尤其是电脑、视听手段的应用，将极大地扩展教育发展的广度和深度，使教育愈益成为个体化的学习过程，原先那种主要依靠教材和讲授的劳动密集型的教育方法将会改变。但是，现代教育手段并不会改变学习是人的创造性活动过程的本质，要按学习者自身特点和需要，综合运用多种教育方法，例如教育中的启发式、辅导式，教师和学生、学生之间的民主讨论式，学生参与教育过程，并在社会实践中学习；灵活安排教学计划、选修制、学分制；其他各种个体化学习方法等等，使教育方法更符合学习者的需要及其自身的发展规律，更能开发其潜能，实现教育目标。

在人才培养上还有一个科学教育和人文教育、思想道德教育的关系。我们中华民族在21世纪面临着科学技术和思想文化双重挑战。回应这种挑战，教育在重视科学教育的同时，要十分重视以马克思主义为指导的人文教育、思想道德教育，并使两者结合渗透。笔者在另文中提到要形成具有人文理想的科学教育和科学精神的人文教育，本文不再赘述。

注 释

［1］［10］［11］［12］国家教育发展研究中心：《未来教育面临的困惑与挑战》，人民教育出版社，1991年，第26、24、23、20页。

［2］［6］［8］李京文：《走向21世纪的中国经济》，经济管理出版社，1995年，第18、37、309页。

［3］世界银行：《1990年世界发展报告：贫困问题·社会发展指标》，中国财政经济出版社，1990年，第80页。世界银行：《1991年世界发展报告：发展面临的挑战》，中国财政经济出版社，1991年，第56页。

［4］国务院发展研究中心：《经济发展改革与政策 第1卷（上）》，社会科学文献出版社，1994年，第308页。

［5］联合国教科文组织：《1993年世界教育报告：消除知识差距 扩大教育选择性 寻求标准》，联合国教科文出版社，1994年，第94页。

［7］上海智力开发研究所："全国不同地区普及九年义务教育进展情况及发展水平的比较研究"，《教育研究》，1997年第7期。

［9］中华人民共和国教育部计划财务司：《中国教育成就》，人民教育出版社，1994年，第20、22页。

［13］伯顿·R.克拉克著，王承绪、徐辉等译：《高等教育系统——学术组织的跨国研究》，杭州大学出版社，1994年，第24、25页。

走向21世纪的中国高等教育[59]

一、未来的社会变革与高等教育的走向

从上世纪末到现在，中国高教发展的第一个百年，经历了曲折的探索，奠定了现代高等教育制度的基础。这一百年大体经历了两个时期：前50年从西方移植近代高等教育制度，形成了带有半殖民地半封建性质的高等教育制度的雏形。后50年又可分为两个阶段：20世纪50年代到20世纪80年代末，初步建立了适应工业化初期和计划经济体制的高等教育制度，带有学习和借鉴苏联教育经验的明显特征；20世纪80年代至今，适应工业化中期和社会主义市场经济体制的需要，更广泛地借鉴世界各国的教育经验，在空前的广度和深度上，全面探索社会主义高等教育的改革和发展，为建设我国社会主义现代化的高等教育制度奠定了基础。高教发展的历史经验表明：高等教育制度的形成和发展受多种因素的影响，尤其是受经济、科技和社会发展水平，经济、政治体制演变，国际高等教育发展走向以及民族文化和教育传统等的影响。

世纪之交，中国高等教育将进入第二个百年。上述影响高教发展的各

---

[59] 谈松华："走向21世纪的中国高等教育"，《高等教育研究》，1998年第5期。

种因素正发生深刻的变化，新世纪的中国高等教育面临着新的环境和新的任务。

（一）我国社会转型和体制转轨将引发制度性变革。

21世纪的前50年，我国社会处于社会主义初级阶段，将经历一个社会转型过程，即由农业社会转为工业社会，由传统社会转为现代社会，实现工业化和经济的社会化、市场化、现代化；同时，在20世纪末基本实现由计划经济向社会主义市场经济体制转轨的基础上，再经过一二十年，建立起定型的、成熟的社会主义市场经济体制。这是一个经济、社会迅速发展变化，经济社会结构激剧变动，生产关系和社会关系深刻变革的历史时期，必然要求教育制度包括高等教育制度，实现由适应工业化初期和计划经济体制，向适应实现工业化、现代化和建立社会主义市场经济体制的转变。这种转变的基本内容是，教育要全面适应社会主义现代化建设对各类人才的需要，全面提高教育质量和效益。它不仅涉及教育体制和运行机制的变革，而且将触及教育思想、教育结构、教育体系、人才培养模式等整体性变革和制度创新。

（二）经济、科技的全球化进程，要求中国高等教育面向世界，在全球化进程中实现角色定位

当代经济和科技的全球性竞争，把人才竞争推向全球舞台，从而把教育推向综合国力国际竞争的中心位置；在全球化进程中，各国经济和科技的相互依赖和相互促进，带动人才在全球范围的流动和交流，势必要求教育用世界经济、科技、文化的最新成果培育人才，让各种人才具有全球视野，有能力走向世界，吸取人类文明的优秀成果，并能在全球竞争中赢得一席之地，为国家和人类文明进步做出贡献。肩负这样历史使命的高等教

育，只有摆脱狭隘眼界和封闭模式，主动参与经济科技全球化和文化多元化的进程，实现教育的国际化，才能站在世界和时代的高度，造就能迎接未来挑战的新型人才。

（三）未来社会知识化、信息化的发展趋势，必将更新高等教育的功能、目标和组织结构

我们正处在知识革命的时代。知识经济、知识社会、信息社会，尤其是信息网络化的发展，必将改变人们的生产方式、工作方式、生活方式、人际交往方式，改变人的生存环境，对未来社会人的素质提出新的要求，教育目标将做新的调整；科技革命带动知识更新速度空前加快，一次性的学校教育将转变为终身教育，高等教育将在发展终身教育体系中扩展功能；知识社会化、社会知识化，推进学校和社会的双向参与和一体化进程，将使高等学校向社会更加开放，成为社会的中心机构；信息网络化，信息技术在教育领域的应用，将引起教育技术基础的革命性变化，进而引发未来教育观念、教育方法、教育过程、教育管理和组织结构乃至教育模式的变革和创新。

如果说伴随着经济、科技和社会的发展，中国高等教育在20世纪经历了历史性的演变，那么，进入21世纪，面对急剧变化的历史环境，它将会经历制度性的深刻变革和教育形态的创新。变革和创新既是高等教育制度逻辑发展的必然走向，更是新世纪的时代要求。中国高等教育将在社会转型的过程中实现自身的变革，并在总结我国高教发展的历史经验、借鉴世界高等教育先进经验的基础上，创建中国现代化的高等教育制度。

二、高等教育发展的大众化

国际高等教育发展的历史经验表明：许多国家的工业化过程同时伴随

着一个高等教育大众化的过程。我国正处在工业化和经济的社会化、市场化、现代化的历史时期，高等教育也正经历由精英教育向大众教育的转变过程。由于我国人口基数大，地区发展很不平衡，实现高等教育大众化的过程将会有自身的特点。

我国高等教育基础薄弱，高教毛入学率20世纪80年代初仅1%左右，1990年超过2%，远低于世界平均13%的水平，加上人口基数大，我国高等教育大众化还将有一段路要走。按照国家规划，到2000年高教毛入学率将提高到8%，2010年达到11%—12%。从国际比较的资料看，发展中国家高教毛入学率从2%提高到8%，用了20年时间，我国只用了10年，发展速度是相当快的。但是，现有的高教发展速度和规模仍不能满足社会的需求。从学前教育开始，贯穿于整个基础教育阶段的激烈的升学竞争；社会为应对高考而举办的各种补习和助学活动；家庭为子女升学而殚精竭虑，不惜以高投入获得高质量教育，赢得高等教育的机会，如此等等——高考升学已经成为影响千家万户的社会问题，受到社会的普遍关注，也是困扰教育界的一大难题。高教供求关系的这种矛盾，由于经济持续快速增长、人民物质文化生活水平的提高、独生子女比例高以及东方文化传统的影响，将会持续一个较长的时间。高等教育的大众化将在缓解这个矛盾的过程中逐步推进。其关键在于尽可能扩大供给和合理调节需求，即在政府宏观调控下，依靠社会、市场和家庭等各种因素的调节，实现供求的动态平衡。而现行高教制度中的单一政府办学体制和准干部教育制度，则起着抑制供给和刺激需求的作用。因此，高教制度的变革与创新，是推进高等教育大众化的重要条件。

（一）改革准干部教育制度

准干部教育制度是指，被高校录取的学生有干部指标，入学后实际上改变了身份，农村户口转为城市户口，所有学生享有一定的医疗保险，毕业生可由政府安排就业等。这种制度是建国初期适应计划经济体制建立起来的，既有借鉴苏联经验的影响，更带有继承解放区干部教育传统的特征，在当时对于培养工农子弟、满足建设干部的急需是有积极作用的；在社会教育水准不高、高教需求有限和干部队伍规模较小的条件下，矛盾还并不突出。当这些条件发生变化后，这种制度的弊端明显地暴露了：学生在经过激烈的高考竞争进入高校后等于拿到了就业证，缺乏竞争和激励机制，不利于优秀人才的成长；尤其是考入高校后身份和待遇的变化，成为盲目追求高学历的很强的驱动因素，学生和家庭缺乏风险意识和成本效益观念，而让政府承担这种风险和责任，这势必制约高等教育的发展。近十多年来，教育实行缴费上学和就业制度改革，开始改变原有制度的某些弊端，但仍未从根本上摒弃准干部教育制度，因而高等教育发展的决策和责任主要仍由政府承担，这就难以形成一种政府和市场相结合的调节机制。

这项改革的深化，将要触及高教制度乃至劳动用工制度的改革：即将高校招生、培养同就业分离，学生入学和学习期间并不享有就业指标，学生毕业证明其获得学历资格，而就业则根据用人单位需要和毕业生的实际能力；单位用人则分别不同人员系列，通过劳动力市场分别采用考任、聘任和合同制，学历文凭作为任用的重要依据，而不是唯一依据，按岗位需要实行能力本位的用人制度。这样，高中毕业后升学还是就业就属于个人选择，在职人员上学还是继续工作也属个人选择，当然政府和学校将通过信息等手段进行指导，但升学则基本上是个人行为。学成后的就业则既要看个人努力，又要看市场需要，政府通过政策和信息等提供服务和指导，学校更要提供信息，负责推荐，帮助学生就业，但就业终究要由学生自己负责。这样，升学和就业由政府行为转变为学生个人行为，高等教育的社会需求增加了多种制约机制，就业也分担了责任，发展规模更有可能受社会需求调节，高等教育的大众化有可能更快实现。

（二）改革单一公办教育体制

如果说改变准干部教育制度，是调节高教社会需求的制度性变革，那么，改革单一公立教育体制，则是调节和扩大高教社会供给的又一制度性变革。我国20世纪50年代建立的单一公立教育体制是适应计划经济体制形成的，在高教社会需求有限、高教规模很小的条件下，矛盾并不突出。20世纪80年代之后，随着市场经济的发展和高教社会需求的扩大及多样化，这种单一的公立教育体制越来越不能适应社会需要。虽然民办高校应运而生，但并不能满足高教发展的客观要求。全国现有民办高教机构1109所，其中经国家教委批准、有发大专学历文凭资格的仅20所，占公立学校数的1%。这种办学格局不利于扩大社会对高教的投入。按1995年统计，政府财政预算内教育经费中，高教拨款占20.76%，比例偏高，如再提高其比例，势必影响普及教育的进程。从另一个角度看，高校经费尽管普遍紧张（政府投入约占实际支出的50%—60%），但高校的生均成本与中小学生相比又明显偏高（以1995年财政预算内经费为例，大学生生均经费为小学生的20.5倍，中学生的9.7倍，1990年发展中国家大学生生均成本为中小学和学前教育的7.5倍，发达国家为1.9倍）。其主要原因是我国高等教育基本上由国家举办，国家现有财力不可能保证所有公立学校充足的经费投入。在这种条件下，只能有两种选择：或者保持单一公立教育体制，以有限的教育供给来限制教育需求；或者在保持公立教育主体地位的同时，适当发展民办教育，以吸纳社会资金增加教育投入，扩大教育供给，更多地满足社会教育需求。面对高教需求不断增长的趋势，除了公立学校扩大经费来源渠道以增加教育机会之外，增加民办高教机构以扩大教育供给，势将成为高教发展的一条重要途径。

这里可能存在两个问题，一是民办高校收费一般要高于公立学校，录取分数低于公立学校，会不会造成教育机会不公平？二是民办高校条件较差，能不能保证教育质量？回答这两个问题，要突破传统的精英教育观念。在基础教育普及和水平不断提高的条件下，有能力接受高等教育的学生数量将日益增加，现有高教机会的限制主要是由于教育投入和就业造成的，并不是因为学生学习能力的限制。只要保证公立学校的学生以学业成绩公平竞争入学，其余国家无力提供高教机会而又有能力接受高等教育的学生，以分担培养成本的形式争取高等教育的机会，这怎么会影响教育机会的公平呢？在国家提供的高教机会之外，教育的公平和质量主要取决于两条，一是民办学校招生要保证基本入学条件，即学生有能力接受高等教育；二是民办学校符合国家规定的办学条件，按国家的法规办学，学生学成自主择业。按这样的思路发展民办高教，将扩展高教发展的路子，有利于摆脱准干部教育制度的影响，促进高等教育的大众化。

总之，中国高等教育大众化要建立在社会高教需求和供给大体平衡的基础上，而供求平衡的机制在很大程度上取决于高教制度中准干部教育制度和单一公办教育体制的改革。

三、高等教育类型的多样化

我国高校原有类型单一，1980年全国685所普通高校，基本上是单一的本科层次。20世纪80年代以来，随着经济社会和高等教育的发展，教育层次增加为专科、本科、硕士、博士及博士后等；1995年，1054所普通高等院校中，本科院校616所（其中招收研究生的院校419所，研究生在校生16.23万人），专科学校352所，短期职业大学86所。全国有独立设置的成人高校118所，这些成人高校大多培养专科学生，以非全日制学习为主。这样，我国已初步形成层次、类别、形式多样的高教体系。现在的问题在于：一方面各种高校仍然存在攀比趋同的倾向，尚未在各自层次和类别上办出特色，实际上教育仍然缺乏多样性；另一方面，面对 21 世纪社会的发展和变化，尤其是社会知识化、信息化的发展，生产过程和学习过程个别化的趋势，更加要求高等教育的多样化，现有的学校教育模式将适应社会多样化的需求而变革和创新，以全面适应社会现代化建设对各类人才的需求，全面开发具有不同禀赋和特长的受教育者的潜能。

（一）高等教育多样化，是适应社会需求和受教育者个体差异多样性的一种发展趋势

因为现代经济、社会及其结构的变化，对人才的需求不断分化；科学技术与生产日益紧密的结合形成多梯度的人才需求，以适应科学技术转化为生产力的不同阶段的需要；市场经济体制的建立，增强了市场对受教育者的选择性和受教育者对教育的选择性，教育只能以其自身的多样化，适应市场需求的多样性；尤其在科学技术不断改变生产过程和人类生存方式的条件下，为适应生存环境和条件的变化，受教育者的教育需求既不断变化，同时又是多向的，如此等等。在高等教育进入大众化阶段后，大学生的就业领域大大扩展，教育同就业的联系相对弱化，这都将增加高等教育社会需求的多样性：有高层次的学术型教育，有中间层次的技术型教育，也有普及性的实用型教育，还有各种文化补偿教育等。因此，高等教育多样化，首先要改变精英教育观念。培养社会精英诚然是高等教育的重要任务，但只是其任务之一，随着高等教育面的扩大，它的分层是必然的趋势。应按照决策层、管理层、实施层和学术型、技术型、操作型等人才的不同规格，分设研究型大学、以教学为主的本科院校、以高等职业教育为主的专科学校。不同层次学校任务可以有交叉，但以主要任务为特色，办出水平。就多数高校而言，应该以培养实际工作部门需要的应用性人才

为主要任务，并在各自层次上造就出色的人才，以形成多姿多彩的人才群落。其次，要区分学术理论型教育和职业实用型教育的不同模式，加强高等职业教育，按照职业实用人才的规格要求，探索不同于理论学术型教育的高等职业教育模式。高等教育能否按照两种不同类型模式培养不同规格的人才，正是高等教育能否多样化的关键所在。第三，要改变单一的正规教育形式，实行正规教育和非正规教育的结合，特别要采用开放的、灵活的教育形式，给受教育者以更多的选择性，为他们提供更方便的教育机会。在某种意义上可以说，高等教育的多样化正是高等教育大众化的实现途径，也是现代高等教育的重要特征。缺乏多样化的高等教育，是很难实现大众化目标的，也是很难适应现代社会需要的。对于长期具有大一统传统的中国高等教育，努力实现多样化是高教改革发展及其现代化的重要课题。

（二）高等教育多样化，应该是一个在机制变革和制度创新基础上的自然过程

如果说统一的计划经济体制，是过于划一的高教体制和高教模式的重要成因，那么，在国家宏观管理下的市场调节机制，则是促进高等教育多样化的必要动力。当市场对人才需求的多样性和选择性成为影响高教发展的重要因素，并且发挥实际调节作用时，高等教育必然会或早或迟地走向多样化。因为市场需求的一定容量必将制约某一层次和类别教育的发展规模，引导其向社会需求紧缺的方面发展，加上政府的宏观调控，经过一定的发展过程，教育必然要以自身的多样化去适应多样化的社会需求。多样化同时也受到未来教育和受教育者需求的制约。可以预见，随着教育外部、内部条件的变化，尤其是教育技术的深刻变革，未来教育形态将发生重大变化，学习的个别化会大大增加受教育者的选择性，这也更为教育多

样化提供了需求和可能。从这个意义上说，高等教育多样化是一个自然发展过程，但并不是自发的形成过程，需要政府的调控和社会的参与，建立社会和政府相结合的评估制度，通过评估引导高校在多样化的高教体系中正确定位。因此，完善教育主动适应市场、社会和受教育者需求的调节机制，形成有效的社会评估制度，正是促进高等教育多样化的必要条件和现实课题。

四、高等教育体系的社会化

高等教育同社会的关系经历了一个发展过程。随着科学与技术的分化，科学技术与社会生产、生活日益紧密的结合与渗透，大学在社会生活中的作用不断增强，同社会的联系也越来越紧密。尤其是知识经济、知识社会的兴起，终身教育的推进，深刻地改变着高等教育同社会的关系：社会的进步依赖于高等教育提供先进的科学技术和高素质的专业人才；高等教育也只有在与经济、科技和社会实践的密切结合中才能发展科学技术和人文学科，培养适应时代要求的人才。未来的社会和教育将朝着一体化的方向发展，学习社会化、社会学习化已经成为未来发展的必然趋势，学习化社会和终身教育体系的融合，将是知识社会、信息社会的重要特征。那种"象牙之塔"式的封闭的高等教育体系已经不能适应现代社会的要求，未来的高等教育体系将在社会化的开放的教育大系统中定位和构建。

（一）高等教育机构的开放

高等教育的社会化，首先反映在高等教育机构向社会更加开放，为社会成员提供各种教育机会，成为终身教育的机构。这样，未来的高等教育机构将实行更加灵活的入学制度，为各种年龄的人群在其人生的不同阶段提供正规学历教育、学历补偿教育、知识更新和继续教育等；设置多种多样的课程类型和培养途径，有系统的学历教育课程，有组合的证书教育课程，还可以有知识更新和补偿性的单科课程，让受教育者有自行选择和组合的机会；建立以广播电视远程教育为载体的开放教育系统，通过信息网络实行高校之间的资源共享，以形成覆盖社会各种人群、向全社会开放的社会化高等教育系统。

（二）高等学校将增强其社会服务功能，发挥其社会中心机构的作用

哈佛大学前校长伯克在其新著《大学与美国的未来》中指出："第二次世界大战以来的情况，确立了大学在美国社会中的重要地位。发达国家越来越依靠三个因素：新的发明创造、训练有素的人才以及专业知识。在美国，大学基本上承担了前两种要素的任务，并且是第三种的主要源泉。因此，从哈佛大学社会学家丹尼尔·贝尔到《华盛顿邮报》撰稿人都把现代大学描述为后工业社会的中心机构。"他又说："服务于社会只是高等教育的功能之一，不过却是其最重要的功能之一。当国家面临困难之时，问题不在于大学要不要关心社会上的问题，而是如何尽职尽责地去帮助解决社会上的问题。"现代大学确实要意识到自己的社会责任，在不同领域发挥社会服务功能，包括决策咨询的智囊作用、经济和社会发展的技术服务和智力支持作用，乃至直接为社区建设和不同人群提供各种服务，使高等教育在推动社会全面进步的进程中，不断实现自身的变革和创新，更新和完善教育形态。

（三）高等学校与社会之间建立双向参与结合的机制

高等学校的办学和管理过程，可采取董事会或校务会、专家咨询、专家评估、双方人员相互兼职等方式，尽可能吸收社会参与学校的决策、管

理和人才培养；政府和社会各界也要为高等学校进入企业、政府机构和各种社会机构创造条件，开辟渠道。多年来实行的教育、科研、生产三结合或产学研结合的新体制，是高校和社会双向参与和结合的有效形式，要在实践中丰富和发展，并形成一种有法规保证的制度。

美国高等教育同社会结合的经验值得我们研究。19世纪兴办的赠地学院与各州的经济发展密切结合，曾推动各州农业的现代化，进而带动各州经济社会的现代化；其与此相应建立的农业教育、科研和技术推广相结合，并由农业院校统一组织实施的体制，保证了经济、科技、教育的一体化发展，促进科学技术迅速转化为生产力，不断提高经济发展技术水平。这种体制符合现代经济和现代教育的发展规律，应在新的条件下丰富其内涵。有的学者提出探索建立大学—工业集团联合体，以迎接21世纪的挑战；有的大学建立科学园区，从科学研究、技术创新、产品开发到中试放大，形成科学技术向生产力转化的基础，同企业的生产相衔接；有的大学和企业之间互设机构、互派人员、互通信息。不论采取那种形式，主旨都在于建立大学同经济社会之间更加紧密的联系。在我国，如何改变现存的高校教学科研系统、部门和企业的科研系统以及独立设置的科研系统之间相互分割的体制，让高等学校和科研机构进入企业集团，参与政府部门和社会机构的决策过程和政策制定，这是发挥高校社会功能，促进高等教育社会化的体制保证和基本条件。

五、人才培养的综合化

培养高素质的人才，是面向21世纪高等教育的中心任务。不同的时代，由于社会环境和科学文化的变化，需要不同素质的人才，进而影响人才培养的不同模式。进入21世纪，社会转型期经济社会结构和社会关系的急剧变化，经济体制转轨，人才资源配置方式的改变，经济科技全球化进程的影响，知识社会、信息社会改变人的生存环境和人际关系，这些都要求人的综合素质的提高；现代生产、科技和社会诸多问题的解决，需要多种知识的综合；现代科学的发展，既有学科分化的一面，更有学科综合的趋势，许多新兴学科正是学科综合的产物；现代社会和市场经济条件下，人的应变能力要求的提高等等，都将促使人才培养向综合化方向发展。

这势必要求教育观念和培养模式、教育目标和培养规格等诸多方面的变革。这里仅就正确处理人才培养中的几个关系问题谈些看法。

（一）通识教育与专业教育的关系

我国高等教育的基本任务仍然是培养专业人才，高等教育主要进行专业教育，即培养学生学习各种专业知识和能力，以胜任各种专业工作。但是有两个因素要求现行的专业教育模式有所变革：一是原有的专业划分过细，限制人的知识和能力的发展，不能适应市场变动的需求；另一个是现代科技、经济和社会的发展，正在打破学科界限，要求受教育者具有宽阔的知识背景和更全面的素质。这一方面要求拓宽专业面，改革专业教育模式；另一方面则要求加强通识教育。所谓通识教育是指与专业教育相对应的普通教育，可以泛指各种非专业知识和能力的教育，也可以包括扩大了的专业基础教育。它当然包括人文艺术教育，但不能把通识教育只归结为人文教育。我认为，通识教育与历史上的博雅教育具有不同的历史背景和时代内涵，它是适应现代社会对人的知识、能力、情感以及心理素质的要求，而形成和发展起来的区别于专业教育的一种教育。通识教育着眼于塑造学生的全面素质，构建完善的知识和能力结构，拓展知识背景和能力基础，为发展创造性思维和能力，为知识和能力的迁移和发展奠定基础。

（二）科学教育和人文教育的关系

在科技革命时代，科技教育无疑要不断加强和更新内容，以提高民族科学素质，包括科学精神和态度、科学知识水平和科学思维方式。这不仅要求应用现代科学技术认识和处理问题，而且要以科学态度和科学的思维方式、工作方式对待和处理问题。因此，科学教育应该包括科学技术的基本知识和技能的传授，包括科学的世界观和方法论的教育。这是现代社会人的基本素质要求，对于科学技术仍处于欠发达状态的中国，加强科学教育尤为重要。但是，在科学技术日新月异，物质财富不断增长的时代，科学技术在推动物质文明突飞猛进的同时，也淹没着人文精神，人越来越成为科技和经济进步的工具。科学技术在给人类带来福利的同时，也给人类以报复。于是提出了"科学人道主义"，以人为中心的可持续发展战略等，正体现了科学技术和人文精神的结合。这从社会发展的层面说明了科学教育和人文教育结合的必然性。从人的发展层面看，社会物质财富的丰富并不会自然带来精神文明的发展，人在丰裕的物质生活中同样会产生精神贫困。尤其在信息化时代，人机对话的增加有可能增加精神上的孤独感。如何实现高科技和高文化、高情感的统一，是一个具有时代意义的课题。科学教育和人文教育的结合，正是实现这种统一，培养具有科学精神和人文理想的新人的必由之路。这种结合应该形成一种具有人文理想的科学教育和具有科学精神的人文教育。

（三）知识、能力、非智力因素（心理素质）的关系

教育的综合化从教育目标的角度说，可以是德智体美劳诸方面的全面发展教育，而从人的素质发展的角度说，也可以归纳为知识、能力、非智力因素的综合培养。这里涉及素质分类问题，现在高教界提出按照知识、能力、素质构建人才培养模式，把知识和能力排除在素质内涵之外，似乎

是从教育递进的关系，即按照从知识—能力—素质的丰富和深化来说的，但不论从逻辑或实践的角度，不能把知识和能力的教育排除在素质教育之外。因为形成一种素质总要以知识为基础，以能力为核心，而非智力因素则属于心理素质范畴，包括动机、兴趣、爱好、意志、性格、毅力以及心理承受能力、抗挫折能力等等，这些既是构成全面素质的重要部分，又是素质形成的调节器。因此，知识、能力、非智力因素是培养综合素质不可缺少的部分。国际 21 世纪教育委员会提交的《教育：财富蕴藏其中》报告中，提出 21 世纪教育的 4 个支柱，即学会认知、学会做事、学会与人相处、学会生存。这就从 21 世纪对人的素质要求的角度，对培养知识、能力以及学会生存和发展所需的教育提出了新的构想。我国高等教育面向 21 世纪更要强调综合素质的培养，既要注意架构合理的知识结构，注重能力（包括学习能力、劳动技能、实践能力、思维能力、吸收和处理信息的能力、处理人际关系的能力等）的培养，更应重视非智力因素的养成。尤其是在独生子女比例增高、高教入学率偏低、家庭和社会教育不够健全的条件下，培养健康的人格和心理素质，不仅对于受教育者学业和事业成功关系重大，也会影响国民素质。

（四）继承和创新的关系

我国教育的一个重要传统，是重视基本理论、基础知识和基本技能的培养，强调对前人文化成果的传承，倡导教师传道、授业、解惑的主导作用，但对学生个性的发展，特别对学生创造精神和创新能力的培养，不论在教育观念还是实践上都是薄弱的。面对世界经济科技，尤其是新科技革命的挑战，面对社会工业化、现代化、信息化进程中的新课题，中国面向 21 世纪的人才不仅要继承人类科学文化的优秀成果，更要有创新精神和能力。教育如何培养和弘扬这种时代精神，造就具有这种精神的新型人才，将牵动教育观念和教育模式的变革，也将要求人事制度和人才政策的改革。人才培养的综合化，是一个人才培养模式和观念的变革和创新的过程。其中一个重要变化是从以学科中心转向以学习者为中心，打破学科分割，实行学科综合，改变单纯从学科系统性出发培养人才，着重从学习者的全面发展出发培养人才，改变以教育者的学科教育目标为依据设计人才培养，而以开发受教育者的潜能为依据培养人才。这样，人才培养将是一个综合设计和利用教育资源，以全面开发受教育者的潜能为目标，实行综合培养的过程。而这种综合化和个性化相结合，则有可能推进人才培养模式的创新。

六、教育技术的信息化

教育技术在高等教育发展中长期未得到应有的重视，这与技术发展和高教发展的水平有关。随着信息时代的到来，高技术尤其是信息技术的迅速发展和广泛应用，正深刻地改变着社会生活的各个领域。

高等教育是高智力密集的行业，理应更加关注信息技术的应用及其影响。因为信息技术的发展不仅改变着生产方式、生活方式、思维方式和人际交往方式，而且在人类文明的传递方面也将引发划时代的变革。如果说文字和印刷术的发明引起了人类文化史的革命，那么，信息技术将把人类文明推向一个崭新的时代。它不仅改变了信息传播的媒体，而且由于信息网络化的发展，同时改变着信息的存储和传播方式，突破了信息传递的时空限制，进而实现信息在全球范围的快速流动，这必将对教育产生广泛而深刻的影响。

哈佛大学现任校长陆登庭在其论文《互联网与教育》中对信息技术对教育的影响做了全面的分析，既指出："由多种技术集成的互联网，极大地加强了大学中最为有效的传统教学方式，在许多校园里，它所产生的影响在强度和广度上都已超过了以往的任何信息技术创新，而且它带来的变化仅仅是刚开始。"同时又指出："教育从根本上说是一个人文过程，是有关价值的事情，而不仅仅是信息或知识。"这种观点代表了教育界多数的见解，即既高度重视信息技术在教育领域的应用及其可能产生的影响，又应合理而有效地应用网上教育资源。特别是信息技术的应用将引起教育观念和教育模式的变革，更值得我们关注。包括教育手段的现代化、教育过程的民主化、教育组织的机动化以及师生关系的改变等，这些都是面向 21 世纪教育的若干发展趋势。

我国信息技术在高教界的应用还刚开始，预计到 20 世纪末，全国高校都将接入互联网。因此，从现在起就要做好基础设施建设，尤其是做好师资队伍和管理人员的准备，提高信息资源的使用效益，并促进高等教育的现代化。

参考文献

1. 联合国教科文组织"21 世纪教育委员会"：《教育：财富蕴藏其中》，教育科学出版社，1997 年。
2. ［美］尼葛洛庞帝著，胡泳、范海燕译：《数字化生存》，海南出版社，1996 年。
3. 国家教委计划建设司：《1996 年中国教育统计年鉴》，人民教育出版社，1997 年。
4. 国家教委财务司：《1996 年中国教育经费报告》，高等教育出版社，1997 年。
5. Derek Bok，Universities and the Future of America，1990，Duke University Press.
6. 联合国教科文组织：《国际教育标准分类》，1997 年。
7. Neil Rudenstine，"*The Internet and Education—A Close Fit*"，Feb. 1997，*The Chronicle of Higher Education.*

"三个面向"：新世纪教育的战略指针[60]

15年前，在我国教育事业经过恢复调整，进入新的发展阶段的重要时刻，邓小平同志提出"教育要面向现代化，面向世界，面向未来"的战略思想，对指导我国教育的改革和发展产生了重大的影响。今天，我们站在世纪之交的历史转折点上，面对中国和世界正在和将要发生的深刻变化，倍感"三个面向"蕴含的深刻哲理和远见卓识：它将指引我们从世纪转换的时代高度，观察和思考中国教育的历史使命和未来走向，为我们探讨新世纪教育战略提供理论指南。

"三个面向"反映了当代教育的客观规律，是我国新世纪教育改革和发展的指导方针。它要求我们从中国社会发展进程、当今世界的时代特征以及人类未来发展的广度和高度，谋划21世纪的教育战略。江泽民同志最近指出："当今世界，以信息技术为主要标志的科学技术日新月异，高科技成果向现实生产力的转化越来越快，初见端倪的知识经济预示人类的经济社会生活将发生新的巨大变化。"这是对于即将到来的21世纪时代特征的深刻概括，也是学习和实践"三个面向"的现实依据。我们要从现代化、知识化、信息化的发展趋势，把握我国教育发展的现实起点和未来走向，研讨新世纪

---

[60] 谈松华："'三个面向'：新世纪教育的战略指针"，《中国教育学刊》，1998年第6期。《中国教育报》以"'三个面向'与新世纪教育战略"为题发表相关内容，1998年11月21日第4版。

教育发展和改革的战略思想。本文仅就其中几个问题略陈管见。

一、实现社会主义初级阶段的教育使命

教育面向现代化，包含两个方面的内容：一方面教育要为实现社会主义现代化服务，另一方面教育自身要实现现代化。这可以说是一个过程的两个方面，即在推进社会现代化的进程中促进教育现代化，以现代化的教育保证实现社会现代化的目标，正是这种相互促进和相互作用的互动过程，构成了面向现代化教育战略的基本内容。

现代化是一种社会全面进步的发展过程。就中国而言，这个过程也就是实现社会主义初级阶段的历史任务的过程。正如江泽民同志所指出的："社会主义初级阶段，是逐步摆脱不发达状态，基本实现社会主义现代化的历史阶段。"因此，研究把握社会主义初级阶段的基本特征、发展规律和历史任务，是探讨教育面向现代化和教育自身现代化的基础。这种研究从纵向说，需要分析工业化、现代化不同发展阶段的教育特征和任务；从横向说，则既可以从经济建设、政治建设、文化建设不同领域探讨现代化的基本内容，也可以从物质层面、制度层面、观念层面等不同层面探讨现代化的进程，进而研究教育现代化同这些方面的关系。如果把纵横两个方面结合起来，实质上是探讨社会转型过程中教育与经济社会发展的相互关系。这种社会转型主要是指从农业社会转向工业社会，从传统社会转向现代社会。这是每个民族走向现代化不可逾越的历史阶段，中国完成这个社会转型的现代化过程，同先前完成工业化、现代化的西方国家相比，有两个重要的区别：一是在社会主义制度下完成这种转型，走向现代化；二是进入21世纪，将在经济全球化、全球信息化的国际环境中推进现代化，将要实行工业化、信息化、现代化平行推进的战略。这种区别将使我国社会现代化和教育现代化带有自身的特点。这也是研究我国现代化进程的基本出发点。

社会主义初级阶段的发展进程，决定了现代化发展的阶段性。教育面向现代化要随着发展阶段的推移而不断调整改革和发展的目标、任务和模式。根据有关研究规划，从现在到下世纪中叶基本实现现代化，将经历三个发展阶段：从 1996—2010 年，基本实现工业化，人均 GDP 达到中下等收入国家的平均水平（1.4 万元人民币）；从 2010—2030 年，全面完成工业化，人均 GDP 达到中上等收入国家的水平（4.5 万元人民币）；从 2031—2050 年，全面实现社会主义现代化，人均 GDP 达到当时中等发达国家的水平（11.6 万元人民币）。由此可见，在相当长的一段时间里，我国大部分地区的主要任务是实现工业化，教育首先要为推进工业化进程提供人才支持和知识贡献，特别要把普及义务教育和培养初中级人才作为重点，选择"低重心"的教育结构，并随着经济社会发展水平的提高，逐步提高教育水平、教育质量和教育结构的重心。现代化发展的阶段性特征，同样适用于区域教育发展战略的选择，即不同地区要从不同的发展阶段出发，确定非均衡发展的战略。

我国现代化进程所处的国际环境和时代背景，决定了将要走一条同传统工业化国家不同的发展道路，这势必给教育带来新的问题和任务。西方早期工业化国家是在第一次科技革命的基础上实现产业革命的，它们是在完成工业化之后推进信息化。我国是在人类正进入信息化时代，迎来第四次科技革命的条件下进行工业化，这无疑给我们提供了利用高科技成果，缩短工业化时间的难得的机遇，同时也使我们面临由于现实存在的知识差距而处于不利地位的挑战。这样，我国不能等完成了工业化再推进信息化，而是实行工业化、信息化平行发展战略，即尽可能利用高新技术，发展高科技产业，并用高新技术改造传统产业，使国民经济建立在现代科学技术基础之上，不断提高经济社会的信息化水平。这将对人才培养提出多层次、多规格的要求，既要培养数以亿计的高素质劳动者，又要培养各类专业人才；既要有掌握常规应用技术的科技应用推广人员，又要有跟踪世界科技前沿的高层研究人员；既要有面向基层的、面广量大的、主要担负普及任务的教育机构，又要有主要担负提高任务的，包括其中若干所世界一流水平的教育机构。江泽民同志所说的"教育应与经济社会发展紧密结合，为现代化建设提供各类人才支持和知识贡献""全面适应现代化建设对各类人才的需要"，正是对于社会主义初级阶段教育面向现代化的基本任务的精辟表述。这表明：在社会主义初级阶段的现代化进程中，教育将长期面对跨度极大、超大规模的社会需求和教育供给能力相对不足的矛盾，如何从现实的供求关系出发，尽可能扩大教育资源，合理配置和有效利用教育资源，最大限度满足社会有效的教育需求，这是面向现代化教育战略选择的基本课题。

现代化是包含经济、政治、文化、生态乃至人的发展的社会全面进步过程，其中人的现代化居于核心地位，它既是社会现代化程度的表征，也是其发展的动力。因此，教育面向现代化就要为社会全面进步服务，特别是促进人的现代化。那么，人的现代化的内涵究竟是什么呢？从根本上说就是具有适应现代化社会的基本素质。现在各层面的教育几乎都提出了素质教育的要求，我认为从面向现代化的要求说，素质教育的基本出发点应该是培养具有现代化建设需要的综合素质的人才，从这个侧面也可以说是促进人的现代化。这自然要提出教育自身现代化的问题，因为只有现代化的教育，才能培养适应现代化要求的各类人才。这样，素质教育只有同教育现代化联系起来，成为教育现代化的一个重要内容，才会赋予时代的内涵；同样，教育面向现代化也只有贯穿于素质教育之中，体现在人才培养的素质内涵上，才能适应和促进现代化建设的发展。因此，从深层含义说，教育面向现代化是涉及教育观念、教育目标和人才培养模式的深刻变革，是教育自身现代化的不断创新过程。

二、回答知识经济和多元文化的全球挑战

从小平同志提出教育面向世界的战略思想到今天，我们对外部世界的了解和交流已大为扩展和加深，世界也经历着深刻的变化。经济全球化和信息网络化的发展，已经把各国经济和社会生活紧密地联系在一起，我们生活在一个世界变得越来越小的"地球村"里。对于我们来说，现实的课题已经不只是提出面向世界的问题，而是要回答：面向一个什么样的世界？如何面向一个不断深刻变化着的世界？这个变革中的世界，对我们提出了前所未有的挑战，也提供了难得的机遇，尤其是知识经济和多元文化的发展，把教育竞争提到了国际竞争的战略高度，在迎接全球性竞争中扮演着举足轻重的角色。

知识经济作为一种新经济形态，在发达国家中正在长足地发展，也引起了国际社会的广泛关注。这是因为它预示着未来经济和社会发展的趋势：人类知识和科学技术的发展将引发经济增长因素和方式，乃至社会生活新的深刻变化。在知识经济时代，国家竞争能力和综合国力的强弱，主要并不取决于自然资源的多少，而是科学技术和知识发展水平，尤其是知识创新和技术创新的能力。因此，知识经济在某种意义上也可以说是创新型经济，它建立在知识的创新、传播和应用的基础上。这对于原先主要依靠廉价劳动力和引进技术去参与国际竞争的发展中国家，无疑提出了严峻的挑战：只有提高民族创新能力，才能在国际经济格局中占有一席之地。而民族的创新能力归根到底要依靠提高全民教育水准，培养大批具有创造精神和创新能力的人才。这不仅要求加大教育发展的力度，更需要在人才培养模式上进行重大改革，包括：第一，知识经济是全球性经济，教育要有全球视野，培养具有全球眼光和国际竞争能力的人才，特别是能跟踪世界发展趋势，驾驭全局的战略性人才；第二，知识经济是创新型经济，教育自身要有创新性观念和运作方式，培养具有知识创新和技术创新攻坚能

力的创造性人才，尤其是在关键科学技术问题上有突破能力、能带领学科和技术领域进入世界先进水平的优秀拔尖人才；第三，知识经济是科技、教育和经济紧密结合、一体化发展的经济，教育要实行产学研结合，并通过高科技产业化等途径，造就具有经营能力的科学家和具有科学技术知识的企业家；第四，知识经济是产业不断更新和创新的经济，教育要重视培养学生的创业精神和创业能力，让学生自主创业，发展产业，还需要一批有能力发展大企业集团，甚至跨国公司的创业型人才。有了一大批在各个领域能站在世界前列的优秀人才，才能在知识经济的国际竞争中占主动地位。

多元文化的发展和碰撞，是 21 世纪世界格局变化的一个重要趋势。在经济和科技全球化的发展进程中，民族之间的文化交流随之加强，尤其是西方文化随着经济的扩张而增强其对其他民族的影响。一些西方学者把现代化当作西方化，在很大程度上就包含着把西方文化作为一种普世文明看待的态度。然而，文化是深深地植根于民族土壤之中的，是民族历史的积淀，不同文化之间既有交流吸取的一面，又有差异碰撞的一面。我们生活在一个多元文化的世界里，全球化过程会影响各种文化之间关系的变化；我国又处于现代化进程之中，文化（包括思想观念）的进化，也是现代化的内容之一。在面向世界的现代化进程中，教育如何在吸取世界先进的文明成果，促进思想文化现代化的同时，继承和发扬中华民族优秀的文化传统，进而以现代的中华文明影响和推动人类文明的进步，确实是一个具有战略意义的课题。尤其是在一个信息技术飞速发展，大众传媒日益普及的开放的环境里，文化传播的广度和速度前所未有，信息量激增，并以各种形式迅速进入学生视野。这无疑对教育工作者提出了很高的要求：要以宽广的全球视野和历史视角，审视世界多元文明和中华文明，既要教育学生以开放的胸怀了解多元文化，包括帮助他们学习各国的语言、历史、地理和科学技术等，同时，又要引导学生以科学的态度分析判断，让他们从对服饰、饮食、流行音乐等"快餐文化"的感受，深入到对文化底蕴和社会背景的深层了解和剖析，吸取符合时代要求的人类和中国优秀的文明成果，抵御腐朽的文化糟粕，为发展21世纪新文明形态做出贡献。

面对全球经济和文化的挑战，首先，教育国际化应该成为教育现代化的一个重要内容和标志。教育界要突破长期封闭环境下形成的思想禁锢，从全球视野设计人才培养，从全世界吸引优秀人才；扩大教育国际交流与合作，吸取世界文化科技的最新成就，培养在国际舞台上有竞争和合作精神和能力的中国人。其次，教育机构应该成为吸引和培养创造性人才的主要基地。改革人事制度，竞争上岗，择优录用，鼓励创新，以绩定酬，大幅度地改革优秀人才的工作条件和生活待遇；改革人才培养制度，入口选拔要采用多种方式，培养过程奖优汰劣，给学生更多的选择权，让具有不同潜能的学生有充分的发展空间；营造民主科学的学术氛围，鼓励学生独立思考，追求真理，敢于争辩，自由讨论，特别要创造让出类拔萃人才脱颖而出的环境，争取经过若干年的努力，各个领域都能涌现出处于世界先进水平的带头人，从而提高参与国际竞争的整体能力。第三，学校与社会建立双向参与的体制，职业学校、高等学校实行产教结合和产学研结合，培养学生的创业精神和创业能力、实践能力和管理能力，发展高新技术产业，寻找知识经济新的增长点。第四，加强各级学校的科学教育和人文教育，加强中华民族传统文化的研究与教学，开展多元文化的交流、让东西文化交汇，传统文化和现代文化结合，为21世纪中华文明的伟大复兴做好人才准备和知识贡献。

三、迎接信息时代的学习革命

早在20世纪70年代，一些社会学家和未来学家就预言"后工业社会""信息经济"时代的到来。在世纪之交，随着信息产业逐步成为发达国家的主导产业和信息技术在社会生活领域的广泛应用，人们普遍认为人类正进入信息社会，21世纪将会是信息时代，尤其是计算机技术、多媒体技术和通信技术结合的时代。"信息高速公路"的建立，信息网络化的发展，预示着未来的人类社会将会是网络化社会，它将给人类未来的生产和生活带来深刻的变化，也将会引起未来教育的深刻变革。因此，教育面向未来首先就要为迎接信息时代的教育变革做准备。信息化时代的教育变化将是整体性的，在某种意义上也可以说是教育形态的转变，因为：

第一，信息社会将引起人的生存环境和生产方式、社会方式、工作方式、人际交往方式乃至思维方式的变化，这势必要求未来社会的新人具有新的素质，从而引起教育目标和人才培养模式的变革。

第二，信息社会将是一个学习化社会，学习社会化，社会学习化，学习和社会融为一体。教育和社会的关系发生了新的变化，尤其是随着以现代信息技术为基础的现代化远程教育的发展，教育将突破传统的时间和空间的限制，教育资源在更大范围内共享，这必然会引发教育形式、教育机构以及教育体制的变革。

第三，信息技术在教育教学领域的应用，会引起教育技术基础的革命性变化，教育教学将由长期劳动密集型的工作方式，转变为应用高科技的智力密集型的工作方式。这对整个教育工作的影响现在还很难预测，但必然会引发教育方式、教育过程、教育管理、师生关系乃至整个人才培养模式的前所未有的变革。从这个意义上讲，面向未来信息社会的教育，实际上是要探讨未来教育新形态的问题。本文不可能就这样广泛的课题进行讨论，仅对人们讨论的未来所谓"学习革命"的问题谈些看法。

这里讨论的学习革命问题，主要并不是针对微观领域的学习过程而言，而是从未来教育形态变化的视角提出问题的。首先，未来的教育将会越来越成为一种学习过程，因为教育突破时空局限，会使学习成为教育的主要形式。

因此，联合国教科文组织的 21 世纪教育报告的题目叫《学习（在中文中曾经译为"教育"）：内在的财富》。把 21 世纪的教育称为学习，一词之差，正反映了未来教育变革的实质。其次，既然教育变成了学习，学习者理所当然地要成为教育的主体，教育的出发点和归宿都要以学习者为中心，素质教育也正体现了这种教育主体性原则。第三，教育过程变成师生相互学习或在教师指导下的小组学习过程。这样，教师和学生的关系也将变为更加民主的教学相长的关系。第四，信息时代的未来教育为学习者提供了开发潜能、发展聪明才智的条件和机会，教育体制、制度、机制更加灵活，把培养学习者的创造精神和创新能力摆到突出的位置。所以，学习革命必然牵动深层的教育思想观念的变革、制度创新、机制转换，这些才是教育现代化的深层内容。

教育现代化的核心是人的现代化，而作为具有现代素质的人的灵魂是创造精神和创新能力。如果从这样的时代视角提出和回答问题，那么，"三个面向"对于教育自身的意义而言，就是要在当代中国和世界的时代背景下，全面推进和实现教育的现代化，造就能在不同岗位上担负起 21 世纪建设使命的创造性人才。

面向未来要为教育信息化做好准备，并积极准备实现教育形态的变革和创新，主要应推进 4 项建设：①基础设施建设。从电教设施到网络建设，形成以现代信息技术为基础的教育技术系统，为现代学习方式提供物质技术基础。②软件建设。开发各种高水平的、反映现代科学文化成果的多媒体教学软件，提供高质量的教育资源。③师资建设。如提高师资的学历、科学文化和专业水准，包括：计算机、外语等培训，建设一支适应信息化教育的新师资队伍。④制度建设。建设学习化社会的教育制度，打破学校封闭、资源分割、学生限制的状况，为社会成员提供方便、多样、高质量的教育机会。

教育现代化基本概念的界定及对中国教育现代化的几点认识[61]

教育现代化的研究涉及教育发展的诸多理论与实践问题，是从教育发展整体的角度研究教育内部和外部诸多因素的相互关系及其发展变化的进程与条件。在《中国区域教育现代化的理论与实践研究》课题（以下简称"本课题"）的研究过程中，我们对教育现代化的内涵、进程、实现条件进行了探讨，并形成了初步的认识。

一、基本概念的界定

现代化理论和区域科学都是20世纪50—60年代兴起的研究领域，尚处于发展和成熟过程，其范畴、概念和内涵界定以及应用，都有待于丰富和完善，应用于教育领域的研究更是处于起始阶段。

（一）现代化、现代性与教育现代化

从比较严格的意义上说，现代化与现代性是有区别的，且使用时的指

---

[61] 谈松华："教育现代化基本概念的界定及对中国教育现代化的几点认识"，《中国教育现代化的区域发展》，广东教育出版社，2003年。系谈松华主持的全国哲学社会科学"九五"重点课题"不同地区教育现代化的理论与实践"研究成果之一。

向也不尽相同。现代化既可以表达一个历史过程（发展过程），又可以表达一种最新特点（发展状态）。[1]在现代化理论中，"现代化"一词被赋予了新的含义，被看作是实现现代性的一种社会变迁过程，具体来说，是18世纪后期工业革命以来，在现代生产力引导下人类社会从农业社会向工业社会转变、传统社会向现代社会转变的过程。现代性（modernity）则是指一种社会历史状况，具体说是现代社会发展的一种轨迹，社会在工业化推动下发生全面变革而形成的一种属性和特征。在吉登斯看来，现代性包括：①一系列特定的对世界的态度即这种世界观，其对由于人的介入而导致的历史转变持开放立场；②错综复杂的经济组织，尤其是工业生产和市场经济；③特定领域内的政治组织，包括民族——国家和广泛民主。作为这些特性的结果，现代性与任何先前的社会秩序类型相比，更具动态性。[2]可见，"现代性"这个概念涉及经济、政治、文化等不同层面，所指称的是一种复合性对象，个人主义、市场经济和民主政治构成了现代性的基本元素。[3]现代化即是现代性在物质的、制度的、观念的三个层面的增加和扩展过程，现代化的后果就是现代性的确立。

教育现代化是社会现代化的一个基本要素和重要组成部分，是传统社会向现代社会转型过程中的教育转型，是与教育形态的不断变迁相伴随的教育现代性，如教育的世俗性、公共性、科学性、普及性等"不断增长"的过程。在不同国家不同文化背景以及同一国家的不同历史发展阶段中，教育现代性的增长方式和增长量是不同的，从而体现为教育现代化的不同模式和道路。

（二）传统教育、现代教育与教育现代化

为了对教育现代化的概念有一个更全面的把握，这里有必要对与"教育现代化"有关的一些概念做出进一步的分析和比较。

什么是传统教育？在现有的教育文献中，大体有三种不同的用法和含义：①在西方教育史上，所谓"传统教育"是一个特定的概念。美国教育家杜威在19世纪末和20世纪初，把德国教育家赫尔巴特为代表的教育理论称为"传统教育"，而把自己提出的实用主义教育理论称为"现代教育"或"进步教育"。1899年，杜威在《学校与社会》一书中，第一次使用同"现代教育"相对的"传统教育"的概念，侧重揭露传统教育只是单纯传授书本知识，在课堂上很少或没有儿童自己的活动的方面。②与社会历史阶段的划分相联系，与古代社会、现代社会相对应，则有古代教育、现代教育。现代之前的教育都谓"传统教育"。③凡是适应过去的经济政治制度、生产方式、文化体系所形成的教育观念、方式、制度、体系，都可以称为"传统教育"。传统教育是一个相对的概念，是与现代教育相对应的概念，一般来说，对传统教育不应给以一个固定不变的时间界说。[4]

什么是现代教育？也有不同的含义：①现代教育与传统教育一样，是一个特定的概念，专指杜威的教育理论。现代教育提倡以儿童的活动为中心，使学校教育同儿童生活密切联系。②与历史分期上的意义相联系，"现代教育"就是当今时代的教育，是对现时代各种教育思想、观念、体制、形态的总称。严格说来，它是与"古代教育"而不是"传统教育"相对应的概念。应该指出的是：第一，由于各国历史文化和教育传统上存在着较大差异，其现代教育之"起始点"是不大相同的。如人们一般认为西方的现代教育起始于中世纪末期（公元1500年左右），而中国的现代教育则起始于鸦片战争时期（公元1840年左右），前后相距约350年之久。第二，现代教育也不能仅指"现代西方教育"，而是对当今时代不同国家、不同地区教育的一种综合性概括。第三，"现代教育"虽然是从历史分期意义上做出区分的，但同时也包含了某种价值判断，它既是时间性表述，又具有特质性意义。[5]③现代教育等同于"现代化的教育"。正是由于现代化运动，才使教育告别以农业文明为主要特征的传统社会，进入了以工业文明乃至以知识文明为主要特征的现代社会，并建立起与现代社会相适应的新的制度、内容、方法、管理方式等。现代教育的"质的规定，就是以现代生产和现代生活方式为基础，以现代科学技术和现代文化为内容，以人的现代化为目的的教育。它根植于现代社会，面向于未来的发展。"[6]

现实生活中，人们常常将传统教育与现代教育作为一对对称的概念，并把现代教育等同于"现代化的教育"，实际上这是不恰当的。我们认为，传统教育即指在历史发展中形成的并已定型了的、业已过时了的教育，但并不意味着它已经消亡了。正如美国学者 E. 希尔斯所说："传统意味着许多事物。就其最明显最基本的意义来看，它的含义仅是世代相传的东西，即任何从过去自传至今或相传至今的东西……决定性的标准是，它是人类行为、思想和想象的产物，并且被代代相传……是现存的过去，但它又与任何新事物一样，是现在的一部分"。[7]现代教育在本研究中则有两种用法：一是表示与古代教育相对称的概念，即在时间维度上对教育特征进行把握的概念；另一种是基本上等同于现代化的教育，是指教育为适应社会现代化需要已经具有和在一定的时限内将要具有的一些特征，即在教育内在特性上对教育特征进行把握。正像任何一个社会都是传统与现代的结合体一样，现代教育也是现代和传统不可分割的"连续体"，"现代"由"传统"发展而来，"现代"中蕴含着大量的"传统"内容。教育的现代化就是对传统教育瓦解、扬弃、进行创造性转化的过程，也就是为使教育适应整个社会现代化的历史进程，面向未来整合并重建教育的传统的过程，这一具有指向性的过程的结果即为现代教育。

（三）教育观念、教育思想、教育理论

我国出版的《教育大辞典》中并无"教育观念"这一词条，只对

"教育思想"做了如下界定:"教育思想即对教育现象的认识。主要包括:教育主张、教育理论、教育学说等。大致可分为两个层次:一是较为零星的、不太系统的教育思想,如人们对教育总体或某方面的片段的初步的看法、想法、主张、要求与建议等;另一是较为系统和严密的教育思想,如人们在总结前人经验基础上经过深入探索、反复检验、整理改进而提出的教育理论、教育学说。"[8]根据思维与存在、精神与物质的相互关系的理论,观念、思想、理论均属于思维或精神层面,在现代化进程中,三者同属于观念层面。如果加以区别,按照认识论关于感性认识阶段与理性认识阶段的区分,"思想"一般是指人们经过反复思考和深入探索而形成的比较系统的认识,而"观念"则常指人们长期以来有意无意形成的对事物的某种看法或初步认识,一般来说,尚未形成系统的理论。对"教育思想"和"教育观念"实际上也可以做出这样的区分,二者尽管在内涵上无本质区别,都是对教育现象的认识,但在表现形式上还是有细微差别的,在层次上有深浅之分。教育观念是指零星的、不太系统的,比如人们对教育总体或某一片段的初步看法、想法、主张、要求与建议。教育思想则是人们在社会实践或教育实践中对教育的理性认识,它是在总结前人经验的基础上,经过深入探索、反复检验、整理改进而提出的教育观点和主张,相对较为系统和严密。教育思想是系统化的教育观念。教育理论则是从教育经验中概括出来的关于教育知识的系统化的理性认识,是相对成熟化的教育思想体系。在研究中,这三个概念根据不同情境尽量做出区分,但是教育思想和教育观念有时合用,以求完整地反映教育现代化的观念层面的内涵。

(四)区域与区域教育现代化

区域是地理学中的一个通用概念,但要给区域下一个定义,却是相当困难的。这是因为有各种各样的区域，首先是内部具有相似性的均质区，还有具有一定吸引或辐射半径的枢纽区，以及其内部起着共同职能作用的功能区。北京大学已故地理学家陈传康给区域下了一个这样的定义："区域是用某个或几个特定指标划分出来的一个连续而不分离的空间，这个空间是指地球表层的一定范围，它的界限是由这些指标来确定的。这些指标可以是均质共性（如气候区、植被地带等），也可以是辐射吸引力（如运输枢纽、流域、贸易区等），也可以是一定的管理权（如行政区、教区等），还可以是起着一定职能作用的功能分区（如城市规划中的功能分区）。"[9] 经济学家对区域的界定为："区域是主权国家的一个组成部分，中央政府对它拥有政治、经济管理权，甚至财产所有权；同时对它的发展及其居民的福利提高有义不容辞的责任。一般来说，区域间虽然存在着距离、外部环境等制约，但商品的流动在原则上不受人为的限制，因而，相对于一个国家来讲，区域是一个开放得多的巨大系统。"[10] 社会学家费孝通认为，社会学的区域概念有不同特征：①有别于地理学的区域概念，也可能超出行政区域的界限，更多的是功能论的取向；②一个区域内各个组成部分之间，重要的不在于地理环境或行政隶属关系是否相同，而在于整合程度的高低；③在区域发展研究的方向和道路上，应从城市和乡村两个方面去研究社会经济区域发展中出现的新问题。[11] 概括起来说，区域就是经济和社会发展的空间形态。

根据区域不同的均质性，可将区域划分为不同的类型。根据自然地理环境的地域分布规律可划分出不同的自然区域；根据居民的文化特性尤其是价值取向与情感认同的地域差异可划分出不同的文化区域；根据社会生产的地域分工与经济形成的发展规律可划分出不同的经济区域；根据居民的社会成分与社会活动的特征可划分出不同的社会区域；根据地方政权管辖的范围可划分出不同的行政区域，等等。根据区域的范围和层次，从大到小、由高到低依次排列，我国通常的区域划分有：①东、中、西部的划分方案；②六大行政区划分方案；③跨省区的区域，如环渤海经济区、长江三角洲经济区、黄河上游多民族开发区等；④以省级行政区为区域单位；⑤省级行政区以内，介于省级和地区级行政区之间，在自然地理环境、经济社会发展背景、语言文化等方面自成一体的地区，比如苏南、珠江三角洲等；⑥以地区级行政单位为区域研究单位；⑦以县为区域发展研究单位。在研究中，区域与地区有时并用，因为教育区划仍处于理论研究阶段，教育现代化的推进主要还是在不同地区范围内进行，不过在我们使用地区这个概念时，是把区划这个因素考虑在内的。

所谓区域教育现代化，就是在国家教育发展总目标指导下，结合本区域经济、社会发展和人口结构、人文传统等特点，将区域内各级各类教育的改革和发展，围绕现代化目标进行整合和整体推进，以利于区域范围内经济社会与教育的协调发展。为了充分认识我国教育现代化的基本国情、区情与推进策略，揭示发达、中等发达和欠发达等不同类型地区在社会经济现代化与教育现代化上表现出的不同特征，揭示各区域内部现代化基本水准和协调程度，从而为区域教育现代化战略研究提供一种框架性的坐标参照系，进行教育区划就极为必要。鉴于数据资料来源的限制，本研究中的教育区划是以省、区、市的行政区划和东、中、西三大经济地带的区划为基础的。省、区、市作为一种行政区划，其内部经济、社会与教育各方面的联系紧密，是相对独立的运行系统，具有相对独立的现代化推进过程。区域聚类分析是将中国31个省、区、市分类为不同的经济、社会和教育现代化区域，而且仅仅是以各省区的总体平均水平为依据的。中国三大地带呈现明显的梯度差异，直到现在为止，东、中、西部的梯度差异仍然是存在的，也有人预测在短期内还不会出现缩小的态势，很有可能出现拉大的态势，因此教育现代化将会经历梯度推进的客观进程。教育区划和行政区划、经济区划有着明显的相关性，教育现代化要和经济、社会协调发展，教育的现代化发展过程不能脱离经济、社会的发展阶段和发展水平，离不开区域政府的力量。当然，教育区划不等同于行政区划或经济区划。因为区域教育现代化涉及区域自然环境与人口分布、政治经济与社会、民族构成与文化类型等许多方面，是具有相当综合性的教育发展过程。但是，由于现行的教育运行仍以行政区域为主，故本研究中的区域仍以地区为界限，即发达地区指东部沿海地区，中等发达地区指中部地区，欠发达地区指西部地区。以经济和教育发展水平为依据的教育区域发展研究还有待于深入和细化。

二、教育形态与教育现代化的内涵

教育现代化并不是教育某些部分的变化过程，也不是教育发展水平的单项指标所能度量的，它是教育系统全面进步的过程，也可以说是一种新质的教育代替旧质的教育的转变。这样就必然提出如何衡量教育的这种转变与进步的标志，教育现代化的内涵应当如何界定。在现有的研究中，一般是参考社会现代化的研究成果，即现代化理论研究中关于现代化的基本概念及其相关指标，这无疑能提供理论与方法上的参考，但重要的是对教育自身特征的研究与把握。教育形态问题的提出是一种尝试，试图从总体上把握教育发展变化的实质，也为探讨教育现代化的内涵提供依据。如果说不同历史发展阶段存在着相应的教育形态，那么，这里就要回答两个问题：一个是教育形态与不同时期生产力、生产关系和经济基础、上层建筑的关系，即一定时期的社会发展水平与社会制度决定教育发展水平与教育制度，即教育形态；另一个是不同时期教育形态的构成要素及其特征，也就是区别不同时期教育的内在根据。教育生产力是构成教育形态的基础，教育制度体系是教育生产力赖以生存与发展并保护教育生产力的组织保证，教育思想观念则是在教育生产力与教育制度的基础上产生与发展起来的，同时又是新的教育生产力与教育制度的先导与保证。如果这样确定教育形态的主要构成要素，那么，教育现代化也可以界定为这些因素的变化与逐步现代化的过程，教育生产力、教育制度体系、教育思想观念这些因素也成为教育现代化的基本内涵。

教育生产力主要是教育的物质技术基础与教育发展水平，这是区别不同时代教育的主要标志，也是教育现代化的主要内容。就教育物质技术基础而言，人类文化传递的手段方式经历了三次革命，即文字的发明与应用、印刷术的发明与应用、计算机的发明与应用。在不同文化传递方式的影响下，教育也经历了经院式（书院式）教育、平民教育、普及教育的发展变化，教育发展水平也由贵族教育普及到大众教育。因此，物质技术的进步与经济发展水平的提高，无疑是教育发展与进步的物质基础，教育现代化必然要建立在现代教育技术设施、普及教育和高水平教育的基础上。当然，发展水平也有一个不断进步的过程。教育现代化是一个不断进步的过程。因此，教育技术设施与教育发展水平也有一个逐步提高的过程。

教育制度体系包括教育的组织方式、组织机构、法律规章、结构系统及运行机制，它反映教育生产力的要求，又保护与促进教育生产力的发展，是教育进步的重要标志。教育制度体系的进步既是教育现代化的必要条件，也是教育现代化的衡量标准。教育制度体系的变化，既与教育技术和发展水平相关，又与社会经济制度、政治制度以及社会选才、用人制度有密切的联系。在历史上，不论是西方的教会垄断的教育制度，还是中国的官学或私学，在农业社会它们始终是培养上层统治者的教育制度。这种教育制度也决定了教育内容主要是与社会相关的知识与能力，科学技术教育的内容并没有地位。在工业社会，随着经济和科技的发展，社会对劳动者的文化科学知识的要求普遍提高，推动了教育普及水平的提高以及教育技术手段的进步，学校教育制度随之兴起，制度化的教育成为教育的主要形式。而在信息技术和网络化的推动下，一方面终身教育将成为未来教育的主导潮流，全民教育的发展将空前地扩大教育规模，教育将越出学校教育的局限，教育方式也将改变单向的知识灌输，社会化的教育制度和终身教育体系将成为未来教育制度体系的主流；另一方面信息网络化的发展，将改变传统的学校教育方式，以网络为载体的现代远程教育会占有越来越重要的地位，这也必然会带来教育体系制度的革命性变革。因此，制度体系的变革与创新，是教育现代化的重要内容与必要条件，对教育现代化具有促进和保证的作用。

教育思想观念是指教育理论、教育思想和教育观念，它既是社会思想观念在教育领域的反映，又是在一定的教育发展水平与教育制度上形成与发展起来的，对于教育实践、教育行为以及教育制度的发展都会产生影响和指导作用。在教育实践和教育制度的基础上产生的教育理论和教育思想观念，既有先导性，也有保守性。当它反映新的教育发展要求时，具有促进和指导新教育产生和成熟的作用；而当它作为旧教育观念形态时，对新教育的产生和发展却具有阻碍作用。因此，教育思想观念在教育现代化中举足轻重，它既是教育现代化的先导和动力，也是教育现代化发展和成熟的标志。

三、人的现代化、教育现代化与素质教育

在现代化理论中，人的现代化处于核心的地位。教育现代化同样如此。社会现代化作为社会全面进步的过程，它最终表现为人的发展程度即人的现代性的获得程度，而教育现代化归根结底也要表现为培养人的现代性的发展程度。因此，教育现代化不仅涉及教育物质层面（硬件）的现代

化，更应该触及教育制度体系、教育思想观念，特别是教育者和受教育者（软件）的现代化程度。教育要把培养人的现代素质即培养现代化的建设者作为教育现代化的根本任务。

教育作为促进与实现人的现代化的关键性因素，只有现代化的教育，才能造就具有现代化素质的人；而促进与实现人的现代化，培养具有现代化素质的新人，正是教育现代化的集中体现与根本任务，这也正是教育对促进社会现代化所起的特殊作用。从历史上看，不是任何一种教育都能对现代化起促进作用的，相反，有的教育可能会成为阻碍现代化发展的因素。例如19世纪中叶的中国教育。当时清代中国的成人男子的识字率高于日本成人男子识字率，而日本的教育中重视吸收外来的科学文化成果，特别重视科学技术教育，对经济和社会发展产生了积极的推动作用，加速了现代化的进程；相反，当时中国的教育只讲四书五经，死记硬背，孩子从小读的《三字经》《千字文》，内容脱离儿童的生活实际，孩子只会背诵，不知其意，对于他们接受现代科学文化并没有积极的作用，加上越来越走向僵化和形式主义的科举考试，更是窒息人的独立思考和创新精神，这种教育不可能推动中国社会走向现代化。可见，只有符合时代要求的教育，才能发挥推动时代前进的积极作用。

人的现代化是一个历史的范畴，它将经历一个历史发展过程。在我国现阶段，人的现代化主要体现在社会主义现代化建设者所必备的基本素质的形成与发展上。素质教育以提高国民素质为根本宗旨，以培养社会主义建设者和接班人为基本目标，为造就具有现代素质的中国人奠定基础。因此，素质教育是实现人的现代化，进而促进教育现代化的基本因素与条件，要把教育现代化的过程渗透和贯穿于素质教育的过程之中。全面推进素质教育，实现教育的变革与创新，正是建设现代化教育的根本之举。

四、教育现代化的区域发展进程

我国社会的二元结构反映在教育上，区域之间也存在明显的差距，这种差距不是在同一历史阶段上发展水平的差距，而是跨越不同历史阶段的教育形态发育程度的差别。例如在西部贫困地区的农村尚处于前工业社会，现化工业与现代经济组织刚刚兴起，教育现代化也还处于准备和起步阶段；而东部发达地区的城市，则已经完成工业化，初步具备了发展知识经济的某些条件，面临着加快教育信息化，全面推进教育现代化的任务。因此，就全国范围的教育现代化而言，既要按照不同地区的历史发展阶段确定教育现代化的目标与进程，更要发挥全国教育资源的互动互补的优势，逐步实现区域教育的协调与均衡发展，促进教育现代化的适度超前发展。

区域科学与区域教育研究表明，我国教育现代化将经历分步推进的渐进过程，在这个整体推进过程中，东部发达地区的示范效应与西部地区的超常规、跨越式发展，将起关键作用。

在我国教育发展的现实图像中，实际上存在着不同发展梯度的区域分布。从教育发展水平来看，大体包括：第一类，正在普及高中阶段教育，高等教育毛入学率达到30%以上，初步形成包括发达的职业教育、成人教育、社会教育在内的现代教育体系，主要是在北京、上海等沿海大城市。第二类，已经普及九年义务教育，高中阶段教育有较好的基础，高等教育开始进入大众化阶段（毛入学率达15%以上），初步奠定现代教育的基础，主要是长江三角洲、珠江三角洲等发达地区的城镇。第三类，已经基本普及九年义务教育，高中阶段的毛入学率达60%以上，高等教育毛入学率达10%以上，基本具备全面提高教育水准的条件，主要是大部分发达地区的农村和部分中等发达地区。第四类，正在普及九年义务教育（包括近几年刚普及九年义务教育的地区），高中阶段教育与高等教育具备适当加快发展的初步基础，主要是在大部分中等发达地区。第五类，正在普及5—6年或3—4年小学教育，教育基础薄弱，缺乏教育发展的基本条件，发达地区的大部分农村属于此类状况。

如果从提高教育水平的要求分析，前两类地区是在普及教育基础上，逐步转向提高教育水平，提高教育质量与效益，今后的教育发展以提高为重点；后两类地区在今后10—15年内仍然应以普及教育为重点，同时在城镇和若干学校建设高水平、高质量的教育示范区和示范学校。这样，我国现阶段教育现代化将会经历一个非均衡发展的过程，但要在发展中逐步缩小地区差距，实现区域的协调发展，达到国家教育现代化的基本目标（区域协调发展应该是我国教育现代化的基本要求）。

区域教育现代化的推进，不仅需要解决按照不同地区的实际确定不同的发展目标与进程，从非均衡发展逐步走向均衡发展的问题，更要探索符合不同地区实际的发展路子与发展模式，实现区域教育与区域经济、社会之间的良性循环与协调发展。所谓区域教育模式，不一定就是东部、中部、西部这种区位的差别，在东部、中部、西部的内部也会有不同的教育模式；城市、农村、城乡一体化的不同区域，都会有自身的特点。教育现代化既有不分国家和地区的共性，又有不同国家和地区特有的个性，共性寓于个性之中，总是通过不同国家和地区的特殊性表现出来。因此，研究中国教育现代化的进程，应该主要探索具有代表性的区域教育现代化的实现途径与实现模式。影响区域教育模式的因素是多方面的，需要具体研究分析，大致包括经济因素（经济发展阶段、产业和技术结构、生产方式与生活方式等）、文化因素（文化传统、文化交流、民族关系等）、区位因素（自然条件、资源类型、对外交流方式等）、教育因素（教育水平，教育结构、人力资源的开发利用等）。综合分析这些因素对于教育与当地经济、社会发展相互关系所产生的影响，总结当地教育发展的历史与现实的经验，选择适应区域未来发展与变革需要的教育模式，这可能是推进区教育现代化的现实途径。

　　充分发挥发达地区的示范效应和促进欠发达地区的超常规、跨越式发展，是推进区域教育现代化协调发展的重要条件。我国教育现代化将经历从区域非均衡发展向区域协调均衡发展的过程，不同区域既创造具有区域特征的多样化教育模式，同时又相互交流、相互影响、相互促进，通过各种途径与形式的"共振"作用，加速教育现代化的实现进程。在这个相互作用的过程中，发达地区的教育发展应"先一步，高一层"，瞄准世界教育与未来教育发展的前沿，走出具有中国特色的教育现代化道路、为全国教育现代化积累经验。这种探索与创造过程并不是封闭的，它要吸取国际有益的经验，并对国内产生示范与辐射的作用。中等发展程度的地区与欠发达地区必然会受到发达地区所做的探索的影响，既可以避免不必要的弯路，又可以同时吸取国际与国内的多种经验，缩短实现教育现代化的时间。当然，区域协调均衡发展的关键，取决于欠发达地区实现超常规、跨越式发展，这不仅需要中央在政策与投资方面的重点倾斜和发达地区在人力、物力与软件方面的支援，更需要欠发达地区的地方领导与教育工作者换脑筋、换思路、换法子，从转变思想观念和行为模式着手，以现代信息技术与现代教育资源为切入点，尽可能让教师与学生直接面对现代文明，使现代文明的种子在当地的土壤里生根、开花、结果，通过这种文明的传播、碰撞与吸取，加快现代性因素的增长，实现跨越历史阶段的超常规发展。

注　释

　　[1] 中国现代化战略研究课题组:《中国现代化报告 2000》，北京大学出版社，2002 年，第 115—116 页。

　　[2] [英] 安东尼·吉登斯著，郑戈译:《第三条道路——社会民主主义的复兴》，北京大学出版社，2000 年，第 166 页。

［3］赵景来:"关于'现代性'若干问题研究综述",《中国社会科学》,2001年第4期,第27页。

［4］厉以贤:《现代教育原理》,北京师范大学出版社,1988年,第15—18页。

［5］张应强:《高等教育现代化的反思与建构》,黑龙江教育出版社,2000年,第151—153页。

［6］孙喜亭:《教育学问题研究概述》,天津教育出版社,1989年,第113页。

［7］[美]E.希尔斯著,傅铿等译:《论传统》,上海人民出版社,1991年,第135页。

［8］顾明远:《教育大辞典》,上海教育出版社,1990年,第1卷,第41页。

［9］陈传康:"区域概念及其研究途径",《中原地理研究》,1986年第1期,第10页。

［10］杨开忠:《中国区域发展研究》,海洋出版社,1989年,第1页。

［11］费孝通:《行行重行行》,宁夏人民出版社,1992年,第106页。

中国教育现代化区域协调发展的战略与策略[62]

当我们从不同区域的实际,分别研究其现代化发展的思路和脉络之后,呈现在我们面前的是区域之间发展落差悬殊的图像,它跨越了几个历史发展阶段。从全国范围来说,如何从不同的基础和条件出发,形成区域发展的多样性,又能寻求其中的共同性,走向区域之间互补、互动的整体发展的格局,这是区域协调发展的战略与策略研究需要回答的主要问题。

一、区域协调发展的战略选择:从非均衡发展到逐步实现均衡协调发展

(一)非均衡发展的内在依据

我国区域发展的不平衡性是由历史原因造成的。近代资本主义的萌芽与兴起,首先发生在东部沿海地区,加上自然环境与文化传统(民族、宗教等)的因素,近代工商业主要集中在沿海大城市。20世纪40—50年代,

---

[62] 谈松华:"中国教育现代化区域协调发展的战略与策略",《中国教育现代化的区域发展》,广东教育出版社,2003年。《中国教育现代化的区域发展》一书系谈松华主持的全国哲学社会科学"九五"重点课题"不同地区教育现代化的理论与实践"研究成果之一。

全国70%以上的工业集中在国土面积不到12%的东部沿海地区，沿海与内地工业产值之比为77.6∶22.4，中、西部地区处于农耕社会阶段，西部边远少数民族地区工业产值仅占全国的9%，[1]有的还处在奴隶社会甚至原始社会的末期，社会形态发育迟缓。与此相应，近现代教育也主要集中在东部沿海地区及中西部地区的城市，广大农村与西部地区现代文明的影响极少，绝大多数居民为文盲，缺乏现代教育。

1949年新中国成立以来直至改革开放前，由于国际环境与国内政治的原因，政府实行区域均衡发展战略，把现代工业建设的重点放到中、西部地区，例如20世纪50年代以苏联援建的156项工程为主体的重点投资项目，大部分集中在中、西部地区，"一五"期间694个投资在1000万元以上的项目，有472个在内地，占68%；[2]与此同时、高等教育进行院系调整，沿海部分高校迁往内地，改变全国高等学校过于集中在沿海城市的布局，内地高校由1951年的87所，增加到1957年的115所，在校学生占全国在校学生的比例由38.6%增加到44.1%。[3]20世纪60—70年代进行"三线"建设，1964—1971年有380个项目、14.5万人、3.8万台设备从沿海迁往内地，1966—1970年内地基本建设投资占全国总额的66.8%，其中"三线"地区占52.7%。[4]随着经济建设重心的西移，大批专业人才也向中、西部转移，在一定程度上带动了中、西部的教育发展和人力资源开发。这种以行政计划实施的均衡发展战略，对于缩小地区差距，促进中、西部地区的发展起了积极的作用。但是，这种发展选择主要是以国际政治军事斗争为背景的，并没有充分依据经济发展规律，其结果是东部地区在经济、科技、管理、人力资源以及对外联系等方面的区位优势未能有效利用，延缓了发达地区经济起飞的时间，也影响了全国经济文化发展的进程；西部地区则由于国家投资的重点在国防工业，并不是着眼于经济社会的全面开发，因而也没有引起经济社会结构的深层变革，当地的教育发展与国家重点建设项目并未直接联系，地方教育水平与重点建设企业、城市，形成了新的二元结构。历史经验表明，历史长期发展形成的地区差距，并不能简单地以政治的方法加以解决，必须依据经济、文化、教育的区域发展规律，在一定时期实行非均衡发展战略，才能为实现区域协调发展创造条件。

20世纪80年代开始，国家实行沿海开放政策和梯度发展战略，加快了东部沿海地区的发展速度，中西部地区的发展速度尽管也超过了历史水平，但明显滞后于东部沿海地区，东部与中、西部地区之间经济发展的差距无论从绝对或相对的角度都在拉大。1976—1996年国内生产总值的年均增长率，东部（不包括京、津、沪）为12.78%，中部为9.86%，西部为9.06%，东部分别比中、西部地区高出2.92个百分点和3.72百分点。如以发展最快的省与最慢的省相比，则高出1.84倍。[5]其结果是拉大了地区之间经济发展水平的差距，以人均国内生产总值为例，1980年东部地区（不包括京、津、沪）与中部地区、西部地区的绝对差距分别为47元和86元，而1995年则增加到2636元和3443元，即分别上升了56.08倍和44.43倍；居民人均收入和农民人均纯收入的地区差距也在拉大。[6]与经济发展的地区差距相比，教育的地区差距相对要小一些，尤其是义务教育普及程度的地区差距更小。这一方面是由于教育发展受区位的影响较小，尤其基础教育更是如此；另一方面，20世纪80年代中期国家实行普及九年义务教育的决策，依靠政府和民间的共同努力，加快了普及教育的进程，在小学和初中教育的普及程度上，缩小了地区的差距。以小学净入学率和小学毕业生升学率为例，2001年全国小学学龄儿童入学率为99.05%，除西藏（88.06%）、青海（96.25%）外，其余各省区市均在97%以上；全国小学毕业生升学率为95.45%，除西藏（69.63%）、云南（81.77%）、贵州（84.40%）、甘肃（89.85%）、青海（89.59%）、宁夏

（89.16%）等西部省份外，其余各地均在90%以上。[8]当然，这主要是在入学机会上初步实现了公平，而地区之间教育发展水平上的差距仍然很大，尤其是在教育投入、师资水平、教育质量和高等教育方面的差距有扩大的趋势。以1999年的生均教育经费为例，地方普通高校全国平均为11,182元：东部9省市除辽宁（10,789元）和山东（10,373元）略低于平均数外，其余各省市均高于平均数；而西部12省、区除西藏（16,437元）和云南（11,262元）等少数民族地区略高于平均数外，其余各省区均明显低于平均数；东部最高的北京市（24,223元）比西部最低的重庆市（6127元）高出近4倍。普通中学生均教育经费全国平均为1337元，东部9省市，除山东（1121元）外，均高于平均数；西部12省、区，除西藏（3417元）、云南（1461元）、青海（1409元）等少数民族和高寒山区外，均低于平均数；最高的上海市（4497元），比最低的贵州省高出7倍多。普通小学生均教育经费全国平均为625元，东部9省市，除山东（525元）稍低外，均高于平均数；而西部12省区中，除西藏（923元）、青海（701元）、新疆（756元）、云南（679元）、宁夏（648元）等少数民族地区较高外，其余各省均低于平均数；最高的上海市（2621元），比最低的贵州省（296元）高出8倍多。就教育投入水平而言，省与省相差几倍，县与县相差几十倍，乡与乡则相差近百倍，即使剔除物价因素，地区之间的教育差距并不是在短期内依靠行政措施就能解决的，必然要经历一个从非均衡发展向逐步实现均衡发展转变的过程。

（二）非均衡发展的战略选择

历史和现实决定了我国教育在一定阶段必然要实行非均衡发展的战略。这种战略的主要含义是：不同发展水平的地区，要从当地所处的发展阶段的实际出发，分阶段推进教育的改革与发展，使教育发展的目标、任务与本地区所处的发展阶段相适应，并尽可能采取非常规发展方式，缩短传统发展阶段所需的时间，为均衡发展创造条件。不同地区发展阶段的差别，是采取非均衡发展战略的出发点；而把握不同地区发展阶段的经济社会和教育发展的特征和任务，是确定非均衡发展战略内容的主要依据。

教育的非均衡发展是与经济的非均衡发展相联系的，因此，它必然会受到经济发展战略选择的影响。这就有必要参照经济学中有关欠发达地区的非均衡发展理论，包括区域经济学中的"核心—外围理论""增长极理论""循环累积因果理论"，发展经济学中的"二元结构论""不平衡经济增长理论"等相关的理论原理，为教育非均衡发展的战略选择提供理论参考，使教育的发展进程与经济发展相适应。按照我们的认识，教育的非均衡发展大体可以分为两个层面：国家层面和地区层面。国家层面，是指不同发展水平与发展类型地区之间的非均衡发展。地区层面，是指一个地区内教育发展的内部、外部条件不同的社区、学校，不同层次和类别的教育的非均衡发展。发展经济学的理论，可能更多地为国家层面的区域非均衡发展的战略选择提供理论参考；而区域经济学的理论，可能有助于为区域内部非均衡发展的思路提供理论参考。

国家层面教育现代化推进的非均衡性，是由不同地区经济发展水平和社会发展程度所决定的。如果把农业社会向工业社会的转变作为现代化第一阶段的发展过程的主要内容，那么，处在工业化进程的不同发展阶段的地区，其教育走向现代化的进程、目标和任务是有区别的。处于前工业社会的地区，居民识字率没有达到经济增长的基本要求（80%），人口基本教育权利尚未实现，教育发展的主要问题是满足基本学习需求、提高居民识字率，这一阶段可以称之为教育现代化的准备阶段；处于工业化早期阶段的地区，随着现代工业的初步发展，教育普及程度有所提高，但尚未真正解决普及教育的问题，人口素质与经济社会发展需要之间的矛盾逐渐显露，教育发展的主要问题仍然是实现普及教育的目标，并逐步提高教育水平和教育质量，这阶段可以称之为教育现代化的启动阶段；处于工业化中期阶段的地区，工业化的推进和经济社会结构的变动，推动教育经历重大的变化，基本普及了九年义务教育，但巩固"普九"的任务仍很艰巨，教育发展的重点仍然是巩固和提高普及教育的水平和质量，而其中有些地区和学校则具备了率先实现现代化的条件，这一阶段可以称之为有重点地推进教育现代化的阶段；处于基本实现工业化并向工业现代化发展的地区，科技进步和经济社会结构全面调整和优化，教育向高层次、高水平、高质量的方向发展，教育现代化已经成为地区发展和进步的基本条件，这一阶段可以称之为教育现代化的全面推进阶段。我国西部、中部、东部大体上正处于上述教育现代化进程的不同阶段，参加本课题研究的不同地区对于教育现代化的研究与实践，正是反映了地区教育现代化非均衡发展的特点。以苏南为代表的长江三角洲，从20世纪90年代中期开始就实施教育现代化工程；广东的珠江三角洲也相继大范围推进教育现代化；北京、深圳、江苏以及发达地区的有些省、市，都把实现教育现代化作为21世纪初教育发展的基本目标；黑龙江、湖北等中部地区，尚无在全省范围内全面推进教育现代化的现实条件，先在部分市、县和学校有重点地实施教育现代化，通过辐射和扩散效应，逐步带动其他地区和学校推进教育现代化。这种有先有后的非均衡发展是现阶段教育发展的现实选择。

地区层面教育现代化推进的非均衡性，主要是指按照地区范围内教育发展的内外部条件以及基础和水平的不同，确定不同县市和学校的发展进程与目标。在发达地区，着重建设好"发展极"和"核心区"，发挥其示范效应与辐射功能，进而形成整体推进的态势；在中等发达地区，有重点地选择若干条件较好的县和学校进行试验，积累经验，逐步扩散与带动更多的社区和学校，进入现代化建设轨道；在欠发达地区，尽管总体上不具备推进教育现代化的基础和条件,但是,少数社区和学校或者某些方面可以进行教育现代化的试验,在这些单位或方面先行,既可以提前研究欠发达地区教育现代化的特殊规律,又能在当地播撒现代文明的种子,为进一步推进教育现代化建设做好前期的准备。因此,教育现代化的非均衡推进战略,包含着丰富的内涵,需要按照不同的空间与时间,具体地做出战略与策略的选择。

(三)逐步实现区域教育现代化的均衡发展

如果说非均衡发展是教育现代化发展必然要经历的一个过程的话,那么,最终实现均衡发展乃是教育现代化所追求和必然要实现的目标。在某种意义上可以说,非均衡发展正是实现均衡发展的必经阶段和必要条件。从非均衡发展向均衡发展的转变,关键在于"核心区"和"发展极",即发展程度较高、发展条件较好的地区和单位,从本地区和本单位实际出发,跟踪世界教育改革与发展的前沿,率先探索与构建符合中国国情的教育现代化的实现模式,并且有效地发挥示范与带动作用;而"外围区"和"辐射点",即欠发达和发展条件差的地区和单位,则要实现超常规和跨越式发展。同时,各地区通过多种渠道与形式,加强人员和信息的交流与合作,实现优势互补,共同发展。

教育现代化的"核心区"与"发展极",一般具有现代文明(即现代工业、现代文化、现代教育与人才等)比较集聚的优势。我国的城市和发达地区的农村,已经基本实现工业化,经济发展中的科技含量较高,20世纪90年代中期就普及了九年义务教育,现已接近普及高中阶段教育,高等教育进入大众化阶段,初步形成了发达的现代教育体系,教育的国际交流正推动这些地区的教育国际化进程。这些地区的教育经验正在对全国的教育发展与改革产生广泛而深刻的影响,实际上成为全国教育现代化的先行区和试验区，其发展走向将在很大程度上影响其他地区的教育发展。因此，在教育现代化的推进战略选择中，要重视建设好这些"核心区"和"发展极"，让其在国家大政方针前提下，充分享有自主决策权与管理权，加大教育的开放度，加大改革与创新的力度，不仅研究与探索工业化过程中教育现代化的路子与模式，还要研究发达国家教育改革与发展的新经验，探索工业社会向信息社会转变过程中的教育发展规律，缩小同发达国家的知识差距，创建符合中国国情的教育现代化模式。就辐射与扩散功能而言，城市无疑是区域的辐射源，在未来10—15年内，随着城市化进程的加快，城市在区域现代化建设中的核心作用将会明显增强，要通过城乡结合以及城乡一体化发展，促进城乡协调发展。在"核心区"和"发展极"的建设过程中，国家可通过各种官方或民间的渠道，采取互派人员、信息联网、区际和校际联系，组织各种层次论坛等形式，不断扩散先行区的经验，并且通过地区之间的交流，充实与完善我国教育现代化的理论与实践。

教育现代化的"外围区"和"辐射点"，即发展程度与发展条件相对较差的地区与单位，受传统生产方式与生活方式影响较深，经济市场化程度较低，社会生活比较封闭，现代思想文化观念的影响较弱，教育普及程度低，现代教育的发展尚未对社会生活产生重大影响。我国西部地区和相当大部分中部地区的农村，仍处于现代化的边缘，这些地区教育现代化的发展在相当大程度上影响着我国教育现代化的历史进程。如果按照传统的工业化推进现代化的战略，按照教育发展需要在经济发展之后才普遍加速发展的思路，那么，这些地区的教育现代化将要推迟一个很长的时间，我国教育现代化的实现也将会遥遥无期。显然，这样的发展战略思想是传统的，不合时宜的。早在20世纪70年代，联合国教科文组织同国际教育发展委员会在著名的报告《学会生存》中就提出了"教育先行"的论点，得到了国际社会和各国政府的普遍认同。1999年世界银行在《中国二十一世纪教育发展战略目标（政策纪要）》[9]中明确提到，中国西部地区的教育不能等到该地区的经济发展和人民富裕起来之后才发展，而必须超前发展，为经济和社会发展准备必要的人力资源。所以，欠发达地区的教育发展不能走传统的常规发展的路子，而必须适应新情况，实现超常规、跨越式发展。在当今新科技革命和信息化时代，后发地区抓住机遇，利用高新技术和信息资源，实现跨越式发展是有可能的。教育现代化的超常规和跨越式发展，一方面是要实行开放的、以信息化带动现代化的战略，最大限度地利用国内外各种适合本地的教育资源，让本地教育直接面对现代文明，缩短文明转型的时间，实现教育文明的跨越；另一方面是要着力培育本地区的社会生活和教育实践中的现代性因素，教育在参与当地建设过程中，吸取现代工业、市场经济以及社区文化中的现代文明精神，培养适应当地建设需要的具有现代素质的人才，使之成为播撒现代文明的种子，推动地区的现代化超越。

二、区域教育现代化协调发展的策略

（一）外部策略：以教育适度超前发展，寻求教育与经济社会协调发展的区域模式

区域教育现代化的协调发展，首先是要求实现区域范围内教育现代化与经济社会现代化的进程相协调，其关键是在于找到两者的结合点，即互为动力，经济发展的需求与供给成为教育发展的动力，教育培养的人才和提供的知识贡献成为经济社会发展的动力。只有在这样的基础上，才能实现两者的良性循环。而由于不同地区的经济社会发展水平与产业经济结构的类型不同，两者相互结合与协调发展的模式是有区别的。

1. 发达地区的协调发展模式选择

这些地区的经济社会和教育发展的主要特征是，基本实现了工业化和基本普及了九年义务教育，全面推进现代化已经成为社会发展和教育发展的现实任务。发展面临的主题是，从工业化的中后期向完成工业化转变，经济结构优化、科技进步、加快信息化建设以及社会全面进步，将构成未来发展的主要内容。这种发展阶段，教育面临着发展和提高的双重任务，既要使教育供给最大限度地满足社会的各种需求，更要着重提高教育水平、教育质量，满足社会对高层次、高质量教育和高素质人才的需求。如何处理普及与提高的关系，实现在普及基础上提高，是这一地区教育现代化发展中具有战略意义的问题。处理好这一关系的基点在于，准确地把握地区经济（科技水平、产业结构、信息化程度等）和社会（人口、文化、城市化水平等）的发展阶段与水平及其对教育的需求与支撑能力。现阶段我国发展程度较高的地区，多数处于接近完成或已经完成工业化阶段。随着产业结构的升级和高度化，农业劳动力大量向非农产业转移，劳动力就业结构不断发生变化，对从业劳动者的要求必然会从以初中和小学文化程度为主转变为以高中文化程度为主，这就要求相应地提高教育水准和调整教育结构。而这种调整和提高、应该是一个渐进的过程。一般而言，在普及教育目标实现以后，将会经历一个巩固和提高的过程；然后，在这个基础上，逐步进入以提高为主的发展阶段，教育结构的重心也会逐渐适当高移。按照这样的思路，这种地区的教育现代化发展，可能会包含三位一体的内容：即建设高质量的基础教育；发展高层次高水平的教育，普及高中阶段教育和高等教育大众化；构建城乡一体化的社区教育体系，以适应城市化发展和社区成员终身学习的需要。

2. 中等发展程度地区的协调发展模式选择

这种地区主要分布在我国中部，是老工业基地，也是大型国有骨干企业的集中分布区，从建国初期到改革开放以前、是全国工业化发展速度较快的地区；农业经济也有较好的基础，是全国"粮仓"的集中地带；文化教育发展程度较高，其中东北和湖南、湖北地区的教育水平高于全国的平均水平。在现代化的发展进程中，这些地区的问题是，传统思想文化的积淀和影响很深，计划经济体制的影响也较深，加之国家在"六五"和"七五"计划期间实行的梯度发展战略，投资和政策向东部沿海地区倾斜，近20多年来，拉大了这些地区与东部沿海地区的差距。尽管教育上的差距并没有经济上的差距那么大，但是，经济发展的滞后给这些地区的教育发展带来了严重的困难，例如教育经费严重不足，教育设施短缺，教师队伍不稳，骨干教师大批流向东部，大面积拖欠教师工资，初中辍学率明显上升等等。

中等发展程度地区教育发展要解决的现实问题是，首先要尽快摆脱传统计划经济体制下形成的"等、靠、要"的思想，在现阶段国家把沿海发展战略直接转向西部发展战略的政策背景下，寻求自身发展优势，特别是在某些领域集聚人力资源的优势，例如可以试验发展适合当地实际的职业技术教育，提供合理的人才结构，促进当地产业结构（包括农业产业结构）的调整和升级，进而为推进工业化准备充足的人力资源。中部地区面临的结构性调整，主要是农业的产业化发展和工业的集约化发展，它势必要求城乡人力结构的调整和优化。例如，农村专业经营和"公司加农户"的发展模式，不仅需要种植业和养殖业的生产人员，还需要新产品、新技术的研究开发人员、从事农产品深度加工和开发的工业生产人员，更需要懂得市场信息和运作的营销人员等，这无疑需要农村人力结构的相应变化和调整。农村教育以及为农村服务的教育，如何为这种转变和调整做好准备，应该是这些地区教育现代化发展进程中需要解决的问题。其次是发挥区位优势，形成区域人才的合理结构，尤其是为当地的支柱产业和优势产业提供足够的人才支撑。这就需要对人才结构的现状和未来需求进行系统的调查分析和研究，调整和改革现有的教育结构，着手构建具有区域特色的教育结构体系。再次是要着力探索符合当地实际的教育与经济社会之间协调发展的模式。这些地区未能享有东部地区的优惠政策，又不在西部大开发之列，缺少适应当地发展需要的特殊政策，也不是国家投资的重点，发展的动力主要来自内部因素，同时又要充分发挥其作为东、西部之间沟通的"桥梁"的作用，寻求适应内地的教育现代化的发展模式，例如通过市场经济与文化嬗变，促进现代化因素的积累与扩散，逐步推进教育现代化的发展。

3. 欠发达地区教育现代化协调发展的模式选择

欠发达本来就是个相对的概念，这里所指的主要是西部地区。在西部地区中，实际上存在着大城市、中小城市、城镇、乡村、条件恶劣的边远地区等发展程度和条件不同的区域，这势必会影响西部地区教育现代化的推进策略。就广大农村地区而言，西部地区仍处于工业化初期或前工业化时期，即现代化的起步阶段，并不具备全面推进现代化的现实基础，而是要为工业化和现代化积极创造条件。从教育可适度超前发展的要求看，西部地区的教育也需要着眼于为启动现代化做好智力准备。

首先，是实现普及教育的目标，也就是在普及5—6年教育的基础上，普及九年义务教育，提高全体居民的知识水平，为接受现代文明打好基础。值得注意的是，在西部农村地区实施普及教育，不能搬用城市或东部地区的做法，需要特别强调与当地农村经济发展和农民脱贫致富密切结合。为此，要采取适合当地实际的教育形式、教育内容和教育方法。例如，实行寄宿制，由国家支付食宿费；减免杂费和书本费；把文化课教育与实用技术教育结合起来，让学生在学习期间学会几样有用的技术和致富的本领；有条件的应适当开展生计教育和创业教育，使教育能促进学生家乡和家庭面貌的改变。

其次，要大力发展以农业、科技、教育相结合为主要内容的农村社区教育，在办学思想、育人模式、管理体制上实现教育与社区发展的有机结合和良性循环。云南省弥勒县发展云南红葡萄酒，成为当地的支柱产业，先进的科学技术促进了当地葡萄种植业发展，葡萄酿酒业使贸、工、农一体化发展，从而带动了以葡萄种植和葡萄酿酒为主要内容的职业技术教育发展。这种双向互动的发展，既提高了当地农民的科学技术和文化水平，也迅速带动了地区经济发展、大大增加了农民收入，提前实现了小康目标。这一事例说明，在农村经济处于自然经济状态，农民生活尚未解决温饱问题的时候，农村教育不能照搬城市教育模式，即使是义务教育中的文化课教育也必然密切结合社区实际，注入现代科技和现代文明的因素，引导农民进入现代工业和市场经济，实现生产方式、生活方式到思维方式的变革，促进人的现代化和社会现代化。为了实现这种结合，在管理体制上，要建立学校与社区双向参与的体制；在师资队伍建设上，要提高教师应用实用技术和参与生产实践、社会实践的能力；在教育制度上，要建立和完善开放的、社会化的教育制度等等。

再次，在欠发达地区推进教育现代化，也要采取非均衡发展策略，即注意充分发挥城市和示范学校的影响和扩散作用。尤其需要提出的是，教育现代化并不是全都由物质条件所决定的，在欠发达地区并不一定要在校舍和教学设施都非常先进的条件下，才能推进教育现代化；教师队伍素质、办学思想、教育模式等方面的优势，有时可以弥补设施条件的不足。因此，城市和示范学校不仅要在物质条件上尽力支持农村薄弱学校，更需要在传播先进教育思想、培养教师队伍、探讨办学经验等软件建设上，帮助农村学校，并通过点、线、面的扩散作用，逐步扩大现代化教育的辐射面，提高全地区教育现代化的水平。

（二）内部策略：教育信息化带动教育现代化

现代化是社会全面进步的过程，是现代性因素不断积累并引起社会形态质变的过程，教育现代化同样也是教育形态全面进步的过程，是教育领域的现代性因素积累与质变的过程。然而，不同地区的不同发展阶段，教育现代性因素的生长点及其对教育发展整体影响的程度是不同的。就一般情况而言，在现代化的发展进程中，教育思想观念的变革是先导，教育物质、技术的革新是基础，教育制度体系的建设和创新是保证，与此相联系的是教师素质、教育发展程度、教育管理水平的现代化，而在实际运行时，这些因素的发展水平及其对其他因素的影响程度是有先有后，有轻有重的，选择不同地区的关键性因素重点突破，也是教育现代化非均衡发展战略思想的体现。

当今世界，信息网络技术突飞猛进，正在深刻地影响人类生活和社会经济。信息网络技术在教育领域的应用，将会引起教育观念、教育方式、教育过程、师生关系、教育体系、教育组织管理以至整个人才培养模式的革命性变革。因此，教育信息化将成为带动教育现代化的关键性因素，它将会是发达地区提高教育水准、推进教育现代化的动力，也将成为中、西部地区实现超常规、跨越式发展，加快实现教育现代化的依靠和保证。当然，教育信息化的发展既会带动教育各个方面和各个因素的现代化，同时也需要其他方面和其他因素的相互影响和相互作用，其中主要包括：教育观念、教育制度和教师素质的作用。只有这些方面的相互配合，才能发挥信息化带动教育现代化的作用。

教育信息化必将引起教育思想观念的变革，而教育思想观念的变革也是信息化带动教育现代化的必要条件。毫无疑问，信息技术在教育领域的应用，必然会引起教育手段方式乃至教育技术基础的深刻变革，进而引起教育教学过程、教育教学组织形式的调整和变化，例如在以黑板、粉笔和纸介质教材为技术基础的阶段,教师讲授,学生被动接受知识,常常会成为教学过程的主要形式;而当电子信息技术在教学中应用以后,教与学的方式以及教与学的相互关系都将发生根本性的变化。在这种情况下,技术的应用及其所产生的影响,就不仅限于教育技术和教育方法的层面,而且还会影响到教学关系、师生关系乃至整个人才培养过程的思想观念的变化。例如在有些信息技术应用较好的学校,由于教学课件或教学软件的应用,原先要由教师讲授的内容大大减少,教师势必要用更多的时间去组织学生自学、讨论或研究问题,这种教学方式的长期应用必然会对教师教育思想观念的变化产生潜移默化的作用。需要特别指出的是,信息网络技术在教育领域应用的影响所及不仅是教育技术领域,而且会引起教育组织和教育体系的调整和变化。突出的表现是,由于网络教育的兴起正在突破传统的学校教育的局限,教育资源跨时空的共享将改变封闭的学校教育的模式,这就势必要求改变一次性学校教育的思想观念,逐步形成适应终身教育的开放的、社会化的教育思想观念。

正是教育信息化与教育思想观念变革的相互作用,不断推进教育现代化的进程。如前所述,教育信息化的发展,必将带动教育思想观念的现代化。而从另一个角度讲,教育信息技术要真正引起教育领域的整体性变革,也必须以教育思想观念的变革为前提和先导。因为现代技术如果掌握在具有传统思想观念和行为方式的人手里,就不可能产生推进教育现代化的效果,反而可能为实施传统教育服务;只有在教育信息化的过程中不断促进教育思想观念的更新,在现代教育思想观念的指导下应用现代教育技术,才能实现教育现代化的要求。因此,教育信息化无疑是教育思想观念现代化的技术基础,要以教育信息化的适度超前发展,带动教育思想观念的更新;同时,教育信息化的推进,不要变成纯粹技术进步的演变过程,而要与教育思想观念和教育体系制度的变革相互作用,才能成为教育形态全面进步的历史过程。

　　教育信息化对于教育现代化的带动作用，不仅表现在教育思想观念领域的变革方面，而且表现在教育组织体制和体系制度的变革方面。首先，网络教育的发展，将为学校教育与社会教育的结合提供基础设施，也为终身教育的实施提供现代技术基础，这将为建立以终身教育为目标的现代教育体系创造条件。其次，信息技术在教育管理领域的应用，将会改变传统的教育管理方式，一方面由于现代技术手段的应用，将会改变传统的管理运作程序和运作方式，促进教育管理的科学化，提高教育资源的使用效率和办学效益；另一方面由于减少了中间管理层次，教育管理更加透明和公开，有利于建立起以人为中心的现代管理模式。第三，由于信息技术在教育体系和教育管理领域引起的变革，也自然会带动教育管理制度和人才培养制度方面的现代化变革，例如考试方式和考试制度、人才选拔和用人制度、学分制和学年制、管理机构的设置和管理人员的配备等等。总之，如果说知识社会的到来将要引发一场知识管理革命的话，那么，教育信息化的推进很可能也会带来一场教育管理的革命。

　　教育信息化对于加快教育发展、扩大教育机会的作用，不论在中、西部，还是东部地区都是显而易见的。在东部地区，它能扩大优质教育的覆盖范围，为社会提供多种教育服务，尤其是为逐步建设学习化社会创造必要的条件。而在中、西部地区，尤其是西部地区，它可以弥补教育资源的短缺，为社会提供更多的教育机会，实现教育的超常规发展。从终身教育的角度探讨教育现代化的发展，不仅是指学校教育的普及和发展，而且是社会所有成员的各种教育的充分发展，包括各种在职岗位培训、转业转岗培训、大学后继续教育、社会文化教育、闲暇生活教育等等，这些教育培训并不是完全由学校提供，而需要通过各种社会文化教育机构或其他社会机构提供多种形式的教育服务。网络教育以其覆盖面广、教育资源丰富、形式多样、服务方便等优势，在满足社会多样化学习需求方面，将发挥其独特的作用。

教师队伍尤其是教师素质的现代化，是关键性的因素。利用信息网络资源，为教师提供各种自修、培训、教学指导等提高业务水平的机会，是加强教教师素质的重要途径。尤其是贫困、边远地区，信息网络将为教师提供跨越地域局限的学习进修机会，有机会接触现代技术、科学、文化和教育的前沿信息，缩小与发达地区的差距。

总之，教育信息化对于教育现代化将产生全局性的带动作用。它有可能使发达地区紧跟世界范围内教育信息化的浪潮，从工业社会阶段的教育现代化提前进入信息化阶段的教育现代化，缩短与发达国家的差距。而对于欠发达地区，教育信息化的发展，有可能借用国内外各种教育资源，直接面对现代文明，实现跨越式发展。因此，加快发展教育信息化，带动教育其他因素的现代化，应该成为区域教育现代化协调发展的重要的战略选择。

三、区域教育现代化的核心：人的素质现代化与人的全面发展

在社会发展理论与现代化理论的发展进程中，曾经把经济增长主要是国民生产总值的增长作为衡量社会发展程度的主要指标，与此相应，衡量现代化的发展程度，也以人均国民生产总值为主要依据。这种发展观的局限性在于，把社会发展和现代化的进程仅仅归结为经济总量的增长和经济发展水平的提高，而并不将其看作是社会的全面进步。社会发展的事实证明了这种发展观的局限性。一方面社会经济的增长以牺牲资源和环境的和谐为代价，影响了人类的可持续发展，同时经济增长的成果在社会成员中的分配很不公平，并没有给所有的人带来普遍幸福，作为人的现代文明程度也没有同步提高，这种现代化是片面的，并不符合促进人的全面发展的

最终目的；另一方面在一些资源型经济的高收入国家中，尽管人均国民收入很高（如一部分中东国家），但是人的现代化程度并没有相应提高，在思想观念和行为方式上仍然表现出传统社会的特征，社会结构、社会关系和上层建筑并未完成向现代社会的转型。这些事实说明，没有人的素质的现代化，就不可能实现由传统社会向现代社会的转型，就不可能建设具有完整意义的现代化社会；同样地，如果现代化的发展进程并未伴随人的全面发展程度的提高，甚至为人的全面发展制造了障碍，那么，这就不能称为社会全面进步意义上的现代化。正如江泽民同志所指出的："推进人的全面发展，同推进经济、文化的发展和改善人民物质文化生活，是互为前提和基础的。人越文明发展，生活的物质文化财富就会创造得越多，人民的生活就越能得到改善，而物质文化推进越充分，又越能推进人的全面发展。"[10]因此，人的素质的现代化和人的全面发展，既是现代化的重要表征，也是推进现代化的关键因素。在教育现代化的发展进程中，人的素质的现代化和人的全面发展程度，更是一个核心问题。在一定意义上可以说，教育现代化的最终成果应该体现为实现人的素质现代化和人的全面发展这一目标。从这样的角度设计教育现代化的推进策略，就应该以人的现代化和人的全面发展为中心，其余各方面的现代化发展包括教育设施、技术装备、教育管理、教师队伍等，都要围绕并落实到提高人的现代化和全面发展的程度上来。

在区域教育现代化的实践中，把人的素质现代化和人的全面发展作为中心，体现了新的社会发展观和现代化理论的时代内涵也要求寻求教育现代化新的推进策略，这种策略应该反映教育发展中人的现代化的丰富内容及其区域发展的特征。从人的现代化与教育现代化的关系而言，包括学生、教师、教育管理人员以及家庭社会（社区）成员的现代化素质的养成及其对教育现代化的影响；从区域特征的角度而言，包括发展程度和结构类型不同地区的人的素质特征及其形成规律，也包括不同地区教育现代化与人的现代化的相互作用的特征。

教育现代化进程中的人的现代化问题，焦点是学生现代素质的养成，而学生素质的形成受到学校、家庭和社会环境的影响，是在学生与教师、家长和社会成员的相互影响中逐步养成和提高的。因此，这里所说的人的现代化，是以学生为主要对象，同时包括学校、家庭和社会成员在内的人（社会全体成员）的现代素质的养成过程。素质教育以提高国民素质为根本宗旨，把学校教育、家庭教育、社会教育联系成为一个整体，也把提高学生的现代素质同提高教师、家长和其他社会成员的素质统一了起来，这就拓宽了素质教育和教育现代化的视野，使之成为提高全体国民素质和现代化程度的协调发展过程。教育现代化带动人的现代化，人的现代化促进教育现代化。这里所说的教育不仅指学校教育，所说的人的现代化也不仅指学生，它是一个教育系统与社会系统相互作用的过程，是环境与人相互作用的过程。

把上述关于人的现代化的观点应用到区域教育现代化的推进实践，一方面要改变那种"见物不见人"的观念和行为，把提高人的现代化素质作为推进教育现代化的中心，以人的现代化促进教育现代化；另一方面要转变封闭的、片面的学校教育观念和模式，把人的现代化放到学校教育、家庭教育、社会教育相结合的大教育观念和系统中，使教育现代化与社会现代化相互作用、相互促进。这就把教育与社会的协调发展提到新的高度，找到了新的结合点，也使实现以人为中心的社会发展目标有了落脚点。按照这种策略，不同地区的教育现代化应该"以人为本"，以提高人的现代素质和全面发展程度为出发点和归宿，实现教育形态的全面进步和现代化程度的不断提高。例如，在城市地区，科学技术和市场化程度达到了较高的水平，居民的知识水平和思想观念受到科技革命和市场经济的洗礼，现代化的因素明显增强。但是，在对外开放和市场经济发展的影响下，收入分配差距的拉大，影响了教育公平的实现程度和一部分学生的发展机会；激烈竞争的教育体制和社会环境，导致学生追求竞争优势，而影响全面发展；功利主义价值观、拜金主义思潮以及社会某些腐败现象，给学生和教师的人生观、价值观、道德观造成消极的影响等等。因此，城市地区的教育现代化不仅要注重教学设施、技术装备的配置和改善，更应该着力加强思想道德和精神文明建设，提高学生和教师的精神境界和文明程度；不仅要重点建设一批真正起示范作用的学校，更需要把重点放到关注薄弱学校和弱势群体，保证人人享有公平的教育机会和全面发展的机会。又如，农村地区（尤其是贫困地区）大多处于工业化初期或前工业化时期，自然经济和传统的生产方式、生活方式对社会成员仍然有很深的影响，知识、科学技术和市场经济对经济社会发展的影响较小，学生和教师的思维方式和行为方式呈现出传统社会影响的明显特征：安于现状，信息封闭，节奏缓慢，墨守成规，故土难离，顺其自然等等。人们往往面向过去，而不注重面向未来；迁就现实，而不倾向改变现实；顺从继承，而不致力变革创新；习惯自然经济，而不适应市场经济。这些长期积淀下来的思想观念和行为方式，主宰着人们的思想和行动，影响着人际关系，成为一种强大的传统习惯，深刻地影响着当地经济和文化的发展，阻碍着现代文明的传播和生长。因此，在农业经济占主导地位的欠发达地区，改变人们的思想观念、思维方式、行为习惯，同改变生产方式和生活活方式同样重要，甚至更为重要。只有在改变生产方式、体制制度和生活方式的过程中，不断地改变与现代化不相适应的传统习惯，造就具有现代素质的新人，才能依靠他们建设现代化社会。

四、区域教育现代化的保障机制：政府与市场的作用

现代化是一个各种因素相互作用的自然历史过程，也是一个旧质衰退、新质生长的除旧布新的变革过程，需要形成一种机制，调节各种关系，推进这一进程由"自在"向"自为"转变。市场经济的发展以及市场机制的形成，对于现代化的进程无疑具有关键性的作用；而在后发型现代化的发展中国家，政府在推进现代化方面同样发挥着重要的甚至是主导的作用。教育现代化既涉及宏观领域的教育与经济社会发展的关系、不同社会群体之间的利益关系，又涉及教育与文化传统、教师与学生、学校与社区及其他社会机构的关系，也需要形成符合客观规律的调节机制，也存在着政府与市场的相互作用的问题。按照不同地区经济发展和市场发育的水平，发挥政府与市场的协调作用，是推进区域教育现代化的必要保证。

政府与市场在教育现代化中的作用，对于不同地区和不同层次类别的教育是有区别的。在市场经济比较发达、市场机制比较成熟的地区，教育主要是非义务教育的供求关系，可以较多地发挥市场机制的调节作用，政府的主要职能是规范市场秩序和市场行为，帮助处境不利的地区和人群获得公平的教育机会。而在经济欠发达、市场经济发育程度较低的地区，政府对于教育发展负有更多的责任，要尽可能扩大教育资源供给，合理配置有限的教育资源，在保证基本教育需求的前提下，最大限度满足社会教育需求；同时，要利用一切可能利用的条件，促进市场经济的发展，逐步增强市场机制对于教育发展的调节作用。这里的矛盾在于，发达地区由于经济发展水平和市场发育程度高，市场和政府都拥有较强的调节和调控能力；而欠发达地区，不仅市场的作用范围和程度都相对有限，对教育的影响和调节作用较弱，而且由于经济实力影响政府的财力不足，不少地方政府全部财政收入不足以支付教师工资，政府对教育的支持和调

控能力也十分有限。这就需要中央政府的宏观调控,实现区域教育现代化的协调发展。

从全国范围说,政府和市场如何调节不同地区之间教育的协调发展,实现从非均衡发展到均衡协调发展的转变,是区域教育现代化研究的一个新课题。既然现代化是基于内部因素发展变化的自然历史过程,就不可能依靠外力,从外部输入一个"现代化",而必须依靠内部因素的积累逐步向现代化演进。这也就是说,政府的作用是减弱和遏制旧质因素的生长,促进和扶持新质因素的积累,它既可以直接用行政手段支持教育事业的发展,也可以通过市场调节的手段,间接地引导或调节教育的发展和改革。在市场发育程度高的情况下,政府可以更多地运用市场调节的间接手段;在市场发育程度较低的情况下,政府将较多地运用行政手段支持和调节,同时积极鼓励和支持市场的发育成熟,为扩大市场调节的范围和程度创造条件。在政府与市场的关系上,还有一个重要原则,凡是市场起主要调节作用可以较大发挥的领域,政府应该把主要精力放到调控市场的规范运作,并在必要的范围和时间内直接运用行政手段;而在市场机制的作用较弱或市场机制不能发挥作用的范围时间,政府则可以更多地直接运用行政手段。为了创造协调发展的条件,中央政府在现阶段需要应用财政转移支付、扶贫工程、对口支援等方式,加强对贫困地区的支持,增强贫困地区政府的财政实力和调控能力,帮助贫困地区加快发展教育事业,促进这些地区的经济发展和市场发育,逐步实现政府与市场、教育与经济以及地区之间的协调运作。

在政府与市场对于区域教育现代化发展的调节作用这一问题上,有一个受到普遍关注的现实问题:公平与效率的关系。在国家和社会现代化过程中,这二者的关系已经成为现代化健康发展和社会全面进步的一个关键性问题。在教育现代化进程中,它也正在影响着教育发展的战略性政策选择，实际上将会影响教育现代化的全面实施和成果分享，并且最终也会影响现代化进程中的社会公平问题。在处理公平与效率的关系问题上，我们在计划经济时期是片面强调公平而牺牲效率；在市场经济的体制下，社会分配政策实行"效率优先，兼顾公平"的原则。一般来说，市场竞争是优胜劣汰，注重效率。在教育领域，应用市场调节机制，同样应实行效率优先的原则。尤其在以经济建设为中心的指导方针下，经济利益原则自然会成为调节教育发展的重要依据。而这种原则的实施，必然会使发达地区和强势群体处于优越地位，获得更多的教育资源和教育机会，而欠发达地区和弱势群体则会丧失或被剥夺平等的教育机会。在这种情况下，谁来保证教育公平呢？无疑应当是政府。因为依靠市场的自发作用是无法保证处境不利地区和人群的公平教育机会的，政府应该在市场不能发挥作用的领域尤其是社会公共生活领域发挥保证社会公平的作用，尽可能保证教育公平是政府义不容辞的责任。这里的一个关键问题是，政府如何配置有限的教育资源？这是一个两难选择的问题。从保证教育公平的角度说，教育资源应当均等地分配给每所学校，给所有的学生以平等的教育机会；而从让有限的教育资源尽可能发挥最大效益的角度说，则有必要适当加快发展对经济和教育更能发挥带动作用的部分（例如高等教育），并集中一部分财力、物力和人力资源，重点建设一批学校和学科，以保证实现最大多数人民的长远的根本的利益。这就涉及普及与提高、一般与重点、农村与城市、欠发达地区与发达地区等一系列关系，政府应该是在保证教育的生存性资源供给的前提下，适当加强重点建设，而不应该以牺牲生存性条件为代价，把财政资源（纳税人的钱）过于向少数地区和学校倾斜。这也就是说，政府要把保证教育生存性条件的公平放在优先位置，同时尽可能应用市场机制，扩大教育资源，最大限度地提高教育资源的配置和使用效益。

我国正处于社会主义市场经济体制尚未发育成熟的阶段，市场经济的法制化、规范化程度不高，往往会产生实际上的不公平竞争，使后发地区和弱势群体在竞争中处于不利地位，导致地区之间、城乡之间的经济发展水平和收入差距呈现不断扩大的趋势。如果政府的投资和政策还向优势地区、学校和人群倾斜，那就势必加剧这种不公平现象。例如，大城市和发达地区本身具有吸引人才的经济和区位优势，人才市场发育又较充分，如果听任市场的自发作用，那么，本来就人才短缺的中、西部地区，大量人才反而向东部流动。这种现象从20世纪80年代以来一直延续至今，出现了省城的教学研究人才向北京、上海、深圳等沿海大城市流动，中小城市人才向省城或沿海地区流动，然后是从乡到县、再到中小城市这样一种流向。仅以四川省德阳市为例，2001年1—8月，高中的高级教师已经流失67名，有的国家级骨干教师在参加国家级培训时，就被沿海大城市挖走。而且这种流动大多数不按聘任制的有关程序，有的说走就走，因为接收的单位并不需要规定的手续和档案，这就势必助力人才集聚中的"马太效应"，给中、西部发展带来长期的负面影响。当然，合理的人才流动是市场经济发展的必然结果和必要条件，但是在不公平竞争条件下的自由流动如果完全放任，没有必要的规范，其后果是会有消极作用的。在这种条件下，如果政府的投资和政策不是帮助弱者，而是更向本来就占优势方面倾斜，势必更会加剧不公平竞争。在促进地区教育现代化的协调发展过程中，政府的作用是至关重要的。政府要为市场经济的发育成长创造条件，并且尽可能发挥市场机制对教育发展的调节作用；要完善市场经济发展的法制化环境，规范市场运作，为市场竞争创造公平、公正的规制；而政府的主要职责应该是帮助处境不利的地区和人群，尽可能实现教育机会的公平，使现代化的成果为全体社会成员平等地享有。

在我们对教育现代化问题的探讨（指谈松华主持的《中国区域教育现代化的理论与实践研究》课题）即将告一段落的时刻，我们越加感到它所涉及的广阔的领域、它已经和正在展现的历史与现实是我们远没有研究清楚的。现代化作为一个社会进步的历史过程，在世界上已经走过了300多年的历程，它是同产业革命与市场经济相伴而行的。科学技术和市场经济无疑是现代化进展的强大动力，然而，科学技术在给人类带来财富和幸福的同时，也增强了对环境和人类自身的破坏能力，科学技术如果不能为人的发展服务，不与人的现代化相协调，就不可能带来具有社会全面进步意义的现代化；市场经济在促进经济和财富增长的同时，也加剧了社会财富分配的不平等和社会成员之间的贫富差距，市场经济如果缺乏公平竞争的法制环境和保证社会公平、公正的社会保障机制，现代化发展的成果就不可能为社会所有成员共同享有，会面临一种"现代化陷阱"那样的具有讽刺意味的结局。中国的教育现代化无疑应该吸取世界范围现代化进程中的经验和教训。在中国这样一个发展中国家始终把发展作为主题，加快教育事业的全面发展；同时始终把促进社会全面进步作为教育现代化的根本目标，寻求教育与社会、科学与人文、经济发展与人的发展、公平与效率的统一与和谐，实现人类文明进步与人的全面发展的共同理想。

注　释

[1] 杜平：《西部开发论》，重庆出版社，2000年，第40页。
[2] 方立：《中国西部现代化发展研究》，河北人民出版社，2000年，第107页。
[3] 郝维谦、龙正中：《高等教育史》，海南出版社，2000年，第132页。
[4] 方立：《中国西部现代化发展研究》，河北人民出版社，2000年，第133页。
[5] 张慕津、程建国：《中国地带差距与中西部开发》，清华大学出版社，2000年，第4页。

［6］同［5］，第14—15页。

［7］教育部发展规划司：《中国教育事业发展统计简况》，2002年。

［8］教育部财务司：《2000年中国教育经费统计年鉴》，中国统计出版社，2002年。

［9］世界银行东亚及太平洋地区人力开发处：《中国二十一世纪教育发展战略目标（政策纪要）》，世界银行文件，1998年，第8页。

［10］江泽民："在中国共产党成立八十周年纪念大会上的讲话"，《人民日报》，2001年7月1日第1版。

教育现代化的区域发展模式及其机制[63]

一、发展模式：教育发展研究的一种视角和范式

（一）关于发展研究

发展研究大体上是20世纪20、30年代以后兴起的，经济学家弗里德曼在其《经济发展战略》中把经济学理论较早应用于经济发展领域。教育发展研究，大致是在20世纪60、70年代以后，先从教育发展规划研究，即联合国教科文组织推动的教育规划研究和世界性的教育发展研究开始的。比较著名的有地中海规划及俄罗斯、印度等国家的教育规划。到了20世纪90年代，教育发展研究的重点转向了战略规划研究。

现代化研究，也属于发展研究范畴。教育现代化研究和教育战略规划研究，共同点都是发展研究，不同之处在于现代化研究将宏观与微观结合了起来。

战略规划研究涉及的是教育宏观研究，而教育现代化研究既涉及宏观研究也涉及微观研究。因为现代化不仅是发展程度、发展水平等问题，也

---

[63] 谈松华："教育现代化的区域发展模式及其机制"，《教育发展研究》，2006年第7A期。

包括制度及人的现代化、观念层面的现代化等。其中，人的现代化、观念层面的现代化，就不只是一个宏观的问题。

因此，教育现代化研究把宏观研究和微观研究联系起来，是对教育发展研究的一种深化。区域发展问题的研究也是教育发展研究的一个重要领域。自20世纪80年代中期，上海等地区就已经开始了区域教育发展研究。区域问题，对任何一个国家的发展来说都是值得高度关注的。因为对一个国家来说，发展都是区域推进的，而对中国来说，区域发展的问题尤其重要。因为中国不同区域的差距，既有同一发展阶段的不同发展水平的差距，还有社会发展不同阶段的差距。何传启研究员曾经以长江流域为例，把长江源头到长江入海口的整个区域划分为五个文明发展阶段，暂不论其五阶段的描述是否精确，但这种划分至少说明中国的不同区域处于不同的历史发展阶段。也就是说，在西部地区，有些地区目前仍处于原始农业阶段，而到了长江入海口，已经出现了知识经济的萌芽。也就是说，发展差距是不同发展阶段的、跨度非常大的差距。中国各地区的发展非常不平衡，因此各地区发展的战略、策略选择都会有非常大的区别。所以，对中国来说，研究区域发展尤其具有现实意义。

（二）关于模式研究

不同区域发展的阶段不同、发展面临的问题不同，因此发展的模式也不同。即使是处于同一发展阶段，由于体制因素、文化因素等不同，发展的模式也会有差异。

不同学科都研究模式问题，不同领域也都存在不同模式的问题，不同范围也都存在不同的发展模式。如：原社会主义经济体制研究中有匈牙利[*]

---

[*] 即匈牙利人民共和国，1949年至1989年存在于中欧的社会主义内陆国家。——编者

模式、南斯拉夫*模式、苏联模式等；而资本主义市场经济体制研究中有美国式自由市场经济模式、德国式社会市场经济模式、日本式国家主导型市场经济模式等；经济发展研究中则有东亚模式、拉美模式等；中国区域发展研究中也有温州模式、苏南模式、珠三角模式、晋江模式、浦东模式等。

综合对模式问题的研究，模式大体可以从三方面来理解：①模式是事物的存在状态：指事物的类型、范式等；②模式是事物的发展道路和运行方式；③模式是对事物的分析和思维方式。

二、实证案例：几种不同发展路径的比较

（一）国际教育发展模式的演变

从纵向看，不同的发展阶段，国际教育有不同的重点推进的教育发展模式。20世纪50—60年代末基本上是以高等教育带动的发展模式，20世纪70—80年代是以中等职业教育带动的发展模式，20世纪90年代则是以全民基本教育带动的发展模式，而到20世纪90年代末重新强调高等教育带动的发展模式。总体而言，各级各类教育都要发展，但在某一阶段，总有一个重点带动。这种发展构成了不同阶段发展的特点。

从横向看，也可以看到不同的模式，如从教育结构上，美国模式和欧洲模式很不一样，前者强调的是综合，而后者强调的是专业（职业）教育；在教育管理体制上，美国、德国是一种联邦制的、分权制的管理模式，而法国和日本则基本上是一种中央集权制的发展模式；在教育发展战略上，印度、拉美模式与东亚模式也很不相同，前者特别强调高等教育。因此，需要研究形成不同类型发展模式的经济、政治、文化、制度背景以及相应的教育战略和政策选择。

---

* 即南斯拉夫社会主义联邦共和国，1945年至1992年存在于南欧巴尔干半岛。——编者

（二）我国不同地区教育发展模式的案例研究

[案例一]浙江椒江：以制度变革带动教育现代化的发展模式

浙江椒江是"教育股份制"最早兴起和发展的地区。该地区"教育股份制"的发展有其特定的背景：一是经济快速增长与教育基础薄弱的矛盾，教育需求急速增长；二是政府财政弱而民间资金雄厚，单一的公办教育办学体制制约了教育供给的增长；三是当地的企业结构以中小企业和家庭加工业为主，"股份制"成为适应当地实际的民间集资形式。

"股份制"的特点：政府主持、民间出资、企校分离、自主办学。具体有两种形式：一是股份合作制，即个人集资办学；二是"股份制"公司实体，即企业出资办学。公司与学校实行双法人制。

对椒江教育股份制的作用，基本上可以这样评价：它改变了单一公办教育制度，运用政府与市场相结合的机制，吸纳民间资金，扩大教育供给，在短期内积聚民间资金，实现教育事业的跨越式发展，推进教育现代化的进程。但是，椒江的"股份制"并不是一种真正意义上的制度创新，而只是一种以集资为手段的制度安排，存在着产权和利益关系不规范、不清晰，政府部门介入市场运作，公权进入私人领域，利用公权实行不公平竞争等体制转轨中的寻租现象。这些都说明现代化进程中的制度变革具有复杂性和长期性的特点，需要一个过程来完善。

[案例二]上海徐汇：以提供充足优质教育的终身学习体系建设带动教育现代化的发展模式

上海徐汇区是全国教育最为发达的地区之一，也是教育资源最为集中和丰富的地区，相当于北京的海淀区。所以徐汇区提出的发展模式是以提供充足优质教育的终身学习体系建设带动教育现代化的发展模式。区域性现代化的终身教育体系包含了三个相互联系的组成部分：①创建区域性现代化基础教育新体系，完善学历教育系统的革新实验：具体在基础教育学制、培养目标与教育内容、教学组织形式、德育研究、教育途径和方式、教育评价、教育管理、师资队伍建设等诸多方面确定和启动了15项教育改革实验项目。如：初中"走班制"教改实验、普通高中的"综合班"等。②创建区域性非学历教育系统的革新实验，其中包括了社区教育，把学校和社区沟通起来。③建设教育支持系统的教育革新实验。

［案例三］珠三角：以结构变革与信息化带动教育现代化的发展模式

1. 珠三角教育发展的三个阶段

第一阶段，从20世纪80年代初到20世纪90年代初，与劳动密集的出口加工型经济相适应，主要是全面实施普及九年义务教育，全面提升居民教育程度，全面进行教育基础设施建设，为教育现代化发展奠定基础；

第二阶段，从20世纪90年代初到90年代末，与产业结构调整和产业升级相适应，实施教育结构改革，发展中等职业教育，发展地方高等教育，扩展中心城市办大学；

第三阶段，21世纪初，新一轮教育现代化以促进经济高速增长，推动社会全面进步，加快完成工业化、教育现代化的区域发展模式及其机制进程为动力，基础教育转向以优质均衡和提高教育质量为重点，职业技术教育增强适应性、多样性、社会性，积极发展高等教育，进入高等教育大众化阶段，基本形成现代教育发展与提高的基本框架。

2. 珠三角新一轮教育现代化的发展基本以教育结构调整为主线展开

首先，适应产业结构优化、升级和人才战略的转变，提升教育结构的重心及其适应性。其次，适应城市化进程加快而带来的人口集中，通过教育布局结构的调整实现集约办学和资源的合理高效配置，形成优质高效的教育。实施学校布局调整与薄弱学校改造相结合，实现办学条件的现代化；学校布局结构调整与推动学校上等级和示范性学校建设结合起来，发展优质教育；教育布局结构调整与教育体制创新相结合，以多元投入和激活管理方式发展优质教育；教育布局结构调整与教育信息化建设相结合，推动教育范式的转型和缩小教育领域里的"数字鸿沟"。

［案例四］长春宽城：适应和满足不同群体的多样化教育需求的发展模式

素质教育的实质和目的是全力促进人的素质结构中基质、潜质、特质三个层面因素的全面发展。宽城区在这一理念的指导下，以适应社会主义市场经济管理体制的办学模式和教育结构为依托，以督导评估、社会监督为调控，构建并完善实施素质教育的德育工作体系、课程改革体系、学校管理体系。

在农村教育综合改革中，长春宽城以农村初中办学模式改革为切入点，以实践培训基地建设为突破口，以农村基础教育课程体系建设为核心，探索出"三教一体、多元化办学""必修与选修相结合、全员与分流相结合、普教与职教相结合""普职联合办学"等多种办学模式，初步形成了具有宽城特色的农村育人体系。

三、初步分析：模式及其机制形成的客观依据

（一）系统论的分析：不同区域教育现代化发展模式及其机制的整体性

不同地区之间教育发展存在差异性是客观事实。区域之间的这种发展差异不仅是发展水平的差距，而且有发展重点、发展战略和策略、发展道路和形式的差异，这种差异实际上构成了各具特色的发展模式。用系统科学的理论去分析区域发展差异性，就能从整体上把握发展模式形成的机制，即既把教育作为社会大系统的一个子系统，又把教育自身作为一个系统考察其发展的动因，就能对影响教育现代化发展的各种内外因素进行综合考量。

用系统科学的理论去分析区域发展差异性，可以发现，即使发展水平相同的地区，由于系统内部各子系统的构成和组合以及在不同发展阶段上的作用不同，也会呈现不同的发展模式。如：广东顺德的职业教育和徐汇区的社区教育对系统发展的作用就在一定程度上反映了发展模式的差异。顺德作为一个县级区有13所中等职业学校，投入10多亿建设顺德高等职业技术学院，职业教育成为带动教育发展的发动机，其原因就在于顺德发达的制造业需要大量技能型、操作型人才，社会经济系统的这种结构调整带动教育系统的结构调整，是教育系统与社会大系统协调作用的结果。而上海徐汇区作为一个教育高度发达的地区，学校教育已经基本满足社会需求，社会终身学习的需求不仅是教育发展的客观要求，也是社会发展的新要求。因此，徐汇区把社区教育作为带动教育现代化的切入点，正是找到了教育系统与社会系统相互作用的结合点。承认这种模式差异，不仅提供了一种理论分析框架，也为地方政府因地制宜地确定发展思路以及中央政府实行分区分类指导提供了依据和参考。

（二）结构—功能论的分析：区域教育现代化发展模式形成的内部动因与内部机制

现代化从本质上说是一个社会变迁的过程，这种变迁的基本内容是结构—功能的变迁；教育现代化同样也是教育形态的转型和变迁过程，也可以从结构—功能的变迁过程把握其基本内容。因此，分析不同地区教育发展过程中结构影响功能的变迁过程，有助于揭示影响这种变迁的地区内部因素和内部机制。

教育现代化是教育运行和教育活动过程中多种因素的相互作用过程，也是一个传统性因素消减、现代性因素增长的过程。这些因素包括教育基础设施、教育发展水平、教育体制、教育管理、师资、教育观念与教学行为等，而按照现代化的基本内涵而言，主要包括三个层面：物质层面、制度层面和观念层面。这些因素在不同地区的现代化发展过程中的发展水平和作用是并不相同。

例如，当办学的基本设施和基本条件短缺时，物质因素可能对教育现代化发展起基础性作用；当体制性因素束缚教育的硬件和软件充分发挥作用时，制度因素即制度变革和创新对现代化发展起促进作用；当教育发展深入到模式转换、制度变革时，观念层面的转变对现代化发展起引领作用。所谓结构引发功能变化，主要指在不同地区的不同阶段一些关键性因素的变化，将引发教育系统的全局性、功能性变化。椒江：制度约束成为发展"瓶颈"，通过制度变革扩充教育资源供给，提升教育发展水平和办学条件，扩展优质教育资源。当制度变革迅速增加教育资源供给之后，使师资和管理人员的素质较快提升，进一步促进教育教学水准的提高，促进教育观念和行为的现代化发展，使该区的教育发展从原先处于浙江省欠发达水平进入较发达水平，总体上推进了教育现代化的进程。徐汇：教育发展已经满足社会对教育机会和办学条件的基本需求，向更高层次发展的关节点，一是满足全民教育需求，二是满足充分优质的基础教育需求。而这两者的结合点就是按照终身学习体系向学习型社会迈进，一方面实现优质教育充分、均衡发展，另一方面学校教育向社区延伸，进而带动制度和观念的现代化。宽城：处于普及与提高的交汇点上，教育需求有较大的落差，以多样化教育满足不同群体的教育需求，逐步提升教育层次和水准，积聚现代性因素，带动各级各类教育的现代化发展。

（三）耗散结构论的分析：区域教育现代化发展模式形成的外部动因和外部机制

耗散结构理论认为：一个远离平衡的开放系统（不管是力学的、物理的、化学的、生物的乃至社会的、经济的系统），通过不断地与外界交换物质和能量，在系统内部某个参量达到一定的阈值时经过涨落，系统可能发生突变即非平衡相变，由原来的无序状态转变为一种在时间上、空间上或功能上有序的状态。这种在远离平衡的非线性区形成的新的稳定的宏观有序结构，由于需要不断与外界交换物质或能量才能维持，故称为：耗散结构。这种由"无序"向"有序"的转变被称为"自组织现象"。以上几个案例说明，同样是某些因素引发结构—功能性变革，但不同的外部环境所形成的模式却是有差异的。

制度变革。几乎所有地区推进现代化过程都有制度性变革，但不同地区的环境特征影响着制度变革的模式。这里试举三种模式：第一种是椒江的以"股份制"为特征的"混合型"办学制度，其特点是政府出资与民间集资相结合。形成这种制度模式的外部环境就是经济迅速发展，教育相对滞后，政府财政资源短缺，民间资金充裕。这种外部体制环境和资源环境，配合当地政府的政策环境，产生了特定的制度模式。第二种是顺德的政府主导型制度。那是因为顺德的企业以制造业为主且规模较大，政府有充裕和稳定的财政收入，强势政府和优势财政决定了政府主导型的制度模式。第三种是南山引进外来资源，发展更为多样的办学体制，当地由政府引进北京大学、北京师范大学、中央教科所等多种资源，实行多种形式办学。其外部环境是南山区是新兴发展区，产业结构二、三产业并重，教育和人才的社会需求更加多样，而当地原有教育基础薄弱，引进多种外来优质教育资源有利于在短期内满足社会多样化的优质教育需求。

结构布局调整。随着城市化进展，教育现代化都会有结构布局调整，但是，不同地区城市化的模式不同会使教育结构布局的模式也会有所区别。如顺德是农村向城镇集聚的模式，布局调整的重点是乡村学校向城镇聚集，而北京昌平区则既有原来的农村乡村向城镇聚集的调整，又有大城市市区向周边城乡接合部扩散的调整；其学校布局，前者主要是撤并乡村学校向城镇集中，后者则既有村校集聚，又有新设校点满足城市扩散家庭孩子接受较高质量教育的需求。

教育结构变革。广东顺德以制造业为主导产业发展中等职业教育；山东寿光是反季节蔬菜的主要种植区，以现代农业为主导产业发展中等职业教育；重庆永川地处西部劳动力转移的连接处，发展以西部劳动力向东部转移为主的职业教育产业，市区 20 多万人口中职业学校学生达 7 万人，带动地区经济发展，进而推进教育现代化。这些结构变革的模式都会引起教育结构的整体性变化，而其发展道路以及最后结构的具体构成各具特色，与各自地区不同的产业结构以及地域环境有密切关系。

素质教育。教育现代化发展最终都会落实到提高人的素质上，但是在不同发展水平和升学就业环境的地区，素质教育的现实模式也是有区别的。如：徐汇区已经能满足基本教育需求，把提供充足优质的 12 年教育作为素质教育的目标，并在制度上为学生提供灵活的选择机会，如初中的"走班制"、普通高中的"综合班"等；而宽城区还不能为所有的人提供优质的高中教育，用多样化的初中和高中教育满足不同人群的需要；青岛市市南区小学优质教育资源集中，通过校本科研，提高教师专业化水平，推进素质教育。

如果我们把教育外部的经济发展水平、产业结构、财政资源、地域环境等作为物质因素，把经济政治体制、政府治理结构水平、政策法规效度作为能量因素，那么，不同地区教育现代化发展就是在这种不同的物质、能量的交换中形成了不同的发展模式。

（四）政府与市场的制度分析：区域教育现代化发展模式的动力机制

在早期内生型现代化国家，现代化几乎是同市场经济相伴而行的，它经历了漫长的自发的演进过程。而在二战后的后发外生型发展中国家的现代化进程中，政府主导型的发展起着越来越大的作用。20世纪90年代"第三条道路"兴起，政府与市场的作用又有新的变化。因此，区别政府与市场作用的强弱及其作用方式，是把握不同地区教育现代化发展模式及其动力机制的主要依据。

不同地区政府与市场的作用大体上有四种情况：一是强势政府和成熟的市场并存，这一般发生在改革开放较早、市场发育成熟、政府治理逐步适应并能调控市场运行的地区；一种是强政府、弱市场，这一般是存在于计划经济体制的影响比较强、市场发育相对滞后的地区；一种是弱政府、强市场，这是指市场经济发展较快而政府缺乏调控市场的资源和手段的地区；一种是弱政府、弱市场，这主要是那些经济欠发达、处于自然经济状态、市场经济尚未发育的地区。实际上每个地区的政府与市场的关系都处在发展变化之中，关键在于按照不同地区经济发展和市场发育的水平，发挥政府与市场的协同作用，政府与市场要明确作用的边界，并且在不同阶段发挥不同的互补作用。

（五）教育研究、决策与实践的关系分析：区域教育现代化发展的决策机制

区域教育发展的不同模式与决策有相当程度的关系。例如：处于同样发展水平的温州地区与苏南地区，在经济体制模式选择中就有个体经济与集体经济的区别，它在一定程度上也影响了教育制度模式的选择。而教育决策的选择又同决策过程以及决策过程的参与者有密切的关系。所谓决策过程的参与者，一般是指研究者、决策者、实践者三部分人员。

研究者、决策者、实践者这三类群体之间的文化特点是不同的：研究者追求的是系统的理论和理想的目标；决策者关注的是在现实经济、社会和财政条件下的现实目标和可行方案；实践者需要的是工作场景下的行

动研究及其成果。他们之间的密切合作和优势互补，需要在文化层面、体制层面、运作层面采取相应的措施，即增加不同群体之间的交流沟通，增进共识，聚焦于共同提出问题；打破体制分割，让不同组织、人群都有充分参与和发表意见的机会，形成没有人为阻隔的广泛参与的机制；建立理论型、决策型、实践型研究各有侧重又整体合作的运作模式。同样值得注意的是教育决策的开放性，即需要吸收教育外部的研究人员、管理人员参与教育决策研究和决策过程。这种开放性还表现在不同地区研究者、决策者、实践者的相互交流和参与，避免片面决策和封闭决策，使决策尽可能吸纳有效信息、符合客观实际，使不同地区选择最佳发展模式、实现最优发展。

科学发展观与学校现代化建设[64]

发展是一个很重要的问题，而用什么样的观念来指导发展尤其重要。教育究竟如何发展，学校应该如何发展，这是教育管理者普遍关注的问题。党的十六届三中全会提出了科学发展观，这一观念不仅对于经济发展、社会发展有重大指导意义，对教育发展同样也是个重要的指导思想。

科学发展观是在总结我国现代化建设历史经验基础上提出的指导经济和社会发展的根本战略思想，也是建设创新型国家和社会主义和谐社会的基本保证。学习和坚持科学发展观，对于认识和处理现阶段教育改革和发展面临的现实问题，推进教育现代化建设具有理论和实践意义。

一、科学发展观内涵与我国教育发展战略

对于科学发展观，党的十六届三中全会有一个简洁的定义：科学发展观是以人为本，全面、协调、持续发展。这就是它的基本内容。以科学发展观指导教育发展，教育必须坚持以下几个重要原则：

（一）教育的全面发展

其中包括三个内涵：第一，教育服务面向的全面性，也就是说，教育

---

[64] 谈松华：“科学发展观与学校现代化建设”，《中国教育报》，2007年1月30日第6版。转载于《新华文摘》，2007年第9期以及人大复印《教育学》，2007年第5期。

要惠及13亿人口，为所有的人群提供公平的教育服务。第二，教育发展内涵的全面性，即教育发展的内涵不只是数量的增加、规模的扩展，而且是数量、结构、质量、效益的全面发展。第三，学习者发展的全面性，即具有不同潜能的学生都能全面发展。

下面是对上述三个内涵的解释。

教育的效率主要是由市场来调节的，而政府的责任则主要是保证教育公平。教育发展的全面性里面有一个很重要的问题，就是教育要为所有人提供公平的服务，因此教育公平是现代教育的基本原则，也是人权的基本内容。

从贫困到小康，人们对教育的需求量不断上升。教育公平的实现程度同时也受供求关系制约，比如社会对教育有多大的需求，有多大的能力来满足这种需求，这在很大程度上决定了教育公平的实现程度。美国教育在过去200多年中经历了三个发展阶段：第一阶段是"让尽可能多的人受尽可能多的教育"，即还不能普及基本教育；第二阶段是"让所有的人受基本的教育，让更多的人受更多的教育"，即在基本教育上实现教育公平；第三阶段是"让所有的人受尽可能多的教育"，即最大限度地扩大教育公平。可见，实现教育公平是一个历史过程。

在我国解决温饱问题以后，开始普及九年义务教育，义务教育普及以后人们又希望接受高质量的教育。高质量的教育现在需求量较大，仍然是稀缺资源，不能充分满足社会需求，这就是目前最大的矛盾。那么在这一问题上公平和效率怎么体现？我们原则上讲教育要体现公平，要坚持教育的全面性，但我们13亿人都想去上大学行吗？这是不可能的，只能一部分人上大学。我们也都想上最好的学校，可最好的学校只有一部分。那怎么解决这个问题呢？这就要在供需出现矛盾，供给不能充分满足需求的情况下，运用效率原则，即市场机制，以此来调节稀缺资源的供求关系。比如要上民办学校就要缴纳较高的费用，上优质公办学校就要交较多的"择校费"，也就是用价格来调节。这个原则实施以后，积极的方面是扩大了教育资源，比如说办民办学校，增加了学习机会，然后收取较高费用，又增加了学校的教育经费，可以满足更多人上学的需要；同时它带来的问题是教育的不公平，因为并不是所有人都能交得起这些费用，这源于家庭的支付能力不同，对于支付能力较强的家庭，用价格调节是可以接受的，但是对那些弱势群体、那些支付能力较弱的家庭，就丧失了受教育的权利，这就造成了教育机会的不平等。所以现在我们在教育领域运用效率原则、价格调节方式之后，就造成了教育机会严重的不公平，这种不公平引起了社会的强烈反响。

这就给我们提出了一个问题，就是在市场经济背景下，教育供求关系出现这种矛盾之后，我们应该怎样处理公平与效率的关系，在什么范围内用市场机制来调节，而这种调节又不要损害教育公平的基本原则。所以教育发展观要求教育要全面发展，我们应该为所有的人提供教育机会。这就需要政府和市场在处理公平和效率问题上发挥不同的作用：效率主要由市场来调节，而政府的责任则主要是保证教育公平，即基本的公共教育服务由政府提供，可选择性、竞争性教育需求由市场提供。我们现在的问题恰恰是政府过多地承担选择性教育的责任，把本来有限的教育资源过多地投给少数学校，影响承担教育公平的主要责任，加剧了教育的不公平。所以在这里应当强调的是：政府要保证教育公平，这是在教育全面发展问题上，科学发展观对政府的要求。

当普及教育达到目标后，质量成为突出的问题。传统的发展观单纯强调数量的增长而忽视质量的提高，我们讲科学发展观首先就是一个数量与质量的关系问题。我们要在普及的基础上提高。当我们的教育还没有普及的时候，当然要扩展数量，给更多的人提供教育机会，因为没有数量就谈不上质量；而当我们的普及目标基本实现以后，即数量达到一定程度的时候，应该把重点转向提高，所以我们现在面临的是要建立高质量的教育。我们今天讲国际竞争关键在人才，人才的背后是教育，而教育的国际竞争不是数量的竞争，而是质量的竞争，哪个国家有高质量的教育，就有竞争的优势。

我们回顾一下从 20 世纪 80 年代以来，很多发达国家，包括美国、日本，撰写了大量的教育报告，这些针对本国教育提出的报告的一个基本目标就是提高教育质量，特别是基础教育质量。其中美国是最明显的。美国在 1983 年里根总统时期就组织过一个高层次的"国家优质教育委员会"，经过一段时间的研究，它公布了一个有世界影响的报告，即《国家处于危急中：教育改革势在必行》。这份报告指出美国的国际竞争力在下降，日本的国际竞争力正在超过美国，所以他们提出 20 世纪 80 年代美国遇到了"第二次珍珠港事件"。第一次珍珠港事件日本是用军队突袭美国，而这次日本是用商品突袭美国，占领美国市场。这份报告还指出日本能占领美国市场的原因是日本的教育，特别是基础教育质量高于美国，所以美国派以教育部长为首的几十个代表去考察日本教育，回来写成报告。到 20 世纪 90 年代，当又一次科技革命出现的时候，美国又把日本远远地抛在了后面。现在轮到日本来反思其教育了，日本的教育和中国一样比较重视基本训练，但日本教育缺乏个性化，所以碰到新的科技革命的时候又被落在了后面。美国和日本都在国家发展的背后找到了教育质量问题的原因。因此，我国实施素质教育从根本上说是建设高质量教育。今天，教育质量的高低直接影响到我国的国际竞争力。

谈到质量，我们必然又会联系到质量的评价问题，即到底什么样的教育是高质量的教育？

质量评价是一个很复杂的问题。目前质量评价通常是一种最终结果的评价，就是考试成绩，或说是中考、高考，大家无形中就把这些当作对一个学校的评价。这样当然也是一种评价的标准，但就这么简单地看待教育质量是不全面、不科学的。在这里要提到一种效能评价，这主要是一些经合组织国家在使用。这种评价方式不是仅仅看最终结果，用生产作比的话，就是看产出，仅仅看产出而不看投入、不看过程是不全面的，而效能评价则既看产出，又看投入和过程。这才是一种全面的评价。也就是说不仅看进学校的时候是什么生源，而且要看学生的家庭背景，另外看投入还要看教师是什么水平，看生均成本是多少，最后看产出。所以运用效能评价是一种比较全面的评价，它关注产出，也关注投入，既关注硬件，更关注软件。硬件的建设对教育质量当然有重要作用，在没有基本办学条件的情况下，加强硬件建设，提供必要的办学条件，会提高教育质量。如果没有必要的仪器设备，没有必要的实验条件，没有必要的图书，当然会影响教育质量。另外，包括网络建设、信息化建设等，这些在某种程度上对教学质量是有影响的。

但是当这些基本条件具备以后，搞很多花花草草的东西就不一定有利于提高教育质量了。一个学校的教育水平不是反映在它的建筑上，而是反映在师资水平上。

大众教育并不排斥精英教育。党的十六大提到了这样三种人才：数以亿计的高素质劳动者、数以千万计的专门人才、一大批拔尖创新人才。这个表述已经概括了人才类型的全面性，也就是我们的教育要大量培养的是高素质劳动者和各种专业人才，这是我们为社会服务的主要方面。但这并不是要排斥培养少数精英，即拔尖创新人才。大众教育并不排斥精英教育。

我们在发展大众教育的同时不要忽视了那些有特殊才华人才的发现和培养。中国不是精英太多，而是精英太少，质量不高，真正能够达到国际前沿水平的人才严重短缺。目前严重短缺的是国际型人才，就是能够参与国际事务、参与国际竞争、通晓国际规则的人才。例如，我们培养了那么多的会计师，但是真正懂得国际财务结算的国际注册会计师严重短缺。没有国际注册会计师，就难以进行国际财务结算。

（二）教育的协调发展

这部分也包括三个方面：一是教育和经济、社会的协调发展。二是教育系统内部的协调发展。前者主要是指教育要适度超前发展，后者是指教育系统内部的数量、质量、结构和效益的协调发展。三是教育形成要素的协调发展，这是指教育的均衡发展。这三个方面都有一些政策和战略上的选择。

教育要超前发展，但这个超前的度受物质条件制约。教育在社会上的地位正在不断发生变化。我们经常用这句话来形容这一变化，"教育正在从社会的边缘进入社会的中心地位"。教育在社会发展中应该是处于先于经济发展的地位，即教育先行。而以前我们通常认为要在经济发展之后再发展教育。教育首先要超前，但这个超前的度是要受物质条件制约的。在这里"超前"主要是指政府对社会资源的配置，也就是说教育在资源配置中所占的比例以及它的优先次序。在此我提出这么一个观点：在工业化的早期和中期，教育应该同基础设施建设同步超前。比如像我国的中西部地区现在均处于工业化的中前期，工业化建设必须要加强基础设施建设，像交通、能源、通信等都属于基础设施，这是一个地区发展的基础，没有它们是发展不起来的，而教育则应该跟这些基础设施建设同步超前发展。在工业化的后期，科技工作应该超前，因为此时基础设施建设已经基本完成，就要利用科技发展带动经济发展，而教育又要先于科技发展，这样才能实现教育适度超前的要求。

适度超前发展首先要求政府对教育投入要优先保证。20 世纪 80 年代和 90 年代以后突出表现在教育投入在总量上有明显增长，数据表明 20 世纪 80 年代政府投入增长了 3 倍，90 年代政府投入增加了 4 倍。总量是增加的，但是占 GDP 的比例到 2005 年仅为 2.99%，人均教育经费大概只有世界平均水平的十分之一。实际上，我们现在的教育发展仍然没有真正落实适度超前这样一个目标。

这样的一个教育投入要支撑我们这么大的一个教育系统是难以维持现有教育运行的，现在教育中出现的大量问题就与政府投入不足有密切关系。要解决适度超前问题，从根本上讲就是要增加政府投入。

建构教育结构既要从教育内部，又要从社会需求和就业两方面去考虑，把教育和社会联系起来。下面主要讲一下中国教育结构选择中的难点问题：一方面是教育资源的短缺要求尽可能地实现低重心的教育结构，学历层次不宜过高。在普及教育目标实现以后，关于教育结构问题有两种意见：一种是我们仍应保持低重心的结构，但相当一部分理论工作者认为现在应该提高教育结构重心，加快发展高等教育，职业教育也要提高高等职业教育的比重，也就是说教育分流要逐渐从初中后分流推迟到高中后分流，这就产生了教育结构重心到底是低一点好还是高一点好的分歧。从我国教育资源短缺情况来看，如果教育重心提得太高，必然会增加受教育的年限，受教育年限延长，教育经费也就必然会增加。

另一方面，劳动力的供求关系又要求延长教育年限，推迟就业；社会对高等教育的要求越来越高，这也助长了学历的提高、学习年限的延长。这些因素要求提高教育结构的重心。解决此矛盾的关键在于教育，尤其是非义务教育要以就业为导向，最大限度地提高教育资源利用和配置的效率。

由此可见，建构教育结构既要从教育内部，又要从社会需求和就业两方面去考虑，把教育和社会联系起来。

现在教育结构选择中有以下几个问题：

一个就是基础教育和高等教育的选择问题。基础教育是高等教育和整个国家发展的基础，没有扎实的基础教育，国民素质不可能提高，另外高等教育也缺乏基础，所以很明显，基础教育是我们发展的重点。现在国家制订并发布了《2003—2007年教育振兴行动计划》，教育部还在制订"十一五"规划。现在还在讨论高等教育究竟怎么发展，因为高等教育发展和基础教育的关系是很密切的，总的一个想法就是不能像前几年那样超常发展，而是要保持一个稳定增长的势头。

我国大学的注册制度现在比较僵化，如果高等教育毛入学率达到30%以上以后，就必须改变现有入学制度，逐步实行分类考试，多元录取，宽进严出，实行学分制，学制也不限四年，可以适当延长。当然少数高水平大学、研究性大学还要进行选拔。到那个时候，基础教育目前激烈的升学竞争有可能得到缓解。

第二个问题就是普通教育和职业教育的关系问题。前两年由于高校的扩招导致了中等职业教育的严重滑坡，所以原来有一种说法就是要普及高中教育而不是普及高中阶段教育，取消中等职业教育，但现在看来是不合适的。从这两年的就业情况来看，中等职业学校毕业生的就业甚至比大学毕业生的就业要好，这就证明了社会上还是需要中等职业学校毕业生的，因此高中阶段分流在现阶段还要继续实行。

第三是正规教育和非正规教育之间，我们还是过于重视学历教育，忽视非正规教育，而人们要学习各种知识和能力既可以通过学校的正规教育，更多地也可以通过大量的非正规教育，所以培训应该成为今后教育发展中的重要方面。美国企业的培训费用相当于美国高等教育的经费，可见其培训发达的程度。有材料显示中国目前高层管理人员的培训经费每年是2.5亿美元，预计在今后5年到10年之内高层管理人员的培训费用会突破 40 亿美元。这就是说我们今后的教育要改变过于看重学历教育这样一种情况。

协调发展还有一个含义就是动态均衡发展。教育的均衡和非均衡发展是一种策略，一种状态和格局。我们从 20 世纪 80 年代实行非均衡发展战略，即梯度发展战略，也就是让一部分人先富起来，一部分地区先发展起来。这一战略可以加快发展速度，但带来的问题是拉大了发展的不均衡性，出现了严重的不均衡，破坏了一种合理的协调发展关系。虽然非均衡在一定阶段是需要的，但严重的不均衡反过来会影响发展。由于历史、区域、政策等多种因素的作用，教育上也出现了严重的不均衡问题，直接影响了教育系统的整体协调发展，也造成了教育机会的严重不公，进而影响社会的公平和公正。教育的不公平会引起或加剧社会的不公平，因为教育具有社会分层的作用。所以我们今天看待教育的公平问题要从社会的公平、公正出发来考虑。

（三）教育的可持续发展

教育的可持续发展包括三点：一是确定以人为本的战略思想；二是人的可持续发展，以能力建设为本；三是教育系统的可持续发展，建设终身学习体系、学习型社会。我们现在更强调将学历、知识作为学习的最终目标，教育是要讲学历，教育是要传授知识，但是仅仅强调学历和知识而忽视能力的教育不是可持续的教育，因此必须要培养终身学习的能力。

能力建设可以从很多方面讲，美国劳工部专门有这方面的报告，国际劳工组织也发表过报告，提到以下几种能力：基础能力、核心能力、职业能力、终身学习能力。其中基础能力指读、写、算等；核心能力指管理能力、人际交往能力等；职业能力分为通用职业能力和特定职业能力两种。这些能力都是适应社会所必须具备的，一般认为基础能力主要是靠学校教育获得的，职业能力主要是通过工作实践获得的，而核心能力是在学校和工作过程中培养的。按照这一标准来设计，我们的学校到底能为学生提供一种什么样的能力？现在学校教育提出的建构主义、多元智能、主体性教育等理论，以及实践中的参与性学习、实践性学习、研究性学习等都是与能力建设和培养有关的。也就是说我们要改变在培养学生素质上以往单一的观念，另外就是要强调在整个的教育教学过程中把能力培养作为基本的线索。其次是教育的可持续发展。一方面是终身教育体系的构建，它包括学校教育，这是终身教育体系的主干部分；另外一个就是在职教育，就是在工作岗位上的教育，也叫继续教育，但在职教育含义更广一点，既包括继续教育，也包括岗位培训，还包括转岗转业的教育；再一个就是社会教育，它既包括基础教育的校外教育，又包括各种社会机构、大众媒体、各种文化机构提供的教育服务；还有就是网络教育。

构建学习型社会有以下要素：

第一，新型的学习者。学习型社会的学习者至少有两个变化：一是学习的对象扩大了，不仅是在校学生，而要覆盖全社会，即全民学习；二是学习的动机丰富了，不仅是为了谋生求职，更是为了发展自己、完善自己、满足精神的需求。第二，学习型组织。学习型社会的学习组织不应只是学校，所有的社会机构都应建设成为学习型组织，包括学习型企业、学习型社区、学习型政府，等等。现在学习型企业理论发展得非常快，麻省理工学院出了一套丛书专门论述如何建立学习型企业，谈到学习型企业的学习是非常生动丰富的。现在他们又进一步出版了《学习型学校》。

人们讲学校就是学习型组织，但是并不尽然，如果我们的校长、教师自己并不是一个学习型社会真正的学习者，那么这所学校就不一定是学习型学校。要建设学习型学校，需要从制度上来保障，我们现在的制度是适应学校教育的制度，如考试入学、毕业、毕业文凭等。学习型社会中，人们不只在学校学习，在各个地方都能学习，所以我们就要建立一种制度使在不同机构的学习都能得到承认。英国有终身教育卡，韩国和荷兰等国有学分银行，这些都是为适应学习型社会而提出来的。

二、用科学的发展观指导学校现代化建设

（一）讨论科学发展观的目的，是要用它来指导学校的现代化建设

"以人为本"当然包括教师的发展，但更重要的是以学生发展为本，也就是说我们学校的各项建设和规划都要围绕着有利于学生发展来进行。我们现在提出学校要有三个规划，即校园建设规划、学科建设规划和师资建设规划。这三个可以说是学校的基本建设，任何一个学校都要有这样三项建设。华东师大一位教授专门研究了无锡一个中学校长从20世纪80年代以来20多年的工作笔记和日记，看他在不同阶段都做了什么事情，发现其中就包括了这三个建设。当一个学校没有基本的校园环境建设的时候，校长的精力必然会放在如何建立一个好的校园环境上，校园建设是学校的物质基础建设；当校园建设有了一定基础之后，就开始强调学科建设，中小学主要是每门课程的建设；而课程建设最关键的是教师，因此这三个建设是学校的基本建设。这三个建设都有不同的要求，但其中必须贯穿一个"以人为本"的思想。

比如说校园建设，是追求别人看着漂亮，还是要渗透一种对学生的关怀，为学生营造一个良好的成长环境？当然"以人为本"包括了现代化建设的三个层面，即物质层面、制度层面、观念层面。这三个层面建设的核心就是人的现代化，即人的现代化是现代化的核心。一个学校即便是有现代化的设施，如果教师的观念、行为是传统的，那这个学校就很难说是一

个现代化的学校。

当然教师的行为也必然影响到学生。另外就是现代化校园的建设,这是学校建设的物质基础之一,今天我们讲校园建设主要指校舍、设备、图书等,但凡是有条件的学校都应建设信息化的校园。当然不同地区在信息化校园建设上有不同的模式,有条件的可以建设校园网与互联网连接,没有条件的可以共享学校资源,等等。所以,国内现在在信息化校园建设上,可以根据不同地区的不同条件采取不同的模式。现在信息化技术的应用也是由低到高的过程,不可能一步到位,而且学校对信息技术设备的要求并不是越高越好,应该追求实用。对于学校来讲,关键是如何通过教师将信息技术和教学整合起来,只有二者整合起来才能使教学方式和教学过程发生质的变化,这一点作为校长是应该予以特别关注的。

(二)当学校是政府的附属机构的时候,它就建立不起一个完整的制度体系

现在学校工作依法治教不够,法在广义上讲也属于制度领域,所以制度的创新是各种建设的保证。首先是确立学校自主办学的法律地位,要界定学校和政府的关系,没有这一条学校就无法建立现代制度。因为当学校是政府的附属机构的时候,它就建立不起一个完整的制度体系。所谓自主办学的法律地位就是说学校不是行政机构,不是政府的附属机构,而是独立的办学实体。其次是制度规范的治理结构,也就是学校内部的治理结构。比如说学校有三种力量起作用,即行政力量、学术力量和市场力量,在学校的治理结构中如何协调这三种力量的关系,另外在学校中还有决策、执行、监督这三种组织的关系。再次就是学校要有双向参与的运作机制,就是学校不能封闭起来,必须与社会建立良好沟通,社会要参与学校的建设、管理和教学,学校也要参与社区的建设,这种制度才能与社会形

成一体化。第四就是校园文化建设。制度和文化是学校建设非常重要的两个方面，我们现在强调一个好校长能够办一所好学校，这是正确的，但是校长的办学理念、办学经验如果不能形成制度，那么它就很难成为学校共同的行动规划，也不能持续地指导学校发展。校长是要变换的，如果校长的理念成为制度融入学校，那么它就会不断延续下去，成为共同的规范。学校的文化积累会成为这所学校的精神力量和纽带，使学校的每个成员凝聚在这种精神周围，这所学校才能办出自己的特点。

有人认为知识社会的管理者应该有两种文化，一种是管理文化，一种是学术文化，尤其是校长要兼备这两种文化，这样才能做一个称职的校长。

教育现代化模式之辩[65]

现代化是人类社会随着社会生产力不断发展,由传统农业社会向现代工业社会以至知识(信息)社会整体转变的过程,展现为时间和空间两个维度的社会转型:在时间序列上,是一个由初级向高级,由不成熟向成熟转变的演进过程;而在空间展现上,则是不同国家和地区的传统性与现代性此消彼长的扩展过程。教育现代化同样是在时间和空间这两个维度上不断推进的,研究这种演变的特点和规律,正是我们研究区域教育现代化问题的初衷。世纪之交,我们承担了国家哲学社会科学"九五"规划重点课题"中国区域教育现代化的理论和实践研究",对教育现代化的理论演变、历史进程和基本内涵,对不同地区(东、中、西三大地带)教育现代化的区域特征、实现条件与推进策略进行了初步的、基础性的研究。这一研究使我们对不同区域教育现代化发展的一般过程有了轮廓的把握,同时也发现由于历史的、区位的、经济的、文化的诸种因素的影响,不同区域之间、同一区域内部不同经济和制度模式的次区域之间,存在着不同的发展路径和发展方式。这就吸引和激励我们继续进行这个主题的深化研究:深

---

[65] 谈松华、王健:"教育现代化模式之辩"(编辑本书时所加),《教育现代化区域发展模式研究》,北京大学出版社,2011年。《教育现代化区域发展模式研究》一书为谈松华主持的国家哲学社会科学"十五"规划重点课题"中国教育现代化区域发展模式与实验研究"的成果之一。

入到不同国家及一个国家内部的不同地区，探寻教育现代化发展的不同路径和模式。所以教育现代化模式这个命题是一个有待探讨的问题。

根据克拉伦斯·巴恩哈特和罗伯特·泽莱尼主编的《世界图书英语大词典》（1981年），模式（model）是一种模型或样式，是一种客观存在。在许多文献中，发展模式被视为实践经验或发展道路的同义词，反映一个国家或地区经济社会发展的轨迹，不仅历史发展的不同阶段存在着不同的模式，同一阶段不同国家、不同地区之间也会有不同的发展模式：如计划经济体制的苏联模式、匈牙利模式、南斯拉夫模式；市场经济体制的自由市场模式、社会市场模式、政府主导的市场模式等。在我国改革开放初期，同样在东部沿海地区存在着苏南模式、温州模式、珠三角模式等。可见，模式既是一种客观存在，又是人们认识把握事物发展特征的一种分析范式。在传播学、经济学、社会学等学科的研究中，模式研究较为常见。但是，在教育领域以往很少谈及模式问题，也未见把模式作为教育改革和发展的一个议题。最近发布的《国家中长期教育改革和发展规划纲要（2010—2020年）》第一次在人才培养体制改革中，提出了创新人才培养模式问题，这对我们研究教育理论和实践问题具有重要的指导意义。用模式分析方法研究教育的宏观和微观问题，将会拓展教育研究的新领域。

一、现代化进程与现代化理论

讨论教育现代化发展模式，首先需要对现代化的客观历史进程和研究这个历史进程的现代化理论进行简略的梳理。现代化是一个世界范围已经和正在发生的社会进步的历史过程，从工业革命开始的现代化进程，粗略来说，经历了四次大的发展浪潮。从15世纪后期英国工业革命开端，到19世纪中叶出现了第一次工业革命（机械化）为基本内容的现代化第一次浪潮，中心区域在西欧；从19世纪下半叶到20世纪初，出现了以第二次工业革命（电气化）为基本内容的现代化第二次浪潮，中心区域从西欧扩大到北美，东欧、拉美地区也受到明显影响，同时越过欧陆传到东亚；从第二次世界大战后到20世纪70年代，出现了以第三次工业革命（自动化）为基本内容的现代化第三次大浪潮，这次大浪潮扩散到亚、非、拉广大地区，但中心在东亚地区。20世纪80年代以来，可以说出现了以知识革命和信息化为基本内容的现代化第四次大浪潮，处于世界各个地区和不同发展水平上的各个国家，亚洲的中国和印度、拉美的巴西以及欧洲的爱尔兰等国在这个"新时代的黎明"中都有了出色的表现。现代化浪潮的推进，一方面说明现代化是一种全球性现象，存在着某些普遍的、共同的特征；另一方面由于先期完成现代化国家几乎全是欧美等西方国家，因此，总结西方国家率先自主走上现代化道路而成为"发达国家"的经验，即现代化的"西方模式"，构成了西方现代化理论的基本框架和内容。

现代化理论发端于20世纪50年代和60年代的发展研究。美国许多社会科学家认为非西方或第三世界的社会、经济和政治发展主要是追随和模仿西方，将西方走向现代化的模式视为样板，发达国家向不发达国家展示了后者未来社会的景象。这种发展模式认为，所有社会都会通过即使不是完全相同也是大体相似的途径，实现经济发展、社会变迁和政治现代化。迨至20世纪70年代，第三世界国家在经济增长和社会转型上的困难与失败导致的失望，引发了对现代化理论的批评，这些批评不仅造成了替代性分析视角和另类发展方案，本土或内生发展模式的概念开始占领第三世界各地，其中包括著名的东亚或儒家发展模式、南亚发展模式、拉丁美洲发展模式等等，并导致在随后的15—20年里对现代化理论兴趣的下降。

从20世纪80年代中期开始，关于现代化的争论重新获得生机，通常使用"现代性"概念。这一方面是由于资本主义向工业社会的转型，激发了后现代社会学的反思，同时由于在第三世界亚洲国家及拉美的一些国家显现出的经济发展成效和政治社会变革效应,激发了对单个社会现代化道路的专题研究,并引入了多元现代性的概念,强调了通往/经过现代性的多种道路。尽管西方率先实现了现代化,但现代化不等同于西方化。现代性的西方模式(在很大程度上是有缺陷的)享有历史上的优先地位,它们在历史上出现的时间在前并继续成为现代化图景的一个基本参照点。非西方国家无须在文化意义上西化,以及接受从西方发展出来的现代性的具体文化和组织形式,也能发展出具有现代性特征的社会来。即使在西方文明的框架下,产生的也不只是现代性的一种而是多种文化和制度模式。现代化研究开始把趋同性发展的进化观与不同发展路径的观点结合起来,对现代化的不同层次、不同路径进行细致的探讨。无论是在西方社会还是非西方社会之间,还是在这两类社会内部各国之间,都存在着不同的发展路径及其特点,在全球化时代展现出现代性的多元模式竞相发展的态势。

教育现代化的模式同样是多样的,因为教育系统本质上是一个复杂的、与外在环境交互作用的开放性系统,复杂系统的各种观念如整体、相互依存、开放性、不稳定性和路径依赖均适用于探讨整个教育系统。在全球化背景下,尽管先行国家教育现代化过程的一些成功模式,往往成为后发国家的参照,但基于不同的历史、文化背景,教育系统内部结构存在着许多不同的组合形式,不同的结构可能发挥同样的功能,同样的结构可能发挥不同的功能。一个国家或地区可以应用不同的教育组织结构和方式来满足其经济社会发展需要。独特的国家或地区需求和利益很大程度上影响和决定教育的特征。迥然不同的历史条件产生了并将继续产生不同的教育现代化模式。

二、现代化发展模式

在对现代化历史进程和理论沿革进行梳理的基础上,基于现代化的时间和来源和经济社会发展模式类型,我们主要挑选西方模式、东亚模式、拉美模式和南亚模式等几种影响力大、代表性强的现代化发展模式，以民族—国家为分析单位，考察和比较不同国家的教育在各国现代化历史中的战略选择与作用后果。美国和德国分别被作为"先发内生型"和"后发内生型"国家的典范，现代化起步较早并主要靠其内部社会经济要素发展而成，属于现代化的先行国，目前仍为发达国家，两国在经济体制模式上又被作为"盎格鲁—撒克逊模式"和"莱茵模式"的代表。韩国、巴西、印度和中国作为"后发外生型"国家，走过了各具特色的发展道路。运用政治、经济和文化为基础的综合分析框架，可能更有助于说明各国教育现代化进程和政策领域显现出的很不相同的发展状况。

分析教育现代化的最佳起点，可能是更趋向于伴随工业化和现代化而发展的教育供求模式，反映在教育扩展与经济社会发展和现代化的一般方向与步调之间相互关系的性质，及其教育系统演变的异质性和多样性的程度。美国和德国在19世纪后半期的第二次工业革命时期快速追赶并最终取代了英国的领先地位，关键是靠重视科技教育与经济现代化之间的关系。美国19世纪前半叶公共教育体制的建立和基础教育普及，19世纪后半叶兴起的农工学院直接服务于农业机械化和工业化，一批高水平的大学还致力于研究和发现新知识，在19世纪末期和20世纪初期还建立起由公司企业、研究型大学和科研机构、政府机构以及各种基金会共同组成的创新体系，在整个20世纪不断强化这一体系，使美国在超过英国一跃成为世界强国后，经济、军事、教育等方面的综合实力一直居世界首位。20世纪70年代以来，美国精英化与大众化并举的高等教育体系为较大比例的人口开发技术、社会和组织技能，适应了美国聚焦生产者服务和社会服务业发展的就业结构，创造出向后工业社会过渡的服务业发展模式。

德国教育制度在欧美教育现代化的历史上具有重要影响，美国社会学家塔尔科特·帕森斯曾指出德国（普鲁士）是将教育革命置于工业革命和民主革命之前。近代西方的公立教育、义务教育、实科教育、师范教育、双轨学制等大多起源于德国。德国是世界上最早实行免费义务教育的国家，中等教育将文科中学与实科中学区分开来，并将职业技术教育列入义务教育范畴。1810年威廉·洪堡创立的柏林大学，开起了大学作为社会中心研究机构的时代，德国大学以其高水平的科研、广泛的学习内容而享誉世界。德国还创立了与工业界紧密结合的高等工程教育，高等技术学院与综合大学具有同等地位，20世纪初德国大学的技术教育已以高水平著称。德国综合大学、专科学院、矿业学校、工业实验室和威廉皇帝协会相结合的配置模式，尤其是产业研发与大学研究的紧密结合，可以说是德国在19世纪70年代到20世纪20年代取得领导地位的重要原因。20世纪50—60年代，学校和企业相结合的双元制职业教育和高等专业学院所培育的工程师、中高级技师等技能型人才，使德国在先进制造业和以工艺技术为基础的行业竞争中形成优势，成就了德国的经济奇迹。

在发展中国家的历史记录中，韩国算得上是20世纪最重大的经济奇迹。从20世纪50年代中期一个被战争严重破坏的经济开始起步，经历了快速的工业化，跨入高收入国家行列，教育与经济相互协调发展，发展战略选择与教育资源配置方式遵循教育层级原理，即先加强基础教育。在基础教育迅速发展和巩固的前提下，才大力推进中等和高等教育，同时还重视职业教育，呈现出教育发展的渐进性与均衡增长的良性循环，使韩国不仅依靠快速发展教育实现了经济赶超，而且成为一个收入分配相对平等化的国家。巴西19世纪晚期工业化开始起步，工业化发展常常伴随着危机，同时它也是世界上最不平等的国家之一。从20世纪50年代的低收入国家转变为中等收入国家，可以说巴西的发展是比较成功的。长期以来，巴西优先发展高等教育战略为其经济和科技发展形成了丰富的人力资本，特别是高等教育系统不断培养出一大批合格的工程师、经济学家以及其他专家，对巴西经济的发展起了一定的促进作用，但基础教育发展滞后，不恰当的教育政策限制了教育对经济的促进作用，并强化了巴西原有的阶级结构和收入分配的两极分化格局，进而成为经济和社会现代化的障碍。与巴西和韩国相比，印度的起点低，工业化进展也比较缓慢，还是一个低收入国家，当然在20世纪末期，它的发展速度加快了。印度在扩大基础和中等教育上的根本性失败阻碍了大众共享工业化和现代化的成果，但长期重点发展高等专业教育，实施培养科学、技术和工程人才的精英教育战略而发展起来的高水平的高等专业教育，恰恰使印度搭上了世界信息技术革命和知识经济的快车，可能正在开拓出以新科技革命引领新产业革命的"新工业化"发展道路。

在解释一些国家的教育现代化相对于其他同类国家更快更好时，在被选中的案例里展示出来的是，国家形成路径和权威类型起了极其重要的作用，尤其是在后发现代化国家，政权的作用更为突出，国家介入教育的方式、深度、广度、方向与后果等决定着教育现代化的过程和结果。德国自18世纪建立了统一的强制性初等教育制度，美国在南北战争后才开始探索建立类似的制度，比德国晚了一个世纪；但美国中等以上教育的发展却"领先"于德国，中等学校入学机会的扩大比德国早30年，同时，美国实行从小学、初中到高中的单轨制教育体系，德国则存在复轨制或分叉制的教育体系。在导致两国教育现代化发展速度和形态差异的诸多因素中，政治体制和利益集团结构对长期的政策模式产生了根本影响。德国通过自上而下、由旧的保守势力发起的"普鲁士式道路"和平过渡到资本主义工业化社会，教育现代化兼顾官僚机构和工业发展两方面的需要，等级性强，而且自普鲁士专制主义时代起，政府机构在提供教育服务方面一直起着比较积极的作用，教育完全依赖国家提供经费，教师具有较高的社会地位和任职资格，学校教学专业化程度高，由于职业利益集团的阻碍，直到20

世纪60年代还不能将普及中等教育作为一个十分明显的社会目标。美国的公立教育却是在一个分权的制度中兴起的，教育政策主要由地方政府制定，地方的自治传统甚至反对州和联邦政府对学校事务的干预，教师主要受雇于政府部门，教师政策由声誉高的专业工作者组织进行管理。美国教育界的"民主化"使其以地位和收入较低的女教师的力量，较早地开始了普及中等教育的进程。即使在今天，德国和美国虽然同样实行联邦制和地方教育服务体系，但德国州政府常常自愿遵循联邦政府的指导方针，以促进统一性，保持着一个公立的中小学占主导地位的教育体制；美国地方政府则要在联邦拨款的诱导下才会开始推行教育领域的计划，至于这些计划采纳与否，全凭自愿，由市场规则调节的教育机构所占比重大。自20世纪80年代以来教育的"市场化"在美国相当流行，但在德国并不特别热衷。

20世纪80年代以前，韩国和巴西都是在威权主义政府的干预下推进教育现代化的。1950年两国民众识字率水平基本持平，均为50%左右，1960年两国25岁及以上人口人均受教育年限分别为5.19年和2.83年；但到1990年两国民众识字率分别达到96%和81%，25岁及以上人口平均受教育年限分别为9.25年和3.76年，韩国遥遥领先于巴西，不仅实现了经济增长的"奇迹"，也同时实现了教育与人力资本开发的"奇迹"。两国的国家特征、作用和政策取向决定性地影响了两国的教育现代化模式。韩国政府以实现快速工业化为国家目标，打造一支遵守纪律、勤奋工作的廉价劳动力队伍，推行教育先行政策，政府主导优先发展义务教育，确保城乡、区域、人群间基础教育均衡发展和教育机会的均等。相对韩国来说，巴西更具有一些分散性多阶级国家的特征，是一个高度精英化的社会，国家没有实施大众教育以提高本土的劳动力技能和建立自己的技术基础。印度在现代化进程中，国家效力起伏不定，基础教育发展滞后。诺贝尔经济学奖获得者阿马蒂亚·森指出，印度政府的行动计划对初级教育的忽视，也与有偏倚的政治行动主义和压力政治有明显的联系。一方面，缺少支持基础教育的政治压力——一种影响印度社会最弱势群体的剥夺——造成对基础教育的这种需要在实际制定公共政策中仅有微弱的影响力；另一方面，支持高等教育的压力集团——一个引起社会中更具主导地位的人兴趣的问题——在给予高等教育优先权上形成强大力量。

教育现代化既是一种历史必然，也是一种文化选择。各个国家的教育制度和教育实践，单单用经济因素和政治因素来分析是不够的，否则，我们很难解释为何在政治和经济制度基本相同的国家，其教育制度和处理教育问题的方式往往相距甚远或大相径庭，也很难解释为什么观念的转变对教育改革来得那么重要和艰难。德国社会学家马克斯·韦伯在1904—1905年发表的影响最大和引起争议最多的论著《新教伦理与资本主义精神》认为，新教伦理更具体说是加尔文派教义，强调对《圣经》的阅读导致新教徒识字率高，提升了教育和文化水平，而且对男孩和女孩都一样，从而将教育的普及推上了现代化的历史轨道。在德国著名宗教改革家马丁·路德的义务教育思想下，1763年普鲁士颁布了《乡村教育规程》，在普鲁士全境实行强制性义务教育，通过强制教育形成国民权威意识是普鲁士封建专制主义和军国主义文化的产物。美国最先建立公立教育制度的是清教徒所控制的东北部地区，清教徒的道德论和共和主义的文化促进了美国早期教育现代化的发展，但深植于美国意识形态中对自由、多元、机会和美德的信仰，使美国教育改革坚持走民主主义、分权和地方主义的道路，更多地是靠劝说和灵活的政治策略而不是强制措施来推进，同欧洲或德国的教育发展道路明显不同。事实上，对受教育的爱好首先就是一个文化事实，重视教育作为一种价值观这在西欧、北美、澳大利亚和新西兰以及东亚都是共同的，而且在很不相同的环境下产生了相似的结果。创造"东亚奇迹"的国家和地区恰好属于"儒家文化圈"，国民具有崇尚教育的传统。如在韩国，有史以来传统的以及新的儒家道德规范就十分重视教育，韩国人比大部分发展中国家更强烈地相信教育的巨大的和直接的回报，将儒学中"尚贤""重教"的传统转化为教育优先的原则和政府与社会的高投资政策。葡萄牙殖民地巴西是建立在伊比利亚文化的专制主义、精英主义、等级观念、社团主义、承袭主义基础之上的，不重视教育，且崇尚与生产和应用脱离的文科教育以及脱离民众的"精英"教育，这阻碍了巴西现代化的启动。同样，在印度，印度教徒和伊斯兰教徒不同程度上相当倾向于宗教治国论，沿袭的精英统治文化和宗教传统严重阻碍了大众教育的普及。尽管在强大现代化动力的驱使下，不同国家的价值系统会向相同的方向运动，各国教育改革和发展的共同趋势日益明显，但是，它们的价值系统和教育模式不会趋同，教育的现代化必定与特定社会的独特需求、文化传统和发展方向相连，并实现教育的本土化生长。

许多发展中国家早在"现代化运动"之前，就因外在压力而开始向西方学习并模仿其教育模式，其中多数是由殖民统治者强加的，这使各国接受外在压力乃至制度应用时遵循非常不同的模式。如韩国教育现代化是在西方传教士来到韩国、日本占领、美国军事管制与发展的援助等西方背景的影响下发展起来的，日本和美国模式曾延伸到韩国教育发展的政策、管理、监管、财政、师资以及课程开发的每一个角落，但若将韩国的教育完全归因于西方化的产物，那就把现代化过于简单化了，因为传统的韩国价值观及体制在韩国教育中显示出惊人的再生力和顽强的生命力，特别是把国民崇尚教育的传统转化为巨大的教育资源，大大促进了韩国教育的发展。韩国在20世纪80年代中期开始高等教育扩张，在近30年的时间里所达到的发展程度是美国花了半个世纪才得以实现的。1980—2006年，韩国和美国的高等教育毛入学率分别从15%、56%提高到93%、82%，韩国高中毕业生以各种形式接受高等教育的机会比美国高了11个百分点。

高等教育的迅速转变超过了政府在财政上支持该系统的能力，是由家长在资金上支持孩子接受高等教育的热情和愿望带动的。韩国超过 80% 的高等教育经费来自家庭资金，超过 80% 的大学生在私立学校就读，这种现象即使在私立机构占主导地位的日本和美国也是看不到的。先发国家的教育现代化模式对于发展中国家具有一定的示范意义，但其在世界范围内的传播可能形成了进一步的民族差异，它们很具体地融入具有国家特色的社会分层、劳动力质量结构、管理规则和公共政策的不同模式中。发展中国家基于制度文化背景和发展逻辑的差异，追赶先进国家的教育水平，学习和借鉴他国的模式，必须结合本国社会发展的历史状况，保持和继承本国优秀传统，才可能以最低的代价、最有效的方式推进教育现代化进程。

三、中国教育现代化区域发展模式

中国近代以来的现代化进程，也属于后发外生型现代化的发展模式。在特殊的历史背景下，中国的现代化过程与其他国家相比，显得更加曲折、艰辛和漫长。美国学者吉尔伯特·罗兹曼在《中国的现代化》中，把中国、日本、俄国 19 世纪中期以来的现代化进程做了比较，显示中国现代化的进展在三国中是最慢的，其中原因之一同教育的内容和方式有关。新中国成立开辟了社会主义现代化的发展道路，特别是改革开放以来，中国社会主义现代化建设步入一个全新的阶段，短短 30 余年，中国从一个贫穷、封闭与混乱的经济体，迅速成长为一个世界性的大国，让世界感到惊叹，也吸引了世界范围内对"中国模式"的强烈关注与深入探讨。探讨中国的教育、科技、经济各个方面是否存在"中国模式"，以及这种模式是否存在一定的普适性，成为国内外学者、政界和媒体关注的热门话题。英国政治哲学家约翰·格雷指出："对于任何国家都不能摆脱西方模式的说法，令我们难以认清当前世界重组的局势。当中国逐渐强大，它会愈加肯定其古代文明延续下来的价值观，它会在历史中寻觅智慧，以创造出一种现代化的新模式。"中国现在已经是一个有中国特色的现代化国家，不仅形成了独具特色的中国模式，而且还出现了一批具有地方特色的发展模式。我们这里使用现代化发展模式的概念，主要是研讨改革开放以来中国教育的发展模式，重点分析区域（县域）层面上教育由"传统"向"现代"转变的背景、过程、特征及其成因，重要的不是定性的，而是从学理上思考各个"模式"是从哪儿来的，研究的重点放在揭示其丰富多彩的现实，描述基于调研基础上的案例地区改革开放30年多来教育现代化的经历，究竟是怎样发生变化的，发生了哪些变化，它的成功之处在哪里，又陷入了何种困局，如何才能改进它，使它朝好的方向发展，从而为该地区及其他地区思考更好的发展道路提供启示。

新中国成立60多年特别是30多年经济持续快速发展是一个客观事实，教育更具有适度超前发展的特征。在经济基础比较薄弱的条件下，九年义务教育接近全面普及。1986年颁布和实施《义务教育法》。学龄儿童入学率从1985年的95.9%提高到2009年的99.5%，初中毛入学率从36.8%提高到99%；高中阶段教育逐步走向普及，毛入学率从1990年的21.9%提高到2009年的79.2%；高等教育进入大众化普及阶段，我国已成为世界高等教育大国，高等教育毛入学率从1990年的3.4%提高到2002年的15%，到2009年各级各类教育的规模已达到2979万人，毛入学率提高到24.2%；主要劳动年龄人口平均受教育年限达到9.5年，其中受过高等教育的比例达到9.9%；新增劳动力平均受教育年限达到12.4年，其中受过高中阶段及以上教育的比例达到67.0%，实现了从人口大国向人力资源大国的转变。这个事实背后的发展逻辑是值得探寻的。

回顾改革开放以来中国教育改革与发展的历程，教育现代化一开始就是作为社会现代化和社会领域改革的一部分而开展的，实现发展要求的强烈政治意愿和政治责任，促使教育在与经济、科技等其他领域现代化的互相配合和协调推进中取得了非常重要的历史性成就。中国把握住全球化带来的巨大机遇，迅速发展为全球制造业中心——"世界工厂"，其中加快普及教育而积累的人力资本成为中国经济快速发展的重要源泉和竞争优势。中国早在20世纪50年代就实行了大众教育战略，到20世纪70年代，初级大众教育领域已取得突破，尤其是改革开放以来九年义务教育的全面普及和一定程度上中等教育的发展，为正在兴起的工业提供了大量有一定文化和技术的劳动力。中等和高等教育的发展重点偏向技师、工程师和实业家的培养，反过来也导致建立在制造基础上的经济增长。从国际视野看，许多经济学家认为中国奇迹是"东亚奇迹"的再造。世界银行在1993年出版的《东亚奇迹》中指出，广泛的人力资本基础对亚洲高绩效经济体的快速增长极为重要，（这一地区）早已普及基础教育，识字率高，认知技能水平大大高于其他发展中国家。威廉·肯明斯在1997年出版的《东亚教育的挑战》中论述亚洲人力资源开发时提出"东亚道路"：优先普及初级教育，工业、技术和教育政策相辅相成和协调执行，不仅在一般意义上强调高等教育，而且针对技术创新和追赶的特殊领域如工程与科学进行重点投资，学生个体、他们的家长以及私营部门对政府所提供的教育给予重要支持。就后发外生型现代化来源、政府主导型作用和儒家文化基础等方面来说，中国无疑属于东亚模式，但并非一般东亚模式，中国模式无疑是属于社会主义特色的东亚模式，具有深深的社会主义象征和计划经济体制发展而来的痕迹。新中国建立起以人民大众为基础的社会主义政治制度，政府在整个社会体系中处在强势地位，集中资源，行动高效，集中力量进行大规模的统一变革是成就"中国模式"的核心要素。教育现代化由政府根据党和国家不同时期的经济社会发展任务提出优先发展方向和目标，制订基于理想图景和现实主义相结合的计划或规划指导教育发展，并动员全社会的力量和资源强有力地推行和实现。无论是义务教育的"两基"攻坚、中等教育结构改革，还是高等教育扩招，都体现出这种由政府主导、自上而下并得到行政与舆论和社会多重力量支持的教育发展路径。

中国地域广阔，各地资源禀赋、经济条件、文化习俗等差异较大，区域不平衡发展的基本国情决定了中国现代化道路是由个别区域率先实现进而推进整体实现。随着20世纪70年代末以分权为特征的改革推进，地方自主权的扩大和自主性的发挥给地方政府官员提供了进行改革推动区域经济社会发展的空间，他们积极探索适合本地区的区域工业化和现代化模式。县域作为基层行政管理区域，中国的崛起建立在以县域为基础的区域性的相继崛起。改革开放以来，先后出现的苏南模式、珠江模式、晋江模式和温州模式，差不多都是首先发生在某个县域，进而推广至更大的区域的，而且这些地区也都较早地开始了有目的的教育现代化进程。在教育现代化推进最早、成效突出的地区，如广东省和江苏省，以县域为基本单元推进教育现代化，教育的快速发展成为县域经济崛起和领跑的奥秘，同时地方性教育改革试验（实验）在地区间激发更强的竞争意识，并在竞争中产生更好的教育发展模式。事实上，中国教育改革中众所周知的成功政策几乎都是通过区域性的试验在全国推行的，为中国政策形成过程中的风险管理和谨慎决策提供了榜样。

模式研究的一个重要方法就是进行案例研究，即选择若干有代表性的区域进行历史的、实证的、比较的研究。由于现代化是一个地区经济和社会的整体性变迁和转型，我们在进行区域教育现代化模式的案例研究时，更多是参照区域经济发展模式的轨迹，选择了"珠江模式"中的顺德、"苏南模式"中的昆山、"温台模式"中的椒江，同时对处于现代化前沿的上海市徐汇区和现代化起步阶段的四川省康定县进行了案例研究，力图大体上展现我国不同经济社会发展水平地区教育现代化的不同路径。在发展知识经济方面走在上海市前列的徐汇区，以提供充分优质教育的终身学习体系建设带动教育现代化，特别是通过构建起体现教育机会均等、学制贯通的终身教育理念的区域性基础教育新体系，并通过现代学校制度建设和教学组织形式的创新，为每一个孩子创造了成才的道路，使每一个孩子不仅享受"充分教育、优质教育"，同时开始考虑对学校和学生进行合理定位，为学生提供"适切教育"和"有效教育"，为培养各类创新人才奠定坚实的基础。广东佛山市顺德区在推进新型工业化进程中，致力于推动教育与区域发展紧密结合，构建起完善的与顺德主导产业和支柱产业相衔接的人才培养体系和技能供给机制，成功探索出一条"促进现代经济增长"的"互进型"教育发展模式，教育培训系统成为区域创新系统的重要组成部分。江苏省昆山市在推进工业化与城市化战略中，以小城镇发展为载体和城乡协调发展为特色，推进乡镇教育现代化和城乡教育公共服务一体化，开创出以城乡教育一体化为核心的区域性整体性教育现代化模式。浙江省台州市椒江区在基于市场化民营化的区域经济发展模式中，开创教育股份制、混合所有制、合伙等多元办学体制共存的区域教育发展模式，有力地推动了当地教育的跨越式发展。处于欠发达地区的四川省康定县，充分挖掘信息通信技术在师资培训和提高课堂教学质量方面的潜力，加强民族地区基础教育能力建设，走出了一条借助信息化手段提升教育现代化水平和促进社会变革的发展道路。这些案例地区在促进教育适应社会发展与社会变迁，促进教育从传统向现代形态转变和要素变化方面积累了丰富而新鲜的经验，有的已在全国产生了重要影响，经过提升和深化都可能会转化为全国的实践运动。

在我们对不同地区教育现代化发展模式进行比较研究时发现，一方面不同地区推进教育现代化的战略与策略选择、改革与发展的重点领域、政府与市场的作用等方面存在明显的差异，而另一方面所有这些不同的做法都有一个共同的目的和结果，即实现教育快速而协调的发展。这也正是我国教育30多年改革和发展的基本特征：寻找符合国家和地区实际的快速而协调的教育发展道路。我国在经济发展水平比较低的情况下，以较短的时间实现了发达国家和地区（包括日本、"亚洲四小龙"）用更多时间才实现的教育发展目标。纵观国家和地区层面的发展历程，有些共同经验是值得深入探讨的，例如，政府主导型现代化发展模式，由政府自上而下组织推动，动员聚集各种资源，优先发展教育事业；区域非均衡发展模式，调动地方和民间力量，因地制宜，试验先行，并通过带动、联动、合作实现均衡发展；改革、发展、稳定良性制衡的发展模式，以发展为中心，以改革为动力，以稳定为保证，把握发展的速度、改革的力度、现代化的进度等等。随着中国的崛起，中国教育的发展经验越来越受到世界各国的关注。中国普及九年义务教育、推进全民教育的经验得到国际组织的认可和赞许，许多发展中国家也将目光转向中国，甚至美国认为中国的教育系统已经或正在培养着能够对美国的未来造成相当威胁的、具有很强竞争力的人才，中国中学生优异的学业表现被美国看成新的"斯普特尼号"（1958年苏联发射的人造地球卫星），以此反思自己教育的不足和缺憾，看到我们教育中有他们需要获取的营养。中国建设高水平大学的做法也在世界范围内引起广泛关注，德国、日本、韩国、俄罗斯、印度和菲律宾等许多国家和地区相继推出与中国"211工程""985工程"相类似的"精英大学"和"卓越研究中心"计划。但是，我们清醒地认识到，中国教育还不完全适应国家经济社会发展和人民群众接受良好教育的要求，存在着许多值得重视和需要变革的弊端，教育现代化之路依然漫长。2010年中共中央、国务院颁布的《国家中长期教育改革和发展规划纲要（2010—2020

年）》，已经开启了中国新一轮教育现代化的序幕，中国教育现代化进入一个创新发展的新时代。

从现代化理论和区域科学的视角来研究中国教育现代化发展模式是一个大课题。评估关于现代化的框架如何以及在多大程度上能有效地应用于当代中国的社会和教育现实，是既具有理论挑战性又具有现实意义的事情，但由于理论准备不足和实践基础不深，使我们对承担如此重大的任务感到心有余而力不足。写下这些我们对当前现代化发展的"模式之辩"和中国教育现代化实践问题的一点认知，抛砖引玉，但愿能给读者带来些许收获和思考。

高等教育在区域现代化中的作用及其实现条件[66]

高等教育和区域现代化，是一个具有普遍意义的重要议题：各国的经济社会发展及其现代化进程都是在一定的区域空间展开的，高等教育的发展也必然和区域的经济社会发展、区域现代化发展有着紧密的关系。中国作为发展中国家有一个很重要的国情就是区域之间的不平衡性特别明显，存在着东部、中部、西部不同区域之间经济社会发展水平的差距，但这种差距不是一个数量级的差距，而是不同发展阶段的差距。也就是说，在东部一些地区已经进入了工业化的后期，但在西部仍有相当一部分地区还处在工业化的早期，有少数地方甚至处于前工业化的阶段。由于不同地区的经济社会发展目标、任务以及战略选择有很大差异，这就决定了不同地区的高等教育的发展战略和选择同样有很大区别。中国从20世纪80年代以来，现代化区域战略的变化是从梯度发展战略转向区域协调发展的战略。所谓区域梯度发展就是沿海地区率先实现现代化，然后带动中部和西部地区的发展。

这里我想重点以东部为例，讲讲现代化进程中高等教育和区域发展的

---

[66] 谈松华："高等教育在区域现代化中的作用及其实现条件"，《中国高教研究》，2012年第8期。系作者在2012年4月24日"区域现代化与高等教育发展"中英研讨会上的主题发言。转载于《高等教育》，2012年第12期。全国高等学校教学研究中心副研究员夏鲁惠同志提供了部分数据和资料。

关系。现代化不只是经济的现代化，还包括制度、文化层面的现代化，重点从经济领域来讲现代化的发展进程和高等教育的关系。

一、高等教育与区域现代化互动关系的案例分析

高等教育和区域现代化发展之间存在着互动的关系，就是相互推动、相互促进的关系。这里我用两个省的案例做一介绍：一个是广东，另一个是浙江。这两个省都是东部沿海省份，也是中国改革开放比较早、发展比较快的省份，经过30多年的发展这两个省的经济发展水平居于全国的前列。

广东省1980年GDP总量为250亿元，在全国排名第5位，经过30年的发展到2010年达到46,013.06亿元，连续22年位居全国第一，经济发展速度是惊人的。在经济快速发展的推动下，广东的高等教育也实现了超常规发展。1980年到2010年广东省普通高校学校数由30所增加到了131所，在全国由第9位上升到第3位，在校生由4.4万人增加到142.66万人，在校生数由全国第11位上升到第4位。广东的高等学校原来基本集中在广州市，从20世纪80年代改革开放以后，地方高等学校的发展最早是在广东，从1983年的深圳大学到东莞、佛山、江门等地、市陆续建立了地方高等学校。这些高等学校是直接为区域经济发展服务的。所以，可以明显地看到广东经济快速发展拉动了高等教育的发展。

浙江省1980年GDP总量为179.92亿元，全国排名第12位，经过30年的发展到2010年达到27,722.31亿元，总量居全国第4位。浙江现在人均GDP也达到了7639美元，增长速度也是非常快的。同样，从1980年到2010年浙江省普通高校数由22所增加到101所，在全国的排位由第14位上升到第10位，在校生人数由3.76万人增加到88.49万人，在全国由第17位上升到第11位。同样可以看到，浙江近30年来地方高等教育的发展是非常迅速的。

这两个地区 30 年的发展说明，高等教育与区域现代化之间存在着明显的互动关系。从一个方面说就是区域现代化的加速发展，拉动了高等教育主要是地方高等教育的超常规发展。这种拉动主要包含两个方面：一是地方经济的快速发展对人才和知识的需求会拉动高等教育的发展；二是地方经济的快速发展又为地方高等教育发展提供了物质条件，包括教育财政支出和社会教育投入的增长。从另一个方面说，高等教育大众化、多样化的发展为区域现代化提供了人力资源、知识支持。这两个省经济发展的规模是几十倍的增加，它必然需要大量的人力资源。这种人力资源在初期可以用能满足初级加工需要的农民工来补充，但随着对专业技术人员和高技能人才需求的激剧增长，则要依靠加快发展高等教育、培养高素质人才来满足。所以，这两者之间的互动是东部沿海地区（如广东、浙江）这30年来经济社会发展的重要特点，也可以说是非常重要的经验。

如果从具体发展阶段分析其相互关系则会发现，在现代化发展的不同阶段，高等教育的作用是有所不同的。在现代化，主要是工业化的早期，以初级产品的加工业为主，大量需要的是熟练劳动力和中、初级技术人员；而在产业升级阶段，大量专业技术人员不可能单纯依靠引进，前期建立的地方高校就发挥出重要作用，而高端科技人才则依靠国家研究型大学和本地高水平大学共同培养。珠三角地区的发展表现得特别明显，因为改革开放初期的珠三角经济增长基本上依靠出口加工型产业，所以经济发展很快，大量的劳动力主要来源于农民工。由于高等教育很薄弱，地方高等学校不能满足经济快速发展对专业技术人员的需求，当时珠三角所需人才主要依靠引进——20 世纪 80 年代珠三角从全国各地引进了 80 万的专业技术人员。在进入工业化中期以后，实现产业升级需要大量的专业技术人员和高技能的人才，高技能人才和专业技术人员不能单纯靠引进，所以，在产业升级和技术进步过程中，此时前期建立的地方高等学校就发挥了重要的作用。

应该说，珠三角地方高等学校对珠三角经济后期持续发展发挥了不可磨灭的作用。如广东省的职业院校近10年来为广东输送了300多万技能型人才，服务于广东省各个产业。到产业提升阶段，高等教育类别、层次发生了变化，高端科技人才不能完全靠一个地方培养，而需要国家研究型大学和本地高水平大学共同培养。现在全国有50多所高校、科研院所在广东建立了20多家研究院、研发基地、国家重点实验室和工程中心分支机构等技术创新平台，还有外省21所高校在广东成立了办事处。这就是说随着产业的升级，高等教育要为地方服务，其结构会变化。浙江独立学院的发展也从一个侧面说明区域经济和社会发展与高等教育之间的互动关系。独立学院最早是在浙江出现并发展起来的，而且在一段时间内其数量也是最多的，曾经达到22所。出现这种现象的一个重要原因是浙江经济快速发展对人才的需要仅仅依靠原来的高等学校已经不能满足，需要部分资源充足的高校用混合办学的方式来扩大高等教育的资源，以满足浙江经济快速发展对人才的需要。

二、高等教育促进区域现代化发展的实现条件

高等教育要在地方现代化发展中发挥重要作用，是要有实现条件的，即高等教育和区域现代化互动关系的形成应该是高等教育系统与经济、科技、文化、社会系统相互作用和相互促进机制的形成过程。如果没有互动机制的形成，没有几个系统之间的合作机制的形成，不一定能起到这个作用。印度高等教育在一段时间内发展得非常快，但是对印度经济发展的作用并不明显，还曾经被看作是一种教训。巴西也有过这个情况，并不是说高等教育数量增加了，这个地方的经济就一定快速发展，而是需要高等教育系统和其他系统形成一种紧密联系的机制，而这种机制的形成需要一系

列内部和外部条件的创设和完善。

第一，改革中央过于集权的管理体制，实行分级办学、分级管理、以省为主的管理体制，为高等教育的地方化、更好地为区域现代化服务提供体制保障。计划经济时期高等教育管理体制是高度中央集权的。20世纪80年代全国600多所本科院校中有360多所属于中央60多个部委举办和管理，有260多所成人高校属于中央各部门管理，所以高等教育办学和管理的权力集中在中央。这样一种体制很难让高校直接为地方服务。所以20世纪80年代以后特别是20世纪末高等教育体制改革的重点就放在改革中央过于集权的管理体制。现在中央部门所属高等学校转由地方管理或以地方管理为主的约360所，其中普通高校205所。现在全国2200多所高等学校中，中央部门管理的只有100多所，其他的都是地方管理。通过改革形成了三级办学、两级管理，即中央、省和地方三级办学，中央和省两级管理、以省为主的管理体制。现在一些发达的省份，办学已经延伸到了县，变成了四级办高等学校；相当一部分高职院校属于中心城市管理，因此管理实际上是三级管理。地方在高等学校的举办和管理上已经发挥了主要作用，这就为高等学校更好地服务于地方经济发展提供了一种体制的保障。

第二，调整高等教育结构，形成学校布局、层次类别、学科专业等结构合理、特色鲜明、适应性强的国家和区域高等教育体系，为区域现代化发展提供主动的、多样化的服务。我国高等教育结构长期以来存在着趋同化、雷同化的缺陷，很多高等学校定位不明确且有一种升格的驱动力。学校定位不稳定就很难在这个定位上为区域做贡献，一个地区的产业发展是多样的，技术也是有梯队的，所以它需要的人才也是多样的，需要不同类别、不同层次的人才。如果我们高等学校都是雷同的，那就很难为区域发展提供全面服务。因此，形成合理的区域高等教育结构是发挥高等教育对区域发展的支撑和引领作用的重要条件。

第三，改革人才培养体制和模式，以育人为本、能力建设为本，打破学历本位、学科本位、学校本位的办学模式，培养适应时代要求和区域发展需要的各类人才。高等教育的发展关键在于培养的人能不能适应社会的需要，而不同地区的经济社会发展水平、产业结构的不同，对人才的需要是有区别的。过去我们的人才培养模式是大一统的，这些年来教育教学改革不断推进，原先过于划一的人才培养模式有所改变。但是教育中只看重学历、学位而忽视能力培养的问题还是一个普遍性问题，同时也造成了教育教学与社会需要的脱节。一方面是大学生就业难，大学生找不到工作岗位；另一方面企业又反映找不到他们需要的大学生。问题在于大学人才的培养和社会需要的脱节，这就存在着人才培养体制和模式变革的问题。

《教育规划纲要》特别把人才培养体制和模式改革作为中国教育改革的核心。这里就需要我们确立育人为本的指导原则，建立与学历序列并行的能力序列，在不同的院校按照学生能力建设的要求，实行教育教学改革。在研究型大学的本科阶段，从学生进校就应培养学生的科研意识、科研能力，注重培养创新精神和探究问题的能力，实施研究性学习、自主开放的实验、导师制、书院式管理等，让学生有更大的自主性、更多的选择权。在高职高专院校实行模块式教学、订单式培养，工学结合、工学交替等。总之，高等教育与区域经济社会发展的互动机制只有在人才培养层面得到落实，才能真正实现两者的双向互动。

第四，创新高等教育与地方、行业、企业合作的组织形式，建立高等教育与区域发展良性互动的长效机制。高等学校要为地方服务，高等教育的发展要和区域发展紧密结合，仅仅停留于口号而找不到一种实现途径，特别是如果找不到一种多方合作的组织形式，那它只是暂时的。在知识经济时代，高等学校与企业、研究机构之间的合作、联合受到前所未有的关注，它们之间不仅是产学研的合作，而且是组织上的共同体。中国现在正在进行大学科技成果转化的建立中的大学科技园区，其产学研之间也不是一般的合作，而是产学研的联盟，是产学研的一种新的组织形式。国际上提出"三重螺旋结构"，也是政府、学校、产业的新的组织形式。中国提出"政产学研用"，现在区域和高等教育的合作应该要找到一种组织形式来实现这种长效合作。

三、高等教育促进区域现代化发展的前景和责任

现代化是一个历史过程，今天我们在这里讨论高等教育与区域现代化的关系，主要是针对以工业化为主要特征的第一次现代化过程中的高等教育发展问题。发达国家已经进入以信息化为主要特征的第二次现代化，中国处于第一次现代化的后期，在一些发达城市实际上也已经具有第二次现代化的某些特征。中国是以信息化带动工业化，所以中国是第一次现代化和第二次现代化交叉进行的。对于区域现代化过程，不仅要考虑工业化的需要，而且要考虑信息化发展即第二次现代化对高等教育的新要求。

中国 30 多年快速发展的成就确实是令世人瞩目的，但现在正处在关键时期。我国 2009 年人均 GDP 已经达到 3200 美元，按照世界银行的分类，3200 美元以上就是上中等收入国家。2011 年按照现有汇率来算人均 GDP 达到 5400 美元，其中北京、天津、上海已经超过了 1.2 万美元，进入高收入国家的水平。从全国范围来讲，我们还处于中等收入国家向高收入国家发展的阶段，这个阶段社会矛盾是比较集中的，很多国家在这个阶段是处于徘徊的，甚至出现了社会矛盾激化和社会动荡。韩国曾经有十年徘徊，巴西也曾经出现过十年徘徊，都是在中等收入向高等收入国家发展的时候，国际上把这种现象叫作"中等收入陷阱"。如何防止这些教训在我国重演，如何顺利实现现代化进程的提升，高等教育如何承担起责任、

发挥更大的作用，这是我们要讨论的中国面临的前景问题。总体来说高等教育要从仅仅适应社会发展转变到全面发挥适应、促进、指导社会发展的作用。

第一，经济领域。经济的持续发展是现代化的物质基础。经过30年快速发展以后中国面临的问题是能否实现经济转型和产业升级，这是我国现代化建设能否持续前进的关键所在。世界范围正在兴起一场新的科技革命和产业革命，我们能否在科技创新和战略性新兴产业发展上占领制高点，这是一个国家在后金融危机时代能否占据主导地位的决定性因素。这种变革性发展必然要求高等教育实现根本性的转变，也就是由数量扩张满足初级加工业人力资源的需求，转变为以质量提升满足科技创新和产业升级提出的创新型人才和科技成果的需要，并且在创新科技成果产业化和战略性新兴产业发展中发挥支撑和引领作用。高等教育不仅要为科技创新和战略性新兴产业提供人才，提供科技成果，而且要能够实行成果的转化和产业化。

第二，社会领域。社会和谐是现代化的重要内容和条件。由于经济的快速发展深刻改变着社会结构和利益格局，我国面临新的社会问题，涉及诸多方面，我这里仅提与高等教育关系比较密切的两点：一个是人口结构的变动，主要是人口红利期的提前结束和老龄化的提前到来，它的结果是劳动力供给数量优势减弱，质量要求提高，人口赡养系数提高，对人口素质要求更高。二是市场化的改革取向在提高效率、促进经济发展的同时扩大了收入分配差距，加大了社会不公。现在中国基尼系数达到了0.47，已经超过了警戒线，社会矛盾有所加剧，如果不能妥善处理将会引发社会冲突。处理这些社会矛盾，要调整社会政策、完善社会管理。高等教育的发展，一方面有利于提高人口质量和劳动力素质，以质量弥补劳动力数量减少的矛盾；另一方面，在高等教育发展中更加关注弱势地区和弱势群体的机会公平，将有利于促进社会公平和社会和谐。所以教育公平不仅是义务教育阶段的公平，高等教育阶段同样存在这个问题。

第三，文化领域。在从传统社会向现代社会的演变过程中，文化是一种催化剂、黏合剂。现代化进程中工业化、城市化、全球化的发展加大了和加快了人员流动的规模和速度，也促进了不同文化之间的交流和碰撞。城市文化与乡村文化、不同地域之间的文化、不同社会群体之间的文化、本土文化和外来文化之间都存在着既有交流又有碰撞的问题，本质上讲是传统文化和现代文化之间的传承和创新，贯穿在现代化过程的始终。目前，民族文化根基的弱化、社会文明道德水准的下降都反映了现代化进程中文化建设的迫切性。高等教育在文化建设中的地位和作用，胡锦涛同志在清华百年校庆中第一次将文化传承作为高等教育的重要职能来论述，值得我们深思。高等学校要深刻反思在学校建设中重物质轻精神，见物不见人，过于功利化的价值取向乃至诚信缺失、学术腐败等等。高等学校不仅要建设成科学的殿堂、文化的书院、精神的家园，更要成为社会精神文化的中心、新思想、新文化的发源地，指导和引领中华民族包括民族文化的复兴和创新。

关于高等教育在文化建设中的地位和作用，胡锦涛同志在清华百年校庆中第一次将文化传承作为高等教育的重要职能，值得我们深思。

再论教育现代化[67]

一、教育现代化的核心是人的现代化

问：您怎样理解教育现代化的核心是人的现代化？

答：这需要从现代化的基本内涵和要素说起。现代化是传统社会向现代社会转型发展的过程。它是涉及人类生活所有方面的深刻转变过程，按早期西方现代化理论的共识，大体上是经济领域的工业化、政治领域的民主化、社会领域的城市化、思想文化领域的理性化的互动过程。教育现代化则是从传统教育向现代教育的转型和发展过程，同样也是一个教育物质技术层面、体制制度层面、思想观念层面的互动转型过程。

在现代化的整体转型过程中，物质和制度层面的转型是显性的、基础性的，而社会心理、社会人格的转型，即人的现代化则是隐性的、深层的。美国著名的社会心理学家、现代化理论心理学派的主要代表、曾先后任斯坦福大学和哈佛大学教授的亚历克斯·英格尔斯认为，现代化研究必须以人为核心，他说："一个现代社会要有效地发挥作用，必须要求公民具

---

[67] 谈松华："再论教育现代化"（编辑本书时所加，由《中国教育报》记者杨桂青、特约撰稿李孔文对谈松华的三篇访谈汇集而成，节标题为三篇系列访谈各自的原标题），《中国教育报》，2016年12月22日第6版、2016年12月29日第6版、2017年1月12日第7版。

备某种品质、态度、价值观念、习惯和意向。"他又说:"如果一个国家的人民缺乏能够赋予先进制度以生命力的、广泛的、现代的心理基础,如果掌握和运用先进制度的人本身在心理、思想、态度和行为上还没有经历一场向现代性的转变,那么,失败和畸形的发展是不可避免的。"他强调说:"在任何社会和任何时代,人都是现代化进程中的基本要素。只有国民在心理和行为上都发生了转变,形成了现代的人格,现代的政治、经济和文化机构中的行政人员都获得了人格的现代性,这个社会才能称作是真正的现代社会。"中国也有学者提出,在推进现代化的社会变革中,社会人格系统的除旧布新和深层变革是最重要的因素之一。可见,人的现代化既是社会现代化的必要条件,也是社会现代化的基本表征,也可以说是社会现代化的出发点和归宿。

教育是培养人的社会活动,其活动的主体是人,强调人的现代化在教育现代化中的核心地位具有特殊的意义。教学设施、技术装备、教育组织和制度等,固然是教育现代化的必要条件,然而,这些物质技术和组织制度,如果由具有传统教育思想观念和行为的人掌握和运作,那么,它可能会起强化传统教育的作用,正如现代信息技术手段照样可以作为强化应试教育的工具那样。因此,只有不断提升教育过程中人的现代化水平,包括教师、学生、管理者、家庭成员和社会成员的教育观念、心理人格的现代化,才能真正实现教育现代化,建立与时俱进的现代教育。

问:您怎样理解"人的现代化"?

答:一般认为,人的现代化是指人的现代性的增长,也就是传统的思想、行为习惯慢慢地消减,现代性的因素、思想观念和思维、行为习惯不断增长,并占到主导地位。当然,这里讲的传统和现代不是绝对对立的,而是一种辩证否定和批判继承的关系,即现代在传统里生长出来,传统在对现代的适应中不断转化。

20世纪60—70年代，国外有一批学者对人的现代性做过比较系统的研究，提出的一些基本的方面是大家比较认可的。比如理性精神，相对于传统社会，特别是神权、专制社会和农业社会，理性精神促进了人类文明的发展；以人为本，带来了人的独立性和自主性；开放态度，包容新思想，对新经验持开放态度；社会参与，与他人、社会交流等。

人的现代化或现代性的具体内涵，应该是一个历史的范畴，在农业社会向工业社会、工业社会向信息社会两种社会转型之间，人的现代性的具体内涵既有连续性，又有发展性。而至今学术界所做的有关人的现代性的研究，主要代表还是20世纪70年代哈佛大学的学者对于阿根廷、智利、印度、以色列、尼日利亚和巴基斯坦等6个发展中国家个人现代性的比较研究。这项研究所建立的分析模型和行为模型以及与此相关的专题领域，为农业社会和工业社会中传统人和现代人的心理、观念和行为特征的调查和研究提供了理论框架和实证判例。调查用30个问题进行问卷和实地调研，概括现代人性格的四个主要特征，即他是一个消息灵通、参与的公民；他拥有相当明显的个人效率感；就他与传统影响力的关系来说，他是非常独立且自主的；他对新经验和新理念都易于接受，心胸是开放的，认知上有很大的弹性。

理性精神、效率意识、参与意识和对新事物的开放态度等，对我们今天理解人的现代化还是有价值的，而进入21世纪，更需要研究工业社会向信息社会转型过程中人的现代性的新内涵。

问：教育在人的现代性形成中起什么作用？

答：人的现代性的形成，受家庭、社团或社区、生产和工作场所、教育学习、传播媒体等多种因素影响。社会心理学家认为，在诸多因素中，学校和工厂对人的现代化的作用是最突出的，其次是制度体验和传媒影响，而现代教育在人的现代性的增长过程中起着基础性、决定性作用。

教育对人的现代性增长的作用，不仅在于教育普及水平的提高，有助于提高居民识字率和文化水准，更取决于教育的价值取向、教育制度和教育内容是否符合并促进现代观念、现代精神的发展。20世纪70年代，由普林斯顿大学国际问题研究中心组织进行的中国现代化研究，对中国、俄罗斯、日本的现代化进程进行比较研究，这3个国家都是从19世纪中叶开始现代化进程的，但到20世纪中叶，日本发展最快，中国最慢。从5个领域分析其原因，在"知识和教育"领域，从男性居民识字率看，清代中国和日本德川时期是不相上下的，问题在于中国的教育只读"四书五经"，排斥外来先进思想和科学技术，学习的内容脱离儿童生活实际，科举制所选拔的只有官吏，教育很难培养批判性思维和应变能力，他们认为，"应变能力方面的困难看来是因为教育水平和地位与权力之间的关系太紧密"。"教育与社会、经济和政治的关系可以使传统教育为现代化助一臂之力，也可以使显然具有现代化特征的传统教育成为现代化事业的牵制力量"。只有现代的教育，只有能够使人的思想得到解放和不断开发、智力不断得到发展的教育，才能够真正地促进人的现代化。保守的教育难以发挥这种作用，甚至会阻碍人的现代化。

问：不少哲学家、社会学家、文学家、艺术家等常批评工业化、现代化给人类社会带来的困扰。您怎么理解这一现象？

答：这里所说的主要是西方后现代主义思潮对于工业化和现代化消极面的批判。从现代化的历史实践来看，确实存在着技术理性、工具理性超越价值理性，功利性淹没人文性，对于自然的控制和开发破坏人自身生存的生态环境等。也可以说，现代化推进过程中，如果忽视了人的核心作用，就会偏离它的发展轨道，背离其初始出发点。

如果用马克思主义异化理论来解释这一现象，现代化所推动的经济、技术、社会的进步，是以人的自由而充分的发展为核心和目标的，而当这些物质技术和社会财富成为发展所追求的目的时，就有可能成为阻碍人的发展的力量，就如同机器是为了使人摆脱沉重的体力劳动服务的，结果后来机器反而控制了人，人成了机器的奴隶，这就是异化。所以，如果离开了人的发展来讨论现代化，就会产生一种负面作用。

问：教育现代化进程如果背离了人的发展，会产生什么样的负面影响？

答：人在教育现代化中的核心地位更为突出，不以人为核心的教育现代化会使教育失去灵魂，对人的发展产生负面的影响。教育现代化的一个重要标志是制度化教育的出现和演进，出现了班级授课形式，出现了学校，形成了庞大的学校教育体系，这是现代教育的重要标志。学校教育体系有一套制度标准，包括学历、学位、考试等，这些制度如果以保障人的自由而充分的发展为出发点，就会成为释放人的发展潜能的动能，而如果把这些制度异化为一种管制和约束学生的手段，或者把这些手段变成教育的目的，例如我国"一考定终身"的高考制度、束缚学生全面发展的"应试教育"，那学生就会成为分数、学历、学位的奴隶，背离教育的宗旨和价值。而这正是世界教育，尤其是中国教育最主要的弊病。联合国教科文组织去年发布了《反思教育：向全球共同利益转变》的报告，这份具有里程碑意义的报告，反思了影响甚广的功利主义和经济主义教育观的危害，明确教育要以人文主义为基础，尊重生命和人类尊严。这对于我国推进以人的现代化为核心的教育现代化具有现实指导意义。

二、今天的教育现代化有什么特殊性

在人类文明进程中，我们正处于一个特殊的时代，正面临由工业文明向信息文明的转变。在这样的背景下，中国现时代的教育现代化具有特殊性，无法回避信息化的影响。

问：我们今天所谈的教育现代化，有什么特殊之处？

答：今天我们面对的教育现代化和人的现代化，是面向21世纪这样一个全新时代的现代化。如果说传统现代化更多地是从农业社会向工业社会转型过程中的现代化，那么现在所提的现代化是从工业社会向信息社会转变过程中的现代化。从人类文明进程来说，我们所面对的是工业社会向信息社会、工业文明向信息文明转变。就是说，信息化已经在影响着社会、生产、生活乃至于思维领域的各个方面。可以说，今天的教育现代化离不开信息化。

问：您为什么如此强调信息化对现代化的作用？它对教育有什么要求？

答：第一，信息文明与工业文明相比，生产方式、生产组织和流程乃至工作方式、社会活动方式都发生了变化，人在生产体系中的作用及生产体系对生产者的能力要求也发生了变化，这势必会影响教育方式和组织形态的变化。世界银行在《中国与知识经济：把握21世纪》的报告中曾经对知识经济和工业经济中生产方式和教育形态的变化做过分析，认为工业生产组织特点是科层制，其生产流程是流水线生产，人处在流水线的某一个节点上，他所要做的是这个节点上的一个具体工作，所要解决的问题基本上是常规性问题，只要按照规定动作去做，就算是个合格的工人。信息经济条件下的工作往往是个性化的，其组织形式是网络状的。一个人不一定被固定在一个节点上，很可能要面对几方面的工作。他遇到的问题，很多是非常规问题。为什么现在强调人的自主性和创造性，强调人的创新能力和解决非常规问题的能力？因为这是社会、生产、经济变化对人的客观要求。由此，工业社会的教育与信息社会的教育也必然发生深刻的变化：工业社会的教育是以教师传授知识为中心的标准的生产过程，而信息社会的教育是以学生为中心的个性化的学习过程，教育的目标、内容、方式和组织形态都将发生前所未有的变化。

第二，信息社会也称知识社会，它的一个明显的特征是知识尤其是技术的变化对于生产、生活和社会的影响越来越明显，知识更新的速度越来越快，电子计算机、互联网、移动互联网、云计算、大数据、虚拟现实等，在20年左右的时间里，新科技的发明和应用层出不穷。知识更新周期的缩短，对人的学习能力和思维能力提出了新的要求，对单纯知识传授的传统教育形态提出了新的挑战。同时，知识尤其是科技的迅速变化，加快了职业结构和职业技能的不断变化，使人们面临迅速变化的社会环境。因此人要有很强的应变能力，否则很难适应社会的变化。自主选择的教育，能帮助人们获得将来应对这种变化的能力。

第三，信息技术改变和拓展了人际交往方式，产生了一个虚拟世界。人生活在现实世界和虚拟世界里，社交范围突破了物理空间的限制，活动、交流、参与的空间大大扩展，这就对人的交流、参与能力，信息搜集、处理能力，创造能力等提出了新的要求。

第四，信息技术促进了经济全球化发展。美国学者弗里德曼在《世界是平的》一书中说，有两个因素促进了全球化，一是全球互联网，二是世界市场。在信息时代，无论是生活在繁华的都市，还是偏僻的乡村，网络把世界变成了"地球村"，将来人们要有国际视野和参与国际事务的能力，这对教育提出了新的挑战。最近，美国前哈佛大学校长萨莫斯和斯坦福大学的教授创办了密涅瓦大学，它采取了与传统大学迥然不同的办学模式，其中有一条规定，学生每年在一个国家学习一段时间，这也体现了高等教育国际化对于经济全球化的现实回应。

三、中国教育现代化的着力点在哪里

对于促进人的现代化，中国教育界一直在努力，素质教育、课程改革、中国学生核心素养等，都是促进人的现代化的教育实践。教师从传统人向现代人的转变，是实现教育现代化的关键所在。

问：今天，中国教育现代化具有哪些阶段性的特征？

答：经过30多年改革开放，中国教育实现了历史性跨越，正站在新的历史起点上。英格尔斯提出的现代化的十项指标中有关教育的有两项，即成人识字率高于80%，高等教育普及率高于15%。从这两个指标看，我国均已超过这些水平（成人识字率95%以上，高等教育毛入学率40%以上），可以说从各级各类教育的毛入学率，即教育发展水平量化的角度而言，我国已经实现了工业化阶段的教育现代化的目标，正在进入全面实现教育现代化的新阶段。在新的阶段，继续推进教育现代化需要从以量的扩张为重点，转向以质的提升为重点；从以"硬件"建设为重点，转向以"软件"建设为重点；从以效率取向的非均衡发展，转向以公平取向的均衡发展；从以人为发展手段的教育价值观，转向以人为发展目的的教育价值观等。集中起来说，就是要从重功利主义和经济主义的教育，转向以人文主义为基础的教育，也就是真正以人的现代化为核心推进教育现代化。

问：人的现代化如何在教育实践中真正成为教育现代化的核心？

答：从根本上说，要坚持立德树人的教育宗旨，把提升人的现代性水准、促进人的自由而充分的发展，作为教育的终极目标贯穿于教育实践的始终。关于21世纪世界教育发展的新动向，联合国教科文组织、经合组织、欧盟等国际机构，美、英、法、德、日等国家先后提出了"21世纪学生核心素养"或"关键能力"。这些不同的框架在素养结构或关键能力的重点方面有所不同，但一个共同点是适应进入21世纪人类正在经历的新科技革命、经济社会加速变化和不确定性增加、经济全球化和多元文化的交流和碰撞等新变化和新挑战，对学生的素养和能力提出了新的结构框架。

我国在素质教育和新课程改革中，依据国家教育方针和社会主义核心价值观，经过专题研究和多方研讨，提出了中国学生核心素养。从两个方面说，它对于实现以人的现代化为核心的教育现代化具有提纲挈领、承上启下的关键作用。一方面，核心素养的内容体现了国家教育方针、社会主义核心价值观和素质教育的基本要求，并依据科技、经济、文化和社会迅速变化的新要求，赋予时代的内涵，突出了社会责任感、创新精神和实践能力，突出了21世纪信息时代对人的学习能力、思维能力、交往能力、团队合作能力、信息获取和处理能力、组织能力、领导能力的新要求。也可以说，人的现代性的时代内涵将成为教育现代化实践的基本目标和检验标准。另一方面，核心素养居于素质教育和课程改革指导性目标的位置，处于统领地位，将通过从核心素养、教育质量标准、课程标准到课程内容、教学设计、教学过程、教学测评这样众多的实践环节，循环往复，贯穿于教育教学的全过程，最终渗透到人的成长发展的每一个环节和每一个侧面，发挥提升人的现代性的整体作用。

问：我国多年来一直在推进的素质教育，对于促进人的现代化起到什么作用？

答：我们一直在推进素质教育的实施，尽管效果还不是太理想，但它在教育界起到了启蒙作用，让教育界的思想更加解放，不把人当作工具来培养，而是要提高人的素质。把素质教育摆到教育现代化的布局中进行反思，应该有新的认识和定位。最初，素质教育在一定程度上是针对片面追求升学率的"应试教育"的弊端提出来的，在认识和实践上都有一定的局限性，改革的重点主要反映在加强音体美等非高考科目和课外活动。1999年，中共中央、国务院《关于深化教育改革，全面推进素质教育的决定》明确提出"实施素质教育，就是全面贯彻党的教育方针，以提高国民素质为根本宗旨，以培养学生的创新精神和实践能力为重点，造就'有理想、有道德、有文化、有纪律'的、德智体美等全面发展的社会主义事业建设者和接班人"。并在全国范围内开展了基础教育课程改革及与此相伴的教育教学改革，素质教育深入到课程改革和课堂教学改革中。《教育规划纲要》提出："坚持以人为本、推进素质教育是教育改革发展的主题，是贯彻党的教育方针的时代要求，核心是解决好培养什么人、怎样培养人的问题，重点是面向全体学生，促进学生全面发展，着力提高学生服务国家人民的社会责任感、勇于探索的创新精神和善于解决问题的实践能力。"从素质教育的提出到成为国家教育决策，并确定为教育改革发展的战略主题，这近30年的历史进程表明，尽管素质教育在认识上仍然存在歧义，实践效果也并非尽如人意，但它之所以历久弥新，正是由于它体现了育人为本、立德树人、以学生为中心的教育理念和教育宗旨，也应该是推进以人的现代化为核心的教育现代化的重要途径。

问：对于当前的素质教育，您认为我们需要考虑哪些因素？

答：推进素质教育已经有多年的理论和实践探索，但问题是如何将适应新阶段的要求真正落到实处。有三个因素更加值得下力气：

第一是教师。教师对于教书育人，尤其是对于以人为核心的教育现代化具有独特的、不可替代的作用。2016年9月9日，习近平总书记到八一学校看望慰问师生，发表重要讲话，提出"让教师成为让人羡慕的职业"。有人认为，随着信息技术在教育领域的广泛应用，教师的作用将会减弱，甚至被取代。这是一种误解。但是，教师的作用、任务和工作方式会发生深刻的变化，将从知识的传导者、教育的主管者，转变为知识和思想的交流者、教育的组织者和指导者。因此，问题的关键恰恰是教师从传统人向现代人的转变，是不断增长现代性、实现现代化的问题。在社会变革和教育改革实践中，我国广大教师正在经历这样的历史性转变，一大批教师站在变革和创新的前列，而大多数教师仍然或多或少地受制于传统教育的困扰。世界银行在《中国与知识经济：把握 21 世纪》报告指出，几千年的儒家传统和几十年的计划经济形成了中国教育死记硬背的传统。我们的教师就是被这样的传统培养和熏陶出来的，又受现实的"应试教育"制度性的制约，要实现从传统向现代的转变，必然要经历一个从观念到行为、从学校到社会、从组织到制度的整体性、系统性的变革。总之，建设一支师德高尚、具有现代教育思想和教育行为、专业化的教师队伍，是落实素质教育，实现以人的现代化为核心的教育现代化的关键所在。

第二是制度。在教育变革中，制度起着整体性的杠杆作用。为什么在现实中会出现"素质教育轰轰烈烈，应试教育扎扎实实"这样的现象呢？其中一个重要原因就是，尽管素质教育的理念被大家所接受，但现行的用人制度、薪酬制度、考试招生制度等却导向"考试竞争""分分计较"，"看不见的手"把大家引向"分数竞技场"，这也可以说是一种制度惯性的力量。制度对于人们的行为确实具有引导和制约作用，国家考试招生制度改革在上海、浙江试点，尽管启动仅一年，总体效果有待检验，但仅就高考选考科目由学生与学校双向选择这项改革，已经引发高中教育教学过程和组织管理的系列改革，有望促进高中教育多样化。因此，整体配套的制度设计和制度创新，已经成为深入推进素质教育和教育现代化的长远之计。

第三是文化。现代化特别是人的现代化与文化关系密切，素质教育的深入涉及文化观念的深层变革。这种文化观念的变革不仅是学校教师、管理者的教育思想观念，也包括家庭文化和教育思想，还有社会舆论和政府政绩观念等。这些年，有的地方、有的学校、有的教师进行素质教育的改革探索，有时会遭到家长的反对、舆论的质疑，或者政府官员因担心升学率下降而进行的阻止。可见，素质教育以及推进教育现代化的各种改革，必然要经历一个冲破传统文化观念的羁绊、不断提升现代性、逐步实现现代化的过程，而这个过程是学校、社会、政府之间以及教育相关群体之间的互动过程。只有在教育文明和社会文明都实现了从传统向现代全面转型时，赋予现代教育内涵的、以人为本的素质教育和以人的现代化为核心的教育现代化才会以新的教育形态呈现在我们面前。

教育现代化发展应把握四个关键点[68]

《中国教育现代化2035》(以下简称《2035》)和《加快推进教育现代化实施方案(2018—2022年)》明确了当前和今后一段时期教育系统的战略任务。其中,有四个关键点要准确把握。

一是高标准的教育目标现代化。《2035》全面提出了教育现代化的目标,包括迈入教育强国行列,推动我国成为学习大国、人力资源强国和人才强国;明确宣示了新时代中国将实现从普及教育向建设高质量教育的历史性转变。改革开放以来,教育现代化不断推进,为未来发展奠定了重要基础,教育的数量和规模、三级教育毛入学率已经达到或接近高收入国家水平,但质量方面还有差距。建设高质量教育是时代对教育改革发展提出的新要求新使命,是由中高收入国家教育水平提升到高收入国家教育水平的客观要求,是教育适应新科技革命和产业变革的必由之路。因此,教育现代化首先把目标聚焦于建设高质量的教育,也可以说高标准教育现代化目标的主要内涵就是建设高质量教育,而建设高质量教育的核心任务应该是培养高素质人才。教育现代化的核心是人的现代化,培养高素质人才是建设高质量教育的集中体现和主要标志。按照教育方针的要求培养德智体

---

[68] 谈松华:"教育现代化发展应把握四个关键点",《光明日报》,2019年3月5日第13版。

美劳全面发展的社会主义建设者和接班人，培养拥护中国共产党领导和社会主义制度的有用之才，培养适应新时代要求的时代新人，是教育现代化适应经济社会和人民群众对于优质教育迫切需要与殷切期望的时代必然使命。建设高质量的教育特别要重视培养适应经济社会转型和国际竞争需要的应用型、复合型人才，特别是具有创新精神和攻坚突破能力的拔尖创新人才。在全球化、信息化、智能化迅速发展的时代，高标准的教育现代化目标，就是要建设具有国际一流水平和竞争能力的世界教育高地，增强中国教育在国际上的影响力、吸引力和竞争力。

二是创新驱动的人才培养模式现代化。《2035》把发展中国特色世界先进水平的优质教育作为重要战略任务，这是新时代中国教育改革和发展的重大主题，也是满足人民群众对优质教育的期盼、办好人民满意教育的关键一招。我们所要建设的优质教育是面向未来持续创新的教育，是革除传统教育弊端的教育。在人才培养上，目前我国存在着种种影响创新的顽症，如中小学"应试教育"加重了学生课业负担，影响了学生全面有个性的发展；职业教育产教脱节、工学分离，学生难以掌握新技术、提升新技能；高等教育人才培养质量与社会发展需求契合度不高，支撑引领创新发展的能力不足，影响学生创新精神和实践能力的有效养成。不消除这些顽症，提高人才培养质量和教育社会贡献度的任务难以真正落实，更不能真正适应正在兴起的新技术革命和产业变革对人才的新要求。因此，人才培养模式改革必然成为发展优质教育的关键。《2035》就发展优质教育、改革人才培养模式明确提出了"以德为先""全面发展""面向人人""因材施教""知行合一"等基本理念；系统提出了全面落实立德树人根本任务、完善质量标准体系、加强课程体系建设、创新人才培养方式、构建教育质量评估监测机制等重要举措；在教育目标、教育思想、教育过程、教育评价等方方面面，都体现了改革创新设计的整体性和综合施策。

三是适应社会转型的教育体系现代化。《2035》着眼于服务终身学习和各级各类教育发展全局，把教育体系现代化作为总体性教育目标。教育系统是一个包含多层次、多类别、多形式、多主体的庞大系统，建立灵活、多样、开放的教育体系是实现终身教育、发挥教育系统整体功能和效率的重要保证。长期以来，由于体制分割和交叉管理，教育系统内部的各种教育组织形式自成一体、互不沟通、没有形成功能合理的完整教育体系，影响学习者通过多种形式学习、多种通道成才。必须要实现各级各类教育纵向衔接、横向沟通，基础教育、职业教育、高等教育和继续教育协调发展，学校教育与社会教育、家庭教育密切配合，形成良性互动的网络化、数字化、个性化、终身化的教育体系。这一体系符合现代教育的特征，突破了单一封闭的人才成长通道，丰富了教育的供给主体构成以及教育内容和形式，增加了学习者的选择性，必将进一步催化教育领域内各子系统、教育机构以及社会之间的教育合作与资源共享。《2035》对建立现代教育体系的制度环境进行了顶层设计，包括：完善招生入学、弹性学习及继续教育制度，畅通转换渠道等帮助学习者成长成才，建立健全国家学分银行制度，建立学习成果认证制度。这些举措将为不同人群提供随时随地可学的学习环境，有力促进并最终形成人人向学的文化氛围，建成中国特色的"人人皆学"之邦。

四是突出依法治教的教育治理体系和治理能力现代化。教育现代化是教育领域全方位的转型性变革，涉及思想观念、组织架构、结构体系、运行方式乃至制度规则等，必将引起也必将要求教育治理体系和治理能力现代化。教育法制体系是教育治理现代化的基础和依据，要建立适应教育现代化的完备法制体系，实行依法治教。《2035》提出，要提高教育法治化水平，提升政府管理服务水平，提升综合运用法律、标准、信息服务等现代治理手段的能力和水平；提高学校自主管理能力，完善学校治理结构；

推动社会参与社会治理常态化,形成全社会共同参与的教育治理新格局。教育现代化的治理将从自上而下的管理向上下结合,政府、办学主体和各种社会组织共同参与的治理结构转变。

必须看到,推进教育治理体系和能力现代化是一项涉及多方利益调整的系统工程,是包含组织机构、治理结构和队伍建设的艰巨改革建设过程,既需要有很好的顶层设计,又要有壮士断腕的胆识和踏实细致的组织实施。要继续大力推进政府"放管服"改革,实行减政放权,把一些不该管的事情坚持交由基层和社会负责,把该管的事情认真管好,加强监管职能,完善监管方式,强化服务职能,提高服务能力,建设服务型政府,让政府有效地发挥监管服务职能,让学校充分地体现办学主体地位,让社会更好地扮演参与监督角色,形成有序高效的治理结构,为教育现代化提供制度保证。要特别重视和利用大数据、人工智能等新技术,推进教育治理方式的变革。利用教育公共服务平台,建立顺畅的信息交流机制,发挥伴随式收集的数据在教育治理决策过程中的重要作用,提高"放管服"改革效能。

教育是民族复兴的希望和支撑。一百多年来,中国走过了从教育救国到教育兴国的历程,到 2035 年,中国将总体实现教育现代化的目标和教育强国的梦想。我们要满怀信心,牢记使命,攻坚克难,狠抓落实,为中华民族伟大复兴做出无愧于时代的贡献。

后 记

记得在20世纪80年代参加上海教育发展战略研究到北京访问钱学森、于光远、童大林等专家时，他们都鼓励我们开创"宏观教育学派"，以更宽阔的视野研究教育问题，给我极大的启发和激励。之后，我调到郝克明主任领导的国家教育发展研究中心工作，连续参加了国家教育发展战略研究和国家重大教育决策的调研起草工作，对中国教育宏观层面改革和发展的脉络有了更真切的体察和认知。业界有些前辈和同事多次鼓励我系统地梳理这些经历和心得，由于自己不是学教育的，一直感觉功底不足，撰写专著力不从心。但我所亲历的这一段中国教育改革发展的历史轨迹及战略选择确实是波澜壮阔和弥足珍贵的。在国经研究院的领导和同志们的建议和鞭策下，我决定在纪念新中国成立70周年之际把已经发表的文章梳理汇编成书。

我首先感谢郝克明教授和顾明远教授，酷暑之中欣然接受为此书作序，他们的鼓励和期望正是我和从事宏观教育研究的同仁们要继续努力的方向。我要感谢国经研究院为此书编辑出版所提供的多方面的鼎力支持，是他们的支持使我完成了这一任务。感谢我的夫人王珠珠研究员前后用了半年多的时间，通过各种渠道尽可能地收集和录入了我发表的各类文章，又从220多篇文章中与我一起分类和遴选出了68篇代表作，是她的努力使我得以顺利从近 120 多万字中梳理出最能反映教育宏观战略演变的 50 万字，并以成集。感谢教育部和国家教育发展研究中心的领导，给予我的工作平台，使我有机会参加了许多重大问题的研究，为决策贡献自己的力量。感谢 30 多年来与我一起研究的教育部和国家教育发展研究中心的同事、教育界内外的同仁和朋友，共同的交流研讨，使我从中得到许多有益的启示和领悟。感谢相关媒体的朋友们、感谢这个信息化时代，由于他们，我的许多思考、观点和研究成果得以以文字保存下来。感谢国经中心的王月同志一直跟进本书的出版工作。感谢商务印书馆的责任编辑范海燕辛勤的工作，才能使本书付梓。

由于我的学识和实践的局限，书中会有不当甚至谬误之处，恳请批评指正。

谈松华

2019 年 8 月 30 日于北京